디지털 증거법

개정판

이관희 · 이상진 저

박영사

개정판 서문

'디지털'이란 신호와 정보를 0과 1이라는 비트의 연속으로 표현하는 방식일 뿐이다. 그러나 이 비트의 세상은, 오랜 세월 원자로 이루어진 유체물을 기반으로 발전해 온 법과 형사사법 절차에 근본적인 변화와 질문을 던지고 있다.

2022년 1월 1일, 디지털 증거에 관한 법률적 쟁점을 종합적으로 다룬 단행본이 전무하던 시기에 이 책의 초판을 선보였다. 초판이 대한민국 학술원 우수학술도서로 선정되는 영광을 얻은 것은, 디지털 시대의 새로운 법적 쟁점에 대한 갈증이 얼마나 컸는지 보여주는 방증이라 생각한다. 하지만 당시 참고할 만한 자료가 부족했던 탓에, 초판은 디지털 증거의 핵심 쟁점 외에 형사소송법에 관한 일반적인 내용이 포함되어 있었던 반면, 데이터에 관한 권리, 실질적 피압수자 개념에 대한 비판, 디지털 미란다 원칙, 파일 복구행위의 법적 성격과 복구한 파일의 반환 문제 등 중대한 논의들을 미처 담아내지 못하는 한계를 안고 있었다.

초판 발행 이후, 우리 대법원은 디지털 증거에 대한 수많은 새로운 판례들을 쏟아내며 법적 지형을 변화시켰다. 이에 저자들은 초판의 부족한 부분을 보완하고, 격변하는 법 현실을 반영해야 한다는 절박한 필요를 느꼈다. 이번 개정판은 다음과 같은 핵심 변화에 집중했다.

최신 대법원 판례들을 체계적으로 정리하여 수록했다.

데이터에 대한 권리, 참여권 보장 법리, 실질적 피압수자 개념, 디지털 미란다 원칙, 복구 파일의 반환 등 초판에서 다루지 못했던 주요 쟁점들을 깊이 있게 논했다.

파일 복구행위의 법적 성격에 대한 새로운 장을 추가하고, 초판의 불필요한 부분을 과감히 정리했다.

이 책은 디지털 증거의 개념적 토대부터 법 적용의 세밀한 문제까지 총 15개의 장을 통해 논리적인 흐름으로 구성되었다.

1장: 디지털 증거가 형사절차에 어떤 변화를 가져오는지 다룬다.

2장: 데이터에 내재된 프라이버시, 통신 비밀 등 데이터에 관한 권리를 강조한다.

3장: 데이터와 정보의 개념을 명확하게 정의하는 데 집중한다.

4장: 디지털 증거가 기존의 유체물 증거와 어떻게 다른지 그 특성을 설명하고 분류하며 기존의 형사소송법이 디지털 증거에 그대로 적용될 수 있는지 검토한다.

5장: 디지털 증거가 과학적 증거와 대등하게 다루어질 필요가 있는지 논증한다.

6장: 디지털 증거의 증거능력 인정 요건에 대한 우리나라, 미국, 독일의 태도를 비교하며 진정성이 핵심임을 강조한다.

7장: 디지털 증거 압수수색 시 수색 단계에서부터 프라이버시 침해를 최소화해야 함을 역설한다.

8장: 수색 범위를 한정하기 위해 자동 검색 기술을 활용한 선별 수색이 필요함을 주장한다.

9장: 디지털 증거 압수수색에서의 참여권 보장 법리에 대한 대법원 판례의 변천을 비판적으로 검토한다.

10장: 실질적 피압수자 개념을 비판하고, 정보주체의 권리 보호와 수사 밀행성의 조화를 위한 입법 방향을 제시한다.

11장: 역외 압수수색이 법의 확장 해석 없이도 논리적으로 가능함을 논증한다.

12장: 저장매체를 임의제출할 때 자기부죄거부특권이 보장되어야 함을 주장하며 디지털 미란다 원칙 개념을 제안한다.

13장: 디지털 포렌식에 의한 파일 복구행위의 법적 성격을 논하고 복구한 파일을 피압수자에게 반환해야 할 필요성을 논한다.

14장: 디지털 데이터의 효율적인 수사를 위해 법원에 인정된 자료 제출명령 제도를 수사기관에도 도입해야 함을 주장한다.

15장: 결론에 해당하는 장으로, 디지털 증거를 위한 별도의 법제 제정 또는 형사소송법 전면 개정의 필요성을 역설한다.

개정판은 초판에 비해 디지털 증거에 관하여 더욱 심도 있게 다루려 노력했다. 하지만 디지털 증거에 대한 쟁점이 계속 부각되고 있고 각 쟁점에 대한 해석도 서로 다를 수 있기 때문에 저자들의 입장이 더욱 옳거나 낫다고 단정할 수는 없다. 향후 형사소송에서 디지털 증거가 차지하는 비중이 높아질 것은 자명하기 때문에 개정판을 통해 디지털 증거에 대한 심도 있는 논의가 더욱 촉발되고 저자들의 주장에 대한 비판도 왕성하게 논의되면서 저자와 독자들의 학문적 성숙도가 높아지기를 기대한다.

초판 서문

디지털이란 숫자·문자 등의 신호를 '0'과 '1'의 비트열로 표현함[1]을 의미한다. 디지털 신호는 그 자체가 원자(Atom)로 이루어진 물질이 아니라 비트(Bit)의 연속으로 표현된 신호에 불과하다. 질량과 무게를 가지지 않으며 만지거나 냄새를 맡을 수도 없다. 연속적인 아날로그 신호를 샘플링(Sampling), 양자화(Quantization), 부호화(Coding)하여 종국에는 '0'과 '1'의 비트열로 변환하여 기록하는 것이 전부이다. 연속적인 값을 이산적인 값으로 단순화시키는 디지털 저장 방식이 초래한 혁명은 무엇일까?

디지털 데이터는 무한히 반복하여 복제하고 전송하여도 동일한 품질을 유지하며, 저장하는 방식과 매체는 달라도 값이 같으면 동일하게 해석된다. 디지털로 표현된 데이터를 연산, 제어, 출력하는 컴퓨터와 주변기기가 발달하고 전송을 담당하는 네트워크 기술이 발전하면서 세상의 모든 신호와 정보를 디지털로 생산, 전송, 공유할 수 있게 되었다. 디지털 기술은 막대한 양의 정보 생산과 이에 대한 무한한 공유를 가능하게 하는 원천이다.

디지털 기술은 인간이 외부로 표출하는 모든 사상과 관념, 행동까지 디지털 신호로 표현할 수 있게 해준다. 디지털 저장매체의 집적도 향상, 네트워크 전송 속도의 증가로 인간은 표현할 수 있는 모든 것을 디지털로 저장하고 전송하고 있다. 인간이 의도적으로 작성한 글과 그림 등이 저장될 뿐만 아니라 사물 인터넷과 디지털 기기의 발전으로 인해 인간의 행동도 모두 기록되고 있다. 이로 인해 인간의 기억에 의존하던 시대에는 쉽게 잊혀졌던 개인에 관한 정보와 프라이버시

---

1 정의출처: Oxford Languages.

가 영원히 저장되고 쉽게 공유되고 있다.

편리함을 극대화시키는 디지털 기술은 사용자가 인식하지 못한 순간에도 디지털 흔적을 남기고, 수사기관은 이러한 디지털 흔적을 수사에 활용하고 있다. 이제 부정확한 인간의 기억에 의존하지 않고 디지털 카메라, 자동차의 블랙박스, 길거리의 CCTV에 남겨진 영상과 음성을 사용하여 사건을 해결하고 있다. 길거리의 무료 와이파이 공유기에 남겨진 스마트폰의 MAC 주소를 따라가면 범죄 혐의자의 행적을 확인할 수 있다. 인터넷 뱅킹 내역을 자세히 들여다보면 혐의자가 어떠한 기기로 어떠한 공유기를 거쳐 인터넷 뱅킹 서비스를 이용했는지 알 수 있다. 디지털 기술이 남긴 흔적은 개인의 일상을 속속들이 알게 해준다.

디지털 기술의 발전 속도에 비해 수사기관에 의한 프라이버시 침해를 방지하기 위한 법과 제도는 멈춰 있다고 해도 과언이 아니다. 데이터를 프라이버시의 대상으로 보아 수사기관을 규제하는 법인 통신비밀보호법이 제정된 것은 1993년이다. 미국의 경우, 1928년 Olmstead 사건[2]을 통해 수사기관에 의한 감청이 공론화되기 시작하였고, 1967년 Katz 사건[3] 판결에서 수사기관의 전화 도청은 위법하다고 하였는데, 우리나라는 26년이나 늦게 통신비밀보호법을 제정하였다. 게다가 이 법은 시민의 권리를 보호하기 위해 제정된 것이 아니라 '초원복국' 사건[4]의 후속물이라는 점에서 더욱 아쉽다.

통신비밀보호법은 수사기관이 대화의 내용을 감청하거나 통신사실확인자료의 제공을 요청하는 경우 법관의 심사를 받도록 규정하고 있다. 통신비밀보호법 이외에 수사기관이 데이터를 지득하고 채록하기 전에 법관의 심사를 받도록 하는 절차는 형사소송법에 규정된 압수·수색 절차뿐이다.[5] 이마저도 데이터 자체를 영

---

2 Olmstead v. United States, 277 U.S. 438 (1928).

3 Katz v. United States, 389 U.S. 347 (1967).

4 1992년 12월 11일 오전, 부산 대연동에 있는 음식점 '초원복국'에 김기춘(당시 한나라당 여의도연구소장) 전 법무부장관과 지역 기관장들이 모였다. 제14대 대통령 선거(12월 18일) 일주일 전이었다. 참석자는 김영환 부산시장, 박일룡 부산경찰청장, 정경식 부산지검 검사장, 우명수 부산시교육감과 국가안전기획부 지부장, 부산상공회의소장 등이 모여 불법 선거 개입에 관한 대화를 나누었다. 그들의 대화를 정주영 당시 통일국민당 후보 진영과 전직 안기부 직원이 도청했다. 그러나 녹취록 폭로는 권력과 언론 등에 의해 '불법 선거 개입'이 아닌 '불법 도청' 문제로 둔갑했고, 도청 가담자는 '주거침입죄'로 기소되었다. 이 사건을 계기로 이듬해 통신비밀보호법이 제정되었다; https://www.hankookilbo.com/News/Read/201712110479110063 (2021. 1. 11, 검색).

5 금융실명거래 및 비밀보장에 관한 법률 등 일부 특별법은 거래정보 등을 제공받기 위해 영장

장 집행의 직접적인 대상으로 명시하고 있지 않아 유체물 중심으로 규정된 압수·수색 절차가 데이터에는 걸맞지 않은 경우도 많이 발생하고 있으며 데이터에 대한 취득 이후 관리와 파기 등 절차에도 현행 형사소송법을 그대로 적용할 수 없다.

이제 디지털 사회이다. 종이 문서의 생산 없이 바로 디지털 문서를 생산하고 전송하는 등 디지털 데이터로만 업무를 하는 디지털 트랜스포메이션 시대에 돌입해 있다. 따라서 디지털로 기록된 데이터를 통제하는 법제가 마련되어 제대로 기능하지 못하면 프라이버시 침해 가능성은 점차 높아질 뿐만 아니라 수사기관의 데이터 지득·채록 행위가 프라이버시를 침해한다는 논란에 휩싸여 수사기관의 정당한 수사 활동마저 위축시킬 수 있다.

수사기관의 데이터 지득·채록은 주로 사실인정을 위해 필요한 증거를 확보하기 위해 행해진다. 범죄 수사와 형사재판에서 증거를 규율하고 있는 형사소송법이 과연 데이터의 지득과 채록 행위를 제대로 통제하고 디지털 증거에 대한 적절한 해석을 할 수 있는지 살펴볼 필요가 있다. 비록 형사소송법이 디지털 시대 이전의 유체물 중심으로 제정되었으나 그 법의 정신이 그대로 유효하여 디지털 데이터에도 걸맞게 해석될 수 있다면 약간의 수정이나 확장해석을 통해 해결할 수 있겠으나, 디지털 데이터의 특성이 유체물과 본질적으로 다르다면 그에 걸맞은 새로운 입법이 필요할 것이다.

우리는 현재의 형사소송법과 특별법이 수사기관의 디지털 증거 지득과 채록 행위를 적절하게 규율하기에는 부족하다고 생각한다. 현행 형사소송법의 압수·수색 절차는 유체물 관점에서 제정되었으며, 이를 디지털 환경에 끼워 맞추어 해석하는 것은 한계에 이르렀다.

이 책은 "디지털 데이터가 무엇인가?"에 대한 근본적인 물음에서 시작하여 현재의 압수·수색 절차가 디지털 환경에 적합하게 해석될 수 있는지 세밀하게 살펴본 후에 현재의 법제가 가지고 있는 한계를 극복할 수 있는 통합적인 입법이 필요함을 주장한다.

이 필요하다고 규정을 두고 있으나 압수·수색영장 집행의 세부절차는 형사소송법이 정한 바에 따른다.

차 례

제 6 장 디지털 증거의 증거능력 인정 요건

제 7 장 디지털 증거의 압수와 수색

제 8 장 디지털 증거의 자동 검색

제10장 실질적 피압수자 개념에 대한 비판적 검토

제11장 역외 압수·수색의 가능성

제12장 디지털 미란다 원칙

제13장 파일 복구행위의 법적 성격과 복구 파일의 반환

제15장 데이터 지득·채록 법제의 정비와 통합

제 1 장

디지털과 형사절차

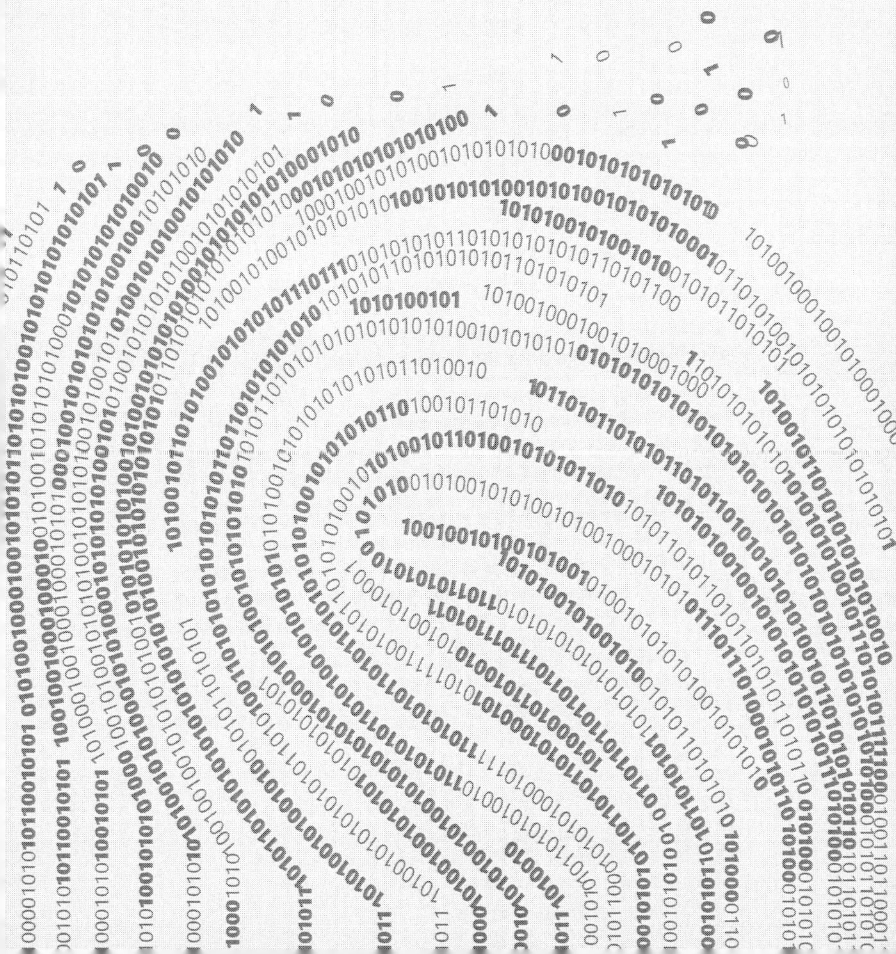

제 1 장 디지털과 형사절차

제1절 디지털 흔적

1. 디지털(digital)

비행기 시뮬레이션은 가장 오랫동안 이용되어 온 가상현실 어플리케이션으로 실제 비행기를 타는 것보다 더 현실감을 준다. 가상현실로 교육받은 비행사들은 실제 비행에서 배울 수 있는 것보다 더 많은 것을 배웠기 때문에 첫 비행에서 실제 승객을 태운 비행기를 몰 수 있다. 가상현실은 일어날 수 있는 상황을 직접 체험하게 해준다. 가상현실이 제공하는 공간이 현실감을 주는 이유는 우리의 인식이 여러 가지 시각 신호에 반응하기 때문이다.[1] 실제 비행기는 원자(atom)로 이루어진 물질이지만 가상현실에서 구현되는 시각 신호는 비트(bit)로 구성되어 있다. 물리적으로는 존재하지 않지만 비트로 저장된 데이터는 우리의 인식을 통해 실제 존재하는 것처럼 느끼고 행동하게 만든다.

디지털 증거, 디지털 증거의 다름, 디지털 증거의 특별함을 고찰하기 위해서는 디지털, 디지털을 구성하는 것, 디지털과 반대되는 것들에 대한 이해가 선행되

---

1 니콜라스 네그로폰테 지음, 백운인 역, 디지털이다, 커뮤니케이션북스, 2002, 111면.

어야 한다.

디지털은 손가락을 뜻하는 라틴어 digit에서 유래한 것으로 연속적인 실수로 이루어진 아날로그를 특정한 최소 단위의 이산적인 수치로 처리한 것을 말한다. 연속적인 실수인 아날로그 신호에 대해 샘플링(sampling), 양자화(quantization), 부호화(coding) 과정을 거쳐 이진수로 표현하면 디지털이 된다. 디지털을 구성하는 최소 단위는 binary digit 즉, 비트(bit)이다.

비트는 '0'과 '1'이라는 2개의 수만 사용하며, 이진법으로 표현된다. '0'과 '1'을 표현하는 방식은 1732년 바실 부숑(Basile Bouchon)과 쟝-밥티스테 팔콘(Jean-Baptiste Falcon)이 개발한 펀치카드의 발명에서 시작되었다. 이 기술은 IBM에 의해 초창기 컴퓨터 개발에 이용되면서 꽤 오랜 시간 비트와 디지털을 대표하는 기술로 각광받았다. 1844년 무선 통신을 위해 '0'과 '1'을 사용하는 코드인 모르스(Morse) 부호가 또 하나의 중요한 역사적인 전환점을 만들게 된다. 비트라는 말은 클로드 섀넌(Claude E. Shannon)이 1948년 발표한 "통신의 수학적 이론(Mathematical Theory of Communication)"이라는 논문에서 처음 사용되었다. 그는 1947년 1월 9일 벨 연구소(Bell Labs)에서 존 튜키(John W. Tukey)가 "binary digit"이라고 적은 메모를 보고 이를 축약해서 "비트(bit)"로 적었다고 밝히고 있다.[2]

비트는 정보를 표현하는 방식이다. 비트로 구성되는 디지털의 반대되는 말은 아날로그가 아니다. 디지털과 아날로그는 단지 신호를 다르게 처리하는 방식을 의미한다. 아날로그 시계와 디지털 시계가 있다고 하자. 둘 간의 차이는 시간을 표현하는 방식이 다를 뿐이지 서로 반대되는 말이 아님을 알 수 있다. 엄격하게 말하면 실수로 구성된 아날로그의 표현 방식을 사람이 인식할 수 없을 정도로 작게 나누어 마치 연속인 것처럼 보이게 만든 것이 디지털일 뿐이다.

디지털 증거가 일반적인 증거와 다르게 취급되어야 하는 건 아날로그 방식으로 표현되지 않았기 때문이 아니라 물질이나 사물이 아니기 때문이다. 디지털 증거의 비교 대상이 되는 것은 물질이며 물질의 최소 단위인 원자와 디지털의 최소 단위인 비트의 차이점을 논하는 것이 상호의 이해에 도움이 된다.

디지털 증거를 취급할 때, 눈여겨봐야 할 부분은 시계는 원자로 구성되어 있는 물질이라는 것이다. 물질은 한 곳에 하나만 존재하며 물리적으로 처리가 가능

2 https://www.venturesquare.net/1164 (2025. 9. 16. 검색).

하다. 반면에 디지털은 어떠한 사상이나 관념 등 물리적으로 만질 수 없는 데이터를 표현한 방식이기 때문에 가상현실과 같이 시각, 청각으로 인식해야 할 대상이다.

니콜라스 네그로폰테(Nicholas Negroponte)는 원자와 비트의 근본적인 차이에 대해 다음과 같이 말했다. "국제 무역은 전통적으로 물질, 곧 원자를 교환하는 것이다. 에비앙 생수는 크고 무거운 불활성 물체를 많은 비용을 들여 조심스레 천천히 선적한 후 여러 날 동안 수천 마일을 거쳐 전달된다. 그런데 이러한 사정이 매우 빨리 변하고 있다. (중략) 책, 잡지, 신문, 비디오카세트처럼 사람이 직접 손으로 취급하던 정보가 플라스틱 조각에 녹음된 전자자료로 변하여 광속으로 전달된다. (중략) 토마스 제퍼슨(Thomas Jefferson)은 무료로 책을 빌려볼 수 있는 도서관 개념을 제시했다. 그러나 이 위대한 우리의 선조는 2,000만 명의 사람이 그 내용을 무료로 꺼내 볼 수 있는 디지털 도서관에 대해서는 생각하지 못했다."[3]

목소리는 한 개인의 정체성을 식별할 수 있는 중요한 감각 정보이다. 마이크는 목소리를 전기적 신호로 바꾸어 준다. 목소리가 가지는 질적인 차이는 모두 전기적 신호의 양적 차이로 환원된다. 그 양적인 차이는 다시 스피커로 재생될 때 질적 차이가 있는 것으로 재생될 수 있다. 우리 시각에 비추어지는 색상, 촉각으로 전해지는 단단함, 그리고 소리 등 우리가 느끼는 체험들은 질적인 차이가 있으나 인지적 경험의 중앙처리장치인 뇌로 가기 위해서는 전기적 신호로 번역되어야만 한다.[4] 세상에 존재하는 것들을 인식하기 위해서는 결국 on & off라는 이진수를 통할 수밖에 없어서 아날로그와 디지털의 근본적인 차이를 구분하는 것은 큰 의미가 없다.

2. 디지털 컨버전스(digital convergence)

하나의 기기나 서비스에 모든 정보통신기술이 융합되는 현상을 디지털 컨버

3 니콜라스 네그로폰테 지음, 백운인 역, 디지털이다, 커뮤니케이션북스, 2002, 6면.

4 이종관·박승억·김종규·임형택, 디지털 철학-디지털 컨버전스와 미래의 철학, 성균관대학교 출판부, 2013, 39-40면.

전스라고 한다. 텍스트와 문자 중심으로 이루어지던 디지털화가 기술의 발전으로 소리, 이미지까지 진행되고 있다. 일정 영역만이 디지털화되어 디지털 공간에서 존재성을 현실화하던 단계에서 이제 거의 모든 실체가 존재 방식의 차이에도 불구하고 디지털 공간으로 융합되고 있다. 인간의 사회 활동 대부분이 온라인에서 이루어지고 디지털로 수렴된다.

디지털은 화려한 색깔을 가진 실체들의 다양한 차이를 이진수로 환원하여 조작할 수 있는 가능성을 열어 주었고 모든 것들이 동질적인 양식 안에 담길 수 있게 되었다.[5] 모든 것이 디지털로 융합되어 이진수가 정하는 텍스트 형태로 압축되어 저장매체에 저장된다. 따라서 디지털 증거에 대한 압수·수색 과정에서 다루게 되는 저장매체에는 인간의 사회적 활동이 함축되고 바로 이 점이 디지털 증거를 다르게 취급해야 하는 중요한 이유가 된다.

3. 디지털 흔적의 확대

"Every contact leaves a trace(모든 접촉은 흔적을 남긴다)" 20세기 초 프랑스의 범죄학자 에드몽 로카르(1877~1966)가 남긴 말이다. 일명 '로카르의 법칙(Locard's Principle)'이라고 부른다. 범죄행위는 그 과정에서 필연적으로 범죄의 흔적을 남기게 된다. 유형의 흔적뿐만 아니라 무형의 흔적도 범죄 흔적이다. 흔적이 필연적으로 남게 되는 이유는 ① 범죄가 인간의 행동이며, ② 인간의 행동은 사회관계 속에서 이루어지므로 사회적 징표를 남기고, ③ 범죄는 필연적으로 자연현상을 수반하기 때문이다.

범죄 흔적을 분류하면 생물학적 범죄 흔적, 심리적 범죄 흔적, 사회적 특성에 의한 범죄 흔적, 자연현상에 의한 범죄 흔적으로 분류할 수 있다. 지문, 혈액형, 유전자, 음성 등은 생물학적 범죄 흔적이고, 범죄자의 성격이나 동기, 범행 중의 심리 등은 심리적 범죄 흔적이며, 가족, 주거, 경력, 직업, 소속된 집단 등과 같은 것이 사회적 특성에 의한 범죄 흔적이다. 혈흔의 형태, 부러진 연장, 미세섬유, 족적 등이 자연현상에 의한 범죄 흔적의 예시이다.[6]

---

5 이종관·박승억·김종규·임형택, 디지털 철학–디지털 컨버전스와 미래의 철학, 성균관대학교 출판부, 2013, 19–27면.

이러한 흔적은 디지털 영역에서도 다양하게 남게 된다. 예를 들어 사람마다 문서를 작성할 때 자신만의 특정한 단어를 사용하거나 문체를 사용하고 간혹 특정한 패턴의 오타를 남기기도 한다. 이러한 개인 간의 차이는 생물학적 흔적에 비유할 수 있다. 도박 사이트나 음란물 유통 사이트를 운영하는 범인은 과거에 게임 회사나 인터넷서비스 회사에 종사했던 경력이 있기도 하고 온라인 상점이나 가짜 명품 사이트를 운영했던 경험이 있을 수 있다. 이러한 흔적은 사회적 범죄 흔적이다. 범인이 컴퓨터나 네트워크를 이용하는 경우 자연적으로 각종 로그(log), 캐쉬(cache), 히스토리(history)가 남게 되며 데이터를 삭제한 경우라도 삭제한 흔적이 저장매체에 남게 되는데 디지털 기기가 동작하면서 자동으로 남게 되는 포렌식 아티팩트(artifact)[7]는 자연현상에 의한 범죄 흔적과 비교하여 설명할 수 있다. 일반적인 흔적과 디지털 흔적을 비교하여 도식화하면 다음 그림과 같다.

그림 1 물리 흔적과 디지털 흔적

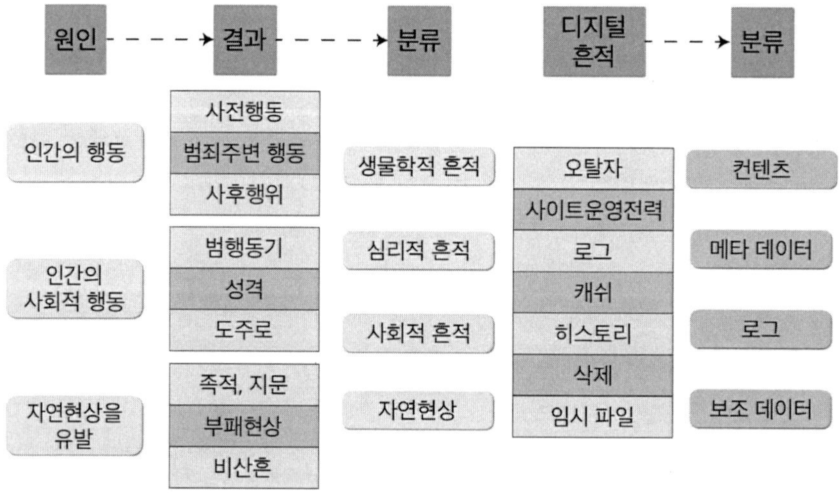

6 박노섭·이동희·이윤·장윤식, 핵심요해 범죄 수사학, 경찰공제회, 2015, 66−78면.

7 디지털 포렌식에서 아티팩트의 의미는 운영체제나 애플리케이션을 사용하면서 생성되는 흔적을 말한다. 보통 시스템에 생성되는 증거를 다음과 같이 두 가지로 분류하는데 생성 증거에 해당하는 것이 아티팩트다.
− 생성 증거: 시스템이나 애플리케이션이 자동으로 생성한 데이터
− 보관 증거: 사람의 사상이나 감정을 표현하기 위해 작성한 데이터
: http://forensic−proof.com/archives/3710 (2025. 9. 16. 검색).

디지털 흔적을 사용자가 저장한 의도에 따라 분류하면 컨텐츠인 데이터, 메타 데이터, 로그 데이터, 보조 데이터로 분류할 수 있다. 생물학적 흔적, 심리적 흔적, 사회적 흔적은 주로 컨텐츠에 남게 되며 자연현상에 의한 흔적은 메타 데이터와 로그, 보조 데이터에서 확인할 수 있다.

컨텐츠는 문자, 부호, 음성, 음향, 이미지 등을 디지털 방식으로 제작하여 처리, 유통하는 각종 내용물을 통틀어 이르는 개념이다. 사용자가 그의 의도에 따라 인위적으로 생성한 문서, 이메일, 동영상, 음성녹음, 사진과 이러한 것들을 암호화하여 저장한 것들이 모두 컨텐츠에 해당한다.

메타 데이터[8]는 데이터의 내용, 구조, 맥락 등을 설명하는 데이터로 실제 데이터 자원이 가지고 있는 속성, 특징 등에 관한 정보를 제공한다. 이러한 메타 데이터에는 데이터가 생성될 때 결정되는 데이터의 구조, 표현 기법, 참조 자료, 데이터에 대한 접근, 수정, 활용에 관한 것뿐만 아니라 데이터 생산자에 관한 정보 등이 광범위하게 서술되어 있다.[9] 이러한 메타 데이터는 데이터 생성 프로그램에 의해 자동으로 기록되는 것으로써 데이터 생산자의 의도와는 무관하게 생성되며 범죄 수사에 많은 정보를 제공해 주는 데이터로 활용된다. 예를 들어 성범죄 피의자가 범행 후 피해자를 사진 촬영하여 저장해 두었고 수사기관이 범인의 컴퓨터를 압수하는 과정에서 이를 출력하여 제출받는 경우 출력물 자체만으로는 범인이 촬영하였다는 것을 증명할 수 없다. 그러나 사진 파일에 남아 있는 메타 데이터를 분석하면 촬영한 카메라의 종류, 촬영한 시간, 촬영 위치 등을 알 수 있고, 이를 통해 범인이 해당 사진을 촬영하였다는 사실을 증명할 수 있게 된다.[10]

로그 데이터는 컴퓨터의 처리 내용이나 이용 상황을 시간의 흐름에 따라 기록한 데이터로 사고가 발생했을 때 데이터의 복원이나 사고 원인의 규명 등에 사용된다. 디지털 증거 분석의 주요 대상이 되는 로그 데이터는 웹 로그, 이벤트 로

8 "운영체제는 내부에 있는 파일을 효율적으로 관리하기 위하여, 파일이 생성 또는 수정될 때마다 파일과 관련된 정보를 메타 데이터 파일에 기록한다. 반면 응용 프로그램은 사용자 편의를 제공하고, 효율적으로 파일을 이용하기 위하여 파일의 부가 정보를 작업 중인 파일 내부에 기록한다."; 김영철, "디지털 전문 증거 진정성립을 위한 디지털 본래증거 수집 방안", 형사법의 신동향 제58호, 2018, 269면.

9 정효택 외, "Web상의 전자문서를 위한 메타자료 모델의 제안 및 관리시스템 개발", 정보 처리 논문지 제5권 제4호, 1998, 925면.

10 이관희 등 공저, 경찰실무 경찰과 법, 경찰대학출판부, 2015, 455면.

그, 파일·폴더 로그, 레지스트리 등이 있다. 웹 로그를 통해 홈페이지의 방문자 경로, 방문자의 접속 IP 주소, 접속 시간 등을 분석할 수 있으며, 이벤트 로그는 컴퓨터 시스템의 하드웨어, 소프트웨어, 시스템 관련 문제를 이벤트 형식으로 기록한다. 파일·폴더 로그는 파일의 수정 시각, 마지막 접근 시각, 만든 시각 등을 알 수 있게 해주어 증거를 식별하는 데 사용한다. 레지스트리는 윈도우 시스템이 운영되는데 필요한 정보를 담고 있으며 설치된 소프트웨어 정보, 환경 설정 등 시스템에 관한 모든 정보를 수록하고 있다.[11] 이러한 로그들은 애초 컴퓨터 운영체제와 네트워크의 원활한 운영을 위한 관리와 감사 등의 목적으로 개발되었지만 범죄 수사에서 범인의 컴퓨터 이용 내역과 인터넷 이용 증적을 추적할 때도 유용하게 사용될 수 있다.

보조 데이터는 인터넷의 임시 파일과 쿠키같이 웹 브라우저의 효율적 운용을 위해 자동으로 생성되는 파일이다. 인터넷 임시 파일은 웹 사이트에 접속했을 때 웹 사이트에 표현되었던 내용들을 사용자의 컴퓨터에 저장해 두고 다시 동일한 웹 사이트에 접속한 경우 이미 저장되어 있는 데이터는 원격에서 다운로드 받지 않고 사용자의 컴퓨터에서 직접 읽어 들이도록 설계되어 웹 서핑을 효율적으로 수행하게 해준다. 수사 현장에서 보조 데이터의 활용도는 매우 높다. 만약 살인범이 살인 도구를 구매하기 위해 인터넷 서핑을 한 경우 어떠한 살인 도구를 검색했는지 여부가 사용자의 의도와는 관계없이 보조 데이터로 남기 때문에 살인의 정황증거로 사용할 수 있다.

디지털 기기의 활용이 증가함에 따라 일반적인 증거에 비하여 디지털 흔적의 양이 급속히 증가하게 되었는데, 대부분 사용자의 의도와 관계없이 디지털 기기에 남아 있다. 또한 디지털 흔적의 경우 디지털 저장매체뿐만 아니라 인터넷 서비스 제공자의 서버에도 분산되어 오랜 기간 저장되는 경우가 많기 때문에 수집되는 양도 절대적으로 많아질 수밖에 없다. 디지털 흔적은 디지털 형태로 수집 및 분석할 수 있기 때문에 데이터의 정형화를 통해 종합적인 검토와 분석이 가능하여 수사기관에게는 매우 유용한 자료가 된다.

다만, 이러한 디지털 흔적이 수사 과정 중에 수집되어 지속적으로 저장, 축

11 신경준·이상진, "사이버 침해사고 유형별 디지털 포렌식 증거의 식별 및 수집에 관한 연구", 융합보안논문지 제7권 제4호, 2007, 94-97면.

적되기 때문에 적절하게 통제하지 않는다면 언제든지 재사용될 수 있는 문제가 발생한다. 수사기관의 입장에서 디지털 흔적의 재사용, 프로파일링은 수사의 효율성을 높이는데 기여하겠지만 디지털 흔적에 대한 정보주체의 법익을 침해하기 때문에 디지털 흔적의 관리와 재사용에 대해서는 적절한 규제가 필요하다.

제2절 디지털과 형사절차의 변화

1. 강제수사 영역의 확대

최근에는 빅데이터(Big Data)라는 이름으로 정부의 정책, 교육, 의료, 금융 등 모든 분야에 축적되어 있는 데이터를 활용하여 사회적, 경제적 가치를 창출하기 위해 노력하고 있다. 빅데이터는 단순히 데이터의 방대함을 의미하는 것이 아니라 다양한 원천 데이터로부터 가능한 많은 새로운 정보를 추출할 수 있음을 함축하고 있다. 시민의 일상이 축적된 빅데이터는 사회에 새로운 가치를 부여하지만, 데이터의 수집, 저장, 처리와 이용이라는 필수적인 과정에서 개인의 정보인권[12]이 침해될 소지가 있다.

2018. 3. 26. 문재인 정부가 발의한 개정 헌법에는 "정보화 사회로 빠르게 진전되고 있는 현실을 고려하여 알권리 및 자기정보통제권을 명시적으로 확인함으로써 이에 대한 보장을 강화하고, 정보기본권 보장을 위한 핵심적인 사항으로서 정보의 독점과 격차로 인한 폐해에 대해서는 국가가 예방 및 시정을 위해 노력하도록 하기 위해" 정보기본권을 신설한다고 언급한 바 있다. 우리는 '정보'에 대한 권리를 기본권으로 규정하고 이를 최상위법으로 규율하려는 노력을 하고 있다.[13]

---

12 "정보인권의 개념은 학자들과 시민단체의 논의에 따라 사생활의 비밀과 자유, 정보통신의 비밀보장, 개인정보자기결정권과 관련된 프라이버시권뿐만 아니라 알권리의 정보접근권, 정보생산 및 제공권과 관련된 온라인에서의 표현의 자유 및 정보문화를 향유할 권리까지 확장되었다고 볼 수 있다"; 정보인권 보고서, 국가인권위원회, 2013, 8-9면.

13 이관희·이상진, "정보 속성의 이해와 디지털 저장매체 압수·수색에 대한 인식개선", 형사정책연구 제30권 제3호, 2019, 28면.

인격권, 언론·출판의 자유, 학문·예술의 자유, 사생활의 비밀과 자유, 통신의 자유 등과 같이 과거부터 보장되었던 기본권들에 의해서 정보기본권은 보장될 수 있지만 알권리, 액세스권, 개인정보자기결정권 등과 같이 전통적인 기본권들만으로는 충분히 포섭할 수 없는 정보기본권의 영역이 존재하기 때문에 총체적 의미의 정보기본권은 정보통신기술이 발달한 현대에 새롭게 부상한 기본권 영역으로서 성문 헌법에 직접 열거되지 않았지만 기존의 기본권 조항과 헌법원리 등에 근거하여 도출되는 인권이다.

현재의 수사는 물건에 대한 압수·수색에서 디지털 형태로 보관, 전송되는 데이터들에 대한 조회의 형태로 변화하고 있다. 임의수사에 관한 조항인 형사소송법 제199조 제2항이 "수사에 관하여는 공무소 기타 공사단체에 조회하여 필요한 사항의 보고를 요구할 수 있다"라고 규정하고 있음에도 불구하고 공무소나 기업, 단체가 보관하고 있는 데이터는 개인정보자기결정권의 대상이 되기 때문에 법률상의 근거가 없이는 과거와 같이 관련 데이터를 임의적인 방법으로 획득할 수 없는 상황에 이르렀다. 데이터가 수사에 미치는 영향이 절대적으로 커지고 데이터에 대한 수집에 영장이 필요한 경우가 더욱 많아짐에 따라 수사기관이 행할 수 있는 임의수사의 영역은 상대적으로 축소될 수밖에 없다.

강제수사 영역의 확대는 수사기관의 활동에 대해 다양한 통제장치를 도입하고 법관의 심사를 강화할 필요성도 함께 증대시킨다. 프라이버시권을 포함한 정보인권이 포괄적이고 다의적 경향을 보이는 복잡한 개념이지만, 결국 이러한 권리는 개인적이고 기본적인 권리로서 궁극적으로는 인간의 존엄성을 확보하려는 목적이 있다. 따라서 정보인권이 인간다운 삶을 영위하려는 사람에게 필수불가결한 기본적 권리라고 볼 때, 컴퓨터 등의 이용으로 인하여 정보인권을 침해하는 일이 빈번해지면 인간의 기본권 자체를 침해하는 것이 되므로 이에 대한 보호가 필요하다. 결국 인간은 자기 정보의 유통을 통제할 수 있는 권리를 가져야 한다. 이러한 측면에서 데이터에 대한 법적 보호의 필요성이 더욱 강조된다.[14]

---

14 구병삭, 신헌법원론, 박영사, 1988, 463면.

2. 데이터 압수·수색과 통신 수사 영역의 중첩

통신비밀보호법과 금융실명거래 및 비밀보장에 관한 법률(이하 '금융실명법'이라고 칭함)의 제정 이전에 수사기관에서는 통신자료뿐만 아니라 통신사실확인자료, 금융거래자료 등을 임의수사의 일환인 사실조회의 방식으로 취득해 왔다. 그러나 수사기관의 광범위한 자료 요청과 사업자의 무분별한 자료 제공으로 인해 정보인권이 침해될 우려가 높아지자 입법자는 특별법의 제정과 형사소송법의 개정을 통해 이러한 자료를 취득할 때도 법관의 심사를 받도록 하였다.

무형의 자료인 통신사실확인자료와 대화의 내용 등을 취득할 때는 허가서에 의하도록 하였는데 법관의 심사를 받는다는 측면에서 보면 유체물에 대한 압수·수색영장의 발부와 다를 바가 없다. 동일한 무형의 자료인 금융거래자료는 압수·수색영장을 집행하여 확보하며, 통신자료제공요청서에 의해 조회하였던 가입자 정보 또한 일명 회피연아 사건[15] 이후에 수사 실무에서는 압수·수색영장을 통해 관련 데이터를 확보하고 있다. 사업자가 보관하고 있는 이메일이나 SNS 기록도 압수·수색영장의 집행을 통해 확보하고 있다. 통신사실확인자료, 통신 패킷, 이메일, 통신자료, 금융거래자료 등의 공통점은 디지털 형태로 보관되거나 전송되

---

15 회피연아 사건개요 : 2010년 3월 4일경, 차모씨는 인터넷 검색을 하다가 밴쿠버 동계 올림픽 선수단 귀국 당시 유인촌 장관이 금메달리스트인 김연아 선수를 환영하면서 두 손으로 어깨를 두드리자 김연아 선수가 이를 피하는 듯한 장면을 편집한 사진('회피연아 사진')이 게시되어 있는 것을 발견하고 이를 네이버 카페의 유머게시판에 '퍼옴'이라고 표시하여 올렸다. 그 후 유인촌 장관은 2010년 3월 5일경 회피연아 사진을 인터넷에 올린 사람들에 대해 명예훼손을 이유로 고소를 제기하였고, 이에 서울종로경찰서장이 2010년 3월 8일경 네이버에게 차모 씨의 인적사항을 제공해 달라고 요청하자, 네이버는 그로부터 이틀 뒤 서울종로경찰서장에게 차모 씨의 'ID, 이름, 주민등록번호, 이메일, 휴대전화 번호, 가입일자'를 제공하였다. 이에 따라 서울종로경찰서장은 차모 씨를 소환하여 명예훼손 혐의에 대해 조사하였으나, 유인촌 장관의 고소가 취하되어 사건이 종결되었다.

하지만 차모 씨는 2010년 7월경, 수사기관의 개인정보 제공 요청이 있더라도 네이버는 가입자의 개인정보를 보호하기 위해 노력하여야 할 의무를 조화롭게 판단하여 수사기관에게 개인정보를 제공하지 않거나 제한적인 범위 내에서만 제공하였어야 함에도 차모 씨의 개인정보에 대한 보호의무를 망각하고 기계적으로 개인정보를 제공하였다는 이유로 위자료 20,000,100원을 청구하였으나 제1심에서 패소하였고, 항소심인 서울고등법원은 2012년 10월 18일, 제1심 판결을 취소하고, "차씨에게 50만원을 지급하라"며 원고일부승소 판결을 내렸으며, 대법원(2016. 3. 10. 선고 2012다105482 판결)은 "피고(네이버)가 종로경찰서장의 요청에 따라 원고의 통신자료를 제공한 것은 전기통신사업법 제54조 제3항, 제4항에 의한 적법한 행위로서, 그로 인하여 피고가 원고에 대해 손해배상책임을 부담한다고 볼 수 없다"라며 다시 항소심을 파기환송하였다.

는 데이터라는 점이다. 개인의 사생활이 무형의 디지털 형태로 저장 및 전송되고 이러한 데이터의 취득을 위해 법관의 허가를 받게 됨에 따라 데이터 압수·수색과 통신 수사 간의 구분이 모호해지고 있다. 이제 데이터 취득에 관한 영장주의를 통일적이고 체계적으로 정리할 때다.

제 2 장

데이터와 권리

제 2 장 데이터와 권리

법은 국민이 침해를 받았을 때 이를 보호하기 위한 기틀을 제공한다. 이를 위해서는 국민이 향유하는 권리가 무엇인지 그 권리로부터 보호받아야 할 법익이 무엇인지 확인하여야 한다.[1] 이러한 확인을 통해서 그 침해의 정도를 파악할 수 있고 보호의 정도를 고려할 수 있다.

특히, 국가기관이 형사사법목적에 의해 국민의 기본권을 침해하는 경우는 국민의 보호와 형사사법목적의 달성이라는 두 가지 과제를 이익형량하여야 하기 때문에[2] 기본권을 확인하고 이에 대한 보호정도를 구체적으로 파악해 둘 필요성이 있다. 따라서 아래에서는 데이터를 생산하고 이용하는 국민이 데이터를 통해서 어떠한 권리를 향유하는지 고찰해 보고자 한다.

1 헌법 제10조 제2문은 "국가는 개인이 가지는 불가침의 기본적 인권을 확인하고 이를 보장할 의무를 진다"라고 규정하고 있다.

2 "실체적 진술발견과 법의 적정절차의 요청이 구체적인 경우에 충돌할 수 있으므로 양자 중 어느 것을 우선시킬 것인가에 관하여는 국가와 개인에 대한 가치관에 따라 견해가 달라지게 되나, 어떻든 헌법적 형사소송의 관점에서 바라보는 것이 타당하고 실제 우리 형사사법의 방향도 개인의 인권보장을 중시하는 형태로 변모하고 있다"; 김현수, "형사소송에서 적법절차위반과 그 효과에 관한 연구", 동아법학 제44호, 2009, 539－540면.

제1절 프라이버시

1. 인생의 기록

시각, 청각, 후각, 촉각, 미각을 통해 사람이 하루에 저장하는 데이터양은 총 14GB이다. 이 중 시각은 10GB로 전체 데이터양의 76%에 이르고 청각은 1.4GB로 전체 용량의 11%에 해당한다. 즉, 시각과 청각에 의해 저장되는 데이터양은 87%에 이른다. 이렇게 저장하면 인간이 약 100년 동안 저장하는 데 필요한 데이터 저장량은 600TB 정도 된다.[3] 저장용량의 증가와 저장매체 비용의 감소, 네트워킹은 모든 인간에 관한 데이터를 영원히 저장하고 복제하는 것을 가능케 할 수 있다.

특히, 디지털 기술의 발전과 더불어 데이터 경제로 패러다임이 전환되고 있다. 데이터 경제의 한 단면인 4차 산업혁명은 데이터 활용을 통해 혁신을 이끌고 있다. 그 데이터 중 특정 개인에 관한 식별 데이터는 경제적 관점에서 가장 가치 있는 자산으로 평가받고 있다. 개인의 데이터에 대한 활용 없이는 4차 산업혁명을 성공적으로 이끌 수 없게 되었다. 그런데 이러한 데이터를 축적하고 관리하는 공적·사적 기관은 개인에 대한 통제와 감시수단을 확보하게 된다. 이러한 데이터를 통해 일정 부류의 사람들을 낙인찍을 수 있으며 그들을 사회로부터 고립시키거나 선택권도 제한할 수 있는 능력을 보유하게 된다. 데이터의 주체는 자신의 삶이 감시당한다는 느낌을 지울 수 없게 되고 그것은 곧 자유에 대한 억압감으로 귀결된다.[4]

디지털화된 일상에서 개인에 관한 데이터는 다양한 형식으로 변환되고 사용되며 유포될 수 있으므로 개인의 프라이버시는 위협받게 된다. 따라서 데이터를 취급하는 사람은 프라이버시 침해 가능성을 늘 염두에 두어야 한다. 특히, 공적 기관인 수사기관은 프라이버시에 대해 명확히 이해해야 하며 법에서 허용된

---

3 유영갑·송영준·김동우, "인간 감각 정보를 위한 평생 기억용량 평가", 한국콘텐츠학회논문지 제9권 제1호, 2009, 27면.

4 변용완·장재옥, "빅데이터 환경에서 프라이버시권 개념의 재정식화 –정보프라이버시에 대한 실용주의적 접근–", 아주법학 제16권 제3호, 2022, 171면.

범위를 넘어 개인의 프라이버시를 침해하지 않도록 극도의 주의를 기울여야 할 것이다.

2. 프라이버시의 개념

프라이버시라는 개념은 사회적·역사적·문화적 맥락에서 정의될 수 있는 것이므로 그 개념은 시대, 사회, 개인에 따라 각자 다르게 정의될 수 있다. 프라이버시란 한 문장으로 정의하거나 선언할 수 있는 명제가 아니기 때문에 프라이버시권이 무엇을 보호하는지 또는 보호해야 하는지를 명확히 하는 것도 어려운 작업이다.[5]

하지만, 프라이버시는 개인만의 사적인 영역에 관한 권리이며 인간의 본성에 기인하는 권리임은 분명하다. 한 인간은 남들과의 부대낌 속에서 자아 정체성을 확립할 수 있는데 이를 위해서는 타자에 의한 관찰과 분석이 불가피한 것이므로 이와 대립되는 개념으로서의 프라이버시 개념이 필요하다. 자기 정체성을 위한 타인과의 관계가 필요하기는 하지만 동시에 정체성을 확립하기 위해 타인과 독립하여 타인의 접근을 배제할 수 있는 개인만의 사적인 영역이 요구되기 때문이다.[6]

Samuel D. Warren과 Louis D. Brandeis는 그들의 논문 "The Right to Privacy"에서 개인의 저작물 및 기타 지성 또는 감정의 산물을 보호하는 원칙은 프라이버시권에 포함된다고 설명하였다.[7] 앨런 웨스틴(Alan Westin)은 "프라이버시는 어떠한 환경에서든지 자신의 신체, 태도와 행위를 타인에게 얼마만큼 노출시킬 수 있는가를 자유롭게 선택할 수 있는 자유"라고 설명하였고 블루스틴(Edward Bloustine)은 "프라이버시란 인간의 인격권의 법익이므로 인격의 침해, 개인의 자주성, 존엄과 완전성을 보호하는 것"이라고 정의하였다.[8]

5 이권일, "헌법상 보호되는 프라이버시 개념의 변화에 관한 소고", 세계헌법연구 제25권 제1호, 2019. 4, 145면.

6 이권일, "헌법상 보호되는 프라이버시 개념의 변화에 관한 소고", 세계헌법연구 제25권 제1호, 2019. 4, 144면.

7 Samuel D. Warren, Louis D. Brandeis, "The Right to Privacy", Harvard Law Review Vol4, 1890. 12, p. 213.

8 성선제, 사이버프라이버시, 서울경제경영, 2014. 1, 49면.

3. 프라이버시권의 발생

프라이버시에 대한 법적 보호는 20세기 미국에서 큰 이슈가 되었지만 프라이버시에 대한 인식은 고대 서구사회의 오랜 관습과 규범에서 찾을 수 있다. 그리스 시대 이후 서구사회는 인간의 사회영역을 사적 영역과 공적 영역으로 이분하여 이해해 왔으며 그 구분을 통해 인간의 본성 및 국가와 개인의 적정한 역할을 분배해 왔다.[9]

프라이버시가 권리의 대상이 된다는 인식은 19세기 후반 미국에서 나타나기 시작하였다. 프라이버시권에 관한 명문의 규정이 존재하지 않은 상태에서도 미국의 법원들은 생활방해, 불법침해, 사적 도청의 제한 등으로 프라이버시를 간접적으로 보호하고 있었다. 1873년에는 James Fitzjames Stephen이 프라이버시에 관한 최초의 철학적 해설서를 출판했고[10] 1881년 미시간주 대법원의 Demay v. Roberts 사건[11]에서 Marston 판사는 "원고는 그러한 경우, 그녀의 아파트에 있는 것과 같은 법적 프라이버시권을 가진다"라고 판시하였다. 1888년 Thomas Cooley 판사는 그가 쓴 불법행위에 관한 논문에서 개인의 "혼자 있을 권리(the right to be let alone)"를 불법행위법상의 권리 중 하나에 포함시켰다. 1890년 S. D. Warren과 L. D. Brandeis는 "The Right to Privacy"라는 논문을 발표하면서 Cooley 판사가 최초로 사용한 개인의 혼자 있을 권리를 향유하기 위해서는 새로운 법적 구제 수단이 필요하다고 주장했다.[12]

"The Right to Privacy" 논문이 발표되고 12년이 지난 후인 1902년 Roberson v. Rochester Folding Box Co. 사건[13]에서 프라이버시권이 문제되었는데, 뉴욕주 대법원은 프라이버시권을 판례로 인정하는 것은 적절하지 않고 입법에 의해 인정되는 것이 바람직하다는 태도를 보이면서 보통법상의 일부로서 프라이버시권 인정을 거부했다. 그러나 3년 후인 1905년 Pavesich v. New England Life Ins. Co.

9 황인호, "미국에서 프라이버시권의 전개과정에 관한 고찰", 토지공법연구 제19집, 2003. 9, 231면.
10 J. F. Stephen, Liberty, Equality, Fraternity, 1st. ed.,(1873).
11 원고의 동의없이 피고가 원고의 출산과정을 지켜본 사안에 대하여 불법행위법상의 구제를 인정한 사건.
12 황인호, "미국에서 프라이버시권의 전개과정에 관한 고찰", 토지공법연구 제19집, 2003. 9, 240-241면.
13 Roberson v. Rochester Folding Box Co., 171 N.Y. 538, 64 N.E.442(1902).

사건[14]에서 조지아주 대법원은 처음으로 판례를 통해 프라이버시권을 인정하였는데 당시 대법원은 “프라이버시권은 자연의 본성에 기초를 두고 있으며, 일정한 범위 내에 있어서는 자연법에서 유래하는 것이고, 사회의 법원칙에 의해 승인되고, 연방 및 주 헌법에 의해 주의 구성원에게 보장되는 것이다. 프라이버시권은 범위 확정이 곤란하나 법에 의하여 승인되어 왔으므로 적정한 범위에서 이를 승인할 수 있으며, 프라이버시의 권리와 일반 시민의 권리 사이에 모순되지 않도록 행사될 수 있고, 양자를 모두 보호하는 것이 법원의 사명이며, 프라이버시의 범위와 한계는 법원에 의해 확정될 수 있다”라고 판시하였다.[15]

4. 프라이버시권의 발전과 확대

프라이버시권은 공간 프라이버시, 결정 프라이버시, 정보 프라이버시 순으로 발전하였다. 공간 프라이버시는 개인이 일정한 물리적 공간에서는 자신의 의사에 반하는 부당한 침해를 당하지 않도록 보호받을 수 있는 범위를 말하며, 결정 프라이버시는 개인이 국가나 타인의 간섭없이 스스로 의사 결정을 내릴 수 있는 자유를 말하며, 정보 프라이버시는 개인에 관한 데이터가 부당하게 처리되는 것을 통제할 수 있는 권리를 말한다.[16]

즉, 가장 최근에 등장한 정보 프라이버시는 정보사회에서 개인의 영역, 신체, 그리고 감추고 싶은 것에 대한 어떠한 권리를 의미한다. 하지만 정보자본주의사회에서는 조금 더 복잡하다. 우리는 정보자본주의사회를 정보, 지식, 독창적인 생각들이 정상적인 상품가치를 인정받는 사회라고 규정할 수 있는데 이러한 사회에서 프라이버시권은 개인정보, 심리정보 등이 경제적 이득을 목적으로 하는 자에게 도난당하지 않을 권리와 이러한 정보를 왜곡되지 않도록 소통할 수 있는 등 적극적 의미까지 내포한다.[17] 통신기기에 대한 의존증의 증대, 접속의 가능상태는

14 Pavesich v. New England Life Insurance Co., 122 Ga. 190, 50 S.E. 68 (1905).

15 황인호, “미국에서 프라이버시권의 전개과정에 관한 고찰”, 토지공법연구 제19집, 2003. 9, 241–242면.

16 변용완·장재옥, “빅데이터 환경에서 프라이버시권 개념의 재정식화 –정보프라이버시에 대한 실용주의적 접근–”, 아주법학 제16권 제3호, 2022, 173–174면.

17 고영삼, 전자감시사회와 프라이버시, 한울아카데미, 1998, 4면.

나에 관한 정보를 타인의 시선 속에 두는 것과 같다. 정보사회의 주체는 그가 언제 어디에 있는지 타인에게 흘리면서 존재하게 되는데 이를 생활의 스케줄화라고 부를 수 있다. 타자의 시선 속에 있음으로써 비로소 존재할 수 있는 이러한 환경에서 그 시선은 항상 정보주체에게 호의적인 것만은 아니라는데 문제가 있다.[18]

조직 간 혹은 조직과 개인이 정보를 불균등하게 보유하고 있다면 지배와 종속의 문세가 발생한다. 특히, 국가 관료조직의 무한한 정보축적은 결과적으로 개인에 대한 통제력의 증대로 귀결될 우려가 있다.[19] 오늘날과 같은 디지털 혁명의 시대에는 정부 또는 거대 기업이 빅데이터를 보유하거나 활용하고 있기 때문에 개인에 관한 데이터는 그들에 의해 언제든지 검색되고 활용될 수 있고 심지어 개인을 특정하지 않은 데이터와 민감하지 않은 데이터를 통해 민감한 데이터로 재생산하는 것도 가능해지고 있으므로 개인의 인격 또는 프라이버시를 침해할 위험성도 높아졌다고 할 수 있다.[20]

5. 프라이버시 침해유형

앞서 설명한 바와 같이 프라이버시에 대한 개념을 명확하게 정의하는 것은 쉽지 않다. 프라이버시 개념은 시대의 흐름에 따라 변동될 수 있기 때문이다. Daniel J. Solove는 프라이버시의 개념상 한계를 인정하고 누구에게나 적용되는 추상적 개념 정의를 포기하고 실질적인 사안의 해결을 위해 개념 보편화 작업에 대한 관심에서 문제 중심적 해결 가능성에 관한 관심을 두어야 한다고 주장하였다. 그는 실용주의적 방법론에 입각하여 프라이버시를 침해할 수 있는 문제를 다음 표와 같이 종류별로 유형화하였다.[21 22]

---

18 고영삼, 전자감시사회와 프라이버시, 한울아카데미, 1998, 272면.

19 고영삼, 전자감시사회와 프라이버시, 한울아카데미, 1998, 283면.

20 변용완·장재옥, “빅데이터 환경에서 프라이버시권 개념의 재정식화 –정보프라이버시에 대한 실용주의적 접근–”, 아주법학 제16권 제3호, 2022, 167·169면.

21 장철준, “프라이버시의 기본권적 실질화를 위한 입론(다니엘 솔로브(Daniel J. Solove)의 실용주의 이론을 중심으로)”, 언론과 법 제15권 제3호, 2016. 12, 12·17면.

22 변용완·장재옥, “빅데이터 환경에서 프라이버시권 개념의 재정식화 –정보프라이버시에 대한 실용주의적 접근–”, 아주법학 제16권 제3호, 2022, 186면.

표 1 프라이버시에 대한 유해행위의 유형

구분(정보 흐름)	문제적 행위들의 유형
정보수집	감시(Surveillance)
	심문(Interrogation)
정보처리	집약(Aggregation)
	식별(Identification)
	안전하지 않은 상태(Insecurity)
	2차 이용(Secondary Use)
	배제(Exclusion)
정보확산(유통)	비밀유지의무 위반(Breach of Confidentiality)
	누설(Disclosure)
	폭로(Exposure)
	접근가능성의 증대(Increased Accessibility)
	협박(Blackmail)
	도용(Appropriation)
	왜곡(Distortion)
침해	침입(Intrusion)
	의사결정에의 개입(Decisional Interference)

'감시'는 CCTV, Webcam 등과 같이 감시를 적극적으로 요청하는 경우와 허락이 없는 감시도 포함한다. '심문'은 일반적으로 국가나 타인에 의해 이루어지는 강제적 탐문을 의미하지만 정보주체가 자의적으로 응하는 설문에 대한 응답을 포함한다. '집약'은 개인에 관한 다양한 데이터를 모으는 과정으로 흩어져 있는 개별 데이터는 가치가 없거나 적지만 이러한 데이터들이 집약되면 개인에게 중대한 의미로 작용할 수 있다. '식별'은 데이터를 주체와 일치시키는 과정이다. 신분증

의 번호나 휴대전화 번호 등은 우리 삶에 편리함을 제공하지만 그것이 함부로 누설되거나 악용될 경우 개인의 삶에 막대한 피해를 가할 수 있다. '안전하지 않은 상태'는 저장되거나 처리되는 데이터가 누설되거나 부적절하게 접근하는 것을 차단하지 못하는 상태를 말한다. '2차 이용'은 특정한 목적을 위해 집약된 데이터, 즉 1차적 데이터를 정보주체의 동의 없이 다른 목적으로 이용하는 것을 말한다. '배제'는 정보주체로 하여금 자신에 내한 데이터가 사용된다는 것을 알려야 하나 정보주체가 이를 인식하지 못한 상태로 만드는 것을 말한다. '비밀유지의무 위반'은 특정인의 데이터를 비밀로 유지하기로 약속하였으나 이를 위반하는 것을 말한다. '누설 또는 폭로'는 타인이 특정인에 대한 평판을 판단하는 데 영향을 줄 수 있는 사적 데이터를 누설하거나 폭로하는 것을 말한다. '접근가능성의 증대'는 특정 데이터에 대한 접근성 자체가 확장되는 것을 말한다. 접근가능성의 증대는 데이터의 유출이나 누설 등의 유해활동을 증가시키게 된다. '협박'은 개인의 데이터를 누설하겠다는 위협이다. '도용'은 정보주체의 신원을 다른 목적과 이익을 위해 제공하는 행위이다. '왜곡'은 개인에 대한 거짓이나 잘못된 정보를 퍼뜨리는 일이다. '침입'은 개인의 사생활 영역에 관여함으로써 '혼자 있을 권리'를 침해하는 것을 말하고 '의사결정에의 개입'은 정보주체가 사적 행위에 관한 의사결정을 하지 못하도록 관여하는 것을 말한다.[23]

제2절 통신의 비밀

1. 기본권으로서의 통신비밀

헌법 제18조는 "모든 국민은 통신의 비밀을 침해받지 아니한다"라고 규정하고 있다. 통신비밀은 헌법상 기본권으로 보호되는 권리이다. 통신과 관련된 기본권은 통신 그 자체의 안전과 평온을 보호하는 것과 통신의 내용에 따라 야기되는 사생활의 비밀과 자유, 개인정보보호에 관한 논의로 나눌 수 있다. 특히, 정보통

23 변용완·장재옥, "빅데이터 환경에서 프라이버시권 개념의 재정식화 −정보프라이버시에 대한 실용주의적 접근−", 아주법학 제16권 제3호, 2022, 186−189면.

신의 발달로 말미암아 전통적인 표현의 자유도 새로운 방향으로 변하고 있다. 과거 종이 위에 활자로 구현되던 표현의 자유는 정보통신의 이용을 통한 구현으로 자리를 옮기고 있다. 따라서, 통신비밀에 대한 논의에는 표현의 자유에 대한 문제까지 포함하게 되었다.[24]

통신의 자유는 양심의 자유·종교의 자유·학문의 자유와 같이 내면적 정신활동과는 달리 표현의 자유처럼 외면적 정신활동의 자유에 해당하지만 통신의 자유는 사생활 보호를 기초로 하여 이루어지는 표현행위를 보호하는 것이므로 언론·출판의 자유와는 구별되어야 한다. 통신의 자유는 제한된 한정적 범위 내에서의 대내적 의사표시의 비밀을 보호하려는 것이기 때문이다.[25]

2. 통신의 불가침

통신비밀을 보호하기 위해서는 개인이 그 의사나 정보를 편지나 전화, 정보통신 등의 모든 통신 수단에 의해 전달하는 경우 개인의 의사에 반해서 그 내용, 당사자 등을 공개당하지 아니해야 한다. 또한 통신 주체 본인의 동의 없이 통신수단을 개봉, 도청, 열람하는 행위는 허용될 수 없을 뿐만 아니라 통신사실의 존재, 통신의 방법, 통신의 내용, 시간, 횟수, 당사자의 주소 등을 알고자 하는 행위도 허용되지 않는다. 이러한 정보를 통해 특정한 통신의 내용을 추정할 수 있을 뿐만 아니라 이를 통해 누구와 어떠한 방식으로 자유롭게 의사소통할지에 관하여 스스로 결정하고 통제할 권리가 침해될 수 있기 때문이다.[26]

헌법이 사생활의 비밀과 자유에 포섭될 수 있는 통신의 비밀을 별도의 기본권으로 선언한 것은 우편이나 전기통신의 운영이 전통적으로 국가독점에서 출발했기 때문에 개인 간의 의사소통을 전제로 하는 통신은 국가에 의해 침해가능성이 여타의 사적 영역보다 크기 때문이다.[27]

---

24 성낙인, "통신에서의 기본권보호", 공법연구 제30집 제2호, 한국공법학회, 2001, 34면.

25 성낙인, "통신에서의 기본권보호", 공법연구 제30집 제2호, 한국공법학회, 2001, 35면.

26 이진구·김일환, "통신비밀의 보호범위와 한계에 관한 비교법적 연구 −미국의 통신비밀보호법제를 중심으로−", 미국헌법연구 제27권 제1호, 2016. 4, 219−220면.

27 헌법재판소 2001. 3. 21. 2000헌바25.

제3절 개인정보자기결정권

빅데이터 시대에서 생각하게 되는 프라이버시는 19세기 말 프라이버시에 대한 권리가 구체화 된 시대와는 상당히 다른 면모를 보여준다. 당시의 프라이버시는 '혼자 있을 권리'로 대표되었으며, 개인의 사적인 영역을 침해받지 않아야 한다는 시각이 중심을 이루고 있었다. 이렇게 시작된 프라이버시에 관한 논의는 20세기 중반 이후 정보주체에게 더 적극적인 권리를 인정하는 방향으로 발전하였고 1960년대를 거치면서 정보주체에게 통제권을 주는 방향으로 발전하였다. 이러한 적극적 권리는 독일에서 개인정보자기결정권이라는 법적 개념으로 정리되었다.[28]

이에 대해 우리나라 헌법재판소는 "개인정보자기결정권은 자신에 관한 정보가 언제 누구에게 어느 범위까지 알려지고 또 이용되도록 할 것인지를 그 정보주체가 스스로 결정할 수 있는 권리이다. 즉 정보주체가 개인정보의 공개와 이용에 관하여 스스로 결정할 권리를 말한다"라고 정의하였고 2011년에는 개인정보 보호법이 제정되면서 실정법의 영역에서도 개인정보자기결정권에 대한 논의가 본격화되었다.

개인정보 보호법에서 규정한 것 이외에도 위치정보의 보호 및 이용 등에 관한 법률에서 명시한 개인의 위치정보와 금융실명법에서 정하는 금융거래정보 등도 사생활의 비밀로써 보호되어야 할 개인정보에 포함시킬 수 있다.[29]

헌법재판소는 "개인정보자기결정권을 헌법상 기본권으로 승인하는 것은 현대 정보통신기술의 발달에 내재된 위험성으로부터 개인정보를 보호함으로써 궁극적으로는 개인의 결정의 자유를 보호하고, 나아가 자유민주체제의 근간이 총체적으로 훼손될 가능성을 차단하기 위하여 필요한 최소한의 헌법적 보장장치라고 할 수 있다. 개인정보자기결정권의 헌법상 근거로는 헌법 제17조의 사생활의 비밀과 자유, 헌법 제10조 제1문의 인간의 존엄과 가치 및 행복추구권에 근거를 둔 일반적 인격권 또는 위 조문들과 동시에 우리 헌법의 자유민주적 기본질서 규정

---

28 고학수·임용, 데이터오너십 -내 정보는 누구의 것인가?-, 박영사, 2019, 21면.

29 윤동호, "금융거래정보요구권과 영장주의", 형사정책연구 제20권 제2호, 2009, 162-163면.

또는 국민주권원리와 민주주의원리 등을 고려할 수 있으나, 개인정보자기결정권으로 보호하려는 내용을 위 각 기본권들 및 헌법원리들 중 일부에 완전히 포섭시키는 것은 불가능하다고 할 것이므로, 그 헌법적 근거를 굳이 어느 한두 개에 국한시키는 것은 바람직하지 않은 것으로 보이고, 오히려 개인정보자기결정권은 이들을 이념적 기초로 하는 독자적 기본권으로서 헌법에 명시되지 아니한 기본권이라고 보아야 할 것이다"라고 하여[30] 독자적 기본권으로 인정하고 있다.

개인정보는 개인이 가지는 사상이나 감정을 표현한 컨텐츠의 보호 측면이 아니라 개인의 형상이나 존재를 특정할 수 있는 데이터를 보호하고자 하는 측면이 강하다. 즉 개인정보자기결정권이 사생활의 비밀을 보호하고자 하는 권리이기는 하나 보호하고자 하는 정보의 내용이 개인에 대한 식별 데이터에 중점을 둔 것이다.

최근에는 빅데이터와 인공지능의 활용도가 점차 높아지고 복잡해지는 상황에서 개인정보 주체가 최초의 개인에 관한 데이터 활용에 대한 동의를 할 때에도 과연 향후 민감정보의 생산에 대한 동의까지 포함된 것인지 의문이며, 알고 하는 결정을 내리는 데에 어려움이 없는 '합리적 개인'을 암묵적인 전제로 하는 현재의 동의 방식이 점차 비현실적인 것이 될 가능성이 있다.[31] 이러한 상황에서 과연 개인이 자신의 개인정보를 제대로 통제하고 있는 것인지는 계속 생각해 봐야 할 문제이다.

제4절 지적재산권

인간정신의 발달에 따라 학문과 예술을 중심으로 구현된 인간의 창작물 및 창조적 개발·발명에 따른 신기술 등에 대한 재산적 가치를 인정받은 권리를 무체재산, 지식재산 또는 지적재산이라고 한다. 이러한 지적재산은 인간의 정신적 사상의 창작으로 얻어진 것으로써 물질문화의 발전에 기여하는 것과 예술·문학·

30 헌법재판소 2005. 5. 26. 선고 99헌마513, 판례집 제17권 제1집, 683면.
31 고학수·임용, 데이터오너십 —내 정보는 누구의 것인가?—, 박영사, 2019, 23면.

음악 등을 중심으로 한 것으로써 정신문화의 발전에 기여하는 것으로 나눌 수 있다. 물질문화에 기여하는 지적재산을 산업재산권 또는 공업소유권이라고 하고 정신문화에 기여하는 권리를 저작권이라고 한다.[32] 지적재산의 종류를 정리하면 다음과 같다.

그림 2 지적재산권의 종류[33]

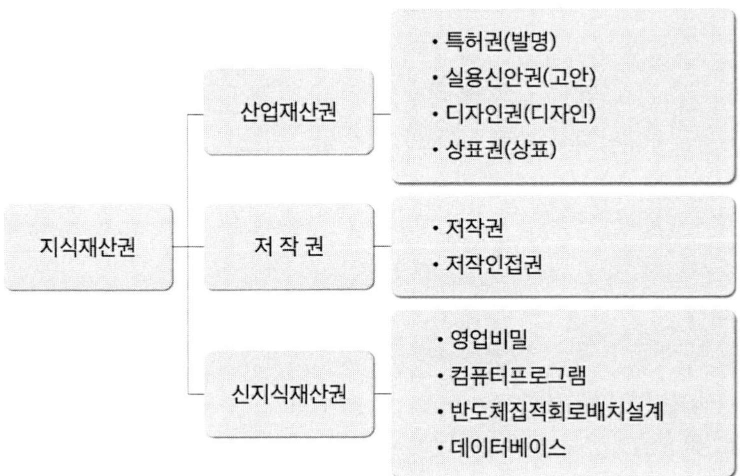

이러한 지적재산권은 대부분 디지털 형태로 표현되고 데이터로 생산, 이용, 전파됨으로써 디지털 데이터는 재산권으로 보호받아야 할 대상이 된다. 데이터는 이제 단순히 하나의 기록이라는 수단적 성격을 넘어서 경제적 가치를 지닌 것으로 평가받고 있으며, 더 나아가 개인적인 재산적 가치가 있는 것으로 인정되고 있다.[34]

헌법 제23조는 모든 국민의 재산권은 보장된다는 것을 규정하고 이에 대한 제한은 법률로써만 할 수 있도록 하고 있다. 유체물을 압수하기 위해 유체물이 보관된 장소를 수색함으로써 사생활의 자유가 침해되는 과정을 거치게 되고 유체물을 반출함으로써 재산권이 침해되는 구조를 가지게 된다. 또한 반출되는 유체

32 윤선희, 지적재산권 16정판, 세창출판사, 2016, 1－2면.

33 https://img－cdn.ddanzi.com/ddfile/201501－images/3632071.jpg(2024. 9. 5. 검색).

34 홍승희, “정보재산권의 형사법적 보호와 한계”, 한국형사정책연구원 사이버범죄연구총서 05－13, 2005, 15면.

물이 사상과 감정을 담고 있는 것이라면 반출 자체가 사생활의 자유를 침해하는 이중적 요소를 지닐 수도 있다.

유체물은 두 곳에 동시에 존재할 수 없고 한번 타인의 수중에 들어가 소비된 후에는 동일한 것에 대하여 권리를 부여할 수 없지만 데이터는 타인의 수중에 들어갔다고 할지라도 이를 계속하고 권리의 객체로 삼을 수 있다는 차이점이 있다.[35] 그러나 이러한 차이점을 들어 정보저장매체 없이 데이터만을 복제·출력한 경우에도 재산권이 침해되지 않았다고 볼 수는 없다. 유체물과 디지털 데이터는 그 재산권 행사의 방법이 다르기 때문이다. 결국 디지털 데이터의 특성으로 인해 이를 취득하는 과정만이 다르게 작용할 뿐 디지털 데이터에 대한 권리를 침해당하는 주체의 향유법익은 유체물의 경우와 다르지 않다는 점을 유념하여야 한다.

제5절 데이터 소유권

1. 데이터의 비경합성

전통 법학에서 소유권은 물건을 배타적으로 사용, 수익, 처분할 수 있는 절대권으로 파악하고 있다. 하지만 데이터는 민법상 소유권의 객체가 아니므로 데이터 소유권에 대한 논의는 데이터를 배타적으로 지배할 수 있는가에 대한 문제로 귀결된다.[36]

데이터로 표현된 재화는 비밀로 간직하는 경우 사실상의 지배가 유지되는 것이지만 이를 기업이나 정부에 제공하게 되면 개인과 타인이 경합하지 않고 각각 보유하게 되는 비경합재(non-rivalrous good)이다. 따라서, 데이터 소유권의 문제를 다룸에 있어 정보주체의 권리뿐만 아니라 기업이나 정부의 데이터 소유권에 대해서도 함께 논의해야 한다.[37]

35 배대헌, "디지털 재산으로서 정보와 '물건' 개념 확대에 관한 검토", 지식정보사회 구현을 위한 디지털 법제의 정비 방안 발표문, 2002, 6면.

36 이상용, "데이터 거래의 법적 기초", 법조 제67권 제2호, 2018, 19면.

37 박상철, "데이터 소유권 개념을 통한 정보보호 법제의 재구성", 법경제학연구 제15권 제2호, 2018. 8, 262-263면.

비밀로 간직되던 데이터가 한 번 복제되고 전파되고 나면 이를 배타적으로 사실상(de facto)의 지배를 하는 것은 불가능하다. 데이터를 보유한 여러 개체는 각각 사실상의 지배력을 보유하기 때문이다. 따라서 데이터 소유권을 인정한다는 것은 법률상(de jure)의 지배력을 어느 정도 구사할 수 있는지에 대한 논의가 될 것이다.

2. 데이터 소유권 논의의 필요성

재산권은 일반적으로 소유권을 중심으로 전개된다. 민법상 소유권의 대상이 되는 부동산과 동산과 같은 유체물은 그 대상이 되는 재산에 대해 물리적으로 배타적 지배가 가능하다. 반면, 데이터는 비경합성과 비배제성을 가지는 무형의 것이므로 자연적인 상태에서는 배타적 지배가능성, 특정성, 독립성의 요건을 충족시키기 어렵다. 만약, 데이터에 대해 소유권을 인정하려면 지적재산권과 유사한 권리라고 상정할 수는 있다. 지적재산법은 무형의 재산에 대해 인위적으로 그 보호 목적, 범위와 기간을 제도화한 별개의 법을 통해 배타적 지배권을 인정하기 때문이다. 그런데 데이터에 대해 저작권이나 영업비밀과 같이 지적재산법에서 인정되는 권리 외의 새로운 재산적 권리로 창설할 필요성이 있는지는 검토가 필요하다.

3. 데이터 소유권의 기능

수사관 A는 용의자 B를 미행하면서 그의 얼굴 사진을 찍은 경우를 상정해 보자, 해당 사진 파일은 누구에게 귀속되는 데이터가 될 것인가? A는 자신이 수사상 필요에 의해 촬영한 것이므로 자신이 사용, 처분할 수 있는 권리가 있다고 주장할 것이고 용의자 B는 자신의 개인정보가 담겨 있으므로 개인정보자기결정권에 따라 자신에게 처분 권한이 있다고 주장할 것이다. 더 복잡한 다른 예시를 들어보자, 수사관 A는 용의자 B가 음주운전한 정황이 있어 의사 C로 하여금 채혈한 후 혈중알코올 농도를 계산해 달라고 요구하였다. 이 경우 혈액을 분석한 결과인 혈중알코올 농도 데이터는 누가 통제할 권한을 가지고 있을까?

수사관 A는 자신의 필요에 따라 사진을 촬영하였거나 자신이 사용하기 위해 혈중알코올 데이터를 측정한 것이므로 사진정보와 알코올 농도 데이터에 대한 통제는 자신에게 있다고 주장할 것이고, 용의자 B는 자신에 관한 데이터이므로 자신이 통제하여야 한다고 주장할 것이고, 의사 C는 자신이 채혈하고 분석한 결과이기 때문에 자신에게 통제권이 있다고 주장할 것이다. 그런데 이들은 데이터의 사용과 그 범위에 대해 서로 합의한 바가 없다. 설사, 계약법에 의해 합의를 한다고 하더라도 수사의 대상인 용의자 B가 그 조건을 협상하거나 그 조건을 나중에 집행할 힘이 있다고 보기도 어렵다. 그런데 만약 사진정보와 알코올 농도 데이터가 외부에 유출되거나 부당하게 사용될 경우 그 피해는 누가 입게 될지 생각할 필요가 있다. 위 두 사례에서 정보나 데이터 유출에 따른 피해는 오로지 용의자 B에게 귀속된다.

계약법에 따라 규율할 수도 있는 문제를 물권법적으로 접근하여 소유권의 대상이 된다는 논의가 필요한 것은 용의자 B를 보호하기 위함이다. 1967년 알란 웨스틴(Alan Westin)은 '*Privacy and Freedom*'이라는 책을 통해 정보주체가 자신에 관한 데이터에 대해 소유권적 통제권을 가진다고 주장하기 시작하였다. 그는 특히 권력에 의한 사회적 통제, 즉 개인에 관한 데이터 보유자가 정보주체가 알지도 못하는 규모와 내용의 데이터를 보유하고 있다는 자체로 정보주체의 활동 및 자유를 위축시킬 수 있다고 생각하였다. 계약법적 관점에서 프라이버시 보호에 한계가 있기 때문에 이를 물권법적 소유권 개념을 도입하면 프라이버시를 한층 두텁게 보호할 수 있게 된다. 데이터를 원칙상 정보주체의 소유물로 간주할 경우 데이터의 공개나 사용범위에 대한 사전 협상 없이 데이터가 제공되거나 수집된 경우에도 데이터 보유자는 이를 마음대로 할 수 없다는 규범이 성립된다. 데이터 보유자는 그 데이터의 사용 목적과 사용 범위에 대해 적극적으로 데이터 소유권자에게 고지할 의무를 가지게 된다. 물권법적 접근은 데이터가 제3자에게 양도된 후에도 유용하다. 계약법에 따를 경우 정보주체와 합의한 바 없는 제3자는 정보주체와의 어떠한 계약상의 의무를 부담하지 않지만, 데이터를 정보주체의 소유물로 볼 경우에는 정보주체는 데이터 사용 목적과 범위에 대해 전혀 합의한 바 없는 제3자에 대해서도 데이터 이용에 관한 권리를 주장할 수 있게 된다.[38]

---

38 고학수·임용, 데이터오너십 –내 정보는 누구의 것인가?–, 박영사, 2019, 260–263면.

데이터 소유권에 대한 인정은 최근 대법원이 "피해자 등 제3자가 피의자의 소유·관리에 속하는 정보저장매체를 영장에 의하지 않고 임의제출한 경우에는 실질적 피압수자인 피의자가 수사기관으로 하여금 그 전자정보 전부를 무제한 탐색하는 데 동의한 것으로 보기 어려울 뿐만 아니라 피의자 스스로 임의제출한 경우 피의자의 참여권 등이 보장되어야 하는 것과 견주어 보더라도 특별한 사정이 없는 한 형사소송법 제219조, 제121조, 제129조에 따라 피의자에게 참여권을 보장하고 압수한 전자정보 목록을 교부하는 등 피의자의 절차적 권리를 보장하기 위한 적절한 조치가 이루어져야 한다"라고 판시[39]하면서 창설된 '실질적 피압수자' 개념의 이론적 바탕이 될 여지가 있으며, 저장매체에 대한 압수 이후 수사기관이 복구한 데이터에 대한 환부 청구권 개념 인정을 위해서도 데이터 소유권에 대한 논의가 의미를 가지게 될 것이다.

39 대법원 2021. 11. 18. 선고 2016도348 전원합의체 판결.

제 3 장

데이터와 정보 개념에 대한 이해

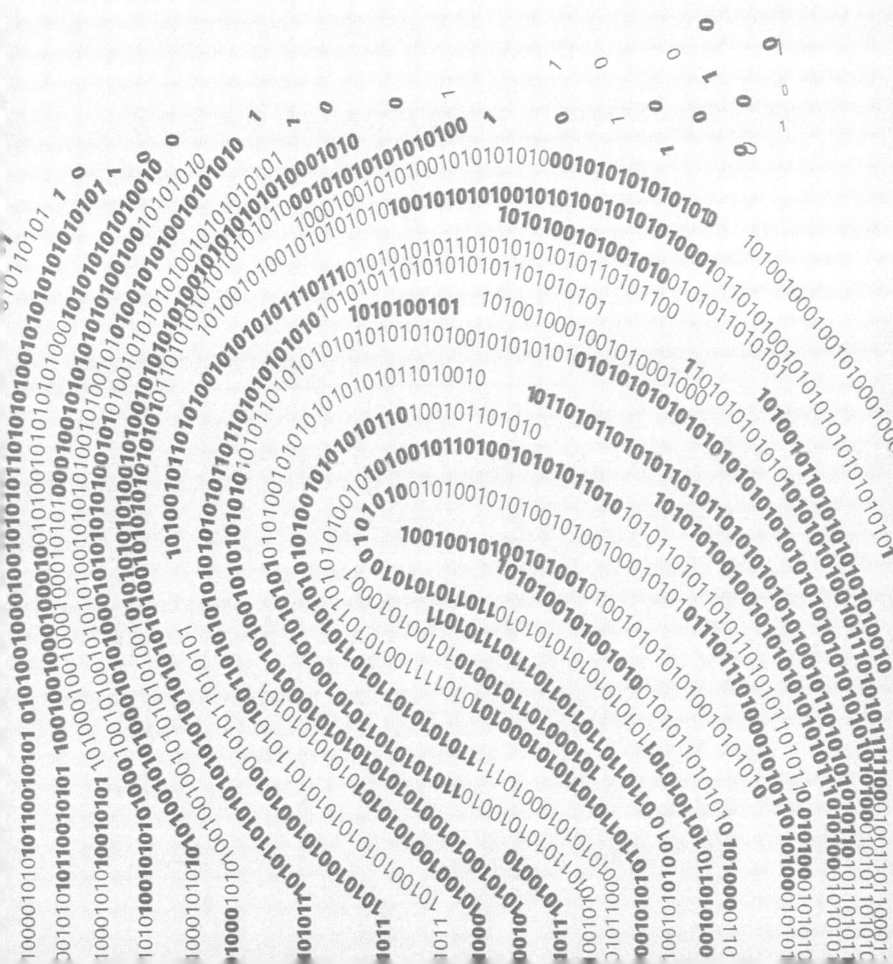

제 3 장 데이터와 정보 개념에 대한 이해

제1절 앎의 바탕이 되는 재료들의 개념 정의 필요성

'증거'란 사실확인을 위해서 각 당사자가 자신들의 주장이 옳다는 것을 심판관에게 설득하기 위하여 법정에 제출한 것을 말한다. 증거로 제출되는 것에는 성질과 형태를 가진 물건도 있고 어떤 사람의 진술도 있으며 그러한 진술이 기재되어 있는 서류도 있다. 비록 소유자에 의해 버려진 쓸모없는 물건도 증거로서의 가치가 있다고 판단되면 증거로 제출될 수 있으며, 컴퓨터 사용자가 무의미하다고 생각하여 삭제한 파일도 증거로 활용될 수 있다. 종래 어떠한 가치를 가지는 '진술'은 법정에서 직접 증언하는 형태로 전달되거나 유체물인 서류에 화체되어 전달되었고, 압수·수색의 대상이었던 물건은 법정에 제시하는 방법으로 제출되었다.

그런데 디지털 증거가 법정에 제출되면서 '데이터'와 '정보'의 개념이 중첩적으로 사용되고 있다. 데이터, 즉 자료(資料)는 문자, 숫자, 소리, 그림, 영상, 단어 등의 형태로 된 의미 단위이다. 보통 연구나 조사 등의 바탕이 되는 재료를 말하며, 자료를 의미 있게 정리하면 정보가 된다[1]는 것이 일반적인 인식이다. 일반적인 인식에 기초하여 보더라도 데이터는 기초가 되는 재료이며 정보는 그 재료를 가공한 산출물로 볼 수 있으므로 그 개념을 명확히 하여 분별이 필요한 단계에서 혼용되지 않도록 할 필요가 있다.

오래전부터 인간의 역사에서 '앎'이란 무엇인지에 대해 고찰할 때마다 정보, 지식, 지혜 등의 단어들이 사용되었다. 이 중 특히, '정보'는 최근의 정보화 사회, 정보 혁명이라는 추세에 걸맞게 일상적인 용어로 사용되고 있다. 심지어 '정보기본권', '정보인권'이라는 용어와 함께 기본권의 대상이 되었다. 그런데 우리는 이 '정보' 또는 정보와 유사한 개념으로 사용되는 데이터, 지식, 지혜 등의 용어에 대한 명확한 정의를 가지고 사용하고 있는지 의문이다. 앎이라는 측면에서 데이터, 정보, 지식, 지혜 등은 모두 같은 맥락 속에 존재하지만 '정보'라는 것을 정보인권이나 정보기본권과 같이 권리의 대상으로 삼거나 디지털 증거의 압수·수색과 같은 영역에서 강제처분의 대상으로 인식하는 경우에는 그 의미하는 바를 명확히 할 필요가 있다. 사전적 의미로 지식은 어떤 대상에 대해 배우거나 실천을 통해 알게 된 명확한 인식이나 이해를 의미하고, 지혜는 사물의 이치를 빨리 깨닫고 사물을 정확하게 처리하는 정신적인 능력을 말한다. 지식과 지혜는 다소 철학적 사유의 대상이므로 논의의 대상에서 제외하고 지식과 지혜의 대상으로 인식되는 데이터와 정보에 대해 논의를 집중해 보고자 한다.

디지털 증거의 압수와 관련한 쟁점을 다룬 논문[2]에서 정보를 압수할 수 있다거나 몰수할 수 있는지 등의 표현을 사용하면서 데이터와 정보에 대한 명확한 구분과 이해 없이 단지 '정보화 사회', '정보 혁명' 등 일상적인 표기를 차용하여 정보를 과거의 유체물과 같은 선상에서 다루고 있다. 많은 국내의 저서와 논문은 여전히 '전자정보에 대한 압수·수색', '증거물이 되는 전자정보' 등의 표현을 사용하고 있다. 우리의 형사소송법 제106조 제3항은 "법원은 압수의 목적물이 컴퓨터용디스크, 그 밖에 이와 비슷한 정보저장매체(이하 이 항에서 '정보저장매체 등'이라 한다)인 경우에는 기억된 정보의 범위를 정하여 출력하거나 복제하여 제출받아야 한다. 다만, 범위를 정하여 출력 또는 복제하는 방법이 불가능하거나 압수의 목적을 달성하기에 현저히 곤란하다고 인정되는 때에는 정보저장매체 등을 압수할 수

1 https://ko.wikipedia.org/wiki/%EC%9E%90%EB%A3%8C (2025. 9. 17. 검색).

2 김기범·이관희. "전기통신사업자 보관 몰수 대상 정보의 압수실태 및 개선방안", 경찰학 연구, 16(3), 2016; 김기범·이관희·장윤식·이상진, "정보영장 제도 도입방안 연구", 경찰학 연구, 11(3), 2011.

있다"라고 규정하면서 '정보저장매체', '정보의 범위'라는 용어를 사용하고 있으나 영문[3]에서는 'data storage medium', 'the specified scope of the data stored'라고 표현하고 있다. 같은 조 제4항은 "법원은 제3항에 따라 정보를 제공받은 경우 「개인정보 보호법」 제2조 제3호에 따른 정보주체에게 해당 사실을 지체 없이 알려야 한다"라고 규정하고 있음에 반하여 영문[4]에서는 "the data pursuant to paragraph (3)", "the subject of information"이라고 표현함으로써 데이터와 정보를 혼용하여 사용하고 있다. 우리의 법령에서 보듯이 데이터와 정보가 같은 의미를 가지는 것으로 상호 혼용하여 사용해도 되는지, 아니면 그 개념과 용도가 달라서 구분하여 사용되어야 하는 것인지 검토해 보아야 한다.

제2절 정보 개념의 규범적 해석

정보 개념을 정의할 때 국가정보학[5] 또는 통신기술 영역 등 특정한 영역에 국한하여 정보를 정의하는 방법이 있고 인간 생활의 전 영역에 걸쳐 공통된 정보의 개념을 정의하는 방법이 있으나 정보라는 용어가 우리의 일상생활 전 영역에서 사용되고 있기 때문에 전 영역을 포섭할 수 있는 통일된 개념 정의를 할 필요가 있다.

---

3 (3) Where the object to be seized is a computer disc or other data storage medium similar thereto (hereafter referred to as "data storage medium or such" in this paragraph), the court shall require it should be submitted after the data therein are printed out or it is copied within the specified scope of the data stored: Provided, That the data storage medium or such may be seized, when it is deemed substantially impossible to print out or copy the specified scope of the data or deemed substantially impracticable to accomplish the purpose of seizure."

4 (4) Where the court receives the data pursuant to paragraph (3), it shall inform, without delay, the subject of information defined in subparagraph 3 of Article 2 of the Personal Information Protection Act, of the relevant fact.

5 "국가정보학에서 information은 첩보라는 용어로 표현되는데 첩보는 '상대편의 정보나 형편을 몰래 알아내어 보고하거나 그런 보고'로 정의되어 있고 intelligence는 '그 의미의 타당성이 검증되지는 않았지만 분석, 평가 과정을 거치면 목적에 맞게 이용될 수 있을 것으로 믿고 수집된 자료'라고 정의한다."; 정준선, 국가정보와 경찰활동, 경찰대학, 2018. 9, 14면.

그러나 오래전부터 정보를 정의하기 위한 노력이 있었음에도 불구하고 현재에 이르러서도 정립되지 못한 채 다양한 개념으로 사용되고 있는 것으로 보인다. 정보는 매체가 표상하는 객관적인 사실이나 사태를 의미할 수도 있고 전달 신호의 의미로도 이해될 수 있는 개념이기 때문에 정보의 개념을 한마디로 정의하기는 쉽지 않다.[6][7][8] 이런 이유 때문에 전달된 자료인 데이터도 정보라고 불릴 수 있으며 더 나아가 그런 자료를 통해 우리가 얻게 되는 지식 또한 정보라고 불릴 수 있다는 포괄적 견해[9]도 존재한다.

그런데 정보가 가지는 고유한 성격들을 모두 고려하여 정보라는 개념의 다양성을 그대로 방치한다면 정보에 대해 법적 지위를 부여하기가 어려워지며[10] 정보를 보호해야 할 대상으로 규정한 현재의 모든 법규범들은 정보 개념의 다양성으로 인해 통일된 해석을 할 수 없게 되고 정보 개념을 근간으로 한 추가적인 쟁점에 일관된 대응을 할 수 없게 된다. 비록 현재까지 정보 개념에 대한 통일된 견해가 존재하지 않아 각 분야에서 사용되는 정보 개념의 다양성을 인정하더라도 현실 세계의 규범에서라도 통용되는 정보에 대하여는 정보에 대한 규범적 의미 부여는 반드시 필요하며 최소한 그 정보가 해당 법규에서 의미하는 범위라도 한정 짓는 노력이 선행되어야만 법이 보호하고자 하는 대상이 무엇인지 인식할 수 있다. 결국 정보를 어떻게 개념 정의할 것인가는 결국 "정보를 어떻게 이해할 것인가?" 즉, 정보가 법학에 있어서 어떠한 의미를 가지는가에 맞추어지게 될 것이다.[11]

---

6 홍경자, "정보개념과 정보해석학의 근대적 기원", 해석학연구 제13권, 2004, 34면.

7 "정보라는 단어는 정보이론의 일반적 영역에 있는 다양한 저자들 사이에서 각기 다른 의미를 가진다. 일반적인 영역에서 사용되는 수많은 것들을 충분히 설명할 수 있는 하나의 정보 개념을 기대하는 것은 어렵다고 봐야 한다"; Luciano Floridi, Information: a very short introduction, Oxford University Press, 2010, p. 1.

8 "정보 처리시스템의 전형인 컴퓨터 그리고 이에 관한 정보 정책을 이야기하는 많은 책들에서 정보와 관련한 수많은 연구를 진행하였지만 문제는 과연 정보가 무엇인지에 대해서는 알려지지 않았다는 점이다."; Mark Burgin, Data, Information, and Knowledge, Information, v. 7, No.1, 2004, p. 2.

9 여명숙, "사이버스페이스의 존재론과 그 심리철학적 함축", 이화여자대학교 박사학위논문, 1998, 67면.

10 정진명, "사권의 대상으로서 정보의 개념과 정보 관련 권리", 한국비교사법학회, 2000, 298면.

11 정진명, "사권의 대상으로서 정보의 개념과 정보 관련 권리", 한국비교사법학회, 2000, 300면.

제3절 정보 개념을 이해하기 위한 선행 질문

1. 정보는 메시지를 담고 있는가?

정보는 반드시 메시지를 담고 있어야 할까? A가 B에게 끊임없이 이야기하거나 문자를 보내는 등 많은 신호를 보냈지만 소음이나 알 수 없는 문자들을 보낸다면 이를 정보라고 취급할 수 있을까? 또는 기밀이 되는 내용이 암호화되어 쉽게 해독되지 않은 상태에서 열어 보기 전에는 그 내용을 알 수 없는 상태도 단지 그 안에 중요한 메시지가 있기 때문에 정보라고 취급해야 할까? 범인에게는 필요가 없어 쓰레기통에 버린 것이 이를 수사하는 수사관에게는 의미 있게 받아들여지는 경우도 있기 때문에 보내는 측에서 불필요한 신호를 보내도 받는 측에서는 의미 있게 해석할 수도 있다. 반면 암호화된 경우처럼 보내는 측에서는 기밀의 내용을 보냈어도 이를 수신하는 측에서 해석할 수 없다면 쓰레기와 같은 자료가 될 수도 있다.

사실 지금 이 순간에도 내용이나 뜻을 알 수 없는 무수히 많은 신호들이 우리에게 쏟아지고 있다. 과학자들은 하늘에서 측정되는 우주배경복사 신호를 가지고 우주가 빅뱅으로 시작되었다는 사실을 추론할 수 있다고 주장하면서 이러한 신호들로부터 모종의 정보를 얻을 수 있다고 말한다.[12] 과학자들의 주장대로라면 무수히 쏟아지는 신호에 가치를 부여하는 쪽은 신호를 받는 측이다.

신호 자체에 뜻을 담은 메시지를 실어 보낼 수도 있으며 무작위 신호로부터 의미를 부여하여 새로운 정보를 추출할 수도 있다. 반드시 정보가 메시지를 담고 있을 필요는 없으나 신호로부터 메시지를 추출할 수 있어야 정보를 담고 있다고 할 수 있다. 한국어로 출판된 책을 그대로 중국어로 번역해 둔 경우 중국어를 모르는 사람은 중국어 번역본으로부터 유용한 정보를 얻어낼 수 없다. 중국어 번역본은 어떤 문자, 어떤 그림 등 어떤 자료나 내용을 담고 있기는 하지만 중국어를 이해하고 책의 글귀를 해석할 수 있는 독자에게만 유용한 정보를 제공한다.

12 김명석, “현대 정보 개념 이전의 개념들”, 철학논총 제94집, 2018. 10, 64면.

2. 진실한 것만이 정보인가?

정보에는 유익함(informativeness)이라는 속성이 있으며[13] 잘 형성되어 있고, 의미가 있으며 진실한 것이 정보이며 이런 맥락에서 지식과 정보는 같은 개념을 가진 것[14]이라는 의견이 있다. 과연 진실하지 않은 정보는 유익함이 없으며 정보에 해당하지 않는 것이라고 할 수 있는지 살펴볼 필요가 있다.

갈릴레오 갈릴레이가 지동설을 주장할 때까지 1500년 동안 천동설이 진실한 것으로 받아들여졌다는 것은 일반 상식이다. 당대에 진실로 받아들여졌던 지식도 후대에는 재평가되고 다른 지식으로 대체될 수 있다. 우리가 알고 있는 과학과 수학의 역사는 어느 시점에 진실이라고 받아들여졌던 것이 다른 시대에는 그렇지 않다는 것을 보여주고 있다.[15]

또한 진실하지 않은 거짓된 것도 유익함을 줄 수 있다. 범죄 수사에서 허위의 알리바이를 주장하는 진술은 진실한 알리바이를 확인할 단서를 제공해 준다. 유익함이란 정보 자체의 속성이 아니라 해당 정보를 사용하는 자가 평가하는 주관적인 믿음이다.

3. 기록된 것만이 정보인가?

정보가 전달되기 위해서는 기록되어야 한다. 매체에 기록된 것에 주목하여 정보를 해석하려는 관점 중 대표적인 것이 역사이다. 과거에 있던 어떠한 사건들은 모두 역사적이며 이러한 사건들은 기록되는 시스템을 통해 축적되고 후대에 전달된다. 이러한 주장은 역사가 사실상 정보시대라고 정의하고 기록 시스템 이

---

13 Fidelia Ibekwe－SanJuan, Thomas M. Dousa Editors, Theories of Information, Communication and Knowledge, Springer, 2014, p. 10.

14 Luciano Floridi, Information: a very short introduction, Oxford University Press, 2010, pp. 49－51.

15 "Separation of knowledge from beliefs and fantasies leads to the important question whether knowledge gives only true/correct representation of object properties. Many think that knowledge has to be always true. What is not true is called misconception. However, history of science and mathematics shows that what is considered knowledge at one time may be a misconception at another time."; Mark Burgin, Data, Information, and Knowledge, Information, v. 7, No.1, 2004, p. 9.

전의 시기를 선사시대라고 정의[16]한다. 기록된 것만이 정보에 해당한다고 보는 관점은 정보 기술이 과거의 기록 수단에 대한 대체 수단으로 등장하면서 정보 혁명을 이끌었다는 점에 중점을 둔 것이다.

그러나 이러한 관점은 정보와 정보운반체의 개념을 혼동한 것이다. 정보가 기록물 등 정보운반체를 통해 오래 보존되어 후대에 전달되는 것은 사실이지만 정보운반체가 없어도 정보는 일시적인 신호나 언어에 의해서도 전달될 수 있다.

4. 정보량은 측정이 가능한가?

정보의 아버지라고 불리는 Shannon은 그의 저서 『통신의 수학적 이론』에서 정보는 전달하고자 하는 데이터라고 취급하고 데이터를 코딩하고 전송하는 최적의 방법을 고안하고자 정보를 정량적으로 계산이 가능한 것으로 파악하였다.[17] Shannon이 비록 정보라는 용어를 사용하였지만 이 이론에서 정보는 정보제공자와 수령자 사이를 지나가는 데이터의 양에 초점을 맞추었을 뿐 정보가 가지고 있는 또는 정보가 표현하고자 하는 그 사상과 관념에 초점을 둔 것은 아니다.[18]

이러한 정보 개념은 정보제공자와 수령자 사이에 발생한 데이터의 양적 변동에 초점을 맞추기 때문에 정보 전달에 따르는 현상만 파악하는 한계가 있다.[19] 통신의 수학적 이론에서 주요 관심사는 주어진 채널에서 주어진 알파벳으로 얼마나 효율적으로 데이터를 코딩하고 전송할 수 있는지에 관한 것이고 그 의미, 관련성, 신용성, 유용성뿐만 아니라 그것을 구성하는 해석되지 않은 데이터의 상세 내용 등에 대해서는 관심이 없다.[20]

결국 '정보'라는 단어가 가지는 기호에 대해 일반적인 개념과 통신의 수학적 이론에서 말하는 '정보'의 개념에는 분명 차이가 있으며 규범적 정의가 필요한 경우 Shannon의 정의는 차용될 수 없다.

---

16 Luciano Floridi, Information: a very short introduction, Oxford University Press, 2010, p. 3.
17 Luciano Floridi, Information: a very short introduction, Oxford University Press, 2010, pp. 38-39.
18 Luciano Floridi, Information: a very short introduction, Oxford University Press, 2010, p. 44.
19 정진명, "사권의 대상으로서 정보의 개념과 정보 관련 권리", 한국비교사법학회, 2000, 300면.
20 Luciano Floridi, Information: a very short introduction, Oxford University Press, 2010, p. 48.

제4절 정보에 대한 이해

1. 인식 과정으로써의 정보

정보는 인지 주체가 외부 세계에 대한 앎을 얻는 과정, 앎을 얻은 인지 주체의 상태, 인지 주체가 알게 된 내용 또는 대상에 담겨 있는 앎의 내용을 포함한다. 이처럼 정보 개념은 앎 개념과 매우 밀접하게 얽혀 있고 실제로 정보 개념의 역사는 인식론의 역사와 함께한다.[21] 또한 정보는 전형적으로 발생(발견, 디자인, 저작 등), 전송(네트워킹, 배포, 접근, 검색, 전송 등), 프로세싱과 관리(수집, 유효성 검사, 수정, 조직, 인덱싱, 정렬, 필터링, 업데이트, 정렬, 저장 등), 그리고 사용(모니터링, 모델링, 분석, 예상, 의사결정, 교육, 배움 등)[22]의 생태를 가진다. 이러한 생태는 정보가 독자적으로 움직이는 것이 아니라 사용자가 정보를 처리하는 관점이고 인간이 역사를 기록하는 과정이기도 하며 인간의 뇌가 주어진 상황을 인식하고 처리하고 행동하는 과정과 유사하다. 이러한 생태의 표현은 존재하는 것에 대한 묘사가 아니라 어떠한 것을 인식하고 이를 처리하는 과정으로써 정보의 동적 과정을 묘사한 것이다.

개인정보나 신용정보 또는 기밀정보를 매매의 대상으로 한다고 하여 정보가 금이나 보석과 같은 형태로 거래되는 것은 아니다. 정보에 대한 독점적 사용 권한을 부여하면서 그 대가를 받는 것이다. 앞서 정보에 대한 선행 질문에서 살펴본 바와 같이 정보는 데이터와 같이 주어진 것이 아니라 데이터를 인식하는 사람의 주관적인 판단에 따라 가치 있는 것으로 받아들여지는 과정을 의미한다. 정보의 개념을 논하는 것은 물건의 크기와 형태에 대한 것이 아니라 그것을 인식한 사람이 부여한 그 물건의 쓰임 또는 가치에 관한 것이다.

'종이 또는 나무판'과 '종이 또는 나무판에 쓰인 문장이 의미하는바'를 구분할 수 있다면 정보라는 것이 기본적으로 주어진 신호의 의미를 이해하고 해석하고자 하는 의식적인 주관 없이는 정의할 수 없는 어떤 것[23]이라는 사실을 이해할

21 김명석, "현대 정보 개념 이전의 개념들", 철학논총 제94집, 2018. 10, 72면.

22 Luciano Floridi, Information: a very short introduction, Oxford University Press, 2010, p. 4.

수 있다. 따라서, 정보는 일반적인 재화와 달리 인간의 정신적인 측면과 직결되어 있으며[24] 존재가 아닌 인식 과정의 결과이다. 이러한 이유로 데이터를 인식하여 자기만의 고유한 의미와 가치를 부여하는 사람을 정보처리자라 말하겠다.

2. 정보처리자에 의해 부여되는 정보 가치

정보처리자가 그 의미 내용을 받아들이는 것에 따라 정보는 '지시적' 또는 '사실적'인 것으로 해석될 수 있다.[25] 예를 들어 앞서가는 차가 비상등을 켜면, 이를 인식한 후미 차량 운전자는 앞에서 비상 상황이 발생했다는 사실적 의미로 받아들임과 동시에 속도를 줄여야 한다는 지시적 의미로 해석할 수도 있다.

어떠한 사실에 대한 의미의 판단은 이런 사실을 받아들인 정보처리자의 해석에 따라 달라진다. 금융 자료가 고객에게는 잔고증명의 의미로 사용되지만 수사기관에게는 자금의 이동으로 해석되며, 통신 내역이 서비스 제공자에게는 과금의 근거로 사용되지만 수사기관에게는 공범 관계를 확인할 수 있는 자료로 받아들여진다. 은행 계좌 거래 내역, 신용카드 사용 내역, 병원 진료 내역, 기차 시간표 등도 고객과 수사기관은 다르게 해석하고 그에 따라 받아들이는 가치도 달라진다.

사람의 이름, 주민등록번호, 홍채의 패턴, 혈액형과 DNA 값이 그 자체로 의미를 내포한다거나 가치를 가진다고 단언할 수 있을까? 단순한 수의 나열로 보이는 번호체계나 홍채와 지문의 패턴 자체에는 어떠한 의도나 진실성이 내포되어 있지 않다. 그렇다고 하여 이러한 값들이 가치가 없다고 단언할 수도 없다.

유기체는 감각기관을 통해 데이터를 흡수한 후 정보로 변환시키고 이러한 정보를 세계와 교감하기 위해 건설적으로 사용한다. 인간은 이러한 과정을 거쳐 지난 세대 또는 다른 사람이 획득한 의미 있는 데이터를 통합, 사용, 업데이트, 교환, 저장, 수집하여 가치 있는 정보로 생산한다.[26] 정보의 특성을 지시적, 사실적, 선언적이라고 표현하는 것은 일반적인 용도, 즉 통상적으로 그 데이터를 그러한 용도로 사용하고자 하는 '대중'의 관점에서 부여할 수 있는 데이터의 의미나

---

23 홍경자, "정보개념과 정보해석학의 근대적 기원", 해석학연구 제13권, 2004, 31면.
24 정진명, "사권의 대상으로서 정보의 개념과 정보 관련 권리", 한국비교사법학회, 2000, 299면.
25 Luciano Floridi, Information: a very short introduction, Oxford University Press, 2010, p. 34.
26 Luciano Floridi, Information: a very short introduction, Oxford University Press, 2010, p. 87.

목적이 그러하다는 것을 말하는 것이다.

결론적으로 정보에 대해 일반적이고 공통된 특성을 부여할 수는 없으며 단지 '대중이 일반적으로는' 그러한 가치를 부여하고 있다는 정도로만 표현할 수 있을 뿐이다. 다시 말하면 정보라는 것은 데이터나 신호 등과 대비하여 재해석되거나 특별한 의미를 부여하는 것임에는 분명하지만 그것이 가지는 의미와 특성은 절대적인 것이 아니라 정보처리자가 정보로써 '어떠한' 가치를 부여하는 상대적인 것이다.

그렇다면 신용정보에서 말하는 '정보', 개인정보에서 말하는 '정보', 정보통신망에서 말하는 '정보', 비밀정보에서 말하는 '정보', 국가 정보활동에서 말하는 각 '정보'가 무엇을 말하는 것인지 조금 더 명백해 보인다. 각 법률에서 의미하는 '정보'는 '그 정보의 객관적인 속성'을 기준으로 구분할 수도 없으며 모두 공통된 의미를 지니지 않는다. 규범은 하나의 개인이 아니라 국민 공동의 의사가 반영되어 제정된 것이며 그 규범의 수범자는 총합적인 의미의 국민 또는 개개의 국민이 될 것이다.

개인에 관한 데이터는 법의 시각, 정보처리자로서 국민의 시각에서 보았을 때 보호받아야 할 대상이 되는 데이터이며 그 보호 대상으로서의 가치를 가지기 때문에 '개인정보'라는 합성어를 통해 표현할 수 있을 뿐이다. 법률에서 규정하지 않는 경우 개인에 관한 데이터를 데이터, 정보, 부호라고 명명해도 그 의미는 전달되지만 '개인정보'라는 표현을 통해 규범화하면, 정보 가치를 부여하여 보호가 필요한 대상으로써 인식하게 되는 것이다.

3. 규범적 정의가 필요한 경우

디지털 세상에서 우리는 데이터의 양을 비트 또는 바이트 등으로 세고, 데이터의 내용을 이진수로 표현하는 데 익숙하다. 그런데 '1001010001'이 이진수인가? 십진수인가? 그리고 이진수라면 어떠한 의미를 담고 있는가? 이 부호들이 정보를 담고 있다고 말하려면 이를 해석하는 기호 체계가 먼저 정의되어야 한다.[27] 기호 체계가 갖춰져 있지 않으면, 기호 체계가 갖춰져 있어도 기호 체계로 해석되지

27 김명석, "현대 정보 개념 이전의 개념들", 철학논총 제94집, 2018. 10, 66면.

않으면, 정보로 인식되거나 해석될 수 없다. 즉, 시각과 청각 같은 감각 그 자체가 우리에게 정보를 주는 것이 아니라 우리 지성의 해석을 거쳐야만 그것이 정보화될 수 있다면 결국 정보는 해석 체계 곧 의미 체제 안에서만 존립할 수 있다.[28]

법, 규범, 사회적 통념도 해석 체계의 일환이다. 인간은 어떠한 데이터들이나 부호에 가치를 부여하고 정보화한 후 이를 일반화하여 규범으로 규율하고 이들을 거래의 대상으로 삼기도 한다. 저작권, 특허권, 영업비밀, 상표권, 실용신안권 등이 그러한 것들이다. 심지어 그 권리를 개발하고 공유하기 위해 그것들의 수혜자들에게 경제적 편익을 제공한다. 사회가 가치를 인정하기로 약속한 이러한 정보들은 전형적으로 몇몇 특권을 누리는 접근권에 근거하여 유통되며 암호화된 군사정보도 그 전형적인 예시이다.[29] 부호로 되어 있는 것들에 경제적 가치를 부여하기로 한 약속이 부호에 대한 인간의 해석 체계이며 이러한 해석 체계 속에서 '정보'로 불리게 된다.

애당초 이러한 부호들은 개개인이 상대적으로 가치를 부여하기 시작하였을 뿐이고 오랜 시간이 흘러 거래의 대상으로 삼고자 하는 사회적 공감대가 형성되었을 것이다. 이를 다시 법규범을 통해 규제하거나 보호하고자 법률의 틀을 빌려 정보의 가치를 일반화하게 된다. 개개인이 부여한 상대적 가치는 규범으로써 정의될 때 보호 또는 규제의 대상이 될 수 있다. 이러한 과정은 종이에 불과한 지폐를 우리 사회가 경제적인 가치를 부여하기로 약속하고 지불수단으로 정의하고 그것의 유통구조를 마련하고 화폐 간의 동일 가치를 부여하여 거래의 도구로 삼은 것과 다를 바 없다.

정리하자면, 정보는 정보처리자가 해독이라는 추가적 과정을 거쳐 인지한 기호 또는 신호 속에 들어 있는 의미로 파악되며 이를 위해서 당사자는 정보의 본질에 도달할 수 있는 이차적 정보인 해독체(코드)를 필요로 한다. 이러한 의미에서 정보는 유형적인 재화에 부여된 재산권과 유사한 구조를 지닌다.[30]

정보가 사회적 가치를 가진다고 할 때 우리는 코드, 즉 규범의 정의를 통해 정보를 보호 또는 규제하게 될 것이며 정보가 가지는 사회적 가치 여하에 따라

---

28 김명석, "현대 정보 개념 이전의 개념들", 철학논총 제94집, 2018. 10, 67면 각주.
29 Luciano Floridi, Information: a very short introduction, Oxford University Press, 2010, p. 88.
30 정진명, "사권의 대상으로서 정보의 개념과 정보관련권리", 한국비교사법학회, 2000, 300면.

그 보호나 규제 방식을 구체화하는 작업을 한다. 이러한 의미에서 정보의 규범화는 매우 중요한 작업 중의 하나이다. 그리고 이러한 정보가 헌법적 보호 가치를 가지는지를 확인하기 위해서는 현재의 시대가 기본권으로 보호하고자 하는 재산권, 프라이버시, 표현의 자유 등이 부호로 표현될 수 있는 것인지 확인하여야 하며 그러한 부호가 기본권을 표현하기 위한 것으로 사용된 경우, 우리는 '정보인권'이라는 규범적 용어를 부여할 수 있다.

데이터나 정보 모두 인간의 의식적 활동의 원료가 되는 '어떤 것'이라는 측면을 동일하게 가지고 있기 때문에 일상적인 표현에서는 정보와 데이터를 명확히 구분하여 사용하기는 쉽지 않다. 하나의 현상에 대해 데이터는 존재하는 측면에서 정의한 것이고 정보는 인식하는 측면을 강조한 것이기 때문이다. 다만, 규범적인 측면에서 이를 명확히 구분하고자 한다면 정보는 인간의 인식 과정을 통해 가치를 부여받아 산출된 것이며, 데이터는 정보활동 즉 가치를 인식하고 전달하기 위해 기록된 것이라고 할 수 있다. 예를 들어 수사기관이 컴퓨터에 기록된 파일에 대한 압수·수색영장을 집행하는 경우 영장의 집행 대상이 되는 존재를 묘사하고자 하는 경우 데이터라는 표현을 사용하게 될 것이며 해당 파일이 증거로서의 가치를 가진다고 인식하게 되는 경우 해당 파일을 수사상 가치가 있는 정보가 된다고 표현할 수 있다.

그림 3 데이터와 정보의 개념

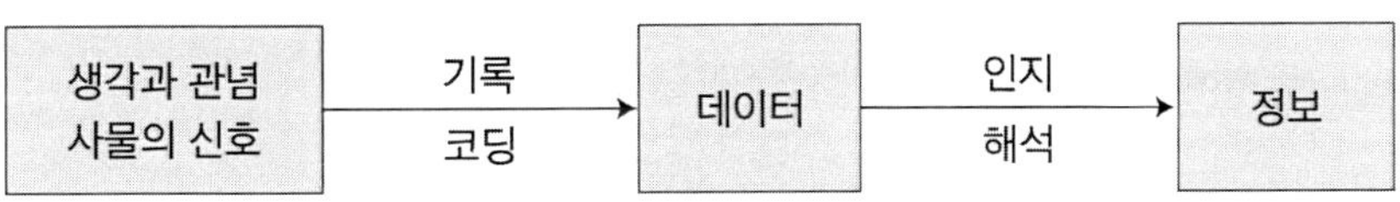

이 책에서는 영장의 집행 대상인 데이터가 수사관에게 인식되어 가치가 부여되는 과정을 '지득'이라 표현하며 해당 데이터를 수사기관이 재사용할 수 있게 보존하는 과정을 '채록'이라 말하고자 한다. '채록'은 본 것을 수첩에 적거나 있는 것을 촬영하거나 말한 것을 녹음하거나 데이터를 복제하는 모든 보존 행위를 포괄한다. '지득'은 본 것을 기억하거나 데이터를 해석하거나 가치를 부여하여 정보로 인식하는 과정이다.

제 4 장

디지털 증거의 개념·특성·분류와 형사소송법 적용의 쟁점

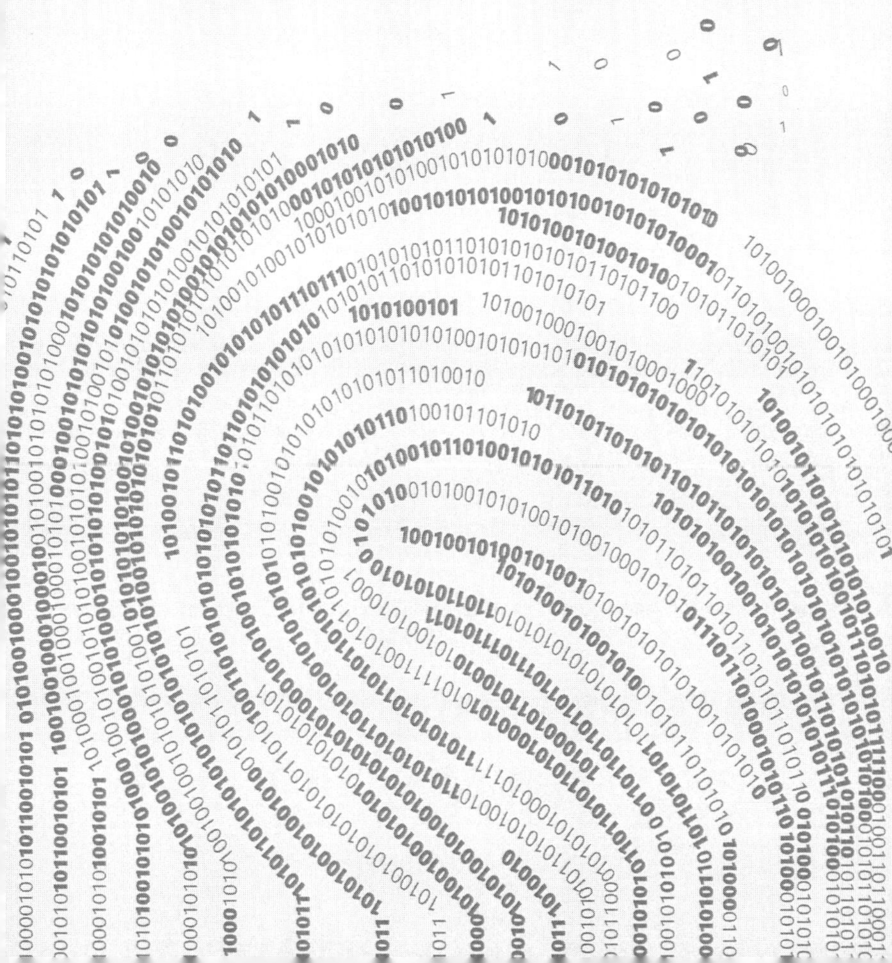

제 4 장 디지털 증거의 개념·특성·분류와 형사소송법 적용의 쟁점

제1절 디지털 증거의 개념

디지털 증거에 대한 세부사항을 논의함에 앞서 디지털 증거의 개념을 정의할 필요가 있다. 그런데 법률에서는 디지털 증거를 직접 정의한 것은 찾아볼 수 없고 몇몇 행정규칙에서 디지털 증거의 개념을 정의하고 있다.

경찰청 훈령인 디지털 증거의 처리 등에 관한 규칙 제2조 3, 4호는 "디지털 증거란 범죄와 관련 있는 것으로 판단되어 「형사소송법」 제106조 및 제215조부터 제218조까지의 규정에 따라 압수한 것 중 범죄 사실의 증명에 필요한 디지털 데이터를 말한다"라고 정의하고 있고 1호에서 "디지털 데이터란 전자적 방법으로 저장되어 있거나 네트워크 및 유·무선 통신 등을 통해 전송 중인 정보를 말한다"라고 규정하고 있다. 즉, 위 규칙에서 말하는 디지털 증거란 "전자적 방법으로 저장되거나 네트워크 및 유무선 통신 등을 통해 전송되는 데이터 중 범죄와 관련하여 증거로서의 가치가 있는 정보"이다. 대검예규인 디지털 증거의 수집·분석 및 관리 규정 제3조 1호는 "디지털 증거란 범죄와 관련하여 디지털 형태로 저장되거나 전송되는 증거로서의 가치가 있는 정보를 말한다"라고 규정하고 있다.[1] 행정

1 고용노동부 예규인 디지털 증거 수집·분석 및 관리 규정 제2조 1호는 "디지털 증거란 고용노

규칙들은 모두 디지털 형태(또는 전기·전자적 방법)로 저장, 전송되는 증거가치 있는 정보를 디지털 증거라고 정의하고 있다.

학자들은 행정규칙에서의 정의와 같이 디지털 형태로 저장되거나 전송되는 범죄증거로서의 가치가 있는 정보라는 견해[2]도 있으며, 각종 디지털 매체에 저장되거나 네트워크 장비 및 유·무선 통신상으로 전송되는 정보 중 그 신뢰성을 보장할 수 있어 증거로서의 가치를 지니는 디지털 정보[3]라고 함으로써 신뢰성을 보장할 수 있다는 요건을 추가한 견해도 있고, 범죄 의도나 알리바이와 같이 범죄의 핵심적인 요소들을 설명하거나 어떻게 범죄가 발생했는지에 대한 가설을 지지하거나 반박하는 것으로서 컴퓨터를 사용하여 전송 또는 저장된 데이터라는 견해[4]도 있으며, 범죄와 피해자 또는 범죄와 가해자 사이의 연결고리를 제공할 수 있는 모든 디지털 데이터를 말하는 것으로, 여기에서 디지털 데이터란 전통적 의미의 컴퓨터상에 있는 데이터뿐만 아니라 이진 형태로 저장되거나 전송될 수 있는 모든 텍스트, 이미지, 오디오 및 비디오 데이터를 포함한다고[5] 하여 데이터의 종류를 추가적으로 열거한 견해도 제시되고 있다.

증거란 통상 사실확인을 위해서 각 당사자가 자신들의 주장이 옳다는 것을 심판관에게 설득하기 위하여 법정에 제출되는 것을 말하고[6] 그 증거의 증거능력과 증명력의 판단은 우리 형사소송법 체제에서 법과 법관의 재량에 속하는 사항이므로 사전에 '신뢰성을 보장'한다는 요건이 추가될 필요는 없으며 사실확인을 위해 필요한 것이므로 반드시 '범죄와 피해자 또는 범죄와 가해자 사이의 연결고

동부 소관 법령 위반과 관련하여 디지털 형태로 저장되거나 전송되는 증거로서의 가치가 있는 정보를 말한다"라고 규정하고 있고 공정거래위원회 고시인 디지털 증거의 수집·분석 및 관리 등에 관한 규칙 제2조 2호도 "디지털 증거란 디지털 자료 중 공정거래위원회 소관 법령을 위반한 행위에 대한 증거로서의 가치가 있는 정보를 말한다"라고 규정하는 등 대검예규와 유사하게 정의하고 있다.

2 조상수, "디지털 증거의 법적 지위 향상을 위한 무결성 보장 방안", 형사법의 신동향 제27권, 2010, 68면.

3 탁희성·이상진, "디지털 증거분석도구에 의한 증거 수집 절차 및 증거능력 확보방안", 한국형사정책연구원, 연구총서 06−21, 2006, 34면.

4 Eoghan Casey, Digital Evidence and Computer Crime(3rd ed.), Academic Press, 2011, p. 7.

5 양근원, "형사절차상 디지털 증거의 수집과 증거능력에 관한 연구", 경희대학교 박사학위 논문, 2006, 21면.

6 Steve Uglow, Evidence, Sweet & maxwell, 2006, p. 22.

리를 제공'하는 등의 한정적인 요건이 추가될 필요도 없어 보인다. 또한 삭제된 디지털 흔적도 증거로 사용될 수 있으므로 반드시 저장되거나 전송되는 데이터에만 국한시킬 필요도 없다.

행정규칙의 정의, 학자들의 견해를 바탕으로 각 정의들이 가지고 있는 문제점들을 개선하면 디지털 증거를 "디지털 형태로 존재하거나 존재했던 것으로서 사실확인을 위해 법정에 제출되는 것"으로 정의할 수 있다. 법정에 제출될 때는 저장매체 원본이 제출될 수도 있으며 이진수 형태의 데이터가 제출될 수도 있고 응용 프로그램을 통해 열람한 상태에서 출력되는 경우도 있고 삭제된 데이터가 복구된 후 그에 관한 분석 보고서가 제출되는 경우도 있기 때문에 '정보'나 '데이터'로 한정하지 않고 '제출되는 것'으로 표현하였다.

제2절 디지털 증거의 특성

학자들은 디지털 증거의 특성에 관하여 잠재성, 취약성, 이진성, 대량성, 다양성, 네트워크 관련성으로 구분하기도 하고[7] 비가시성, 변조 가능성, 복제 용이성, 대규모성, 휘발성, 초국경성으로 구분하기도 하며[8] 비가시성·비가독성, 매체독립성, 취약성, 원본과 복사본의 구별 곤란성, 대량성, 전문성, 네트워크 관련성으로 구분하기도 한다.[9] 또는 무체정보성, 취약성, 대량성, 네트워크 관련성으로 구분하기도 한다.[10] 이러한 구분은 주로 디지털 포렌식 영역에서 논의된 분류 방법이며 상호 의견을 참조하거나 하나의 특성을 세분화하여 확대하는 등의 차이를 보일 뿐 대동소이하다. 각 견해들을 정리하면 다음과 같다.

---

7 김기범·장윤식, 사이버범죄 수사론, 경찰대학, 2012, 128－129면; 이숙연, "형사소송에서의 디지털 증거의 취급과 증거능력", 고려대학교 박사학위논문, 2010, 16－19면.

8 이상진, 디지털 포렌식 개론, 이룬, 2011, 66－67면.

9 김학신, 디지털 범죄 수사와 기본권, 한국학술정보(주), 2009, 54－60면; 전명길, "디지털 증거의 수집과 증거능력", 법학연구 제41편, 2011, 319－322면.

10 권양섭, "디지털 증거의 압수·수색에 관한 입법론적 연구", 「원광법학」 제26권 1호, 원광대학교 법학연구소, 2010, 346－348면.

1. 이진성·복제 용이성·사본의 구별 곤란성·매체 독립성

디지털은 '0'과 '1'의 이진수로 구성되어 있다. 연속적인 실수로 구성된 아날로그 신호에 대하여 샘플링, 양자화, 부호화하여 디지털 신호로 전환하기 때문에 디지털 값에는 아날로그 신호가 가지는 미세한 차이가 존재하지 않는다. 이진수로 구성된 디지털 데이터는 어떤 매체에든 동일하게 복제되며 아날로그의 복제와는 다르게 여러 번에 걸쳐 복제하여도 데이터에 대한 질적 저하는 발생하지 않는다. 결국 디지털 데이터는 값이 같기만 하면 원본과 사본이 완벽하게 동일하므로 원본과 사본의 구별은 의미가 없다.

이러한 디지털 데이터의 특성 때문에 최종적으로 법정에 제출된 증거가 원본 증거인지 수차례에 걸쳐 복제된 것인지 구분하는 절차는 실익이 없다. 원본과 사본의 차이가 없기 때문에 원본과 사본의 해시값이 동일함을 증명하는 방법으로도 데이터가 동일한 값을 가진다는 점을 쉽게 증명할 수 있다.

2. 잠재성·은닉성·비가시성·비가독성

디지털 데이터는 전자기 또는 광학 매체에 이진수로 기록되어 있어서 육안으로 그 내용을 즉시 식별할 수 없으며 이를 판독할 수 있는 장치가 있어야 그 내용을 알 수 있고 법정에 현출하기 위해서는 반드시 일정한 절차를 거쳐야 한다. 따라서 존재하는 데이터 그 자체로는 가시성과 가독성이 없기 때문에 별도의 하드웨어나 소프트웨어를 사용해야 하고 간혹 전문가의 식견이 개입될 필요가 있다.

3. 취약성·변조 가능성·휘발성

디지털 데이터가 전자적 방식으로 저장매체에 저장되어 있는 경우 전자기에 노출되거나 충격 등으로 인해 쉽게 손상 내지 변조되기 쉽고 명령어의 입력만으로도 디지털 데이터를 쉽게 삭제하거나 변경시킬 수 있기 때문에 고의 또는 과실에 의한 증거의 위·변조 가능성에 노출되어 있다. 물리 증거의 경우에는 증거를 조작하면 조작한 흔적이 남기 때문에 조작 여부를 비교적 쉽게 판별할 수 있으나 디지털 증거의 경우에는 해당 증거가 조작되었는지, 조작되었다면 언제·어디서·누구에 의해 조작되었는지를 쉽게 판별할 수 없다.[11] 또한 컴퓨터 메모리나 네트워크상에서만 일시적으로 존재하고 작업이 끝나거나 전원이 차단되면 사라지는 휘발성 데이터의 경우 증거 수집 자체가 어려울 수 있다.

4. 전문성·다양성

디지털 데이터를 법정에 제시하고자 할 때의 특성으로 전문성과 다양성이 있다. 하드웨어의 종류도 다양하고 컴퓨터에 사용되는 운영체제와 파일시스템도 다양할 뿐만 아니라 하나의 운영체제 내에서 쓰이는 응용프로그램도 그 수를 헤아릴 수 없이 많기 때문에 디지털 저장매체에 대한 분석을 위해서는 전문적인 지식이 필요하며 데이터가 삭제되거나 암호화되어 있는 경우에는 이를 복구·복호화해야 하기 때문에 원래 존재했던 데이터와 복구 후에 현출된 데이터 간의 인과관계 규명도 어려울 수 있다. 이러한 특성으로 인해 디지털 매체에 대한 포렌식 과정은 신뢰성이 강하게 요구된다.

5. 대량성·대규모성

디지털 저장매체의 성능이 급격하게 발달하면서 개인이 사용하는 작은 저장매체에도 방대한 양의 데이터를 담을 수 있게 되었다. 특히 기업 시스템이나 인터넷 서비스 서버의 용량은 천문학적 분량에 이른다. 여러 개의 하드 디스크를 묶어 하나의 논리적 디스크처럼 작동하게 하는 RAID(Redundant Array of Independent Disks) 기술은 심지어 하나의 파일을 여러 하드 디스크에 분산해 저장하기도 한다. 이러한 물리적 분산에 더해, 최근에는 클라우드 컴퓨팅 기술이 보편화되면서 증거의 대량성과 대규모성을 더욱 심화시키고 있다. 클라우드 컴퓨팅은 특정 물리적 저장매체에 의존하지 않고, 여러 서버에 분산된 가상의 공간에 데이터를 저장하는 방식이다. 이로 인해 디지털 증거는 특정 국가나 지역을 넘어 전 세계에

11 탁희성·이상진, "디지털 증거분석도구에 의한 증거 수집 절차 및 증거능력 확보방안", 한국형사정책연구원, 연구총서 06-21, 2006, 36면.

흩어져 존재하게 되는데, 이는 증거를 수집하기 위해 관계없는 대량의 데이터를 수색해야 하는 법률적 문제를 더욱 복잡하게 만든다. 특정한 공간에 독립적으로 존재하는 물리적 증거와 달리, 디지털 증거는 분산되어 있거나 저장매체의 극히 일부에 저장되어 있어, 극히 적은 분량의 증거를 수집하기 위해 엄청난 양의 데이터 영역을 수색해야 하는 난관에 부딪히게 되는 것이다.

6. 네트워크 관련성·초국경성

디지털 기기가 독립적으로 작동하는 경우도 있으나 이러한 기기들이 네트워크로 연결된 경우 사용자는 통신 프로토콜을 통해 원격에 있는 컴퓨터에 접근하여 디지털 데이터를 수정·저장할 수 있다. 따라서 디지털 데이터는 물리적인 위치와 관계없이 접근할 수 있다. 네트워크에 연결된 디지털 데이터는 언제라도 이용할 수 있으며 언제라도 삭제될 수 있다.

법집행기관 입장에서는 시스템에 대한 접근 권한을 획득하는 방법으로 원격에서 증거를 수집할 수 있다. 다만, 이 경우 원격 접속하여 데이터를 다운로드하는 방식이 영장 집행 방법으로써 유효한 것인지, 시스템이 해외에 있어 과연 우리의 형사소송법이 적용될 수 있는지에 대한 논란은 남아 있다. 또한 통신망을 통하여 전송 중인 데이터의 수집 가능성, 수집의 법적 성격과 근거가 문제된다.

7. 기존 분류에 대한 검토

이진성, 복제 용이성, 사본의 구별 곤란성, 잠재성, 은닉성, 비가시성·비가독성, 취약성, 변조 가능성은 모두 이진수로 표현되는 디지털 저장 방식의 특성에 기인한다. 전문성과 다양성은 디지털 데이터를 사용하거나 디지털 증거를 분석하고 제출하는 데 필요한 하드웨어, 소프트웨어의 다양성과 이를 다루기 위한 전문성에 대한 것으로서 디지털 데이터의 본래적 특성이 아니라 외적 요인이다. 대량성·대규모성 또한 디지털 자체의 특성이 아니라 저장매체의 저장용량이 커지고 다양한 압축 기술로 인해 파일의 크기가 상대적으로 작아지기 때문에 발생하는 특성이다. 네트워크성과 초국경성은 통신망에서 발생하는 문제이며 독립적인 디지털 기기 또는 디지털 데이터 자체가 가지는 특성은 아니다. 엄밀히 말해 디지털 데이터의 특성으로 제시된 것 중 이진수로 표현되는 디지털 저장 방식에 기인한 특성만이 디지털 증거의 고유한 특성이며 나머지의 특성들은 디지털 환경이 초래한 현상이다.

디지털 데이터가 형사절차상 증거를 취득하기 위한 증거 원천이며 증거 원천으로 형사절차에서 어떻게 활용되어야 하는지가 논의의 중심에 서 있다면, 위에서 검토한 디지털 데이터의 특성을 모두 나열하기보다는 증거법 관점에서 유의미하게 재분류할 필요가 있다. 증거법 관점에서 디지털 데이터의 특성을 재분류하면 이진성, 대량성, 네트워크 관련성, 배타적 관리의 다양성으로 나눌 수 있다.

가. 이진성

디지털은 연속적인 실수가 아닌 특정한 최소 단위를 가지는 이산적인 수치를 이용하여 처리하는 것을 말한다. 이러한 이진성으로 인해 디지털 증거는 복제, 변조, 삭제가 용이하고 복제한 사본은 원본과 구별이 불가능하며 다양한 프로그램 등을 통해 변환하지 않으면 그 내용을 인식할 수 없을 뿐만 아니라 이를 수집, 분석하기 위해서는 전문적인 지식이 필요하다.

이진수로 표현된 데이터가 저장매체와는 독립적으로 압수의 대상이 될 수 있는지 문제되며, 법정에서 조사하기 위해서는 일정한 방법을 사용하여 인식이 가능한 상태로 변환시켜야 하기 때문에 원본 데이터와 제출된 데이터 사이에서 일어난 조작 과정에 대한 신뢰성 보장이 요구된다.

나. 대량성

디지털 저장매체의 용량이 커짐에 따라 방대한 분량의 데이터를 저장할 수 있게 되었다.[12] 특히 대기업의 회계 관련 데이터를 확보해야 하거나 수천, 수만 명의 사용자가 이용하는 대형 서버 등에 포함되어 있는 데이터가 압수·수색의 대상이 될 경우, 해당 증거를 찾아내기 위한 수색의 범위를 결정하는 문제가 발

12 "약 20 GBbyte 이상의 디스크는 압축하지 않은 상태에서 200억 자의 문자를 저장할 수 있는 용량으로서, 여기에서 특별한 도구 없이 범죄의 단서 또는 증거를 찾는다는 것은 거의 불가능하다.", 이정진 외 8, "해킹피해시스템 증거물 확보 및 복원에 관한 연구", 한국정보보호진흥원, 2002, 182면.

생한다. 저장매체 제조 기술의 발전으로 이러한 대량성의 문제가 최근에는 개인의 스마트폰이나 이동식 하드디스크 등에도 적용된다.

저장매체에는 사건과 관련 있는 데이터와 관련 없는 데이터가 뒤섞여 있으며, 사용자의 프라이버시가 농축되어 있어 수색 과정에서 사생활이 침해될 가능성이 크다. 따라서 대용량 데이터에서 수색 범위를 어떻게 한정하며, 프라이버시를 어떻게 지켜줄 것인지 수색 절차와 방법에 대한 논의가 필요하다.

다. 네트워크 관련성

물리적 장소의 개념을 전제로 하고 있는 수색은 디지털 저장매체 내에 존재하는 데이터에 대한 탐색의 의미로 변환되었다. 네트워크 환경에서의 데이터 탐색은 물리적으로 다른 곳에 위치한 서버를 수색하는 것인지 또는 디지털 저장매체를 탐색하는 것과 같은 논리적 탐색을 수행하는 것으로 해석할 수 있는지에 관한 쟁점이 발생한다.

원격에 있는 데이터를 탐색하는 경우 서버의 물리적 위치를 기준으로 한 장소의 개념을 유지하면 서버의 위치를 확인하지 못한 경우 탐색이 불가능할 뿐만 아니라 서버의 위치를 아는 경우라도 그 위치가 국외에 있다면 영토주권 침해의 논란에 휩싸이게 된다. 따라서, 이런 경우 어떠한 해석이 가능한지 심도 있는 논의가 필요하다.

라. 배타적 관리의 다양성

디지털 증거의 특성 중 이진성은 디지털 데이터 고유의 특성이며 대량성은 저장매체의 특성, 네트워크성은 통신인프라의 특성이다. 여기에 추가하여 데이터를 생성, 관리하는 주체가 디지털 데이터를 운용하는 측면에서의 특성이 무엇인지 살펴볼 필요가 있다.

데이터를 운용하는 주체는 해당 데이터를 자신만의 방식으로 다양하게 관리할 수 있다. 데이터가 저장된 저장매체의 존재를 관리함으로써 배타적 관리가 가능하며, 저장된 데이터를 암호화하거나 원격에 떨어져 있는 저장 공간에 데이터를 저장하고 네트워크를 이용하여 관리할 수도 있으며, 저장매체 또는 서버에 대한 인증 절차를 통해 관리할 수 있다. 또한 이러한 관리 방법은 정보보안의 필요와 프라이버시를 보호하고자 하는 일상의 필요에 따라 그 기술이 점차 발전하고 있다. 이러한 배타적 관리의 다양성은 법집행기관이 디지털 증거에 접근하는 것을 어렵게 하고 있다.

법집행기관은 암호 해독, 데이터 인덱싱 기술 등의 개발을 통해 사용자의 배타적 관리 방법을 우회하고 필요한 증거를 확보할 방법이 필요하게 된다.

제3절 디지털 증거의 분류

1. 사람에 의한 처리 과정의 유무에 따른 분류

디지털 증거를 구분할 때 사람에 의한 처리 과정의 유무에 따라 컴퓨터에 의해 생성된 증거(Computer-generated Evidence)와 컴퓨터의 조력을 받은 증거(Computer-aided Evidence)로 구분하는 견해[13]이다. 컴퓨터에 의해 생성된 증거는 사람의 의도가 개입되지 않고 컴퓨터의 작동 과정에서 자동으로 생성되는 증거로 인터넷 히스토리나 서버에 기록된 로그 데이터가 그 예이다. 컴퓨터의 조력을 받은 증거는 사람이 컴퓨터의 도움을 얻어 데이터를 조작한 경우를 말하며 통상의 문서 파일을 작성하여 저장한 경우를 말한다.

2. 증거의 문서화 가능 여부에 따른 분류

출력에 의한 문서화가 가능한 여부에 따라 전자문서 형태의 증거와 데이터 형태의 증거로 나뉜다. 전자문서는 기존의 문서 내지 서면을 대체하는 방식으로 컴퓨터에 입력 또는 저장되어 있다가 출력하면 가독성을 갖게 됨으로써 문서화가 가능한 반면, 데이터 형태의 증거는 단순한 출력의 형태로는 가독성이 없어서 출력 자체가 의미가 없고 데이터 그 자체로만 의미를 부여할 수 있는 증거로 악성

13 Randolph A. Bain·Cynthia A. King, "omments : Guidelines for the Admissibility of Evidence Generated by Computer for Purpose of Litigation" 12 U.C. Davis Law Review, 1982, p. 951(양근원, "디지털 증거의 특징과 증거법상의 문제 고찰", 경희법학 제41권 제1호, 2006, 183면에서 재인용).

코드나 데이터베이스 등을 의미한다.[14]

3. 증거로서의 의미에 따른 분류

증거로서의 의미에 따라 디지털 증거의 존재 자체가 유죄의 증거인 경우와 디지털 증거의 내용이 유죄의 증거인 경우로 나누기도 한다.

전자의 예로 저작권법 위반죄에서의 정품이 아닌 컴퓨터 프로그램 또는 영화와 같은 저작물, 성폭력범죄의처벌등에관한특례법 위반죄에서 피해자의 승낙 없이 촬영한 사진 파일, 협박죄에서 협박에 사용된 이메일, 전자기록위변조죄에서 위변조된 전자문서, 국가보안법상 이적표현물소지죄에서 이적표현의 전자문서 파일, 부정경쟁방지 및 영업비밀보호에 관한 법률 위반죄에서 영업비밀이 담긴 전자문서 파일 등이 있다. 데이터의 존재 자체가 증거로 사용되는 경우에는 전문법칙이 적용되지 않는다.

후자의 예로 피고인이 자신의 사상과 관념을 일기 형식으로 작성하여 놓은 파일의 내용이 사실을 입증하기 위해 증거로 제출된 경우를 들 수 있으며, 기록된 그 진술의 내용이 증거가 되므로 전문법칙이 적용되어 성립의 진정이 인정되거나 일정한 요건을 충족해야만 증거능력이 부여될 수 있다.[15]

4. 데이터의 휘발성 정도에 따른 분류

디지털 데이터의 휘발성 정도에 따라 휘발성 증거, 준휘발성 증거, 비휘발성 증거로 나누기도 한다.

휘발성 증거는 네트워크 장비 및 유무선 통신매체를 통해 전송 중이거나 컴퓨터의 주기억 장치로 사용되는 RAM(Random Access Memory)에 일시적으로 저장된 데이터로 전원이 차단되면 사라진다. 이러한 증거들은 일시적으로 존재하기 때문에 증거 수집 단계에서 가장 먼저 수집되어야 하며 비휘발성 상태의 파일로 별도 저장하거나 사진 촬영 등의 방법으로 수집된다.

---

14 탁희성, "전자증거에 관한 연구", 이화여자대학교 대학원 박사학위논문, 2004, 11－12면.

15 이숙연, "디지털 증거 및 그 증거능력과 증거조사방안", 사법논집 제53집, 2011, 259－260면.

준휘발성 증거는 운영체제나 응용 프로그램이 동작 중일 때 필요에 의해 생성되었다가 사용이 끝나면 자동으로 삭제되는 데이터를 의미한다. 임시 파일(Temp File), 메인 메모리의 데이터를 임시로 저장하는 스왑 파일(Swap File), 프린터 전송 데이터를 기록한 스풀 파일(Spool File), 윈도우즈 시스템의 설정 상태 및 운영 현황을 기록하는 레지스트리(Registry), 웹 접속 기록 및 웹 페이지 임시 저장 파일(Temporary Internet File), 시스템, 정보보호 장비, 네트워크 장비, 프로그램, 서비스의 작동 내역을 기록하는 로그 파일(Log File) 등이 이에 속하며, 정상적인 방법으로 파일 복사 또는 이동을 할 수 없는 경우도 있다.

비휘발성 증거는 갑자기 전원이 차단되거나 정상 종료되더라도 계속 유지되는 데이터를 말한다. 하드디스크 또는 플래시 메모리 등 저장매체에 존재하기 때문에 매체에 저장된 증거라고 할 수 있으며, 특별한 방법을 사용하여 삭제하지 않았다면 복구될 가능성이 높다.[16]

5. 데이터의 기밀성에 따른 분류

Claudia Warken은 개인의 기밀성에 대한 합리적인 기대를 중심으로 데이터를 다음과 같이 5가지 유형으로 구분하였다.[17]

① 사생활에 관한 핵심 데이터: 가장 내밀한 사생활에 관한 데이터로 침해해서는 안 되는 데이터이다. 예를 들어, 자신의 성생활에 대한 데이터나 종교인과 나눈 대화 같은 것을 말한다. 이러한 데이터는 범죄 수사에서 증거로 사용되어서도 안 되는 데이터이다.

② 기밀 데이터: 그 누구와도 공유하지 않고 비밀로 관리되는 데이터이다. 예를 들어, 자신만의 클라우드 스토리지에 저장해 놓은 데이터이다. 이러한 데이터는 기밀 유지에 대한 합리적인 기대치가 매우 높다.

③ 공유된 기밀 데이터: 믿을 만한 사람에게만 공유된 기밀 데이터로 해당 데이터가 더 이상 공유되지 않는다는 기대를 가지는 데이터이다. 예를 들어, 아주

16 탁희성·이상진, "디지털 증거분석 도구에 의한 증거 수집 절차 및 증거능력 확보 방안", 한국형사정책연구원 연구총서 6-21, 2006, 39-40면.

17 Claudia Warken, "Classification of Electronic Data for Criminal Law Purposes", Eucrim Issue4, 2018, pp. 226-233.

가까운 배우자, 친구, 변호사 또는 의사와 같이 데이터가 더 이상 배포되지 않을 것이라는 정보주체의 합리적인 기대에서 공유된 대화 내용들이다.

④ 제한된 접근이 가능한 데이터: 신뢰할 만한 사람은 아니지만 일정한 범위로 한정된 사람들 사이에서 공유된 데이터이다. 예를 들어, 통신을 위한 수단의 사용은 필연적으로 수신자의 연락처 데이터나 사용된 무선 셀과 같은 정보에 의존하기 때문에 전통적인 분류에서 모든 통신 메타 데이터가 제한된 접근이 가능한 데이터에 해당한다.

⑤ 접근 제한이 없는 데이터: 기밀성에 대한 합리적 기대가 없이 모두에게 공개된 데이터이다. 예를 들어, 개방형 소셜 미디어 플랫폼에 공개한 데이터는 기밀 유지에 대한 합리적 기대가 없게 된다.

6. 분류 기준에 대한 검토

학자들이 분류한 각각의 기준들은 모두 의미가 있다.

사람에 의한 처리 과정의 유무에 따른 분류의 경우, 컴퓨터가 생성한 데이터는 사람의 진술 등이 개입되지 않았기 때문에 전문법칙의 적용을 배제할 수 있는 증거가 될 가능성이 높다. 그러나 컴퓨터가 생성한 데이터라고 할지라도 법정에 현출되기 위해서는 사람이 분석하고 통상 그 결과를 기재한 서류가 제출되므로 종국에는 전문법칙이 적용될 여지가 크다. 증거의 문서화 가능 여부에 따른 분류도 사람에 의한 처리 과정의 유무와 일맥상통하는 분류 방법이다. 사람이 필요에 따라 입력한 증거는 문서화가 가능할 여지가 큰 반면에 컴퓨터가 생성한 데이터의 경우 전문가 등에 의한 별도의 해석이 필요하기 때문이다. 증거로서의 의미에 따른 분류도 유사한 분류 방법으로 전문법칙의 적용 여부를 기준으로 데이터를 분류하였다.

반면, 휘발성 정도에 따른 분류 방식은 법집행기관이 해당 증거를 수집하는 방법 및 수집에 필요한 법적 근거를 중심으로 한 분류 방법이다. 현행 법규상 저장된 증거와 휘발성 증거의 일종인 전송 중인 증거는 규율하는 법률과 수집의 요건이 상이하며 실무상 증거 수집 방법 역시 다르다. 또한 휘발성 정도에 따라 실무상 증거 수집의 우선순위가 달라지며 수집한 데이터에 대한 포렌식 분석 기법도 상이하다.

마지막으로 데이터의 기밀성에 따른 분류 방식은 데이터에 대한 외적 요인이 아니라 데이터 자체가 가지는 기밀성과 해당 데이터를 생성한 정보주체의 주관적 의사에 관점을 둔 분류 방식이다. 다른 분류 방식이 증거능력의 인정, 법규의 적용, 증거 수집에서의 우선순위 결정 등 법정과 법집행 현장의 입장을 반영한 것이라면 기밀성에 따른 분류 방식은 정보주체의 프라이버시 관점에서 접근하였기 때문에 법집행기관의 압수·수색, 감청 등의 과정에서 발생할 수 있는 프라이버시 침해 정도를 가늠하기에 가장 적합한 분류 방식이다. 데이터 생산량의 증가, 데이터 저장량의 증가, 저장매체의 집적도 향상, 혼재된 데이터 양의 증가 등과 같은 디지털 환경 변화에 따른 법집행기관의 합리적인 데이터 수색 방식을 논하기 위해서는 기밀성에 따른 분류 방식을 채택하여야 한다.

제4절 디지털 증거와 형사소송법 적용의 쟁점

금융자료, 이메일, 통신사실확인자료 등 데이터로 구성된 디지털 증거의 취득은 기본권 침해 우려가 있으므로 영장주의를 적용하여 법관의 심사를 통해 관련 자료를 제공받아야 한다는 것은 새로운 논의가 아니다. 형사소송법은 제106조부터 제113조까지는 압수·수색영장 발부 이전의 사전 제한에 관하여 규정하였고, 제114조는 압수·수색영장의 방식에 관하여 규정하고 있으며, 제115조부터는 영장의 집행과 사후처리에 관한 절차를 상세히 규정하고 있다.

현행 영장주의에 관한 형사소송법 규정을 디지털 증거의 취득에 관하여도 적용하여야 하는데 '물건'에 적용되었던 이러한 조항들이 디지털 증거에 그대로 걸맞게 적용되는지 검토해 볼 필요가 있다.

1. 압수의 대상

형사소송법 제106조 제1항은 "증거물 또는 몰수할 것으로 사료하는 물건을 압수할 수 있다"라고 규정해 놓았기 때문에 디지털 데이터가 압수할 '물건'의 개념에 포함시킬 수 있는지에 대한 논쟁이 있다. 2011. 7. 18. 제106조 제3항[18]을 신설하면서 디지털 저장매체에 관한 영장의 집행 방법을 규정하였음에도 불구하고 여전히 '정보저장매체'만을 압수의 대상으로 명시해 놓고 있다.

반면, 같이 개정한 제107조 제1항[19]에서 우체물의 압수 대상에 "전기통신에 관한 것"을 추가하였고 영장의 방식을 규정한 제114조 제1항[20] 단서는 "다만, 압수·수색할 물건이 전기통신에 관한 것인 경우에는 작성 기간을 기재하여야 한다"라고 개정하여 마치 전기통신에 관한 데이터가 '압수할 물건'에 포함되는 것처럼 표현하고 있다. 데이터가 압수의 대상에 포함된다고 볼 것인지 단지 정보저장매체가 수색의 대상이 되고 그로부터 확보한 데이터에 대해 인식하고 해석하는 행위는 압수·수색·검증 보고서에 현출되는 내용에 불과한 것인지 정리할 필요가 있다.

2. 수색의 범위

형사소송법 제216조에 의해 수사기관이 피의자를 체포 또는 구속하는 경우에 필요한 때에는 체포 현장에서 영장 없이 압수·수색·검증할 수 있다. 대부분의 경우 피체포자가 소지한 스마트폰이나 디지털 저장매체가 그 대상이 될 것이다. 압수된 디지털 기기가 네트워크에 연결되어 있는 경우 피처분자의 이메일 계정, 웹하드 계정 등에도 수색의 범위가 미칠 가능성이 있다. 이러한 상황은 체포 현장에서 영장 없이 압수·수색하는 경우에 발생하겠지만, 네트워크에 연결된 디

18 제106조 제3항 "법원은 압수의 목적물이 컴퓨터용디스크, 그 밖에 이와 비슷한 정보저장매체(이하 이 항에서 '정보저장매체 등'이라 한다)인 경우에는 기억된 정보의 범위를 정하여 출력하거나 복제하여 제출받아야 한다. 다만, 범위를 정하여 출력 또는 복제하는 방법이 불가능하거나 압수의 목적을 달성하기에 현저히 곤란하다고 인정되는 때에는 정보저장매체 등을 압수할 수 있다."

19 제107조(우체물의 압수) ① 법원은 필요한 때에는 피고사건과 관계가 있다고 인정할 수 있는 것에 한정하여 우체물 또는 「통신비밀보호법」 제2조 제3호에 따른 전기통신(이하 "전기통신"이라 한다)에 관한 것으로서 체신관서, 그 밖의 관련 기관 등이 소지 또는 보관하는 물건의 제출을 명하거나 압수를 할 수 있다.

20 제114조(영장의 방식) ① 압수·수색영장에는 다음 각 호의 사항을 기재하고 재판장이나 수명법관이 서명날인하여야 한다. 다만, 압수·수색할 물건이 전기통신에 관한 것인 경우에는 작성 기간을 기재하여야 한다.

지털 기기나 컴퓨터에 대한 압수·수색영장을 발부받아 집행할 경우에도 동일한 상황이 발생할 수 있다. 매체에 대한 적법한 압수가 이루어진 이후에 네트워크에 연결된 계정에까지 수색의 범위를 확장시키는 것이 가능한지 검토가 필요하다.

법원의 영장 실무에서는 수사기관이 '압수·수색 장소에 존재하는 컴퓨터로 해당 웹 사이트에 접속하여 디지털 데이터를 다운로드한 후 이를 출력 또는 복사하거나 화면을 촬영하는 방법으로 압수한다'라는 취지의 내용을 기재하여 압수·수색영장을 발부해 주는 방법으로 적법성을 확보하고 있다.[21] 압수·수색이 허용되는 범위를 피의자가 직접 지배하고 있는 장소에 한정하지 않고 그의 관리권이 미치는 범위에서 다소 넓게 인정하는 것이 타당하다는 견해[22]도 있고 영장 발부 시 압수·수색할 장소를 피처분자의 컴퓨터로 특정한 때에도 합법적인 방법으로 접속이 가능한 범위 내에 있는 데이터 저장매체까지 압수·수색을 확대시킬 필요성이 있다는 견해[23]도 있다.

그런데 형사소송법 제109조는 수색의 범위와 관련하여 "사건과 관계가 있다고 인정할 수 있는 것에 한정하여 피고인의 신체, 물건 또는 주거, 그 밖의 장소를 수색할 수 있다"라고 규정하고 있는데 이때 '신체, 물건 또는 주거, 그 밖의 장소'라는 범위를 물리적인 공간이라고 엄격하게 해석할 경우 네트워크에 연결된 서버는 '그 밖의 장소'에 해당한다고 볼 수 없다. 따라서 네트워크를 이용하여 수색의 범위를 확장하는 행위는 적법절차를 위반한다는 비판을 받을 수 있다.

3. 개봉 기타 필요한 처분의 범위

형사소송법 제120조에 "압수·수색영장의 집행에 있어서는 건정을 열거나 개봉 기타 필요한 처분을 할 수 있고 이러한 처분은 압수물에 대해서도 할 수 있다"[24]라고 규정되어 있다.

---

21 이숙연, "형사소송에서의 디지털 증거의 취급과 증거능력", 고려대학교 박사학위논문, 2010, 34면.

22 이은모, "대물적 강제처분에 있어서의 영장주의의 예외", 법학논집 제24편 제3호, 2007, 136면.

23 박수희, "전자증거의 수집과 강제수사", 한국공안행정학회보 제29호, 2007, 133면.

24 피의자의 소변을 채취하기 위해 피의자를 인근 병원 응급실로 데리고 가 의사의 지시를 받은 응급구조사로 하여금 피의자의 신체에서 소변을 채취하도록 하고 그 과정에서 피의자에 대한 필요 최소한의 강제력을 행사한 행위(대법원 2018. 7. 12. 선고 2018도6219 판결), 건물 고층

위 규정에서 '개봉 기타 필요한 처분'이라는 부분이 디지털 데이터가 저장되어 있는 컴퓨터가 패스워드로 보호되어 있을 경우 패스워드를 알아내기 위한 수색에 적용될 수 있는지, 패스워드를 알 수 없는 경우 기술적으로 우회하는 방법으로 계정에 접근할 수 있는 방법도 포함하는지 여부가 검토되어야 한다.

특히 원격 접속에 의한 경우 패스워드를 알아내기 위해 키로깅 프로그램을 사용할 수 있는지 등의 부수적인 쟁점이 발생할 수 있는데 이러한 경우 압수·수색의 대상자뿐만 아니라 정보통신망 운영주체의 법익을 추가적으로 침해할 우려도 있기 때문에 신중하게 검토되어야 한다.

판례는 "피의자의 이메일 계정에 대한 접근 권한에 갈음하여 발부받은 압수·수색영장에 따라 원격지의 저장매체에 적법하게 접속하여 내려받거나 현출된 전자정보를 대상으로 하여 범죄 혐의 사실과 관련된 부분에 대하여 압수·수색하는 것은 압수·수색영장의 집행을 원활하고 적정하게 행하기 위하여 필요한 최소한도의 범위 내에서 이루어지며 그 수단과 목적에 비추어 사회통념상 타당하다고 인정되는 대물적 강제처분 행위로서 허용되며 형사소송법 제120조 제1항에서 정한 압수·수색영장의 집행에 필요한 처분에 해당한다"라고 판시[25]하고 있다.

원격지 압수·수색의 가능성에 관하여는 여전히 견해들이 나뉘고 있어 이에 대해 세부적으로 검토해 보아야 할 사안이지만 '원격 접속하여 데이터를 다운로드한 행위를 두고 건정을 열거나 개봉'하는 행위에 준하는 기타 필요한 처분에 해당한다고 해석하는 것은 다소 납득하기 어려운 면이 있다.

컴퓨터에 대한 보안장치를 해제하는 행위는 자물쇠를 여는 물리적 행위와는 차원을 달리하며 해킹 등의 수법을 통해 보안장치를 해제하는 경우에는 정보통신망 운영 주체의 법익도 침해하기 때문에 이러한 행위를 압수·수색의 방법으로 허용하기 위해서는 '컴퓨터 또는 시스템에 대한 보호장치 또는 보안장치를 해제하는 등 기타 필요한 처분'이라는 취지로 개정하는 것이 바람직하다.

에 위치한 사무실 등에 대한 영장을 집행할 목적으로 로비에서 집행 장소로 이동하기 위해 경비원들의 방해를 제지하고 엘리베이터에 탑승하는 과정에서 발생한 일련의 행위(대법원 2013. 9. 26. 선고 2013도5214 판결) 등이 이에 해당한다.

25 대법원 2017. 11. 29. 선고 2017도9747 판결.

4. 집행 중지와 필요한 처분

압수·수색영장의 집행 중에는 타인의 출입을 금지할 수 있으며 이 요구에 위배한 자에게 퇴거하게 하거나 집행 종료 시까지 간수자를 붙일 수 있고(형사소송법 제119조), 압수·수색영장의 집행을 중지한 경우에 필요한 때에는 집행이 종료될 때까지 그 장소를 폐쇄하거나 간수자를 둘 수 있다(형사소송법 제127조).

네트워크에 연결되어 있는 서버와 같은 통신매체를 수색할 경우에 원격에서 증거를 인멸하는 등 타인에 의해 수색이나 압수를 방해받을 우려가 있는 경우 또는 대용량 서버에 대한 압수·수색영장 집행 시 그 수색에 수일이 소요되는 경우에는 계정 접속 권한을 변경해 두거나 수색 시 관리자 패스워드 등을 수사관 임의대로 변경하는 행위를 위 제119조 또는 제127조에서 정한 행위로 볼 수 있는지 문제된다.

특히, 기업에서 운영하고 있는 서버와 같이 다수 당사자가 지속적으로 서비스를 제공받는 경우에는 서버 자체를 반출하는 것은 불가능하여 현장에서 압수와 수색을 진행할 수밖에 없으며 그 양이 방대하므로 압수·수색에 상당한 시간이 소요된다. 24시간 운영되는 서버가 아닌 경우에도 형사소송법 제106조 제3항의 규정에 의해 정보저장매체를 반출하는 것은 신중하여야 하기 때문에 일반적인 압수·수색에 비해 디지털 증거에 대한 압수는 제127조가 적용될 필요성이 많게 될 것이다. 따라서 디지털 데이터의 대량성, 네트워크성에 부합하고 원격 접속에 의한 압수·수색에도 적용될 수 있도록 현행 법규정이 개정될 필요가 있다.

5. 야간집행의 제한

형사소송법 제125조는 일출 전, 일몰 후에는 압수·수색영장에 야간집행을 할 수 있는 기재가 없으면 그 영장을 집행하기 위하여 타인의 주거, 간수자 있는 가옥, 건조물, 항공기 또는 선차 내에 들어가지 못하도록 규정하고 있다. 이는 야간의 사생활의 평온을 보호하려는 취지이다.

반면에 제126조에서 도박 기타 풍속을 해하는 행위에 상용된다고 인정하는 장소와 여관, 음식점 기타 야간에(단, 공개한 시간 내 한함) 공중이 출입할 수 있는 장소(단, 공개한 시간 내에 한한다)에 대해서는 야간집행제한 규정을 적용하지 않도록 규정하고 있다.

24시간 운영되는 서버의 관리자에게 자료를 요구하는 방식으로 영장을 집행할 경우 해당 관리자는 영업시간 내 관련 자료를 취합하여 제공하게 되므로 이러한 사안에서 야간집행의 제한규정을 적용해야 할 필요성이 없어 보인다. 이러한 경우에는 사생활의 평온을 해한다고 볼 수 없기 때문이다. 동 규정을 이와 같이 해석한다면 원격 접속 방식에 의한 압수·수색의 경우에도 물리적 침입이라는 조건이 성립하지 않고 사생활의 평온을 침해한다고 보기 어렵기 때문에 해당 조항을 그대로 적용할 필요가 있을지 의문이다.

6. 영장의 제시

형사소송법 제118조에 “압수·수색영장은 처분을 받는 자에게 반드시 제시하여야 하고, 처분을 받는 자가 피고인인 경우에는 그 사본을 교부하여야 한다. 다만, 처분을 받는 자가 현장에 없는 등 영장의 제시나 그 사본의 교부가 현실적으로 불가능한 경우 또는 처분을 받는 자가 영장의 제시나 사본의 교부를 거부한 때에는 예외로 한다”라고 규정되어 있다. 이 규정은 물리적 장소에 임장하여 영장을 집행하는 것을 전제로 한 규정이다.

그러나 디지털 데이터는 유선 또는 무선으로 연결된 네트워크를 통해 전송, 조회, 검색이 가능하기 때문에 물리적 장소를 초월하여 존재한다.[26] 이러한 경우 원격에서 해당 데이터를 취득하는 것이 가능하며, 수사기관도 데이터 이용 주체가 데이터를 관리하는 것과 같은 방법을 사용하여 데이터를 취득할 필요가 있다. 이에 대해 네트워크로 연결되어 있어도 서버라고 하는 물리적 공간에 대한 압수·수색이 가능하다는 반론이 제기될 수 있으나 수사기관의 영장신청 단계에서는 IP 주소를 통해 해당 IP 주소가 어느 기관이나 단체에 할당되었는지 알 수 있을 뿐 구체적인 위치나 존재 형태 등을 확인할 수 없어 영장을 신청할 때 압수·수색을 할 물리적인 장소를 특정하여 신청하는 것 자체가 어려울 수 있으며 네

26 노명선, “사이버범죄의 증거확보에 관한 몇 가지 입법적 제언”, 성균관 법학 제19권 제2호, 2007, 352면.

트워크로 서버를 관리하는 범행의 경우 서버에 대한 압수·수색 과정에서 범인의 증거인멸이나 도주 우려에 대해 고려하지 않을 수 없다.[27] 이러한 필요에 따라 원격 접속에 의한 압수·수색의 경우 영장의 제시가 적합하지 않거나 불가능한 경우가 있기 때문에 해당 규정을 엄격하게 적용하는 것이 바람직한 것인지 고려해 보아야 한다.

디지털 증거에 대한 압수·수색에 있어 수사기관이 직접 압수·수색영장을 집행하는 것이 아니라 영장 사본을 송부한 후 사업자가 관리, 보관하고 있는 데이터에 대해 자료 제출을 요구하는 방식을 취하는 경우가 있다. 예를 들어 금융계좌에 대한 조회, 이메일에 대한 조회, 배송정보에 대한 조회 등 기업이 보유한 데이터를 요구할 때 압수·수색영장을 직접 집행하는 것이 아니라 팩스 등의 전송매체를 통해 영장의 사본을 송달하는 경우가 많다. 이때, 과연 영장의 원본을 제시하지 않은 것이 압수·수색영장 집행 절차에 대한 위반인지 검토할 필요가 있다.

이에 대해 대법원은 "수사기관이 공소외 주식회사에 압수·수색영장을 집행하여 피고인이 발송한 이메일을 압수한 후 이를 증거로 제출하였으나, 수사기관은 위 압수·수색영장을 집행할 당시 공소외 주식회사에 팩스로 영장 사본을 송신한 사실은 있으나 영장 원본을 제시하지 않았고 또한 압수조서와 압수물 목록을 작성하여 이를 피압수·수색 당사자에게 교부하였다고 볼 수도 없다고 전제한 다음, 위와 같은 방법으로 압수된 위 각 이메일은 헌법과 형사소송법 제219조, 제118조, 제129조가 정한 절차를 위반하여 수집한 위법수집증거로 원칙적으로 유죄의 증거로 삼을 수 없고, 이러한 절차 위반은 헌법과 형사소송법이 보장하는 적법절차 원칙의 실질적인 내용을 침해하는 경우에 해당하고 위법수집증거의 증거능력을 인정할 수 있는 예외적인 경우에 해당한다고 볼 수도 없어 증거능력이 없다"라고 판결[28]하였다.

위 대법원의 해석은 디지털 증거의 취득 절차가 물건과는 다른 새로운 것임에도 불구하고 과거 유체물을 중심으로 규정된 압수·수색영장의 집행 규정을 디지털 증거에 맞게 재해석하지 않았다는 점이 아쉽다. 집행 구조상 사실조회와 같

27 김기범·이관희·장윤식·이상진, "정보영장 제도 도입방안 연구", 경찰학연구 제11권 제3호(통권 제27호), 2011, 88－89면.

28 대법원 2017. 9. 7. 선고 2015도10648 판결.

은 방식으로 데이터를 요청하는 것은 수색 장소에 대한 강제력의 행사 없이 임의적인 방법에 따라 해당 데이터만을 제공받는 취지를 고려한다면, 압수나 수색 절차 없이 디지털 증거만을 제공받을 목적에서 이루어지는 영장의 제시 방법은 현실에 맞게 해석되거나 개정될 필요가 있다.

최근 이러한 실정을 감안하여, 영장 사본을 제시하여 압수한 데이터에 대하여 예외적으로 증거능력을 인정한 사례가 있다. 이 사례에서 대법원은 다음과 같이 판시하였다.

"다만 수사기관이 금융기관에 금융실명거래 및 비밀보장에 관한 법률(이하 '금융실명법'이라 한다) 제4조 제2항에 따라서 금융거래정보에 대하여 영장 사본을 첨부하여 그 제공을 요구한 결과 금융기관으로부터 회신받은 금융거래자료가 해당 영장의 집행 대상과 범위에 포함되어 있고, 이러한 모사전송 내지 전자적 송수신 방식의 금융거래정보 제공요구 및 자료 회신의 전 과정이 해당 금융기관의 자발적 협조의사에 따른 것이며, 그 자료 중 범죄혐의사실과 관련된 금융거래를 선별하는 절차를 거친 후 최종적으로 영장 원본을 제시하고 위와 같이 선별된 금융거래자료에 대한 압수절차가 집행된 경우로서, 그 과정이 금융실명법에서 정한 방식에 따라 이루어지고 달리 적법절차와 영장주의 원칙을 잠탈하기 위한 의도에서 이루어진 것이라고 볼 만한 사정이 없어, 이러한 일련의 과정을 전체적으로 '하나의 영장에 기하여 적시에 원본을 제시하고 이를 토대로 압수·수색하는 것'으로 평가할 수 있는 경우에 한하여, 예외적으로 영장의 적법한 집행 방법에 해당한다고 볼 수 있다."[29]

입법부는 2021. 10. 19. 형사사법절차에서의 전자문서 이용 등에 관한 법률을 제정(2024. 10. 20. 시행)하면서, 사본에 의한 영장제시 등의 문제를 고려하여 동법 제17조에 영상 등이 전자문서로 발부된 경우에는 전자문서를 제시하거나 전송하는 방법으로 영장을 집행할 수 있도록 규정하였다.

7. 영장 집행 시 주거주 등의 참여

형사소송법 제123조는 "수색 장소의 주거주, 간수자 또는 이에 준하는 자가

29 대법원 2022. 1. 27. 선고 2021도11170 판결.

영장 집행에 참여하고 이들을 참여하게 할 수 없을 때에는 인거인 또는 지방공공 단체의 직원을 참여하게 하여야 한다"라고 규정하고 있다.

이 규정이 디지털 증거에 대한 영장 집행의 경우에 어떻게 적용될지 고찰해 보기 전에 이 조항을 둔 기본 취지에 대해 살펴볼 필요가 있다. 검사, 피고인, 변호인 등 당사자의 참여권을 보장한 제121조의 규정은 당사자의 방어권을 보장하기 위해 규정되었다.[30] 그런데 제123조는 수색 장소의 주거주 등 관련자의 참여를 규정하고 예외적으로 피처분자가 아닌 제3자의 입회도 허용하고 있다. 제123조에 규정된 참여권자는 모두 소송의 당사자가 아니라는 점에 주목하여야 하며 이는 수사기관의 적법절차를 보장하기 위한 제도적 장치라고 봐야 한다.

디지털 증거를 압수·수색할 때에는 수색 범위의 확장이나 압수·수색 후 추가 접속의 위험이 있는 등 적법절차를 보장해야 할 필요성이 더욱 크기 때문에 압수·수색영장 집행 전체 과정에 참여하여 적법절차를 보장할 공정한 제3자의 참여 등이 구체적으로 적시될 필요가 있다. 다만, 원격 접속에 의한 압수·수색의 경우처럼 수사의 밀행성이 필요하고 피의자 등에 의한 증거인멸 우려가 큰 경우 제3자의 참여에 의한 영장 집행의 공정성 확보가 제121조가 규정한 당사자의 참여권을 대체할 수 있는지도 함께 검토되어야 한다.

집행 절차의 공정성 확보와 관련하여 독일의 입법례를 주목할 필요가 있다. 독일의 경우 점유자 참여제도와 집행증인 제도가 별도로 운영되고 있다. 압수·수색 대상 장소나 대상물의 점유자는 수색에 참여할 수 있으며 그의 대리인 등이 입회하도록 할 수도 있다. 이 조항은 압수·수색 관계자의 이익을 도모하기 위한 것이다. 집행증인 제도는 주거, 상업 공간 등에 대한 수색에 있어 검사가 입회하지 않을 때 가능한 한 수색이 이루어지는 지역의 공무원이나 지방자치단체의 구성원 2인이 참여하도록 하고 있는데 이는 수색에 있어서 객관적인 증인을 참여시킴으로써 국가의 입장에서는 이해충돌 상황에서 수사기관의 절차적 합법성을 보장할 수 있으며 압수·수색 관계자의 입장에서는 증인의 존재로 인하여 적법절차를 보장받을 수 있기 때문이다.[31] 이러한 입법 태도를 우리나라의 디지털 증거 압

30 허일태, "한국 형사절차법에 있어서 방어체계", 동아법학 제21호, 1996, 58면.

31 김기준, "수사 단계의 압수·수색 절차 규정에 대한 몇 가지 고찰", 형사법의 신동향 통권 제18호, 2009, 10-11면.

수·수색 제도에 도입하는 것을 긍정적으로 검토해 볼 필요가 있다.

8. 데이터의 반환

형사소송법은 법원의 압수·수색에 관하여 제133조에 압수물의 환부, 가환부를 규정하고[32] 제134조에 압수 장물의 피해자 환부를 각각 규정하고 있다.[33] 수사기관의 경우 환부와 가환부에 대해서는 제218조의2를 신설하여 검사와 사법경찰관은 사본을 확보한 경우 등 압수를 계속할 필요가 없다고 인정되는 압수물 및 증거에 사용할 압수물에 대해 공소제기 전이라도 관계인의 청구가 있는 때에는 환부 또는 가환부하여야 한다고 규정하고 있고, 피해자 환부의 경우 제219조에서 제134조를 준용하고 있다.

그런데 정보저장매체 전부를 반출한 경우를 제외하면 디지털 증거만을 복제, 출력의 방식으로 취득한 경우에는 점유의 배제와 이전이 없기 때문에 제218조의2에 따른 반환이라는 개념이 성립할 여지가 없다.

디지털 증거는 오히려 원래 한 곳에만 존재해야 할 데이터가 그대로 수사기관의 저장매체에 남아 있다는 것이 문제가 된다. 심지어 경찰, 검찰, 법원으로 관련 데이터가 복제되어 전달되고 축적될 수 있다. 수사를 하였으나 범죄의 혐의가 없거나 무죄의 선고를 받았을 경우 해당 데이터의 파기 범위는 어디까지이며 유죄의 선고를 받았을 경우에는 해당 데이터를 언제까지 보관할 수 있는지, 아니면 이러한 데이터를 지속적으로 보관하고 사후 분석을 통해 별건의 범죄 수사에 활용할 수 있는지가 논쟁의 대상이 된다. 결국 이러한 문제는 정보주체가 가지는 개인정보자기결정권이 수사기관과 법원에 대해 어떠한 방식으로 작용할 것인지에 대한 논의로 귀결된다.

---

32 제133조 (압수물의 환부, 가환부) ① 압수를 계속할 필요가 없다고 인정되는 압수물은 피고사건 종결전이라도 결정으로 환부하여야 하고 증거에 공할 압수물은 소유자, 소지자, 보관자 또는 제출인의 청구에 의하여 가환부할 수 있다.
② 증거에만 공할 목적으로 압수한 물건으로서 그 소유자 또는 소지자가 계속 사용하여야 할 물건은 사진 촬영 기타 원형보존의 조치를 취하고 신속히 가환부하여야 한다.

33 제134조 (압수장물의 피해자환부) 압수한 장물은 피해자에게 환부할 이유가 명백한 때에는 피고사건의 종결전이라도 결정으로 피해자에게 환부할 수 있다.

제 5 장

디지털 증거와 과학적 증거

제 5 장 디지털 증거와 과학적 증거

제1절 과학적 증거의 개념

과학적 증거란 특정한 학문 또는 지식의 원리나 기술을 응용하여 수집된 증거로서 그 분야의 전문가 내지 기술소지자 등에 의해 조사의 실시나 결과의 해석 등이 이루어지는 경우를 일컫는다. 그 예로는 혈액형 감정, 모발 감정, DNA 감정, 족적 감정, 필적 감정, 음성 감정, 거짓말탐지기에 의한 검사 또는 뇌지문 탐지기에 의한 검사 등을 들 수 있다. 요컨대 과학적 증거란 사실적인 측면에서는 일정한 사상 또는 작용에 관하여 통상의 오감에 의한 인식을 뛰어넘는 수단과 방법을 사용하여 인지하고 분석하는 경우를 말한다. 동시에 규범적인 측면에서는 그와 같은 인지와 분석의 기초가 되는 원리에 과학적인 근거가 있고 또한 그 수단과 방법이 타당성과 신뢰성을 가지고 있으며, 인지·분석에 의한 판단 결과가 형사재판에서 증거로서 허용될 수 있어야 한다.[1]

우리 형사소송법은 '과학적 증거'라는 용어를 직접 사용하지는 않는다. 다만, 형사소송법 제313조 제2항에서 '과학적 분석 결과에 기초한 디지털 포렌식 자료,

1 김성규, "이른바 과학적 증거의 의의와 그 허용성의 판단", 형사정책연구 통권 제59호, 2004, 307－308면.

감정 등 객관적 방법'이라고 '과학적 분석방법'이라는 말을 언급하고 있고 제3항에서는 '감정의 경과와 결과를 기재한 서류'의 증거능력에 대해 다루고 있다. 그러나 여기서는 전문증거가 법정에서 증거로 인정되기 위한 요건, 소위 '성립의 진정'과 관련된 내용만을 다루고 있기 때문에 과학적 증거의 고유한 특성에 대해 구체적으로 설명하고 있다고 할 수는 없다.

과학적 증거의 특성과 관련된 소문은 별도의 위치에 있다. 형사소송법 제1편 총칙 제13장 '감정'에서는 감정인의 선임, 감정 방식 등 감정의 요건 및 절차와 관련된 내용을 다루고 있다. 이 중 '과학적 증거' 고유의 특성과 직접적으로 관계된 조문은 제169조(감정)로, "학식 경험 있는 자에게 감정을 명할 수 있다"라고 규정하고 있다. 여기에는 아마도 소위 전문가라 불리는 교수, 박사, 전문 자격증 소지자 또는 일정 분야에서 많은 경험을 가진 자가 해당될 것이다. 실제 이러한 기준은 우리나라뿐만 아니라 많은 대륙법계 국가들이 활용하고 있는 방식이기도 하다.[2] 과학적 증거는 보통 감정이 행해지고 그 결과는 감정서 또는 감정인의 증언으로 법정에 현출된다. 과학적 증거란 결국 증거 자체의 성격이 과학적이라는 것을 의미하는 것이 아니고 과학적인 분석과 감정의 방법을 통해 도출된 감정 결과 또는 감정인의 진술을 의미한다고 보아야 한다.

물리학, 화학, 생물학, 지질학 등 자연과학이 과학적 증거 영역에 포함되는 것에 대해서는 의문이 없지만 인간의 행동, 제도, 사회 등을 연구하는 사회과학 내지 연성과학이 과학적 증거 영역에 포함되는지 논란이 있다. 사회과학 역시 특정한 학문 내지 지식의 영역이며, 그 영역의 전문가 또는 기술자 등에 의해 행해지는 것으로 과학적 증거 영역에 포함된다는 의견이 있다.[3]

그렇다면 전산학적 분석 기법이 사용되는 디지털 포렌식도 과학적 증거 영역에 포함된다고 할 수 있다. 우리의 형사소송법 제313조 제2항에서 '과학적 분석 결과에 기초한 디지털 포렌식 자료'라고 규정함으로써 디지털 증거가 과학적 증거의 일환임을 확인하고 있다.

---

2 김면기, "과학적 증거의 판단기준과 적용과정에 대한 이해 －최근 논란이 된 사례들을 중심으로－", 형사정책 제30권 제3호, 2018, 214－215면.

3 권영법, "과학적 증거의 허용성 －전문가증인의 허용성 문제와 관련 쟁점의 검토를 중심으로－", 법조 제61권 제4호, 2012, 85면.

제2절 과학적 증거의 분류

과학적 증거는 다음과 같이 분류할 수 있다.[4]

① 가장 강한 정도의 과학적 증거: 오류나 반증의 여지가 적어 강한 증명력을 가지는 과학적 증거로 유전자 검사, 혈액 검사, 오염 물질 분석 등 이화학적 분석에 기초한 증거를 말한다.

② 반증의 여지가 있는 과학적 증거: 경성과학에 기초한 증거이기는 하나, 오류와 반증의 여지가 존재할 확률이 가장 강한 정도의 과학적 증거보다 많은 경우로 모발 검사에 의한 마약 검출의 경우가 그 예이다.

③ 과학과 전문가의 주관적 분석이 결합한 증거: 필적 감정, 문서 감정, 음성 분석, 교통사고 분석과 같이 감정인의 전문성에 신빙성의 척도가 놓인 증거를 말한다.

④ 이론적 합리성 요건의 충족을 전제로 하는 과학적 증거: 거짓말탐지기 검사와 같이 과학적 이론이 제시되어 있으나 일반적으로 승인되었다고 볼 수 없고 오류와 반증의 여지도 커서 엄격한 전제 조건이 구비되었음이 인정되어야 제한적으로 증거능력 부여가 가능한 증거를 말한다.

제3절 과학적 증거의 판단기준

1. 미국 판례의 입장

가. Frye 기준[5]

재판에서 2급 살인죄로 기소된 Frye는 범죄에 대한 자백이 경찰의 강압에 의해 자백한 것이라고 주장하며 이를 입증할 수 있는 자료로 거짓말탐지기 검사

4 김태업, "형사재판과 과학적 증거", 제25회 한국법과학회 춘계학술대회, 2012, 27면.

5 Frye v. United States, 293F, 1013(D.C. Cir. 1923).

보고서와 전문가의 진술을 제시했다. 하지만 법원은 그가 제시한 보고서와 전문가 진술이 과학적 증거가 아니라는 이유를 들어 증거로 채택하지 않았고 결국 Frye는 유죄 판결을 받았다.

법원은 판결문에서 거짓말탐지기 검사가 관련 분야에서 전문가들에게 일반적으로 받아들여지지 않기 때문에, 즉 관련 전문가들로부터 승인받지 못했기 때문에 과학적인 증거로 볼 수 없다고 판시했다. 최초 전문가 증언에 대한 허용 기준으로 증언에 사용된 이론이나 원칙이 학계 또는 그 분야에서 '일반적인 승인(general acceptance)'을 얻어야 인정받을 수 있다고 본 것이다. 이 기준은 'Frye standard'로 불리며 Daubert 기준이 제시되기 전까지 70여 년간 과학적 증거에 대한 허용성을 판단하는 기준이 되었다.

나. Daubert 기준[6]

선천적 지체 장애아를 출산한 Daubert는 임신 중 복용한 Merrell Dow Pharmaceuticals사의 구토억제제(Bendectin) 때문에 선천적 지체 장애아를 출산했다면서 제약 회사를 상대로 손해배상 소송을 제기하였다. 원고는 전문가들을 동원하여 동물실험을 한 결과와 화학 구조 분석을 통해 벤덱틴이 기형을 유발하는 물질과 유사한 화학구조를 가지고 있다는 보고서를 제출했지만, 1심 법원은 Frye 기준을 적용하여 원고가 제출한 증거는 일반적인 승인을 받지 못했다는 이유로 과학적인 증거로 볼 수 없다고 판결했다.

항소심도 원심의 판단을 지지했지만, 미국연방대법원은 과학적 증거에 대한 허용성 판단기준이 쟁점이라고 판단하여 상소를 허용했고, 임신 중 복용한 Merrell Dow Pharmaceuticals사의 구토억제제가 기형아 출산에 영향을 미쳤다는 전문가 감정인의 삼성 보고서를 증거로 받아들임으로써 종전의 Frye 기준을 폐기하고 새로운 Daubert 기준을 제시하였다.

Daubert 기준은 과학적 증거의 신뢰성 판단에 중점을 두었으며, 법정 증언을 하는 전문가의 적합성을 감시하는 문지기 역할을 판사가 해야 함을 제시하였다. Daubert 기준의 핵심은 증거의 신뢰성 판단에 대한 세부 기준으로 다음과 같다.

6 Daubert v. Merrell Dow Pharmaceuticals, Inc., 509 U.S. 579, 593 (1993).

① 검증 가능성[7]: 전문가가 주장하는 이론이나 기술이 과학적으로 검증되었는가? 또는 검증이 가능한가?

② 동료에 의한 심사 및 논문 출판 여부: 전문가가 제공하는 이론이나 기술이 해당 학계의 동료 학자들에 의해 심사되고 출판되었는가?

③ 증거 추출 방법의 오차율: 전문가가 제공하는 이론이나 기술에 관련된 과학적 검증이나 실험이 있다면 잠재적인 오차율은 얼마나 되는가?

④ 관련 학계에서의 일반적인 승인 여부: 전문가가 제공하는 전문적 이론이나 기술이 해당 학계에서 일반적으로 승인되는가?

2. 우리 판례의 입장

가. 거짓말탐지기 검사

거짓말탐지기의 검사 결과에 대하여 사실적 관련성을 가진 증거로서 증거능력을 인정할 수 있는 요건으로 대법원은 "첫째로, 거짓말을 하면 반드시 일정한 심리 상태의 변동이 일어나고 둘째로, 그 심리 상태의 변동은 반드시 일정한 생리적 반응을 일으키며 셋째로, 그 생리적 반응에 의하여 피검사자의 말이 거짓인지 아닌지가 정확히 판정될 수 있다는 세 가지 전제요건이 충족되어야 할 것이며, 특히 마지막 생리적 반응에 대한 거짓 여부 판정은 거짓말탐지기 검사에 동의한 피검사자의 생리적 반응을 정확히 측정할 수 있는 장치이어야 하고, 질문사항의 작성과 검사의 기술 및 방법이 합리적이어야 하며, 검사자가 탐지기의 측정 내용을 객관성 있고 정확하게 판독할 능력을 갖춘 경우"를 제시하고 있으며 이와 같은 여러 가지 요건이 충족되지 않기 때문에 거짓말탐지기의 검사 결과에 대하

7 "우리 대법원이 '광우병 정정보도청구사건'에서 사용한 표현인 "그 이론이나 기술이 실험될 수 있는 것인지"와 사실상 동일하다. 검증 가능성이라는 개념이 반드시 이해하기 어려운 용어는 아니다. 포퍼가 사용한 예를 들어 설명하자면, 연구자는 여러 백조들에 대한 관찰을 통해 (여러 지역에서 발견한 백조들이 모두 하얗다는 사실을 확인하고) '지구상의 모든 백조는 하얗다'는 가설을 세울 수 있다. 하지만 이러한 가설은 지구상에서 한 마리의 검은 백조만 찾아도 쉽게 반증될 수 있는 주장이다. 즉, 반증이 가능하다는 요건을 갖추었기 때문에 하얀 백조에 대한 가설은 과학적 이론에 해당될 수 있는 것이다. 포퍼는 가설의 설정과 반증되는 과정들의 반복이 과학적 연구 방법이며, 이러한 과정을 통해 과학이 발전한다고 설명하였다", 김면기, "과학적 증거의 판단기준과 적용과정에 대한 이해 –최근 논란이 된 사례들을 중심으로–", 형사정책 제30권 제3호, 2018, 222면.

여 형사소송법상 증거능력을 부여할 수는 없다고 판시[8]하였다.

또한 "거짓말탐지기의 검사는 그 기구의 성능, 조작기술 등에 있어 신뢰도가 극히 높다고 인정되고 그 검사자가 적격자이며, 검사를 받는 사람이 검사를 받음에 동의하였으며 검사서가 검사자 자신이 실시한 검사의 방법, 경과 및 그 결과를 충실하게 기재하였다는 등의 전제 조건이 증거에 의하여 확인되었을 경우에만 형사소송법 제313조 제2항(현재의 제3항)에 의하여 이를 증거로 할 수 있는 것이고 위와 같은 조건이 모두 충족되어 증거능력이 있는 경우에도 그 검사 결과는 검사를 받는 사람의 진술의 신빙성을 가늠하는 정황증거로서의 기능을 하는데 그치는 것이다"라고 판시[9]하였다.

나. 유전자 검사

2006년까지만 해도 대법원은 "유전자 감식 결과는 원칙적으로 피고인이 죄를 범하였다고 합리적으로 의심할만한 다른 증거가 있을 때 하나의 보강증거나 정황증거로 삼을 수 있을 뿐이지 다른 증거가 없는 상황에서 그 유전자 감식 결과만으로 범죄를 인정하는 것은 배제되어야 한다"라고 판시[10]하여 유전자 검사의 증명력 인정에 소극적이었으나 2007년 5월에 선고한 사건에서는 과학적 증거의 증명력을 높이 평가하기 시작하였다.

강도, 강간 사건에서 경찰이 피해자로부터 범인의 정액이 묻어있는 옷을 제출받아 국립과학수사연구소에 유전자 감정을 의뢰하였고 피고인이 이 사건의 범인과 동일인 여부를 확인하기 위하여 피고인의 모발 및 타액에 대하여도 국립과학수사연구소에 유전자 감정을 의뢰하였는데, DNA 분석 결과 피고인의 유전자형이 범인의 그것과 상이하다는 감정 결과가 제1심법원에 제출되었다. 항소심까지 피고에게 유죄가 선고되고 상고된 사안에서 유전자 검사 결과의 증명력이 문제되었다. 대법원은 "유전자 검사나 혈액형 검사 등 과학적 증거 방법은 그 전제로 하는 사실이 모두 진실임이 입증되고 그 추론의 방법이 과학적으로 정당하여 오류의 가능성이 전무하거나 무시할 정도로 극소한 것으로 인정되는 경우에는 법

---

8 대법원 1986. 11. 25. 선고 85도2208 판결.
9 대법원 1987. 7. 21. 선고 87도968 판결.
10 대법원 2006. 7. 7. 선고 2005도6115 판결.

관이 사실인정을 함에 있어 상당한 정도로 구속력을 가지므로, 비록 사실의 인정이 사실심의 전권이라 하더라도 아무런 합리적 근거 없이 함부로 이를 배척하는 것은 자유심증주의의 한계를 벗어나는 것으로서 허용될 수 없다"라고 판시하였고 "DNA 분석을 통한 유전자 검사 결과는, 충분한 전문적인 지식과 경험을 지닌 감정인이 적절하게 관리·보존된 감정 자료에 대하여 일반적으로 확립된 표준적인 검사 기법을 활용하여 감정을 실행하고 그 결과의 분석이 적정한 절차를 통하여 수행되었음이 인정되는 이상 높은 신뢰성을 지닌다 할 것이고, 특히 유전자형이 다르면 동일인이 아니라고 확신할 수 있다는 유전자 감정 분야에서 일반적으로 승인된 전문 지식에 비추어 볼 때, 피고인의 유전자형이 범인의 그것과 상이하다는 감정 결과는 피고인의 무죄를 입증할 수 있는 유력한 증거에 해당한다"라고 판시하여 피고인에게 유죄를 선고한 원심을 파기환송하였다.[11]

다. 폐수 수질 검사

수질 오염 방지 시설을 가동하지 아니한 채 폐수를 무단 방류함으로써 배출허용기준을 초과하여 특정 수질 유해 물질을 배출하였다는 수질환경보전법 위반 사건에서 울산광역시 보건환경연구원의 '폐수 수질 검사 결과 회신'이 유죄의 증거로 제출되었으나 제1심과 항소심 모두 이를 증거로 삼기에 부족하다는 이유로 무죄를 선고하고 상고된 사건에서 대법원은 "폐수 수질 검사와 같은 과학적 증거는 전문 지식과 경험을 지닌 감정인이 시료에 대하여 일반적으로 확립된 표준적인 분석 기법을 활용하여 분석을 실행하고, 그 분석이 적정한 절차를 통하여 수행되었음이 인정되는 이상 법관이 사실인정을 함에 있어 상당한 정도로 구속력을 가지므로, 비록 사실의 인정이 사실심의 전권이라 하더라도 아무런 합리적 근거 없이 함부로 이를 배척하는 것은 자유심증주의의 한계를 벗어나는 것으로서 허용될 수 없는 것이다(대법원 2007. 5. 10. 선고 2007도1950 판결; 대법원 2009. 3. 12. 선고 2008도8486 판결 등 참조). 그러나 이러한 과학적 증거가 사실인정에 있어서 상당한 정도로 구속력을 갖기 위해서는 감정인이 전문적인 지식·기술·경험을 가지고 공인된 표준 검사 기법으로 분석을 거쳐 법원에 제출하였다는 것만으로는 부족하고, 시료의 채취·보관·분석 등 모든 과정에서 시료의 동일성이 인정되고 인위적

11 대법원 2007. 5. 10. 선고 2007도1950 판결.

인 조작·훼손·첨가가 없었음이 담보되어야 하며 각 단계에서 시료에 대한 정확한 인수·인계 절차를 확인할 수 있는 기록이 유지되어야 한다"라고 판시하고[12] 시료의 동일성이 담보되지 않았기 때문에 그 성분 검사 결과를 유죄의 증거로 사용할 수 없다는 원심의 판단을 수긍하였다.

라. 언론 보도 중재·반론 사건(PD수첩 사건)

일명 PD수첩 사건과 관련하여, 언론 보도에 의하여 주장된 사실관계가 과학 분야에 관한 사실이고 그 과학적 사실이 현재의 과학 수준으로 그 진실 여부가 완전히 밝혀지지 않은 단계에서 과학적 사실의 진실성을 법원이 판단하여야 할 경우에 대하여 대법원은 "그 과학적 사실이 진실하지 아니하다는 점에 대하여 자연과학의 관점에서 추호의 의혹도 허용되지 아니할 정도로 증명할 것을 요구한다면 이는 마치 특정되지 아니한 기간과 공간에서의 구체화되지 아니한 사실의 부존재를 증명하는 것과 마찬가지로 불가능에 가까운 것일 뿐더러 사회정의와 형평의 이념에 입각하여 논리와 경험의 법칙에 따라 사실주장이 진실한지 아닌지를 판단하여야 한다는 자유심증주의의 원칙과도 배치되는 일이라고 할 것이다"라고 설시한 후, "과학적 사실에 관한 보도 내용의 정정 보도 여부를 심리함에 있어서 법원으로서는 언론사가 그 사실적 주장의 근거로 삼은 자료를 포함하여 소송과정에서 현출된 모든 과학적 증거의 신뢰성을 조사하고 그 증명력을 음미하거나 이를 탄핵하는 방법으로 그 과학적 사실의 진실 여부를 판단할 수 있다. 그리고 여기에서 과학적 증거의 신뢰성 여부는 그 이론이나 기술이 실험될 수 있는 것인지, 이론이나 기술에 관하여 관련 전문가 집단의 검토가 이루어지고 공표된 것인지, 오차율 및 그 기술의 운용을 통제하는 기준이 존재하고 유지되는지, 그 해당 분야에서 일반적으로 승인되는 이론인지, 기초자료와 그로부터 도출된 결론 사이에 해결할 수 없는 분석적 차이가 존재하지는 않는지 등을 심리·판단하는 방법에 의하여야 한다. 그리하여 언론사가 과학적 사실에 관한 보도 내용의 자료로 삼은 과학적 증거가 이러한 기준에 비추어 신뢰할 수 없는 것이거나 그 증거가치가 사실인정의 근거로 삼기에 현저히 부족한 것이라면 그러한 자료에 기초한 사실적 주장은 진실이 아닌 것으로 인정할 수 있다고 보아

12 대법원 2010. 3. 25. 선고 2009도14772 판결.

야 한다"라고 판시[13]하였다.

3. 미국 판례와 우리 판례의 비교

미국에서 언급한 기준들은 전문가가 증언을 하기에 앞서 이를 허용할 것인가 여부에 관한 기준으로서 증거능력의 문제로 보았음에 반하여 우리 대법원이 2007년도 이후에 "과학적 증거는 그 전제로 하는 사실이 모두 진실임이 입증되고 그 추론의 방법이 과학적으로 정당하여 오류의 가능성이 전무하거나 무시할 정도로 극소한 것으로 인정되는 경우에는 법관이 사실인정을 함에 있어 상당한 정도로 구속력을 가진다"라고 판시한 부분은 증명력에 관한 언급이고 "시료의 채취·보관·분석 등 모든 과정에서 시료의 동일성이 인정되고 인위적인 조작·훼손·첨가가 없었음이 담보되어야 하며 각 단계에서 시료에 대한 정확한 인수·인계 절차를 확인할 수 있는 기록이 유지되어야 한다"라고 판시한 부분은 증거능력에 대한 부분으로 일관되지 못한 입장을 보이는 등 미국과 우리의 입장에는 상호 차이가 있다.[14] 또한 형사사건에 관하여 우리 대법원은 전제 사실의 진실입증, 추론방법에서의 오류 가능성, 공인된 표준 검사 기법에 의한 분석, 자료의 동일성과 인위적인 조작 가능성 등을 증명력이나 증거능력의 요건으로 삼고 있어서 Daubert 기준과 다르다. 다만, 언론 보도 정정, 반론 사건에서는 "과학적 증거의 신뢰성 여부는 그 이론이나 기술이 실험될 수 있는 것인지, 이론이나 기술에 관하여 관련 전문가 집단의 검토가 이루어지고 공표된 것인지, 오차율 및 그 기술의 운용을 통제하는 기준이 존재하고 유지되는지, 그 해당 분야에서 일반적으로 승인되는 이론인지, 기초 자료와 그로부터 도출된 결론 사이에 해결할 수 없는 분석적 차이가 존재하지는 않는지 등을 심리·판단하는 방법에 의하여야 한다"라고 판시[15]하여 Daubert 기준을 인용하고 있다. Daubert 기준과 우리 형사사건에 관한 대법원의 기준을 비교해 보면 다음 표와 같다.[16]

---

13 대법원 2011. 9. 2. 선고 2009다52649 전원합의체 판결.

14 권영법, "과학적 증거의 허용성 – 전문가증인의 허용성문제와 관련 쟁점의 검토를 중심으로 –", 법조 제61권 제4호, 2012, 105면.

15 대법원 2011. 9. 2. 선고 2009다52649 전원합의체 판결.

16 권영법, "과학적 증거의 허용성 – 전문가증인의 허용성문제와 관련 쟁점의 검토를 중심으로 –",

표 2 과학적 기준의 판단 기준 비교

구분	Daubert 기준	대법원 판결
판단 요소	· 이론과 기술의 검증 · 동료의 검토와 발간 · 기술이 알려진 것인지 여부와 오류율 · 기술에 대한 통제 기준과 기준 준수 여부 · 일반적인 승인 · 소송에서의 독립	· 전제 사실의 진실 입증 · 추론 방법에서의 오류가능성 · 공인된 표준 검사 기법에 의한 분석 · 자료의 동일성과 인위적인 조작 가능성
판단 기준의 작용	전문가 증언의 허용성 판단	증거능력과 증명력
판단 기준의 적용	피고인측에게만 허용	언급 없음
적용 범위	자연과학, 사회과학, 연성과학 모두 포함	언급 없음

제4절 디지털 증거의 상대적 객관성

1. 과학적 증거의 위험성

판단과 의사결정 과정은 인지 과정과 추론 과정의 하나이다. 판단 과정은 필요한 데이터를 수집하여 직접적으로 제시된 것들과 아직 제시되지는 않았지만 제시된 데이터로부터 추론할 수 있는 사실들을 최대한 이용하여 논리적인 결론을 내리는 과정이다. 증거의 수집·추론·판단 등의 단계에서 오류나 편향이 생기게 되면 편향된 판단이나 잘못된 판단에 이르게 된다. 전문가들은 교육과 경험을 통하여 합리적인 판단을 내리는 방법들을 습득하지만 이들조차도 합리적인 판단에 도달하지 못하는 경우가 흔히 발생한다. 법관들 역시 잘 모르는 과학 지식을 새로이 접할 경우는 전문적인 판단에서 편향이나 오류가 발생할 가능성이 있다.[17]

법조 제61권 제4호, 2012, 107면.

17 김청택·최인철, "법정의사결정에서의 판사들의 인지 편향", 서울대학교 법학, 제51권 제4호, 2010, 319면.

법관에게 제시되는 전문가의 감정은 전문가 자신의 과학적 원리, 기술, 방법론을 적용하고, 추론 과정을 통해 전문가의 주관적 의견 형태로 법정에 현출된다. 만약 법관이 과학적 증거 또는 전문가 증언이라는 '외관'을 갖게 된 것을 법정에서 접할 경우 과학적 지식, 교육 및 훈련이 부족한 법관으로서는 전문 감정인의 의견에 좌우될 위험성이 존재한다.[18] 특히, 과학의 탈을 쓴 'Junk science'가 법정을 오도하고 그렇게 왜곡된 인식은 다시 수정하기 어려운 규범성을 부여받을 위험이 상존한다. 따라서 과학적 증거 또는 전문가 증언이 'Junk science'로 인해 왜곡될 가능성을 항상 경계해야 한다. 과학적 증거의 증거능력이 크게 문제되는 것도 이 때문이다.[19]

'Junk science'가 아니라 'Good science'의 경우에도 증거분석 과정에서 높은 수준의 주관적 해석이 개입되는 경우, 사람에 의한 오류를 완전히 배제하기 어렵다. 특히 법과학자들은 형사절차에서 의도하건 의도하지 않건 수사기관과 협업하면서 사건의 배경 정보(context information), 예를 들어 피의자의 성별, 연령, 전과, 자백 여부, 또는 목격자의 진술 등에 노출되는 경우가 있는데, 이로 인해 법과학자들의 인지 편향(cognitive bias)이 형성될 가능성이 있고 결국 감정 결과가 달라질 가능성도 있다. 법과학자의 인지 편향을 통제할 수 있는 적정한 절차가 마련되어 있지 않거나, 그 절차가 업무 처리 과정에서 제대로 준수되지 않을 경우 오류가 발생할 가능성은 상존하며 이를 법관이 재평가하지 못할 경우 재판에 영향을 미친다.[20]

우리는 과학적 이론이 항상 정당하거나 증명이 가능한 것은 아니고, 과학은 진실을 찾아가는 과정이기 때문에 과학적 이론의 불확실성은 정상적이고 필수적인 특성이며, 특히 과학적 연구가 첨단 과학이나 논쟁적인 과학적 주제에 관한 것일수록 높아지는 것임을 명확히 인식하여야 한다. 불확실성을 내포할 수밖에 없는 과학적 증거를 다루는 경우 과학의 불확실성을 확신하고 그 과학적 연구의 가정과 전제를 잘 살펴서 신중한 자세로 접근하여야 한다.[21] 과학적 증거가 일단

18 이성기, "법과학 증거의 기준에 관한 법적 연구 －전문가 증언 제도의 문제점과 개선 방안을 중심으로－", 법학논집 제23권 제3호, 2019, 64면.

19 이정봉, "'과학적증거'의 증거법적 평가", 형사판례연구 제21권, 2013, 588면.

20 김면기·유승진, "법과학 증거의 오류 가능성에 대한 이해", 과학기술과 법 제11권 제1호, 2020, 100면.

증거능력을 부여받아 법정에 들어올 경우 법관이 사실인정을 함에 있어 상당한 정도로 구속력을 부여하기 때문에 증거능력 평가 단계에서부터 증거가 도출된 배경, 과정, 이론 등에 대한 심층적인 평가가 이루어져야 한다.

2. 과학적 증거에서 디지털 증거의 위치

DNA 분석, 화학 분석, 재료 분석(Material analysis), 혈청학 등은 실험실에 기반을 둔 분석적인 분야(Laboratory based, analytical disciplines)로서 자연과학의 지식에 바탕을 두고 있고 양적 데이터를 생산하는 기술의 활용에 기반하고 있다. 이러한 실험실의 실험은 과학적·기계적 분석을 통해서 단일한 결과 내지 수치를 산출하는 것으로 인식되고 있고, 기술자나 과학자에 의해 행해지기 때문에 분석결과에 대해 주관적인 해석은 거의 개입되지 않는다.

이에 반하여 전문가의 해석에 기반을 둔 관찰적인(observational) 법과학 분야도 있다. 이러한 분야의 법과학 증거는 경험적인 증거에 상당히 의존하게 되지만 결국에는 숙련된 법과학자들이 여러 데이터를 활용하여 증거들을 이해하고 해석하는 것이 중요하다. 총기 및 화기 분석(Firearm and Toolmark Examination), 법치의학, 타이어 또는 신발의 자국 증거(Impression Evidence), 혈흔 분석(Bloodstain patterns), 문서 감정(Questioned Documents), 머리카락 분석(Hair Analysis), 의학적 소견(Medical Opinion) 등의 분야가 대표적이다. 관찰적인 분야의 법과학 증거들에는 결론 도출 과정에서 수치화하기 어려운 법과학자의 주관적 해석이 개입되며 주관적 해석 과정에서 터널 비전과 같은 인지 편향, 법과학자의 신체적·정신적 피로, 오류에 대한 무의식적 무시, 숙련된 경험의 유무 등이 해석의 결과에도 영향을 미칠 수 있다.[22] 이러한 법과학 분야의 특성에 비추어 앞서 과학적 증거를 가장 강한 정도의 과학적 증거부터 이론적 합리성 요건의 충족을 전제로 하는 과학적 증거까지 분류한 바 있다.

그러면 디지털 증거가 포렌식 분석을 통해 결과가 도출된 경우 과학적 증거

---

21 대법원 2011. 9. 2. 선고 2009다52649 전원합의체 판결.

22 김면기·유승진, "법과학 증거의 오류 가능성에 대한 이해", 과학기술과 법 제11권 제1호, 2020, 91-92면.

의 어느 분류에 해당할 수 있을지 검토가 필요하다.

가. 비트의 정확성

실험에 기반한 분석적인 분야에서 실험의 대상은 분자, 원자, 입자로 분해될 수 있는 물질이다. 이에 반해 디지털 증거는 비트로 구성되어 있다. 비트는 두 가지 뚜렷하고 명확하게 구별되는 수치 중 하나를 가진 데이터이다. 우리가 이러한 값을 '1'과 '0'으로 나타내든, 참과 거짓, on과 off로 나타내든, 또는 다른 표현을 사용하든, 디지털 증거에 들어갈 수 있는 상태는 두 가지뿐이다.

이것은 디지털 증거를 심사할 때 중요한 요소이다. 비교하고 분석할 수 있는 비트의 수는 한정되어 있고 결과의 최대 정밀도 또한 유한하기 때문이다. 만약 우리가 얼마나 많은 비트가 관여하고 있는지 그리고 그 표현이 사용되고 있는지를 안다면, 최대 정밀도 또한 알 수 있다. 또한 디지털 메커니즘의 경우 정밀도와 정확도는 항상 잔류 오류 없이 일치할 수 있다. 비트는 측정 오류 없이 완벽한 정밀도로 측정할 수 있다. 이론적으로 가능한 것보다 더 정밀하게 제시된 결과는 오해의 소지가 있다. 그러나 디지털 영역에서 측정은 완벽하게 정확할 수 있다.[23]

나. 실험의 무한 반복 검증 가능성

DNA 분석, 혈액 분석, 화학 분석, 재료 분석 등은 실험 대상이 되는 시료가 필요하며 실험 결과가 도출되는 과정에서 시료는 소멸된다. 반면, 비트로 구성된 디지털 증거는 무한 복제가 가능하며 원본과 사본의 차이가 없기 때문에 실험 과정을 완벽하게 재구현할 수가 있다.

일반적인 과학적 증거는 시료 수집부터 분석 사이까지 관리 연속성(chain of custody)[24]을 유지하고 증명하기 위해서 밀폐된 용기와 기록이 수반되어야 하고 증명도 간접적이지만, 디지털 증거는 원본이 존재하는 한 원본과 분석된 사본 간의 해시값 증명만으로 관리 연속성을 증명할 수 있으며 원본 시료의 제시를 통해

23 Fred Cohen, Digital Forensic Evidence Examination 5th edition, Fred Cohen & Associates out of Livermore, 2013, 84면.

24 Chain of custody는 다용한 용어로 번역되고 있다. 연계 보관성, 절차 연속성, 보관 연속성 등이 그 예인데 이 책에서는 증거의 보관과 증거에 시행된 처리 과정을 포괄하는 의미로 관리 연속성이라는 용어를 사용한다.

직접적인 증명까지도 가능하다.

디지털 증거는 분석에 사용된 소프트웨어만 정확하다면 분석자의 자격과 무관하게 같은 결과가 도출된다. 설사, 전문가의 신뢰성이 의심되는 경우에도 다른 전문가에 의해서 반복적인 추가 실험을 통해 신뢰성 입증이 가능하며, 관리의 연속성이 유지되고 원본 데이터만 보존되어 있다면 분석 도구의 신뢰성이 의심되는 경우라도 다른 도구로 재실험이 가능하기 때문에 전문가와 도구의 신뢰성은 언제든지 재검이 가능하다.

다. 디지털 증거의 위치

자연과학의 지식에 근거한 분석적 법과학 분야에서는 분석가의 주관이 개입할 여지가 없으나 시료의 소실, 시료의 오염에 따른 분석 실패 가능성 등이 상존한다. 모발의 현미경 분석을 통해 모발의 직경, 구조, 염색 분포, 손상 정도 등을 분석하여 동일 여부를 식별하는 방법이나 지문 감정, 문서 감정 등의 관찰적인 법과학 분야는 검사자의 숙련도와 주관적인 해석에 의해 결과가 좌우되는 경우가 많다.[25]

그런데 디지털 증거에 대한 분석은 분석 대상이 정상적으로 관리, 보존된 경우라면 시료가 분석에 의해 소실, 오염될 가능성이 없으며 관찰적인 법과학 분야와 같이 주관이 개입될 여지도 없다. 따라서 과학적 증거의 분류 중 '가장 강한 과학적 증거 이상'의 가치를 가진다고 보아야 한다.

학자에 따라서는 디지털 증거의 특성 중 하나인 취약성을 언급하기도 한다. 그러나 시료의 보관이나 관리 과정에서의 취약성은 디지털 증거뿐만 아니라 일반적인 과학적 증거에도 존재하는 것이며 어느 것이 더 취약하다고 단언할 수 없다. 오히려 일반적인 과학적 증거의 시료는 오염된 경우 복구가 불가능하지만 디지털 증거의 경우 복제본의 생성을 통해 추가적인 시료 생성이 가능하다는 이점도 존재한다.

디지털 증거의 증거능력 인정 요건에서 요구되는 "모든 과정에서 시료의 동일성이 인정되고 인위적인 조작·훼손·첨가가 없었음이 담보되어야 하며 각 단계

25 이웅혁·이성기, "형사재판상 과학적 증거의 기준과 국내 발전방향 –최근 미국에서의 과학적 증거의 개혁 논의를 중심으로–", 형사정책 제23권 제1호, 2011, 322면.

에서 시료에 대한 정확한 인수·인계 절차를 확인할 수 있는 기록이 유지되어야 한다"라는 조건은 디지털 증거뿐만 아니라 일반적인 과학적 증거에도 동일하게 적용되는 것이며 디지털 증거에만 특별한 요건은 아니다. 결국 같은 관리 조건과 실험 조건에서 디지털 증거는 월등히 정확하고 객관적이다.

3. 디지털 증거에 적합한 과학적 증거의 기준

과학의 특징은 새로운 생각이나 가설이 비판적인 심사 및 경험적 검증을 받아야 한다는 데 있다. 검증은 지속적인 관찰과 실험을 통해서 이루어지는데 검증 이후에 새로운 가설이 나온다면 그것이 추가되어 다른 해석이 생기고 그것을 대상으로 또 다른 추가 실험이 계속 이루어지게 된다. 이러한 이유로 과학적 지식은 고정되어 있는 것이 아니라 끊임없이 새로운 해석을 통해 검증되고 움직인다. 어느 정도 검증이 이뤄졌다 하더라도 어떤 과학적 이론이 진실인 것까지는 증명되지 않는다. 이론 또는 법칙이라 불리는 가설은 과학자들이 개별 명제가 주는 예측에 보낸 신뢰의 정도를 반영한 것이다. 그러나 여러 차례 반증의 시련에 견디다가 과학계에 의한 승인을 받는 한에서 그런 명제는 일반적으로 과학적으로 유효한 것으로 간주된다.[26] 이때 비로소 Frye 기준이나 Daubert 기준에서 언급한 '일반적인 승인(general acceptance)'의 기준을 통과하게 된다.

디지털 포렌식 분야의 저명한 학회인 DFRWS(Digital Forensics Research Workshop)은 디지털 포렌식을 "범죄로 판명된 사건의 재구성을 촉진하거나 실행된 운영에 파괴적으로 보이는 비인가적인 행동에 대한 예측을 돕기 위해 디지털 소스에서 파생된 디지털 증거의 보존, 수집, 검증, 식별, 분석, 해석, 문서화, 제출 등의 과학적으로 파생되고 입증된 방법을 사용하는 것"이라고 설명하고 있다.[27] 앞서 살펴본 바와 같이 디지털 증거가 과학적 증거의 일종이며 위 학회가 선언한 것처럼 과학적으로 파생된 방법을 포렌식 조사에 사용하는 것은 인정된 사실이지만 디지털 증거에 대한 분석결과가 일반적인 과학의 특징과 같이 가설

---

26 김종호, "과학적 증거의 증거능력 판단에 관한 소고", 일감법학 제37호, 2017, 281−282면.

27 DFRWS, "A Road Map for Digital Forensic Research", The Digital Forensic Research Conference, 2001, p. 16.

에 대한 비판적 심사와 경험적 검증에 따라 새로운 해석을 덧붙이게 되는 것인지는 의문이다.

과학적 증거가 일반적인 승인을 받기 위해 설명되어야 하는 것이 네 가지가 있다. 첫째, 검증은 일관성이 있어야 한다. 자기모순이 있거나 논리적으로 구축되지 않은 가설은 기각된다. 둘째, 설명할 수 있어야 한다. 관찰된 현상을 어떠한 의미로 이해 가능한 것으로 할지, 즉 그 현상이 왜 나타나는가라는 질문에 대해 설명할 수 있어야 한다. 셋째, 기존에 보편적 승인을 받은 가설과 대조가 가능하여야 한다. 확립된 가설과 다르다는 이유로 새로운 가설이 즉시 기각되지는 않지만 기존의 가설과 갈등이 큰 가설은 신중히 심사될 필요가 있다. 넷째, 가장 중요한 것이 경험적 검증이다. 경험적 검증은 그 가설이 맞다고 가정했을 때 관찰할 결과를 예측한 후, 이를 측정하고 현실에서 관찰된 실제 결과와 일치하는지 여부를 조사함으로써 검증은 달성된다. 과학을 과학답게 결정하는 요소가 이 가설의 경험적 검증이다.[28]

그런데 디지털 포렌식의 조사 대상은 컴퓨터 시스템, 네트워크, 저장매체 등이며 데이터의 유형에 따라 활성 데이터, 파일 시스템, 데이터베이스, 프로그램 코드, 로그 데이터 등이다. 이러한 대상들은 자연적인 현상이나 우연한 과정을 통해서 생성된 것이 아니라 애당초 인간에 의해 개발된 알고리즘에 따라 생성된 것들이며 프로그램 또는 시스템이 예정한 방식에 따라 도출된 결과물들이다. 처음부터 인간이 개발한 대로 생성된 결과물에 대해 앞서 언급한 과학적 증거의 검증 과정이 디지털 증거에서 그대로 유효할 수는 없다.

일반적인 과학은 앞서 설명한 검증 과정을 볼 때 심지어 사실의 불완전한 지식에 불과하다는 평가까지 받을 수 있다. 절대적으로 완전하지 않기 때문이다. 그럼에도 불구하고 우리는 과학적 지식을 일반적 상식이나 다른 지식에 비하여 객관적이라고 생각한다. 이는 과학적 명제가 단지 주장과 설득만으로 구성되는 것이 아니라 다른 과학자에 의해 다시 실험되고 관찰되며 검증되는 과정을 거치기 때문이다.

반면, 개발한 대로 작동하는 컴퓨터와 시스템의 성격상 디지털 증거의 분석 과정은 과학적 증거에 비해 월등히 완전하다. 디지털 증거는 과학적 증거보다는

28 김종호, "과학적 증거의 증거능력 판단에 관한 소고", 일감법학 제37호, 2017, 281–282면.

분석 또는 감정인의 주관이 개입될 여지가 적고 분석의 대상이 된 시료(매체 또는 파일)가 그대로 존재하므로 분석 과정과 결과에 대한 객관적인 반복 검증이 가능하다. 따라서, 과학적 증거보다는 오판의 위험이 적다. 결국 디지털 증거의 증거능력과 증명력을 평가함에 있어서 일반적인 과학적 증거를 기준으로 설정된 것들을 그대로 적용할 수 없다는 결론에 이르게 된다.

제 6 장

디지털 증거의 증거능력 인정 요건

제 6 장 디지털 증거의 증거능력 인정 요건

제1절 디지털 증거의 출현

사진, 녹음, 영상녹화물은 기록되는 것의 일부이다. 디지털 저장 방식은 사진, 녹음, 영상녹화물뿐만 아니라 다양한 데이터를 처리할 수 있도록 개발되었다. 사진, 녹음, 영상녹화물 등 사람에 의해 의도적으로 작성되어 저장매체에 보관된 증거 이외에도 사용자가 개입하지 않고 프로그램에 의해 자동으로 생성된 메타데이터, 로그 데이터, 보조 데이터 등 다양한 종류의 데이터가 디지털 방식으로 존재한다.[1] 편지를 대신하여 이메일을 보낼 수 있으며 SNS를 통해 각종 파일을 전송할 수도 있다. 디지털 방식으로 저장, 전송되는 데이터들은 이제 모든 범죄사건에서 필수적인 증거가 되고 있고 수사기관이 법원에 제출한 디지털 증거의 증거능력을 인정하기 위한 요건에 관하여 많은 논의들이 있다.

디지털 증거가 출현하기 이전 우리의 형사사법은 조서(調書) 재판에 치중한 나머지 전문법칙(hearsay rule)에 관심이 많았고 반면 물적 증거에 대해서는 위법하게 수집한 경우에도 성질형상불변론에 입각하여 증거능력을 넉넉히 인정해 주

1 이상진, 디지털 포렌식 개론 개정판, 이룬, 2015. 11, 76–77면.

는 태도를 취했었다. 그러나 디지털 매체에는 각종 데이터가 혼재되어 있고, 손바닥만 한 스마트폰에도 데이터의 양은 방대하여 디지털 매체에 대한 무분별한 압수·수색의 방법이 과도하다는 비판이 제기되었다. 우리 법원은 디지털 매체에 대한 압수·수색의 문제점을 판례를 통해 지적하였으며 입법부는 형사소송법의 개정을 통해 디지털 매체에 대한 새로운 압수·수색 방법을 제시하였다.

현재 법원은 디지털 증거에 대한 증거능력의 요건으로 기존의 '과학적 증거'에서 요구되던 신뢰성, 정확성에 추가하여 데이터가 한 비트도 변경되지 않았음을 증명하는 해시값의 확인을 통한 무결성, 동일성 등을 요구하고 있다. 해시값 확인을 통한 무결성 증명 등은 과거 다른 증거들에 대해서는 요구되지 않던 새로운 것이다.

휴대전화에 있는 문자메시지를 촬영한 사진을 증거로 제출한 사안에서는 "이를 증거로 사용하기 위해서는 문자정보가 저장된 휴대전화를 법정에 제출할 수 없거나 그 제출이 곤란한 사정이 있고, 그 사진의 영상이 휴대전화의 화면에 표시된 문자정보와 정확하게 같다는 사실이 증명되어야 할 것이다"라고 판시[2]하고 있음에 반하여 디지털 증거에서는 더욱 엄격한 요건을 제시하는 것으로 보인다.

디지털 증거는 해킹, 악성코드의 유포, 아동성착취물의 소지와 유통, 온라인 사기 및 도박 등 사이버범죄뿐만 아니라 살인, 사기, 횡령 등과 같은 일반 사건에서도 그 범죄의 정황을 입증하기 위해서 수집, 활용되는 등 그 중요성이 점차 커지고 있다. 또한 사업자가 보관하고 있는 이메일과 이메일에 첨부된 파일, SNS 문자의 내용 등 압수·수색영장의 집행을 통해 사업자로부터 제공받는 자료들은 수사에서 일반적으로 사용되는 자료들인데 이러한 자료들이 증거로 제출된 경우, 사업자가 애당초 보관하고 있던 원본 파일과의 동일성, 무결성은 어떻게 증명할 것인지, 해킹 사건 수사에서 휘발성 데이터를 수집한 경우에도 그 원본 데이터와의 대조는 어떻게 할 것인지 고민해 보아야 한다. 현재까지 대법원이 제시한 증거능력 인정 요건과 증명의 방법들은 단지 '저장매체에서 출력된 문건'에 한정되어 있기 때문에 새로운 유형의 디지털 증거에 대해 법원이 어떠한 판단을 내릴지 의문이다.

디지털 저장매체에 대한 압수·수색에서 프라이버시 침해를 최소화하기 위해

2 대법원 2008. 11. 13. 선고 2006도2556 판결.

압수·수색의 방법을 제한하고 위법하게 수집한 증거의 증거능력을 배제하는 것은 바람직한 방향이다. 그런데 정당하게 압수·수색한 증거에 관하여 다른 증거원천에 비해 유독 엄격한 요건을 제시하는 이유가 무엇인지, 그러한 요건을 제시하는 것이 과연 바람직한 것인지 검토해 보아야 하며 궁극적으로는 디지털 증거뿐만 아니라 기존의 다른 증거 원천들을 포섭할 수 있는 공통된 증거능력의 인정요건이 제시될 수 있는지 살펴보아야 한다.

제2절 디지털 증거의 활용 가치

우리의 법은 증거의 증명력에 대한 판단을 법관에게 자유롭게 맡겨 두고 있는 자유심증주의를 채택하고 있다. 자유심증주의는 법정증거주의가 가져 올 수 있는 증거 만능주의의 폐단을 막을 수 있다. 아무리 증거능력이 인정되는 증거라고 할지라도 법관이 그 증거의 증거가치를 판단하는 관문을 하나 더 만들어 놓고 있으며 우리는 법관의 증명력 판단이 일반인에 비해 객관적일 것이라고 믿고 있다. 또한 단지 하나의 증거만으로 유죄를 인정하지 않도록 하고 있으며 다양한 증거들을 종합적이고 합리적으로 판단하도록 요구하고 있다. 더불어 전문증거의 원칙적 배제, 증명력이 강한 증거라고 할지라도 위법하게 수집된 증거를 배제하도록 하는 등 부당한 증거에 기초한 오판을 방지하기 위한 장치도 마련되어 있다.

이러한 장치와 제도들은 재판이라는 것이 과학적 증명을 통해 완벽히 입증될 수 있는 것이 아니며 과거의 사실을 간접적인 증거에 따라 추론할 수밖에 없다는 한계를 인정하고 증거가 모두 진실한 것은 아닐 수 있다는 의심을 고려함으로써 탄생한 것이다.

디지털 저장매체를 사용하지 않던 과거에 비해 이제는 거의 모든 데이터가 디지털 저장매체에 보관되고 있다. 이렇게 저장된 데이터들은 과거의 사실을 가장 근사하게 재구성할 수 있도록 도와줄 수 있는 가치를 가지고 있다. 위변조 가능성을 고려하면 이러한 논거가 반드시 옳다고 단언할 수는 없지만 디지털 환경에서 발생하는 디지털 증거는 과거에 비하여 객관적인 사실을 판단하기에 유익하고 다종다양하다는 점을 부정하기는 어렵다.

디지털 증거가 가지고 있는 가치를 맹목적으로 높이 평가하여 증거능력의 심사 관문을 쉽게 넘도록 해서도 안 되지만 정해진 규범과 논리적 해석을 넘어서 그 관문을 의도적으로 좁히는 것도 함께 경계해야 한다.[3]

제3절 특별한 증거능력의 필요성 여부

법관은 직접적인 증거조사가 가능한 경우에는 간접적인 증거로 이를 대체해서는 안 된다. 특히 사람에 관한 증거의 경우 원칙적으로 선서를 하도록 하고 소송당사자의 반대신문을 통해 증인 진술의 신빙성을 탄핵할 기회를 부여해야 한다. 더욱이 수사기관이 작성한 조서의 경우에는 피고인이 자백하는 경우 외에는 법정 현출이 엄격하게 차단되어야 하는데 구 형사소송법은 검사가 작성한 피의자 신문조서의 경우 피고인의 동의와는 무관하게 "적법한 절차와 방식에 따라 작성된 것으로서 피고인이 진술한 내용과 동일하게 기재되어 있음이 공판준비 또는 공판기일에서의 피고인의 진술에 의하여 인정되고, 그 조서에 기재된 진술이 특히 신빙할 수 있는 상태하에서 행하여졌음이 증명된 때"에도 증거능력을 인정해 주고 있었다.[4] 심지어 2007. 6. 1. 개정된 구 형사소송법에서는 제312조 제2항(2020. 2. 4. 개정에서 삭제)에서 피고인이 그 조서의 성립의 진정을 부인하는 경우에도 "그 조서에 기재된 진술이 피고인이 진술한 내용과 동일하게 기재되어 있음이 영상녹화물이나 그 밖의 객관적인 방법에 의하여 증명되고, 그 조서에 기재된 진술이 특히 신빙할 수 있는 상태하에서 행하여졌음이 증명된 때"에 증거로 할 수 있도록 규정하였었다. 또한 진술서에 대해서도 그 작성자가 성립의 진정을 부인하는 경우 "과학적 분석 결과에 기초한 디지털 포렌식 자료, 감정 등 객관적 방법으로 성립의 진정함이 증명되는 때"에는 증거로 할 수 있도록 허용하는 규정

3 이관희·김기범, "디지털 증거의 증거능력 인정 요건 재고", 디지털 포렌식 연구 제12권 제1호, 2018, 95-96면.

4 권영법, 형사증거법 원론, 세창출판사, 2013, 3-4면.

을 마련[5]하는 등 전문증거인 인적 증거에 관하여도 증거능력을 인정해 주기 위한 노력을 하고 있다.

그런데 사진, 녹음, 영상녹화물과 유사한 특수매체기록인 디지털 증거에 관하여 원본과 사본의 구별이 불가능하고 기술적으로 증거의 위변조가 더욱 용이해지고 있다는 등의 사정 때문에 정책적으로 증거능력의 심사를 받도록 하는 것에는 동의하나 사진, 녹음, 영상녹화물에 대해서도 진술, 비진술에 대한 학계의 입장이 나뉘고 있는 상황에서 유독 디지털 증거에 대해서는 합당한 설명 없이 특별한 요건을 요구하거나 그 요건을 강화해 나가는 학계의 태도가 있다.

사법정책연구원에서는 '디지털 증거 특유의 증거능력 인정 요건'이라는 제하의 장을 마련하여 '관련성', '무결성(진정성) 내지 동일성 검토', '원본성 검토', '전문가 증언 문제' 등을 고찰[6]하고 있으며 디지털 증거의 증거능력에 있어서 그 구체적 내용이 법령에 정해져 있지 않음에도 불구하고 판례에 근거하여 디지털 증거 이외 증거의 압수·수색보다 더욱 자세한 절차적 요건이 요구된다는[7] 주장을 하고 있다. 이러한 주장들은 디지털 증거가 일반적인 증거와 다른 점이 무엇이며 왜 다른 증거에 비하여 특별한 요건이 더 필요한지에 대한 깊은 고민 없이 특별한 절차가 필요하다는 결론에 이르고 있다. 이와 같이 디지털 증거를 다른 일반

---

5 형사소송법 제313조(진술서등) ① 전2조의 규정 이외에 피고인 또는 피고인이 아닌 자가 작성한 진술서나 그 진술을 기재한 서류로서 그 작성자 또는 진술자의 자필이거나 그 서명 또는 날인이 있는 것(피고인 또는 피고인 아닌 자가 작성하였거나 진술한 내용이 포함된 문자·사진·영상 등의 정보로서 컴퓨터용디스크, 그 밖에 이와 비슷한 정보저장매체에 저장된 것을 포함한다. 이하 이 조에서 같다)은 공판준비나 공판기일에서의 그 작성자 또는 진술자의 진술에 의하여 그 성립의 진정함이 증명된 때에는 증거로 할 수 있다. 단, 피고인의 진술을 기재한 서류는 공판준비 또는 공판기일에서의 그 작성자의 진술에 의하여 그 성립의 진정함이 증명되고 그 진술이 특히 신빙할 수 있는 상태하에서 행하여 진 때에 한하여 피고인의 공판준비 또는 공판기일에서의 진술에 불구하고 증거로 할 수 있다. <개정 2016.5.29.>
② 제1항 본문에도 불구하고 진술서의 작성자가 공판준비나 공판기일에서 그 성립의 진정을 부인하는 경우에는 과학적 분석 결과에 기초한 디지털 포렌식 자료, 감정 등 객관적 방법으로 성립의 진정함이 증명되는 때에는 증거로 할 수 있다. 다만, 피고인 아닌 자가 작성한 진술서는 피고인 또는 변호인이 공판준비 또는 공판기일에 그 기재 내용에 관하여 작성자를 신문할 수 있었을 것을 요한다. <개정 2016.5.29.>
③ 감정의 경과와 결과를 기재한 서류도 제1항 및 제2항과 같다. <신설 2016.5.29.>

6 대법원 사법정책연구원, "디지털 증거의 증거능력 판단에 관한 연구", 사법정책연구원 연구총서 2015-08, 113면 이하 참조.

7 박용철, "디지털 증거의 증거능력 요건 중 무결성 및 동일성에 대하여 -대법원 2018. 2. 8. 선고 2017도13263 판결-", 법조(Vol.728), 2018. 4, 667면.

적인 증거와 비교하여 특별한 증거능력 요건이 추가로 필요하다고 설명하는 태도[8]는 디지털 증거의 취약성과 변조용이성이라는 특성 때문에 특별히 취급하여야 한다는[9] 취지에 기인한 것으로 보인다.

디지털 증거가 취약하고 변조가 용이하다는 특성이 있다면 다른 물리적 증거보다 얼마나 취약하며 변조가 용이한지에 대한 검토가 필요하다. 혈액, 정액, 타액, 지문 등은 복세할 수 없지만 디지털 증거는 쉽게 복제할 수 있으며 특히, 문서 파일은 내용이 똑같은 문서를 원본 없이도 쉽게 만들어 낼 수 있다는 주장은 수긍이 간다. 그러나 증거 자체의 속성뿐만 아니라 해당 증거가 만들어진 과정, 존재했던 상황과 증거를 수집하여 관리 보존하는 경위까지를 포함하여 취약성과 변조용이성을 검토하면, 혈액, 정액, 타액, 지문과 같은 증거는 다른 시료로 교체하는 것이 가능하지만 디지털 증거는 원래 생성된 파일과 똑같은 파일을 똑같은 하드 드라이브에 동일한 메타 데이터 값을 유지하면서 교체하는 것은 훨씬 복잡하고 어려운 작업이라는 점도 고려해야 한다. 또한 다른 물리적 증거는 시간이 지남에 따라 소실, 오염될 가능성이 크고 원본 증거를 분석하면 시료가 소실되기 때문에 분석의 결과를 다시 검증하는 것이 어렵지만, 디지털 증거는 복제된 파일을 통해 분석하기 때문에 언제라도 동일한 분석 과정을 거칠 수 있다는 이점도 존재한다.

파일에 대한 출력물이 법정에 제출되었으나 원 파일이 존재하지 않거나 관리 연속성이 보장되지 않은 경우에는 해당 출력물의 위변조 여부를 증명하는 것이 불가능하지만, 이러한 상황은 동일한 조건에서 다른 물리적 증거에도 동일하게 적용되는 문제이다. 오히려 관리 연속성이 보장된 상태에서 디지털 증거는 증거로 제출된 파일과 기타 파일들의 상호 관계, 해당 파일이 보유한 메타 데이터,

---

8 특별한 요건을 추가하게 되는 것은 대법원이 "전자문서를 수록한 파일 등의 경우에는, 성질상 작성자의 서명 혹은 날인이 없을 뿐만 아니라 작성자·관리자의 의도나 특정한 기술에 의하여 내용이 편집·조작될 위험성이 있음을 고려하여…"라고 판시한 것과 같이 디지털 증거가 위변조에 취약하다는 점에 기인한 것으로 보인다. 그러나 위변조의 위험성은 디지털 증거뿐만 아니라 다른 일반적인 증거도 가지고 있으며 진술 증거도 거짓 증언으로 인한 취약성 때문에 공판정에서 직접적인 심문을 통해 그 진위 여부를 판별하려고 하는 등의 조치를 취하고 있다. 이러한 조치들은 모두 그 취약성을 극복하려는 노력의 일환이다. 따라서 디지털 증거도 위변조의 위험성이 있다는 주장은 타당하지만 디지털 증거가 일반적으로 다른 증거에 비하여 더욱 취약하다고 단언할 수는 없다.

9 권양섭, "디지털 증거의 증거능력에 관한 고찰", 법이론실무연구 4(1), 2016. 4, 158면.

해당 파일이 저장되었던 시간과 디렉토리의 위치 등을 함께 비교하면 위변조 유무를 쉽게 판별할 수 있다. 따라서 "디지털 증거를 비롯한 물적 증거는 오염, 소실, 위변조 등의 가능성이 있다는 점을 고려하여 증거능력 심사를 강화하는 것이 바람직하다"라는 주장에 동의할 수 있으나 "디지털 증거가 다른 증거에 비하여 위변조가 용이하기 때문에 특별한 증거능력 인정 요건을 추가할 필요가 있다"라는 주장은 수긍하기 어렵다.

대법원에서 판단의 대상이 된 디지털 증거의 대부분은 '문서 파일'이었고 원본 파일과 해당 파일을 출력한 출력물 간의 비교를 통해 증거능력을 인정할 수 있었지만 수사에 활용하는 디지털 증거의 종류는 다종다양하다. 단일 컴퓨터의 주기억장치인 RAM에 일시 저장되는 휘발성 데이터, 파일의 메타 데이터, 윈도우 아티팩트 등도 전형적인 디지털 증거에 속하지만 인터넷 서비스의 이용내역, 메일, 블로그, SNS, 웹하드, 클라우드에[10] 저장되어 있는 범죄 관련 데이터들도 모두 증거로 활용된다.

통신제한조치, 통신사실확인자료, 압수·수색영장에 의해 기업이 운영하는 서버로부터 관련 데이터를 제공받아 증거로 제출하는 경우는 비교 대상인 원본이 존재하지 않으며, 데이터를 제공하는 기업에서 사본의 제출 과정을 기록하여 제공하는 것도 아니다. 이토록 디지털 증거는 획일적으로 정의하기 어려운 다채로운 환경에 노출되어 있다. 따라서 현재 학계나 대법원에서 요구하고 있는 디지털 증거에 대한 증거능력 인정 요건이 다양한 디지털 증거에 그대로 적용될 수 있을지 의문이다.

제4절 학자들의 견해

일명 일심회 사건[11]의 선고가 있던 2007년 이후 학계에서는 디지털 증거의 증거능력 인정 요건에 대해 활발하게 논의하기 시작하였다.

10 이상진, 디지털 포렌식 개론 개정판, 이룬, 2015. 11, 69-72면.
11 대법원 2007. 12. 13. 선고 2007도7257 판결.

이숙연은 학자들이 주장하는 주요한 견해들을 다음과 같이 정리하였다.[12]

① 관련성, 신뢰성, 진정성, 원본성, 동일성, 무결성 등을 디지털 증거의 증거능력 인정을 위한 순차적인 관문으로 보는 견해

② 디지털 증거의 특성상 증거능력 인정을 위하여 동일성, 무결성을 요하고 신뢰성, 전문성은 동일성과 무결성을 뒷받침하는 인자로 보는 견해

③ 무결성, 신뢰성, 원본성의 문제가 해결되어야 한다는 견해

④ 증거능력의 요건으로 진정성, 무결성, 신뢰성을 드는 견해

⑤ 동일성은 사본 제출시 증거능력의 요건에 불과하고, 무결성은 그와 같은 동일성 인정을 위한 한 요소에 불과하며 동일성과 독립한 증거능력 요건이 되지 않는다는 견해

⑥ 동일성과 무결성의 형사소송법적 지위를 진정성과 동일한 것으로 보는 견해

⑦ 동일성 내지 무결성, 진정성, 신뢰성, 원본성이 인정되어야 한다는 견해

이숙연은 적법하게 수집된 디지털 증거의 경우 증거능력을 인정하기 위한 요건에 대해 학자들의 견해가 나뉜다는 것을 인정하면서 진정성은 성립의 진정과 동일성·무결성을 포괄하는 폭넓은 개념이나 증거능력 판단의 각 단계에 정확하게 적용되는 요건으로 삼기에는 그 외연이 너무 넓고, 동일성은 우리 판례가 유일하게 지속적으로 요구하는 요건이며, 무결성은 동일성을 담보하기 위한 요소라고 설명하였다. 관련성은 적법하게 수집된 증거인 경우 증거가치를 따지는 단계에서 고려될 요소이며, 원본성은 형사소송법이 요구하는 증거능력의 요건은 아니라고 설명하였다.[13]

강미영[14]은 디지털 증거는 일반 증거와 다른 특성을 가지고 있기 때문에 기존의 증거들과는 달리 원본성, 무결성, 신뢰성 등의 문제가 증거능력 인정의 선결요건으로 대두된다고 주장한다. 원본성은 하나의 원본이 하나 또는 그 이상의 복사본을 가지고 있을 때 오직 원본만이 증거로 사용될 수 있다는 것을 의미하는데

12 이숙연, "디지털 증거의 증거능력", 저스티스, 2017, 166면.
13 이숙연, "디지털 증거의 증거능력", 저스티스, 2017, 196면.
14 강미영, "디지털 증거의 증거능력", 외법논집 제43권 제3호, 2019, 156－159면.

미국의 경우 「미국 연방증거규칙」 제1001조 (d) 후단에, “전자적으로 저장된 정보의 경우, ‘원본’이란 그것이 정확하게 그 정보를 반영하고 있다면 모든 인쇄물 —또는 가시성을 가지도록 출력된 산출물— 을 의미한다”라고 규정하고 있어 디지털 증거를 출력한 인쇄물의 원본성을 법적으로 인정하고 있으나 우리 판례는 해당 문제에 대해서는 아무런 언급도 하지 않고 있으며 명시적으로 증거자료의 원본성을 요구하고 있지도 않다. 다만, 형사소송법 제106조 제3항이 디지털 데이터의 출력물에 대한 압수를 명시적으로 규정하고 있고, 디지털 증거의 특성상 이러한 변환 과정을 통해서만 비로소 디지털 데이터를 인지할 수 있다는 사정을 고려한다면 디지털 증거에서 원본성에 관한 논의는 무결성이나 신뢰성만 입증된다면 크게 문제 되지 않는다고 주장한다. 또한 압수·수색·검증한 때부터 법정에 제출할 때까지 훼손 또는 변경되지 않아야 하는 것을 무결성이라고 하고 동일성, 진정성과 같은 의미로 사용하였다. 디지털 증거의 신뢰성은 ① ‘디지털 포렌식 도구의 신뢰성’과 이를 분석하는 ② ‘디지털 포렌식 전문가의 신뢰성’을 의미한다고 설명한다.

박용철[15]은 관련성(relevance, relevancy), 신뢰성(reliability), 진정성(authenticity), 원본성(best evidence rule), 동일성(identity), 무결성(integrity)을 증거능력 인정의 요건으로 제시하고 있으며 그 중 핵심이 되는 요건은 무결성과 동일성이라고 주장한다. 형사소송법 제106조 제1항은 “법원은 필요한 때에는 피고사건과 관계가 있다고 인정할 수 있는 것에 한정하여 증거물 또는 몰수할 것으로 사료하는 물건을 압수할 수 있다”라고 규정하고 있으므로 관련성은 명문상의 규정이 있는 증거능력 요건이라고 설명하고 신뢰성은 전문법칙에서 논의되는 신용성 내지 특신성과 유사한 개념으로 디지털 증거에서는 디지털 증거로서의 가치를 뜻하는데 구체적으로는 디지털 포렌식 전문가 및 디지털 포렌식 도구와 방법에 대한 신뢰성을 의미한다고 주장한다. 진정성은 물리적 증거능력에서 말하는 형식적·실질적 진정성립과 논의의 맥을 같이 하는 것이며 원본성(best evidence rule)은 원본 우선의 법칙을 의미하며 이를 제출할 수 없는 경우 그러한 부득이한 사유를 법원이 인정한다면 원본의 내용을 증거로 채택되고자 하는 당사자는 대체 증거인 2차 증거로

15 박용철, “디지털 증거의 증거능력 요건 중 무결성 및 동일성에 대하여 —대법원 2018. 2. 8. 선고 2017도13263 판결—”, 법조 제67권 제2호, 2018, 680—690면.

원본의 내용을 입증하는 것이 허용된다는 것을 의미한다고 한다. 동일성은 원본성과 무결성의 개념과 중복되는 면이 있으나 핵심은 수사기관이 획득한 원본이 법정에 최종적으로 제출된 것과 같은 원본임을 입증할 수 있는지를 의미한다. 무결성(integrity)은 증거의 관리 연속성(chain of custody)을 담보하는 과정을 통하여 증거의 수집·현출 과정에서의 위변조 내지 오염의 가능성을 사전에 방지함으로써 해당 증거의 증거능력을 유지하도록 하는 것이라고 설명한다.

김윤섭·박상용[16]은 증거능력의 선결 요건으로 원본성과 진정성을 제시하고 있으며 진정성은 동일성, 무결성, 신뢰성과 연결되는 개념이라고 설명한다. 원본성은 원본이 증거로 제출되어야 한다는 것으로 미국의 최량증거원칙(The Best Evidence Rule)과 같은 것으로 설명한다. 진정성은 제출된 증거가 저장·수집과정에서 오류가 없으며 특정한 사람의 행위 결과가 정확히 표현되었고 그로 인해 생성된 자료인 것으로 인정되어야 한다는 것이다. 디지털 증거는 다른 증거와는 달리 훼손, 변경이 아주 용이하다는 특성이 있으므로 최초 증거가 저장된 저장매체에서 법정에 제출되기까지 훼손이나 변경이 없이 원본과 동일하다는 점이 입증되어야 하고 디지털 증거의 수집·분석·보관·처리·법정 제출 과정에서 각 행위 시마다 적용된 과학적 원리 또는 이론을 구현한 기술의 신뢰성이 입증되어 원본의 무결성이 그대로 유지되고 있다는 절차적 보증이 필요하다. 따라서 진정성을 확보하기 위하여 동일성, 무결성, 신뢰성이 모두 충족되어야 한다고 설명하고 있다.

권양섭[17]은 진정성을 증거능력 인정 요건으로 제시하고 이를 판단하기 위한 기준으로 무결성, 동일성, 신뢰성이 있으며 세 가지 요소 중 하나만 결하더라도 증거의 진정성은 인정되지 않는다고 주장한다. 진정성은 원본 증거의 내용과 법원에 제출된 증거의 내용이 동일하다는 동일성의 문제와 법정에 제출되기까지 변경이나 훼손·소삭이 없었다는 무결성의 문제를 포함한 개념이라고 설명하고 무결성은 증거가 법정에 제출되기까지 변경이나 훼손이 없어야 한다는 것을 의미하고 동일성에 대해서는 판례의 입장을 인용하여 "원본에 저장된 내용과 출력 문건과의 동일성, 원본을 하드카피하거나 이미징한 경우에는 원본과 복제본과의 동일

16 김윤섭·박상용, "형사증거법상 디지털 증거의 증거능력", 형사정책연구 제26권 제2호, 2015, 171－172면.

17 권양섭, "디지털 증거의 증거능력에 관한 고찰", 법이론실무연구 제4권 제1호, 2016, 157－160면.

성"을 의미한다고 한다. 신뢰성은 디지털 증거를 수집, 분석하는 과정에서 이용한 컴퓨터의 기계적 정확성, 프로그램의 신뢰성, 입력·처리·출력의 각 단계에서 조작자의 전문적인 기술 능력과 정확성이 담보되어야 하는 것이라고 설명한다.

김주석·손지영[18]은 디지털 증거는 유체물인 증거물과는 다른 매체독립성, 취약성, 전문성 등의 특성으로 말미암아 기존의 증거에서는 생각할 수 없었던 무결성, 진정성, 신뢰성, 원본성 등의 요건이 필요하다고 주장한다. 동일성, 무결성, 진정성을 같이 취급하면서 이들이 인정되기 위해서는 디지털 증거가 다른 증거와는 달리 변개의 용이성 내지 취약성이 있기 때문에 최초 증거가 저장된 매체에서 법정에 제출되기까지 변경이나 훼손이 없었다는 점이 입증되어야 한다고 설명한다. 신뢰성을 인정하기 위해서는 절차적으로 '관리 연속성'을 보장하는 방법이 사용되어야 하고, 이와 관련하여 디지털 포렌식 전문가의 신뢰성과 디지털 포렌식 도구와 방법의 신뢰성이 요구된다고 한다. 원본성의 경우 미국에서는 입법적으로 해결되고 있으나 우리의 경우 형사소송법과 형사소송규칙은 원본성 문제에 관하여 아무런 언급을 하고 있지 않으며, 이로 인해 증거법의 일반 원칙상 복사된 디지털 증거의 원본성 문제는 여전히 논란이 될 수 있다고 설명하고 있다.

최성필[19]은 디지털 증거의 증거능력을 부여하기 위해서는 무결성, 신뢰성, 원본성이 인정되어야 한다고 주장한다. 무결성은 최초 증거가 저장된 매체에서 법정에 제출되기까지 디지털 증거에 대한 수집·분석·보관·처리·법정 제출 과정에서 많은 사람들의 행위가 개입되는데 각 행위 시마다 변경이나 훼손이 없었다는 점이 입증되어야 하는 절차적 보증이 필요하다. 신뢰성은 디지털 증거가 과학적 증거로서의 증거능력을 인정받기 위해 필요한 것으로 이를 인정받기 위해서는 첫째, 당해 디지털 포렌식 절차가 전제하고 있는 과학적 이론 또는 원리가 유효해야 하고, 둘째, 그 이론을 적용하는 기술이 유효해야 하며, 셋째, 그 기술이 특정 사건에 적절하게 사용되어야 한다고 설명한다. 원본성은 디지털 증거는 원래의 저장매체에 있는 정보를 다른 저장매체에 복사 또는 이전하는 방법으로 디지털 증거를 수집하고, 복사 또는 이전된 저장매체로부터 데이터를 서면으로 출력

18 김주석·손지영, "디지털 증거의 증거능력 판단에 관한 연구", 사법정책연구원 연구총서, 2015, 30－34면.

19 최성필, "디지털 증거의 증거능력", 형사소송법학회 학술대회 논문집, 2015, 36－41면.

하여 법정에 제출하기 때문에 복사 또는 이전된 데이터를 저장하고 있는 다른 저장매체를 원본으로 인정할 수 있는지, 나아가 복사 또는 이전된 저장매체로부터 출력한 서면을 원본으로 인정할 수 있는지에 관한 문제라고 한다. 2007년 개정 형사소송법 제292조의 3[20]에서 디지털 증거에 관한 증거조사 방식을 새롭게 규정하고, 형사소송규칙이 제134조의 7[21]에서 '컴퓨터용 디스크 등에 기억된 문자정보 등에 대한 증거조사'를 신설함으로써 기존에 문제되있던 저장매체에서 출력된 서면의 원본성 문제를 입법으로 해결된 것이라고 보고 원본성의 문제는 디지털 증거에 대한 무결성과 신뢰성의 선결 요건이 입증되면 원본성의 문제도 역시 입증되었다고 해석할 수 있다고 주장한다.

이외에도 많은 학자들이 디지털 증거의 증거능력을 인정하기 위한 요건들을 제시하고 있으나 각각의 견해들은 모두 다르다. 다만, 학자들 견해의 대부분은 디지털 증거의 증거능력 요건을 언급한 대표적 판례인 일명 일심회 사건과 왕재산 사건에서 제시한 증거능력 인정 요건을 중심으로 견해를 정리한 것으로 보인다. 두 사건에서 쟁점이 된 부분은 압수된 컴퓨터에서 발췌, 출력한 문서에 대한 증거능력 인정 여부에 관계된 것이었다. 특히 이러한 문서의 내용은 진술 증거로 사용될 수 있는 것이기 때문에 전문증거에 대한 심사를 한 단계 더 거쳤어야 하는 것들이었다.

그런데 통상의 수사 현장에서 문서의 내용이 증거로 제시되는 경우는 일부이며 오히려 인터넷 서비스 제공자 등 사업자가 보관하고 있는 자료를 제출받아 수사에 활용하는 사례가 훨씬 많다. 압수·수색영장의 집행을 통해 확보한 송수신이 완료된 이메일 및 이메일에 첨부된 파일의 내용을 비롯하여 금융거래자료에

---

20 제292조의3(그 밖의 증거에 대한 조사방식) 도면·사진·녹음테이프·비디오테이프·컴퓨터용디스크, 그 밖에 정보를 담기 위하여 만들어진 물건으로서 문서가 아닌 증거의 조사에 관하여 필요한 사항은 대법원규칙으로 정한다.

21 제134조의7(컴퓨터용디스크 등에 기억된 문자정보 등에 대한 증거조사) ① 컴퓨터용디스크 그 밖에 이와 비슷한 정보저장매체(다음부터 이 조문 안에서 이 모두를 "컴퓨터디스크 등"이라 한다)에 기억된 문자정보를 증거자료로 하는 경우에는 읽을 수 있도록 출력하여 인증한 등본을 낼 수 있다.
② 컴퓨터디스크 등에 기억된 문자정보를 증거로 하는 경우에 증거조사를 신청한 당사자는 법원이 명하거나 상대방이 요구한 때에는 컴퓨터디스크 등에 입력한 사람과 입력한 일시, 출력한 사람과 출력한 일시를 밝혀야 한다.
③ 컴퓨터디스크 등에 기억된 정보가 도면·사진 등에 관한 것인 때에는 제1항과 제2항의 규정을 준용한다.

대한 영장의 집행, 통신자료와 통신사실확인자료의 제출 요구 등을 통해 수집하는 데이터가 전형적인 예시이다. 이러한 데이터의 증거능력을 판단하기 위해 사업자의 서버에 저장되어 있는 원본과의 동일성, 무결성, 신뢰성 등은 어떻게 담보할 것인지에 관하여도 고민해 보아야 한다.

현재의 다양한 견해들처럼 디지털 증거의 개념과 디지털 증거의 증거능력 인정 요건이 명확하게 정의되지 않고 때로는 중첩되는 경우에는 수사 현장에서의 실무적 판단에 혼란을 초래할 수도 있다. 이러한 논의가 시작된 지 오래되었지만 향후 디지털 증거의 활용이 더욱 증가될 것이라는 점을 고려하면 디지털 증거가 증거능력을 인정받기 위해서는 어떠한 관문들을 통과해야 하는지, 왜 그러한 관문을 통과해야 하는지에 대한 정리는 여전히 필요하다.

제5절 판례의 태도와 시사점

1. 영남위원회 사건[22]

영남위원회 사건은 디지털 증거에 대한 법적 논의가 처음 제기한 사건이다. 이 사건에서 대법원은 컴퓨터 디스켓에서 출력한 문건의 내용이 증거로 제출된 경우 전문법칙을 적용하여 원작성자 또는 진술자가 인정하지 않은 디지털 증거에 관해 증거능력을 부인하였고 문건의 존재가 증거가 되는 경우 적법한 검증 절차를 거친 경우에 증거능력을 인정하였다.

수사기관에서는 컴퓨터 디스켓을 압수할 때 디스켓 등을 한꺼번에 모아놓고 사진 촬영을 한 후 압수목록을 작성하고, 위 압수목록 말미에 피압수자의 서명, 무인을 받았고 이에 대해 피고인들은 "압수된 디스켓의 경우 그 자체가 증거물이 아니라 디스켓에 수록된 내용이 증거가 되는 것이기는 하나 그것은 여전히 증거물이지 증거서류는 아니라 할 것이므로, 디스켓을 압수할 당시 그 속에 저장되어 있는 파일명, 생성일시, 용량 등을 확인시킨 후 봉함을 하거나, 그럴만한 시간적 여유가 없을 경우에도 우선 그 디스켓을 봉함하여 피압수자의 확인을 받은 후 동

22 대법원 1999. 9. 3. 선고 99도2317 판결.

인의 입회하에 봉함을 뜯어 디스켓의 내용을 동인에게 확인시키는 절차를 취하는 것이 압수물에 대한 위조 또는 변조의 의심을 배제할 수 있다"라고 주장하면서 압수 방법이 위법하다고 주장하였으나 대법원은 "컴퓨터 디스켓을 압수함에 있어 위조, 변조 등의 위험을 피하기 위하여 피고인들이 주장하는 바와 같은 방법을 취하는 것이 바람직하다 하더라도 이는 단지 압수 방법의 적정 여부에 관한 것일 뿐 그와 같은 조치를 취하지 않은 것이 반드시 위법한 것이라고는 할 수 없다"라고 판시하였다.

컴퓨터 디스켓에 들어 있는 문건이 증거로 제출된 것에 대해서는 "컴퓨터 디스켓은 그 기재의 매체가 다를 뿐 실질에 있어서는 피고인 또는 피고인 아닌 자의 진술을 기재한 서류와 크게 다를 바 없고, 압수 후의 보관 및 출력과정에 조작의 가능성이 있으며, 기본적으로 반대신문의 기회가 보장되지 않는 점 등에 비추어 그 기재 내용의 진실성에 관하여는 전문법칙이 적용된다고 할 것이고, 따라서 형사소송법 제313조 제1항에 의하여 그 작성자 또는 진술자의 진술에 의하여 그 성립의 진정함이 증명된 때에 한하여 이를 증거로 사용할 수 있다 할 것이다"라고 판시하면서 컴퓨터 디스켓에 수록된 문건들에 대하여는 그 작성자 또는 진술자에 의하여 성립의 진정함이 증명된 바 없기 때문에 증거능력을 인정할 수 없다고 하였다. "다만, 이적표현물을 컴퓨터 디스켓에 저장, 보관하는 방법으로 이적표현물을 소지하는 경우에는 컴퓨터 디스켓에 담긴 문건의 내용의 진실성이 아닌 그러한 내용의 문건의 존재 그 자체가 직접 증거로 되는 경우이므로 적법한 검증 절차를 거친 이상 이적표현물 소지의 점에 관하여는 컴퓨터 디스켓의 증거능력이 인정된다고 할 것이다"라고 판시하였다.

이 사건의 대법원 판결에서는 '동일성'에 대한 직접적인 언급은 없으나 '적법한 검증 절차'를 거쳤다는 원심 판결[23]을 인용한 것으로 보아 문건이 존재 자체가 직접 증거가 되는 경우에도 동일성 요건을 충족하는 조건에서 증거능력을 인정해 준 것으로 보아야 한다.

원심은 압수한 디스켓의 파일에 대한 위조, 변조 여부를 검증을 통해 확인하였으며 압수된 디스켓의 파일에 대한 출력물의 동일성 여부에 관하여는 "압수된 디스켓, 노트북 컴퓨터의 출력물인 각 문건들이 과연 위 디스켓 또는 노트북 컴퓨

23 부산고등법원 1999. 5. 17. 선고 99노122 판결.

터에서 적법하게 출력된 것인지, 또 그 내용이 위 디스켓 등의 파일과 일치하는지 여부에 대하여 당심에 이르러 검증 및 감정절차를 통하여 동일성 여부 등이 확인되었으므로 그 증거능력에 관한 의문의 여지는 없게 되었다"라고 판시하였다.

2. 일심회 및 왕재산 판결

2007. 12. 13. 대법원은 일명 일심회 사건 판결[24]을 통해 디지털 증거의 증거능력 인정 요건에 대해 최초로 구체적인 언급을 하였으며 2013. 7. 26. 일명 왕재산 사건 판결[25]에서는 무결성이라는 용어를 사용하고 그 증명 방법을 더욱 구체화하였다. 두 판결의 요지를 정리하면 표 3과 같다.[26]

표 3 일심회 사건과 왕재산 사건의 증거능력 인정요건 비교

일심회 사건	왕재산 사건
(1) 압수물인 디지털 저장매체로부터 출력한 문건을 증거로 사용하기 위해서는 디지털 저장매체 원본에 저장된 내용과 출력한 문건의 동일성이 인정되어야 하고,	(1) 압수물인 컴퓨터용 디스크 그 밖에 이와 비슷한 정보저장매체(이하 '정보저장매체'라고만 한다)에 입력하여 기억된 문자정보 또는 그 출력물(이하 '출력 문건'이라 한다)을 증거로 사용하기 위해서는 정보저장매체 원본에 저장된 내용과 출력 문건의 동일성이 인정되어야 하고,
(a) 이를 위해서는 디지털 저장매체 원본이 압수시부터 문건 출력시까지 변경되지 않았음이 담보되어야 한다.	(a) 이를 위해서는 정보저장매체 원본이 압수시부터 문건 출력 시까지 변경되지 않았다는 사정, 즉 무결성이 담보되어야 한다.
(b) 특히 디지털 저장매체 원본을 대신하여 저장매체에 저장된 자료를 '하드카피' 또는 '이미징'한 매체로부터 출력한 문건의 경우에는 디지털 저장매체 원본과 '하드카피' 또는 '이미징'한 매체 사이에 자료의 동일성도 인정되어야 할 뿐만 아니라,	(b) 특히 정보저장매체 원본을 대신하여 저장매체에 저장된 자료를 '하드카피' 또는 '이미징'한 매체로부터 출력한 문건의 경우에는 정보저장매체 원본과 '하드카피' 또는 '이미징'한 매체 사이에 자료의 동일성도 인정되어야 할 뿐만 아니라,

24 대법원 2007. 12. 13. 선고 2007도7257 판결.

25 대법원 2013. 7. 26. 선고 2013도2511 판결.

26 이관희·김기범, "디지털 증거의 증거능력 인정 요건 재고", 디지털 포렌식 연구 제12권 제1호, 2018, 96-97면.

(c) 이를 확인하는 과정에서 이용한 컴퓨터의 기계적 정확성, 프로그램의 신뢰성, 입력·처리·출력의 각 단계에서 조작자의 전문적인 기술능력과 정확성이 담보되어야 한다. (2) 그리고 압수된 디지털 저장매체로부터 출력한 문건을 진술 증거로 사용하는 경우, 그 기재 내용의 진실성에 관하여는 전문법칙이 적용되므로 형사소송법 제313조 제1항에 따라 그 작성자 또는 진술자의 진술에 의하여 그 성립의 진정함이 증명된 때에 한하여 이를 증거로 사용할 수 있다.	(c) 이를 확인하는 과정에서 이용한 컴퓨터의 기계적 정확성, 프로그램의 신뢰성, 입력·처리·출력의 각 단계에서 조작자의 전문적인 기술능력과 정확성이 담보되어야 한다. (2) 이 경우 출력 문건과 정보저장매체에 저장된 자료가 동일하고 정보저장매체 원본이 문건 출력 시까지 변경되지 않았다는 점은, 피압수·수색 당사자가 정보저장매체 원본과 '하드카피' 또는 '이미징'한 매체의 해시(Hash) 값이 동일하다는 취지로 서명한 확인서면을 교부받아 법원에 제출하는 방법에 의하여 증명하는 것이 원칙이나, 그와 같은 방법에 의한 증명이 불가능하거나 현저히 곤란한 경우에는, 정보저장매체 원본에 대한 압수, 봉인, 봉인해제, '하드카피' 또는 '이미징' 등 일련의 절차에 참여한 수사관이나 전문가 등의 증언에 의해 정보저장매체 원본과 '하드카피' 또는 '이미징'한 매체 사이의 해시 값이 동일하다거나 정보저장매체 원본이 최초 압수 시부터 밀봉되어 증거 제출 시까지 전혀 변경되지 않았다는 등의 사정을 증명하는 방법 또는 법원이 그 원본에 저장된 자료와 증거로 제출된 출력 문건을 대조하는 방법 등으로도 그와 같은 무결성·동일성을 인정할 수 있으며, 반드시 압수·수색 과정을 촬영한 영상녹화물 재생 등의 방법으로만 증명하여야 한다고 볼 것은 아니다.

두 판결 모두 (1)에서 판시한 부분에서는 법정에 제시한 출력한 문건이 당초 그 문건이 저장되어 있던 원본 디지털 저장매체에서 출력된 것인지를 확인해야 하는 것에 대해 설명하고 있으며 일심회 사건에서는 (2)부분에서 전문법칙의 예외요건, 왕재산 사건의 (2)에서는 '변경되지 않았다는 점', 즉 무결성을 입증하기 위한 원칙과 예외에 대해 설명하고 있다. 두 사건에서 증거신청의 대상이 된 것은 압수 당시 존재했던 원본 매체를 복제한 후 복제한 매체에 저장되어 있는 문서 파일을 인쇄한 출력물이었다. 왕재산 사건의 경우 비록 요지에는 일심회 사건의 (2)와 같이 전문법칙의 적용에 관한 내용이 기재되지 않았으나 판결의 이유에서는 동일하게 판단하였다.[27]

가. 동일성

두 사건 (1)항에서는 모두 증거능력의 인정 요건으로 동일성이 인정되어야 함을 판시하였는데 아쉽게도 동일성이 인정되어야 하는 근거와 동일성이라는 용어의 출처에 관하여 구체적인 언급은 없다. 판결문의 맥락으로 보았을 때에는 (1)항에 부가하여 설명한 (a), (b), (c)항은 동일성을 확인하기 위한 부가적인 요건으로 제시되었다.[28]

각 (1)항에서 언급한 동일성에 관하여 대법원의 판시사항에는 동일성에 관한 자세한 내용이 없으나 왕재산 사건의 항소심은[29] 동일성의 개념에 대해 언급하고 있다. 항소심은 "저장매체 원본이 압수되더라도 원본의 훼손 방지를 위하여 복제본(하드카피 내지 이미징)을 만든 후 이를 분석하거나 그로부터 문건을 출력하게 된다. 따라서 복제본 내지는 복제본에서 출력한 문건이 증거로 제출된 경우 원본과 복제본의 동일성, 복제본에 저장된 내용과 출력 문건의 동일성 여부가 입증되어야 한다. 이와 같이 동일성은 원본과 복제본 혹은 출력물 간, 또는 같은 저장매체의 압수·수색 당시와 증거로 제출될 때의 비교에 주목하는 개념이다"라고 언급하고 있다. 항소심 판결은 "제출된 증거와 비교대상이 되는 시점에서의 증거 상태에 대한 비교"라고 동일성 개념을 보다 명확하게 정의한 것에 의의가 있다. 다만, 동일성이라는 개념이 어떠한 이유에서 증거능력의 인정 요건으로 제시된 것인지에 대해서는 설명이 없다.[30]

우리의 법령에서 '동일성'이라는 용어를 사용하고 있는 것은 형사소송규칙 제72조이다. 제72조는 '증인의 동일성 확인'이라는 제하로 "재판장은 증인으로부터 주민등록증 등 신분증을 제시받거나 그 밖의 적당한 방법으로 증인임이 틀림없음을 확인하여야 한다"라고 규정하고 있으며 그 이후에 증인신문의 절차와 방법을 규정하고 증명력을 판단하기 위한 신문 내용도 함께 포함하고 있다. 규칙에

27 이관희·김기범, "디지털 증거의 증거능력 인정 요건 재고", 디지털 포렌식 연구 제12권 제1호, 2018, 97면.

28 이관희·김기범, "디지털 증거의 증거능력 인정 요건 재고", 디지털 포렌식 연구 제12권 제1호, 2018, 97면.

29 서울고등법원 2013. 2. 8. 선고 2012노805 판결.

30 이관희·김기범, "디지털 증거의 증거능력 인정 요건 재고", 디지털 포렌식 연구 제12권 제1호, 2018, 97면.

서 증인의 동일성 확인이 가지는 의미는 "A와 B가 똑같다"라는 의미보다는 "증인의 신분증명서 등으로 증인으로 출석한 자가 실제 해당 증인이 틀림없다는 것을 식별하는 것"을 의미한다. 동일성의 사전적 의미는 두 개의 사상이나 사물이 서로 같은 성질을 갖는 것이다. 증거에 있어서 동일성에 관하여 우리 법원은 "제출된 증거와 비교대상이 되는 시점에서의 증거 상태에 대한 비교"라고 정의하고 있다. 학자들이 진정성과 동일성이라는 용어의 근거로 삼고 있는 미국 연방증거규칙 Rule 901(a)는 'authenticating or identifying an item of evidence'라고 규정함으로써 '증거물을 식별하는 것'으로 표현하고 있고 이를 진위 여부 확인, 즉 진정 증명과 대등한 위치에 두고 있다.[31]

동일성이란 디지털 증거의 증거능력을 인정하기 위해 필요한 독자적인 특성 또는 요건이라기보다는 증거능력을 판단하기 위해 대상의 진위 여부를 확인하고 식별하는 과정, 즉 '애당초 수집한 것과 동일한 것임을 확인'하는 것을 의미할 뿐이며 이는 법에 정하여져 있어야 한다거나 특별한 근거가 필요한 것이 아니라 증거가 증거로서 기능하기 위한 당연한 전제 조건일 뿐이다. 앞의 판결에서는 저장매체 '원본'과 이를 복사한 '사본'이 각 존재하였기 때문에 두 대상을 비교하는 방법을 통해 동일하다는 것을 확인하는 것이 가능했었을 것이고 만약 원본이 존재하지 않거나 원본의 형태와 증거로 제출된 것의 상태가 다른 경우에는 원본과 사본의 비교가 아닌 사본이 이동한 절차에 대한 확인 등의 방법을 통해 '그 증거가 말하고자 하는 그 증거'라는 진위를 확인할 수 있을 뿐이다.[32]

원본이 존재했다는 사실과 원본의 성립의 진정에 관하여 다툼이 있는 경우에는 제출된 사본이 원본을 대신하여 증거로 제출될 수 없다. 판례는 이에 대해 "서증은 문서에 표현된 작성자의 의사를 증거자료로 하여 요증사실을 증명하려는 증거방법이므로 우선 그 문서가 증거신청당사자에 의하여 작성자로 주장되는 자의 의사에 기하여 작성된 것임이 밝혀져야 하고, 이러한 형식적 증거력이 인정된 다음 비로소 작성자의 의사가 요증사실의 증거로서 얼마나 유용하느냐에 관한 실질적 증명력을 판단하여야 하는 것이고(대법원 1997. 4. 11. 선고 96다50520 판결 참

31 이관희·김기범, "디지털 증거의 증거능력 인정 요건 재고", 디지털 포렌식 연구 제12권 제1호, 2018, 98면.

32 이관희·김기범, "디지털 증거의 증거능력 인정 요건 재고", 디지털 포렌식 연구 제12권 제1호, 2018, 98면.

조), 문서의 제출 또는 송부는 원본, 정본 또는 인증등본으로 하여야 하는 것이므로, 원본, 정본 또는 인증등본이 아니고 단순한 사본만에 의한 증거의 제출은 정확성의 보증이 없어 원칙적으로 부적법하며, 다만 이러한 사본의 경우에도 동일한 내용인 원본의 존재와 원본의 성립의 진정에 관하여 다툼이 없고 그 정확성에 문제가 없기 때문에 사본을 원본의 대용으로 하는데 관하여 상대방으로부터 이의가 없는 경우에는, 구 민사소송법(법률 제5809호로 개정된 것, 아래에서도 같다) 제326조 제1항 위반사유에 관한 책문권이 포기 혹은 상실되어 사본만의 제출에 의한 증거의 신청도 허용된다고 할 것이나, 원본의 존재 및 원본의 성립의 진정에 관하여 다툼이 있고 사본을 원본의 대용으로 하는데 대하여 상대방으로부터 이의가 있는 경우에는 사본으로써 원본을 대신할 수 없으며(대법원 1996. 3. 8. 선고 95다48667 판결 참조), 반면에 사본을 원본으로서 제출하는 경우에는 그 사본이 독립한 서증이 되는 것이나 그 대신 이에 의하여 원본이 제출된 것으로 되지는 아니하고, 이때에는 증거에 의하여 사본과 같은 원본이 존재하고 또 그 원본이 진정하게 성립하였음이 인정되지 않는 한 그와 같은 내용의 사본이 존재한다는 것 이상의 증거가치는 없다고 할 것이다(대법원 1999. 11. 12. 선고 99다38224 판결 참조)"라고 판시[33]하였다.

나. 무결성

일심회 사건에서는 디지털 저장매체 원본을 압수할 때부터 해당 문건을 출력할 때까지 '변경되지 않았음'에 대한 담보를 요구하고 있고 왕재산 사건에서는 변경되지 않았다는 사실을 '무결성'이라고 정의하였다. 왕재산 사건의 원심은 '무결성'이란 '관리 연속성'을 의미한다는 것을 명확히 하면서 "디지털 증거의 압수에서 법정에 제출되기까지의 일련의 과정에 주목하는 개념으로서, 디지털 증거에 대한 압수·수색 이후 증거로 현출되기까지 일련의 절차에서 그 증거가 변개, 훼손 등 인위적 개작이 없는 것을 의미한다"라고 정의하였다. 두 사건 판결을 종합하면 '변경되지 않았음'은 '무결성'을 의미하고 '무결성'은 다시 '관리 연속성'과 연결된다는 것을 이해할 수 있다.

동일성과 무결성의 관계에 대해 왕재산 사건의 항소심은 '무결성과 동일성'

33 대법원 2002. 8. 23. 선고 2000다66133 판결.

이라는 제하에 각 개념을 정의하고 무결성의 입증 방법과 동일성의 입증 방법을 별도로 논하고 있으며 "무결성, 동일성 모두 디지털 증거의 증거능력 요건에 해당한다"라고 언급함으로써 어느 성질이 다른 성질의 하위개념이나 상위개념이 아니라 모두 충족되어야 하는 요건으로 판단하고 있다. 이에 반해 일심회와 왕재산 사건의 대법원 판결은 동일성을 인정하기 위해서는 무결성과 신뢰성이 인정되어야 한다는 취지로 판결함으로써 무결성과 신뢰성이 동일성을 충족하기 위한 조건으로 보고 있다.[34]

변경되지 않았다는 것을 입증하는 방법으로 일심회, 왕재산 사건 공히 압수매체에 대한 봉인, 녹화, 매체 이동과정, 해시값의 비교 등 종합적으로 사정을 고려하여야 한다고 언급하고 있다. 다만, 왕재산 판결에서는 '해시값에 대한 비교가 원칙'이라는 측면을 강조한 것이 특징이다.[35] 왕재산 판결의 원심에서는 이 부분을 "동일성에 대한 입증은 기본적으로 원본과 복제본의 해시값 비교를 통하여 원본과 복제본의 동일성을 확인한 후 복제본과 출력 문건의 동일성을 검증하는 방법 등으로 판단하면 될 것이나, 한편 위 동일성과 표리의 관계에 있는 무결성(관리 연속성)이 담보되는 한, 동일성 입증을 위하여 해시값을 비교 확인하는 절차가 반드시 요구된다고 할 수 없고, 법정에 제출된 원본과 출력 문건을 직접 비교한 검증결과 등 제반 사정을 종합하여 그 동일성 여부에 관하여 자유심증주의에 따라 객관적이고 합리적으로 판단하면 된다"[36]라고 하였다. 그런데 대법원에서는 어떤 이유에서 해시값의 비교를 원칙으로 삼고 오로지 불가능하거나 현저히 곤란한 경우에만 다른 사정을 종합적으로 판단하라고 했는지 그 이유는 언급하지 않았다.[37]

---

34 이관희·김기범, "디지털 증거의 증거능력 인정 요건 재고", 디지털 포렌식 연구 제12권 제1호, 2018, 98면.

35 일심회 사건의 원심판결(서울고등법원 2007. 8. 16. 선고 2007노929 판결)에서는 "위 디지털 저장매체를 압수, 봉인, 봉인 해제 및 복제를 할 때 항상 해당 피고인 측에서 입회하여 그 과정을 확인한 이상, 국가정보원에서 위 디지털 저장매체를 복제할 때 해시값을 작성하지 않았다고 하더라도, 위 디지털 저장매체에 담긴 파일의 내용이 국가정보원의 수사 과정에서 변경되었을 가능성은 거의 없다고 봄이 타당하다"라고 판시하였다.

36 서울고등법원 2013. 2. 8. 선고 2012노805 판결.

37 다행히 이후 판결(대법원 2015. 1. 22. 선고 2014도10978 전원합의체 판결)에서는 해시값 비교가 원칙이라는 입장을 변경하여 다음과 같이 판시하였다. "증거로 제출된 녹음 파일이 대화 내용을 녹음한 원본이거나 혹은 복사 과정에서 편집되는 등 인위적 개작 없이 원본 내용을 그대로 복사한 사본이라는 점은 녹음 파일의 생성과 전달 및 보관 등의 절차에 관여한 사람의 증언이나 진술, 원본이나 사본 파일 생성 직후의 해시(Hash)값과의 비교, 녹음 파일에 대한 검증·

두 판결에서 '하드카피'라는 용어가 사용되었는데, '하드카피'는 원래 컴퓨터 화면에 보이는 출력 정보를 의미하는 'soft copy'와 대비되는 말로 그 화면을 인쇄물로 출력한 것을 의미하는 것이다. 그럼에도 불구하고 두 판결은 이미징 생성 소프트웨어를 사용한 '이미징' 방식과 대비하여 '디스크 복제장치를 활용한 복제 방식'을 의미하는 것으로 '하드카피'라는 용어를 사용하는 등 컴퓨터 공학에 대한 적절한 이해가 없었던 것으로 보인다.[38] [39]

판결에서 설시한 바와 같이 '변경되지 않았음', '무결성', '관리 연속성'이 같은 의미를 가지는 것인지 재검토가 필요하다. 무결성은 컴퓨터 공학에서 "컴퓨터 및 네트워크 보안에서 특정 데이터가 인가된 사람만이 접근 또는 변경이 가능하고 데이터 전송 시 타인에 의해 해당 데이터가 위변조되지 않았다는 것을 보장하는 것"[40]을 의미한다. 관리 연속성은 "물적 증거를 수집한 때로부터 법정에 제시될 때까지 그 물적 증거의 위치에 대한 기록을 유지하는 것(Documentation of the location of physical evidence from the time it is collected until the time it is introduced at trial.)"[41]을 의미한다. 즉, 판결이 설시한 바와 같이 변경되지 않았다는 것을 담보하기 위해서는 무결성과 관리 연속성이 같은 의미로 사용될 수는 있다. 그런데 판례가 관리 연속성이라는 개념 이외에 같은 의미로 사용될 수 있는 무결성이라는 용어를 추가로 언급할 필요성이 있었는지는 의문이다. 특히, 왕재산 사건에서 무결성의 입증 방법으로 원본과 사본의 해시값 비교를 원칙적으로 요구한 것을 보면 '디지털 매체의 비교에서 단 한 비트도 변경되지 않았음을 증명하는 것'을 무결성의 원칙적 개념으로 착각한 것은 아닌지 의심스럽다. 해시함수는 원본과 사본이 동시에 존재하는 경우에는 무결성 또는 관리 연속성까지도 증명하고 동시에 동일성 입증까지 할 수 있는 중요한 방법이 될 수 있다.

하지만 해시함수 그 자체가 무결성과 관리 연속성 모두를 보장하지는 못한다. 예를 들어 저장매체 A를 수사기관의 저장매체 B로 복제하고(복제하면서 A 저장

감정 결과 등 제반 사정을 종합하여 판단할 수 있다."

38 법원이 영장을 발부할 때 첨부하는 별지(압수 대상 및 방법의 제한)와 경찰청 훈령인 디지털 증거 수집 및 처리 등에 관한 규칙에서도 하드카피라는 용어를 사용하고 있다.

39 이관희·김기범, "디지털 증거의 증거능력 인정 요건 재고", 디지털 포렌식 연구 제12권 제1호, 2018, 98면.

40 한국정보통신기술협회 정보통신용어사전.

41 Weiss, Marcia J. Salem Press Encyclopedia of Science, 2013, p. 2.

매체 전체에 대한 해시값과 복제한 저장매체 B의 해시값만을 도출하여 비교함) B로부터 파일 C를 추출해서 이를 증거로 제출한 경우, C는 B로부터 나오고 B는 A와 같다는 것을 증명하여야 하나 A에서 B로 복제할 당시 A에 있던 개별 파일 C에 대한 해시값에 대한 확인이 없다면 법정에서 해시값으로 증명이 가능한 범위는 B에서 있던 C 파일과 법정에 제출한 C 파일까지이다. 이때, A에 있던 C 파일과 B에 있던 C 파일의 해시값을 비교할 수 없다고 하여 C에 대한 증거능력을 부정하는 것은 부당하다. 결국 해시값 자체의 비교에 의해서는 동일성 인정에 대한 한계가 있고 해시값은 관리 연속성 일부에 대해서만 증명이 가능하기 때문에 증거의 취득부터 제시까지의 일관성을 입증하기 위해서는 관리 연속성이라는 측면이 우선시 되어야 하고 관리 연속성의 일부를 증명하는 방법으로써 해시값이 사용될 뿐이다.

동일성과 무결성이 동시에 충족되어야 하는 별개의 요건인지도 살펴볼 필요가 있다. 대법원은 왕재산 사건에서 "동일성과 표리의 관계에 있는 무결성"이라는 표현을 사용하였고 왕재산 사건의 원심에서는 "무결성, 동일성 모두 디지털 증거의 증거능력 요건에 해당한다"라고 언급함으로써 두 속성이 디지털 증거의 증거능력에 필요한 각 독립된 요건에 해당하는 것처럼 판시하였다. 그러나 관리 연속성의 문제는 증거의 물리적인 동일성에 관한 개념이므로 기본적으로 논리적 관련성이 유지되기 위한 기본 전제 조건일[42] 뿐이며 관리 연속성과 무결성의 개념이 같다면 무결성은 독자적인 증거능력 요건이 될 수 없고 이를 통해 동일성을 인정할 수 있는 것이기 때문에 무결성 여부를 심리해 보는 것일 뿐, 무결성이 부인되어도 동일성이 인정될 여지가 있다.[43] [44]

다. 신뢰성

판결은 (c)항에서 "컴퓨터의 기계적 정확성, 프로그램의 신뢰성, 입력·처리·출력의 각 단계에서 조작자의 전문적인 기술 능력과 정확성"(이하 신뢰성이라고 표현)을 요건으로 설시하였으나 이러한 요건이 왜 필요한 것인지, 구체적으로 무엇을 의미하는지, 일반적으로는 어떻게 증명이 가능한지에 대해서는 구체적으로 언

42 이성기, "증거물 보관의 연속성 원칙과 증거법적 함의", 경찰학연구 제11권 제3호, 2011, 58면.
43 오기두, 전자증거법, 박영사, 2015, 565면.
44 이관희·김기범, "디지털 증거의 증거능력 인정 요건 재고", 디지털 포렌식 연구 제12권 제1호, 2018, 99면.

급하지 않고 있다. 학자들의 경우에도 디지털 증거가 과학적 증거라는 전제에서 신뢰성이 요건이 되어야 한다고 주장하는 견해가[45] 있으며 신뢰성이 의미하는 바에 대하여 디지털 증거에서의 신뢰성을 전문법칙에서 논의되는 이른바 신용성 내지 특신성에 해당한다는 견해,[46] 디지털 증거로서의 가치를 뜻하기도 한다는 견해,[47] 분석을 하는 전문가, 도구 및 방법의 신뢰성을 의미한다는 견해[48] 등 다양하게 의견을 피력하고 있다.

그런데 이러한 견해들은 전문가 증언에서 논의되어 왔던 '과학적 증거'의 증거능력을 인정하기 위한 요건과 그 신뢰성의 수준을 디지털 증거에도 적용하려고 했던 것으로 보인다. 그러나 이러한 논의에 앞서 과학적 증거에서 요구되는 증거능력 인정 요건을 그대로 디지털 증거에 적용하는 것이 타당한지부터 살펴보았어야 한다. '과학'이라는 개념을 넓은 의미로 사용할 경우에는 수학적 알고리즘을 활용한 사후 검증 과정도 과학의 개념 또는 과학적 방법론의 일부 과정에 포함시킬 수 있지만 '원본과 사본의 동일함을 확인하는 과정'에서 사용된 디지털 포렌식 도구와 도구에 사용된 이론 및 도구 사용자들의 학식에 대해서도 과연 Frye 사건[49]과 Daubert 사건[50]에서 요구하는 것들을 그대로 적용할 수 있는 것인지 재고해 볼 필요가 있다.[51]

디지털 포렌식 개론서는 디지털 포렌식 도구에서 수집되고 분석된 결과가 법정에서 허용되기 위해서는 Daubert Test 항목을 만족시켜야 한다고 설명하고 포렌식 도구를 이용해 수집된 증거가 법적 증거로서 유효하다는 것을 인정한 판례로 Williford 사건을 인용하고 있다.[52] 이 사건 판결[53]에서 법원은 과학적 이론

45 한대일, "전자적 증거의 진정성 입증에 관한 연구", 성균관대학교 법학전문대학원 박사학위논문, 2015. 2, 133면.

46 박용철, "디지털 증거의 증거능력 요건 중 무결성 및 동일성에 대하여 －대법원 2018. 2. 8. 선고 2017도13263 판결－", 법조(Vol.728), 2018. 4, 685면.

47 김정한, "형사소송법상 특신상태의 의미와 개념 요소 및 판단기준에 관한 소고", 비교형사법연구(제16권 제1호), 2014, 154－155면.

48 김범식, "전자(디지털)정보의 법정 증거 제출·현출 방안", 비교형사법연구(제19권 제1호), 2017. 4, 277면.

49 Frye v. United States, 293 F, 1013 D.C. Cir. (1923).

50 Daubert v. Merrell Dow Pharmaceutical, Inc., 509 U.S. 579 (1993).

51 이관희·김기범, "디지털 증거의 증거능력 인정 요건 재고", 디지털 포렌식 연구 제12권 제1호, 2018, 99면.

52 이상진, 디지털 포렌식 개론 개정판, 이룬, 2015. 11, 95면.

으로부터 생성된 증거가 신뢰성을 인정받기 위해서는 (a) 기반이 된 과학적 이론이 유효해야 하며, (b) 그 이론을 활용한 기술이 유효해야 하며, (c) 그 기술은 특정한 경우에 적정하게 적용되어야만 한다는 요건을 설시한 Kelly 표준[54]에 부합하여야 한다고 판시하였다. 그런데 Kelly 사건은 DNA 식별 실험을 실시한 전문가 증언, Frye 사건은 피고인에 대해 거짓말탐지기 실험을 한 전문가 증언, Daubert 사건에서는 의약품과 기형아 출산율 간의 인과관계에 관한 전문가 증언이 각각 문제된 사안들이다.

'과학적 증거의 허용성 요건'을 제시했던 이러한 판결의 대상은 디지털 증거의 증거능력 인정 요건에서 논의하고 있는 '디지털 증거 원본과 복제본의 동일성 비교'와 본질적으로 다르다는 점을 주목해야 한다. 위 판결들의 심판 대상이 되었던 것은 전문가의 식견, 과학적 이론들과 검증에 사용된 도구의 정확성 등으로 그 자체가 '증언'이라는 새로운 증거를 생성하는 데 사용된 것이었다. 새롭게 생성될 증거의 기초를 이루는 과학적 지식이 일반적 승인을 받지 못하였거나 검증된 것이 아니라면 이러한 지식을 활용하여 생성된 증거를 쉽게 받아들일 수 없는 것은 자명한 것이며 신뢰성을 요구하는 수준 또한 엄격히 요구할 필요성이 있다.

그런데 우리가 논하고 있는 디지털 증거, 특히 원본과 사본이 같음을 확인하기 위한 도구는 새로운 증거를 만들어 내는 것이 아니라 법정에 제출된 증거가 애당초 주장하고자 했던 그 증거임을 확인하는 절차일 뿐이다. 즉, 일반적으로 논의되는 과학적 증거들은 증거능력의 심사 단계에서부터 그 증언의 가치(즉, 믿을 만한가)를 평가받게 되므로 증거능력의 관문을 통과한 증거는 동시에 증명력을 확보하게 된다.

반면에 디지털 증거의 동일성 확인은 사용한 프로그램이 신뢰성과 정확성을 통해서 A(제출된 증거) = B(원래의 그 증거)라는 공식만 확인하여 증거능력의 관문을 넘게 되면 제출된 증거가 입증하고자 하는 시실에 어느 정도 기여하게 될 것인지에 대해서는 다시 법관의 판단에 맡겨지게 된다. 다시 말하면 과학적 증거들의 신뢰성은 그 증거의 가치에 직접적인 영향을 미치게 되지만 디지털 증거에서 언

53 Williford v. State, 127 S.W.3d 309 (Tex. App. 2004).

54 Kelly v. State, 824 S.W.2d 568 (Tex. Crim. App. 1992).

급되는 신뢰성과 정확성은 그 증거 자체의 가치에 영향을 미치는 것이 아니라 그 증거가 위조, 변조되지 않았다는 점까지만을 확인하는데 기여하는 개념이다.[55]

일반적으로 논의되는 과학적 증거의 증거능력은 자연적 관련성의 관점에서 개개의 증거에 관하여 각론적인 검토가 필요하고[56] 그 증거능력 및 증명력의 인정 여부에 따라 ① 가장 강한 정도의 과학적 증거,[57] ② 반증의 여지가 있는 과학적 증거,[58] ③ 과학과 전문가의 주관적 분석이 결합한 증거,[59] ④ 실험의 근간을 이루는 이론의 적정성을 전제로 하는 과학적 증거[60]로 구분[61]하려는 노력이 있다. 기존의 과학적 증거와 그 위치 및 종류를 달리하는 디지털 증거에 관해서도 개별 증거마다 각론적인 검토를 하여야 한다. 디지털로 저장되어 있는 모든 증거를 통칭하여 디지털 증거로 단일화한 후 막연히 신뢰성, 정확성 등의 요건이 기존의 과학적 증거와 같은 정도로 필요할 것이라고 단정하는 태도는 바람직하지 않다.[62]

3. 시사점

일심회 사건과 왕재산 사건의 판결은 '동일성'을 핵심에 두고 이를 인정하기 위한 세부적인 요건으로서 무결성 및 신뢰성 등을 언급하는 등 디지털 증거의 증거능력 인정 요건에 관하여 일반적인 증거에 비해 엄격하게 심사하고 이를 위해 필요한 요건들을 구체화했다는 점은 의미가 있다.

그러나 '동일성'이라는 개념이 도출된 이유에 대해서는 구체적인 언급을 하

55 이관희·김기범, "디지털 증거의 증거능력 인정 요건 재고", 디지털 포렌식 연구 제12권 제1호, 2018, 99-100면.

56 김성규, "이른바 과학적 증거의 의의와 그 허용성의 판단 -증거능력에 있어서의 이른바 자연적 관련성의 관점에서-", 형사정책연구, 2004. 9, 331면.

57 대법원 2010. 3. 25. 선고 2009도14772 판결.

58 대법원 2009. 3. 12. 선고 2008도8486 판결.

59 대법원 2000. 12. 22. 선고 99도4036 판결.

60 대법원 2005. 5. 26. 선고 2005도130 판결.

61 조병구, "과학적 증거에 대한 증거채부결정 -합리적 증거결정 기준의 모색-", 형사법실무연구, 재판자료 제123집, 2011, 612면.

62 이관희·김기범, "디지털 증거의 증거능력 인정 요건 재고", 디지털 포렌식 연구 제12권 제1호, 2018, 100면.

지 않고 있어 이에 대한 추가적인 검토가 필요하다. 동일성, 무결성, 관리 연속성, 신뢰성 간의 관계에 대해 무결성, 관리 연속성, 신뢰성은 동일성을 확인하기 위한 구체적인 방법이며 디지털 증거의 증거능력을 인정하기 위해서 필요한 별도의 요건은 아니다. 또한 '변경되지 않았음 = 무결성 = 관리 연속성'이라는 도식이 결과적으로는 타당할 수는 있지만 해시함수가 무결성을 인정하기 위한 최선의 방법인 것처럼 설시한 것은 관리 연속성의 개념과 취지를 오인하게 할 가능성이 있다.

동일성을 확인하는 데 사용되는 디지털 포렌식 도구와 기술은 당연히 신뢰할 만한 것을 사용하여야 하며 포렌식을 통한 검증은 신뢰할 수 있는 전문가에 의해 행해져야 함은 당연하다. 그러나 증거능력을 인정함에 있어서 신뢰성이 기여하는 위치와 정도는 기존의 과학적 증거에서 논의된 '전문가 증언'의 그것을 그대로 차용할 수는 없다. 동일성 증명에서 사용되는 디지털 포렌식 도구와 기술에 대한 신뢰성이란 '그 도구와 기술이 정확한 결과를 생성한다는 것을 보여줌'으로써 증거의 진정성을 확인하는 데 사용되는 성질이다.[63] [64]

제6절 미국 연방증거규칙[65]상 관련성과 진정성 검토

1. 검토 필요성

디지털 증거에 관해 제시된 여러 요건 중 동일성, 무결성, 신뢰성에 관하여는 대법원의 판결을 중심으로 논의해 보았으나 여전히 동일성이라는 것이 증거능

63 미국 연방증거규칙 Rule901(b)(9) Evidence About a Process or System. Evidence describing a process or system and showing that it produces an accurate result.

64 이관희·김기범, "디지털 증거의 증거능력 인정 요건 재고", 디지털 포렌식 연구 제12권 제1호, 2018, 100면.

65 미국 연방증거규칙은 11개의 장으로 구성되어 있다. 제1장 일반 규정에서는 규칙의 범위, 정의와 목적, 제2장 공지의 사실에서는 재판상 증명이 불필요한 것, 제3장은 민사재판에서의 추정, 제4장은 관련성과 한계, 제5장은 특권, 제6장은 증인, 제7장은 전문가 증언, 제8장은 전문법칙, 제9장은 진정 입증과 동일 식별, 제10장은 저작·기록·사진의 내용, 제11장은 기타 사항을 각각 규정하고 있다.

력 인정 여부에 관하여 어떠한 역할을 하는 것인지 명확하지 않다. 또한 관련성에 대해 '관련성이란 영장에 기재된 범죄 사실과 관련성이 인정되지 아니하는 경우 위법하게 수집된 증거로서 증거능력이 부인되는 데 사용되는 성질'로 이해하고 우리 형사소송법 제106조 제1항이 개정됨으로써[66] 등장한 개념이라고 설명하는 견해가 있다.[67]

과연 동일성과 관련성이라는 성질이 증거능력의 인정 요건으로 등장하게 된 계기는 무엇인지 이러한 성질이 규범적인 것이 아니라 증거법칙에서 당연히 적용되는 논리적인 귀결은 아닌지 확인할 필요가 있다. 이러한 논의를 살펴보기 위해서는 우선 미국 연방증거규칙의 내용에 대한 이해가 필요하다. 이를 먼저 살펴보는 것은 미국의 규범이 우리의 것보다 발전되어 있다는 측면이 아니다. 미국의 제도는 당사자주의와 배심제도를 취하고 있기 때문에 증거법이 매우 복잡하고 자세히 만들어져 있으며[68] 이러한 증거법을 기초로 하여 일반적이고 훈련되지 않은 일반인이 사실 판단자로 활동[69]하기 때문에 증거법칙을 이해하는 데 도움이 되기 때문이다. 이러한 미국 연방증거규칙은 형사재판뿐만 아니라 민사재판에도 적용되며 전문증거를 비롯한 모든 증거를 포섭하고 있으므로 증거법의 원리를 파악하는 데 도움이 된다.

66 형사소송법 제106조 제1항에 추가된 관련성 요건은 강제처분의 대상물을 제한할 뿐만 아니라 강제처분의 적법성에 대한 심사를 강화하여 증거능력에 직접적인 영향을 미칠 가능성이 높아지게 되었다는(전승수, "압수·수색상 관련성의 실무상 문제점", 형사법의 신동향 통권 제49호, 2015. 12, 40면) 점에는 동의한다. 다만, 압수·수색에서의 관련성보다는 증거능력을 인정하기 위한 관련성의 범위가 훨씬 엄격할 수밖에 없는 것은 입증하고자 하는 대상의 범위와 연결되기 때문이라고 본다. 수사기관에서는 공소제기할 범죄 사실이 완성되기 이전, 즉 수사하여 혐의를 입증하고자 하는 것들과 관련된 것을(판례는 압수의 대상을 압수·수색영장의 범죄 사실 자체와 직접적으로 연관된 물건에 한정할 것은 아니고, 압수·수색영장의 범죄 사실과 기본적 사실관계가 동일한 범행과 관련된다고 의심할 만한 상당한 이유가 있는 범위 내에서는 압수를 실시할 수 있다고 판시하고 있다(대법원 2009. 7. 23. 선고 2009도2649 판결)). 압수·수색할 것임에 반해, 증거능력 판단단계에서의 관련성의 범위는 수사를 통해 입증된 증거에 한정된 범죄 사실로 함축될 수밖에 없다. 즉, 관련성이라는 개념의 차이가 다르다기 보다는 관련성을 인정할 대상의 범위에 따라 상대적으로 범위가 정해질 뿐이라고 본다.

67 이숙연, "디지털 증거의 증거능력", 저스티스 통권 제161호, 2017. 8, 170면.

68 Graham C. Lilly, "An Introduction to the Law of Evidence, West(3rd Ed), 2004, p. 4.

69 James Bradley Thayer, A Preliminary Treatise of Evidence at the common law, Little, Brown, And Company, 1898, p. 509.

2. 관련성

미국 연방증거규칙에서 관련성에 관한 규정은 제4장에 15개 조항으로 이루어져 있다. 제2장에서 언급하고 있는 공지의 사실은 증명이 필요 없으며 그 이외의 것들 중 관련성 여부가 1단계에 위치하는 증거능력 심사 기준이 된다. Rule 401은 '관련성 심사'라는 제목으로 "(a) 그 증거가 없는 것보다 있는 것이 (주장되는) 사실이 있을 개연성이 더 있거나 없도록 하는 경향이 있고 (b) 그 (주장되는) 사실이 재판을 결정하는 데 중요한 사실일 때에는 그 증거는 관련성이 있다"라고 규정하고 있으며 Rule 402는 '관련성 있는 증거의 일반적 허용'이라는 제목으로 "미국 헌법, 연방법, 이 규칙 또는 대법원에서 규정한 다른 규칙에서 달리 정하지 않는다면 관련성 있는 증거는 증거능력이 있으며 관련성이 없는 증거는 증거능력이 없다"라고 규정하고 있다.

저자는 이러한 '관련성' 개념이 미국 연방증거규칙에 따라 새로 생성된 개념이라기보다는 '사실인정을 위해 필요한 증거'는 논리적으로 증명이 필요한 사실과 당연히 관계가 있어야 한다는 점을 확인하고 그 개념을 정리했을 뿐이라고 생각한다. 이러한 관점은 "증거는 혐의와 관련이 있어야 하며 논점이 되는 주제를 입증하기에 충분해야 한다는 것은 논쟁거리 목록을 정하고 그 논쟁의 목적과 한계를 정의하고 논리적 관련성, 즉 이성이 작용하는 과정의 문제인 논리적 필요성을 주장하는 것을 말한다. 증거법칙은 앞서 언급한 이런 것들이 먼저 확인되지 않고는 개입할 여지가 없다"[70]라는 견해나 "증거법적 의미에서 관련성은 어느 증거가 문제되고 있는 사실의 증명과 연관되어 있으며 이를 증명할 수 있는 최소한의 힘이다. 이 관련성 요건은 증거의 증거능력을 검토하기 위한 전제 조건이다"[71]라는 견해, "법원이 사실을 인정하기 위해서는 증거에 의하여야 하며 사실인정과 연관이 있는 증거를 관련성이 있다고 일컫는다. 증거능력이 있다고 하기 위하여는 증거와 요증사실 사이에 자연적 관련성이 있어야 한다고 보는 것이 일반적이며 그 증거의 '진정'이 당연히 관련성의 일부 또는 전제를 이루는 경우도 있다"[72] [73]라는

---

70 James Bradley Thayer, A Preliminary Treatise of Evidence at the common law, Little, Brown, And Company, 1898, p. 485.

71 신동운, 신형사소송법(제5판), 법문사, 2014, 416면.

72 김성규, "이른바 과학적 증거의 의의와 그 허용성의 판단 –증거능력에 있어서의 이른바 자연

견해, "증거의 허용성이란 진술 증거에 관하여도 논의되지만 특별한 증거능력 제한 규정이 없는 비진술 증거에 관하여 특히 유용하다. 일반적으로 자연적 관련성이 있고 법률적 관련성이 있으며 증거금지에 해당하지 않는 경우에 증거는 허용된다[74]"라는 견해들과 맥락을 같이 한다.

우리 형사소송법은 어떠한 증거가 증거능력이 있는지를 규정하지 않고 증거능력이 배제되는 경우를 규정하는 방식이기 때문에 결국 증거능력이 배제되지 않는 경우에는 원칙적으로 증거능력이 인정되는 것으로 이해해야 한다. 판례도 위법수집증거나 전문법칙 등 증거능력 배제원칙이 적용될 여지가 없는 것들은 증명력 판단에 중점을 둘 수밖에 없다고 설시하고 있으며[75] 증거의 관련성에 관하여 "구실용신안법(법률 제952호) 제28조에서 준용하는 구특허법(법률 제950호) 제139조는 특허나 제56조의 허가특허권의 권리범위에 관한 심판 또는 판결이 확정되었을 때에는 누구든지 동일사실 및 동일증거에 의하여 다시 심판을 청구하지 못한다라고 규정하고 있는바, 여기서 동일 사실 및 동일 증거라 함은 당해 등록권과의 관계에서 확정이 요구되는 구체적 사실이고 그 사실과 관련성을 가진 증거를 말한다고 풀이된다"[76]라고 하거나 "거짓말탐지기의 검사 결과에 대하여 사실적 관련성을 가진 증거로서 증거능력을 인정할 수 있으려면…"[77]이라고 하는 등 '관련성 없음'이 증거능력을 배제하기 위한 요건이라기보다는 '증거'가 되기 위해서는 당연히 '사실인정과 관련성이 있는 것'이어야 한다는 것을 의미한다. 따라서 관련 없는 것은 증거능력이 없어 배제되는 것이 아니라 증거가 아니기 때문에 증거능력의 심사 단계에 진입할 수도 없는 것이다.

다만, 관련성은 디지털 증거의 압수·수색에서는 추가적인 의미를 가질 수는 있다. 압수·수색은 관련성이 있는 범위 내에서 이루어져야 하나 눈으로 볼 수 없

적 관련성의 관점에서-", 형사정책연구 제15권 제3호, 2004. 9, 310면.

73 이성기, "증거물 관리 연속성 원칙과 증거법적 함의", 경찰학연구 11(3), 2011. 9, 57면

74 김성룡, "현행법에서 과학적 증거의 증거능력과 증명력", 형사법연구 제29권 제4호, 2012. 12, 204면.

75 김성룡, "현행법에서 과학적 증거의 증거능력과 증명력", 형사법연구 제29권 제4호, 2012. 12, 214면.

76 대법원 1976. 6. 8. 선고 75후18 판결(비록 형사사건은 아니지만 관련성이라는 개념이 민형사 재판에서 다르게 적용될 이유가 없는 것을 전제로 인용하였다).

77 대법원 2005. 5. 26. 선고 2005도130 판결.

는 데이터를 수색하기 위해서는 관련성 있는 데이터 유무를 판별하지 못하고 이를 프로그램 등을 통해 육안으로 열람해야 하는 문제가 발생하며 관련성 없는 데이터까지 열람한 이후에 최종적으로 압수할 범위를 선택하는 경우가 있다. 또한 디지털 저장매체의 저장용량이 커짐에 따라 압수(지득, 채록)해야 할 범위가 적으면 적을수록 상대적으로 포괄적인 수색의 위험이 여타의 증거에 비하여 크다는 측면이 있다. 따라서 디지털 증거의 압수·수색에서 관련성이 있는 범위에 대한 영장의 집행 문제가 중요하게 다루어져야 한다. 그러나 이 관련성의 문제는 압수와 수색의 범위와 관련되는 것으로서 독자적으로 논의되어야 할 문제이지 증거로서 제출된 디지털 증거에 별도로 요구되는 증거능력의 인정 요건은 아니다. 증거로 제출되는 디지털 증거가 관련성이 없다는 것은 일반적인 증거와 다름없이 증거능력의 관문을 통과하기 전의 문제로 귀결되지만 관련성이 없는 부분을 포괄적으로 열람, 수색하거나 관련성이 없는 자료까지 포괄적으로 압수하였다고 평가되는 경우 사실인정과 관련된 증거라고 할지라도 위법수집증거배제법칙에 의해 배제될 수 있다.[78]

3. 진정성

진정성에 관하여 “증거제출자가 특정한 증거라고 주장하면서 제출하였으나 그 주장과 일치하지 않는 다른 증거가 제출된 경우에 그러한 증거는 증거제출자가 주장한 특정한 증거가 아니므로 이를 토대로 공소범죄 사실을 인정할 수 없는데 이는 증거의 진정성 문제이며 진정성이 인정되지 아니한 증거는 증거로 사용해서도 아니 되며 제시된 증거에 대한 중요성이나 증명력은 모두 진정성이 인정된 후에 비로소 판단되어야 한다”라는 견해[79]도 있으며 “증거의 생성에 사람의

78 참고로 노명선은 최근 법원이 CCTV나 디지털 증거 등에 대해 압수·수색영장의 청구과정에서 구체적인 방법을 특정하도록 요구하고 증거능력의 판단에 있어서도 매우 엄한 잣대를 들이대고 있다는 견해를 밝힌 후, 미국 판례의 주류는 ‘언젠가 기술이 진보하고 수사기관의 경험이 발전하여 현장에서의 컴퓨터 기록 수색이 가능해지고 실효성을 갖추는 날이 오기 전까지는 컴퓨터 하드웨어 전체를 압수하는 것은 적절히 안전장치를 갖춘 이상 필연적으로 수행되어야 하는 경우가 있다’라는 입장에서 수사기관은 압수매체의 신속한 반환, 관련성 없는 부분의 즉시 환부 또는 폐기 등 적절한 사후통제 방법을 강구하고 있다고 설명한다; 노명선, “디지털 증거의 압수·수색에 관한 판례 동향과 비교법적 고찰”, 형사법의 신동향 통권 제43호, 2014. 6, 174면 참조.

행위가 개입된 경우의 동일성, 무결성을 의미하는 것"으로 보는 견해[80]도 있고 "무결성과 같은 개념"으로 보는 견해[81]도 있다. 진정성의 개념과 다른 속성들과의 관계를 확인하기 위해서는 '진정성'의 개념을 명시적으로 사용한 미국 연방증거규칙 Rule 901, 902를 살펴볼 필요가 있다.

미국 연방증거규칙 Rule 901은 'Authenticating or Identifying Evidence'라는 제하에 (a)항[82]에서는 진정성에 관한 일반적인 원칙을 규정하고 (b)항에서는 '증거를 인정하거나 식별(Authenticating or Identifying Evidence)하는 방법을 제시하고 있다. 진정성과 관련하여 자주 인용되는 번역서인 '미국 증거법'[83]은 Rule 901 (a)항을 "증거능력을 부여받기 위한 전제 조건으로서의 진정성 입증 또는 동일성 확인의 요건은 다투어지고 있는 자료가 그것을 제출하는 자가 주장하는 바로 그것이라고 인정할 수 있도록 뒷받침하기에 충분한 증거에 의하여 충족된다"라고 해석하고 있다.

그러나 미국 연방증거규칙 원문에는 '증거능력을 부여받기 위한 전제 조건으로서'라는 문구는 없다. 원문을 그대로 직역하면 "증거로 제출된 것의 진위 여부를 확인하거나 이를 식별하기 위한 조건을 만족하기 위해서는 증거제출자가 증거로 제출한 것이 증거제출자가 주장하는 바로 그 증거라는 결론을 뒷받침하기에 충분한 증거를 제시해야 한다"가 된다. 이 조항에서는 진정성을 증거의 속성으로 보는 것이 아니라 그 증거의 진위 여부를 판가름하기 위해서는 이를 증명할 수 있는 충분한 증거가 제시되어야 한다는 의미를 강조하고 있을 뿐이다.[84] [85] 다만,

---

79 김일룡, "증거의 진정성과 증거규정 체계의 재구성", 형사법의 신동향 통권 제32호, 2011. 9, 52－53면.

80 손지영·김주석, "디지털 증거의 증거능력 판단에 관한 연구", 사법정책연구원 연구총서, 2015. 8, 119면.

81 손지영·김주석, "디지털 증거의 증거능력 판단에 관한 연구", 사법정책연구원 연구총서, 2015. 8, 113면 이하.

82 Rule 901. Authenticating or Identifying Evidence
(a) IN GENERAL. To satisfy the requirement of authenticating or identifying an item of evidence, the proponent must produce evidence sufficient to support a finding that the item is what the proponent claims it is.

83 아서 베스트 저 / 형사법연구회 역, 미국 증거법(사례와 해설), 탐구사, 2009. 6, 314면.

84 즉, "디지털 증거는 이러한 속성을 가지고 있어야 증거능력이 있다."는 문장은 틀리고 "디지털 증거의 증거능력을 인정하기 위해서는 그 증거가 진정으로 말하고자 하는 그 증거인지를 확인해야 한다."라는 문장이 맞다.

85 이 규정에 대해 Steven Goode는 "제시된 증거의 진정함을 인정하기 위한 기본적인 요건은 매

Rule 902[86]는 "다음에 열거되는 증거들은 스스로 진위 여부가 확인되는 것들이다. 이것들은 허용되기 위해 진위에 대한 외적 증거들을 필요로 하지 않는다"라고 규정하고 있는데 이 조항으로부터 "Self－Authenticated 된 증거들을 제외하고는 진위 여부가 확인되지 않는 것은 허용되지 않는다"라는 해석을 비로소 할 수 있다.

Rule 901과 902를 결합하여 다시 정리하면 '제출된 (모든) 증거는 진위 여부가 확인되어야 하며 이를 위해서는 제출자가 제출한 증거가 제출자가 주장하고자 하는 바로 그 증거라는 것을 뒷받침하기에 충분한 외부적인 증거들을 제시해야 하며 이는 증거의 진위 여부 또는 동일 식별을 위해 필요한 전제 조건이다. 다만, Rule 902에서 열거한 것들은 증거능력을 부여받기 위해 별도로 외부적 증거들이 필요 없다'라고 할 수 있다.

증거를 식별하여 그 진위를 확인하는 것(혼란을 피하기 위해 이하에서 '진정성'이라는 용어를 사용하고자 한다)은 관련성과 연결되어 있다. 미국 연방증거규칙은 관련성이 있는 것은 원칙적으로 증거능력이 인정된다는 틀에서 시작하여 증거를 식별하고 진위 여부를 확인하는 방법과 예시를 정하고 있을 뿐이기 때문에 별도의 요건을 규정하지 않은 이상 규칙의 구조상 진정성은 관련성과 연결된 개념이라고 해석하여야 한다. "증거능력이 인정되기 위해서는 증거와 요증사실 사이에 자연적 관련성이 있어야 한다고 보는 것이 일반적이다. 그리고 물적 증거에 있어서는 그 증거의 '진정' 즉, '동일성'이 당연히 자연적 관련성의 일부 또는 전제를 이루게 된다.",[87] "분석의 기초가 되는 자료가 교체되어 있거나 오염되어 있는 경우 과학적 증거의 이용이 사실오인의 원인이 될 수 있기 때문에 분석의 대상이 되는 물건 등의 진정이 관련성을 판단하는 데 필수적인 전제 내지 요소이다",[88] "물건

우 간단하다. 901조(a)를 다른 말로 표현하자면 합리적인 배심원이 그 아이템이 진짜라고(눈에 보이는 증거인 경우에는 그 아이템이 제출자가 주장하는 그것이 정확히 맞는지) 볼 만하다고 판단할 충분한 증거가 있다면 진정성립은 인정된다"라고 언급하고 있다; Steven Goode, "The Admissibility of Electronic Evidence", The Review of Litigation Vol.29:1, Fall 2009, p. 8.

86 Rule 902. Evidence That Is Self－Authenticating
The following items of evidence are self－authenticating; they require no extrinsic evi－dence of authenticity in order to be admitted:

87 김성규, "이른바 과학적 증거의 의의와 그 허용성의 판단 －증거능력에 있어서의 이른바 자연적 관련성의 관점에서－", 형사정책연구, 2004. 9, 310면.

88 김성규, "이른바 과학적 증거의 의의와 그 허용성의 판단 －증거능력에 있어서의 이른바 자연

의 개성이 용이하게 확인할 수 있는 것이면 증인이 공판정에 현출된 물건을 확인하면 되고 혈흔 등과 같이 동일성을 용이하게 확인할 수 없는 것은 관리 연속성에 관한 증명을 하여야 한다"[89]라는 견해들은 이러한 저자의 주장을 뒷받침한다.

우리 형사소송법상 디지털 증거의 진정성에 관한 규정은 존재하지 않는다고 보거나 전문법칙의 예외 조항으로써 '성립의 진정'을 증명하는 문제는 전문증거에 관한 내용일 뿐,[90] 디지털 증거의 진정성 요건과는 다르다는 견해가 있다.[91] 그러나 우리의 법문에서도 진정함의 의미를 추론할 수 있는 조항이 존재한다. 구 형사소송법 제312조 제2항(2021. 2. 4. 형사소송법 개정으로 삭제)은 '제1항[92]에도 불구하고 피고인이 그 조서의 성립의 진정을 부인하는 경우에는…'이라고 규정하고 있으며 '그 조서의 성립의 진정'이란 제1항에서 규정한 '피고인이 진술한 내용과 동일하게 기재되어 있음'을 말한다. 또한 제318조 제1항은 "검사와 피고인이 증거로 할 수 있음을 동의한 서류 또는 물건은 진정한 것으로 인정한 때에는 증거로 할 수 있다"라고 규정하고 있는바, 이는 검사와 피고인이 증거 동의하는 증거라도 진정한 것이 아니라면 이는 증거로 할 수 없다는 결론에 이르게 된다. 사실의 인정은 증거에 의하여야 하고 그 증거가 사실인정과 관련성이 있다고 보기 위해서는 그 증거가 조작되지 않았어야 한다는 것은 당연한 논리적 귀결일 뿐만 아니라 전문증거배제법칙의 예외 규정에서도 국어적 의미를 그대로 가지고 있는 '성립의 진정'이라는 표현을 통해 그 개념을 같이 사용한다고 보아야 한다.

적 관련성의 관점에서-", 형사정책연구, 2004. 9, 313면, 대법 1996. 7. 26. 96도1144 참조.

89 김성규, "이른바 과학적 증거의 의의와 그 허용성의 판단 -증거능력에 있어서의 이른바 자연적 관련성의 관점에서-", 형사정책연구, 2004. 9, 313면.

90 해당 조항에서의 '성립의 진정'은 당연히 전문증거에 관하여 규정된 것이기는 하지만 '진정'이라는 국어적 의미가 디지털 증거를 해석함에 있어서 적용될 수 없다고 보거나 전문증거에 '진정'을 요건으로 하게 된 배경까지 차용하지 않을 것은 아니다.

91 권양섭, "디지털 증거의 증거능력에 관한 고찰", 법이론실무연구 4(1), 2016. 4, 157면.

92 2020. 2. 4. 개정되기 전의 제312조 제1항은 "검사가 피고인이 된 피의자의 진술을 기재한 조서는 적법한 절차와 방식에 따라 작성된 것으로서 피고인이 진술한 내용과 동일하게 기재되어 있음이 공판준비 또는 공판기일에서의 피고인의 진술에 의하여 인정되고, 그 조서에 기재된 진술이 특히 신빙할 수 있는 상태하에서 행하여졌음이 증명된 때에 한하여 증거로 할 수 있다"라고 규정하고 있었다.

4. 시사점

미국 연방증거규칙에서 진정성 또는 동일성은 디지털 증거 자체가 가지는 고유한 특성이 아니라 증거를 식별하고 진위 여부를 확인하는 절차적 속성(법관은 증거능력을 심사하기 위해 진정 확인 절차를 거쳐야 하며 증거 제출자는 증거능력을 인정받기 위해 '주장'에 그칠 것이 아니라 진정힘을 증명할 '충분한 다른 증거'들을 제시해야 하는 절차적 속성)을 의미하며 이 둘은 모두 관련성과 연결되어 있음을 확인하였다.

동일성 확인은 두 가지 현상에 대한 비교(원본과 사본의 비교, 증인과 증인의 성명·주민등록번호를 통한 식별, 조서의 내용과 영상녹화물 음성의 비교 등)에 중점을 두는 것임에 대하여 진정성은 비교가 불가능한 현상(원본과 그 원본을 서명자가 작성하였다는 증언, 조서의 내용과 그 내용이 진술한 대로 기재되었다는 증언, DNA 감정 결과와 그 감정 결과가 정당하게 수집한 혈흔으로부터 나왔다는 증언 또는 관리 연속성 증명기록 등)에 대해서도 적용이 가능하다는 측면에서 다소 차이가 있겠으나 '조작됨이 없이 증거로서의 가치가 충분한 것임을 입증'하는 절차라는 점에서는 본질을 같이 한다.

또한 관련성이라는 개념은 이미 우리의 판례에도 등장할 뿐만 아니라 새로이 도입된 개념이라기보다는 규범에서 정한 '증거'이기 위해 연결되는 논리적 개념이며, 엄밀히 말해 증거능력의 인정 요건이라기보다는 관련성이 없는 경우 증거능력 판단의 대상이 되지 않도록 하는 전제일 뿐이다. 비록 우리에게는 미국 연방증거규칙과 같은 상세한 세부 지침이 존재하지 않으나 현재까지 논의되고 있는 디지털 증거의 증거능력을 인정하기 위한 요건들은 새로운 것이라고 단언할 수 없으며 오히려 우리의 판례와 법 원칙에 내재되어 있는 개념들이라는 점을 강조한다.

제7절 증거능력 인정의 핵심 요소

1. 진정성 증명

우리의 판례로부터 동일성, 무결성, 신뢰성에 대해 논의하였다. 이들은 동일성 증명을 중심으로 연결되어 있으며 무결성 또는 관리 연속성은 동일성을 증명하기 위한 구체적인 도구로 사용되며 신뢰성은 무결성 또는 관리 연속성을 측정하는 도구에 대한 합리적 의심 없는 정도의 믿음이라고 정의할 수 있다. 또한, 미국 연방증거규칙을 통해 진정성 증명은 관련성과 연결되어 있는 논리적 개념인 것도 확인하였으며 진정성 증명은 동일성 증명과 대응한 관계임도 확인하였다. 즉, 증거는 사실을 인정하기 위한 것이므로 사실과 관련성이 있어야 하며 증거로서 공판정에 진입하기 위해서는 그 증거가 제출자가 말하고자 하는 바로 그 증거라는 점을 제출자가 충분히 입증하여야 한다. 또한 이러한 원칙은 디지털로 저장되어 제출되는 증거를 비롯하여 모든 증거에 적용된다.[93]

이렇게 볼 때 여태 논의되어 온 요건 중에 진정성 증명이 증거능력의 인정을 위한 핵심적 요소임을 알 수 있다. 앞 단에 언급한 것과 같이 관련성은 사실심 심판을 위해 증거가 되는 범위에 관한 쟁점이며, 진정성 증명에 대한 상호 비교적 관점인 동일성 증명은 진정성 증명에 포섭되는 개념이고, 관리 연속성은 이를 증명하는 현실적인 방법이고, 무결성은 이를 입증하기 위한 절차적 개념이기 때문에 증거능력 인정을 위한 심사에서 가장 선행되는 요건은 관련성이 된다. 결국 증명이라는 동적·절차적 측면에서 가장 최종적으로 고려되어야 할 것은 진정성을 증명하는 것이 되며 물적 증거에서 진정성을 증명할 구체적인 방법은 관리 연속성을 증명하는 것이다.[94]

“증거의 위조나 편집, 변조 등의 조작에 의한 위험 문제는 이와 같이 진정성의 문제이다”,[95] “이러한 진정성을 입증하는 것은 모든 증거에 있어 증거능력을 부여받기 위한 전제 조건이 된다. 위조되거나 변조된 증거 또는 동일성이 없는 증거를 증거제출자가 주장하는 대로의 증거로 인정할 수 없기 때문에 이는 당연한 것이다”,[96] “모든 증거가 증거능력을 인정받기 위해서 필요한 요건이 진정성이

---

93 미국의 폴 그림(Paul Grimm) 판사는 2007년 Lorraine v. Markel 사건에서(Lorrane v. Markel American Ins. Co., 241 F.R.D. 534 (D.Md. 2007)) 디지털 증거의 증거능력 인정 요건으로 ① 관련성(Relevant), ② 진정성(Authentic), ③ 전문증거가 아니거나 예외 사유, ④ 원본이거나 복사본일 경우 추가적인 조치 필요(Original or Duplicate), ⑤ 부당한 편견 부재(Unfair Prejudice)를 제시하였는데 이 요건들은 미국연방증거규칙에서 모두 언급된 일반 원칙들이다.

94 미국 등 보통법을 계수한 국가는 증거법을 발전시키면서 관리 연속성 원칙을 물적 증거의 진정성 입증 문제와 관련하여 논의해 왔다.; 이성기, “증거물 관리 연속성 원칙과 증거법적 함의”, 경찰학연구 11(3), 2011, 56면.

95 이완규, “협박 진술 녹음의 전문증거 문제와 진정성 문제의 구별”, 저스티스 통권 제149호, 2013, 378면.

다. 진정성은 그 증거를 제출하는 사람이 주장하는 바로 그 증거라는 것을 말한다. 즉, 주장되는 바와 같은 증거가 실제로 존재하고, 제시되는 증거가 주장되는 증거와 동일하거나 동일성이 유지되고 있다는 점을 말한다. 진정성은 전문증거뿐만 아니라 전문증거가 아닌 신술 증서에도 요구되며 비진술 증거에도 요구되는 보편적인 요건이다[97]"라는 견해들은 저자의 입장을 뒷받침한다.

2. 진정성 증명 방법

복잡하게 설명해 왔던 증거능력의 요건들을 진정성 확인을 중심으로 간략하게 정리하면 다음과 같다.

"물적 증거의 증거능력 존부를 판단하기 위한 첫 번째 요건은 진정성 여부다. 당사자가 그 증거가 그 당사자가 주장하는 것이라는 사실을 증명하지 아니하는 한, 법원은 그 증거를 무관한 것으로 볼 것이다. 따라서 증거제출자는 사실 인정자가 증거로 고려할 수 있게 되기 전에 진정성립을 증명하여야 한다. 이 요건은 비교적 쉽게 충족될 수 있다. 즉, 증거제출자는 진정성립 또는 동일성 여부 확인의 인정을 뒷받침하기에 충분한 증거를 제출하기만 하면 된다. 이와 같은 증명의 방법은 한정되는 것이 아니므로 단지 하나의 진정성립 증명방법에 국한하여 의존할 필요가 없다."[98]

일심회, 왕재산 사건에서 우리 대법원이 심판한 사항은 정보저장매체 원본의 내용이 복제되고 그 복제된 파일의 내부에 존재한 문서 파일의 출력물이었다. 그러나 앞서 살펴본 것과 같이 디지털 증거에 해당하는 것들에는 휘발성 데이터, 메타 데이터, 감청 정보, 사업자 보관 데이터 등 매우 다양하며 어찌 보면 이러한 데이터들이 수사의 개시 단계부터 많이 활용될 수밖에 없다. 비록, 대법원은 '해시값의 비교'를 원칙으로 삼는 입장에서 다른 사항들도 종합적으로 고려하여야 한다는 측면으로 회귀하였으나 진정성을 증명하기 위한 추가적 방법들이 무엇인

96 이완규, "협박 진술 녹음의 전문증거 문제와 진정성 문제의 구별", 저스티스 통권 제149호, 2013, 383면.

97 이완규, "협박 진술 녹음의 전문증거 문제와 진정성 문제의 구별", 저스티스 통권 제149호, 2013, 377면.

98 이규호, "미국에 있어 디지털 증거의 증거능력", 민사소송 제11권 제2호, 2007, 157면.

지는 명백하게 언급하지 않았다. 이러한 입장은 향후 추가적으로 고려할 수 있는 증명의 방법들이 '한 비트도 변경되지 않았음을 증명할 수 있는 해시값'에 비교하여 충분히 동등한 가치를 가지게 될 수도 있다는 확신을 주기에는 부족하다.

진정 확인을 위한 증명 방법에 대한 예시는 미국 연방증거규칙 Rule 901(b)에 잘 묘사되어 있다. '과정이나 시스템이 정확한 결과를 생산해 냈다는 것을 설명할 수 있는 증거로써 진정성 증명을 할 수 있다'라는 9번째 예시를 포함하여 총 10가지 예시를 들고 있으며 이 10가지 예시는 한정적이 아니며 예시일 뿐이라고 명시하고 있다. CCTV를 촬영한 영상을 증거로 제출하기 위해서는 해당 CCTV의 영상 파일 해시값과 이를 촬영한 영상을 비교할 수 없으며 그 영상의 경우 언제, 어디서, 어떠한 방식으로 촬영되었는지가 증거에 있어서 중요한 문제라면 CCTV 원본에 대한 해시값을 생성하는 것에 의한 진정성 증명보다는 CCTV의 관리주체가 작성한 확인서, CCTV의 위치정보와 시간정보, 이를 촬영한 저장매체에 대한 관리 연속성 유지가 핵심적인 방법이 될 수 있다. 또한, 해시값을 생성한 복제본의 경우 관리의 흠결로 인하여 한 비트가 물리적으로 손상될 가능성이 있어 결국 해시값에 의한 진정성 증명이 이루어지지 않게 되는데 이런 경우라도 증거로 사용한 파일의 위치와 복제본에서의 파일의 위치 및 내용을 비교하는 방법으로도 진정성 증명이 대체될 수 있을 것이다.

향후 우리는 디지털 증거에 대한 증거능력의 인정 요건을 검토하기보다는 디지털 증거의 진정성 증명을 위한 다양한 방법이 무엇이 될 수 있는지 검토함으로써 디지털 증거의 가치를 유지하면서도 수사기관이 부당한 방식으로 증거를 취급하지 않도록 절충점을 찾아야 한다.

제8절 소결

"디지털 증거는 특별하여 특별한 요건이 필요하다"라는 출발점은 수사기관의 포괄적 압수에 대한 제동을 걸게 됨과 동시에 물적 증거에 필요한 증거능력 요건을 다시 검토하도록 하는 등 매우 긍정적인 역할을 수행해 왔다. 우리가 애당초 디지털 증거를 다르게 취급하였던 것은 '0'과 '1'로 대별되는 저장 방식, 그를 생성한 소프트웨어의 원리와 성능, 이 전체를 수행하는 운영체제의 결부, 눈으로 볼 수 있도록 현출하는 장치들의 개입, 그 원본을 분석하기 위한 사본 작출과 이미징 기술 등으로 인해 공판정에서 현출되는 증거와 그 증거의 출처 간 논리적, 물리적 간극이 매우 크기 때문에 더욱더 문제의 소지가 많다는 인식에 기인한 것 같다.

그러나 이러한 인식에 터 잡아 가장 먼저 법의 심판대에 오른 것은 '압수된 컴퓨터에서 발췌한 문건의 출력물'에 한정된 증거능력 문제였다는 사실을 인식할 필요가 있다. 수사기관이 취급하는 디지털 증거의 종류는 문건 이외의 것이 훨씬 많으며, 그 존재하는 방식도 다를 뿐만 아니라 컴퓨터 관련 사건 또는 살인사건과 같은 강력범죄 사건에서는 정황증거로써 더욱 중요하게 사용되기 때문에 디지털 증거의 유형과 용처에 따라 각론적인 검토가 필요한 때가 되었다.

우리는 이 책을 통해 디지털 증거의 증거능력 요건을 완화하자는 주장을 하는 것이 아니다. 디지털 기술은 이미 새로운 것이 아닌 일상적인 것으로 자리 잡은 만큼 '특별한 것'이라는 취급에서 벗어나 '일반적인 것'으로서 논의가 시작되어야 하며 일반적인 논의라는 것은 증거법 일반 원칙에 기초하여 디지털 증거뿐만 아니라 모든 증거의 증거능력 심사가 신중하게 이루어져야 함을 말한다.

Steven Goode는 "우리의 법학은 새로운 기술에 근거한 증거의 허용성을 대면한 법원의 판결례로 어지럽혀져 있으며 법원은 뻔한 패턴으로 대응해 왔다. 새로운 기술에 사법부는 저항한다. 1세기 전 법원은 사진을 증거로써 허용하는 것을 주저하였는데 그 이유는 '예술가로서의 기술의 부족 또는 불충분한 기구와 재료 또는 고의적이고 기술적인 조작을 통해 사진은 부정확할 뿐만 아니라 위험천만하다'라는 것이었다. 녹음된 음성도 같은 취급을 받았다. 1934년 한 재판부는 '우리는 대화녹음이 증거로 인정된 사례를 모른다'라는 이유로 증거능력을 배제하였다. 동영상 역시 위삭, 변작, 왜곡의 기회가 많다는 이유로 종종 증거능력을 인정받지 못하였다. 이러한 각각의 기술들이 나올 때마다 초기 법원의 비협조적인 태도는 마지못해 변경되기도 하나 여전히 증거제출자들은 증거능력의 높은 관문을 통과해야 한다. 이런 일들이 반복되면 법원은 새로운 기술에 편안해지며 기본적인 요건들이 느슨해진다"[99]라고 말한다. 전례가 없기 때문에 새로운 것에 저항하는 것도 문제이며 편안해졌다고 요건이 느슨해지는 것도 역시 문제가 된다는 점에 주목할 필요가 있다. 법원은 디지털 증거 전체를 포섭할 수 있는 일반적인 증거법칙에 기초하여 개별 증거에 대해 구체적인 검토를 하여야 하며, 수사기관은 법원이 제시한 기준의 엄격함을 탓하기보다는 수집한 증거의 진정함을 증명할 적극적이고 다양한 수단을 강구하도록 노력하여야 한다.

99 Steven Goode, "The Admissibility of Electronic Evidence", The Review of Litigation Vol.29:1, Fall 2009, p. 4.

제 7 장

디지털 증거의 압수와 수색

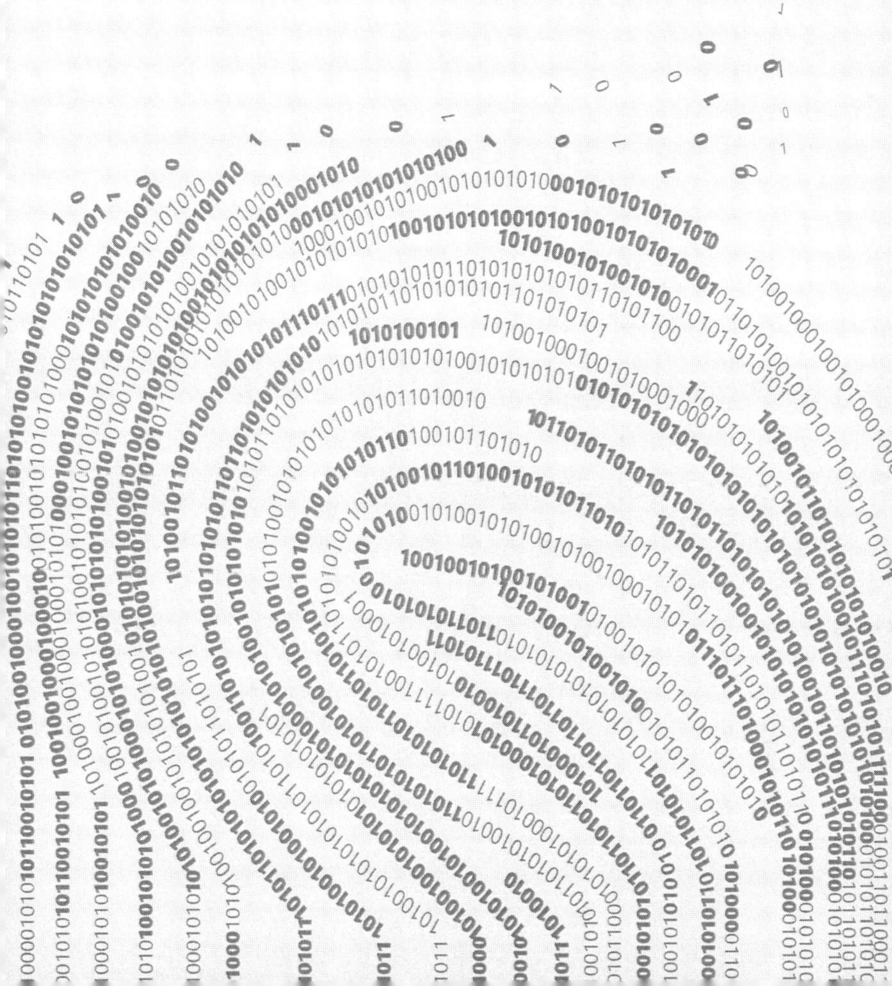

제 7 장 디지털 증거의 압수와 수색

제1절 일반영장의 금지와 선별 압수

1. 영장주의의 본질

영장주의란 체포·구속·압수·수색은 법관이 발부한 영장에 의하지 않으면 안 된다는 원칙을 말한다. 우리 헌법 제12조 제3항은 "체포·구속·압수 또는 수색을 할 때에는 적법한 절차에 따라 검사의 신청에 의하여 법관이 발부한 영장을 제시하여야 한다. 다만, 현행범인 경우와 장기 3년 이상의 형에 해당하는 죄를 범하고 도피 또는 증거인멸의 염려가 있을 때에는 사후에 영장을 청구할 수 있다"라고 규정하고 있으며 제16조는 "모든 국민은 주거의 자유를 침해받지 아니한다. 주거에 대한 압수나 수색을 할 때에는 검사의 신청에 의하여 법관이 발부한 영장을 제시하여야 한다"라고 규정함으로써 영장주의를 천명하고 있다.

1948년 미군정법령 제176조에 의해 우리나라에 영장 제도가 처음 도입되면서, 미국 수정헌법 제4조가 우리나라의 초기 영장 제도에 영향을 미쳤다.[1] 이렇듯 미국의 영장주의는 우리나라의 영장주의 도입 과정에서 영향을 주었을 뿐만 아니

1 김용세, "형사절차상 기본권 보장을 위한 형소법규정 및 실무현실에 관한 연구", 형사정책연구 통권 제75호, 2008, 72면.

라 제정 후에도 지속적으로 우리나라의 영장주의에 대한 해석론에 영향을 주고 있기 때문에 미국 수정헌법상 영장주의에 관한 비교법적 연구는 필요하다.

18세기 중반까지 미국의 각 식민지에서는 치안판사가 발부한 일반영장에 의한 압수·수색이 널리 이루어졌다. 이에 대한 비판이 거세지면서 1776년 버지니아 권리장전(Virginia Bill of Rights)에 일반영장을 금지하는 조항이 처음으로 반영되었으며 1789년 연방의회를 통과하여 1791년 비준된 수정헌법 제4조는 일반영장을 금지하는 것을 주요 목적으로 하였다.[2]

미국 수정헌법 제4조[3]는 "신체, 주거, 서류 및 소유물에 대한 불합리한 수색 및 체포·압수로부터 안전해야 할 사람의 권리는 침해되어서는 안 되고 어떠한 영장도 선서 또는 확약에 의하여 뒷받침된 상당한 이유에 기초하지 않거나 수색될 장소나 체포·압수될 사람 내지 물건을 특정하여 표시하지 않고 발부되어서는 안 된다"라고 규정하고 있다.

미국의 영장주의는 무엇보다도 일반영장의 남용에 따른 폐해를 방지하고자 하는 데 그 목적이 있다. 일반영장은 사람, 장소, 물건에 대한 대상을 제한하지 않고 수사기관이 원하는 만큼 무제한 수색할 수 있기 때문에 영장이라는 형식과 제도의 존재만으로는 기본권 보호를 충실히 할 수 없다는 반성이 미국 수정헌법 제4조에 반영되었다.

우리 헌법은 미국 수정헌법 제4조와 같이 명시적으로 일반영장을 금지하는 내용을 가지고 있지 않지만 헌법의 연혁에 비추어 보면 우리의 영장주의도 일반영장의 금지를 그 본질적인 내용으로 삼고 있다. 헌법재판소도 통신비밀보호법(1993. 12. 27. 법률 제4650호로 제정된 것) 제5조 제2항 중 '인터넷 회선을 통하여 송·수신하는 전기통신'에 관한 부분이 과잉금지원칙을 위반하여 헌법에 합치하지 않는다는 결정을 하면서 "'패킷 감청'의 방식으로 이루어지는 인터넷 회선 감청은 수사기관이 실제 감청 집행을 하는 단계에서는 해당 인터넷 회선을 통하여 흐르는 불특정 다수인의 모든 정보가 패킷 형태로 수집되어 일단 수사기관에 그대로

2 김종현, 영장주의에 관한 헌법적 연구, 헌법이론과 실무, 헌법재판연구원, 2019, 7−8면.

3 The right of the people to be secure in their persons, houses, papers, and effects, against unreasonable searches and seizures, shall not be violated, and no Warrants shall issue, but upon probable cause, supported by Oath or affirmation, and particularly describing the place to be searched, and the persons or things to be seized.

전송되므로, 다른 통신제한조치에 비하여 감청 집행을 통해 수사기관이 취득하는 자료가 비교할 수 없을 정도로 매우 방대하다는 점에 주목할 필요가 있다. 불특정 다수가 하나의 인터넷 회선을 공유하여 사용하는 경우가 대부분이므로, 실제 집행 단계에서는 법원이 허가한 범위를 넘어 피의자 내지 피내사자의 통신자료뿐만 아니라 동일한 인터넷 회선을 이용하는 불특정 다수인의 통신자료까지 수사기관에 모두 수집·저장된다. 따라서 인터넷 회선 감청을 통해 수사기관이 취득하는 개인의 통신자료의 양을 전화 감청 등 다른 통신제한조치와 비교할 바는 아니다" 라고 판시[4]함으로써 패킷 감청 등의 새로운 수사 기법이 일반영장 금지원칙에 반한다고 지적하였다.

2. 과학기술의 발달에 따른 영장주의 적용의 변화

영장 제도가 마련될 당시에는 염두에 두지 않았던 새로운 기술들이 등장하고 이러한 기술을 수사에 활용함에 따라 영장주의 적용 방식은 계속 변해 왔다. 미국 수정헌법 제4조는 일반영장에 의한 수색과 압수를 금지하고, 물리적인 가택 침입에 의한 수색으로부터 개인을 보호하며, 압수의 대상은 유체물을 염두에 둔 것이었다. 그러나 전화 감청기, 열화상 카메라, GPS 추적기, 스마트폰의 출현 등 과학기술이 발전함에 따라 미국 수정헌법 제4조는 새롭게 해석되었다. 미연방대법원 판례들은 아날로그 시대에 입법된 미국 수정헌법 제4조를 디지털 시대의 법적 현상에 적용하여 해석하기 위한 노력을 하고 있다. 과거 영장주의가 주로 물리적인 침입을 수반한 수색과 유체물의 압수에 관한 것이었다면, 현대 사회에서는 다양한 과학 기기를 활용한 수색과 디지털 증거에 대한 수색과 압수가 주요 관심사가 되고 있다.

디지털 시대에 개인의 프라이버시는 다양한 매체를 통하여 광범위하게 저장 및 전송되고 있으며 그만큼 침해의 위험도 크다. 다양한 과학적 수사 기법과 증거 수집 방법이 활용되는 디지털 시대에서 프라이버시는 물리적 방법 이외에도 다양한 방법으로 침해될 수 있다. 미연방대법원도 과학기술의 변천과 이에 대응하는 수사 기법의 변화 양상을 반영하여, 미국 수정헌법 제4조를 신축적으로 해

4 헌법재판소 2018. 8. 30. 선고 2016헌마263 전원재판부 결정.

석하고 적용해 왔다. 18세기 아날로그 시대에 만들어진 미국 수정헌법 제4조를 21세기의 디지털 시대에 어떻게 합리적으로 해석·적용하여 영장주의의 적용 범위를 설정해 갈 것인지가 문제이다.[5]

다음으로 살펴볼 미국 판례의 변천 과정을 보면 프라이버시의 보호라는 헌법적 요구의 대상은 경계를 가진 물리적인 공간에서 '개인에 관한 데이터를 보관하는 매체'와 이에 대한 데이터의 기술적 수집으로 확대되고 있음을 알 수 있다.

가. Olmstead v. United States[6]

전화선을 도청할 수 있는 장치가 개발되면서 재산권 침해 또는 물리적인 관점을 기초로 미국 수정헌법 제4조를 해석하는 것은 불합리한 결과를 야기함에도 불구하고 1960년대 이전까지 미연방대법원은 미국 수정헌법 제4조를 물리적 침해의 관점에서 해석해 왔다. 이러한 판단의 전형적인 사례가 1928년의 Olmstead v. United States 판결이다.

수사관이 밀주 혐의를 받던 Roy Olmstead에 대한 증거를 확보하기 위해 거리에 있는 전신주 전화선에 도청장치를 설치하여 Olmstead의 집과 사무실에서의 통화 내용을 감청한 것에 대해, Olmstead는 법관의 영장이 없이 전화 통화 내용을 감청한 것은 미국 수정헌법 제4조를 위반한 것이라고 주장하였다.

미연방대법원의 다수 의견은 이러한 방식의 전화 감청은 피고인의 주거 등에 물리적인 침입을 수반하지 않았고, 재산권에 대한 침해도 없었기 때문에 미국 수정헌법 제4조에서 말하는 수색에 해당하지 않는다고 판단하였다.

그러나 당시 소수 의견은 미국 수정헌법 제4조가 보호하는 것은 전화선의 물리적인 위치나 재산권이 중요한 것이 아니라 프라이버시라고 하였고 물리적인 침입 여부와 관계없이 수사기관이 개인의 프라이버시에 대한 침해를 정당화할 수 없는 수사 기법을 사용하는 경우 미국 수정헌법 제4조 위반이 된다고 주장하였다. 반대 의견을 제시한 Brandeis 판사는 "향후 정부가 프라이버시를 침해할 수 있는 방법들이 만연해질 것이기 때문에 법원은 과학기술의 발전이 미국 수정헌법

5 김종구, "과학기술의 발달과 영장주의의 적용 범위 –미연방대법원 판례의 변천과 관련하여–", 법학연구 통권 제61집, 2019, 191면.

6 Olmstead v. United States, 277 U.S. 438 (1928).

제4조를 잠식하지 않도록 할 의무가 있다"라고 언급하였다.

나. Katz v. United States[7]

과학기술이 발달하면서 개인의 주거지에 대한 물리적인 침입 여부를 기준으로 미국 수정헌법 제4조를 적용하려는 견해는 점점 지지를 잃게 되었고 미연방대법원도 종래의 견해를 변경하게 된다. Olmstead 판결이 있은 지 40여 년 후인 1967년, 미연방대법원은 Katz v. United States 사건에서 물리적 침해의 관점을 버리고, 프라이버시의 합리적인 기대(reasonable expectation of privacy)의 관점에서 미국 수정헌법 제4조의 위반 여부를 판단하게 되었다.

수사관들은 불법 도박을 수사하기 위해서 혐의자인 Katz가 사용하는 공중 전화박스에 마이크를 설치하여 통화 내용을 감청하고 녹음하였다. 이러한 방법으로 녹음한 녹음테이프가 증거로 재판에 제출되었다. 하급심에서는 종래의 관점에 따라 수사기관의 감청 행위에는 물리적인 침입이 수반되지 않았기 때문에 미국 수정헌법 제4조의 위반이 아니라고 하였다.

그러나 미연방대법원은 미국 수정헌법 제4조가 보호하는 것은 사람이지 장소가 아니며 압수·수색에 해당하는지 여부는 물리적 침입이 있었는지가 아니라 수사기관의 행위가 당사자가 누릴 것이라고 정당하게 믿는 프라이버시를 침해하였는지 여부를 기준으로 판단해야 한다고 하였다. 결국 공중 전화박스에 들어가 문을 닫고 전화 요금을 낸 사람은 자신의 통화내역이 공개되지 않을 것이라는 합리적인 기대가 있으며 이러한 통화내역을 감청하는 것은 수색에 해당한다고 판시한 것이다.

법정 의견을 제시한 Stewart 대법관은 상고인이 공중 전화박스에 들어가면서 배제하고자 하였던 것은 "침입하는 눈(intruding eye)이 아니라 초대받지 않은 귀(uninvited ear)라고 하면서 숙려 깊고(deliberate), 공평한(impartial) 사법부 공무원의 판단이 시민과 경찰 사이에 배치되는 것을 연방 헌법이 요구하고 있다"라고 설시하였다.[8]

---

7 Katz v. United States, 389 U.S. 347 (1967).

8 오경식, "헌법상 대물적 강제처분의 범위와 형소법상 발현 형태 －미국 수정헌법상 압수·수색 제도의 개관－", 형사법제 비교연구 포럼 제1편, 형사법 아카데미, 2018, 193면.

Harlan 대법관은 보충 의견에서 프라이버시의 합리적 기대가 존재하는지 여부는 ① 당사자가 프라이버시에 관한 주관적인 기대를 가졌는지, ② 사회가 그러한 기대를 합리적이라고 인정할 만한지를 기준으로 판단해야 한다고 하였다.[9]

다. Kyllo v. United States[10]

Kyllo 사건은 수사기관이 Kyllo의 집 인에서 마리화나가 재배되고 있다는 의심을 하고, 마리화나 재배에 일반적으로 사용하는 전등에서 열이 발생한다는 점에 착안하여 열화상 장비를 통해 건물을 비춰본 행위가 문제된 사건이다.

미연방대법원은 수사기관이 물리적 침범 없이는 알 수 없는 주거 내의 구체적인 정보를 확인하기 위해 일반적으로 널리 사용되지 않는 장비를 사용하였다면, 미국 수정헌법 제4조의 수색 행위에 해당하기 때문에 영장 없이 이러한 행위를 한 것은 부당하다고 판결하였다.

라. US v. Jones[11]

2004년 나이트클럽의 운영자인 Antoine Jones는 마약 거래 혐의로 수사를 받게 되었다. 수사 기간 중 GPS 추적 장치가 Jones의 지프 차량에 영장 없이 설치되었고 4주간 이동 경로가 추적되었다. Jones는 GPS 추적 장치의 사용은 불합리한 압수·수색으로서 위헌이라고 주장하였다.

2012. 1. 23. 연방대법원은 정부가 대상 차량에 GPS 추적 장치를 설치하고 대상 차량의 이동 상황을 모니터링한 것은 미국 수정헌법 제4조의 수색에 해당한다고 판시하였고, 피고인의 차량에 물리적으로 GPS 추적 장치를 설치하는 것은 피고인의 개인적인 물건에 대한 침입 행위에 해당한다고 판단하였다.

Sotomayor 대법관은 동조 의견에서 미국 수정헌법 제4조의 프라이버시에 대한 합리적 기대 원칙에 따라 이러한 정보의 수집과 관련하여 더 포괄적인 프라이버시 보호가 제공되어야 하며 장기간의 GPS 감시로 사적인 정보가 유출되는 것에 대해 우려를 표명하였다. 장기간에 걸친 GPS 감시뿐 아니라 단기간 감시하

---

9 김종현, 영장주의에 관한 헌법적 연구, 헌법이론과 실무, 헌법재판연구원, 2019, 63면.

10 Kyllo v. United States, 533 U.S. 27 (2001).

11 United States v. Jones, 565 U.S. 400 (2012).

는 경우에도 해당인의 가족, 정치적 선호, 직업, 종교, 성적 관계 등과 관련된 광범위한 정보를 노출시키며, 정부는 해당 정보를 저장하고 수년 후에 이를 다시 들여다볼 수 있고 정부가 이렇게 감시한다는 것을 알게 될 경우, 결사의 자유와 표현의 자유를 위축시킬 위험이 있으며 결과적으로 이는 민주주의 사회에 적대적인 방향으로 시민과 국가 사이의 관계를 변화시킬 수 있음을 지적하였다.[12]

마. US v. Cotterman[13]

강제처분으로써 수색과 압수를 하기 위해서는 영장이나 상당한 이유(probable cause)가 필요하다는 것이 미국 판례 이론이다. 그런데 미연방대법원은 국경에서의 수색에는 이러한 요건을 갖추지 못한 경우에도 수색과 압수를 널리 허용하는 국경수색이론을 가지고 있다. 국경에서는 국가 이익이 개인의 프라이버시에 우선한다는 사고를 반영하여 영장주의 원칙의 예외를 광범위하게 적용하는 것이다. 비록 미국 수정헌법 제4조가 개인의 재산 및 프라이버시를 보호하고 있지만 국경에서의 수색은 국가 최상의 이익 보호라는 측면에서 예외를 정당화시킨다.

그런데 근래 미국의 판례에서 노트북 컴퓨터와 같은 디지털 저장매체를 국경에서 수색하는 경우에는 전통적인 국경수색이론을 그대로 적용하지 않는 경향을 보이고 있다. 이는 과학기술의 발달에 따라 다양한 디지털 저장매체를 개인이 입국 시 소지하는 현실과 포렌식 수사 기법이 보급되면서 광범위한 프라이버시의 침해 가능성이 커지는 상황을 반영한 것이다.[14]

2013년 제9 연방 항소법원은 United States v. Cotterman 판결에서 종래의 판례와 달리 국경수색이론을 노트북 컴퓨터 수색에 제한적으로 적용하려 했다. 2007년 4월 6일 Howard Cotterman과 Maureen Cotterman은 멕시코에서 미국으로 입국하였다. 그들이 도착하자 검사관이 미세관 및 국경보호에 관한 전자 데이터베이스를 확인했고 1992년 Howard Cotterman이 아동상대 성범죄 전과자라는 사실을 발견하게 되었다. 이에 따라 노트북 컴퓨터와 디지털 카메라가 포렌식 검

---

12 United States v. Jones, 565 U.S. 400 (2012), 955－956 (김선희, “미국의 정보 프라이버시권과 알 권리에 관한 연구”, 비교헌법연구, 2018, 23면에서 재인용).

13 United States v. Cotterman, 709 F.3d 952 (9th Cir. 2013).

14 김종구, “미국 판례상 국경에서 디지털 저장매체 수색의 적법성”, 법학논총 제24권 제2호, 2017, 427면.

사를 위해 압수되었고, 이후 담당 수사관이 포렌식 검사를 통해서 378장의 아동 성착취 이미지를 발견하였다.

기소된 후 Howard Cotterman은 입국 시 압수한 그의 노트북 컴퓨터를 4일 이상 수색한 것은 합리적인 의심(reasonable suspicion) 없이 비통상적인 국경수색(non-routine border search)을 한 것이라고 주장하면서 세관에 의해 압수된 모든 증서의 증서능력을 부정해야 한다고 주장하였다. 지방법원은 그의 주장을 받아들였으나 검찰 측은 항소하였고 항소법원에서는 하급심 법원의 판결을 파기하고 검찰 측의 손을 들어주었다. 이후 항소법원은 이 사건을 다시 전원합의체에서 심리하기로 결정하였는데 제9 연방 항소법원은 전원합의체 판결(opinion en banc)에서 기존 재판부의 판결을 파기하고, "포렌식 수사는 모든 정보를 샅샅이 수색할 수 있다는 점에서 개인의 프라이버시에 대한 침해 위험성이 크므로 국경에서의 수색이라도 합리적인 의심(reasonable suspicion)을 요한다"라고 판결했다.

디지털 기기에 저장되는 많은 양의 데이터는 종종 기밀 데이터를 포함한다는 점에서, 대부분 여행객들은 어쩔 수 없이 자신들의 가장 내밀한 생활에 관한 내용을 국경 검사관들에게 노출하게 된다. 그동안 미법원들은 기술의 발전을 반영하지 않고, 포렌식 수색(forensic search)에 있어서도 국경수색이론(border search doctrine)을 적용하고 있었다. 그런데, Cotterman 사건에서 제9 연방 항소법원은 노트북 컴퓨터라는 디지털 저장매체의 특성을 반영하여 폭넓게 인정되던 국경수색이론이 적용되지 않으며, 디지털 저장매체에 대해서는 미국 수정헌법 제4조가 적용된다고 해석하였다.[15]

바. Riley v. California[16]

Riley는 2009. 8. 22. 등록기간이 만료된 차를 타다가 경찰의 단속을 받게 되었는데 경찰은 그의 운전면허가 정지되어 있었다는 사실을 확인하고 Riley의 차를 몰수하였고 차량에 대한 수색을 통해 권총 두 자루를 발견하여 그를 총기소지죄로 체포하였다. 합법적 체포에 수반하여 Riley를 수색한 경찰관은 그의 바지 주

15 김종구, "미국 판례상 국경에서 디지털 저장매체 수색의 적법성", 법학논총 제24권 제2호, 2017, 437면.

16 Riley v. California, 573 U.S. (2014).

머니에서 휴대전화를 발견하여 이를 압수하고 이를 수색한 결과 Riley가 갱단의 구성원임을 확인하였고 갱단과 관련된 살인미수 사건에 관한 차량 사진과 비디오물을 발견하였다. 휴대전화에 있는 내용물을 조사하여 찾아낸 사진과 비디오물을 바탕으로 검찰은 Riley를 살인미수 등의 혐의로 기소하였다. 피고인 Riley는 자신의 휴대전화에 대한 수색이 영장 없이 이루어졌기 때문에 미국 수정헌법 제4조에 위배된다고 주장하며 경찰이 자신의 휴대전화에서 찾은 모든 증거에 대한 배제를 신청하였으나 법원은 이를 기각하고 1심과 2심에서 유죄판결을 선고하였다.[17]

피고인의 상고에 대해 미연방대법원은 휴대전화의 수색에는 영장이 필요하다고 판단했으며, Riley 사건에서의 수색은 Chimel v. California 판례[18]에서 확립된 영장 없는 수색의 요건을 충족하지 못했다고 보았다. 휴대전화에 저장된 디지털 데이터는 체포를 수행하는 경찰관에게 위해를 가하는 무기로 사용될 수 없을 뿐 아니라, 혐의자의 도주를 용이하게 하는 것도 아니기 때문이다. 또한, 휴대전화는 단지 하나의 또 다른 문명의 이기 정도가 아니라 휴대전화에 담긴 데이터는 개인 생활의 모든 프라이버시에 관한 것으로 그 중요성이 크기 때문에 영장 없는 수색을 허용할 수 없다고 판시하였다.

사. Carpenter v. US[19]

Carpenter 사건에서 연방대법원은 정부가 수색영장 없이 휴대전화의 기지국 위치정보를 획득한 것은 미국 수정헌법 제4조를 위반한 것이라고 판단하였다.

수사기관에서 무장강도 혐의자들의 휴대전화를 발견하였고 그중 혐의자인 Timothy Carpenter의 휴대전화 기지국 위치정보를 127일 동안 무선통신회사로부터 확보하였다. 이에 대해 Carpenter는 상당한 이유 없이 정부가 위치정보를 영

17 김영규, "미국 연방대법원의 '휴대전화에 저장된 개인정보 보호'에 대한 판결의 의의 －피체포자의 휴대전화에 저장된 정보의 영장 없는 수색 제한에 관한 RILEY 판결을 중심으로－", 형사정책연구 제25권 4호, 2014, 252면.

18 체포에 수반한 영장 없는 수색의 법리(search incident to an arrest)는 1969년의 Chimel v. California 판결에서 확립된 것이다. 이에 따르면, 중요한 증거나 수사관의 안전을 보호하기 위해서 혐의자의 신체나 혐의자의 행동반경 내의 장소(the arena into which he might reach)를 영장 없이 수색할 수 있다. 종래 미연방대법원은 혐의자의 체포시 혐의자 근처에 있는(close at hand) 다양한 물품에 대한 수색의 적법성을 다루어왔는데, Riley 판결에서는 체포에 수반한 휴대전화의 압수와 수색이 적법한가를 다룬 것이다.

19 Carpenter v. United States, No. 16－402, 585 U.S. (2018).

장 없이 획득한 것은 부당한 압수·수색을 금지한 미국 수정헌법 제4조를 위반한 것이라고 주장하였으나 제6 연방 항소법원은 그가 스스로 무선통신사와 위치정보를 공유하였기 때문에 수사기관이 수집한 위치 정보에 대해서는 프라이버시에 대한 합리적 기대가 없다고 판단하였다. 그러나 연방대법원은 5대 4의 결정으로 항소법원의 판결을 뒤집었다.

연방대법원은 개인이 "무엇인가 사적으로 유지하고지 한다면" 그리고 그의 프라이버시에 대한 기대가 "이 사회가 합리적이라고 인정할 준비가 되어 있다면" 해당 영역에 대한 공권력에 의한 침해는 일반적으로 수색에 해당하여 영장을 필요로 한다고 판시하였다.[20]

아. Alasaad v. McAleenan[21]

2019. 11. 12. 메사추세츠주의 연방지방법원은 Alasaad v. McAleenan 사건에서, 미국 국경에서 여행자의 스마트폰이나 노트북 컴퓨터를 수색하기 위해서는 미국 수정헌법 제4조에 따라 여행자가 위법한 물품을 소지했다는 합리적인 의심이 있어야 한다고 판결했다. 이 판결은 체포에 수반한 휴대전화 수색에는 영장이 필요하다는 Riley v. California 판결에 근거하여 국경에서 합리적인 의심 없는 자의적인 디지털 기기의 수색에는 영장이 필요하다고 한 것이다.

미국의 인권 관련 단체들이 미국 국토안보부(Department of Homeland Security)를 상대로 미국 국경에서 영장 없이 스마트폰과 노트북 컴퓨터를 수색당한 11명의 여행객을 위해 소송을 제기하였다. 점차 증가하고 있는 영장 없이 여행객의 디지털 기기를 수색하는 수사기관의 관행에 대한 이의제기였으며, 이러한 수색은 상당한 이유에 근거한 영장이 있어야 한다는 주장이었다.

2017년 7월 Alasaad 부부는 자녀들과 캐나다 퀘벡에서 여행을 하고 귀국하던 중이었는데 국경에서 세관 및 국경 보호(Customs and Border Protection) 관리들이 Alasaad에게 질문하면서 잠금장치가 되어 있지 않은 휴대전화를 수색했다. 그 동안 그의 가족들은 수 시간 동안 억류되어 있었다. 5시간 후 관리가 Alasaad의 부인에게 잠금장치가 된 전화기를 열기 위한 패스워드를 요구했으나 Alasaad의

20 김선희, "미국의 정보 프라이버시권과 알 권리에 관한 연구", 비교헌법연구, 2018, 24면.

21 Alasaad v. McAleenan, No. 17-cv-11730-DJC (D. Mass Nov. 12, 2019).

부인은 전화기 안에는 히잡을 쓰지 않은 사진들이 있기 때문에 패스워드를 알려 줄 수 없다고 하였다. 하지만 세관 및 국경보호 관리들은 휴대전화의 패스워드를 알려주지 않으면 몰수될 것이라고 하여 부부는 할 수 없이 패스워드를 알려주었다. 결국 억류된 지 약 6시간 후에 휴대전화를 놔두고 나왔고 약 15일 후에 그들의 휴대전화를 돌려받았다.

2019년 4월 몇몇 인권단체들이 법원에 미국 국토안보부가 공항 등 입국장에서 영장 없이 여행객들의 스마트폰이나 노트북 컴퓨터를 수색하는 것은 미국 수정헌법 제1조 및 수정헌법 제4조 위반이라고 판결해줄 것을 요구했다. 이러한 주장을 받아들여 메사추세츠주 연방지방법원은 입국장에서 영장 없는 휴대전화의 수색은 위법하다고 판단하였다.[22]

3. 선별 압수 정책

가. 출력·복제의 원칙

수개월, 수년에 걸쳐 보관된 내밀한 영역을 수사기관이 샅샅이 탐색하는 것은 정말 소름 돋는 일이다. 다행히 2011년에 형사소송법이 개정(2012. 1. 1. 시행)되면서 디지털 증거 압수·수색에 관한 몇몇 조항이 추가되었다. 당시 검찰이 서울시 교육감 후보의 선거법 사건에서 7년 치 이메일을 압수하는가 하면 PD 수첩 작가의 이메일 7개월 치를 압수하는 일이 발생하면서 법률 개정의 단초를 제공하였다.[23]

개정 형사소송법 제106조 제3항은 "법원은 압수의 목적물이 컴퓨터용 디스크, 그 밖에 이와 비슷한 정보저장매체(이하 이 항에서 '정보저장매체 등'이라 한다)인 경우에는 기억된 정보의 범위를 정하여 출력하거나 복제하여 제출받아야 한다. 다만, 범위를 정하여 출력 또는 복제하는 방법이 불가능하거나 압수의 목적을 달성하기에 현저히 곤란하다고 인정되는 때에는 정보저장매체 등을 압수할 수 있

22 김종구, " 과학기술의 발달과 영장주의의 적용 범위 −미연방대법원 판례의 변천과 관련하여−", 법학연구 통권 제61집, 2019, 201−202면.

23 김보라미, "사이버 수사 및 디지털 증거 수집 실태조사 결과 발표 토론문", 국가인권위원회, 사이버수사 및 디지털 증거 수집 실태조사 결과발표 및 토론회(발표: 권양섭·노명선·곽병선·이종찬), 2012.

다"라고 규정하고 있다.

이에 따라 수사 실무에서는 디지털 증거에 대한 압수방법으로 ① 현장에 있는 정보저장매체 등에서 영장 기재 혐의 사실과 관련된 데이터만 복사하거나 종이로 출력하는 방법, ② 현장에서 저장매체 전체를 이미징하여 증거 사본을 확보한 후 사본을 수사기관의 사무실로 가져와 영장 기재 혐의 사실과 관련된 데이터를 검색하여 복사 또는 출력하는 방법, ③ 현장에 있는 정보저장매체(또는 시스템) 자체를 수사기관 사무실로 가져와 저장매체 전체를 이미징하여 사본을 확보한 다음, 저장매체 원본은 반환하고 사본에서 영장 기재 혐의와 관련된 데이터를 검색하여 복사 또는 출력하는 방법을 사용하고 있다.[24] 여기에 디지털 증거가 몰수할 것에 해당할 경우, ④ 정보저장매체 자체를 압수하는 방법까지 포함하면 디지털 증거에 대한 압수 방법은 총 네 가지로 유형화할 수 있다.

나. 출력·복제 원칙에 대한 입장

1) 압수 방법을 지정하는 것에 대한 비판적 시각

디지털 증거는 그 형태가 다양하고 범죄와 관련된 증거만을 찾는다는 것이 어렵거나 장시간 소요되기 때문에 부득이 저장매체를 압수할 수밖에 없다는 주장이 있다.

이러한 주장은, 복제가 가능하더라도 데이터의 양이 방대할 경우 시간상 현실적으로 복제가 불가능하고, 증거를 복제하거나 출력하는 방법이 대상자의 업무에 더 큰 지장을 초래할 가능성도 있고 디지털 증거가 아닌 문서에 대한 압수·수색에 있어서도 현장에서 모든 문서를 검토한 후 압수 여부를 결정하도록 하는 것은 영장 집행에 많은 시간이 소요되도록 함으로써 오히려 강제처분에 의한 법익 침해가 더 커지는 경우도 존재할 수 있다[25]는 이유를 들고 있다.

또한, 미국의 US. v. Schandl 사건[26]에서 관련된 문서를 주의 깊게 분석해야 하는 탈세 수사의 특성상 혐의와 관련 없는 일부 문서가 압수되는 것은 불가

---

24 박혁수, "디지털 정보 압수·수색의 실무상 쟁점", 대검찰청 형사법의 신동향 통권 제44호, 2014. 9, 78-79면.

25 United States v. Schandl, 947 F.2d 462 (11th Cir. 1991); 조성훈, "디지털 증거와 영장주의: 증거분석 과정에 대한 규제를 중심으로", 형사정책연구 제24권 제3호, 2013, 136면.

26 United States v. Schandl, 947 F.2d 462 (11th Cir. 1991).

피한 것이며, 현장에서 모든 문서를 검토한 후 압수 여부를 결정하도록 하는 것은 영장 집행에 많은 시간이 소요되기 때문에 오히려 강제처분에 의한 법익 침해가 더 커지도록 하는 것이라고 판시한 의미를 고려해 보면, 위 조항이 반드시 피압수자의 권익 보호에 충실한 것인지 여부도 면밀히 따져보아야 할 문제라고 주장한다.[27]

사실 출력·복제의 원칙에 관한 조항은 신설될 당시부터 증거의 대상인 데이터의 '원본과의 동일성' 여부, 조작 가능성에 대한 시비가 존재할 수밖에 없고, 조작자가 현장에서 데이터를 삭제하거나 변경하는 등 압수·수색을 방해할 수 있으며, 암호화된 경우에는 사실상 데이터 관리자의 협조를 얻기가 쉽지 않다는 점 등을 이유로 압수 현장의 특수성을 무시한 것으로 압수 방법까지 정하는 것은 과도하다는 지적을 받아왔다.[28]

2) 프라이버시 보호에 적합한 방법이라는 입장

출력·복제 원칙은 개인의 프라이버시를 최대한 보호하는 것으로써 적절하다는 주장이 있다.

저장매체를 압수하는 방법은 디지털 증거의 매체독립성과 부합하지 않고, 범죄와 관련 없는 정보의 대량 압수로 인하여 피압수자의 영업비밀 또는 사생활 비밀을 과도하게 침해할 위험성이 클 뿐만 아니라 수사권의 남용, 별건 수사라는 문제도 발생하기 때문이다.[29]

따라서 저장매체가 소재한 현장에서 주관적·객관적·시간적으로 관련된 데이터만을 압수하는 것이 원칙이고, 그것이 불가능한 경우에 한해 예외적으로 저장매체 자체를 압수할 수 있어야 하고, 압수 현장에 임한 수사관의 임기응변적·재량적 판단만으로 저장매체 자체를 통한 범죄 유·무관 데이터 전부를 압수할 수는 없다는 주장이다.[30]

---

27 조성훈, "디지털 증거와 영장주의: 증거분석 과정에 대한 규제를 중심으로", 형사정책연구, 제24권 제3호, 2013, 136면.

28 노명선, "디지털 증거의 압수·수색에 관한 판례 동향과 비교법적 고찰", 형사법의 신동향 통권 제43호, 2014, 168면.

29 원혜욱, "정보저장매체의 압수·수색 –휴대전화(스마트폰)의 압수 수색", 刑事判例研究 22, 2014, 303–335면.

30 오기두, 사단법인 한국포렌식학회, 한국저작권위원회 개최 국회 디지털 증거 압수·수색에 관한 개정법률안 공청회 토론문(주제발표: 노명선, "디지털 증거 압수·수색에 관한 법률의 문제

4. 선별 압수 정책의 실효성

가. 출력·복제원칙에 대한 폭넓은 예외의 인정

1) 전교조 사무실 압수·수색 사건[31]

위 사건에서 원본 반출이라는 예외적 집행이 허용되는 사유로 ① 압수·수색 장소에 증거인멸의 정황이 있었던 점, ② 피압수자의 수가 70,000여 명에 달하고 피의사실과 관련된 인원이 17,000여 명에 달했던 점, ③ 영장 집행 현장에 다수 피압수자가 있었던 점, ④ 피압수자가 영장 집행을 적대시하고 다른 조합원이 현장에 몰려온 점, ⑤ 영장 집행 당시 서버에 전원 공급이 되지 않았다고 하다가 서버와 컴퓨터의 본체를 압수하려고 한 경우에 비로소 전원 공급이 가능하다고 말한 점, ⑥ 사법경찰관이 하드카피에 필요한 장비 등을 소지하고 있었던 점 등을 고려하였다.[32] 이를 통해서 볼 때, 법원은 증거인멸, 피의자 인원 및 범죄 사실의 복잡성뿐만 아니라 영장 집행 방해자들이 존재한다는 점과 전원 공급이 불가능하다는 현장 여건까지 폭넓게 인정하고 있다.

2) 왕재산 간첩단 사건[33]

위 사건에서는 "① 압수·수색·검증 영장은 압수·수색·검증할 물건을 '각 압수·수색·검증할 장소 및 신체에 장소·관리·보관·사용하고 있는 컴퓨터(PC), 카메라, 캠코더, 녹음기, 차량 네비게이션, 디지털 정보저장매체(USB, CD, HDD, MP3, PDA, 전자수첩, 디지털테이프, 프린트기, 기타 각종 메모리 등) 및 同기기·매체에 수록된 내용'으로 하고 있는 점, ② 각 영장 발부의 사유로 된 혐의 사실이 많고 각 압수·수색 장소에서 디지털 저장매체가 많게는 60여 개에 이를 정도로 다수 압수되었으므로 현장에서 범죄 사실의 관련성이 있는 전자정보만을 구분해 내는 것은 현실적으로 불가능하였던 것으로 보이고, ③ 실제로 이 법원에 압수된 각

점과 개선방안"), 2012. 11.

31 서울중앙지방법원 2009. 9. 11. 자 2009보5 결정.

32 조광훈, "디지털 증거의 압수·수색의 문제점과 개선방안", 서울대학교 법학연구소, 서울법학 제21권 제3호, 2014, 729면.

33 서울중앙지방법원 2012. 2. 23. 선고 2011고합1131,2011고합1143(병합),2011고합1144(병합), 2011고합1145(병합),2011고합1146(병합) 판결.

디지털 저장매체에 저장되어 있던 600여 개에 이르는 문건이 증거로 제출되었던 점, ④ 일부 보안 USB에는 암호가 설정되어 있어 현장에서 그 내용을 지득할 수 없었으며, ⑤ 삭제 파일의 복구 등 추가적 분석이 필요하였던 것으로 보이는 점 등을 인정할 수 있다"라고 전제한 뒤에 "저장매체 자체를 직접 혹은 하드카피나 이미징 등 형태로 반출한 것에는 부득이한 사유가 있었음이 인정된다"라고 결론을 내리고 있다.

이 판결에서 법원은 압수 대상으로 디지털 저장매체를 적시하였던 점을 인정하였고, 디지털 저장매체가 약 60여 개가 존재하여 현장에서 관련 있는 정보만을 추출하는 것이 사실상 불가능하다고 보았으며, 암호 설정 및 데이터 복구 등 기술적 분석이 필요한 경우도 인정하였다.

3) 공직선거법위반 사건[34]

공직선거법위반 사건에서 휴대전화를 압수·수색의 장소에서 수사기관 사무실로 반출한 것이 쟁점이 되었는데, 법원은 이에 대해 "① 휴대전화는 공통된 운영체제를 갖고 있지 아니하여 각 제조사마다 메모리를 복제하는 방법이 다르고, 같은 제조사의 제품이라고 하더라도 제품명에 따라 메모리를 복제하는 방법이 다른 경우도 많은 점, ② 피압수자가 어떠한 휴대전화를 사용하는지 알 수 없는 수사기관으로서는 압수·수색 현장에서 압수하게 될 휴대전화에 적합한 소프트웨어나 장비를 구비하는 것이 용이하지 아니한 점, ③ 또한 휴대전화 메모리를 복제하는 경우, 삭제된 전자정보를 복원하고 범죄 사실과 관련된 전자정보를 선별하여 압수하는 것이 기술적으로 가능한지 여부를 두고 논란이 있다고 보이는 점(피고인이 2013. 5. 22. 제출한 변론요지서에서 기재한 '특정 프로그램을 이용한 루팅(rooting)이나 탈옥(jailbreak)을 하여 전자정보를 복제하는 방법'은 미할당 영역의 일부 데이터가 손상되어 삭제파일을 복구할 수 없는 경우도 있다는 점에서 보편화된 기술이라고 보기 어렵다), ④ 전자정보의 경우 간단한 조작에 의하여도 쉽게 변경되고 훼손될 우려가 크므로 저장매체에서 전자정보를 분리하여 추출함에 있어 원본과의 동일성을 보장받기 위하여 무결성과 진정성이 확보될 것이 요구되는 점 등을 종합하여 볼 때, 압수·수색 현장에서 휴대전화의 내용을 확인하고 범죄 사실과 관련된 전자정

34 부산고등법원 2013. 6. 5. 선고 2012노667 판결.

보만을 선별적으로 복제하는 것이 현저히 곤란하다고 보이므로, 일단 피고인의 휴대전화 자체를 압수하여 수사기관 사무실로 가져온 것은 적법한 것으로 보인다"라고 판시하였다.

이는 휴대전화에 대해 수사기관이 현장에서 출력·복제하는 것을 기술적으로 현저히 곤란하다고 판단하여 휴대전화를 수사기관 사무실로 반출한 행위를 인정한 것이다. 최근 스마트폰 제조업체가 디바이스에 암호를 설정하거나 데이터를 물리적으로 추출할 수 있는 단자를 제거하는 등 다양한 보안 조치를 하고 있어 앞으로 스마트폰에 대한 원본 압수가 증가할 것으로 보인다.

나. 선별 압수의 실효성

수사 실무에서 디지털 데이터에 대한 압수·수색영장을 신청하는 경우 법원은 영장 별지[35]를 이용하여 컴퓨터용 디스크 등 정보저장매체에 저장된 전자정보에 대한 압수·수색·검증 방법을 제시하고 있다. 2015년 전후의 영장 별지 기재를 보면 "수색·검증만으로 수사의 목적을 달성할 수 있는 경우, 압수 없이 수색·검증만 함"이라는 항목은 변함이 없다. 현재 우리의 실무에서는 '수색'이 아니라 '압수' 범위를 한정함으로써 일반영장에 의한 기본권 침해를 최소화하려는 노력을 하고 있다.

앞서 살펴본 미국의 판례 경향을 보면 휴대전화의 수색에 대해 별도의 영장주의를 요청하고 있는데 휴대전화를 압수하면 그 안의 내용을 수색할 수 있다는 전제하에 휴대전화 압수에 엄격한 영장주의가 적용되어야 한다는 논리에서 출발한 것이다.[36] 디지털 기기라는 매체와 그 안에 담겨 있는 데이터는 분리해서 생각해 보아야 하는데 우리의 영장 실무는 디지털 기기에 대한 압수·수색은 당연히 그 내용의 수색까지 허용하는 것을 전제로 하고 다만, 취득해 오는 압수의 범위만을 줄이려는 태도를 보이고 있다.

형사소송법 제106조 제3항은 출력·복제원칙을 통해 압수 범위의 제한을 시도하였으나 앞서 살펴본 판례들은 수사 현실과 현장 상황을 그대로 반영하여 넓은 예외를 인정하고 있다. 보안 기술이 발전하여 현장에서의 탐색이 점차 어려워

35 부록 1 참조.

36 김혜미, "휴대전화 압수·수색과 영장주의 원칙의 엄격한 해석 요청", 경희법학, 2020, 25–54면.

질 경우 예외 인정은 점차 늘어나 현장에서의 출력·복제원칙 규정이 형해화될 가능성이 있다.

설사 원칙이 지켜진다고 할지라도 파일의 열람에 의한 탐색이 전제된다면, 증거를 발견할 때까지 프라이버시 침해가 일어나기 때문에 출력·복제 전 단계까지 탐색하는 방식과 원본의 반출 또는 이미징을 통해 수사기관의 사무실에서 탐색하는 방식이 크게 다를 것도 없다.

형사소송법 제106조 제3항은 유체물을 피압수자에게 두고 출력·복제하는 경우 그 침해가 덜 할 것이라는 가정에 기반하였지만 디지털 저장매체 자체를 압류하지 않는 행위는 디지털 저장매체에 포함된 저장 내용에 대한 프라이버시의 합리적 기대에 크게 기여하는 바가 없으며 출력·복제하기 위해 매체의 내용을 사람이 일일이 열람하는 방식에 의한 수색은 저장매체 전체에 대한 프라이버시 이익을 침해하는 결과를 야기한다.

파일을 열람하는 방식의 수색이 이루어진다면, 최초의 압수·수색 현장에서 저장매체를 검색하여 증거에 제공할 데이터를 출력, 복제하는 방식이 저장매체를 이미징하여 수사기관에서 분석을 통해 증거를 찾아내는 방식보다 프라이버시 침해를 최소화하는 것이라고 단정할 수 있을까?

현재의 디지털 증거 압수원칙이 수사 현장에서 피의자의 방어권을 보장하는 데 일정한 기여를 하고 있다고 보는 입장[37]은 증거를 찾기 위한 수색 과정보다는 저장매체 원본이나 이미징을 통해 압수하는 행위가 더욱 침해성이 크다는 판단이 전제가 된 것으로 보인다. 그런데 출력한 행위나 본 것을 적는 것이나 데이터를 복제하는 것은 다르지 않고 본 것을 기억하는 방법에 의해서 추후 증거로 제출하는 것도 가능하므로 파일을 열람하는 방법에 의한 데이터 탐색을 수반한 압수가 프라이버시 침해 최소화에 어떤 기여를 하는지 불분명하다.

디지털 증거에 관하여는 종국적으로 증거에 공할 것의 범위를 줄이는 노력보다는 수색의 범위를 한정하는 노력이 프라이버시 침해 최소화에 기여할 수 있다.[38] 현재까지의 논의는 출력·복제의 원칙을 통해 수사기관이 압수할 수 있는

37 오기두, 사단법인 한국포렌식학회, 한국저작권위원회 개최 국회 디지털 증거 압수·수색에 관한 개정법률안 공청회 토론문(주제발표: 노명선, "디지털 증거 압수·수색에 관한 법률의 문제점과 개선방안"), 2012. 11.

38 Orin S. Kerr, "Fourth amendment seizures of computer data", Yale Law Journal 119(4),

데이터의 양을 줄이는 방법에 관한 것이었으나 파일의 열람 방식에 의한 탐색이 전제되는 경우 출력·복제를 위한 탐색과 이미징을 통한 탐색에서 수색의 범위에는 차이가 없기 때문에 출력·복제의 원칙만으로는 프라이버시 침해 최소화를 충분히 보장할 수 없다.

정보사회의 감시 또는 디지털 데이터의 탐색은 범죄를 사전에 예방하거나 범인을 검거하는 등 사회에 유익한 측면도 있는 양면적인 것이다. 다만, 양면적인 측면이 조화를 이루지 못하는 경우 전자전체주의적 사회와 감시강박적 문화까지 형성하게 된다.[39] 수사를 위해 탐색해야 할 필요성에 비하여 프라이버시의 기대가 집약되어 있는 저장매체에 대한 과도한 수색의 문제점을 간과해서는 안 되며 저장매체 압수의 제한이라는 관점보다는 수색 방법 및 기간의 구체화, 파일의 직접 열람에 의한 탐색 최소화, 탐색 과정의 투명성 확보와 같은 실질적인 프라이버시 보호라는 관점으로 전환할 때가 되었다.

제2절 디지털 증거 압수의 의미

학자들은 압수의 의의에 대해 "물건의 점유를 취득하는 강제처분으로 여기에는 압류, 영치, 제출명령의 세 가지 유형이 있으며 압류는 좁은 의미의 압수로써 물건의 점유를 점유자 또는 소유자의 의사에 반하여 강제적으로 취득하는 강제처분이다"라고 설명한다. 형사소송법 제106조 제1항도 "물건을 압수할 수 있다"라고 표현하고 있고 이하의 관련 규정들은 우체물, 임의제출물, 압수물의 환부, 압수장물의 피해자환부 등의 표현을 쓰면서 압수의 대상이 분명히 '물건'임을 명시하고 있다. 또한 디지털 증거를 염두에 두고 신설된 제106조 제3항도 디지털 증거 자체를 압수의 대상으로 표현하지 않고 있다.

반면, 앞서 살펴본 영장의 별지에는 '전자정보의 압수'라는 표현을 사용하고 있고 '압수 대상 전자정보의 상세목록을 교부하여야 한다', '전자정보는 삭제·폐

2010, pp. 700-724.

39 고영삼, 전자감시사회와 프라이버시, 한울아카데미, 1998, 36면.

기 또는 반환한다'라는 등의 문구를 사용함으로써 디지털 데이터를 압수의 직접적 대상으로 삼고 있다. 디지털 데이터는 형사소송법이 제정되었을 때 예상하지 못한 것이다. 형사소송법 운용의 취지를 유지하기 위해 데이터를 물건의 일종으로 취급하여 압수의 대상으로 삼을 것인지, 도무지 물건과는 성향이 다르고 그 법률 효과가 다르기 때문에 다르게 취급할 것인지에 대한 검토가 필요하다.

1. 견해의 정리

가. 학자들의 견해

디지털 데이터가 압수의 대상이 될 수 있는지에 대해 학자들의 의견은 첨예하게 대립한다.

컴퓨터에 입력된 정보 내지 전자적 기록 자체와 CD나 자기테이프 등의 전자적 기록매체는 이론적으로 구별할 수 없고, 일정한 프로그램에 의해 육안으로 읽을 수 있도록 출력된 인쇄물이나 그 밖의 형태로 된 출력물이 전자적 정보나 기록 자체를 그대로 반영한 것이라는 관계가 인정되는 한, 이를 증거물로 보아 압수 대상물이 될 수 있다고 하는 견해,[40] 형사소송법 제106조 제3항의 신설을 통해 디지털 형태로 저장되어 있는 정보가 압수의 대상으로 입법되었다는 견해,[41] 형사소송법 제106조 제3항을 합목적적으로 해석하면 디지털 데이터를 압수 대상으로 해석 가능하다는 견해,[42] 민법상 무체물도 일정한 범위에서 물건에 포함되는 것에 착안하여 정보가 물건에 포함된다고 해석하면서 법률상 물건의 의미는 '유체물 및 관리 가능한 자연력'이며 여기서 관리 가능한 자연력에는 배타적 지배가 가능한 전기, 열, 광, 음향, 에너지 등이 포함되기 때문에 전자기적 신호로 저장되고 네트워크를 통해 이동될 때는 전기적 신호의 속성을 지니고 컴퓨터 특성상 데이터는 그 어떠한 무체물보다 배타적으로 관리가 가능하므로 물건에 관한 정의 규정에 따를 때 컴퓨터 데이터를 무체물이라는 이유로 물건의 범주에서

---

40 노명선·이완규, 형사소송법=Criminal procedure law, SKKUP(성균관대학교 출판부), 2017, 230면; 정웅석·백석민, 형사소송법, 대명, 2012, 212−213면; 최용성, "과학수사 판례평석을 기반으로 한 디지털정보 압수 및 수색제도의 적격성 고찰", 과학수사학회지, 14(3), 2020, 217면.

41 이재상·조균석, 형사소송법 제10판, 박영사, 2015, 318면.

42 이창현, 형사소송법 제2판, 입추출판사, 2015, 435면.

배제시킬 근거가 없고 따라서 압수·수색의 대상이 될 수 있다고 보는 견해[43]들은 모두 긍정설의 입장이다.

반면, 형사소송법 문언상 압수의 대상은 유체물이며 정보의 물건성을 인정할 수 없는 이상 정보는 압수의 대상이 될 수 없다는 견해,[44] 형사소송법 제106조 제3항은 정보에 대한 압수 절차와 방법을 명확하게 했을 뿐 형사소송법상 압수의 대상은 유체물이라는 견해,[45] 디지털 데이터는 전자적 성질을 가진 신호이지만 집합체일 뿐 그 자체가 전기나 에너지가 아니므로 물건의 개념에 포함할 수 없다는 견해,[46] 컴퓨터 데이터나 프로그램 그 자체는 유체물이 아니기 때문에 형사소송법에 의해 압수·수색하는 것이 불가능하고 자기테이프 내의 정보와 출력된 유체물로 전환된 정보는 일체의 것으로 취급할 수 없으므로 자기테이프의 정보는 증거물에 해당하지 않는다는 견해[47]들은 부정설의 입장이다.

전자적 정보는 유체물은 아니지만 형사소송법상의 압수·수색에 관한 규정을 준용하여 압수할 수 있다고 해석하는 절충적인 입장[48]도 있다.

나. 대법원의 입장

디스크, 저장매체, USB와 같은 저장매체만이 압수의 대상이 될 수 있는 것인지, 데이터도 압수될 수 있는지에 대해 대법원은 일련의 판결들에서 데이터 저장매체는 물론 데이터도 압수 가능한 것이라고 확인하고 있다는 견해[49]가 있다.

그런데 이 견해가 언급한 대법원의 판결을 그대로 옮겨 보면, “전자정보에 대한 압수·수색 과정에서 이루어진 현장에서의 저장매체 압수, 이미징, 탐색, 복

---

43 노승권, “컴퓨터 데이터 압수, 수색에 관한 문제”, 「검찰」 통권 제111호, 대검찰청, 2000, 280면.

44 김영규, “미국 연방대법원의 ‘휴대전화에 저장된 개인정보 보호’에 대한 판결의 의의 －피체포자의 휴대전화에 저장된 정보와 영장 없는 수색 제한에 관한 RILEY 판결을 중심으로－”, 형사정책연구 제25권 제4호, 2014, 264면.

45 전현욱·윤지영, “디지털 증거 확보를 위한 수사상 온라인 수색제도 도입 방안에 대한 연구”, 대검찰청 연구용역과제, 2012, 14면.

46 이주원, “디지털 증거에 대한 압수·수색제도의 개선”, 안암법학 제37권 제1호, 2012, 159－160면.

47 강동욱, “컴퓨터관련범죄의 수사에 있어서의 문제점에 관한 고찰”, 「현대형사법론」, 죽헌 박양빈교수 화갑기념 논문집, 1996, 707면(탁희성, “전자증거의 압수 수색에 관한 일고찰”, 형사정책연구 제15권 제1호, 2004, 25면에서 재인용).

48 이은모·김정환. 형사소송법, 박영사, 2019, 306－307면.

49 김성룡, “디지털 증거의 수색과 압수에서 쟁점들”, 형사법연구, 제30권 제3호, 2018, 201면.

제 및 출력행위 등 수사기관의 처분은 하나의 영장에 의한 압수·수색 과정에서 이루어진다"[50]라고 되어 있다. 여기서 대법원은 수사기관의 사무실로 가져간 데이터 저장장치의 수색, 출력 그리고 복사와 그로부터 선별한 정보들은 모두 그 각각이 압수·수색 명령을 집행하는 행위의 일부라고 표현하고 있을 뿐이다. 대법원 판결의 어디에도 데이터를 압수의 대상으로 보았다고 할 수 있는 표현은 없다. 결국 대법원은 데이터의 탐색 행위를 영장 집행의 일환이라고 볼 뿐이지 데이터가 압수 대상이라고 선언한 것은 아니다.

2. 국외 입법 사례

가. 미국

미국에서도 초기에는 디지털 증거를 압수·수색영장으로 수집할 수 있는지에 관해 논란이 있었으나 미국 연방대법원이 "형사소송규칙 제41조 제(h)항에서 물건이라 함은 문서(documents), 장부(books), 서류(papers) 기타 유체물(tangible objects)을 포함한다고 정의하고 있으나 이는 한정적 열거가 아닌 예시적 열거에 불과하므로 동 규칙 제41조는 유체물에 한하지 않는다"라고 판시함으로써 미국 수정헌법 제4조의 범위 안에 디지털 증거도 포함된다고 해석하였고 그 후 연방 형사소송규칙을 개정하여 제41조 제(a)항 정의 편에 압수·수색 대상인 '물건(property)'의 개념 속에 '정보(information)'를 포함[51]시킴으로써 논란의 소지를 없애고 입법적으로 해결하였다는 견해가 있다.[52] 그러나 이와 같은 미국 연방대법원의 취지가 압수의 대상에 정보를 포함시킨 것인지, 정보를 취득하는 경우에도 영장에 의할 것을 선언한 것인지 구분할 필요가 있다.

United States v. New York Telephone Co., 434 U.S. 159 (1977) 판결의 원

---

50 대법원 2015. 7. 16. 자 2011모1839 전원합의체 결정; 대법원 2011. 5. 26. 선고 2009모190 결정; 대법원 2015. 10. 15. 선고 2013모969 결정; 대법원 2014. 2. 27. 선고 2013도2155 판결.

51 Rule 41. Search and Seizure (2) (A) "Property" includes documents, books, papers, any other tangible objects, and information.

52 오기두, 전자증거법, 박영사, 2015, 13면; 원혜욱, "과학적 수사방법에 의한 증거 수집 –전자증거의 압수·수색을 중심으로–", 「비교형사법연구」 제5권 제2호, 2003, 173면; 전승수, "형사절차상 디지털 증거의 압수·수색 및 증거능력에 관한 연구", 서울대학교 박사학위논문, 2011, 126면.

문[53]을 살펴보면 다음과 같다.

"수정헌법 제4조와 연방 형사소송규칙 41(b)는 다음에 대한 영장 발부를 승인한다. '(1) 범죄의 집행에 대한 증거를 구성하는 재산, (2) 밀수품, 범죄의 과실 또는 그 밖의 범죄적으로 소유된 것, (3) 범죄를 저지르는 수단으로 사용되거나 사용된 혹은 사용하기 위해 설계되었거나 의도된 재산'을 수색하고 압수하는 경우이다. 영장에 의한 승인은 범죄를 용이하게 하기 위한 수단으로 사용된 것으로 의심되는 전화의 사용을 확인하기 위한 '수색'과 전화에 대한 '수색'이 생산해 내는 증거의 '확보(압수)'를 포괄할 정도로 광범위하다. 규칙 41(h)은 "문서, 책, 서류 및 기타 유형물 등을 포함하기 위해" 재산을 규정하지만, 규칙 41에 따라 압류될 수 있는 모든 항목을 제한하거나 철저히 열거하는 것은 아니다. 실제로, Katz v. United States, 389 U. 347(1967) 사건에서 전화 대화는 미국 수정헌법 제4조에 의해 보호된다는 것을 확인했고 규칙 41은 유형적인 항목에만 국한되지 않고, 합리적 의심에 따라 승인된 전자적 침입을 그 범위에 포함시킬 수 있을 정도로 충분히 유연하다."

이 판결은 전화 감청도 프라이버시를 침해하는 행위이기 때문에 영장을 발부받아 집행해야 함을 언급하고 있고 기존의 압수·수색 규정에는 전화 감청과 같은 정보의 획득이 규정되어 있지 않았기 때문에 전화 감청도 미국 수정헌법 제4조에 따른 압수와 수색과 같이 영장의 집행에 의해 취득해야 함을 판시한 것으로 보이며 '정보가 유체물과 같은 물건'이라는 새로운 개념을 창출하였다고 단정

53 Fourth Amendment. Federal Rule Crim.Proc. 41(b) authorizes the issuance of a warrant to: "search for and seize any (1) property that constitutes evidence of the commission of a criminal offense; or (2) contraband, the fruits of crime, or things otherwise criminally possessed; or (3) property designed or intended for use or which is or has been used as the means of committing a criminal offense."
This authorization is broad enough to encompass a "search" designed to ascertain the use which is being made of a telephone suspected of being employed as a means of facilitating a criminal venture and the "seizure" of evidence which the "search" of the telephone produces. Although Rule 41(h) defines property "to include documents, books, papers and any other tangible objects," it does not restrict or purport to exhaustively enumerate all the items which may be seized pursuant to Rule 41. Indeed, we recognized in Katz v. United States, 389 U. S. 347 (1967), which held that telephone conversations were protected by the Fourth Amendment, that Rule 41 is not limited to tangible items, but is sufficiently flexible to include within its scope electronic intrusions authorized upon a finding of probable cause.

할 수는 없다.

즉, 미연방대법원의 판결과 형사소송규칙 제41조는 수사기관이 대화의 내용과 같은 정보를 획득하기 위해서는 영장에 의한 승인을 받아야 함을 규정하기 위해 'property'의 범위에 'information'을 포함시켰다고 보아야 한다.

나. 일본

일본은 2004년 유럽평의회 사이버범죄협약에 가입하였고, 해당 협약의 이행을 위해 심의 끝에 2011년에 형사소송법을 일부 개정(정보처리고도화 등에 대처하기 위한 형법 등의 일부를 개정하는 법률 '情報処理の高度化等に対処するための刑法等の一部を改正する法律', 2011년 법률 제74호)하였다.[54] 해당 형사소송법 개정안에서는 기록명령부 압수를 신설하였으며, 정보저장매체의 압수 방법, 전자정보의 몰수에 관한 규정 등을 정비하고, 전자정보 압수 시 원격접근을 신설하는 등 디지털 증거와 관련한 규정을 입법함으로써 사이버범죄 수사를 위한 법제를 개정하였다.[55]

컴퓨터에 입력된 데이터 그 자체는 유체물이 아니므로 압수의 대상이 아니다. 통신 감청의 경우에 통신 내용도 같다. 그러나 이러한 데이터들이 저장매체에 입력되어 있는 경우 저장매체 등을 압수할 수 있지만 거기에는 관계없는 데이터가 섞여 있을 가능성이 크기 때문에 일본의 형사소송법은 증거가 될 데이터가 포함되어 있을 개연성이 높은 경우에는 내용적으로 선별 또는 분리할 수 있는 경우, 이것을 분별하여 취득하도록 하고 있으며 분별할 수 없는 경우에만 전체를 압수하도록 하고 있다.[56]

일본의 형사소송법은 디지털 증거를 취득하는 방법으로 정보저장매체 원본을 압수하는 것을 예정하고 있으며 다만, 피압수자의 업무를 방해할 우려가 있는 경우, 전자정보만으로 증거 수집 목적을 달성할 수 있는 경우에는 정보저장매체 원본 압수를 지양하기 위해 다른 정보저장매체에 해당 내용을 복사, 인쇄, 이전하도록 규정하고 있다. 이러한 취지는 일본의 개정 형사소송법이 디지털 증거 수집에 있어 유체물 증거원칙을 지키고 있음을 의미한다.[57]

54 강철하, "디지털 증거 압수·수색에 관한 개선방안", 성균관대학교 박사학위논문, 2012, 140면.

55 전현욱 외, "사이버범죄의 수사 효율성 강화를 위한 법제 개선 방안 연구", 한국형사정책연구원, 2015, 257면.

56 히라라기토키오 저, 조균석 역, 일본형사소송법, 박영사, 2012, 171면.

다. 독일

독일 형사소송법 제94조는 '압수의 대상'으로 '물건'을 예정하고 있다.[58] 해당 규정에 따르면 컴퓨터 본체 및 그 주변기기 서류와 장부, 자기디스크 혹은 자기 테이프와 같이 컴퓨터에 저장된 데이터를 외부에 표출하게 할 용도로 사용되는 저장매체나 전자기록의 출력물 등은 압수의 대상이 되지만 컴퓨터에 저장된 데이터 자체, 화면에 나타나는 데이터 등은 압수 대상으로 인정되지 않으며[59] 형사소송법 제94조에 의한 해석이 전통적인 견해였다.[60] 데이터는 저장매체에 저장한 것에 불과하고, 이를 포착할 수 없으며 눈으로 볼 수도 없고, 저장매체가 없이는 존재할 수 없어 물질적으로 존재하지 않기 때문에 물건으로서의 특징이 결여되어 있다고 본 것이다.[61]

그러나 독일 연방헌법재판소에서 서버 제공자의 메일 서버에 저장된 이메일에 대해서 압수의 대상이 될 수 있다고 결정하면서 무형적 대상도 압수의 대상에 포함시켰다.[62] 수사기관은 저장매체에 있는 데이터를 다른 저장매체에 복사하는 방법으로 데이터를 압수할 수 있다는 의견[63]이 대두되고 있다.

3. 디지털 증거를 압수물로 보는 경우의 문제

수사기관이 디지털 증거를 취득하는 경우 해당 정보주체의 프라이버시를 침

---

57 전현욱 외, 사이버범죄의 수사효율성강화를 위한 법제 개선 방안 연구, 한국형사정책연구원, 2015, 320면.

58 독일형사소송법 제94조
(1) 조사의 증거로 중요할 수 있는 물품은 보관 또는 다른 방법으로 확보되어야 한다.
(2) 소지품이 한 사람이 소지한 상태에 있고 자발적으로 교부하지 않을 경우 압류해야 한다.
(3) 제1항 및 제2항은 징집 대상이 되는 운전면허에도 적용된다.

59 원혜욱, "과학적 수사방법에 의한 증거 수집 –전자증거의 압수·수색을 중심으로–", 「비교형사법연구」 제5권 제2호, 한국비교형사법학회, 2003, 172면.

60 탁희성, "전자증거에 관한 연구", 이화여자대학교 박사학위논문, 2004, 80면.

61 Martin Kemper, 김성룡 역, "데이터와 이메일의 압수적격성", 인터넷법률 제33호, 2006. 1, 151면.

62 BVerfG, 2 BvR 902/06 vom 16.6.2009.

63 Lutz Meyer–Gößner, StPO, 52, Aufl. 2009. §94 Rn.16a.(전승수, "형사절차상 디지털 증거의 압수·수색 및 증거능력에 관한 연구", 서울대학교 박사학위 논문, 2011, 52면에서 재인용).

해할 우려가 상당하기 때문에 법관의 심사를 받은 영장에 따라 이를 취득해야 한다는 주장과 디지털 증거가 물건의 일종이기 때문에 압수·수색영장에 의해 취득해야 한다는 주장은 압수·수색영장이 필요하다는 결론은 같지만 영장이 필요한 이유에 대해서는 서로 결을 달리한다. 디지털 증거를 압수·수색이 가능한 물건의 일종으로 정의하고 현행 형사소송법을 적용하는 경우 여러 가지 문제가 발생한다.

가. 원격 압수·수색의 해석 문제

물건의 경우 이를 압수하기 위해서는 그 물건의 소재에 대한 물리적 접근이 반드시 수반될 수밖에 없으나 네트워크를 통해 접근 가능한 데이터는 원격 접속에 의해서도 취득이 가능하다. 저장매체의 물리적 위치를 알기 어렵거나 그 위치를 안다고 할지라도 해당 장소보다는 원격에서 접근하여 수집하는 것이 편한 경우가 많으며, 극단적인 경우에는 분산되어 저장되어 있을 수도 있고, 저장 위치가 수시로 변경될 수도 있어 원격 접속에 의한 정보 취득 필요성이 인정되기도 한다.[64]

인터넷 연결이 가능한 디지털 기기를 압수할 때, 그 디지털 기기를 통해 피처분자의 이메일, 웹하드 등에 접근하여 수색하거나 관련 증거를 취득할 필요성이 있는 경우 법원 영장 실무에서는 수사기관이 "압수·수색 장소에 존재하는 컴퓨터로 해당 웹 사이트에 접속하여 디지털 데이터를 다운로드한 후 이를 출력 또는 복사하거나 화면을 촬영하는 방법으로 압수한다"라는 취지의 압수·수색영장을 발부받는 방법으로 적법성을 확보하고 있다.[65] 이러한 방법의 압수·수색에 관하여 "압수·수색·검증이 허용되는 범위를 피의자의 직접적인 지배하에 있는 장소에 국한시키지 않고 그의 관리권이 미치는 범위에서 다소 넓게 인정하는 것이 타당하다고 생각한다"라거나,[66] "영장 작성 당시 압수·수색 장소를 피처분자의

---

64 "디지털 증거가 원격지에 있는 서버 시스템 등에 저장되어 있는 경우에 물리적 공간을 기준으로 한 장소의 개념을 그대로 유지한다면 압수·수색영장을 특정할 수 없어서 증거 수집이 불가능한 경우가 발생할 수 있다.", 권양섭, "디지털 증거의 압수·수색에 관한 입법론적 연구", 원광법학, 제26권 제1호, 2010. 348면.

65 이숙연, "형사소송에서의 디지털 증거의 취급과 증거능력", 고려대학교 박사학위논문, 2010, 34면.

66 이은모, "대물적 강제처분에 있어서의 영장주의의 예외", 법학논집 제24편 제3호, 2007. 8, 136면.

컴퓨터로 특정한 경우에도 이와 합법적으로 접속 가능한 범위 내에 있는 데이터 저장 장소까지 압수·수색을 확대시킬 필요성이 있다"[67]라는 견해가 있다.

대법원도 "피의자의 이메일 계정에 대한 접근권한에 갈음하여 발부받은 압수·수색영장에 따라 원격지의 저장매체에 적법하게 접속하여 내려받거나 현출된 전자정보를 대상으로 하여 범죄 혐의 사실과 관련된 부분에 대하여 압수·수색하는 것은, 압수·수색영장의 집행을 원활하고 적정하게 행하기 위하여 필요한 최소한도의 범위 내에서 이루어지며 그 수단과 목적에 비추어 사회통념상 타당하다고 인정되는 대물적 강제처분 행위로서 허용되며, 형사소송법 제120조 제1항에서 정한 압수·수색영장의 집행에 필요한 처분에 해당한다. 그리고 이러한 법리는 원격지의 저장매체가 국외에 있는 경우라 하더라도 그 사정만으로 달리 볼 것은 아니다"라고 판시하고 있다.[68]

디지털 데이터를 유형물과 같은 압수의 대상으로 보게 되면, 원격 접속 방식의 압수·수색이 가능하다는 일부 견해와 대법원의 판단은 우리의 형사소송법이 미치지 않는 타국의 영토주권을 침해하여 압수·수색영장을 집행하고 압수하게 되는 모순이 발생한다. 즉, 데이터인 디지털 증거를 물건과 같은 압수의 대상으로 삼게 되면 원격 접속 방식으로 관련 증거를 획득하는 행위를 설명할 수 없게 된다.

형사소송법 제109조는 "사건과 관계가 있다고 인정할 수 있는 것에 한정하여 피고인의 신체, 물건 또는 주거, 그 밖의 장소를 수색할 수 있다"라고 규정하고 있다. 디지털 증거 자체를 압수의 대상으로 삼지 않고 그러한 것이 저장되어 있는 저장매체를 수색의 대상으로 삼는다고 해석하고 원격에서 관리되는 저장매체의 경우에도 '피고인에 의해 관리가 가능한' 매체인 경우 그 수색의 범위에 들어간다고 해석함으로써 원격 접속을 정당화하는 것이 훨씬 논리적인 접근이다.

Katz 사건[69]에서 미국 수정헌법 제4조가 보호하는 것은 사람이지 장소가 아니며 압수·수색에 해당하는지 여부는 물리적 침입이 있었는지가 아니라 수사기관의 행위가 당사자가 누릴 것이라고 정당하게 믿는 프라이버시를 침해하였는지

67 박수희, "전자증거의 수집과 강제수사", 한국공안행정학회보 제29호, 2007, 133면.
68 대법원 2017. 11. 29. 선고 2017도9747 판결.
69 Katz v. United States, 389 U.S. 347 (1967).

여부를 기준으로 판단해야 한다고 하면서, 결국 공중 전화박스에 들어가 문을 닫고 전화 요금을 낸 사람은 자신의 통화내역이 공개되지 않을 것이라는 합리적인 기대가 있으며 이러한 통화내역을 감청하는 것은 수색에 해당한다고 판시한 것과 같은 논리로 원격 접속에 의한 데이터 수색으로 해석할 수 있을 것이다.

나. 몰수의 문제

형법 제48조[70]는 몰수의 대상을 규정하면서 제3항에서 전자기록 등 특수매체기록의 일부가 몰수에 해당하는 때에는 그 부분을 폐기하도록 규정하고 있다. 정보저장매체의 전부가 압수되어 선고에 의해 몰수할 경우에는 해당하는 부분의 파기가 가능할 수 있으나 디지털 데이터는 복제가 용이하고 원본과 사본의 구분이 불가능한 특성으로 인해 원본을 복제하여 데이터를 취득한 경우와 원격 접속의 방법으로 데이터를 취득한 경우에는 원본이 그대로 범인의 지배하에 놓여 있기 때문에 몰수의 실효성을 기대할 수 없다.[71]

디지털 데이터가 압수의 대상이 된다는 것은 데이터가 압수물이자 몰수물에도 해당할 수 있다는 해석으로 이어진다. 몰수가 실효적으로 가능하기 위해서는 배타적 지배가 가능한 디지털 저장매체와 같은 물건이 압수되어야 하는데 디지털 데이터가 압수물 또는 몰수물에 해당한다는 해석을 하게 되면, 수사기관이 복제하는 방식으로 파일을 가져왔을 때 몰수처분을 하기 위해 가져온 파일을 파기하여야 하는데, 이는 실질적으로 아무런 의미도 없는 행위가 된다. 이와 같이 데이터를 압수의 직접 대상으로 삼게 되면 배타적 지배가 가능한 물건을 기준으로 제정한 형사소송법의 규정들에 걸맞지 않은 경우가 발생한다.

---

70 형법 제48조(몰수의 대상과 추징) ① 범인 외의 자의 소유에 속하지 아니하거나 범죄 후 범인 외의 자가 정을 알면서 취득한 다음 기재의 물건은 전부 또는 일부를 몰수할 수 있다.

1. 범죄행위에 제공하였거나 제공하려고 한 물건.
2. 범죄행위로 인하여 생하였거나 이로 인하여 취득한 물건.
3. 전2호의 대가로 취득한 물건.

② 제1항 각 호의 물건을 몰수할 수 없을 때에는 그 가액을 추징한다.

③ 문서, 도화, 전자기록 등 특수매체기록 또는 유가증권의 일부가 몰수의 대상이 된 경우에는 그 부분을 폐기한다.

71 이관희·김기범·이상진, “정보에 대한 독자적 강제처분 개념 도입”, 치안정책연구 제26권 제2호, 2012. 12, 85면.

다. 환부의 문제

일단 취득한 데이터를 수사기관이 보관하며 법정에 원본 또는 복제한 것을 제출한다고 하여도 여전히 수사기관에 그 복제본이 남아 있다. 현행 형사소송법은 환부와 가환부, 피해자환부제도를 운영하고 있는데 저장매체를 반출하지 않고 데이터만을 출력·복제하는 방식으로 취득한 경우 데이터의 이용을 전제로 한 환부의 실효성은 없다. 수사기관에서 복제한 데이터의 관리는 환부의 방법에 의하는 것이 아니라 개인정보에 관한 관리와 같이 파기를 통해 취득 정보의 유출 방지, 수사기관에 의한 정보 남용 방지 등의 기술적·관리적 대안이 필요하다.

라. 시사점

유형물을 염두에 두고 제정한 형사소송법의 압수에 관한 규정은 데이터에 대한 적용에서 한계가 드러난다. 디지털 데이터가 가지는 특성을 고려하지 않은 채 이를 물건과 같은 것으로 취급하여 압수의 대상으로 무리하게 해석하는 경우 현재의 형사소송법은 계속 모순을 드러내게 될 것이다.

이미 우리의 법규들은 데이터와 정보를 취급하기 위한 절차를 규정해 놓고 있다. 금융실명법 제4조 제1항 1호에 법원의 제출명령 또는 법관이 발부한 영장에 따른 거래정보 등의 제공을 가능하도록 규정하고 있고, 통신사실 및 통신의 내용에 관하여 통신비밀보호법상 법원의 허가서를 요구하도록 규정하여 법원의 심사를 받도록 함으로써 제3자가 보관하고 있는 데이터에 대한 취득의 적법성을 확보하고 있다. 이메일과 같은 전기통신에 대한 압수·수색을 했을 경우[72] 그 당사자에게 통지하는 제도[73]를 통신비밀보호법에 신설함으로써 정보주체에 대한 사

---

72 조국, "컴퓨터전자기록에 대한 대물적 강제처분의 해석론적 쟁점", 형사정책 제22권 제1호, 2010. 7, 120면에서 '저장된 전자우편도 통신비밀보호법의 적용대상이다.'라고 하면서 통신제한조치의 대상이라고 주장하는데 이메일 서비스 이외에도 통신을 할 수 있는 서비스가 다양하기 때문에 단지 내용에 의한 구분만을 고려하다보면 감청 대상이 모호해지게 되며 전자우편의 경우 제3의 장소에서 해당되는 기간 등을 정하여 제공받는 방식이 되나 감청의 경우 기계적인 장치를 이용하여 수사기관이 직접 취득한다는 점 등 집행절차에서의 침해성이 크다는 특성도 고려해야 한다. 이에 대해서는 별도의 연구가 진행되어야 할 사항으로 보인다.

73 제9조의3(압수·수색·검증의 집행에 관한 통지) ① 검사는 송·수신이 완료된 전기통신에 대하여 압수·수색·검증을 집행한 경우 그 사건에 관하여 공소를 제기하거나 공소의 제기 또는 입건을 하지 아니하는 처분(기소중지결정, 참고인중지결정을 제외한다)을 한 때에는 그 처분을

후 통지 제도를 만든 것 역시 데이터의 특성을 반영한 것이다.[74]

통신비밀보호법 제9조의 3은 매우 의미가 있다. 일명 이메일에 대한 압수·수색은 전기통신서비스 제공자를 통해 데이터를 제공받는 형식으로 이루어지지만, 여전히 그 데이터의 권리주체는 배제된 상태이고 이러한 형태의 압수·수색은 제3자, 즉 전기통신서비스 제공자를 이용한 원격 접속 압수·수색과 다를 바가 없는 구조이며 그 권리주체에 대한 사전통지가 아닌 사후통지 개념을 스스로 인정하고 있다. 즉, 이는 기본권으로 보호해야 할 데이터의 취득에 대해 영장주의를 도입하는 한편, 그 규정에 대해 데이터 및 그 데이터 취득의 특성을 고려하였다.

이러한 노력은 디지털 저장매체와 같은 물건을 대상으로 하기보단 그 데이터의 본질에 접근한 방식이고, 사생활의 비밀을 법률적으로 보호하고자 하는 노력[75]이며, 이는 데이터의 취득에 대한 형사소송법 제106조 3항에서 영장 집행 방법을 구체적으로 적시한 것과 취지를 같이 한다.[76]

데이터에 대한 사생활의 비밀을 보장하기 위한 개별 법률은 데이터의 특성에 맞는 집행 방법과 통지제도를 구현하는 반면, 데이터의 대량화 등으로 인해

한 날부터 30일 이내에 수사대상이 된 가입자에게 압수·수색·검증을 집행한 사실을 서면으로 통지하여야 한다.

② 사법경찰관은 송·수신이 완료된 전기통신에 대하여 압수·수색·검증을 집행한 경우 그 사건에 관하여 검사로부터 공소를 제기하거나 제기하지 아니하는 처분의 통보를 받거나 검찰송치를 하지 아니하는 처분 또는 내사사건에 관하여 입건하지 아니하는 처분을 한 때에는 그 날부터 30일 이내에 수사대상이 된 가입자에게 압수·수색·검증을 집행한 사실을 서면으로 통지하여야 한다.

74 통신비밀보호법의 전기통신은 송수신 중의 전기통신을 의미한다고 하고 서버에 보관되어 있는 이메일과 같은 전기통신은 실무상 압수·수색영장에 의해 취득하고 있으나 이 또한 데이터 자체를 압수의 대상으로 해석하기 때문인 것으로 보인다. 그러나 사생활에 대한 비밀을 보장하고자 하는 근본 취지에서 바라볼 때는 영장주의가 필요하며 데이터의 특성상 이에 대한 집행 방법 및 통지 방법만이 다를 뿐이다. 또한 타인에게 전송하는 통신의 내용인지 저장된 정보인지만 차이가 있을 뿐 모두 사생활의 비밀에 해당할 뿐만 아니라 웹하드, 구글 문서 등으로 통신을 할 수 있기 때문에 이러한 내용들이 과연 전기통신인지 네트워크상의 데이터인지 구분할 실익이 있을지 의문이다.

75 헌법 제18조에서는 "모든 국민은 통신의 비밀을 침해받지 아니한다"라고 규정하여 통신의 비밀 보호를 그 핵심 내용으로 하는 통신의 자유를 기본권으로 보장하고 있다. 통신의 자유를 기본권으로 보장하는 것은 사적 영역에 속하는 개인 간의 의사소통을 사생활의 일부로서 보장하겠다는 취지에서 비롯된 것이라 할 것이다(헌법재판소 2001. 3. 21. 자 2000헌바25 결정).

76 금융자료, 통신자료, 디지털 데이터 모두 그 내용만 차이가 있을 뿐 데이터라는 특성과 이로써 보호하고자 하는 법익 그리고 이를 취득하는 방법이 다르지 않음에도 불구하고 각기 달리 규정되어 있을 뿐이다.

사생활 비밀 보장의 필요성에 비추어 개정된 형사소송법은 데이터의 특성을 제대로 반영하지 못한 한계가 있다. 유형물을 염두에 둔 형사소송법의 압수 규정을 해석론에 의해 무리하게 적용하기보다는 그 한계를 인식하고 데이터의 특성에 맞는 별도의 규정을 통해 이를 통제하려는 노력이 필요하다.

4. 디지털 증거 탐색의 법적 의미

가. 압수 개념의 정립

현행 형사소송법을 엄격히 해석한다면 디지털 데이터는 압수의 직접적 대상이 되기 어렵다. 여기서 말하는 '압수'는 "물건의 점유를 취득하는 강제처분으로 여기에는 압류, 영치, 제출명령의 세 가지 유형이 있다. 압류는 좁은 의미의 압수로써 물건의 점유를 점유자 또는 소유자의 의사에 반하여 강제적으로 취득하는 강제처분"을 의미하는 경우를 전제로 한 결론이다.

그러면 데이터를 복제하여 수사기관의 저장매체에 옮기는 행위를 어떻게 표현해야 하는가? 취득, 획득이라는 표현을 써야 할까? 아니면 압수라는 용어를 사용하되 압수란 "점유를 이전하는 것이 아니라 수사기관이 증거로써 확보하는 것"을 뜻하는 것으로 해석할 것인가? 법률적으로 Seize라는 단어가 소유권을 강제로 침탈하는 행위로 사용되지만 일반적으로는 '시선을 끌다', '기회를 잡다', '물건을 잡다'라는 다의적 의미가 있어서 'seized data'를 수사기관이 "배타적으로 점유를 이전하여 압류한"이라는 의미로 사용하지 않고 "수사기관이 증거로 사용할 목적으로 얻은 데이터"라고 해석하듯이 수사기관이 증거로 사용할 목적으로 복제한 데이터를 "압수한 데이터"라고 표현할 수는 있다.

제3장에서 설명한 바와 같이 정보란 인식주체가 인식하여 저장매체에 그 해석의 결과를 코딩하여 데이터로써 저장하는 것이지 그 정보 자체에 대해 배타적인 점유를 이전하는 것이 아니기 때문에 신호에 의해 전달되는 데이터나 정보 자체를 협의의 의미로 압수하는 것은 불가능하다.

따라서 '압수된 데이터', '압수된 정보'라는 표현에서 압수를 형사소송법에서 의미하는 압수라고 해석할 수는 없으며 "수사기관이 증거로 사용하기 위해 저장매체에 있는 데이터를 수사기관이 점유하는 저장매체에 복제하는 행위"라는 의미로 해석해야 한다.

우리의 형사소송법 제107조 제1항[77]과 제114조 제1항[78]은 우체물의 압수 대상에 '전기통신에 관한 것'을 추가하였고 영장의 방식을 규정한 조항은 단서에 "다만, 압수·수색할 물건이 전기통신에 관한 것인 경우에는 작성기간을 기재하여야 한다"라고 개정하였다. 각 조항에는 '압수할 물건'으로 표현하고 있으나 앞서 살펴본 바와 같이 물건의 압류와 같은 의미로 해석할 경우에는 유체물을 대상으로 규정한 다른 법조항의 적용이 어려워진다. 따라서 소위 '데이터 또는 정보를 압수한다', '전기통신을 압수한다'는 용어의 의미는 데이터의 의미를 지득하거나 수사기관의 저장매체에 채록하는 것을 의미한다고 보아야 한다.

나. 데이터 압수와 데이터 감청

'압수된 데이터'에서 사용된 '압수'의 의미를 더욱더 정확히 확인하기 위해서 데이터 감청과 데이터 압수를 비교해 볼 필요가 있다.

통신비밀보호법 제2조 제3호 및 제7호에 의하면 같은 법상의 '감청'은 전자적 방식에 의하여 모든 종류의 음향·문언·부호 또는 영상을 송신하거나 수신하는 전기통신에 대하여 당사자의 동의 없이 전자장치·기계장치 등을 사용하여 통신의 음향·문언·부호·영상을 청취·공독하여 그 내용을 지득 또는 채록하거나 전기통신의 송·수신을 방해하는 것을 말하는 것이다. 그런데 해당 규정의 문언이 송신하거나 수신하는 전기통신 행위를 감청의 대상으로 규정하고 있을 뿐 송·수

---

77 제107조(우체물의 압수) ① 법원은 필요한 때에는 피고사건과 관계가 있다고 인정할 수 있는 것에 한정하여 우체물 또는 「통신비밀보호법」 제2조 제3호에 따른 전기통신(이하 "전기통신"이라 한다)에 관한 것으로서 체신관서, 그 밖의 관련 기관 등이 소지 또는 보관하는 물건의 제출을 명하거나 압수를 할 수 있다.

78 제114조(영장의 방식) ① 압수·수색영장에는 다음 각 호의 사항을 기재하고 재판장이나 수명법관이 서명날인하여야 한다. 다만, 압수·수색할 물건이 전기통신에 관한 것인 경우에는 작성기간을 기재하여야 한다. <개정 2011. 7. 18., 2020. 12. 8.>

1. 피고인의 성명
2. 죄명
3. 압수할 물건
4. 수색할 장소·신체·물건
5. 영장 발부 연월일
6. 영장의 유효기간과 그 기간이 지나면 집행에 착수할 수 없으며 영장을 반환하여야 한다는 취지
7. 그 밖에 대법원규칙으로 정하는 사항

신이 완료되어 보관 중인 전기통신 내용은 그 대상으로 규정하지 않은 점, 일반적으로 감청은 다른 사람의 대화나 통신 내용을 몰래 엿듣는 행위를 의미하는 점 등을 고려하여 보면, 통신비밀보호법상의 '감청'이란 그 대상이 되는 전기통신의 송·수신 과정 중에 이루어지는 경우만을 의미하고, 이미 수신이 완료된 전기통신의 내용을 지득하는 등의 행위는 포함되지 않는다.[79] 따라서, 디지털 데이터가 전기통신의 송수신 도중에 있는 경우에는 통신제한조치에 의거하여 그 내용을 지득해야 하고, 수신이 완료된 전기통신의 내용이 디지털 데이터로 존재하는 경우에는 압수·수색영장에 의하여 지득·채록해야 한다.

SNS 서비스인 카카오톡의 대화 내용에 관하여 송수신이 완료된 데이터를 취득할 때 통신제한조치를 한 것은 위법이라는 판결이 있다. 대법원은 이 사건에서 "통신제한조치 허가서에 기재된 통신제한조치의 종류는 전기통신의 '감청'이므로, 수사기관으로부터 집행 위탁을 받은 카카오는 통신비밀보호법이 정한 감청의 방식, 즉 전자장치 등을 사용하여 실시간으로 이 사건 대상자들이 카카오톡에서 송·수신하는 음향·문언·부호·영상을 청취·공독하여 그 내용을 지득 또는 채록하는 방식으로 통신제한조치를 집행하여야 하고 임의로 선택한 다른 방식으로 집행하여서는 안 된다고 할 것이다. 그런데도 카카오는 이 사건 통신제한조치 허가서에 기재된 기간 동안, 이미 수신이 완료되어 전자정보의 형태로 서버에 저장되어 있던 것을 3~7일마다 정기적으로 추출하여 수사기관에 제공하는 방식으로 통신제한조치를 집행하였다. 이러한 카카오의 집행은 동시성 또는 현재성 요건을 충족하지 못해 통신비밀보호법이 정한 감청이라고 볼 수 없으므로 이 사건 통신제한조치 허가서에 기재된 방식을 따르지 않은 것으로서 위법하다고 할 것이다. 따라서 이 사건 카카오톡 대화 내용은 적법절차의 실질적 내용을 침해하는 것으로 위법하게 수집된 증거라 할 것이므로 유죄 인정의 증거로 삼을 수 없다"라고 판시[80]하였다.

이 판례에 따르면 디지털 형식으로 전송되는 카카오톡의 대화 내용이 전송되고 있느냐 전송이 완료되었느냐에 따라 집행의 방식이 달라진다. 그런데 대화 내용을 이루고 있는 데이터는 동일하다는 점에 집중할 필요가 있다. 똑같은 데이

79 대법원 2012. 10. 25. 선고 2012도4644 판결.
80 대법원 2016. 10. 13. 선고 2016도8137 판결.

터임에도 불구하고 감청을 하는 경우에는 '지득 또는 채록'이라는 표현을 쓰고 있다. 만약 수사기관에서 압수·수색영장을 발부받아 카카오톡 대화 내용을 취득했다면 대화 내용을 '압수'하였다고 표현하게 될 것이다.

데이터에 대한 취득은 형사소송법 또는 통신비밀보호법 등의 법률에 따른 절차가 다르고 그 집행의 방식만이 다를 뿐 데이터에 대한 보존의 측면(수사기관의 저장매체에 옮겨 담는 행위)에서는 데이터 압수와 데이터 감청은 같은 의미를 가진다.

데이터 감청에서 '지득, 채록'이라는 표현을 쓰면서 데이터를 압수할 물건에 포함시킨다는 논의를 하지 않는 것처럼 압수·수색의 대상으로서도 그것이 압수할 물건에 포함되느냐 안 되느냐는 의미가 없는 논쟁일 뿐이다.

앞서 살펴본 데이터 또는 정보 압수에 대한 긍정설의 견해 중 "관리 가능한 자연력에는 배타적 지배가 가능한 전기, 열, 광, 음향, 에너지 등이 포함되는바, 컴퓨터 전자기록 즉 데이터는 저장장치에 전자기적 신호로 저장되고 네트워크를 통해 이동될 때는 전기적 신호의 속성을 지니고 컴퓨터 특성상 데이터는 그 어떠한 무체물보다 배타적으로 관리가 가능하다고 한다"라는 견해[81]가 있었다. 이 견해는 전기와 전기에 담기는 신호를 구분하지 못한 오류가 있다. 물론 전기, 열, 광, 음향 등은 관리 가능한 자연력인 것은 사실이다. 하지만 데이터는 그의 일종이 아니다. 이러한 자연력을 통해 데이터가 의미하는 바를 표현할 뿐이고, 수신측에서는 그 파형과 신호를 분석하여 동일한 데이터 값을 생성한 후 수신 측의 저장매체에 그대로 다시 기록하는 것이다. 데이터는 에너지가 아니며 물질도 아니며 물건도 아니고 인식할 수 있는 신호의 체계이다.

따라서 데이터는 유형물과 같은 압수의 대상이 아니라 데이터 감청에서 표현한 바와 같이 '지득, 채록'하는 것이다.

다. 디지털 저장매체 분석의 법적 성질

살인사건 현장을 검증하고 혐의자의 주거를 수색하여 살인 도구를 압수하거나 은닉해 둔 마약을 압수한 후, 혈흔의 DNA나 마약의 성분을 감정하는 행위들은 명확하게 구분할 수 있다. 반면, 주거에 대한 수색을 통해 디지털 저장매체를

81 노승권, "컴퓨터 데이터 압수, 수색에 관한 문제", 「검찰」 통권 제111호, 대검찰청, 2000, 280면.

발견한 이후 디지털 저장매체에 저장된 데이터를 증거로 취득하는 과정에서 수색, 검증, 분석이 각 단계별로 구분이 가능한지도 검토해 볼 필요가 있다.

원본 매체를 압수하여 수사기관의 사무실에서 기억된 범위의 추출과 확인 이후 분석 과정에는 참여권이 인정될 필요가 없다고 설명하면서 분석은 압수·수색·검증 이후의 사후 행위로 보는 견해[82]가 있다. 그러나 분석을 통해 삭제된 파일을 복구하는 행위, 컴퓨터 로그 기록을 확인하여 타임라인을 확인하는 행위, 인터넷 사용 내역 등을 확인하는 행위가 이루어지면, 그 파일의 내역과 함께 사용자의 컴퓨터 이용 행태가 육안으로 확인되기 때문에 여전히 프라이버시에 대한 침해가 발생한다. 따라서 압수·수색의 사후 행위라고 하여 영장주의의 통제에서 벗어나도록 방치할 수는 없다.

저장매체를 탐색하는 과정에서 그 내용을 인식할 수 있는 상태의 증거가 되는 부분을 즉시 출력·복제할 수 있는 경우가 있는 반면에 복제한 데이터에서 악성코드를 찾아내거나 스테가노그래피 기법을 통해 은닉한 데이터를 찾아내기 위해 분석을 수행하는 경우라든지 윈도우 아티팩트를 확인하여 피처분자의 활동 내역을 현출해 내는 경우도 있다. 출력하여 그 내용을 육안으로 즉시 확인할 수 있는 경우나 복제한 후에 공판정에서 즉시 파일의 내용을 제시할 수 있는 경우의 탐색은 수색의 과정에 해당한다고 할 수 있다. 또한 암호화된 파일을 복호화하는 행위, 삭제된 파일을 복구하는 행위, 스테가노그래피 기법을 통해 은닉한 데이터를 찾아내는 행위는 수색에 필요한 처분[83]을 하는 것으로 볼 수 있다. 이러한 과정을 거쳐 육안으로 확인할 수 있도록 데이터를 변환한 후 탐색하는 경우는 수색의 과정에 해당한다고 판단된다. 다만, 삭제되어 있었다는 상황, 스테가노그래피 기법을 사용했다는 정황, 암호화되었다는 상황, 해당 시스템의 로그 기록을 분석하여 결과를 도출하는 행위, 파일의 메타 데이터를 분석하는 행위, 윈도우 아티팩트를 확인하여 컴퓨터의 사용 이력을 재구성하는 행위는 검증[84]의 일환이라고 보아야 한다. 결국 저장매체에 대한 탐색을 시작하여 수사기관의 사무실에서 분석

82 장윤식, 디지털 증거분석실 표준 설계안 연구, 경찰청 연구용역, 2017, 34면.

83 형사소송법 제120조(집행과 필요한 처분) ① 압수·수색영장의 집행에 있어서는 건정을 열거나 개봉 기타 필요한 처분을 할 수 있다.

84 검증이란 시각, 청각, 취각, 미각, 촉각 등 오관의 작용에 의하여 물건, 인체 또는 장소의 존재, 형태, 성질, 형상 등을 실험, 관찰하여 인식하는 강제처분을 말한다(형사실무제도 1, 343면).

을 수행한 후 최종 증거로 제시될 수 있는 결과를 찾아내기 전까지는 압수, 수색과 검증의 단계 내에 포함된다고 볼 수 있다.

이러한 취지에서 대법원의 다음 판시 사항[85]은 타당하다. "전자정보는 복제가 용이하여 전자정보가 수록된 저장매체 또는 복제본이 압수·수색 과정에서 외부로 반출되면 압수·수색이 종료한 후에도 복제본이 남아있을 가능성을 배제할 수 없고, 그 경우 혐의 사실과 무관한 전자정보가 수사기관에 의해 다른 범죄의 수사의 단서 내지 증거로 위법하게 사용되는 등 새로운 법익 침해를 초래할 가능성이 있으므로, 혐의 사실 관련성에 대한 구분 없이 이루어지는 복제·탐색·출력을 막는 절차적 조치가 중요성을 가지게 된다. 따라서 저장매체에 대한 압수·수색 과정에서 범위를 정하여 출력 또는 복제하는 방법이 불가능하거나 압수의 목적을 달성하기에 현저히 곤란한 예외적인 사정이 인정되어 전자정보가 담긴 저장매체 또는 복제본을 수사기관 사무실 등으로 옮겨 이를 복제, 탐색, 출력하는 경우에도, 그와 같은 일련의 과정에서 형사소송법 제219조, 제121조에서 규정하는 피압수·수색 당사자(이하 '피압수자'라 한다)나 그 변호인에게 참여의 기회를 보장하고 혐의 사실과 무관한 전자정보의 임의적인 복제 등을 막기 위한 적절한 조치를 취하는 등 영장주의 원칙과 적법절차를 준수하여야 한다."

5. 수색으로 보는 경우의 문제 인식

디지털 데이터를 저장하고 있는 저장매체 자체는 압수의 대상이 될 수 있음은 명백하다. 하지만 그 안에 저장되어 있는 데이터를 선별하여 관련성이 있는 증거를 찾아내야 한다면 선별하고 열람하는 과정은 수색이 된다. 이러한 수색을 통하여 관련 데이터를 찾아내고 이를 복사하는 행위 또는 현출된 화면을 촬영하거나 기록하는 행위를 어떻게 평가할 것인가?

압수라는 것은 물건의 점유를 법집행기관으로 이전시켜 기존의 소유, 소지, 점유할 권원을 박탈하는 것을 의미한다. 데이터에 대한 복제는 기존의 소유, 소지, 점유의 권원을 박탈하지 않기 때문에 통상적인 압수에 해당하지 않음이 명백하다. 그럼에도 불구하고 데이터를 압수할 수 있다고 표현하려면 '압수'의 의미를

85 대법원 2015. 7. 6. 자 2011모1839 전원합의체 결정.

재정의해야 한다.

미국 법원은 경찰관이 장물로 의심되는 스테레오의 시리얼 넘버를 기록한 것은 시리얼 넘버에 대한 불법적 압수를 구성하지도 않는다고 판단[86]하였고 사진 촬영에 의하여 현장의 사진을 기록한 것은 불법한 압수가 되지 않는다[87]고도 판단하였다.

시리얼 넘버를 종이에 기록하는 행위, 현장을 사진 촬영하는 행위와 법집행기관의 저장매체에 사건 관련 데이터를 복사하는 행위를 동등하게 취급할 수 있다면 데이터에 대한 복사 및 복제 행위는 압수가 아니라는 결론에 도달한다. 그러나 이에 대해 정보를 종이에 기록하는 것과 사진을 찍는 것은 단순히 인간의 지각을 일정한 양식에 보존하는 것인 반면, 데이터를 복사하는 것은 법집행기관이 관찰하지 않은 것을 복사함으로써 정보를 법집행기관의 소지로 옮기는 것이기 때문에 차이가 존재한다는 의견이 있다.[88] 이러한 의견은 나중에 관찰하기 위해 데이터를 복사하는 행위는 압수에 해당한다고 보는 것이다.

그런데 지각한 것을 옮겨 적거나 사진 촬영하는 것과 아직 그 내용을 보지는 않았지만 그 데이터를 복사하는 행위 사이에서 압수 여부를 구분할 때 인간의 지각 유무를 기준으로 나누는 것은 합리적인 이유가 없다. 전통적으로 압수라는 행위는 피대상자의 소유권과 점유권을 옮기는 행위를 통해 해당 유체물에 대한 권한을 행사할 수 없도록 한다는 점을 기준으로 생각해 보면 데이터에 대한 복사는 데이터 저장매체에 대한 소유권과 점유권을 침해하지 않으므로 이를 압수에 해당한다고 보기 어렵다. 결국 데이터 저장매체는 수색의 대상이 될 뿐이다. 시간적으로 압수가 수색의 뒤에 이루어지기 때문에 데이터를 압수의 대상으로 삼는 것보다는 데이터를 복사하기 이전의 행위를 수색으로 보는 것이 데이터에 대한 헌법적 보호 시점을 앞당기게 되는 이이도 존재한다.

데이터를 압수의 대상으로 보면 법집행기관의 영장 집행을 감독하고 제어하는 데 있어 범죄 사실과 관련성이 있는 데이터에 대한 압수의 양을 줄이는데 방점을 두고 보게 되지만, 데이터에 대해서는 온전히 수색 행위만 존재한다고 인식

86 Arizona v. Hicks, 480 U.S. 321, 323－324 (1987).

87 Bills v. Aseltine, 958 F.2d 697, 707 (6th Cir. 1992).

88 Orin S. Kerr, "Fourth amendment seizures of computer data", Yale Law Journal 119(4), 2010, p. 714.

을 전환하면 범죄와 관련 있는 부분에 대한 수색만을 허용해야 한다는 점을 인식할 수 있다. 수색의 범위를 관련성 있는 부분에 한정하지 않을 경우, 일반영장의 집행과 다를 바가 없기 때문이다.

미국 수정헌법 제4조는 'effects'와 'papers'를 구분하고 있다. 재산권에 해당하는 유체물과 프라이버시 등을 기록하고 있는 서류는 다르기 때문이다. 문서위조죄의 대상이 되는 papers는 그 자체가 증거물에 해당되지만 문서의 내용을 담고 있는 papers는 프라이버시의 집약체다. 특히, 21세기의 기술은 이러한 차이를 더욱 극명하게 한다. 스마트폰이나 플래시 드라이브 같은 휴대용 장치들은 분명 'effects'에 해당하여 서류가방이나 백팩과 같은 수색과 압수의 대상이지만 해당 장치들이 보유하고 있는 데이터의 엄청난 양과 민감성 때문에 이를 단순히 'effects'라고 단정할 수 없다. 컴퓨터 수색에서 문제가 되는 부분은 합리적인 의심이 드는 증거를 발견하기 위해 방대한 양의 무고한 데이터가 노출될 수 있다는 점이다. 1760년대 영국에서 발생한 "papers 압수가 일반영장의 집행"이라는 논란이 있었던 것처럼 디지털 저장매체에 대한 수색 범위를 한정하지 않는다면 일반영장의 집행과 다르지 않다.[89]

6. 소결

데이터는 물건과 같이 배타적으로 점유를 이전시킬 수 있는 것이 아니다. 인식함으로써 수신자 측에서 정보가치를 가질 뿐이고 수신자의 프로세스를 통해 데이터를 재생산하여 기록하는 것이다. 전송 중인 카카오톡의 대화 내용은 감청의 대상이 되지만 송수신이 완료된 대화 내용은 압수·수색영장에 의해 확보한다. 대화 내용을 취득하는 절차와 방식만이 다를 뿐이지 압수·수색영장에 의해 집행한다고 해서 카카오톡의 대화 내용을 압수한다고 표현할 필요가 있는 것은 아니다. 감청에서 표현하는 바와 같이 그 대화 내용을 지득, 채록하는 것일 뿐이다.

다만, 데이터를 압수한다는 표현이 허용되지 않는 것은 아니다. 여기서의 압

89 DONALD A. DRIPPS, ""Dearest Property": Digital Evidence and the History of Private "Papers" as Special Objects of Search and Seizure", The Journal of Criminal Law and Criminology (1973–), [s. l.], v. 103, n. 1, 2013, p. 51.

수라는 의미를 압수물, 몰수물과 같은 개념으로 사용할 수는 없으나 본인의 의사에 반하여 강제로 취득, 지득하는 행위를 의미하는 바로 사용한다면 데이터를 압수한다는 표현도 가능하다. 이는 미국의 판결에서도 "seized data"라는 표현을 쓰는 것과 같은 의미이다.

데이터를 압수의 대상으로 본다고 할지라도 형사소송법에서 압수물을 처분하는 규정과 길맞지 않다. 결국 압수의 대상으로 볼 실익이 존재하지 않는다. 오히려 압수의 대상으로 볼 경우 저장매체 수색에 대해서는 집중하지 못하고 오로지 압수할 데이터의 범위만을 줄이려는 노력을 통해 저장매체 수색을 통해 발생하는 프라이버시 침해에 대해서는 대응할 수 없게 된다.

데이터와 정보는 프라이버시의 매개체이다. 미국 연방대법원은 1977년 처음으로 헌법상 정보프라이버시권에 대해 언급하였다. "헌법상 프라이버시권을 보호하는 사건은 두 종류의 이익과 관련이 있다. ① 개인사의 공개를 피할 사익과 ② 특정 종류의 중요한 결정을 내릴 독립성에의 이익이다"[90]라고 하면서 실체적 적법 절차상 프라이버시를 개인정보 수집, 사용, 공개와 관련한 프라이버시(정보프라이버시, informational privacy)와 신체나 가정사에 관한 결정과 관련한 프라이버시(의사결정 프라이버시, decisional privacy)로 분류하였다.[91] 데이터에 대한 열람과 탐색이 수색에 해당하며 미국 수정헌법 제4조에 따른 보호를 받으면서 수색되기 위해서는 프라이버시에 대한 합리적 기대를 가지고 있어야 한다. 프라이버시에 대한 합리적 기대를 침해하면서 정보를 취득하기 위해서는 영장에 의해야 하고 그 집행의 방법도 적법해야 한다. 압수는 수색이라는 행위 이후에 이루어지는 것이다. 데이터에 대한 열람은 수색 행위의 출발점이다. 데이터를 압수의 대상으로 삼으려는 노력을 하지 않더라도 그 탐색과 열람은 이미 수색 행위에 해당하므로 충분히 헌법적 보호 대상으로 삼을 수 있다.

저장매체의 수색이라고 한다면 압수의 전 단계인 수색에 집중하게 되고 광범위한 프라이버시 침해에 초점을 맞추게 된다. 결국 압수할 것이 무엇이냐라는 집중에서 감청과 같이 수색의 범위를 제한하려는 노력을 하는 것이 바람직하다.

---

90 Whalen v. Roe 429 U.S. 589 (1977).

91 이지영, "전자정보의 수집, 이용 및 전자감시와 프라이버시의 보호 －미 수정헌법 제4조를 중심으로－", 비교헌법재판연구, 헌법재판연구원, 2015, 6면.

제3절 디지털 저장매체 압수·수색에서 정보(데이터) 개념의 적용

1. 강제처분의 대상이 되는 정보(데이터)

정보는 존재하는 것의 특성이 아니라 이를 인식하는 주체 또는 상황에 따라 달리 평가되는 가치이기 때문에 그 가치를 부여하는 모든 주체 또는 상황에 공통되는 단일한 개념을 설정하는 것은 불가능하다는 점을 앞서 살펴보았다. 우리의 법규범에서조차 자료, 지식, 정보 등이 구분되지 않는 경우가 있으며 일상에서는 정보의 개념에 대한 다양한 해석이 존재한다. 다만, 정보에 대한 권리가 기본권의 하나로써 인식되고 있는 상황에서는 이에 대한 규범적 정의가 선행될 영역은 존재한다. 정보는 그 특성상 법 목적에 연유하지 않으면 규범적 평가가 어렵게 되고 정보가 법률 거래와 법적 보호의 대상이 되는 경우 법적인 대상화 작업이 불가피하기 때문이다. 정보를 법의 대상으로 삼고자 하는 경우 정보의 내용, 경로, 인식 등 하나의 현상을 객관적으로 파악할 수 있어야만 한다.[92]

개인에 관한 자료들이 디지털 데이터로 보관되고 이러한 자료들에 대한 보호의 필요성이 제기됨에 따라 통신비밀보호법은 통신사실과 통신의 내용을 보호하게 되고 금융실명법은 금융자료를 보호의 대상으로 삼게 되었다. 최근의 법리는 이러한 대상을 강제적인 방법으로 취득하지 않은 경우에도 그 취득 자체를 규제하는 모습을 보이고 있다.

경찰이 신용카드회사에 공문을 발송하여 매출 전표의 거래명의자를 확인한 사안에서 대법원은 "수사기관이 범죄의 수사를 목적으로 '거래정보 등'을 획득하기 위해서는 법관의 영장이 필요하다고 할 것이고, 신용카드에 의하여 물품을 거래할 때 '금융회사 등'이 발행하는 매출 전표의 거래명의자에 관한 정보 또한 금융실명법에서 정하는 '거래정보 등'에 해당한다고 할 것이므로, 수사기관이 금융회사 등에 그와 같은 정보를 요구하는 경우에도 법관이 발부한 영장에 의하여야 할 것이다. 그럼에도 수사기관이 영장에 의하지 아니하고 매출 전표의 거래명의

92 정진명, "사권의 대상으로서 정보의 개념과 정보관련권리", 한국비교사법학회, 2000, 305면.

자에 관한 정보를 획득하였다면, 그와 같이 수집된 증거는 원칙적으로 형사소송법 제308조의2에서 정하는 '적법한 절차에 따르지 아니하고 수집한 증거'에 해당하여 유죄의 증거로 삼을 수 없다"라고 판시[93]하였다.

데이터를 제공받는 절차에서 어떠한 강제력이 수반되지 않았음에도 불구하고 단지 그 데이터의 내용을 인식하는 것조차 영장주의의 대상으로 삼은 것이다. 규범이 존재하기 전까지 자유롭게 거래되던 개인에 관련된 자료들이 이제는 그 데이터를 인식하는 것마저 강제처분에 해당한다는 공감대가 형성된 것인데 이러한 흐름은 데이터가 가지는 원래의 속성에 의해서가 아니라 사회가 데이터에 대해 인식한 정보적 보호 가치에 따라 발생한 것이다.

규범적으로 정의하여 강제처분의 대상이 된 데이터들로는 개인정보, 신용정보, 의료정보, 군사정보 등을 예시로 들 수 있다. 규범이 데이터에 대한 가치평가자가 되어 법으로써 보호해야 할 대상으로 삼은 것이다. 규범적으로 정의된 데이터는 물론 강제처분의 대상이 될 수 있으며 이 경우 해당 데이터에 대한 정보의 가치 부여자는 수사기관이 아니라 해당 데이터를 규범적으로 정의한 법규가 될 것이기 때문에 수사기관은 해당 법규가 정한 특별한 규정[94]을 추가적으로 준수해야 한다.

2. 정보(데이터)에 대한 압수 가능성

본래 압수의 대상은 소유와 점유의 대상이 될 수 있는 '물건'이다. 물건은 유체물 또는 전기, 열, 빛, 에너지와 같이 관리할 수 있는 자연력이어야 하며 배타적으로 지배가 가능해야 하기 때문에 배타적 지배가 불가능한 유체물은 물건에 해당하지 않는다. 또한, 사람이 아닌 외계의 일부여야 하기 때문에 신체의 일부는 물건에 포함되지 않으며 인간의 인격이나 사상과 관념 등도 당연히 물건으로 취급받을 수 없다.[95] 따라서 유체물에 표현되어야 그 존재를 인식할 수 있는 '데이

93 대법원 2013. 3. 28. 선고 2012도13607 판결.

94 형사소송법 제106조 제4항은 저장매체에 대한 압수를 통해 정보를 제공받은 경우 '개인정보보호법」 제2조 제3호에 따른 정보주체에게 해당 사실을 지체 없이 알려야 한다.'고 규정하고 있으며 금융실명법 법률 제4조는 금융거래정보에 관한 영장 집행의 특칙을 규정하고 있다.

95 김준호, 민법강의 제25판, 법문사, 2019. 1, 165－166면.

터'를 독자적으로 물건의 한 종류로서 취급하는 것은 불가능한 것이 당연한 논리적 귀결이다.

그렇다면 저장매체에 있는 일부의 증거를 취득하는 방법은 무엇이며 이러한 행위를 어떻게 평가해야 할까? 현재의 형사소송법은 저장매체의 경우에는 '복제와 출력의 방법'을 제안한다. 복제와 출력이 압수 행위일까? 과연 유체물이 아닌 현상을 복제와 출력의 방식으로 강제처분하는 문제가 디지털 시대에 비로소 새로 등장한 이슈일까?

디지털 저장매체에 대한 수색의 공간은 주거나 물리적 공간이 아니라 하드디스크와 같은 저장매체이며 처분의 방법이 논리적인 것을 포함한다는 측면에서는 통상의 것과 다르지만[96] 매체와 매체 속에 내포된 내용은 역시 증거로서 확보되어야 할 증거 대상이라는 점에서는 물리적인 압수·수색이 추구하고자 하는 목적과 다르지 않다.[97] 확인하고 법정에 제출해야 할 것이 디지털로 기록되었다는 이유로 압수·수색영장의 집행 구조가 달라지지는 않는다. 디지털 저장매체에 대한 압수는 많은 양의 글이 쓰여 있는 서류 뭉치를 압수하는 것과 다를 바 없고 저장매체에 있는 데이터를 프로그램을 통해 불러와 그 내용을 인식하는 것과 서류 뭉치에 쓰여 있는 글귀를 해석하여 내용을 인식하는 것은 프로그램을 사용한다는 것 외에는 크게 다르지 않다. 유체물의 형질과 상태를 수사기관이 인식하는 것도 정보를 인식하는 것이며 서류 뭉치에 적혀 있는 글귀의 내용을 이해하는 것도 역시 정보를 인식한다는 점에서 크게 다르지 않다.

그런데 과거 우리는 압수 현장에 놓여 있는 물건의 상태를 사진 촬영하는 것을 두고 '정보'를 압수했다고 표현하지 않았으며 이 문제에 대해 큰 고민도 하지 않았다. 압수·수색·검증의 대상은 보관·보존된 현상과 데이터가 될 것이며 이것이 유체물이 아니어서 배타적 이전을 할 수 없기 때문에 증거 취득의 방법으로써 사진 촬영, 녹음, 녹화, 복제, 출력 등의 방법을 사용하게 될 뿐이지 '정보' 자체를 압수하는 개념이라고 생각하지는 않았다.

결국 과거이든 현재이든 '정보' 자체는 압수·수색의 대상이 될 수 없다. 압

96 Orin S. Kerr, "Searches and Seizures in a Digital Wolrld", Harvard Law Review, Vol. 119, The Harvard Law Review Association, 2005, pp. 539-547.

97 이규호, "미국에 있어 디지털 증거의 증거능력", 민사소송 제11권 제2호, 2007, 154면.

수·수색의 현장에서 어떠한 자료 또는 현상에 가치를 부여하는 자는 수사기관이 될 것이며 수사기관이 부여하는 가치는 증거로 사용하고자 하는 가치이다. 정보를 압수하는 것이 아니라 증거가치가 있다고 인정되는 것을 정보화 또는 코딩, 즉 해당 인식에 필요한 데이터의 보존 조치를 통하여 법정에 제시하는 것이고 법원은 수사기관이 제시한 종이, 진술, 사진 등 정보운반체에 있는 정보를 다시 인식할 뿐이다. 이는 범죄 현장을 사진 촬영하거나 스케치하거나 검증조서를 작성하거나 서류의 일부를 복사하는 등의 행위와 다르지 않으며 이러한 행위를 비유적으로 '압수하였다'라고 표현할 뿐이다.

3. 원격 접속을 통해 데이터를 열람하는 행위의 의미

우리의 형사소송법은 우리 영토 내에서 유효하다. 국경을 사이에 두고 손을 뻗을 만한 거리에 있다고 하더라도 선 밖의 영역이 우리의 영토가 아니라면 우리의 형사소송법을 적용할 수 없다. 데이터를 획득하는 경우에도 데이터를 저장한 서버가 국외에 있다면 국내 형사소송법을 근거로 하여 그 서버에 물리적으로 접근하는 방법으로 데이터를 가져올 수 없다.

그런데 정보통신망은 물리적인 접근이 없이도 국외의 서버에 저장된 데이터를 전송받을 수 있다. 국내에 있는 범죄 혐의자가 사용하는 이메일 서버가 해외에 있는 경우, 국내에서 접속하여 이메일 내용을 다운로드할 수 있고 압수한 스마트폰을 통해 피압수자가 가지고 있는 해외 계정에 접근할 수 있다. 심지어 이러한 절차를 통해 데이터를 다운로드하는 수사기관마저 그 데이터가 해외 서버에 저장되어 있는 것인지조차 인식할 수 없다.

우리나라의 영토에서 연결되어 있는 통신망을 통해 다른 나라의 서버에 저장되어 있는 데이터를 들여다보거나 이를 다운로드하는 행위를 어떻게 평가할 것인가? 온라인에서는 우리의 형사소송법을 적용하는 것이 가능한가? 아니면 타국의 서버에 물리적으로 접근한 것과 같이 취급할 것인가? 또는 데이터를 수집하기 위해 해당 서버의 소재지를 관할하는 국가의 동의가 필요한가? 이러한 문제의식은 데이터의 관할권 성립을 판단함에 있어서 기존의 전통적인 영토주의 접근 방식을 그대로 채택하는 것이 적합하지 않다는 '데이터 예외주의(data exceptionalism)'

담론을 낳게 된다. 이를 찬성하는 학자들은 데이터가 기존의 유·무형 자산과는 다른 독특한 속성을 가지며, 이러한 특징들로 인해 클라우드 환경에서는 데이터에 대해 기존의 영토주의적 접근 방식을 적용하기 어렵다고 주장한다. 예외주의라는 것은 원칙은 따로 정해져 있으나 어떠한 경우에만 특별히 다르게 취급하자는 것이다. 과연 데이터를 들여다보는 행위도 원칙적으로 영토주의 접근 방식을 채택해야 타당하지만 단지 현실적인 필요에 따라 데이터의 경우에만 특별히 취급할 필요가 있는가?

데이터나 신호로부터 정보를 생산해 내는 것은 물리적인 무엇이 아니라 인식 과정이다. 원격으로 접속하여 데이터를 들여다보거나 다운로드하는 행위 역시 데이터에 담겨 있는 정보를 인식하거나 다른 정보운반체에 해당 데이터를 복사하는 것이다. 데이터 예외주의를 선택하여 원격 접속에 의한 데이터 접근이 가능하도록 하는 해석이 없이도 애당초 해외 서버에 있는 데이터를 열람하는 행위는 어떠한 영토주권도 침해하지 않는다. 만약 해외에 있는 서버에 보관된 데이터를 열람하는 행위가 영토를 침해하는 것이라고 해석한다면 우주 공간에서 인공위성으로 타국을 촬영하는 행위뿐만 아니라 멕시코 국경에서 미국 국경에 있는 시민과 수어를 통해 대화를 하는 행위까지도 영토를 침해하는 것이라고 해석해야 한다.

시각적으로 물건을 바라보는 것은 사물의 형상을 우리의 눈을 통해 인식하는 것일 뿐 그 사물이 우리의 눈으로 이동하는 것이 아닌 것처럼 해외에 위치한 서버 내의 데이터를 네트워크를 통해서 들여다보는 행위는 통신망을 통해 흘러오는 신호를 해석하는 것에 불과하기 때문에 이는 국경에서 신호를 송수신하는 것과 다를 바가 없다. 역외 압수·수색의 문제는 수사기관이 위치하는 영토에서 상대측의 신호를 인식하는 행위일 뿐이기 때문에 데이터 처분권자의 의사에 반하여 접근할 수 있는 권한을 정당하게 확보하는 한 영토주권의 문제를 야기하지 않는다.

4. 데이터를 열람하는 방법의 문제점

디지털 데이터는 컴퓨터를 이용하지 않고는 읽거나 볼 수 없기 때문에 그 자체로 내용을 읽고 알 수 있는 서면에 기록된 데이터보다도 프라이버시에 대한 기대 정도가 높다.[98] 특히 저장매체의 대량성, 데이터 저장의 압축성 때문에 수사기관이 범죄와 관련된 데이터를 확보하려면 범죄와 관련 없는 엄청난 양의 데이터 영역을 수색해야 하는 문제가 발생한다. 만약 디지털 저장매체를 압수하는 것으로 영장의 집행이 완료되는 것으로 한다면 그 이후의 탐색은 압수 이후의 사후처분으로 끝나기 때문에 디지털 저장매체에 있는 파일을 검색하는 것을 수색의 일환으로 해석하는 것이다.

디지털 저장매체에 대한 영장을 집행하는 경우, 매체 자체를 압수하는 것이 원칙이 아니라 그 안에 있는 증거되는 범위만을 출력하고 복제하는 것을 원칙으로 규정한 형사소송법 제106조 제3항은 매체 자체의 압수를 통한 프라이버시 침해를 최소화하기 위한 노력의 산물이다.

수사 실무는 디지털 저장매체를 압수하는 대신에 범위를 정하여 필요한 부분만을 취하고 있다. 그러나 출력·복제의 원칙이 프라이버시 침해 최소화에 어느 정도 기여하는지 살펴볼 필요가 있다. 저장매체를 압수하고 그 내용을 읽지 않는 행위, 저장매체를 압수하고 그 내용을 읽어 보는 행위, 저장매체를 압수하지 않고 그 내용을 읽어 보고 필요한 부분을 출력 또는 복제하는 행위에 대해 각 프라이버시 침해의 경중을 따져보아야 한다.

세 가지 경우에서 프라이버시 침해가 가장 적은 것은 첫 번째이다. 비록 저장매체에 대한 소유나 점유가 이전되는 문제는 있으나 내용을 읽지 않기 때문에 프라이버시 침해는 가장 적다. 반면에 두 번째와 세 번째는 프라이버시 측면에서 크게 다를 바가 없다. 저장매체를 압수하느냐 필요한 부분만을 출력·복제하느냐는 결국 저장매체에 대한 소유, 점유의 이전만이 문제가 될 뿐 크게 다르지 않다.

사생활을 담고 있는 디지털 영역에서 가장 크게 비중을 두어야 할 것은 그 안의 데이터에 대해 수사기관이 인식할 기회를 얼마나 가지느냐이다. 디지털 데이터는 수사기관이 이를 읽어서 인식하기 전에는 어떠한 가치를 부과할 수 없고 증기에 대한 가치 또는 범죄와의 관련성 또한 특정할 수 없다. 결국 수사기관이 최초에 압수·수색의 대상으로 삼는 것은 유체물인 저장매체이며 그 안에 있는 무형의 것에 대해서는 범위를 정하고 그 데이터가 보여주는 의미를 새로운 정보

98 오기두, “형사절차상 컴퓨터관련 증거의 수집 및 이용에 관한 연구”, 서울대 박사학위논문, 1997, 89면.

운반체(사진 촬영, 복제, 출력, 녹화, 조서의 작성 등)에 담는 방법으로 취득하게 되는데 이는 압수 대상이 되는 유체물 자체의 문제가 아니라 취득하게 되는 데이터 이외의 영역을 수색하는 수색 범위의 문제[99]로 귀결된다. 눈으로 읽을 수 있는 수색 범위와 방법을 구체적으로 정하지 않을 경우, 수색 자체가 압수와 다를 바 없는 침해를 양산하게 되기 때문이다. 인간의 뇌 역시 사진 촬영, 복제, 출력 등과 같은 정보운반체[100]에 해당하기 때문이다.

헌법 제12조 제1항이 비록 법률에 의한 경우 압수·수색이 허용된다고 규정하고 있으나 헌법 제17조부터 제23조까지는 사생활의 불가침, 통신비밀의 불가침, 양심·종교·언론·출판·집회·결사·학문·예술의 자유, 재산권의 보장을 기본권으로 삼고 있다. 범죄 관련성이 없는 나머지 부분은 헌법 제17조부터 제23조가 보장해야 할 기본권들이 포함되어 있음에도 불구하고 해당 영역의 데이터를 눈으로 직접 인식하는 행위는 기본권을 직접 침해하기 때문에 이러한 수사 실무가 유지되는 한 형사소송법 제106조 제3항은 그 역할을 다하는 것이 아니다.

제4절 수색의 공간으로서의 디지털 저장매체

1. 데이터에 대한 영장주의의 핵심

헌법재판소는 "신체의 자유에 비하여 주거의 자유는 그 기본권 제한의 여지가 크다"라고 판시[101]하고 있다. 그런데 이에 대해 주거의 자유는 사생활의 비밀을 보호하는 근간이 되므로 이를 침해하는 행위가 반드시 신체의 자유를 제한하

99 이관희·김기범·이상진, "정보에 대한 독자적 강제처분 개념 도입", 치안정책연구 제26권 제2호, 2012. 12, 93면.

100 "정보운반체는 세 가지 부류가 있다. 물질, 정신과 구조이다. 예를 들어, 책에 있어서 정보의 물질적 운반체는 책 자체이다. 그러나 책이 정보를 운반할 수 있는 것은 의미 있는 텍스트로 인쇄되어 있기 때문인데 이 텍스트는 책이 아니며 책에 있어서 구조적 운반체이다. 게다가 그 텍스트가 어떤 지식을 표상하고 있다고 할 수 있는데 그 지식은 책에서 정보의 정신적 운반체가 된다"; Mark Burgin, Data, Information, and Knowledge, Information, v. 7, No.1, 2004, pp. 13-14.

101 헌법재판소 2018. 4. 26. 선고 2015헌바370,2016헌가7(병합) 결정.

는 것보다 가볍다고 단정할 수 없다는 견해[102]가 있다. 주거의 자유는 통신의 자유, 사생활의 비밀 및 자유와 함께 사생활 영역에 관한 기본권이다. 개인의 사생활은 인간 존재의 본성적인 면을 보호할 뿐만 아니라, 공동체를 위한 의무 이행과 개성 발현을 통한 사회 기여의 바탕이 되기 때문이다.[103] 디지털 저장 방식의 출현과 IT 기술의 발전으로 인해 개인의 프라이버시 공간은 통신매체와 저장매체에 집약되고 있기 때문에 프라이비시 보호의 필요성은 점점 더 증대되고 있다.

디지털 저장 기술은 과거에는 기록하지 않았던 개인의 사생활을 쉽게 기록할 수 있도록 함으로써 개인에 관한 정보가 대량으로 저장되게 하고 있다. 인터넷의 이용은 개인에 관한 정보가 손쉽게 전파될 수 있도록 함으로써 프라이버시의 보호 영역을 확장시켰다. 수사기관은 양적으로 증가된 데이터에 접근할 수 있으며 인터넷에 의해 확장된 영역에 개입할 수 있는 가능성이 더욱 커지게 되었다. 이로 인해 프라이버시가 침해될 가능성이 과거에 비해 높아졌다.

정보사회에서 영장주의의 핵심은 프라이버시에 대한 보호이다. 확장된 프라이버시 영역에 대한 통제를 위해 유형물을 기준으로 발전해 온 영장의 집행 방식에만 의존하는 것은 한계가 있다. 과거의 영장 집행에 관한 규정이 유형물의 보관, 관리, 처분을 통해 소유, 점유에 대한 권리를 통제하였는데 이러한 통제 방식은 프라이버시에 그대로 적용되기 어렵다.

헌법재판소는 인터넷 데이터인 패킷 감청에 대해 "인터넷 회선 감청은 인터넷 회선을 통하여 흐르는 전기신호 형태의 '패킷'을 중간에 확보한 다음 재조합 기술을 거쳐 그 내용을 파악하는 이른바 '패킷 감청'의 방식으로 이루어진다. 따라서 이를 통해 개인의 통신뿐만 아니라 사생활의 비밀과 자유가 제한된다. '패킷 감청'의 방식으로 이루어지는 인터넷 회선 감청은 수사기관이 실제 감청 집행을 하는 단계에서는 해당 인터넷 회선을 통하여 흐르는 불특정 다수인의 모든 데이터가 패킷 형태로 수집되어 일단 수사기관에 그대로 전송되므로, 다른 통신제한 조치에 비하여 감청 집행을 통해 수사기관이 취득하는 자료가 비교할 수 없을 정도로 매우 방대하다는 점에 주목할 필요가 있다. 불특정 다수가 하나의 인터넷

102 변종필, "형사소송법 제216조 제1항 제1호의 위헌성에 대한 검토", 비교형사법연구 제20권 제2호, 2018, 123면.

103 차병직·윤재왕·윤지영, 지금 다시, 헌법, 로고폴리스, 2016, 127면.

회선을 공유하여 사용하는 경우가 대부분이므로, 실제 집행 단계에서는 법원이 허가한 범위를 넘어 피의자 내지 피내사자의 통신자료뿐만 아니라 동일한 인터넷 회선을 이용하는 불특정 다수인의 통신자료까지 수사기관에 모두 수집·저장된다. 따라서 인터넷 회선 감청을 통해 수사기관이 취득하는 개인의 통신자료의 양을 전화 감청 등 다른 통신제한조치와 비교할 바는 아니다. 따라서 인터넷 회선 감청은 집행 및 그 이후에 제3자의 정보나 범죄수사와 무관한 정보까지 수사기관에 의해 수집·보관되고 있지는 않는지, 수사기관이 원래 허가받은 목적, 범위 내에서 자료를 이용·처리하고 있는지 등을 감독 내지 통제할 법적 장치가 강하게 요구된다"라고 결정[104]하였다.

전송중이거나 전송이 완료되어 저장되어 있는 데이터에 대해 그 수집하고자 하는 범위 또는 대상이 특정되지 않는다면, 수사기관이 탐색하는 자료의 범위가 비교할 수 없을 정도로 매우 방대하기 때문에 사생활의 비밀과 자유가 침해될 소지가 크다는 점에 주목할 필요가 있다. 따라서 광범위한 탐색을 통해 지득·채록하게 된 데이터는 압수·수색제도에서 규정한 관리 방식이 아니라 통신비밀보호법이나 위 헌재 결정에서 말하는 방식으로 규제될 필요가 있다.

2. 저장매체의 집적도와 프라이버시 민감성의 증가

주거에 대한 수색과 노상에서 개인이 소지한 가방에 대한 수색은 비록 개인에 속한 것들이기는 하지만 다르게 취급되어야 한다. 프라이버시에 관한 기본권의 침해성이 전자가 훨씬 강하기 때문이다.[105] 특히, 데이터의 프라이버시 민감성에 따라 데이터를 사생활에 관한 주요 핵심 데이터, 비밀 데이터, 공유된 기밀 데이터, 제한된 접근이 가능한 데이터, 접근제한이 없는 데이터로 구분하는 경우, 디지털 저장매체에는 위와 같이 분류한 데이터가 모두 포함되었을 가능성이 높다. 따라서 디지털 저장매체의 수색으로 인한 프라이버시의 침해 정도는 유체물 또는 주거의 수색으로 인한 프라이버시 침해에 비해 훨씬 크다.

---

104 헌법재판소 2018. 8. 30. 선고 2016헌마263 전원재판부 결정.

105 Claudia Warken, "Classification of Electronic Data for Criminal Law Purposes", Eucrim 2018, p. 228.

디지털 저장매체에 대한 프라이버시 보호 필요성은 데이터 처리량의 증가와 저장매체 집적도의 향상에 따라서 상대적으로 강화된다. 글로벌 데이터 처리량은 2018년 33제타바이트에서 2025년 175제타바이트까지 증가할 것으로 예상된다. 오늘날 50억 명 이상의 인구가 매일 데이터와 상호작용하며 이 수는 2025년까지 세계 인구의 75%에 달하는 60억 명으로 증가할 것이다. 2025년이면 데이터에 연결된 사람 한 명이 18초당 1번꼴로 데이터 상호작용을 하게 된다.[106] 현재도 그렇지만 개인의 일상은 시간이 갈수록 점차 디지털 저장매체와 클라우드에 저장될 것이다.

우리가 통상 개인 컴퓨터에 사용하는 1테라바이트 드라이브에는 소설책 500만 권을 저장할 수 있는데 이는 국회도서관이 소장하고 있는 약 400만 권의 도서를 저장하고도 남는 크기다. 이러한 기술 발전은 사생활에 관한 주요 핵심 데이터를 비롯한 모든 데이터를 저장하고 있는 디지털 저장매체에 대해 간섭이 배제되거나 가장 최소화되어야 한다는 당위성을 증대시키는 요인이다.

디지털 저장매체의 집적도 향상과 데이터 처리량의 증가는 수색의 범위에 큰 영향을 미치게 된다. '범행에 사용된 칼을 찾기 위해 혐의자의 집을 수색하고 칼을 압수하는 것', '범행에 사용된 칼을 찾기 위해 서울시 모든 집을 수색하고 칼을 압수하는 것', '문서 파일을 압수하기 위해 1.4메가바이트 플로피디스크를 탐색하는 것', '문서 파일을 압수하기 위해 1테라바이트 하드디스크를 탐색하는 것'을 각각 비교해 보면 압수가 필요한 증거의 양은 고정되어 있음에 비하여 상대적으로 수색의 양과 범위만이 변화하게 된다.

디지털 저장매체에 저장된 증거를 취득할 때 주의 깊게 살펴야 할 부분은 무엇을 어떻게 압수할 것인가가 아니라 압수 대상이 아닌 데이터 영역에 대한 열람을 어떻게 하면 최소화할 수 있는가이다. 디지털 저장매체에 대한 영장의 집행에 있어서 압수의 양을 규제하기 위한 노력만으로는 프라이버시 보호가 충분하지 않으며 수색의 범위 설정과 수색 방법의 적정화를 통한 프라이버시 보호 노력이 수반되어야 한다.

106 David Reinsel · John Gantz · John Rydning, "The Digitization of the World From Edge to Core", IDC White Paper, 2018. 11, pp. 3–5.

3. 파일을 열어보는 행위의 의미

디지털 기술 이전에는 일반 시민의 일상은 일기장에 기록되거나 업무 노트에 기재되는 수준이었다. 디지털 기술과 인터넷 서비스로 인해 시민의 일상은 스마트폰과 인터넷 서비스 업체의 서버에 모두 기록된다. 프라이버시, 가정, 통신은 침범당해서는 안되며 모든 사람은 이에 대한 간섭과 침해로부터 법의 보호를 받을 권리가 있다.[107]

물리적 주거로부터 시작되었던 프라이버시의 공간은 ICT의 발달과 더불어 PC, 클라우드와 모바일 디바이스 등을 통해 사이버 공간까지 확장되고 있다. 이에 더하여 디지털 저장매체의 집적도가 급격히 향상되면서 물리적인 크기에 비하여 저장된 데이터의 양은 엄청나게 증가하고 있다. 이러한 증가 추세에 비추어 보았을 때, 디지털 저장매체에 대한 프라이버시는 오프라인보다 더욱 두텁게 보호되어야 한다.

법집행기관에 의한 수색은 개인의 프라이버시에 대한 기대를 침해하는 것이다. 주거에 대한 수색은 공개된 영역과 사적 영역 사이의 경계를 물리적으로 침입함으로써 외부에서는 관찰할 수 없는 집 안의 모습을 노출시키고 이로 인해 프라이버시를 침해한다. 이러한 프라이버시 침해의 기본적 구조는 디지털 저장매체에도 동일하게 적용된다. 개인이 사용하는 디지털 저장매체에 저장된 내용에 대해서 개인은 프라이버시에 대한 합리적 기대를 가지기 때문이다.[108]

그런데 디지털 저장매체의 압수·수색에 대한 논의에서 데이터가 가지는 정보적 가치를 무시하고 물건과 유사하게 압수의 범위를 축소하고자 하는 데 집중한 나머지 "피처분자가 배타적으로 보유하고 있던 데이터의 열람 행위"에 대한 침해에 관해서는 깊은 논의가 없었던 것은 아닌지 되돌아볼 필요가 있다. "과연 [유체물이 아닌] 데이터를 유체물과 별도로 압수할 수 있는 것인가"라는 논의의

---

107 The Universal Declaration of Human Rights Article 12.
No one shall be subjected to arbitrary interference with his privacy, family, home or correspondence, nor to attacks upon his honour and reputation. Everyone has the right to the protection of the law against such interference or attacks.

108 Orin S. Kerr, "Searches and Seizures in a Digital World", Harvard Law Review, Vol. 119, No. 2, 2005. 12, p. 549.

집중은 '압수의 범위를 축소'함으로써 기본권 침해를 최소화하려는데 초점을 맞추게 하였고 압수 이전에 광범위하게 이루어지는 '수색' 행위의 영향력과 침해성에 대해서는 다소 온건한 태도를 보여 왔다.

예를 들면, 압수할 대상이 범죄 혐의 사실과 관련 있는지 여부는 수색·검증 전에는 알 수 없기 때문에 수색·검증영장 발부 시에는 매우 완화된 심사가 필요하며 압수는 직접적으로 기본권을 침해하므로 엄격하게 심사해야 한다는 시각[109]이 있으나 이러한 시각은 수색을 통해 프라이버시가 침해될 수 있다는 것을 고려하지 못한 것이다.

이제 한 권의 노트를 압수하는 것과 수천, 수억만 장이 저장될 수 있는 디지털 저장매체를 압수하는 것은 그 근본이 다르다는 점이 널리 인식되고 있다. 형사소송법 제106조 제3항에서 정한 출력·복제의 원칙은 프라이버시의 집약체인 디지털 저장매체에 대한 압수의 범위를 제한하려는 노력의 결과물이며 그 취지는 타당하다.

그러나 이 원칙이 과연 피압수자가 가지는 프라이버시에 대한 기대를 침해하지 않는 방법으로써 충분한 것인지는 의문이다. 수사기관이 가져갈 데이터의 크기가 문서 한 장의 분량에 해당할지라도 이를 찾아내기 위해 1TB 크기의 저장공간을 열어 본다면 1TB에 저장된 프라이버시는 이미 무너져 버리기 때문에 수색의 범위를 한정하지 않는다면 출력·복제의 원칙만으로는 프라이버시 침해를 최소화하기에 역부족이다.

디지털 저장매체에 저장되어 있는 데이터는 사회 또는 개인이 유용하다고 판단한 가치가 부여되는 경우 정보로써 구현되며 이를 특별히 보호하기 위해서는 주어지는 가치가 재산권인지, 프라이버시인지, 표현의 자유에 관한 것인지 검토되어야 한다. 또한 이러한 데이터는 그 자체가 물질과 같은 형태로 존재하는 것이 아니라 데이터 처리자의 인식을 통해 정보화되는 등 정보운반체를 통해 유통과 거래가 이루어진다.[110] 그 데이터가 재산적인 가치를 지니든 프라이버시에 관한 것이든 비트열로 저장되어 있는 상태에서는 그 가치가 현출되지 않으나 프라

109 오기두, "전자정보의 수색검증압수에 관한 개정 형사소송법의 함의", 형사소송 이론과 실무 제4권 제1호, 2012, 158면.

110 이관희·이상진, "정보 속성의 이해와 디지털 저장매체 압수·수색에 대한 인식개선", 형사정책연구 30(3), 2019, 41면.

이버시의 보호를 기대하고 있는 비트열이 프라이버시 주체를 제외한 제3자에 의해 정보로써 인식되는 순간 데이터가 가진 가치에 대한 침해가 즉시 발생하게 된다.

물리적 공간에 대한 프라이버시의 침해는 물리적 침입뿐만 아니라 엿보거나 엿듣는 행위까지를 포함하는 것처럼 디지털 저장매체에 대한 침해도 데이터에 대한 열람 시부터 발생한다. 형사소송법 규정처럼 범위를 정하여 출력과 복제를 하려면 불가피하게 데이터를 열람해야 하는데, 현재의 형사소송법 규정과 실무가 오랜 시간 저장매체를 탐색하는 것을 허용함으로써 수색하는 사람에 의한 프라이버시 침해를 방치하고 있다.

디지털 저장매체에서 증거에 제공할 데이터가 있는지 확인하기 위해서는 매체의 탐색이 전제되어야 하는 데 증거에 제공할 데이터에 비해 탐색할 범위는 상대적으로 방대하여 마치 서류 한 장을 압수하기 위해 대한민국 영토 전체를 샅샅이 수색하는 것과 유사하다. 따라서 수색 과정에서 발생할 프라이버시의 침해 정도를 확인하고 그 침해를 최소화할 대책을 마련할 필요가 있다.

따라서 압수의 범위를 정하기 전에 수색의 범위를 줄일 수 있는 방법을 모색하는 쪽으로 시선을 옮겨야 한다. 영장 발부 단계부터 수색 방법과 수색이 허용된 기간을 명시하고, 수색의 범위가 특정되지 않은 경우, 우선 데이터 보존 조치를 통해 수색 방법을 특정할 수 있도록 하며, 자동화된 기술을 활용하여 탐색하고, 파일을 열람하는 경우에도 그 열람 기록을 남기도록 하는 등 수사기관이 관련성 없는 데이터를 직접 열어보는 행위를 통제함으로써 디지털 저장매체에 대한 프라이버시 침해 논쟁을 종식시킬 필요가 있다.

4. 소결

유체물의 경우 각 쓰임과 가치를 유체물별로 특정지을 수 있으며 이를 인식하기도 쉽다. 그러나 디지털 저장매체에 보관된 데이터의 경우 그 사용 또는 보유 등의 가치는 혼재되어 있으며 열람해 보기 전까지는 이를 특정할 수도 없다. 또한 디지털 저장매체의 집적도 향상에 따라 증거에 제공할 양에 비해 탐색을 필요로 하는 범위가 상대적으로 커지고 있다.

좀 과장하여 비교하자면 1메가바이트를 압수하기 위해 1테라바이트를 열어 보는 것은 약 500만 권의 책에 기재될 수 있는 개인의 프라이버시를 침해하는 결과를 야기하는 것과 같다. 압수·수색에 관하여 경계해야 할 것은 일반영장, 포괄영장인데 열람하는 방식에 의한 수색은 포괄 영장의 집행과 다를 바가 없다. 이런 방식으로 인식하게 된 별건의 증거에 증거능력을 인정해 줄 경우 피의자는 영원히 별건 수사를 받게 될 위험에 놓일 수도 있다.

증거에 공하게 될 데이터의 양에 비하여 수색의 대상이 되는 기타 데이터의 양이 과대하다는 점, 해당 영역에는 사생활에 관한 주요 핵심 데이터, 비밀데이터가 포함되어 있으며 데이터 생성 시기에 따라 수개월 내지 수년 동안의 데이터가 저장되어 있다는 점 때문에 시간 개념을 고려하지 않고 데이터의 종류와 양만을 고려한다면 '무차별적이고 광범위한 사후 감시'와 크게 다를 바 없다. 디지털 저장매체에는 개인의 프라이버시가 집적되어 있을 가능성이 크기 때문에 수사기관에 의한 디지털 저장매체의 수색은 감시와 같은 정도의 침해 수준이라고 관점을 전환해야 한다.

제 8 장

디지털 증거의 자동 검색

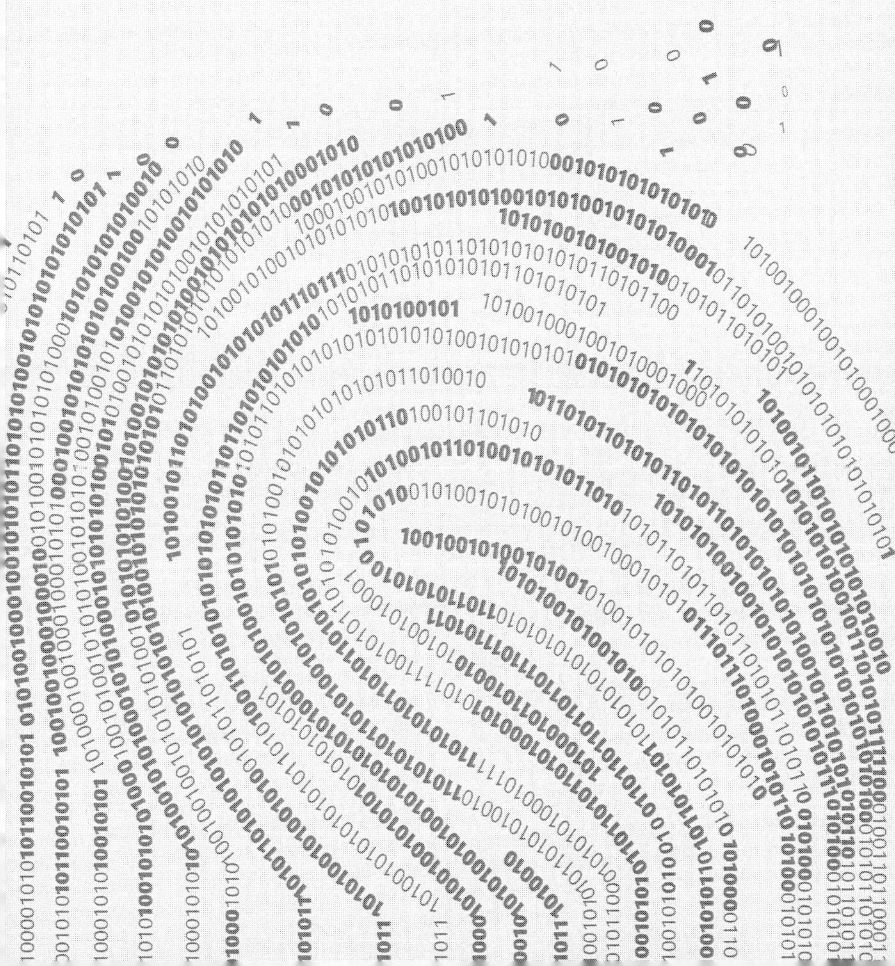

제 8 장 디지털 증거의 자동 검색

제1절 수색 범위 한정의 기준

1. 관련성과 필요성

형사소송법 제215조는 수사기관이 범죄 수사에 필요한 때에는 피의자가 죄를 범하였다고 의심할 만한 정황이 있고 해당 사건과 관계가 있다고 인정할 수 있는 것에 한정하여 압수·수색·검증할 수 있다고 규정하고 형사소송법 제106조 제1항은 법원이 필요한 때에는 피고사건과 관계가 있다고 인정할 수 있는 것에 한정하여 증거물 또는 몰수할 것으로 사료하는 물건을 압수할 수 있다고 규정하고 있다.

개정 전에 해당 조항들은 단지 '필요한 때에는' 압수할 수 있다고 하였는데 과거의 규정은 '필요하기만 하면 언제든지' 압수할 수 있다는 것이었으며 법 문언으로만 본다면 상당히 권위적이고 국가 우선적이라는 주장이 있다. 결국 '피고사건과 관계가 있다고 인정할 수 있는 것', 즉 관련성 요건이 추가됨으로써 피고사건과 관계가 없는 것은 압수나 수색이 안 된다는 것이다.[1] 그런데 애당초 제106

---

1 오기두, "電子情報의 搜索·檢證, 押收에 관한 改正刑事訴訟法의 含意", 형사소송 이론과 실무 제4권 제1호, 2012, 129면.

조 제1항이 압수할 수 있는 대상으로 이미 증거물과 몰수할 물건으로 한정하고 있었고 증거물이란 사실인정을 위해 필요한 것이며 사실인정에 필요한 것은 이미 피고사건과 관련이 있어야 하는 것이어서 기존의 규정에 따라서도 증거로서의 관련성이 있어야 압수할 수 있는 것이었다. 과거 포괄적인 압수·수색영장이 발부되고 집행되었던 것은 법 규정의 미비가 아니라 당시의 사회적 상황에 따른 것이었을 뿐이다.

일본의 형사소송법 제99조 제1항은 "재판소는 필요한 때에는 증거물 또는 몰수할 물건이라고 사료되는 것을 압수할 수 있다. 단 특별한 규정이 있는 경우에는 그러하지 아니하다"라고 규정하고 있고 제222조 제1항은 제99조를 수사기관에 준용한다고 규정하고 있다. 과거 일본의 치죄법 제162조 제1항이 '사실을 증명할 수 있는 물건'을 압수할 수 있다고 규정한 것이 현행 일본 형사소송법에 반영되어 '증거물 또는 몰수할 물건'으로 규정되기에 이른 것이다. 해당 규정에 대해 일본 학자도 압수의 대상은 '사건에 관련된' 증거물 또는 몰수할 것으로 사료하는 물건이라고 본다.[2]

미국 연방증거규칙 401조[3]는 관련 증거에 대한 테스트라는 표제하에 (a) 증거가 없을 때보다 어떠한 사실을 더 개연성 있게 만들거나 덜 개연성 있게 하는 경향이 있거나, (b) 해당 사실이 법적 조치를 결정하는 데 있어서 중요하면 관련성 있다고 규정하고 있다. 미국 연방증거규칙의 경우 증거와 관련성 있는 증거를 구분해 놓고 있어서 관련성 없는 증거도 증거의 한 종류로 볼 여지가 있으나 우리는 형사소송법 제307조 제1항이 "사실의 인정은 증거에 의하여야 한다"라고 함으로써 증거라는 개념 안에 '사실의 인정을 위해 필요한 것'이라는 내용이 이미 포함되어 있다. 결국 증거물을 압수한다는 것은 별다른 수식어가 없어도 당연히 피고사건 또는 피의사건의 사실인정에 필요한 것에 한정된다는 것을 의미하며 오히려 '사실인정에 필요한 것'이라는 개념이 개정 형사소송법에서 추가한 '관계가

2 히라라기토키오 저, 조균석 역, 일본형사소송법, 박영사, 2012, 170면.

3 Rule 401. Test for Relevant Evidence
Evidence is relevant if:
(a) it has any tendency to make a fact more or less probable than it would be without the evidence; and
(b) the fact is of consequence in determining the action.

있다고 인정되는 것'보다 더욱 구체적이다.

관련성의 개념을 중시하는 입장은 관련성을 객관적 관련성, 주관적 관련성, 시간적 관련성으로 나눈다. 객관적 관련성이란 관련성의 제1차적 측면으로 혐의 사실과 관련 있는 것만을 수색·검증·압수할 수 있다는 의미이고 법상 「피고(해당)사건과 관계가 있다고 인정할 수 있는 것」이 이에 해당한다. 즉 개정법상의 위 문구는 원칙적으로 객관적 관련성을 의미한다고 한다. 주관적 관련성은 수사 대상인 피의자와 관련되어 있어야 하고 범죄 사실과 무관한 사람이나 피의자 및 범죄 사실과 너무 멀리 떨어진 사람에 대한 개괄적 추적은 허용되지 않는다는 것을 의미하며, 시간적 관련성은 범죄 혐의 사실이 발생한 시점에 근접한 것만이 대상이 된다는 요건이라는 주장이 있다.[4]

그런데 관련성이라는 개념을 이렇게 구분하는 근거는 미약하다. 압수와 수색이 포괄 영장의 집행 또는 일반영장이 되지 않도록 해야 한다는 측면에는 동의하지만 범죄 사실을 입증하는 데 필요한 증거 또는 범죄 사실을 반박하는 데 사용되는 증거의 범위와 이에 사용될 물건의 압수와 수색에 필요한 범위의 한정은 관련성이 아니라 '필요한 때'라는 개념에서 도출된다고 봐야 한다. 관계가 없는 것은 사실인정에 당연히 불필요한 것이며 관계가 있는 것도 사실인정에 충분한 다른 증거가 있는 경우에는 불필요한 때가 있기 때문이다. 따라서 증거란 '사실인정에 관련된 것(관련성)'을 모두 의미하나 영장에 의해 증거를 압수·수색할 때에는 관련성이 있을 뿐만 아니라 필요한 한도 내의 것만 압수·수색하여야 한다고 표현하는 것이 더욱더 적절하다.

대법원도 "압수물이 증거물 내지 몰수하여야 할 물건으로 보이는 것이라 하더라도 범죄의 형태나 경중, 압수물의 증거가치 및 중요성, 증거인멸의 우려 유무, 압수로 인하여 피압수자가 받을 불이익의 정도 등 여러 가지 사정을 종합적으로 고려하여 판단해야 한다"라고 판시[5]하고 있다.

4 오기두, "電子情報의 搜索·檢證, 押收에 관한 改正刑事訴訟法의 含意", 형사소송 이론과 실무 제4권 제1호, 2012, 151–152면.

5 대법원 2004. 3. 23. 자 2003모126 결정.

2. 압수 관련성과 수색 필요성의 구분

관련성과 필요성에 대한 평가는 압수·수색영장을 신청하고 발부받아 현장에서 압수·수색영장을 집행하는 단계, 압수한 물건을 검토하는 단계, 압수한 물건을 공판정에서 증거로 사용하는 단계에서 각각 이루어질 수 있는데 각 단계별로 관련성과 필요성의 범위와 정도는 다소 다를 수 있다. 특히 디지털 증거는 비가시적인 특징을 가지고 있기 때문에 모든 파일을 열어 보기 전에는 범죄와의 관련성을 확인하는 것이 쉽지 않다.[6]

관련성을 엄격하게 해석해서 적용해야 한다는 견해는 영장에 기재된 죄명과 범죄 사실만을 관련성의 인정 가부의 전제 사실로 보고 있다.[7] 이러한 견해는 헌법상의 영장주의를 엄격하게 적용할 것을 요구하며 영장에 기재된 범죄 사실과 관련 있는 증거만 압수·수색의 대상이 된다고 주장한다.

이에 반하여 관련성을 완화해서 해석하여 적용해야 한다는 견해는, 기본적 사실관계가 동일하거나 동종·유사한 범행과 관련이 있는 것으로 보일 경우에는 영장에 기재된 피의 사실과는 다소 상이하더라도 관련성을 인정하기 위한 전제에 해당할 수 있다고 주장한다.[8] 즉 관련성을 인정하기 위해 전제가 되는 피의 사실은 영장에 기재된 범죄 사실만 해당하는 것으로 한정하지 않는다. 이러한 견해는 디지털 증거에 대한 포괄적인 압수·수색은 허용될 수 없더라도 피의 사실과의 관련성에 의한 특정의 정도는 완화해서 적용해야 한다고 주장하는데[9] 이러한 견해들은 수사 현장의 특수성과 수사의 효율성을 강조한 것이다.

대법원은 "압수의 대상을 압수·수색영장의 범죄 사실 자체와 직접적으로 연관된 물건에 한정할 것은 아니고, 압수·수색영장의 범죄 사실과 기본적 사실관계가 동일한 범행 또는 동종·유사의 범행과 관련된다고 의심할 만한 상당한 이유가 있는 범위 내에서는 압수를 실시할 수 있다"라고 판시[10]하여 관련성의 인정에

---

6 이원상, "디지털 증거의 압수·수색절차에서의 관련성 연관 쟁점 고찰 -미국의 사례를 기반으로-", 형사법의 신동향 제51호, 2016, 4면.

7 신동운, 간추린 형사소송법 제5판, 법문사, 2013, 117면.

8 박민우, "수사기관의 압수에 있어 관련성 요건의 해석과 쟁점에 대한 검토", 경찰학연구 제16권 제1호, 2016, 20면.

9 손동권, "새로이 입법화된 디지털 증거의 압수, 수색제도에 관한 연구 특히 추가적 보완입법의 문제", 형사정책 제23권 제2호, 2011, 334면.

대한 판단의 범위를 영장에 기재된 범죄 사실에만 한정하고 있지 않다.

증거란 사실인정을 위해 필요한 것이고 압수·수색은 이러한 사실인정에 도움이 되는 자료들을 획득하는 것이기 때문에 그 관련성 여부를 검토할 때 범죄사실에만 국한하는 것은 옳지 못하다. 간혹 범죄 혐의자의 부재증명을 위한 압수·수색도 있을 수 있으며 범죄사실을 인정할 간접사실에 관한 증거가 필요한 경우도 있으며, 이러한 사실에 관한 탄핵증거의 수집 필요성도 있기 때문에 '범죄사실의 유죄를 입증할 것'에 한정하는 태도는 증거의 개념을 유죄의 인정에 필요한 것으로 축소해석하는 태도이다.

관련성은 무한히 확대될 수 있는 개념이기 때문에 현실적으로 관련성의 범위를 한정하는 것은 불가능하다. 관련 없는 것을 배제하는 것은 가능하나 관련성의 정도를 특정하는 것은 쉽지 않으며 무의미하다. 따라서 포괄 영장의 집행을 방지하고 압수·수색의 범위 축소에 기여하기 위해서는 관련성 개념 이외에 필요성 개념이 필요하다.

유형물을 압수·수색할 때는 특정된 장소에 대한 수색이 큰 문제가 되지 않는다. 영장을 신청할 단계에서 압수할 대상이 있다고 판단되는 장소를 수색의 장소로 특정하기 때문에 주로 문제가 되는 것은 관련성 있는 물건의 압수에 한한다. 그런데 디지털 저장매체의 경우에는 해당 파일을 열어 보기 전까지는 관련성 유무를 확인할 수 없으므로 파일의 열람이 필요한 수색의 범위를 한정하는 사전절차가 반드시 선행되어야 한다.

유형물에 대한 압수·수색의 과정에서는 압수할 물건에 대해서는 관련성 요건을 엄격하게 적용하고 수색 단계에서의 관련성은 압수할 증거의 존재 개연성으로 충분하다고 보아야 한다. 예를 들어 저작권법을 위반한 책을 압수하기 위해서는 책이 들어갈 수 있는 서랍에 대한 수색이 허용될 수 있으나 지갑에 대한 수색은 허용될 수 없다. 편지 한 장을 압수하고자 하는 경우는 지갑뿐만 아니라 종이 한 장이 보관될 수 있는 모든 영역이 수색의 관련성이 있다고 인정할 수 있다.

그러나 디지털 저장매체에 대한 압수·수색에서는 압수물의 크기와 형상으로 관련성을 추정하는 것이 불가능하므로 어느 정도까지 파일을 수색하고 열람할 필요성이 있는지를 확인하여야 한다. 증거 관련성에만 집착할 경우는 일단 대량으

10 대법원 2009. 7. 23. 선고 2009도2649 판결.

로 혼재되어 있는 유관정보와 무관정보를 모두 열어 보고 관련성을 파악하게 되어 사생활의 비밀에 대한 노출이 심대해진다. 따라서 수색할 필요성이 있는 범위를 줄이기 위한 구체적인 방안을 모색할 필요가 있다.

3. 관련성에 관한 판례 소개

가. 대법원 2018. 4. 26. 선고 2018도2624 판결 - 관련성 부정

이 사건 영장에 기재된 범죄사실은 공소외 1 등이 ① 공소외 2 재단법인과 공소외 3 재단법인의 설립·운영과정에서 기부금품의 모집 및 사용에 관한 법률을 위반하여 866억 원의 기부금품을 모집하고, ② 공소외 2 법인과 공소외 3 법인 창립총회 회의록을 위조·행사하고 담당 공무원의 법인설립허가 업무를 방해하고, ③ 여러 기업들로 하여금 866억 원을 출연하게 함으로써 공소외 2 법인과 공소외 3 법인에 그 상당의 재산상 이익을 취득하게 하고 피해 기업들에게 그 상당의 손해를 가하고, ④ 위 출연금 중 일부를 공소외 4 주식회사의 운영자금으로 사용하여 횡령하였다는 것이다.

이 사건 영장의 '압수할 물건'란에는 위와 같은 범죄사실과 관련하여 공소외 1이 소유하거나 보관 중인 제1호부터 제7호까지의 물건들이 열거되어 있는데, 그 중 제1호에는 '공소외 2 법인, 공소외 3 법인의 설립 및 운영에 관련된 보고서류, 회계서류, 결재서류, 업무일지, 수첩, 메모지, 명함 등 관련 문서 일체'라고 기재되어 있다.

그런데 이 사건 영장으로 압수한 이 사건 전자정보는 '청와대 인사안', '청와대 및 행정 각부의 보고서', '대통령 일정 관련 자료', '대통령 말씀자료', '외교관계자료' 등으로서, 이 사건 영장 기재 범죄사실에 대한 직접 또는 간접증거로서의 가치가 있다고 보기 어렵다. 또한 이 사건 전자정보는 검사의 주장과 달리 이 사건 영장의 '압수할 물건'란에 기재된 제1호를 포함하여 어느 항목에도 해당된다고 보기 어렵다.

수사기관이 이 사건 외장하드에 저장된 전자정보를 탐색하던 중 이 사건 영장에 기재된 '압수할 물건'에는 포함되지 아니하지만 압수할 필요가 있다고 판단되는 이 사건 전자정보를 우연히 발견한 경우라면, 더 이상의 추가 탐색을 중단하고 법원으로부터 이 사건 전자정보에 대한 압수·수색영장을 발부받아야 함에도, 수사기관은 별도의 압수·수색영장을 발부받지 아니하였다.

따라서 이 사건 전자정보 출력물은 형사소송법 제308조의2에서 정한 위법수집증거에 해당하여 유죄의 증거로 쓸 수 없고, 그와 같은 절차적 위법은 헌법에 규정된 영장주의 내지 적법절차의 실질적 내용을 침해하는 경우에 해당하므로, 예외적으로 증거능력을 인정할 수도 없다.

나. 서울고등법원 2020. 10. 15. 선고 2019노2808 판결 - 관련성 부정

1) 사실관계

경찰은 2019. 4. 6. 이 사건 피의사실에 관한 이 사건 압수·수색 과정에서 E310K를 압수하였다.

경찰은 2019. 4. 6.경부터 2019. 4. 25.경까지 E310K에서 발견한 자료 등에 관한 압수자료 분석을 하였고, 2019. 4. 8. E310K에 관한 디지털 증거분석의뢰를 하여 2019. 5. 3. 디지털 증거분석 결과보고서(증거목록 순번 29)를 회신받았다.

경찰은 위 압수자료 및 디지털 증거분석 결과보고서를 분석하던 중 F 이외에 다른 피해자들에 대하여 제작한 아동·청소년이용음란물 자료인 'E310K에서 발견된 파일'을 발견하였으나, 법원으로부터 별도의 압수·수색영장을 발부받는 등의 조치를 취하지 아니하였다.

경찰은 2019. 4. 25.경 E310K에서 발견된 파일을 포함한 피고인의 아동·청소년이용음란물 제작 범행에 관한 자료들을 캡쳐화면 형식으로 출력하여 수사보고서를 작성하였다(증거목록 순번 23).

경찰은 2019. 5. 16. 제2회 피의자신문 과정에서 E310K에서 발견된 파일을 포함한 압수물 전체의 원본 등을 확인시키며, 그 제작 경위나 피해자의 인적 사항을 비롯한 사실관계를 확인하였는데, 피고인은 대채로 자백하는 취지로 진술하였다.

경찰은 2019. 5. 31.경 위 압수자료 분석 및 디지털 증거분석 결과보고서, 피고인신문조서 등을 근거로 여죄 피해자들을 특정하여 수사보고서를 작성하였다(증거목록 순번 66).

검찰은 제1심 판시 범죄일람표Ⅰ 기재와 같이 피해자별 음란물 파일이 저장되어 있는 매체 및 파일 경로를 특정하지 아니한 채 아동·청소년이용음란물 제작 및 아동복지법위반 혐의로 공소를 제기하였다. 검찰은 이 법원에 이르러 2020. 6. 17.부터 2020. 7. 23.경까지 이 사건 수사를 담당한 경찰관 및 피고인의 변호인 참관하에 이 사건 공소사실에 관한 증거로 제출된 파일의 출처를 변경된 범죄일람표 I 기재와 같이 특정하였다.

2) 법원의 판단

E310K는 이 사건 영장에 의하여 압수된 것이므로, 이 사건 영장 발부의 사유로 된 이 사건 피의사실과 관련된 범죄의 경우에 한하여 유죄의 증거로 사용할 수 있다. 살피건대 ① 이 사건 피의사실인 피해자 F에 대한 아동·청소년이용음란물 제작 범행과 이 부분 범행은 동종 범행에 해당하기는 하지만, 피해자, 범행 일시, 음란물의 내용 등에 차이가 있는 점, ② 이 사건 피의사실에 관하여는 상습범 처벌 규정이 존재하지 않아, 이 부분 범행에 관한 음란물 자료들이 이 사건 피의사실의 목적이나 상습성에 대한 간접증거나 정황증거로 사용될 여지가 없는 점, ③ 이 사건 영장에 이 부분 범행에 관련한 내용이 전혀 기재되어 있지 않고, 추가 여죄 수사에 활용하기 위한 목적이 있다는 취지의 기재 또한 없는 점 등에 비추어 보면 이 부분 범행은 이 사건 피의사실과 구체적·개별적 연관관계가 있다고 보기 어렵다. 결국 이 부분 범행은 이 사건 피의사실과 관계있는 범죄라고 볼 수 없어 이 사건 영장의 효력이 미치지 아니한다.

따라서 이 사건 영장에 의하여 압수한 E310K를 탐색하는 과정에서 이 사건 피의사실과 별건인 이 부분 범행과 관련된 자료를 발견한 수사기관으로서는 더 이상 추가 탐색을 중단하고 법원으로부터 별건 범죄혐의에 대한 압수·수색영장을 발부받는 등의 조치를 취하였어야 한다. 설령 E310K에서 발견된 파일에 나타난 피해자들이 이 사건 영장 범행의 피해자 F와 동일하지 않다는 점이 분명하지 않았다고 하더라도, 적어도 수사기관은 피의자신문 과정에서 피고인에게 확인하여 피해자들을 특정하기까지 한 이후에도 별도의 압수·수색영장을 발부받는 등의 조치를 취하지 않았다.

결국 수사기관이 이 부분 음란물 등에 대하여 별도의 압수·수색영장을 발부받지 않은 채 E310K에서 발견된 파일을 탐색한 것은 헌법과 형사소송법이 정한 영장주의 원칙에 반하는 위법한 압수·수색에 해당한다. E310K에서 발견된 파일은 증거능력이 없다.

형사소송법 등에서 압수·수색 절차와 관련된 조항을 둔 취지와 그를 통해 보호되는 권리·법익의 중요성, 이 사건 영장의 집행 과정에서 이루어진 수사기관의 위반 내용과 경위 및 그 회피가능성 등을 두루 살펴보면, 디지털 증거분석결과보고서와 각 수사보고 중 E310K에서 발견된 파일을 기초로 하여 작성된 부분은 위법하게 수집된 증거인 E310K에서 발견된 파일을 기초로 획득한 2차적 증거로서 위법한 증거수집행위와 2차적 증거수집 사이에 인과관계가 희석 또는 단절되지 아니하였다고 봄이 타당하므로, 역시 그 증거능력이 없다.

다. 대법원 2017. 1. 25. 선고 2016도13489 판결 - 관련성 인정

1) 사실관계

검사는 피고인 1이 건설현장 식당운영권 알선 브로커로 활동하면서 전국 여러 지역의 건설현장 식당운영권 수주와 관련하여 공무원이나 공사관계자에게 금품을 제공한 혐의를 수사하는 과정에서, 2010. 12. 16. 및 2010. 12. 21. 통신비밀보호법 관련 규정에 따라 서울동부지방법원 판사의 허가를 받아 통신사실확인자료를 취득하였다.

그중 2010. 12. 16. 자 허가서는 대상자가 '피고인 1'이고, 대상범죄는 '2010. 3.경부터 2010. 10.경 사이의 피고인 1과 공소외인 사이의 ○○랜드 직원 채용 및 ○○랜드 발주 공사 납품업체 선정 청탁 관련 금품수수(공여자는 피고인 1)'로 기재되어 있고, 2010. 12. 21. 자 허가서에는 대상자는 '피고인 1 등'으로, 대상범죄는 '2009년 2월경부터 2010년 12월경까지 사이의 공소외인과 피고인 1 사이의 ○○랜드 직원 채용 및 ○○랜드 발주 공사 납품업체 선정, △△건설 사장에 대한 인천 송도 건설현장의 식당운영권 수주 영향력 행사 청탁 관련 금품수수(공여자는 피고인 1)'로 기재되어 있다.

위 통신사실확인자료에는 피고인 1과 피고인 2가 이 사건 공소사실 기재 일시 무렵 통화한 내역이 포함되어 있고, 검사는 위 통화내역을 피고인들에 대한 이 사건 뇌물공여 및 뇌물수수의 점에 대한 유죄의 증거로 제출하였다.

2) 대법원의 판단

통신비밀보호법은 통신제한조치의 집행으로 인하여 취득된 전기통신의 내용은 통신제한조치의 목적이 된 범죄나 이와 관련되는 범죄를 수사·소추하거나 그 범죄를 예방하기 위한 경우 등에 한정하여 사용할 수 있도록 규정하고(제12조 제1호), 통신사실확인자료의 사용제한에 관하여 이 규정을 준용하도록 하고 있다(제13조의5). 따라서 통신사실확인자료 제공요청에 의하여 취득한 통화내역 등 통신사실확인자료를 범죄의 수사·소추를 위하여 사용하는 경우 대상 범죄는 통신사실확인자료 제공요청의 목적이 된 범죄 및 이와 관련된 범죄에 한정되어야 한다. 여기서 통신사실확인자료 제공요청의 목적이 된 범죄와 관련된 범죄란 통신사실확인자료제공요청 허가서에 기재한 혐의사실과 객관적 관련성이 있고 자료제공요청대상자와 피의자 사이에 인적 관련성이 있는 범죄를 의미한다.

그중 혐의사실과의 객관적 관련성은, 통신사실확인자료 제공요청 허가서에 기재된 혐의사실 자체 또는 그와 기본적 사실관계가 동일한 범행과 직접 관련되어 있는 경우는 물론 범행 동기와 경위, 범행 수단 및 방법, 범행 시간과 장소 등을 증명하기 위한 간접증거나 정황증거 등으로 사용될 수 있는 경우에도 인정될 수 있다. 다만 통신비밀보호법이 통신사실확인자료의 사용 범위를 제한하고 있는 것은 특정한 혐의사실을 전제로 제공된 통신사실확인자료가 별건의 범죄사실을 수사하거나 소추하는 데 이용되는 것을 방지함으로써 통신의 비밀과 자유에 대한 제한을 최소화하는 데 입법 취지가 있다. 따라서 그 관련성은 통신사실확인자료 제공요청 허가서에 기재된 혐의사실의 내용과 수사의 대상 및 수사 경위 등을 종합하여 구체적·개별적 연관관계가 있는 경우에만 인정되고, 혐의사실과 단순히 동종 또는 유사 범행이라는 사유만으로 관련성이 있는 것은 아니다.

그리고 피의자와 사이의 인적 관련성은 통신사실확인자료 제공요청 허가서에 기재된 대상자의 공동정범이나 교사범 등 공범이나 간접정범은 물론 필요적 공범 등에 대한 피고사건에 대해서도 인정될 수 있다.

이 사건 통신사실확인자료 제공요청 허가서에 기재된 혐의사실 중 피고인 1과 공소외인 사이의 ○○랜드 직원 채용 및 ○○랜드 발주 공사 납품업체 선정 관련 부분은 부산교통공사가 발주하는 지하철 공사현장의 식당운영권을 수주할 수 있도록 청탁하면서 뇌물을 수수하였다는 이 사건 공소사실과 아무런 관련성도 없다고 할 것이다. 그러나 피고인 1의 인천 송도 건설현장의 식당운영권 수주 관련 금품제공 부분은 범행 경위와 수법이 이 사건 공소사실과 동일하고 범행 시기도 근접해 있을 뿐만 아니라, 기록에 의하면 당시 피고인 1에 대하여는 위 혐의사실을 포함하여 여러 건설현장의 식당운영권 수주를 위해 다수의 공무원이나 공사관계자에게 금품을 제공하였다는 혐의로 광범위한 수사가 진행되고 있었는데, 피고인 2와 관련된 이 사건 공소사실 관련 사항은 당시에는 직접 수사대상에 포함되어 있지 않았으나 나중에 부산지방검찰청에서 별도의 수사를 하는 과정에서 종전에 서울동부지방검찰청에서 확보해 두었던 통신사실확인자료에서 이 사건 피고인들 사이의 통화내역을 확인하게 되어 이를 이 사건 공소사실에 대한 증거로 제출한 사실을 알 수 있다.

이와 같은 여러 사정, 특히 이 사건 공소사실은 건설현장 식당운영권 수주와 관련한 피고인 1의 일련의 범죄혐의와 범행 경위와 수법 등이 공통되고, 이 사건에서 증거로 제출된 통신사실확인자료는 그 범행과 관련된 뇌물수수 등 범죄에 대한 포괄적인 수사를 하는 과정에서 취득한 점 등을 종합하여 보면, 이 사건 공소사실과 이 사건 통신사실확인자료 제공요청 허가서에 기재된 혐의사실은 객관적 관련성이 인정된다고 할 것이고, 또한 그 허가서에 대상자로 기재된 피고인 1은 이 사건 피고인 2의 뇌물수수 범행의 증뢰자로서 필요적 공범에 해당하는 이상 인적 관련성도 있다고 할 것이다. 그러므로 위 허가서에 의하여 제공받은 통화내역은 피고인 2에 대한 이 사건 공소사실의 증명을 위한 증거로 사용할 수 있다고 보아야 한다.

라. 대법원 2020. 2. 13. 선고 2019도14341 판결 - 관련성 인정

1) 사실관계

피고인이 2018. 5. 6.경 피해자 갑(여, 10세)에 대하여 저지른 간음유인미수 및 성폭력범죄의 처벌 등에 관한 특례법 위반(통신매체이용음란) 범행과 관련하여 수사기관이 피고인 소유의 휴대전화를 압수하였는데, 위 휴대전화에 대한 디지털정보 분석 결과 피고인이 2017. 12.경부터 2018. 4.경까지 사이에 저지른 피해자 을(여, 12세), 병(여, 10세), 정(여, 9세)에 대한 간음유인 및 간음유인미수, 미성년자의제강간, 성폭력처벌법 위반(13세미만미성년자강간), 성폭력처벌법 위반(통신매체이용음란) 등 범행에 관한 추가 자료들이 획득되었다.

피고인의 휴대전화는 피고인이 긴급체포되는 현장에서 적법하게 압수되었고, 형사소송법 제217조 제2항에 의해 발부된 법원의 사후 압수·수색·검증영장에 기하여 이러한 압수 상태는 계속 유지될 수 있었다. 또한, 수사기관이 위 휴대전화에서 이 사건 추가 자료들을 확보할 당시 피고인에게 참여권이 보장되었으나 피고인은 스스로 그 절차에 참여하지 않겠다는 의사를 표시하였다.

이 사건 압수·수색영장에는 범죄사실란에 피해자 공소외 1에 대한 간음유인미수 및 통신매체이용음란의 점만이 명시되었으나, 법원은 위 영장에서 계속 압수·수색·검증이 필요한 사유로서 영장 범죄사실에 관한 혐의의 상당성 외에도 추가 여죄수사의 필요성을 포함시켰다.

2) 대법원의 판단

이 사건 압수·수색영장에 기재된 혐의사실은 미성년자인 공소외 1에 대하여 간음행위를 하기 위한 중간 과정 내지 그 수단으로 평가되는 행위에 관한 것이고 나아가 피고인은 형법 제305조의2등에 따라 상습범으로 처벌될 가능성이 완전히 배제되지 아니한 상태였으므로, 이 사건 추가 자료들로 밝혀지게 된 공소외 2, 공소외 3, 공소외 4에 대한 범행은 이 사건 압수·수색영장에 기재된 혐의사실과 기본적 사실관계가 동일한 범행에 직접 관련되어 있는 경우라고 볼 수 있다.

실제로 2017. 12.경부터 2018. 4.경까지 사이에 저질러진 위 추가 범행들은, 이 사건 압수·수색영장에 기재된 혐의사실의 일시인 2018. 5. 7.과 시간적으로 근접한 것일 뿐만 아니라, 피고인이 자신의 성적 욕망을 해소하기 위하여 미성년자인 피해자들을 대상으로 저지른 일련의 성범죄로서 범행 동기, 범행대상, 범행의 수단과 방법이 공통된다는 점에서 그러하다.

이 사건 추가 자료들은 이 사건 압수·수색영장의 범죄사실 중 간음유인죄의 '간음할 목적'이나 성폭력범죄의 처벌 등에 관한 특례법 위반(통신매체이용음란)죄의 '자기 또는 다른 사람의 성적 욕망을 유발하거나 만족시킬 목적'을 뒷받침하는 간접증거로도 사용될 수 있었다.

나아가 이 사건 추가 자료들은 피고인이 위 영장 범죄사실과 같은 범행을 저지른 수법 및 준비과정, 계획 등에 관한 정황증거에 해당할 뿐 아니라, 영장 범죄사실 자체에 대하여 피고인이 하는 진술의 신빙성을 판단할 수 있는 자료로도 사용될 수 있었다.

위와 같은 사정들을 종합하면, 이 사건 추가 자료들로 인하여 밝혀진 피고인의 공소외 2, 공소외 3, 공소외 4에 대한 범행은 이 사건 압수·수색영장의 범죄사실과 단순히 동종 또는 유사 범행인 것을 넘어서서, 이와 구체적·개별적 연관관계가 있는 경우로서 객관적·인적 관련성을 모두 갖추었다고 봄이 타당하다.

마. 대법원 2021. 11. 25. 선고 2021도10034 판결 - 관련성 인정

1) 사실관계

경찰은 피해자 공소외인의 아버지가 2019. 11. 17. '피해자 공소외인과 카카오톡 대화를 통해 알게 된 성인 남성이 2019. 11. 9. 피해자 공소외인에 대하여 음란 유사성행위를 하였다'는 취지의 고소장을 제출하자, 이에 대한 수사를 개시하였다.

경찰은 피고인을 피의자로 특정한 후 피고인이 피해자 공소외인을 촬영하는 데 사용한 휴대전화, 당시 촬영한 동영상 파일 등이 저장되어 있을 것으로 추정되는 PC 등 증거물을 확보하기 위한 압수·수색·검증영장의 청구를 신청하여, 2020. 3. 9. 압수·수색·검증영장을 발부받았다. 이 사건 압수영장에는 범죄사실로 '피고인이 2019. 11. 9. 위력으로 13세 미만 미성년자인 피해자 공소외인을 추행하고, 피해자 공소외인의 의사에 반하여 그 신체를 촬영하였다'는 내용이, 압수·수색을 필요로 하는 사유로 '피고인의 증거인멸 가능성과 카메라 촬영 영상물 유포 등의 가능성'이 각 기재되어 있었다.

경찰은 2020. 3. 17. 피고인에게 이 사건 압수영장을 제시하고 피고인으로부터 스마트폰(SM-N971N, USIM 포함) 1대(증 제3호)와 SSD(MZ-75E250) 1개(증 제4호)를 각 압수하였다(이하 이 사건 휴대전화와 SSD를 통틀어 이하 '이 사건 각 전자기기'라고 한다).

경찰은 이 사건 휴대전화에서 피고인이 피해자 공소외인을 촬영한 동영상 파일이 발견되지 않자, 이 사건 휴대전화에 설치된 네이버 클라우드 애플리케이션에 접속하여 피고인의 클라우드 계정에 저장되어 있는 다수의 음란 동영상 파일을 발견하였고, 그 중 피고인이 피해자 공소외인을 촬영한 것이라고 지정한 영상파일을 이 사건 휴대전화에 내려받은 뒤 이동식 저장장치에 저장하는 방식으로 피고인으로부터 이를 임의제출 받았다.

경찰은 2020. 3. 18.부터 2020. 3. 31.까지 이 사건 각 전자기기에 대한 디지털 증거분석을 하였고, 그 결과 피고인이 피해자 공소외인을 촬영한 동영상 파일뿐 아니라 다른 피해자들에 대하여 제작하였거나 소지하고 있는 아동·청소년이용음란물 자료를 발견하였으나, 그 과정에서 법원으로부터 별도의 압수·수색영장을 발부받지는 않았다.

경찰은 2020. 4. 17. 위와 같이 발견한 전자정보를 토대로 아동·청소년이용음란물을 발견하였다는 내용의 수사보고서를 작성하였고, 2020. 4. 19. 이 사건 각 전자정보를 특정하여 해시값을 확인한 후 피고인에게 그 목록을 전자정보확인서 형태로 교부하고 피고인으로부터 이 사건 각 전자기기와 각 전자정보를 압수하였다는 내용의 압수조서와 압수목록을 작성하였다.

2) 대법원의 판단

이 사건 압수영장은 혐의사실의 직접증거뿐 아니라 그 증명에 도움이 되는 간접증거 또는 정황증거를 확보하기 위한 것이라고 볼 수 있고, 이 사건 압수영장에 따라 압수된 이 사건 각 전자정보 및 그 분석결과 등은 혐의사실의 간접증거 또는 정황증거로 사용될 수 있는 경우에 해당하여 이 사건 압수영장 기재 혐의사실과의 객관적 관련성이 인정된다고 보는 것이 타당하므로, 그 증거를 피해자 공소외인을 제외한 나머지 피해자들에 대한 공소사실의 증거로 사용할 수 있다. 그 이유는 다음과 같다.

이 사건 압수영장의 범죄사실에는 피해자 공소외인에 대한 범행 부분만이 기재되어 있다. 그러나 휴대전화를 이용한 이 사건 성범죄의 특성에다가 이 사건 압수영장에 압수수색이 필요한 사유로 영장 기재 범죄사실에 관한 혐의의 상당성 외에도 카메라 촬영 영상물 유포 등의 가능성을 배제할 수 없다는 기재가 있었던 점을 고려하면 추가 여죄수사의 가능성이 있었다고 볼 수 있다.

이 사건 압수영장에 기재된 범죄사실은 피고인이 2019. 11. 9. 피해자 공소외인을 추행하고 피해자 공소외인의 의사에 반하여 신체를 촬영하였다는 것이다.

이 사건 공소사실 중 피해자 공소외인을 제외한 나머지 피해자들에 대한 부분은 2018. 8. 12.경부터 2020. 3. 16.경까지 아동들에게 성적 학대행위를 하거나, 이 사건 휴대전화를 이용하여 아동·청소년이용음란물을 제작하거나, 아동·청소년이용음란물을 소지하였다는 것이다. 이를 비교하여 보면 그 각 범행 시기가 근접하여 있고, 범행이 모두 아동·청소년을 대상으로 하고 있으며, 이 사건 휴대전화를 주된 범행수단으로 하고 있다는 점에서 공통점이 인정되므로, 위 각 범행은 동종·유사 범행에 해당한다. 여기에 수사기관이 압수·수색 당시 이 사건 각 전자정보가 피고인이 아동·청소년이용음란물을 제작한 것인지, 아니면 아동·청소년이용음란물을 소지한 것인지 구분하기 어려웠다는 점도 함께 고려되어야 한다.

피고인이 피해자 공소외인에게 음란한 행위를 하도록 하였다는 부분은 결과적으로 성적 학대로 인한 아동복지법 위반(아동에 대한 음행강요·매개·성희롱 등)에 해당한다고 판단되었고, 이 사건 압수영장 집행 당시에도 피고인이 상습범으로 처벌될 가능성이 완전히 배제되었다고 볼 수는 없었다.

이 사건 각 전자정보는 이 사건 압수영장에 기재된 범죄사실인 피해자 공소외인에 대한 범행과 관련하여 피고인이 피해자 공소외인의 의사에 반하거나 위력을 이용하여 피해자 공소외인에게 음란한 행위를 하도록 하고 그 신체를 촬영하였는지 여부 및 피고인 진술의 신빙성과 범행 동기 등을 판단할 수 있는 간접증거나 정황증거로도 사용될 수 있었다. 나아가 이 사건 각 전자정보는 성범죄에서 중요한 심리 요소인 피고인의 성적 취향을 알 수 있는 자료에 해당한다.

그런데도 항소심은 이 사건 압수영장 기재 혐의사실과 피해자 공소외인을 제외한 나머지 피해자들에 대한 공소사실 사이에 관련성이 없으므로, 이 사건 각 전자정보 중 피해자 공소외인을 제외한 나머지 피해자들에 대한 범행 관련 부분은 위법하게 수집된 증거에 해당하고, 그에 기초하여 획득한 2차적 증거들도 증거능력이 없다고 보아, 이 사건 공소사실 중 항소심 판시 범죄일람표 1, 2, 3 기재 부분을 무죄로 판단하였다. 이러한 항소심의 판단에는 압수·수색에서 객관적 관련성과 위법수집증거에 관한 법리를 오해하여 판결에 영향을 미친 잘못이 있다.

바. 대법원 2021. 12. 30. 선고 2019도10309 판결 - 관련성 인정

1) 사실관계

피고인은 2018. 3. 9. 18:00경 안산시(주소 1 생략)에서 우연히 마주친 피해자(여, 22세)의 치마 속을 촬영하기로 마음먹고 피해자를 따라 다녔다. 이후 피고인은 자신의 차량으로 피해자가 탄 차량을 쫓아가던 중 2018. 3. 10. 04:22경 안산시(주소 2 생략)에서 피해자가 여자화장실로 들어가는 것을 보고 따라 들어가 성폭력범죄의 처벌 등에 관한 특례법 위반(성적 목적 공공장소 침입) 범행을 저지르고, 계속하여 피해자가 사용 중인 용변칸의 옆칸으로 들어가 피해자를 촬영하기 위하여 칸막이 아래로 자신의 휴대전화를 집어넣었으나 피해자가 이를 발견하고 소리를 지르는 바람에 성폭력처벌법 위반(카메라 등 이용 촬영) 범행은 미수에 그쳤다.

수원지방법원 안산지원은 2018. 4. 5. 위 가.항에 기재된 피고인의 범행을 혐의사실로 하여 압수·수색·검증영장을 발부하였다.

경찰은 2018. 4. 7. 이 사건 영장에 따라 피고인 소유의 휴대전화인 스마트폰 2대를 압수하고, 이 사건 휴대전화에 대하여 디지털 증거분석을 실시하였다. 이 사건 휴대전화에 대한 디지털 증거분석 결과 이 사건 영장 혐의사실과 관련된 사진이나 동영상은 발견되지 않았고, 이 사건 공소사실인 제1심 판결 별지 범죄일람표 기재 범행과 관련된 동영상들이 발견되었다.

경찰은 피고인을 상대로 위 각 동영상 캡처파일 출력물을 제시하며 피의자신문을 하였고, 검사는 이 사건 공소사실을 성폭력처벌법 위반(카메라등 이용 촬영)으로 기소하고, 이 사건 각 동영상 등을 유죄의 증거로 제출하였다.

2) 대법원의 판단

이 사건 각 동영상은 이 사건 영장 혐의사실 기재 범행의 동기와 경위, 범행수단과 방법, 범행 시간과 장소 등을 증명하기 위한 간접증거나 정황증거 등으로 사용될 수 있는 경우에 해당한다. 또한 이 사건 영장 혐의사실과 이 사건 공소사실의 내용, 수사기관이 이 사건 각 동영상을 압수하게 된 경위 등에 비추어 보면, 이 사건 각 동영상은 이 사건 영장 혐의사실과 구체적·개별적 연관관계도 있다고 할 수 있다. 따라서 이 사건 각 동영상과 이 사건 영장 혐의사실 사이에 객관적 관련성은 인정된다.

이 사건 영장 혐의사실과 이 사건 공소사실 모두 피고인이 공중이 밀집한 장소에서 불특정 여성 중 범행의 대상을 물색한 후 그 여성을 쫓아가 자신의 휴대전화를 이용하여 성적 욕망 또는 수치심을 유발할 수 있는 신체를 촬영한 범행에 대한 것이고, 그 범행의 일시, 간격 등에 비추어 시간적 근접성이 인정된다.

이 사건 영장 혐의사실 기재 범행이 미수에 그쳐 이 사건 휴대전화에서 위 범행과 관련된 사진이나 동영상이 발견되지 않았으므로, 피고인이 이 사건 영장 혐의사실과 같이 해당 피해자를 촬영하려고 하였다는 점에 대한 증거는 피해자의 진술이 사실상 유일한 것이다. 이러한 경우 피고인이 그 범행 이전과 이후 그와 동종의 범행을 하였다는 점에 대한 증거인 이 사건 각 동영상은 피해자 진술의 신빙성을 뒷받침할 수 있는 간접증거나 정황증거 등으로 사용될 수 있다.

수사기관이 이 사건 영장 혐의사실 기재 범행에 대하여 수사를 하면서 이 사건 영장을 발부받았고, 위 범행에 대한 증거를 확보하기 위하여 피고인의 이 사건 휴대전화를 압수하였으며, 휴대전화에서 위 범행에 대한 증거를 확보하기 위하여 디지털 증거분석을 한 결과 이 사건 영장 혐의사실과 범행의 일시·장소, 범행의 양태 등에서 밀접하게 관련되어 있는 이 사건 동영상을 발견하게 되었다. 이 사건 영장 혐의사실 기재 범행과 단순히 동종 또는 유사 범행에 관한 것이라는 사유만으로 이 사건 동영상을 압수한 것이 아니다.

사. 관련성 관련 판례의 시사점

아동·청소년이용음란물 제작 범행에 관하여 발부받은 영장에 의해 정보저장매체를 압수한 후, 이를 분석하는 과정에서 다른 유사 음란물이 발견되어 함께 기소된 사안에서 서울고등법원은 “① 이 사건 피의사실인 피해자 F에 대한 아동·청소년이용음란물 제작 범행과 이 부분 범행은 동종 범행에 해당하기는 하지만, 피해자, 범행 일시, 음란물의 내용 등에 차이가 있는 점, ② 이 사건 피의사실에 관하여는 상습범 처벌 규정이 존재하지 않아, 이 부분 범행에 관한 음란물 자료들이 이 사건 피의사실의 목적이나 상습성에 대한 간접증거나 정황증거로 사용될 여지가 없는 점, ③ 이 사건 영장에 이 부분 범행에 관련한 내용이 전혀 기재되어 있지 않고, 추가 여죄 수사에 활용하기 위한 목적이 있다는 취지의 기재 또한 없는 점 등에 비추어 보면 이 부분 범행은 이 사건 피의사실과 구체적·개별적 연관관계가 있다고 보기 어렵다. 결국 이 부분 범행은 이 사건 피의사실과 관계있는 범죄라고 볼 수 없어 이 사건 영장의 효력이 미치지 아니한다"라고 판시[11]함으로써 관련성을 부정하는 입장을 보였다.

이와 유사한 사례에서 대법원은 "범행이 모두 아동·청소년을 대상으로 하고 있으며, 이 사건 휴대전화를 주된 범행수단으로 하고 있다는 점에서 공통점이 인정되므로, 위 각 범행은 동종·유사 범행에 해당한다. 여기에 수사기관이 압수·수색 당시 이 사건 각 전자정보가 피고인이 아동·청소년이용음란물을 제작한 것인지, 아니면 아동·청소년이용음란물을 소지한 것인지 구분하기 어려웠다는 점도 함께 고려되어야 한다. 피고인이 피해자 공소외인에게 음란한 행위를 하도록 하였다는 부분은 결과적으로 성적 학대로 인한 아동복지법 위반(아동에 대한 음행강요·매개·성희롱 등)에 해당한다고 판단되었고, 이 사건 압수영장 집행 당시에도 피고인이 상습범으로 처벌될 가능성이 완전히 배제되었다고 볼 수는 없었다. 이 사건 각 전자정보는 이 사건 압수영장에 기재된 범죄사실인 피해자 공소외인에 대한 범행과 관련하여 피고인이 피해자 공소외인의 의사에 반하거나 위력을 이용하여 피해자 공소외인에게 음란한 행위를 하도록 하고 그 신체를 촬영하였는지 여부 및 피고인 진술의 신빙성과 범행 동기 등을 판단할 수 있는 간접증거나 정황증거로도 사용될 수 있었다. 나아가 이 사건 각 전자정보는 성범죄에서 중요한 심리 요소인 피고인의 성적 취향을 알 수 있는 자료에 해당한다"라고 판시[12]함으로써 무죄를 선고한 항소심의 입장을 파기하고 관련성을 넉넉하게 인정해 주는 입장을 보이고 있다.

대법원은 관련성 판단을 함에 있어 "일련의 성범죄로서 범행 동기, 범행대상, 범행의 수단과 방법이 공통된다는 점", "자기 또는 다른 사람의 성적 욕망을 유발하거나 만족시킬 목적을 뒷받침하는 간접증거로도 사용될 수 있었던 점", "영장 범죄사실과 같은 범행을 저지른 수법 및 준비과정, 계획 등에 관한 정황증거에 해당할 수 있던 점", 심지어 "피고인이 하는 진술의 신빙성을 판단할 수 있

11 서울고등법원 2020. 10. 15. 선고 2019노2808 판결.

12 대법원 2021. 11. 25. 선고 2021도10034 판결.

는 자료로도 사용될 수 있던 점"까지도 고려하여 관련성의 범위를 넓히려는 노력을 하고 있다.

수사기관이 포괄적인 데이터를 압수하였음을 기화로 당해 범죄사실 이외의 증거를 검색하게 된 경우에도 넉넉하게 관련성을 인정해 주는 대법원의 입장은 선별압수의 원칙을 고수하고 대용량 저장매체에 포함된 개인의 프라이버시를 보호해야 할 필요성이 더욱 증대되는 현실과는 모순된 태도라고 보인다.

제2절 수색을 위한 별개의 영장 신청

한국의 수사 실무에서 디지털 데이터에 대한 압수·수색영장을 신청하면, 법원은 영장 별지를 이용하여 "컴퓨터용 디스크 등 정보저장매체에 저장된 전자정보에 대한 압수·수색·검증"의 방법을 제시하고 있다. 매체의 압수와 압수한 매체에 대한 수색을 구분하지 않고 영장 집행의 현장에서 매체를 수색하여 관련된 부분을 출력 및 복제하는 것을 원칙으로 하고 예외적인 상황에서는 매체 자체를 압수하거나 이미징하여 수사기관이 사무실에서 분석할 수 있도록 함으로써 압수와 수색, 검증과 분석이 하나의 영장에 의해 집행되고 있다. 현재 우리의 실무에서는 '수색'이 아니라 '압수'의 범위를 한정함으로써 일반영장에 의한 기본권 침해를 최소화하려는 노력을 하고 있다.

이에 반하여 미국의 영장 실무는 매체를 압수하고 해당 매체를 수색하기 위한 영장의 발부를 신청하면서 수색이 필요한 합리적 사유를 제시하고 수색의 방법과 기간까지 명시하여 영장을 신청하고 있다.

HSI(Homeland Security Investigation)의 수사관이 연방 캘리포니아 남부지방법원에 제출한 2019. 12. 30. 자 수색영장 신청서(Application for a search warrant)[13]를 검토해 볼 필요가 있다. 신청서는 표지와 부록, 수사관의 선서진술서로 구성되어 있다. 부록 A에는 수색이 필요한 재산이 아이폰이라는 사실과 해당 아이폰은 HSI 사무실에 압수, 보관되어 있다는 사실이 기재되어 있다. 부록 B에는 수색을

13 부록 2 참조.

통해 확보가 필요한 증거(ITEMS TO BE SEIZED)에 대해 자세히 묘사되어 있는데 그 내용은 다음과 같다.

표 4 미국 HSI의 수색영장신청서 내용 발췌

첨부 A에 기술된 휴대전화에 대한 수색 허가에는 아래에서 설명하는 증거를 찾기 위해 휴대전화에 있거나 포함된 디스크, 메모리 카드, 삭제된 데이터, 잔여 데이터, 슬랙 공간, 임시 또는 영구 파일의 수색이 포함된다. 휴대전화의 압류 및 수색은 영장을 뒷받침하기 위해 제출한 진술서에 기술된 검색 방법론을 따를 것이다.

휴대전화에서 압류될 증거는 2019년 10월 6일부터 2019년 12월 10일까지의 이메일, 문자메시지, 다양한 어플리케이션을 통한 채팅 및 채팅 로그, 사진, 오디오 파일, 동영상, 위치 데이터와 같은 전자기록, 통신, 데이터 등일 것이다.

a. 멕시코에서 미국으로 메스암페타인이나 연방에서 금지하는 물품들을 밀수하려는 시도로 보이는 것
b. 멕시코에서 미국으로 메스암페타인이나 연방에서 금지하는 물품들을 밀수하기 위해 사용된 전화번호, IP 주소, 이메일 주소와 같은 계정, 시설, 저장장치, 서비스를 식별할 수 있는 것
c. 멕시코에서 미국으로 메스암페타인이나 연방에서 금지하는 물품들을 밀수하는 공모자, 범죄 조직, 연루자를 식별할 수 있는 것
d. 멕시코에서 미국으로 밀수하는 메스암페타인이나 연방에서 금지하는 물품들의 은닉 장소, 발송지, 배송지 같은 장소의 위치 또는 경로를 식별할 수 있는 것
e. 대상 기기에 접근하거나 통제할 수 있는 사람을 식별할 수 있는 것
f. 위에 설명한 활동들과 관련한 통신이나 기록 또는 데이터의 생성과 수신 시간을 확인하거나 생성자, 수신자를 식별할 수 있거나 그러한 맥락을 확인할 수 있는 것

선서진술서에는 사건의 개요, 배경, 합리적 의심을 뒷받침하는 사실들, 수색의 방법 등을 상세히 기재하는데 그 내용은 다음과 같다.

표 5 선서진술서 사례

선서진술서(AFFIDAVIT)

도입(INTRODUCTION)

1. 대상 장치에 대한 수색영장을 신청하기 위해 선서진술서를 제출한다.
2. 신청하는 영장은 멕시코에서 미국으로 메스암페타민을 밀수한 P씨에 대한 수사와 기소에 관련된 것이며 대상 장치는 현재 HSI 압수물 금고에 있다.
3. 이 진술서에 포함된 정보는 나의 훈련, 경험, 조사, 그리고 다른 법 집행기관 요원들과의 협의에 기초한다. 본 진술서는 대상 장치에 대한 수색 영장을 발급받기 위한 한정된 목적으로 작성되기 때문에, 나 또는 다른 요원이 이 수사와 관련하여 알고 있는 정보를 망라하고 있지는 않다. 여기에서 제시된 일시는 추정한 것이다.

배경(BACKGROUND)

4. 신청자의 소속과 직책 및 교육 이력에 대한 설명
5. 마약 범죄와 관련된 수사 경험에 대한 소개
6. 마약 밀수와 관련된 수사 경험상 말수범들은 통상 휴대전화를 사용하는데, 그 이유는 다른 범인들과의 공모, 마약의 운반과 이동 상황에 대한 모니터링, 법 집행기관의 활동에 대한 정보 공유 등을 손쉽게 할 수 있기 때문이다.
7. 나의 훈련, 경험, 다른 수사관들의 조언 등을 종합하여 판단하면, 휴대전화에는 전자 증거가 포함되어 있을 수 있다. 예를 들면 통화 기록과 연락처, 음성과 문자 통신 기록, 이메일, 문자 메시지, 각종 어플리케이션을 통한 채팅과 채팅 로그, 사진, 녹음 파일, 동영상, 위치 데이터 등이 있다. 특히 마약 수사 경험이 있는 수사관들의 조언과 나의 경험을 토대로 보면, 마약 거래에 종사하는 자들은 마약 거래에 종사하는 다른 사람에게 보여주기 위한 용도로 그들의 휴대전화에 마약과 관련된 사진이나 동영상을 저장하는 것이 보통이다.
8. 이러한 정보는 휴대전화의 디스크, 메모리 카드, 삭제된 데이터, 잔여 데이터, 슬랙 공간, 임시 또는 영구 파일에 저장되어 있을 수 있다. 특히 휴대전화를 수색하면 아래와 같은 증거가 확보될 수 있다.
   a. 멕시코에서 미국으로 메스암페타인이나 연방에서 금지하는 물품들을 밀수하려는 시도로 보이는 것

b. 멕시코에서 미국으로 메스암페타인이나 연방에서 금지하는 물품들을 밀수하기 위해 사용된 전화번호, IP 주소, 이메일 주소와 같은 계정, 시설, 저장장치, 서비스를 식별할 수 있는 것
c. 멕시코에서 미국으로 메스암페타인이나 연방에서 금지하는 물품들을 밀수하는 공모자, 범죄 조직, 연루자를 식별할 수 있는 것
d. 멕시코에서 미국으로 밀수하는 메스암페타인이나 연방에서 금지하는 물품들의 은닉 장소, 발송지, 배송지 같은 상소의 위치 또는 경로를 식별할 수 있는 것
e. 대상 기기에 접근하거나 통제할 수 있는 사람을 식별할 수 있는 것
f. 위에 설명한 활동들과 관련한 통신이나 기록 또는 데이터의 생성과 수신 시간을 확인하거나 생성자, 수신자를 식별할 수 있거나 그러한 맥락을 확인할 수 있는 것

합리적 의심을 뒷받침하는 사실들(FACTS SUPPORTING PROBABLE CAUSE)

9. 2019년 12월 9일 오후 12시 43분에 P씨는 미국 국경을 통과하고자 하는 신청을 하였는데 그가 몰고 온 차에는 30킬로 가까운 메스암페타민이 숨겨져 있었다. P씨는 체포되었고 휴대전화는 압수되었다.
10. P씨는 마약에 대해 알지 못한다고 하였고, 압수된 휴대전화는 자신의 것이라고 인정하였다.
11. 이러한 사실들로 미루어 보아 P씨는 미국 내로 마약을 밀수하는 자들과 휴대전화를 통해 통신한다는 합리적 의심이 든다.
12. 나의 경험과 훈련에 의하면, 마약 거래상들은 마약 거래 전 며칠 또는 수주 전에 마약 밀수와 관련한 계획과 협력 관련 회의에 참여한다. 공범자들은 종종 피의자의 체포 사실을 모른 채 마약의 소재를 알려고 계속 연락을 시도할 것이다. 그래서 P씨가 자동차를 등록하기 30일 전인 10월 6일부터 대상 장치의 수색에 대한 허가를 요청한다. P씨는 그 차량을 11월에 구입했다고 말했다.

방법론(METHODOLOGY)

13. 휴대전화의 제조사, 모델 빛 일련번호를 알고 있다고 해서 기기가 가입한 서비스의 성격과 유형, 기기에 저장된 데이터의 특성을 판단하는 것은 불가능하다. 오늘날 휴대전화는 간단한 전화와 문자메시지용 기기일 수 있고, 카메라가 장착되어 있을 수 있으며, 달력이나 주소록과 같은 기능이 있는 개인용 디지털 수첩 역할을 할 수 있고, 전자 메일 서비스, 웹 서비스, 초보적인 워드

프로세싱이 가능한 미니 컴퓨터가 될 수 있다. 점점 더 많은 수의 휴대전화 서비스 제공업체들은 가입자들이 인터넷을 통해 기기에 접속하고 원격에서 기기에 포함된 모든 데이터를 파괴할 수 있게 허용하고 있다. 이러한 이유로 기기는 보안 환경에서만 전원을 공급받을 수 있고, 가능하다면 네트워크에 대한 접근이 불가능한 '비행 모드'에서 전원이 켜져야 한다. 일반 컴퓨터와 달리, 많은 휴대전화는 하드 드라이브나 하드 드라이브와 유사한 장치가 없으며, 정보를 기기 내의 휘발성 메모리나 기기에 삽입된 메모리 카드에 저장한다. 현재의 기술은 포렌식 하드웨어와 소프트웨어를 사용하여 일부 휴대전화 모델에 저장된 데이터 일부를 획득할 수 있다. 기기에 저장된 정보의 일부를 포렌식으로 획득할 수 있다 하더라도 압수 대상 데이터 모두가 획득되는 것은 아니다. 포렌식 기술이 적용되지 않는 기기이거나 포렌식으로 획득할 수 없는 잠재적으로 관련 데이터가 저장되어 있는 기기의 경우, 조사자는 수동으로 장치를 검사하면서 디지털 사진을 사용하여 조사 과정과 결과를 기록해야 한다. 이 과정은 시간과 노동 집약적이며 몇 주 또는 그 이상이 걸릴 수 있다.

14. 청구한 영장이 발부되면, 대상 휴대전화를 수거해 분석 대상으로 삼겠다. 휴대전화와 그 메모리 카드에 있는 데이터에 대한 모든 포렌식 분석은 이 영장의 범위 내에 있는 데이터의 식별과 추출하기 위해 지시된 수색 프로토콜을 따를 것이다.
15. 이 영장에 따라 압수 대상 자료를 확인·추출하려면 수작업 검토를 포함한 광범위한 자료 분석 기법이 필요할 수 있으며, 그 결과 수 주 또는 수개월이 소요될 수 있다. 데이터의 확인과 추출을 수행하는 담당자는 법원에 추가 신청 없이 90일 이내에 분석을 완료할 것이다.

증거의 사전 획득 시도(PRIOR ATTEMPTS TO OBTAIN THIS EVIDENCE)

16. 법집행기관은 이 영장에 의해 찾으려고 하는 증거를 얻으려고 사전에 시도하지 않았다.

결론(CONCLUSION)

17. 위에 제시된 사실과 정보에 의하면, 대상 기기를 수색하면 P씨가 타이틀 21, 미국법, 952 및 960조를 위반했다는 증거를 찾을 수 있다고 믿을 만한 합리적인 의심이 있다.
18. 대상 기기는 피고가 체포될 당시 압수되었고 그 이후 안전하게 보관되어 왔기 때문에 대상 기기에 그러한 증거가 계속 존재한다고 믿을 만한 이유가 있다.

위에서 말한 바와 같이, 나는 이 수색의 적절한 시간 범위는 2019년 10월 6일 부터라고 믿는다.

19. 따라서 법원이 첨부 A에 기술된 기기에 대한 수색과 상술한 방법론을 이용하여 첨부 B에 열거된 항목의 압류를 법집행기관에게 허용하는 영장의 발급을 요청한다.

이 영장 신청에 따라 법원은 HSI 수사관이 요청한 90일이 아니라, 2020. 1. 13.까지 딱 2주의 기간을 주면서 그 기간 내에 수색을 완료하라는 영장을 발부해 주었다.

미국의 영장신청서를 통해 추론할 수 있는 것은 ① 매체의 압수와 그에 대한 수색을 분리하고 있다는 점, ② 매체의 탐색을 수색으로 표현하고 있다는 점, ③ 매체에서 획득할 증거와 수색할 데이터 영역에 대해 영장 신청 단계에서 구체적으로 명시하고 있다는 점, ④ 해당 증거가 사건과 관련성이 있다는 점을 구체적으로 설명하고 있다는 점, ⑤ 수색에 필요한 시간과 그 정도의 시간이 걸리는 사유에 대해 설명하고 있다는 점이다.

한 개의 압수·수색영장을 통해 매체에 대한 압수와 수색을 동시에 진행할 수 있도록 허용하는 우리의 영장 실무는 영장을 집행하기 전에 수색이 필요한 현장의 상황을 알 수 없기 때문에 영장 집행의 현장에서 매체 자체를 압수해야 할 예외적 상황이 발생할 여지가 많게 되고 결국 프라이버시 침해를 최소화하려는 노력이 무색하게 될 우려가 많다. 수사기관의 입장에서도 탐색에 필요한 계획을 세울 시간적 여유가 없기 때문에 제대로 된 증거 수집이 어려울 수도 있다. 프라이버시 침해를 최소화하기 위해서는 수색의 방법과 기간에 대한 세부적 계획이 수립되어야 하며 압수 현장에서 계획에 따른 수색이 어렵다고 판단되는 경우 미국의 사례처럼 압수와 수색을 분리하여 일단 매체를 압수한 후 수색에 필요한 영장을 다시 발부받는 등의 방법도 고려하여야 한다.

제3절 영장 제도에 의한 제한

1. 수색 방법과 기간의 특정

영장 집행의 대상이 되는 컴퓨터나 디지털 장치는 암호화가 되어 있거나 증거가 될 수 있는 영역이 삭제되었을 수 있고 스테가노그래피 기법을 활용하여 은닉되었을 수도 있다. 경우에 따라서는 파일이나 그 파일에 기재된 내용보다는 파일을 생성하고 열어 본 시간이나 수정한 시간, 시스템을 사용한 로그와 인터넷 사용내역 등이 사실인정에 필요한 경우도 있다. 영장 집행을 착수하기 전에는 이러한 사항들을 완벽하게 예측하는 것은 불가능하다. 따라서 영장의 집행 방법에 대해서는 어느 정도 수사기관의 재량에 맡기는 것이 현실이다.

그럼에도 불구하고 파일의 직접 열람에 의한 탐색은 그 즉시 프라이버시 침해가 발생할 수밖에 없기 때문에 사건의 양상에 따라 가능한 수색 방법(수색하거나 분석하는 도구와 사용할 기술[14])을 열거하고 수색의 필요성을 주장하여 사전에 법원의 심사를 받는 노력이 필요하다. 또한 원본의 압수 또는 이미징 이후의 수색에 대해서 무단히 장기간 탐색하는 것을 방지하기 위해 수색의 기간도 제한하는 것이 필요하다. In the Matter of the Search of: 3817 W. West End 판결에서 일리노이주의 연방치안판사는 미리 제출된 증거분석계획(search protocol)을 승인하기 전에는 압수된 디지털 저장매체를 분석할 수 없도록 하는 제한을 부과하고, 만약 증거분석계획을 기간 내에 제출하지 아니하면 압수된 컴퓨터 및 디지털 저장매체를 반환하여야 한다는 취지로 판시하였고,[15] 또한 수색 경과에 대한 보고서를 제출하도록 하는 조건을 부과한 사례[16]가 있음을 참고할 필요가 있다.

그런데 반론이 만만치 않을 것으로 예상된다. 영장청구서에 집행 방법을 기

14 노명선, "전자적 증거의 실효적인 압수·수색, 증거조사 방안연구", 대검찰청, 2007, 54-56면.

15 더 나아가 United States v. Barbuto, 2001 WL 670930 (D. Utah Apr. 12, 2001), 판결과 같이 증거분석계획이 제출되지 아니하였다는 이유로 증거능력을 배척한 사례도 있다(이하 논문에서 재인용: 조성훈, "디지털 증거와 영장주의: 증거분석 과정에 대한 규제를 중심으로", 형사정책연구 제24권 제3호, 2013, 128면).

16 United States v. Voraveth, 2008 WL 4287293 (D. Minn. Jul. 1, 2008).

재하여 사전에 사법적 심사를 받을 경우, 검사에게 영장 집행 지휘 책임을 부여하고 있는 형사소송법 제115조와 정면으로 배치되고, 판사들이 법정에서 압수·수색의 합리성을 판단할 때 정황보다는 사전에 부가된 조건 준수에 한정하여 판단할 우려가 있다는[17] 점이다. 게다가 영장을 심사하는 법관이 전문 지식을 가지고 있는지도 중요한 문제이다. 미국 연방대법원도 2006년 U.S. v. Grubbs 판결에서, 미국 수정헌법 제4조가 요구하는 압수·수색 대상의 특정 외에, 그 영장이 어떠한 방식으로 집행되어야 할 것인지에 대한 상세한 기술이 포함되어야 할 아무런 이유가 없다는 취지로 판시하였다.[18] 이는 영장 집행에 대한 구체적 사항은 수사기관의 판단에 따라 이루어지는 것이며, 다만 그 집행이 합리적인 것인지 여부를 사후에 판단할 수 있을 따름이라는 취지이다.[19]

그러나 수색할 매체의 저장용량이 점점 커지고 있는 점, 사후 통제로는 침해에 대한 권리 구제가 쉽지 않다는 점, 파일을 일일이 열어보는 방식에 의한 수색이 쉽게 허용될 경우 수색 과정에서 발견된 별건 증거로 인한 수사가 무한히 반복될 가능성도 사전에 예방해야 한다는 점 등으로 인하여 법원에 의한 사전통제를 강화하는 방향으로 제도를 운영하는 것이 바람직하다.

우리 대법원은 압수·수색영장의 집행 과정에서 우연히 발견한 녹음 파일이 애당초 영장에 기재된 범죄 사실과 무관한 경우 해당 사건과의 관련성이 없다는 이유로 해당 녹음 파일의 증거능력을 부정[20]하고 있으며 일명 '종근당사건'에서도 "혐의 사실과 관련된 전자정보 이외에 이와 무관한 전자정보를 탐색·복제·출력하는 것은 원칙적으로 위법한 압수·수색에 해당하므로 허용될 수 없다"라는 입장[21]을 확인하였다. 그런데 같은 사건에서 대법원은 "그러나 전자정보에 대한 압수·수색이 종료되기 전에 혐의 사실과 관련된 전자정보를 적법하게 탐색하는 과정에서 별도의 범죄혐의와 관련된 전자정보를 우연히 발견한 경우라면, 수사기관은 더 이상의 추가 탐색을 중단하고 법원에서 별도의 범죄혐의에 대한 압수·수

17 조성훈, "디지털 증거와 영장주의: 증거분석 과정에 대한 규제를 중심으로", 형사정책연구 제24권 제3호, 2013, 143－144면.

18 United States v. Grubbs, 547 U.S. 90 (2006).

19 조성훈, "디지털 증거와 영장주의: 증거분석 과정에 대한 규제를 중심으로", 형사정책연구 제24권 제3호, 2013, 134면.

20 대법원 2014. 1. 16. 선고 2013도7101 판결.

21 대법원 2015. 7. 16. 자 2011모1839 전원합의체 결정.

색영장을 발부받은 경우에 한하여 그러한 정보에 대하여도 적법하게 압수·수색을 할 수 있다"라고 함으로써 디지털 저장매체를 탐색하는 과정에서 발견된 다른 사건의 증거에 대해 적법하게 취득할 수 있는 길을 열어 두었다. 결국 파일을 광범위하게 열람하는 방식에 의한 수색을 허용하여 별건의 증거를 발견하고 추가 압수·수색영장을 통해 적법성을 확보하는 경우 별건수사는 지속적으로 반복될 가능성이 있다.

따라서 디지털 저장매체에 대한 압수·수색에 관하여는 사전통제를 강화함으로써 애당초 범죄혐의와 관련 없는 데이터에 대한 접근을 차단할 필요가 있고 이러한 취지에서 영장의 신청 단계부터 수색 방법에 대한 통제가 선행되어야 한다. 디지털 증거를 다루고 있는 통신비밀보호법(제6조 제4항)[22]상 통신제한조치 허가장 청구서에도 집행 방법을 기재하도록 하고 있다.[23] 그 범위와 방법을 사전에 명확히 특정하는 것은 곤란하더라도 해당 사건과 관련성이 있다고 판단되는 디지털 증거나 저장매체를 압수·수색할 수 있다는 취지를 영장청구서에 개괄적·보충적으로 기재하고[24] 이때, 수색할 방법과 수색의 기간을 포함해야 한다.

2. 데이터 보존조치와 2단계 압수·수색의 활용

데이터와 저장매체에 대한 압수·수색·검증은 일률적으로 정할 성질이 아니다. 우선, 컴퓨터가 범죄의 도구나 수단으로 활용되었거나, 서버 자체가 온전히 온라인 도박에 사용되거나 아동성착취물과 같이 금제품(禁制品)을 저장하고 있는 경우 증거의 확보뿐만 아니라 몰수의 필요성에 따라 저장매체 자체를 압수할 필요성도 존재하며 저장매체에 저장된 파일이 아닌 보조 자료 또는 메타 데이터 등의 분석을 요하는 경우도 있으나 현장에서 소요되는 이미징 시간이 상당하여 영장의 집행 자체가 주거권을 침해하는 경우도 있다. 이러한 다양성으로 인해 사전

22 통신비밀보호법 제6조 제4항 제1항 및 제2항의 통신제한조치청구는 필요한 통신제한조치의 종류·그 목적·대상·범위·기간·집행장소·방법 및 당해 통신제한조치가 제5조 제1항의 허가요건을 충족하는 사유 등의 청구이유를 기재한 서면(이하 "청구서"라 한다)으로 하여야 하며, 청구이유에 대한 소명자료를 첨부하여야 한다(후략).

23 김용호, 실무상 디지털 증거의 압수·수색의 문제점과 개선방안, 사단법인 한국포렌식학회, 한국저작권위원회 개최 국회 디지털 증거 압수·수색에 관한 개정법률안 공청회, 2012. 11.

24 조광훈, "형사소송법 제106조의 쟁점과 개정안 검토", 법조 Vol694, 2014, 215면.

에 개괄적으로나마 수색의 방법과 기간을 특정하기가 곤란한 상황이 있을 수 있으며 수색의 방법과 기간을 정하여 영장을 발부받았다고 할지라도 압수 현장에서는 당초에 정해진 수색의 방법이 적합하지 않을 수도 있다. 이러한 경우에 활용할 수 있는 방법이 데이터 보존조치와 2단계 압수·수색이다.

데이터 보존조치의 경우 United States v. Tamura 사건[25]의 판결 내용을 참조할 필요가 있다. 동 사건에서 법원은 "수사기관이 범죄와 무관한 자료와 유관한 자료가 혼합되어 양자를 현장에서 현실적으로 분리할 수가 없는 경우 수사기관은 당해 자료를 봉인하고 이를 보관하면서 영장발부판사의 별도 영장발부를 기다려야 한다"라고 판시하였다.[26]

우리의 대법원도 "전자정보에 대한 압수·수색이 종료되기 전에 혐의 사실과 관련된 전자정보를 적법하게 탐색하는 과정에서 별도의 범죄혐의와 관련된 전자정보를 우연히 발견한 경우라면, 수사기관은 더 이상의 추가 탐색을 중단하고 법원에서 별도의 범죄혐의에 대한 압수·수색영장을 발부받은 경우에 한하여 그러한 정보에 대하여도 적법하게 압수·수색을 할 수 있다"라는 취지로 판시[27]하고 있으나 이는 압수·수색에 착수한 이후에 별건 증거를 발견한 경우를 말하는 것으로서 데이터 보존조치와는 다소 맥락을 달리한다.

데이터 보존조치는 일단 파일을 열람하는 방식에 의한 탐색을 개시하기 이전 단계에서 범죄사실과 무관한 데이터에 대한 열람을 최소화할 방안을 강구하고 영장 신청 단계에서 법관으로부터 허용되는 수색의 방법을 모색할 시간을 확보하기 위한 조치이다. 우리의 법규정상 미국의 참조 판결과 같은 보존조치를 시행하고 별도의 영장을 발부받을 수 있도록 하는 직접적 근거는 없으나 우리 형사소송법 제127조의 규정[28]은 집행을 중지하고 현장을 폐쇄하는 근거를 마련해 두고 있는 만큼 해당 규정의 적용 또는 새로운 입법을 통해 데이터 보존조치제도를 마련하는 것을 검토할 수 있을 것이다.

---

25 United States v. Tamura, 694 F.2d 591 (9th Cir. 1982).

26 조성훈, "디지털 증거와 영장주의: 증거분석 과정에 대한 규제를 중심으로", 형사정책연구 제24권 제3호, 2013, 127면.

27 대법원 2015. 7. 16. 자 2011모1839 전원합의체 결정.

28 형사소송법 제127조(집행중지와 필요한 처분) 압수·수색영장의 집행을 중지한 경우에 필요한 때에는 집행이 종료될 때까지 그 장소를 폐쇄하거나 간수자를 둘 수 있다.

또한 방대한 양의 데이터에서 필요한 데이터를 발견하는 것은 많은 시간과 노력이 소요되며 현장에서 컴퓨터를 조작하여 증거를 찾는 작업이 오히려 증거가치를 훼손시킬 가능성도 있다는 고려와 광범위한 수색을 통해 포괄 영장의 집행과 같은 침해상황도 방지할 필요가 있기 때문에 2단계 압수·수색을 고려해 볼 수 있다.

2단계 압수·수색이란 현장에서 범죄와 관련된 정보만을 선별하는 것이 현실적으로 어렵고, 또한 압수 목적을 달성하기 위해서는 원본 저장매체나 저장매체를 이미징한 사본을 압수할 수밖에 없다면 이를 인정하고, '제3의 장소로의 이동'이라는 형식의 새로운 증거 확보 방식을 공론화하여 제3의 장소로 이동 후, 집행시 통제하는 방법을 강구하는 방식의 집행이다.[29]

1단계는 수색할 필요가 있는 매체 또는 이미징한 사본에 대한 압수이며 1단계 압수를 통해 수색할 대상에 대한 환경을 확인한 경우, 앞서 논한 바와 같이 수색 방법 등을 기재한 2단계 수색영장을 추가로 발부받음으로써 수색의 정당성을 확보하는 것이다. 법원에 제2차 영장을 신청할 경우에는 디지털 저장매체에 대한 환부시기, 분석담당자, 사본의 파기절차, 범죄 사실과 관련 없는 데이터에 대한 처리 등을 사후계획서에 기술하도록 하고, 압수허가 심사시에 함께 심사하여야 한다.[30] 이는 압수·수색영장의 집행에 대한 법원의 통제를 강화하고 압수·수색의 적법성에 대한 논란을 불식시킬 수 있는 방안으로 검토해 볼 필요가 있다.

3. 탐색 과정의 규제와 감사

디지털 데이터의 비가시성으로 인해 비록 자동화된 프로세스로 실제 열람할 범위를 최소화하는 경우에도 최종적인 분석 단계에서는 파일의 열람이 수반될 수밖에 없다. 특히, 물리적으로 손상된 휴대전화 등 디지털 장치에서 메모리를 복구하는 경우 이진 비트열을 해독하여 시각적으로 확인하는 절차가 필요하다. 다만,

29 권양섭, "디지털 저장매체의 예외적 압수 방법에 대한 사후 통제 방안", 형사법연구 26(1), 2014, 250면.

30 권양섭, "디지털 저장매체의 예외적 압수 방법에 대한 사후 통제 방안", 형사법연구 26(1), 2014, 255면.

이러한 경우 분석 또는 탐색 과정에 대해서 동영상 촬영 또는 열람하는 모니터 화면의 녹화 등을 통해 로그를 기록함으로써 사건과 관련 없는 부분에 대한 탐색을 방지할 사후 통제장치가 필요하다.

디지털 증거는 정보의 대량성과 비가독성이라는 특징을 가지고 있어서 그동안 과잉 압수에 대한 우려가 많았는데[31] 이러한 통제장치의 도입은 수사관이 합리적인 수준에서 수색 범위를 설정하고 분석 과정에서의 열람에서도 투명성을 확보하여 열람의 이유를 적절히 설명할 수 있기 때문에 비록 그 범위가 구체적이지 않더라도 정당화될 수 있다.[32] 또한 이러한 통제장치는 향후 피압수자 또는 변호인의 물리적인 참여를 대체할 수 있는 방안으로 활용될 여지도 있다.

제4절 자동 검색 기술에 의한 선별 수색

저장매체 자체에 대한 압수는 포괄 영장의 집행과 다를 바가 없어 압수 범위를 한정하고자 하는 노력은 긍정적이다. 그러나 압수에 집중하다 보니 파일의 직접 열람에 의한 수색이 프라이버시 영역에 대한 포괄적 수색영장 집행과 다를 바 없다는 점은 간과되어 왔다.

압수는 수색의 다음 단계에서 이루어지는 행위이다. 압수 전 데이터에 대한 탐색과정에서 수사기관이 해당 데이터를 인식하였다면 즉시 프라이버시에 대한 침해가 발생하고 별건 수사의 가능성이 커지기 때문에 수색 단계부터 열람의 범위를 최소화할 방안이 모색되어야 한다.

압수하는 방법인 출력·복제 원칙은 수사기관의 현실적 고려로 인해 많은 예외를 인정하고 있어 그 효용성 자체가 의심스러우며, 설사 출력·복제 원칙을 고수한다고 할지라도 디지털 저장매체 또는 이미지에 대한 탐색의 방법과 탐색의 기간을 개선하지 않는다면 출력·복제 원칙이 기본권 침해 최소화에 기여하는 바

31 정대희·이상미, “디지털 증거 압수수색절차에서의 ‘관련성’의 문제”, 형사정책연구 제26권 제2호, 2015, 125면.

32 이원상, “디지털 증거의 압수·수색절차에서의 관련성 연관 쟁점 고찰 －미국의 사례를 기반으로－”, 형사법의 신동향 제51호, 2016, 14면.

는 매우 적다.

수사기관이 오로지 합목적성만을 주장하면서 법집행 현실의 한계만을 주장하는 것은 바람직하지 않다. 수사기관도 한계를 극복할 수 있는 기술이 등장하면 그 기술을 적극 활용할 필요가 있다. 데이터가 과도하게 많아 압수·수색에 장시간이 소요되는 현실로 인해 수사기관 역시 검색 기술을 활용하여 수색 범위를 최소화할 필요가 있다.

이러한 주장은 압수의 범위뿐만 아니라 수색의 방법까지 제한함으로써 수사기관의 활동을 위축시켜야 한다는 점에 방점이 있는 것이 아니다. 현존하는 합리적인 기술을 수사 현장에 적극 활용하는 것은 증거의 염결성을 유지시키고 수사기관이 불필요하게 프라이버시 영역을 침해하지 않도록 할 뿐만 아니라 기술의 활용을 통해 수사의 효율성도 증대시키고자 하는 측면이 강하다.

디지털 포렌식 영역에서 이미 수사기관은 키워드를 이용하여 검색하고 파일의 시그니처로 은닉한 파일을 찾아내며 삭제된 영역을 기계적으로 복구하는 기술을 보유하고 있다. 수사기관이 최고의 기술이 있음에도 불구하고 중위 수준의 기술만을 활용하여 프라이버시 영역을 무작위로 탐색한다면 이는 위법한 압수·수색이라는 비난을 피하기 어렵다.

1. 키워드 검색

압수·수색 현장에서 관련성 있는 증거의 범위를 설정하기 위해 가장 일반적으로 사용되는 방법은 키워드 검색이다. 키워드는 입증하고자 하는 사실과 연관이 있는 것으로서 영장을 신청한 범죄 사실과의 관련성을 충분히 고려하여 만들어진다. 키워드를 통해 저장매체를 검색하면, 키워드가 포함된 파일을 선별하여 이를 수사기관의 저장매체에 복사할 수 있다. 이러한 키워드 검색 방법이 범죄 사실과 관련성을 찾을 수 있는 효과적인 방법이기는 하나 키워드 검색 방법만으로 해당 사건과 관련성이 있는 모든 파일을 검색할 수는 없다. 키워드 검색 방법의 특성상 수사관이 작성한 키워드와 정확히 일치하는 파일만 검색되기 때문이다. 이러한 기술적 한계에 의하여 해당 사건과 관련성 있는 데이터를 수색하는 데 실패할 수가 있다.[33] 특히 피압수자가 파일명을 변경해 두거나 은닉해 두었을 경우에는 실효성이 없고 파일이 아닌 기타 로그 기록을 검색해 내는 데도 한계가 있을 수밖에 없다.

2. 문서유사도 검색

문서유사도를 이용한 선별 검색 방법은 저장매체에 기록된 전자정보의 최소 단위인 파일의 유사도를 비교하여 유사한 문서 순으로 나열할 수 있다. 기존의 키워드 검색 방법은 동일한 키워드가 포함된 문서만을 추출해 주는 것에 반해 문서유사도 기법을 활용하면 전체 데이터에 대한 파악이 용이하다. 다만 유사도는 육안으로 '유사하다' 혹은 '유사하지 않다'로 구별할 수 있는 척도로써 이때 '유사하다'와 '유사하지 않다'의 판단은 사람마다 차이가 있을 수밖에 없는 주관적인 지표이기 때문에 이러한 주관적인 지표로 검색한다면 수사기관이 주관적인 의도대로 증거를 수집한다는 의혹이 생길 우려가 있으며 나아가 적법하지 못한 증거 수집으로 보일 수가 있다. 하지만 수학적으로 정립되어 있는 계산식을 통해 프로그램으로 구현·처리되는 문서유사도 검색 기법을 사용하면 검색에서 수사기관의 주관적 의도를 배제할 수 있게 된다.

프로그램으로 구현된 유사도 검색 방법 중 Locality Sensitive Hashing 알고리즘이 있다. Locality Sensitive Hashing은 데이터 마이닝, 패턴 인식, 계산 기하학 및 데이터 압축과 같은 분야에서 사용되고 철자 검사, 표절 탐지 및 화학적 유사성을 측정하는 데도 이용되고 있다.[34]

문서유사도를 이용하여 검색하면, 키워드 검색의 한계를 극복할 수 있다. 문서유사도(LSH) 기법의 장점을 간략하게 소개하면 다음과 같다.

첫째, 최초의 수색 시점에 저장매체에 기록된 사실인정에 관한 데이터를 최대한 확보할 수 있는 가능성이 생긴다. LSH의 장점인 전체 데이터에 대한 빠른 비교와 유사 문서를 이용한 유사도 문서에 기초한 분류를 통한 수집이기 때문에 기존의 파일 확장자, 파일 이름, 파일의 수정 및 생성 시간 등과 같이 기술적 관

33 유상현·이경렬, "디지털 증거의 선별적 압수수색에 관한 LSH(Locality Sensitive Hashing)기법 활용방안 연구", 형사정책 제31권 제4호, 2020, 159면.

34 유상현·이경렬, "디지털 증거의 선별적 압수수색에 관한 LSH(Locality Sensitive Hashing)기법 활용방안 연구", 형사정책 제31권 제4호, 2020, 161면.

련성을 통해 수집하는 방법에 비해 더 많은 선택권을 주게 된다.

둘째, 사실인정에 필요한 증거의 관련성을 확인할 수 있는 방법이 증가한다. 컴퓨터 사용자가 문서 내부에 은어를 사용하였거나 맞춤법 오류가 있는 경우 키워드 검색은 효과가 없으며 이러한 경우를 대비하여 모든 데이터를 직접 열람할 수는 없다. 하지만 문서유사도를 이용하면 그 과정에서 발견되는 단어와 문장의 조합을 통해 컴퓨터 사용자가 내부에서 자주 사용하는 문구나 단어를 확보할 수 있으며 이렇게 확보된 문구나 단어가 사용된 문서를 통해 문서유사도 검색을 하면 더 많은 연관성 있는 데이터를 찾을 수 있다.

셋째, 저장매체의 대용량화로 인해 소요되는 자원과 시간을 크게 절약할 수 있다. LSH는 일반적으로 대용량 데이터를 처리하는 텍스트 마이닝에서 사용되는 방법으로 저장매체의 대용량화로 인한 탐색 문제를 해결하는데 큰 도움이 된다. 문서유사도를 통해 저장매체에 기록된 파일들을 묶은 후 기존에 사용하던 키워드 및 확장자, 기간 검색 등의 방법을 통해 대용량 데이터에 대해서도 수색을 효율적으로 진행할 수 있다.[35]

기존 키워드 검색은 단순히 단어나 문구가 완전히 일치하는 문서를 찾는 방법이기 때문에, 이를 통해 선별압수가 행해지면 범죄 사실과 관련성이 적거나 없음에도 불구하고 단지 단어나 문구가 일치한다는 이유로 검색되고 수사기관이 이를 취득하게 되는 경우가 있어 오히려 피압수자의 프라이버시 보호 관점에서 적절하지 않은 경우도 있다. 이와 달리 문서유사도를 이용한 방법은 파일 내부에 포함된 키워드에 대한 전체적인 유사도로 검색 및 나열되기 때문에 키워드 검색으로 찾지 못하는 혐의 문서를 찾을 수 있는 가능성이 증가할 뿐만 아니라 관련성 있는 데이터만 선별됨으로써 피압수자의 프라이버시 보호 측면에서도 유익하다. 나아가 단일 문서가 아닌 다수의 대용량 저장매체 혹은 클라우드 환경과 같이 검색 대상 영역이 크고 많은 경우에는 Locality Sensitive Hashing의 문서유사도를 이용한 선별 수색이 더욱 합당한 결과를 보일 것으로 예상된다.

위와 같은 문서유사도를 이용한 선별 수색 방법의 도입 또한 까다롭지 않다. 현재 수사기관에서 사용하는 키워드 기반의 디지털 데이터 선별압수·수색 방법

35 유상현·이경렬, "디지털 증거의 선별적 압수수색에 관한 LSH(Locality Sensitive Hashing)기법 활용방안 연구", 형사정책 제31권 제4호, 2020, 165-166면.

도 텍스트 마이닝의 한 종류로 볼 수 있다. 텍스트를 구성하는 가장 작은 단위인 단어를 색인화하는 과정을 거쳐 이를 토대로 검색하는 방식이기 때문이다. 문서 유사도를 이용한 검색은 단순히 한 단계 더 발전한 텍스트 마이닝의 한 종류이다. 이와 같은 이유로 현재 키워드 검색 방법에 더하여 쉽게 문서유사도 검색 방법을 추가할 수 있다.[36]

3. 자동 선별 시스템의 도입

수색에 관련성 요건이 요구되는 정도와 관련하여 범죄 혐의 사실과 관련 있는지 여부는 수색·검증 전에는 알 수 없으므로 수색·검증영장 발부 시에는 매우 완화하여 심사할 수밖에 없고, 따라서 수색·검증의 관련성은 관련 데이터를 저장하고 있을 가능성으로 족하다는 의견이 있다.[37] 이러한 의견은 압수의 경우 직접적으로 기본권을 침해하므로 엄격하게 심사해야 한다는 입장이다.

그러나 앞서 언급한 바와 같이 파일의 직접 열람에 의한 수색은 프라이버시에 대한 심각한 침해를 야기하기 때문에 압수에 비하여 기본권 침해 정도가 적다고 단언할 수 없다. 따라서 수색에 있어서 관련성 요건을 완화할 수 있다는 의견에 동의할 수 없다. 다만, 내용을 열어보기 전에는 증거 관련성을 파악할 수 없다는 점에는 공감하기 때문에 수사기관이 그 내용을 일일이 인식하지 않고 기계적인 방법을 통해 관련 있는 데이터를 선별해 내는 작업을 통해서 사람이 직접 열람하는 범위를 줄여야 한다.

수색할 데이터 범위의 부당한 확대를 방지하기 위한 논리적 위치 특정이 되어야 한다. 컴퓨팅 서비스에 대한 압수·수색으로 침해되는 이익이 주로 프라이버시에 대한 기대라는 점에서 인식전환이 필요하다. 범죄혐의와 무관한 다른 데이터까지 검색하는 것을 막기 위해 수색 과정을 사람의 개입 없이 자동 검색 프로그램 등이 수행하는 방안(Automated Search)을 강제함으로써 무관한 데이터의 검색을 원천적으로 차단할 필요가 있다.[38]

---

36 유상현·이경렬, “디지털 증거의 선별적 압수수색에 관한 LSH(Locality Sensitive Hashing)기법 활용방안 연구”, 형사정책 제31권 제4호, 2020, 175면.

37 오기두, “전자정보의 수색검증압수에 관한 개정 형사소송법의 함의”, 형사소송 이론과 실무 제4권 제1호, 2012, 158면.

디지털 포렌식은 숨겨지거나 삭제된 파일 복구, 타임라인의 분석, 캐쉬 파일이나 메타 데이터의 분석, 웹 히스토리 분석, 로그 분석, 키워드 분석 등 다양한 기술이 동원된다. 영장 집행 전에 발견할 증거를 미리 특정하는 것은 불가능하지만 예상되는 디지털 흔적을 찾기 위한 기술을 사용하여 수색함으로써 사람이 눈으로 직접 열람하는 방식의 탐색을 최소화하여야 한다. 최소화의 방안으로 자동선별 시스템의 도입을 고려할 수 있다.

디지털 포렌식 과정에서 관련 범죄유형에 따라 증거를 추출할 대상 영역이 나뉠 수 있다. 증거를 추출하기 위한 범죄유형과 그에 따른 조사 내용을 기준으로 분류하면 비슷한 범죄유형의 죄종끼리 그룹화되는 것이 확인된다. 표 6[39]과 같이 "성착취물", "도박", "보이스피싱", "강력범죄", "명예훼손", "재산범죄", "의료약사법", "문서범죄", "뇌물", "지식재산권", "해킹" 사건에서 디지털 저장매체에 대한 조사 내용들이 유형화되는 것을 확인할 수 있다.

표 6 범죄 유형별 디지털 데이터 조사 내용

범죄유형	조사내용	죄종
성착취물	동영상파일, 사진파일 소지 및 유포 여부	카메라등이용촬영죄, 강간, 아동청소년성보호에관한법률, 정보통신망(음란물유포)
도박	문서파일, 사진파일, 도박프로그램설치 및 실행흔적, 인터넷 기록	게임산업진흥에관한법률, 국민체육진흥법위반(도박개장등)
보이스피싱	문서파일, 사진파일, 음성파일	전자금융거래법, 폭행, 협박
강력범죄	문서파일, 동영상파일, 사진파일, 음성파일, 인터넷기록	변사, 폭행, 협박
명예훼손	문서파일, 사진파일, 인터넷기록	정보통신망법(명예훼손)
재산범죄	문서파일, 사진파일	사기, 공갈
문서범죄		자동차관리법, 공전자등불실기재

38 양종모, "클라우드 컴퓨팅 환경에서의 전자적 증거 압수수색에 관한 고찰", 홍익법학 제15권 제3호, 2014, 14면.

39 윤상혁·이상진, "디지털 증거 자동선별 시스템에 관한 연구", 디지털 포렌식 연구 제14권 제3호, 2020, 242면.

의료, 약사법	문서파일, 사진파일, DB파일, 이메일	의료법, 사기 및 약사법
뇌물	문서파일, 사진파일, 음성파일, 이메일	뇌물수수
지식재산권	문서파일, 동영상파일, 사진파일, 인터넷기록, 프로그램실행 흔적	저작권법
해킹	해킹 경로 및 행위	정보통신망(침해)

또한 범죄유형에 따라 필수적으로 수집, 탐색해야 하는 아티팩트는 다음 표[40]와 같이 정리될 수 있다.

표 7 범죄 유형별 조사할 아티팩트

범죄유형	조사내용	아티팩트
성착취물	동영상파일, 사진파일 소지 및 유포 여부	네트워크정보, 표준시간정보, 인터넷접속기록, 인터넷쿠키목록, 다운로드목록, 프리패치, 외장장치접속기록, 응용프로그램설치목록, 응용프로그램설치로그, 사진파일, 동영상파일, 썸네일파일, 파일메타정보,
도박	문서파일, 사진파일, 도박프로그램설치 및 실행흔적, 인터넷기록	네트워크정보, 표준시간정보, 인터넷접속기록, 즐겨찾기목록, 외장장치접속기록, 응용프로그램설치목록, 응용프로그램설치로그, 사진파일, 문서파일, 썸네일파일, 파일메타정보,
보이스피싱	문서파일, 사진파일, 음성파일	표준시간정보, 사진파일, 음성파일, 썸네일파일, 파일메타정보
강력범죄	문서파일, 사진파일, 음성파일, 인터넷기록	표준시간정보, 인터넷접속기록, 사진파일, 동영상파일, 문서파일, 음성파일, 썸네일파일, 파일메타정보
명예훼손	문서파일, 사진파일, 인터넷기록	표준시간정보, 인터넷접속기록, 사진파일, 문서파일, 썸네일파일, 파일메타정보
재산범죄 문서범죄	문서파일, 사진파일	표준시간정보, 외장장치접속기록, 사진파일, 문서파일, 썸네일파일, 파일메타정보

40 윤상혁 · 이상진, "디지털 증거 자동선별 시스템에 관한 연구", 디지털 포렌식 연구 제14권 제3호, 2020, 244면.

의료, 약사법	문서파일, 사진파일, DB파일	표준시간정보, 사진파일, 문서파일, 썸네일파일, DB파일, 파일메타정보
뇌물	문서파일, 사진파일, 음성파일, 이메일	표준시간정보, 이메일, 사진파일, 문서파일, 음성파일, 썸네일파일, 파일메타정보
지식재산권	문서파일, 동영상파일, 사진파일, 인터넷기록, 프로그램실행흔적	네트워크정보, 표준시간정보, 인터넷접속기록, 다운로드목록, 이메일, 프리패치, 외장장치접속기록, 응용프로그램설치목록, 응용프로그램설치로그, 사진파일, 동영상파일, 문서파일, 음성파일, 썸네일파일, 파일메타정보,
해킹	해킹 경로 및 행위	복원지점, 네트워크정보, 표준시간정보, 인터넷접속기록, 인터넷쿠키목록, 다운로드목록, 인터넷캐시목록, 이메일, 시스템로그, 보안로그, 프리패치, 점프리스트, 외장장치접속기록, 응용프로그램설치목록, 응용프로그램설치로그

범죄유형별 조사 내용과 조사 내용에 따른 아티팩트를 기준으로 디지털 매체에 대한 수색의 범위를 한정할 수 있다. 아래 그림과 같이 윤상혁[41]이 제안한 디지털 증거 자동선별시스템이 있다. 이 시스템은 영장 집행관이 범죄유형을 선택하고 수집되는 데이터의 종류를 확인한 후 수집되는 데이터의 종류를 추가하거나 삭제할 수 있다. 영장 집행관이 범죄유형을 선택하면 증거 선별과 수집 과정으로 진행된다. 영장 집행관은 시스템 운영체제의 종류를 분석하여 수집 방식을 구분하고 필요한 데이터를 수집한다. 이렇게 수집된 파일의 정보를 이용하여 시스템 정보, 인터넷 사용내역, 로그 파일을 파싱하고 가공하여 영장 집행관이 해석 가능한 데이터로 정규화하는 과정을 거치게 된다. 데이터 정규화 작업은 육안으로 검색하지 않고 기술적인 방법으로 범죄유형과 조사 내용 및 해당 아티팩트에 해당하는 데이터에 한정하여 수집하고 정규화하는 것이다.

영장 집행관은 1차로 수집된 디지털 데이터에 한하여 증거 선별 작업을 하게 된다. 선별 작업이 완료된 데이터는 증거의 진정성을 보장하기 위해 메타 데이터와 함께 추출되고, 추출된 데이터는 해시함수를 통해 생성한 해시값으로 데이터의 무결성을 입증할 수 있다.[42]

---

41 윤상혁·이상진, “디지털 증거 자동선별 시스템에 관한 연구”, 디지털 포렌식 연구 제14권 제3호, 2020, 245면.

그림 4 증거 자동선별시스템 개요도

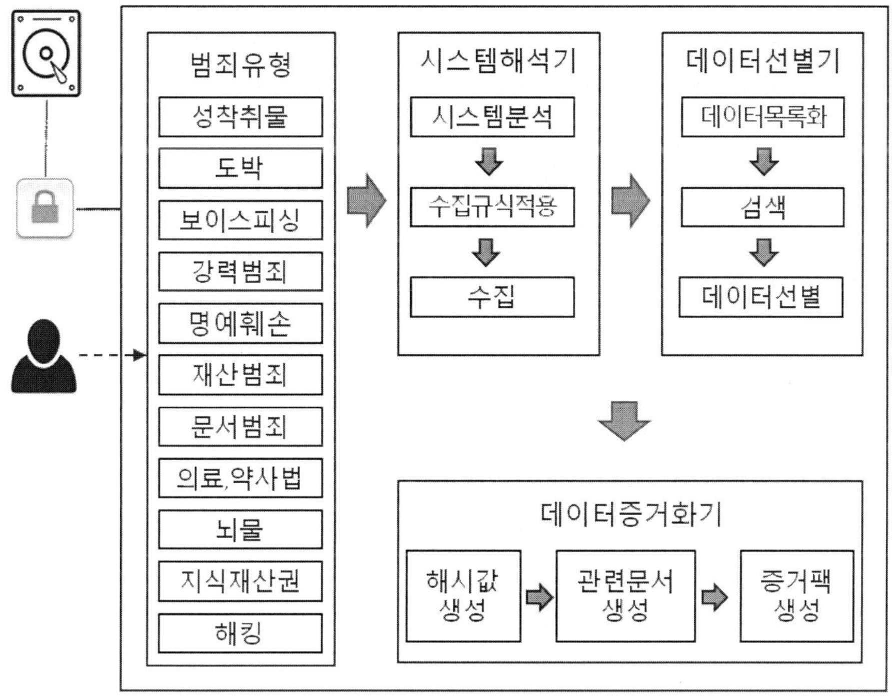

4. 선별 수색의 예외

앞서 살펴본 키워드 검색, 문서유사도 검색, 자동 선별 시스템의 도입을 통한 검색 기법은 평문을 대상으로 했을 때 유효하다. 그런데 파일 또는 폴더, 디스크 자체를 암호화하여 복호화키가 없이는 그 내용조차 볼 수 없는 경우도 있으며 심층암호(Steganography)[43] 기법을 사용하여 메시지를 은닉하는 방법이 사용될 수도 있다. 특히 고도로 발전된 암호 기술과 심층암호 기술은 각종 조직범죄나 테러, 산업기밀유출, 안보 관련 범죄 등의 분야에서 비밀통신의 수단으로 사용되고

---

42 윤상혁·이상진, "디지털 증거 자동선별 시스템에 관한 연구", 디지털 포렌식 연구 제14권 제3호, 2020, 246면.

43 메시지를 특정 파일에 감추어 저장하는 기법으로 외관상 일반적인 파일과 차이가 없으나 그림이나 문서 파일 등의 내부에 메시지를 숨겨 소통하기 위한 목적으로 사용된다.

해킹 관련 범죄에서는 악성코드를 숨기거나 비밀통신을 위해 악용되기도 하므로 각종 범죄의 수사 과정에서는 종종 심층암호 기법이 적용된 증거가 발견되기도 한다. 게다가 최근에는 범죄자들이 해킹이나 사이버 공격을 은밀하게 수행하기 위해 심층암호 기법을 사용하여 악성코드가 포함된 내용물을 숨기고 있다는 사실이 밝혀지기도 하였다.[44]

암호나 심층암호 기법이 사용된 경우 단기간 내에 암호화된 파일을 복호화할 수 없으며 심층암호로 은닉된 사실을 쉽게 발견할 수도 없다. 이러한 관련 흔적은 영장의 집행 현장에서 즉시 찾기 어렵고 별도의 상세한 분석을 통해 여러 단서를 얻어야만 가능하다. 따라서 암호나 심층암호 기법이 적용된 증거를 식별하기 위해서는 일반적인 검색 절차 이외에도 저장매체의 광범위한 탐색, 은닉된 메시지로 추정되는 데이터의 추출 및 복호화, 암호화에 사용된 도구에 대한 분석 등 추가적 분석들이 사용되어야 한다.

특히 심층암호 기법은 대상의 존재 자체를 숨기려는 본질적 속성으로 인해 육안 식별이나 존재 사실의 확인이 불가능하며 현장에서는 어느 매체의 어떤 영역에 영장에 기재한 압수·수색 대상과 관련된 것이 존재하는지 알 수 없다. 또한 존재 사실을 확인하더라도 그 숨겨진 내용을 탐색하고 분석하기 어렵다. 심층암호 도구들을 활용해 보거나 파일의 미세한 변화를 탐지하는 등 다양한 방식을 활용하여야 하는데 기본적으로 약 200개 이상의 심층암호 도구가 존재하고 각각의 도구는 데이터 삽입 방식을 보호하기 위해 서로 다른 자체 기술을 사용하며 도구마다 구현하는 방식 또한 다양하기 때문에 메시지를 추출하는 일은 매우 어렵다.[45]

결국 암호나 심층암호가 사용된 저장매체의 경우 원본 또는 이미징한 파일에 대한 사후 분석이 필요하다는 것을 의미한다. 이러한 경우에는 그 내용을 볼 수가 없기 때문에 증거로 채록할 것에 대한 범위를 설정할 수조차 없어 형사소송법 제106조 제3항의 원칙을 적용할 수 없다.

암호나 심층암호가 사용되어 추가적인 분석을 위해 원본이나 이미징 파일을

44 Vyacheslav Kopeytsev, "Steganography in attacks on industrial enterprises", Kaspersky ICS CERT(2020), p. 2.

45 마이클 라고, 체트 호스머 저, 김상정 역, 데이터 은닉의 기술, 데이터 하이딩, SYNGRESS, 2013, 62면.

확보해야 하는 상황은 지득, 채록할 데이터에 대한 관련성의 문제가 아니라 원본 압수와 이미징의 필요성으로 설명되어야 한다. 암호나 심층암호가 사용되었다고 의심되는 경우, 증거 관련성이 있는 파일 대부분이 삭제된 흔적이 있는 등 디지털 저장매체 전체에 대한 정밀 분석이 필요한 사건에 대해서는 선별 수색의 예외로써 원본 압수 또는 이미징의 필요성이 있는 사건으로 분류되어야 하고 수사기관의 사무실에서 2차 영장에 의해 정밀한 분석이 이루어져야 한다.

제5절 플레인 뷰 원칙 적용 가능성과 별건 증거의 처리문제

1. 플레인 뷰 원칙-영장 없는 압수의 허용

주거에 대한 수색 과정에서 영장에 기재되어 있는 물건이 존재할 경우 법집행기관은 해당 증거를 압수할 수 있다. 이러한 과정에서 법집행기관이 'plain view'로 우연히 마주치게 된 영장 기재 사실 이외의 다른 범죄에 관한 증거인 것이 명백한 경우 영장에 기재되지 않은 물건이라도 압수가 가능하다.[46] 주의해야 할 점은 플레인 뷰 원칙은 영장 없는 수색을 허용하는 것이 아니라 단지 영장 없는 압수를 허용하는 것이라는 점이다.[47] 영장 없는 수색까지 허용하게 되면 대상이 특정된 영장이 일반영장으로 전환될 위험이 있기 때문이다.[48]

Horton 사건에서 피고는 보석과 현금을 강탈하기 위해 총을 사용하였다. 경찰은 강탈된 보석과 현금을 찾기 위해 피고의 집에 대한 수색영장을 발부받았다. 수색 과정에서 경찰관은 플레인 뷰 상태에서 총기를 발견하고 이를 압수하였다. 이 사건에서 법원은 영장에 기재되지 않은 경우에도 발견한 무기를 증거로 사용하는 것을 인정하였다. 이 사건에서 법원은 플레인 뷰에 따른 합법적인 압수가 허용되기 위한 조건을 판시하였는데 ① 경찰관은 플레인 뷰 상태에서 발견될 증거가 있는 장소에 도착할 당시 미국 수정헌법 제4조를 위반하지 않았어야 하며,

46 Horton v. California, 496. U.S. 128, 136 (1990).

47 Id. at 134.

48 손동권, "수사절차상 긴급 압수수색 제도와 그에 관한 개선입법론", 경희법학 제46권 제3호, 2011, 16면.

② 그 물건 자체에 접근할 수 있는 합법적인 권한을 가지고 있어야 하며, ③ 증거의 범죄 관련성이 명백해야 한다고 설시하였다.[49] 이는 물건을 발견하기 전까지의 수색 과정에서 불법성이 있는 경우 플레인 뷰 원칙이 적용되지 않는다는 것을 의미한다.

플레인 뷰 원칙은 압수·수색 과정에서 다른 범죄의 증거가 발견될 경우 예외적으로 압수를 허용하는 원칙이다. 이 원칙이 적용되려면 첫째, 증거가 있는 현장에 대한 접근이 적법하여야 하고 둘째, 대상 자체에 접근할 수 있는 정당한 권한이 있어야 하며 셋째, 증거의 범죄 관련성이 명백해야 한다.

그런데 디지털 저장매체에 대한 수색에서 모든 파일을 읽는 방식이 사용될 경우 영장범위를 벗어난 수색으로 확장되어 정당성을 상실하며 법집행기관이 명령어를 입력하거나 프로그램을 사용하여 파일을 열어야 하기 때문에 우연히 증거를 발견하였다고 할 수도 없다. 이러한 이유에서 미국에서는 일찍이 디지털 저장매체에는 플레인 뷰 원칙을 적용할 수 없다는 선례가 나왔고 앞으로도 이런 추세는 계속될 것으로 보인다.

그렇다면 법집행기관이 디지털 저장매체를 검색하는 과정에서 발견한 다른 범죄의 증거를 이용하는 것은 불가능한가? 법집행의 정당성만을 일방적으로 강조함으로 인해 다른 범죄의 명백한 증거가 사용될 길을 모조리 봉쇄하는 것도 형사사법 정의에 반한다. 궁극적으로 디지털 저장매체에 플레인 뷰 원칙이 적용되기 위한 조건을 설정하고 디지털 플레인 뷰 원칙을 재정의함으로써, 우리는 법의 안정성을 함께 고려하면서 프라이버시를 보호할 수 있는 방법을 찾아야 한다.

2. 판례의 입장

가. 우리나라

1) 대법원 2007. 11. 15. 선고 2007도3061 전원합의체 판결

검찰 수사관이 압수·수색영장으로 제주도 도지사 정책특보의 사무실을 압수·수색하고 있던 중 도지사 비서관이 도지사 집무실에 보관 중이던 제주도 도

49 Id. at 136–41.

지사의 업무일지 등의 서류 뭉치를 가지고 압수·수색 장소의 출입문을 열고 들어오자 검사가 해당 서류를 압수한 사안에서 대법원은 "영장에 압수할 물건으로 기재되지 않은 물건의 압수, 영장 제시 절차의 누락, 압수목록 작성·교부 절차의 현저한 지연 등으로 적법절차의 실질적인 내용을 침해한 점이 있는지 여부 등을 심리해 보았어야 할 것이다. 그럼에도 불구하고, 원심이 이 점에 관하여 충분히 심리하지 아니한 채 그냥 압수절차가 위법하더라도 압수물의 증거능력은 인정된다는 이유만으로 이 사건 압수물의 증거능력을 인정하고 이를 유죄 인정의 유력한 증거로 채택하여 위 피고인들에 대한 이 사건 공소사실 중 유죄 부분에 대하여 죄책을 인정한 것은, 적법한 절차에 따르지 아니하고 수집한 증거의 증거능력에 관한 법리오해, 채증법칙 위반 등의 위법을 범한 것으로, 이는 판결에 영향을 미쳤음이 분명하다"라고 판시하였다.

이 판결은 과거 성질형상불변론을 폐기하는 판결로써 의미가 깊다. 그런데 이 판결은 압수 현장에서 범죄 관련 증거를 우연히 발견한 경우에 적용되는 플레인 뷰 법리를 적용하지 않고 위법수집증거로 배제하였다. 이 판결에 대한 비판적 시각은 해당 서류 뭉치의 압수는 플레인 뷰 원칙이 적용되는 요건인 ① 수사기관이 대상물을 관찰할 수 있는 지점에 적법하게 도달하였을 것, ② 관찰할 물건에 대한 물리적인 접근 권한이 있을 것, ③ 관찰할 당시 대상물이 범죄와 관련되어 있음이 명백할 것이 모두 충족되었고 미국의 경우 플레인 뷰 원칙에 따라 긴급압수를 일반적으로 허용하는 데 반하여 우리 판례는 이를 부정하고 있다는 견해[50]가 있다.

그러나 이 사건에서 검사가 압수한 것은 서류 뭉치인데 서류 뭉치는 그 내용을 살펴보아야 범죄와의 관련성을 확인할 수 있기 때문에 "관찰할 당시 대상물이 범죄와 관련되어 있음이 명백"하다고 볼 수는 없다고 생각된다. 다만, 이 판결이 플레인 뷰 원칙에 대한 심사를 하지 않은 것으로 보아 우리 판례가 플레인 뷰 원칙을 수용하지 않고 있다는 데에는 동의한다.

50 손동권, "수사절차상 긴급 압수수색 제도와 그에 관한 개선입법론", 경희법학 제46권 제3호, 2011, 17면.

2) 대법원 2015. 7. 16. 자 2011모1839 전원합의체 결정

검사는 2011. 4. 25. 수원지방법원으로부터 준항고인 1의 배임 혐의와 관련하여 압수·수색영장(이하 '제1영장'이라 한다)을 발부받은 당일 준항고인 2(이하 '준항고인 2'라 한다) 빌딩 내 준항고인 1의 사무실에 임하여 압수·수색을 개시하였는데, 그 곳에서의 압수 당시 제1 영장에 기재된 바와 같이 이 사건 저장매체에 혐의 사실과 관련된 정보와 관련되지 않은 전자정보가 혼재된 것으로 판단하여 준항고인 2의 동의를 받아 이 사건 저장매체 자체를 봉인하여 영장 기재 집행 장소에서 자신의 사무실로 반출하였고 검사는 2011. 4. 26.경 이 사건 저장매체를 대검찰청 디지털 포렌식 센터에 인계하여 그 곳에서 저장매체에 저장되어 있는 전자정보파일 전부를 '이미징'의 방법으로 다른 저장매체로 복제(이하 '제1 처분'이라 한다)하도록 하였는데, 준항고인 1 측은 검사의 통보에 따라 2011. 4. 27. 위 저장매체의 봉인이 해제되고 위 전자정보파일이 대검찰청 디지털 포렌식 센터의 원격디지털공조시스템에 복제되는 과정을 참관하다가 임의로 그 곳에서 퇴거하였다.

검사는 제1 처분이 완료된 후 이 사건 저장매체를 준항고인 2에게 반환한 다음, 위와 같이 이미징한 복제본을 2011. 5. 3.부터 같은 달 6일까지 자신이 소지한 외장 하드디스크에 재복제(이하 '제2 처분'이라 한다)하고, 같은 달 9일부터 같은 달 20일까지 외장 하드디스크를 통하여 제1 영장 기재 범죄혐의와 관련된 전자정보를 탐색하였는데, 그 과정에서 준항고인 2의 약사법 위반·조세범처벌법 위반 혐의와 관련된 전자정보 등 제1 영장에 기재된 혐의 사실과 무관한 정보들도 함께 출력(이하 '제3 처분'이라 한다)하였다. 제2·3 처분 당시에는 준항고인 1 측이 그 절차에 참여할 기회를 부여받지 못하였고, 실제로 참여하지도 않았다.

검사는 앞의 압수·수색의 과정에서 우연히 발견한 준항고인 1 등의 약사법 위반·조세범처벌법 위반 혐의에 관련된 전자정보(이하 '별건 정보'라 한다)의 출력물을 수원지방검찰청 특별수사부에 통보하여 특별수사부 검사가 2011. 5. 26.경 별건 정보를 소명자료로 제출하면서 다시 압수·수색영장을 청구하여 수원지방법원으로부터 별도의 압수·수색영장(이하 '제2 영장'이라 한다)을 발부받아 외장 하드디스크에서 별건 정보를 탐색·출력하는 방식으로 압수·수색을 하였는데 이때 특별수사부 검사는 준항고인 측에 압수·수색 과정에 참여할 수 있는 기회를 부여

하지 않았을 뿐만 아니라 압수한 전자정보 목록을 교부하지도 않았다.

이와 같은 사실관계에서 대법원은 제2 영장 청구 당시 압수할 물건으로 삼은 별건 정보는 제1 영장의 피압수자에게 참여의 기회를 부여하지 않은 상태에서 임의로 재복제한 외장 하드디스크에 저장된 정보로서 그 자체가 위법한 압수물이어서 앞서 본 별건 정보에 대한 영장청구 요건을 충족하지 못한 것이므로, 비록 제2 영장이 발부되었다고 하더라도 그 압수·수색은 영장주의의 원칙에 반하는 것으로서 위법하다고 하지 않을 수 없다고 결론을 내리면서 "전자정보에 대한 압수·수색에 있어 저장매체 자체를 외부로 반출하거나 하드카피·이미징 등의 형태로 복제본을 만들어 외부에서 저장매체나 복제본에 대하여 압수·수색이 허용되는 예외적인 경우에도 혐의 사실과 관련된 전자정보 이외에 이와 무관한 전자정보를 탐색·복제·출력하는 것은 원칙적으로 위법한 압수·수색에 해당하므로 허용될 수 없다. 그러나 전자정보에 대한 압수·수색이 종료되기 전에 혐의 사실과 관련된 전자정보를 적법하게 탐색하는 과정에서 별도의 범죄혐의와 관련된 전자정보를 우연히 발견한 경우라면, 수사기관은 더 이상의 추가 탐색을 중단하고 법원에서 별도의 범죄혐의에 대한 압수·수색영장을 발부받은 경우에 한하여 그러한 정보에 대하여도 적법하게 압수·수색을 할 수 있다. 나아가 이러한 경우에도 별도의 압수·수색 절차는 최초의 압수·수색 절차와 구별되는 별개의 절차이고, 별도 범죄혐의와 관련된 전자정보는 최초의 압수·수색영장에 의한 압수·수색의 대상이 아니어서 저장매체의 원래 소재지에서 별도의 압수·수색영장에 기해 압수·수색을 진행하는 경우와 마찬가지로 피압수·수색 당사자(이하 '피압수자'라 한다)는 최초의 압수·수색 이전부터 해당 전자정보를 관리하고 있던 자라 할 것이므로, 특별한 사정이 없는 한 피압수자에게 형사소송법 제219조, 제121조, 제129조에 따라 참여권을 보장하고 압수한 전자정보 목록을 교부하는 등 피압수자의 이익을 보호하기 위한 적절한 조치가 이루어져야 한다"라고 판시하였다.

이 사례는 압수·수색 도중 별건 증거를 발견한 경우에는 새로운 압수·수색영장을 발부받아 집행하여야 한다고 함으로써 이미 발견한 별건 증거의 증거능력에 대해서는 판단하지 않았다. 다만, "별도의 압수·수색 절차는 최초의 압수·수색 절차와 구별되는 별개의 절차이고, 별도 범죄혐의와 관련된 전자정보는 최초의 압수·수색영장에 의한 압수·수색의 대상이 아니어서"라고 판시함으로써 압수·수색 도중 발견한 별건의 증거에 대해 최초의 영장 집행에 따른 예외로 인정하지 않는 취지로 설시하였다.

3) 대법원 2014. 1. 16. 선고 2013도7101 판결

부산지방검찰청 검사가 2012. 8. 3. 부산지방법원으로부터 피고인 2의 공직선거법 위반 혐의와 관련하여 피고인 1이 소지하는 휴대전화 등을 압수하는 내용의 영장을 받아 부산지방검찰청 수사관이 피고인 1의 주거지에서 그의 휴대전화를 압수하고 이를 부산지방검찰청으로 가져온 후 그 휴대전화에서 추출한 전자정보를 분석하던 중 피고인 1과 피고인 7 사이의 대화가 녹음된 녹음 파일을 통하여 을과 병에 대한 공직선거법 위반의 혐의점을 발견하고 수사를 개시하였다. 그런데 이 사건 영장은 '피고인 2를 피의자로 하여 피고인 2가 공소외 1에게 지시하여 피고인 1을 통해 공천과 관련하여 ○○○당 공천심사위원인 공소외 13 등에게 거액이 든 돈 봉투를 각 제공하였다'는 혐의 사실을 범죄 사실로 하여 발부된 것으로서 갑의 정당후보자 관련 금품제공 혐의사건과 관련된 자료를 압수하라는 취지였다.

피고인 2의 혐의를 인정하기 위한 압수·수색에서 피고인 1의 범죄와 관련된 증거를 발견한 경우 그 증거의 증거능력이 문제된 사안에서 대법원은 "이 사건 녹음 파일에 의하여 그 범행이 의심되었던 혐의 사실은 공직선거법상 정당후보자 추천 관련 내지 선거운동 관련 금품 요구·약속의 범행에 관한 것으로서, 일응 범행의 객관적 내용만 볼 때에는 이 사건 영장에 기재된 범죄 사실과 동종·유사의 범행에 해당한다고 볼 여지가 있다. 그러나 이 사건 영장에서 당해 혐의 사실을 범하였다고 의심된 '피의자'는 피고인 2에 한정되어 있는데, 수사기관이 압수한 이 사건 녹음 파일은 피고인 1과 피고인 7 사이의 범행에 관한 것으로서 피고인 2가 그 범행에 가담 내지 관련되어 있다고 볼 만한 아무런 자료가 없다.

결국 이 사건 영장에 기재된 '피의자'인 피고인 2가 이 사건 녹음 파일에 의하여 의심되는 혐의 사실과 무관한 이상, 수사기관이 별도의 압수·수색영장을 발부받지 아니한 채 압수된 이 사건 녹음 파일은 형사소송법 제219조에 의하여 수사기관의 압수에 준용되는 형사소송법(2011. 7. 18. 법률 제10864호로 개정되어 2012. 1. 1.부터 시행된 것) 제106조 제1항이 규정하는 '피고사건' 내지 같은 법 제215조

제1항이 규정하는 '해당 사건'과 '관계가 있다고 인정할 수 있는 것'에 해당한다고 할 수 없으며, 이와 같은 압수에는 헌법 제12조 제1항 후문, 제3항 본문이 규정하는 헌법상 영장주의에 위반한 절차적 위법이 있다고 할 것이다. 따라서 이 사건 녹음 파일은 형사소송법 제308조의2에서 정한 '적법한 절차에 따르지 아니하고 수집한 증거'로서 이를 증거로 쓸 수 없다고 할 것이고, 그와 같은 절차적 위법은 헌법상 규정된 영장주의 내지 적법절차의 실질적 내용을 침해하는 중대한 위법에 해당하는 이상 예외적으로 그 증거능력을 인정할 수 있는 경우로 볼 수도 없다"라고 판시하였다.

나. 미국

혼재되어 있는 컴퓨터 파일에 대한 플레인 뷰 원칙 적용에 있어 미국 법원의 판결은 나뉘고 있다. 파일을 검색할 때 수사관은 특정한 파일에 접근하기 위해 일정한 명령어를 입력해야 하기 때문에 이렇게 발견된 파일에 대해 플레인 뷰 원칙은 적용될 수 없다는 입장도 있으며 이런 중간 절차에도 불구하고 수색 중 발견한 증거에 플레인 뷰 원칙을 적용할 수 있다는 입장도 있다.

1) United States v. Gray[51]

1999. 2. 5. 미국 연방수사국 요원들은 해킹 혐의를 받고 있는 피고인의 집을 압수·수색하여 컴퓨터 4대를 압수하였다. 수사기관의 사무실에서 분석요원은 압수한 컴퓨터의 하드 드라이브 내용을 복사하면서 복사되는 디렉토리와 하위 디렉토리에 포함된 각각의 파일을 열고 간략하게 살펴보는 중 "Tiny Teen"이라는 제목의 하위 디렉토리를 발견하였다. 그는 해당 디렉토리에 아동성착취물이 들어있는지 궁금하여 열어보았고 아동성착취 관련 이미지를 확인하였다. 이후 수색을 중단하고 아동성착취물에 대한 파일 검색을 실행하겠다는 두 번째 영장을 발부받았다.

해킹 사건에 관한 분석 중 분석요원이 처음으로 발견한 아동성착물 관련 이미지에 대해 법원은 ① 대상을 쉽게 확인할 수 있던 장소에 합법적으로 임장하였고, ② 대상 자체에 대해서도 합법적 접근권을 가지고 있으며, ③ 대상의 불법성

51 United States v. Gray 78 F. Supp. 2d 524 (E.D. Va. 1999).

이 명백하기 때문에 영장주의의 예외인 플레인 뷰 원칙에 따라 정당하게 압수된 것이라고 판시하였다.

2) United States v. Turner[52]

경찰은 폭행 사건의 증거를 찾기 위해 Turner의 집에 방문하였고 그의 동의를 받아 주거를 수색하였다. 주거를 수색하던 도중 경찰은 그의 컴퓨터 화면에서 한 여성의 사진을 발견하였는데 화면의 여성이 폭행 피해자와 닮았다고 판단하고 컴퓨터에 앉아 툴바의 '사용된 파일' 인덱스에 접속해 'jpg'라는 레이블이 붙은 파일 여러 개를 발견하였다. 이 파일들을 클릭하자 속박당한 누드 여성의 사진 몇 장이 현출되었고 경찰은 하드 드라이브를 계속 검색하여 아동성착취물을 발견하였다.

폭행 사건에 관한 주거 수색 도중 발견한 아동성착취물에 대해 법원은 경찰의 컴퓨터 파일 검색은 피고인이 동의한 범위를 초과했기 때문에 위법하고 그런 상태에서 발견한 증거는 배척되어야 한다고 판시하였다.

3) United States v. Carey[53]

Carey는 코카인을 판매하고 소지한 혐의로 조사를 받고 있었다. 경찰은 그의 동의로 그의 집을 수색했고 마약 관련 증거와 컴퓨터를 발견하고 해당 컴퓨터들을 경찰서로 반출하였다. 경찰은 해당 컴퓨터에서 마약의 판매와 유통과 관련된 이름, 전화번호, 장부, 영수증, 주소 등에 대한 컴퓨터 내 파일을 검색할 수 있는 영장을 발부받아 해당 컴퓨터를 검색하던 중 아동성착취물을 발견하였고 이후 계속 아동성착취물을 발견하기 위한 수색을 계속하였다.

마약 사건에 대한 수색 중 발견한 아동성착취물에 대해 법원은 경찰이 처음 마주친 아동성착취물 파일의 증거능력을 배척하지는 않았으나 이후에 발견한 파일에 대하여는 마약과 관련된 증거보다는 아동성착취물을 찾기 위해 계속 검색을 하였다면 이는 영장에 기재된 압수·수색의 범위를 벗어난 행동이며 위헌적인 일반영장의 집행과 다를 바 없다고 판시하고 플레인 뷰 원칙을 적용하지 않았다.

52 United States v. Turner, 169 F.3d 84(1st Cir. 1999).

53 United States v. Carey 172 F.3d 1268(10th Cir. 1999).

4) United States v. Wong[54]

1999. 11. 22. Wong은 동거녀에 대한 실종 신고를 했고 동거녀는 2000. 1. 24. 거주지로부터 떨어진 곳에서 살해된 상태로 발견되었다. 경찰은 Wong을 살인사건의 혐의자로 지목하였다. 경찰은 Wong의 집에 대한 압수·수색영장을 발부받아 그의 컴퓨터에 대한 수색을 진행하였다. 경찰은 컴퓨터에서 동거녀가 유기된 장소에 관한 지도나 관련 글을 찾으려고 하였고 검색이 필요한 항목은 일반 텍스트, 특수 텍스트 또는 이미지 파일일 수 있다고 판단했다. 경찰이 이미지 파일에 대한 검색을 하던 중 아동성착취물을 발견하여 해당 파일의 위치를 메모한 후 살인사건과 관련된 증거를 계속 검색했다.

경찰이 살인사건의 증거를 찾던 도중 발견한 아동성착취물에 관하여 법원은 파일의 범죄 관련성이 명백하고 경찰이 살인사건에 관련된 이미지 파일을 합법적으로 검색하고 있었기 때문에 그 검색 과정에서 발견된 아동성착취물 이미지는 플레인 뷰 원칙에 따라 증거로 인정될 수 있다고 판시하였다.

5) United States v. Comprehensive Drug Testing, Inc[55]

2002년 8월 연방수사국은 프로야구 선수들에게 스테로이드를 불법으로 공급한 혐의로 BALCO(Bay Area Lab Cooperative, BALCO)에 대한 수사에 착수했다. 같은 해 선수협회는 프로야구 선수들과 협의를 통해 익명으로 스테로이드 검사를 실시하고 검사 결과는 비밀로 유지하기로 했다. 이 테스트 프로그램은 CDT(Compressive Drug Testing, Inc.)에 의해 수행되었으며 실제로 테스트를 수행한 실험실은 Quest Diagnostics, Inc.였다.

2004. 4. 7. 법원은 혐의를 받고 있는 10명의 선수에 대한 기록을 압수·수색할 수 있는 영장을 발부했다. 그런데 연방수사국은 대상 선수들의 기록뿐만 아니라 다른 프로야구 선수들의 약물검사 기록도 열람하고 이를 압수하였다. 연방수사국은 영장의 요구사항을 무시했을 뿐만 아니라 압수한 컴퓨터 데이터에 대한 허용되지 않는 열람을 통해 찾은 정보를 후속 영장을 발부받는 데 필요한 증거로 사용하기까지 했다. 이에 대해 CDT 측은 세 곳의 지방법원에 이의를 제기했고

54 United States v. Wong 334 F.3d 831, 838(9th Cir. 2003).

55 United States v. Comprehensive Drug Testing, Inc 621 F.3d 1162(9th Cir. 2010).

각 지방법원은 공히 수사국의 행위는 영장의 범위 외의 곳을 수색함으로써 사건과 관계없는 다른 사람들의 권리를 침해하는 행위로 평가하였다. 이어서 연방수사국은 제9 연방 항소법원에 항소를 제기하였으나 제9 연방 항소법원은 2010. 9. 13. 침해 행위로 최종 판결하였다.

연방수사국은 검사 결과가 포함된 디렉토리는 적법하게 압수하였으며 해당 디렉토리를 검색하던 중 발견한 다른 선수들의 자료는 플레인 뷰 원칙이 적용되어야 한다고 주장하였다. 그러나 법원의 다수 의견은 법집행기관이 압수한 데이터를 하나하나 열람하는 방식의 수색을 허용하는 것은 모든 파일에 대해 플레인 뷰 원칙을 적용해야 할 우려가 있다고 생각했다. 이 판결은 디지털 저장매체에 관하여 파일을 모두 열어보는 방식에 의한 수색 방법은 '우연히' 증거를 발견했다고 할 수 없기 때문에 플레인 뷰 원칙을 적용할 수 없다는 것을 시사한다.

3. 디지털 저장매체에서 플레인 뷰 원칙의 적용 가능성

가. 파일을 열어보는 방식에 의한 수색의 문제

1) 파일 열람에 따른 프라이버시 침해

디지털 저장매체에서 발견한 증거를 법집행기관의 저장매체에 복제하는 행위를 '압수'라고 보는 입장에서는 '압수의 범위를 축소'함으로써 기본권 침해를 최소화하려는데 초점을 맞추게 되고 '압수' 이전에 광범위하게 이루어지는 '수색' 행위의 영향력과 침해성에 대해서는 다소 온건한 태도를 보이게 된다.[56] 예를 들면, 압수할 대상이 범죄 혐의 사실과 관련 있는지 여부는 수색 전에는 알 수 없기 때문에 수색 영장 발부 시에는 매우 완화된 심사가 필요하며 압수는 직접적으로 기본권을 침해하므로 엄격하게 심사해야 한다는 견해[57]가 그것이다.

그런데 디지털 저장매체에 있는 데이터가 법집행기관에 의해 정보의 형태로 인식된다는 관점에서 보면 압수와 수색의 구분은 무의미하다. 출력을 통해 데이

56 이관희·이상진, "파일 열람 행위에 의한 영장 집행의 문제점과 디지털 저장매체 수색압수구조의 개선방안", 법조 제69권 제4호, 2020, 263면.

57 오기두, "전자정보의 수색검증압수에 관한 개정 형사소송법의 함의", 형사소송 이론과 실무 제4권 제1호, 2012, 158면.

터를 종이에 현출하는 행위, 복제를 통해 저장매체에 사본을 만드는 행위, 출력·복제를 위한 선별과정에서 해당 데이터를 불러와 모니터에 현출한 것을 보는 행위, 해당 화면을 촬영하는 행위, 화면에 현출된 내용을 종이에 기재하는 행위 모두는 인식한 데이터의 내용을 다른 매체에 옮겨 놓는 방법만이 다를 뿐 데이터가 이미 법집행기관에게 노출되었다는 사실에는 변함이 없다.[58]

데이터가 재산적인 가치를 지니든 프라이버시에 관한 것이든 비트열로 저장되어 있는 상태에서는 그 가치가 현출되지 않으나 프라이버시의 보호를 기대하고 있는 비트열이 프라이버시 주체를 제외한 제3자에 의해 정보로써 인식되는 순간 침해가 발생한다. 따라서 디지털 저장매체에 대한 영장의 집행에서 데이터를 복제함으로써 침해가 발생하는 것이 아니라 데이터를 선별하기 위해 열람할 때 피처분자의 프라이버시에 대한 기대는 무너지는 것이다.

2) 수색 범위의 확대

저장매체를 반출하거나 저장매체를 복제하여 실험실로 옮긴 후에 삭제된 파일을 복구하거나 코드를 분석하는 모습은 마치 미세섬유의 성분을 추출하거나 DNA 분석을 하는 것과 유사하다. 디지털 포렌식을 일반 과학적 증거에 대한 분석과 유사하다고 보는 입장에서는 이러한 분석을 압수·수색 이후의 사후행위로 간주한다.

디지털 포렌식 실험실에서는 삭제된 파일을 복구하고 컴퓨터 로그 기록을 조사하여 타임라인을 확인하거나 인터넷 사용내역 등을 추출하기도 한다. 이러한 분석 작업이 완료되기 전까지는 이진수의 형태로만 존재하기 때문에 정보가치를 알 수 없으며 분석이 완료되어 프로그램을 통해 현출하여야 정보가치를 인식할 수 있기 때문에 데이터가 의미하는 내용을 인간이 인식할 수 있는 형태로 구현해 내기 전까지는 여전히 수색의 과정에 있으며 최종적으로 증거로 사용할 수 있는 상태로 분석을 완료하였을 때 수색을 종료하였다고 평가할 수 있다. 결국 디지털 저장매체에 대해 플레인 뷰 원칙을 적용하기 위해서는 저장매체에 대한 압수 또는 복제 후 반출 시점부터 실험실에서의 분석이 종료될 때까지의 수색이 정당하

58 이관희·이상진, "파일 열람 행위에 의한 영장 집행의 문제점과 디지털 저장매체 수색 압수구조의 개선방안", 법조 제69권 제4호, 2020, 263면.

다고 평가되어야만 한다.

3) 일반영장의 집행 문제

분석 작업이 완료될 때까지 수색이 정당하다고 평가되기 위해서는 분석의 대상이 되는 데이터의 범위가 범죄와의 관련성 또는 압수·수색영장에 기재된 범위 내에 들어와야 한다. 이러한 범위를 한정하지 않은 상태에서 저장매체에 대한 열람과 수색은 일반영장과 같은 효과를 야기할 수 있다.[59]

왕의 관리들은 일반영장으로 사적인 주거에 들어가 어느 범죄에 대하여도 증거를 저인망식으로 수색할 수 있었다. 영국과 영국 식민 시대의 일반영장(general warrants)에 대한 대응으로 미국 수정헌법 제4조가 탄생하였다. 미국 수정헌법 제4조의 기안자들은 새로 건립되는 연방정부는 이러한 권한이 없다는 것을 명확히 하기를 원했으며 일반영장을 금지시켰다.[60] 모든 수색 또는 압수는 합리적이어야 하며 영장은 미국 수정헌법 제4조에 따라 오직 수색할 장소와 압수할 사람 또는 물건이 특정되어 기술된 경우에만 발부될 수 있으며 압수와 수색이 저인망식으로 이루어지는 것은 금지된다.

주거에 진입하는 행위는 거주자의 프라이버시에 대한 합리적 기대를 침해하는 수색에 해당하기 때문에[61] 법집행기관은 영장을 소지하거나 영장주의에 대한 예외가 인정되는 경우에 한하여 주거에 진입할 수 있다. 주거에 진입한 경우 개방된 공간을 수색할 수 있으나 캐비넷을 열거나 물건을 이동시키는 것은 새로운 수색에 해당하기 때문에 영장이나 영장주의의 예외에 의해 정당화되어야 한다.[62] 디지털 저장매체의 수색을 허용하는 영장이 발부된 경우에도 관련된 데이터를 찾기 위해 범죄와 관련 없는 데이터를 모두 열람하거나 관련 없는 데이터를 방대하게 복제하여 법집행기관의 실험실로 옮겨 가는 행위는 일반영장의 집행과 다를 바가 없다는 점을 유의하여야 한다.

---

59 Kimberly Nakamaru, Mining for Manny: Electronic Search and Seizure in the Aftermath of United States v. Comprehensive Drug Testing, 44 Loy.L.A.L.Rev.783(2011).

60 Orins S. Kerr, "Searches and Seizures in an Digital World", 119 Harv. L. Rev. (2005), p. 536.

61 Kyllo v. United States, 533 U.S. 27. 32−33(2001).

62 Arizona v. Hicks, 480 U.S. 321, 325(1987).

나. 디지털 저장매체에 대한 플레인 뷰 원칙 적용 여부

디지털 저장매체에는 모든 데이터가 '0'과 '1'로 구성되어 있기 때문에 운영체제에서 보이는 파일 이름이나 디렉토리 이름을 보고 수색 여부를 결정할 수 있게 되고 파일 이름을 변경해 두었거나 파일 확장자를 변경한 경우에는 데이터 자체를 직접 들여다보거나 프로그램을 통해 현출된 화면을 육안으로 확인하는 수밖에 없다. 결국 컴퓨터 환경에서는 영장에 기재되어 있는 증거와 영장과는 관계없는 데이터가 뒤섞여 있기 때문에 유체물에 대한 수색과 같이 일반적인 육안으로 영장에 기재된 증거만을 선별해 내는 것이 불가능하다.

플레인 뷰 원칙은 영장 없는 수색이 아니라 단지 영장 없는 압수를 허용하는 것[63]이기 때문에 디지털 증거에 대해서는 압수가 허용되지 않는다는 관점에서는 수색 행위만이 존재하는 디지털 저장매체에 대한 검색 과정에서 플레인 뷰를 적용하여 압수를 허용할 여지가 없게 된다. 또한 데이터가 압수의 대상이 된다고 할지라도 그 수색이 정당하여야 하는데 앞서 살펴본 바와 같이 디지털 저장매체에 대한 수색은 일반영장의 집행과 같은 정도로 광범위하여 파일을 열람하는 방식에 의한 수색은 위법하기 때문에 플레인 뷰 원칙을 적용할 수 없다.

따라서 디지털 저장매체에서 플레인 뷰 적용을 가능하게 하기 위해서는 우선 기존의 플레인 뷰 원칙 적용을 디지털 저장매체의 수색 과정에 적합하게 수정해야 하며 일반영장의 집행에 이르지 않는 정도의 수색 범위 조정을 통해서 수색 자체에 정당성을 부여해야 한다.

파일을 읽는 방식의 수색은 프라이버시 침해 최소화에 기여하는 바는 없다. 디지털 증거에 관하여는 종국적으로 증거로 사용할 것의 범위를 줄이는 노력보다는 수색의 범위를 한정하는 노력이 프라이버시 침해 최소화에 기여할 수 있다.[64] 결국, 영장을 통한 사전 통제, 정보처리 기술을 활용한 자동 검색, 수색 과정에 대한 사후 통제를 통한 투명성 확보 등과 같은 프라이버시 보호 대책이 선행되어야 디지털 저장매체에서 플레인 뷰 원칙을 적용할 가능성이 생긴다.

---

63 Horton v. California, 496. U.S. 128, 133-34(1990).

64 Orin S. Kerr, "Fourth amendment seizures of computer data", Yale Law Journal 119(4), 2010, pp. 700-724.

4. 디지털 저장매체에서 플레인 뷰 원칙 적용을 위한 선결 조건

가. 특별한 탐색 기술의 필요성

디지털 증거는 그 형태가 다양하고 범죄와 관련된 증거만을 찾는다는 것이 어렵거나 분석이 장시간 소요되기 때문에 부득이 디지털 저장매체를 압수할 수밖에 없다는 주장까지 있다. 이러한 주장은, 복제가 가능하더라도 데이터의 양이 방대할 경우 시간상 현실적으로 복제가 불가능하고, 현장에서 증거를 복제하거나 출력하는 방법이 대상자의 업무에 더 큰 지장을 초래할 가능성도 있고 디지털 증거가 아닌 문서에 대한 압수·수색에 있어서도 현장에서 모든 문서를 검토한 후 압수 여부를 결정하도록 하는 것은 영장 집행에 많은 시간이 소요되도록 함으로써 오히려 강제처분에 의한 법익 침해가 더 커지는 경우도 존재할 수 있다[65]라는 이유를 들고 있다.

U.S. v. Schandl 판결[66]에서는 관련된 문서를 주의 깊게 분석해야 하는 탈세 수사의 특성상 혐의와 관련 없는 일부 문서가 압수되는 것은 불가피한 것이며, 현장에서 모든 문서를 검토한 후 압수 여부를 결정하도록 하는 것은 영장 집행에 많은 시간이 소요되기 때문에 오히려 강제처분에 의한 법익 침해가 더 커지도록 하는 것이라고 판시하여 앞의 주장을 보강한다.

그런데 범죄자들이 현재의 과학기술을 범행에 사용하는 것처럼 법집행기관도 현대에 유용한 기술을 법집행에 활용하는 것이 타당하다. 민사소송의 E-Discovery에서 정보처리 기술을 활용하여 디지털 저장매체의 열람 범위를 기술적으로 정하고 있으며 필터링 기술을 활용하여 사람의 육안으로 확인하지 않고서도 음란물과 아동성착취물의 유통을 방지하는 기술을 사용하고 있다.

디지털 저장매체를 압수하는 방법이든 이미징하여 법집행기관의 사무실에서 분석하는 방법이든 육안을 통해 열람하는 방식은 범죄와 관련 없는 데이터를 광범위하게 침해하기 때문에 이를 그대로 수용할 수도 없으며 데이터에 대한 증거가치를 인식하기 위해서는 최종적으로 법집행기관의 육안으로 이를 확인하는 단

---

65 United States v. Schandl, 947 F.2d 462(11th Cir. 1991); 조성훈, “디지털 증거와 영장주의: 증거분석 과정에 대한 규제를 중심으로”, 형사정책연구 제24권 제3호, 2013, 136면.

66 United States v. Schandl, 947 F.2d 462(11th Cir. 1991).

계가 반드시 필요한 것도 사실이다.

법관의 허가를 통하여 사전에 수색의 범위와 방법이 지정되거나 수색에 있어서 일반영장에 의한 수색에 이르지 않는 특별한 검색 기법을 적용하여 육안으로 열람할 수색의 범위를 최소화함으로써 저인망식 수색의 위험성을 배제하고 이런 과정을 통해 정당하게 식별된 수색의 범위에 한하여 육안으로 이를 열람하는 것을 허용할 수 있도록 해야 한다. 이러한 완충적인 제도(특별한 검색 기법의 적용)가 도입된 경우 육안으로 열람하는 과정에서 확인된 별건 증거에 대해서도 플레인 뷰 원칙을 적용할 수 있다.

나. 영장을 통한 사전 통제

1) 수색 방법과 기간의 사전 지정

압수·수색 현장에서 디지털 저장매체가 암호화되어 있거나 파일이 삭제되거나 은닉되어 있을 수도 있고 파일이 해외의 서버에 저장된 경우도 있다. 법집행기관이 현장에 임장하기 전에 이러한 사정을 예측하는 것은 불가능하다. 그러나 파일의 직접 열람에 의한 탐색은 그 즉시 프라이버시 침해가 발생할 수밖에 없기 때문에 사건의 양상에 따라 예측이 가능한 범위 내에서 수색의 방법과 수색에 소요되는 기간에 관하여 법원의 심사를 받아 압수·수색의 정당성을 확보하여야 한다.

이에 대하여 판사들이 법정에서 압수·수색의 합리성을 판단할 때 정황보다는 사전에 부가된 조건 준수에 한정하여 판단할 우려가 있으며[67] 압수·수색의 상황을 모른 상태에서 구체적으로 수색의 방법을 열거하는 것이 쉽지 않기 때문에 영장 집행에 대한 구체적 사항은 법집행기관의 판단에 따라 이루어지는 것이 바람직하다는 의견이 있다.[68] 하지만 영장 집행의 구체적인 사항을 법집행기관의 판단으로 남겨둘 경우 앞서 살펴본 일반영장 집행의 문제와 광범위한 수색으로 인한 프라이버시 침해 논란 등에서 자유로울 수 없기 때문에 법원에 의한 사전 통제를 강화하는 방향으로 제도를 운영하는 것은 양보할 수 없는 필수적인 것이다.

---

67 조성훈, "디지털 증거와 영장주의: 증거분석 과정에 대한 규제를 중심으로", 형사정책연구, 제24권 제3호, 2013, 143－144면.

68 조성훈, "디지털 증거와 영장주의: 증거분석 과정에 대한 규제를 중심으로", 형사정책연구, 제24권 제3호, 2013, 134면.

2) 데이터 보존조치 후 수색

예측이 가능한 범위 내에서 수색의 방법과 기간을 명시하여 법원의 사전 심사를 받은 경우에도 실제 영장의 집행 과정에서는 예측된 사항과 다른 상황이 발생할 가능성은 충분히 존재한다. 수색 현장이 애당초 영장에 기재된 수색의 방법과 기간에 따라 집행이 불가능한 상황이 발생한 경우 데이터 보존조치를 활용할 수 있다.[69]

우리 대법원은 "전자정보에 대한 압수·수색이 종료되기 전에 혐의 사실과 관련된 전자정보를 적법하게 탐색하는 과정에서 별도의 범죄혐의와 관련된 전자정보를 우연히 발견한 경우라면, 법집행기관은 더 이상의 추가 탐색을 중단하고 법원에서 별도의 범죄혐의에 대한 압수·수색영장을 발부받은 경우에 한하여 그러한 정보에 대하여도 적법하게 압수·수색을 할 수 있다"라는 취지로 판시[70]하였다. 이러한 판시사항은 압수·수색에 착수한 이후에 별건 증거를 발견한 경우 봉인, 보관을 하는 조치를 언급한 것이다. 하지만 플레인 뷰 원칙을 적용하기 위한 데이터 보존조치는 다소 맥락을 달리한다. 영장에 기재된 수색의 방법이 실제 수색 대상 매체에 적합하지 않거나 파일을 열람하고자 하는 범위가 영장에 기재된 범위보다 광범위할 경우 수색을 개시하기 이전에 법관으로부터 허용되는 수색의 방법을 모색 또는 수정할 시간을 확보하기 위한 조치이다.

법원에 제2차 영장을 신청할 경우에는 디지털 저장매체에 대한 환부시기, 분석담당자, 사본의 파기절차, 범죄 사실과 관련 없는 정보에 대한 처리 등을 사후계획서에 기술하도록 하고, 압수영장 발부 시에 함께 심사하여야 한다.[71] 이는 압수·수색영장의 집행에 대한 법원의 통제를 강화하고 압수·수색의 적법성에 대한 논란을 불식시킬 수 있는 방안으로 검토해 볼 필요가 있다.

69 이관희·이상진, "파일 열람 행위에 의한 영장 집행의 문제점과 디지털 저장매체 수색압수구조의 개선방안", 법조 제69권 제4호, 2020, 263면.

70 대법원 2015. 7. 16. 자 2011모1839 전원합의체 결정.

71 권양섭, "디지털 저장매체의 예외적 압수 방법에 대한 사후 통제 방안", 형사법연구 제26권 제1호, 2014, 255면.

다. E-Discovery 정보 처리 기술을 활용한 탐색

1) E-Discovery & EDRM

증거개시제도(Discovery)는 소송당사자가 상대방이나 제3자로부터 소송과 관련된 증거자료를 수집하기 위한 변론 전 절차를 통칭하는 개념으로, 민형사소송에서 법원의 개입 없이 당사자 간의 요청에 의해 소송과 관련된 정보를 공개하는 제도이다.

증거개시제도를 전자적 자료에 활용할 경우, 전자적 자료의 방대성으로 인한 과도한 비용의 발생, 자료의 위변조 위험 증대와 조작 가능성, 삭제된 자료의 복구 문제, 중요 자료의 불필요한 노출, 전문 기술과 장비와 프로그램의 요청 등과 같은 문제가 발생하기 때문에 이를 해결하기 위한 판단 기준이나 지침들이 2004년 제시되었고[72] 그러한 논의의 결과로 2006년 미 연방민사소송규칙의 개정이 이루어지면서 E－Discovery 제도가 명문화되기에 이르렀다.

전자증거개시(E－Discovery) 제도는 디지털 데이터 압수·수색의 관점에서 참고할 몇 가지 특징을 가지고 있다.[73] 첫째, 전자적 자료의 증거개시에 있어서는 전자적 자료를 검색, 재생, 해석, 작성 및 산출해야 하는 경우가 많기 때문에 전문가의 지원이 절대적이다. 둘째, 개시 요청 당사자가 상대 당사자의 컴퓨터 시스템에 대한 현장 조사를 행하는 경우 의도치 않은 방법으로 데이터가 유출될 수 있다. 셋째, 전자적 자료는 그 특성상 수정 및 변환될 수 있기 때문에 증거개시를 위해서는 일정한 수준의 보존 의무가 전제되어야 한다. 마지막으로 전자적 형태의 자료로 제출되는 경우에는 해당 데이터를 검색할 수 있는 특정 프로그램이 없는 한 접근이 불가능하다.

이러한 특징과 문제점들을 고려하여 미 연방민사소송규칙에서 명시하고 있는 전자증거개시의 요구조건들을 효과적으로 준수하기 위한 절차를 표준화하고, 절차별 기능 및 명세를 작성한 표준절차모델인 EDRM(Electronic Discovery

72 The Sedona Principle: Best Practice Recommendation & Principles for Addressing Electronic Document Production, 2004.

73 Henry S. Noyes, Is E－Discovery So Different That It Requires New Discovery Rules? An Analysis of Proposed Amendments to the Federal Rules of Civil Procedure, Tennessee Law Review vol.71, 2004, pp. 593－594.

Reference Model)[74]이 2005년 5월에 만들어져 사용되고 있다. EDRM은 전자적 자료의 무결성을 보장하기 위해 관리, 분석, 생산, 공개에 이르는 전 과정을 포섭하기 위해 개발되었기 때문에 소송당사자가 EDRM을 수행하는 경우, 전자적 자료 산출물에 대한 쟁점이 매우 간소화되고 불합리한 논쟁을 최소화할 수 있게 된다.

이 모델은 원래 민사절차상 전자증거개시를 위하여 개발된 것으로 미 연방민사소송규칙에서 명시하고 있는 전자증거개시 요건들을 표준화하였기 때문에 형사절차에 동일하게 준용할 수는 없으나 사실상 사용되고 있는 해당 표준 중 정보처리 기술을 디지털 저장매체의 압수·수색에 활용할 경우 수색의 범위를 최소화할 수 있다고 판단된다.

2) 자동화된 검색에 의한 범위 제한

전자적 자료를 대상으로 한 유효적절한 증거 검색과 검토 방법은 전자증거개시 절차상 매우 중요한 요소가 되고 있다. 실무상으로도 이 같은 전자적 자료의 특성으로 인해 기존의 문서 검토에서 최선의 방식으로 여겨지던 수작업 검토(manual review)는 전자적 자료가 대상이 되는 대다수의 사안에서 실현 불가능하여 구시대의 산물로 전락해 가고 있다.[75] 전자적 자료에는 키워드 검색 기법이 사용된다. 키워드 검색에 관한 기본적인 접근법은 크게 색인 검색(indexed search)과 비색인 검색(un-indexed search) 혹은 단일경로 방식(single pass method)이 있다.

---

74 EDRM은 정보 관리(Information Management)부터 법정에서 전자증거를 제시하는 공개(Presentation)단계까지 총 9단계로 구성되어 있다. 첫째, 전자증거개시 준비절차인 정보 관리 단계(Information Management), 둘째, 보존 의무가 있는 전자적 자료나 소송 발생시 필요한 모든 관련 정보의 위치를 확인하는 식별 단계(Identification), 셋째, 전자적 자료가 우연히 또는 고의로 삭제 및 변경되지 않도록 하는 보존 단계(Preservation), 넷째, 보존한 전자적 자료(ESI)를 검토, 분석하기 위해 추출하는 수집 단계(Collection), 다섯째, 전자적 자료에 대한 효과적인 검토를 할 수 있는 형태의 포맷으로 변경하는 처리 단계(Preservation), 여섯째, 전자적 자료에 대한 관련성 및 권한에 대해 검토하는 단계(Review), 일곱째, 해당 사건과 관련된 주제나 주요 패턴 등에 대한 문맥과 내용을 분석하는 단계(Analysis), 여덟째, 전자적 자료(ESI)에 포함되는 사용 가능한 포맷 생산을 하는 단계(Production), 마지막으로 최종 산출한 전자적 자료(ESI)를 증거로서 공개하기 위한 단계(Presentation) 등이다.

75 Harrison M. Brown, Searching for an answer: defensible e-discovery search techniques in the absence of judicial voice, 16 Chap. L. Rev. 410, 2013.

색인 검색은 색인 작업이 선행되어야 한다는 점에서 최초 결과를 얻기까지 시간이 소요되는 단점이 있지만 일단 색인이 완료되면 실시간 검색이 가능하다. 이에 반해 비색인 검색이나 단일경로 방식의 경우 최초 결과를 바로 얻을 수 있다는 장점이 있지만 매번 자료 전체를 대상으로 새로 검색해야 한다는 점에서 전반적으로는 효율성이 떨어진다.[76]

다만, 키워드 검색에도 한계는 있다. 소송과 관련 없는 자료라 하더라도 키워드가 포함되어 있으면 모두 검색되는 등 관련 없는 자료가 결과에 포함될 가능성이 있으며, 키워드의 선택 또는 오탈자에 의해 관련 있는 자료가 누락될 수 있고 검색 대상이 되는 자료가 이미지, 음성, 영상 자료인 경우 검색 자체가 어렵다. 또한 압축 파일, 삭제된 파일 등은 특별한 기능을 가진 검색 기술을 필요로 한다. 암호 파일은 해독한 후에만 검색이 가능하다.

결국 범죄혐의와 무관한 다른 데이터까지 검색하는 것을 막기 위해 수색 과정을 사람의 개입 없이 자동 검색 프로그램을 사용하는 방안(Automated Search)을 강제함으로써 무관한 데이터의 검색을 원천적으로 차단할 필요가 있다.[77]

디지털 포렌식은 숨겨지거나 삭제된 파일 복구, 타임라인의 분석, 캐쉬 파일이나 메타 데이터의 분석, 웹 히스토리 분석, 로그 분석, 키워드 분석 등 다양한 기술이 동원된다. 영장 집행 전에 발견할 증거를 미리 특정하는 것은 불가능하지만 예상되는 디지털 흔적을 찾기 위한 기술을 사용하여 수색함으로써 사람이 눈으로 직접 열람하는 방식의 수색을 최소화하여야 한다.

이러한 제한적인 조치가 법집행기관의 재량을 억제하는 효과만 있는 것은 아니다. 디지털 증거는 반드시 모니터와 같은 출력 장치를 통하여 파일의 유무를 탐색하고, 클릭하여 파일을 열어 보는 과정을 거쳐야만 하는데 그런 과정에서 다른 범죄와 관련된 증거들이 발견되기도 한다.[78] 그런데 파일을 열람하는 방식에 의한 광범위한 수색을 통해 발견된 별건 증거는 열람하는 방식 자체가 프라이버

76 Gregory L. Fordham, Using keyword search terms in e-discovery and how they relate to issue of responsiveness, privilege, evidence standards and rube goldberg, 15 Rich. J. L. & Tech. 8, 2009, p. 19.

77 양종모, “클라우드 컴퓨팅 환경에서의 전자적 증거 압수·수색에 관한 고찰”, 홍익법학 제15권 제3호, 2014, 14면.

78 이원상, “디지털 증거의 압수·수색절차에서의 관련성 연관 쟁점 고찰 –미국의 사례를 기반으로–”, 형사법의 신동향 제51호, 2016, 9면.

시를 침해하기 때문에 플레인 뷰 원칙을 적용하여 유효한 증거로 사용할 수 없다는 반론이 제기될 수 있다.

그러나 자동화된 검색 기술을 통하여 선별된 이후의 시점에서 파일의 열람에 의한 수색은 불가피하기 때문에 이러한 조건을 유지한 상태에서 발견된 별건 증거인 경우에는 플레인 뷰 원칙을 적용할 근거가 마련될 수 있을 것이다.

라. 감청 수준의 사후 통제

감청은 프라이버시에 대한 침해가 수반되기 때문에 원칙적으로 허용되지 않고[79] 법률이 정한 바에 따라 허용된다. 감청이나 수색이나 프라이버시에 대한 침해를 수반한다는 점에서 같다. 또한 디지털 저장매체에 대한 수색은 여러 데이터 유형이 광범위하게 혼재되어 있어 찾고자 하는 증거에 비하여 수색이 필요 없고 프라이버시에 대한 기대 가능성이 대단히 높은 데이터가 많다는 점에서 감청과 크게 다를 바가 없다.

그런데 통신비밀보호법은 감청에 관하여 대상이 되는 범죄를 제한하고 있고(법 제5조), 통신제한조치의 종류·그 목적·대상·범위·기간 및 집행장소와 방법을 특정하도록 하고 있으며 조치의 기간도 제한하고 있다(법 제6조). 또한 통신제한조치의 대상이 된 가입자에게 집행 사실을 통지하고(법 제9조의2), 범죄 수사를 위하여 인터넷 회선에 대한 통신제한조치로 취득한 자료의 관리에 대해 상세히 규정하고 있으며(법 제12조의2), 국회의 통제를 받도록 하고 있다(법 제15조).

유체물을 대상으로 한 영장 집행과 관리는 디지털 저장매체에 대한 압수·수색에서의 그것과 엄연히 다르다. 앞서 살펴본 바와 같이 디지털 저장매체에 대한 압수가 감청에서 이루어지는 침해와 크게 다를 바가 없다면 감청에서 요구되는 통제 방법을 차용할 필요가 있다. 영장에 수색 방법이 특정된 경우 실제 수색의 과정에서 영장이 정한 방법대로 수색이 이루어졌는지에 대한 감독이 필요하며 당사자의 동의에 의하여 수색을 하는 경우 수색의 범위 지정 및 자동 검색이 적절했는지에 대한 사후 심사가 필요하다. 압수·수색 과정 및 분석 과정에 대해 촬영, 기록 등을 통해 로그를 남기는 것을 의무화함으로써 집행 단계에서 광범위한

79 Louis B. Swartz, "Information Communication Technology Law, Protection and Access Right," Information Science Reference, 2010, p. 348.

수색이 이루어진 경우 발견된 증거의 증거능력을 부정하는 등 사후 통제장치를 마련해 두어야 한다.

디지털 증거는 정보의 대량성과 비가독성이라는 특징을 가지고 있어서 그동안 과잉 압수에 대한 우려가 많았는데[80] 이러한 통제장치의 도입은 수사관이 합리적인 수준에서 수색 범위를 설정하고 분석 과정에서의 열람도 투명성을 확보하여 열람의 이유를 적절히 설명할 수 있기 때문에 비록 그 범위가 구체적이지 않더라도 정당화될 수 있다.[81] 또한 이러한 통제장치는 향후 피압수자 또는 변호인의 물리적인 참여를 대체할 수 있는 방안으로 활용될 여지도 있다.

5. 소결 – 자동 검색이 전제된 수색에서 플레인 뷰 원칙 적용

우리 판례의 경우 디지털 증거뿐만 아니라 일반 증거에 관하여도 미국에서 인정되는 플레인 뷰 원칙을 적용하지 않는 것으로 보인다. 다만, 압수·수색 중 별건 증거를 발견하고 추가적인 탐색이 필요한 경우 별도의 영장을 발부받을 수 있도록 허용하고 있다. 그런데 별건 증거를 발견하고 추가 탐색은 하지 않은 경우 이미 발견한 별건 증거의 처리에 대해서 판례는 언급이 없다.

수사 실무에서는 별건 증거를 압수하기 위해 피대상자를 현행범 또는 긴급체포하고 형사소송법 제216조 제1항[82]에 따라 체포 현장에서 압수·수색을 하고

---

80 정대희·이상미, "디지털 증거 압수·수색절차에서의 '관련성'의 문제", 형사정책연구, 제26권 제2호, 2015, 125면.

81 이원상, "디지털 증거의 압수·수색절차에서의 관련성 연관 쟁점 고찰 –미국의 사례를 기반으로–", 형사법의 신동향, 제51호, 2016, 14면.

82 제216조(영장에 의하지 아니한 강제처분) ① 검사 또는 사법경찰관은 제200조의2·제200조의3·제201조 또는 제212조의 규정에 의하여 피의자를 체포 또는 구속하는 경우에 필요한 때에는 영장 없이 다음 처분을 할 수 있다.

1. 타인의 주거나 타인이 간수하는 가옥, 건조물, 항공기, 선차 내에서의 피의자 수색. 다만, 제200조의2 또는 제201조에 따라 피의자를 체포 또는 구속하는 경우의 피의자 수색은 미리 수색영장을 발부받기 어려운 긴급한 사정이 있는 때에 한정한다.
2. 체포 현장에서의 압수, 수색, 검증

② 전항 제2호의 규정은 검사 또는 사법경찰관이 피고인에 대한 구속영장의 집행의 경우에 준용한다.

③ 범행 중 또는 범행직후의 범죄 장소에서 긴급을 요하여 법원판사의 영장을 받을 수 없는 때에는 영장 없이 압수, 수색 또는 검증을 할 수 있다. 이 경우에는 사후에 지체없이 영장을 받아야 한다.

사후에 영장을 발부받는 방법을 취하는 것으로 보인다. 예를 들어 해킹 사건에 관한 압수·수색 중 아동성착취물을 발견한 경우 아동성착취물 소지의 현행범으로 체포하면서 관련 증거를 압수하는 경우를 말한다. 체포 현장에서 필요에 따라 압수·수색을 하는 것과는 달리 증거를 압수하기 위해 역으로 신병을 체포하는 것 자체가 변칙적인 방법이다. 현행범 체포 또는 긴급체포의 필요성이 없는 경우나 범행 중이나 범행 직후로 보이지 않는 상황에서 별건 증거를 발견하였을 때 이를 확보할 방법이 없기 때문에 예외적으로 플레인 뷰 원칙을 적용할 필요성이 있는 것은 사실이다.

미국처럼 플레인 뷰 원칙을 적용하는 경우에도 앞서 살펴본 바와 같이 디지털 매체에 대한 압수·수색에서는 플레인 뷰 원칙을 적용하기 곤란한 측면이 있다. 파일을 열람하는 방식의 수색이 이루어질 경우 과도한 프라이버시 침해로 수색의 정당성을 잃게 될 수도 있으며 수색의 정당성을 잃게 된 경우 수색의 과정에서 발견한 다른 사건의 증거도 이를 사용할 수 없게 되기 때문이다. 앞서 살펴본 몇몇 사건에서 미국의 판례는 디지털 저장매체에서 플레인 뷰를 적용할 것인지에 대해 상반된 의견을 보이고 있다. 하지만 디지털 저장매체의 기술이 발전하고 프라이버시에 대한 민감성이 높아짐에 따라 점차 디지털 저장매체에 대해서는 플레인 뷰 원칙을 적용할 수 없다는 추세로 전환될 것이다.

다행히 민사소송에서 e－discovery가 발전하여 자동화된 검색 프로토콜을 통해 증거를 선별하는 기술이 사용되고 있으므로 이를 디지털 저장매체에 대한 수색에 응용한다면 육안으로 직접 열람하는 방식의 수색 범위를 한정할 수 있게 되고 감청에서 행해지고 있는 세밀한 통제가 디지털 저장매체의 수색에도 적용할 수 있어서 수색에 정당성을 부여하게 되고 최종적으로 육안으로 열람하는 과정에서 발견된 다른 사건의 증거에도 플레인 뷰 원칙을 적용할 가능성을 부여하게 된다.

디지털 저장매체에 대해 플레인 뷰 원칙의 엄격한 적용을 주장하는 것은 법집행기관의 활동만을 제약하고자 하는 데 중점을 둔 것이 아니다. 현존하는 합리적인 기술과 방법을 활용하는 것은 증거의 발견과 수집을 용이하게 할 뿐만 아니라 그 증거가치를 유지하는 등 수사의 효율성도 함께 증대시킴과 동시에 법집행기관이 기본권을 침해했다라고 하는 비난으로부터 자유롭도록 하는 데에도 기여할 수 있다. 이미 법집행기관은 디지털 포렌식 영역에서 자동 검색 프로그램을 활용하고 있고 그 기법을 발전시켜 나가고 있다. 앞으로도 디지털 데이터를 효율적으로 분류하고 사건 관련 데이터를 자동으로 검색하는 방법을 표준화하여 법집행 과정에서 프라이버시 보호와 실체적 진실발견이 균형을 이루도록 해야 한다.

제 9 장

압수·수색에서 참여권 보장 법리에 대한 비판

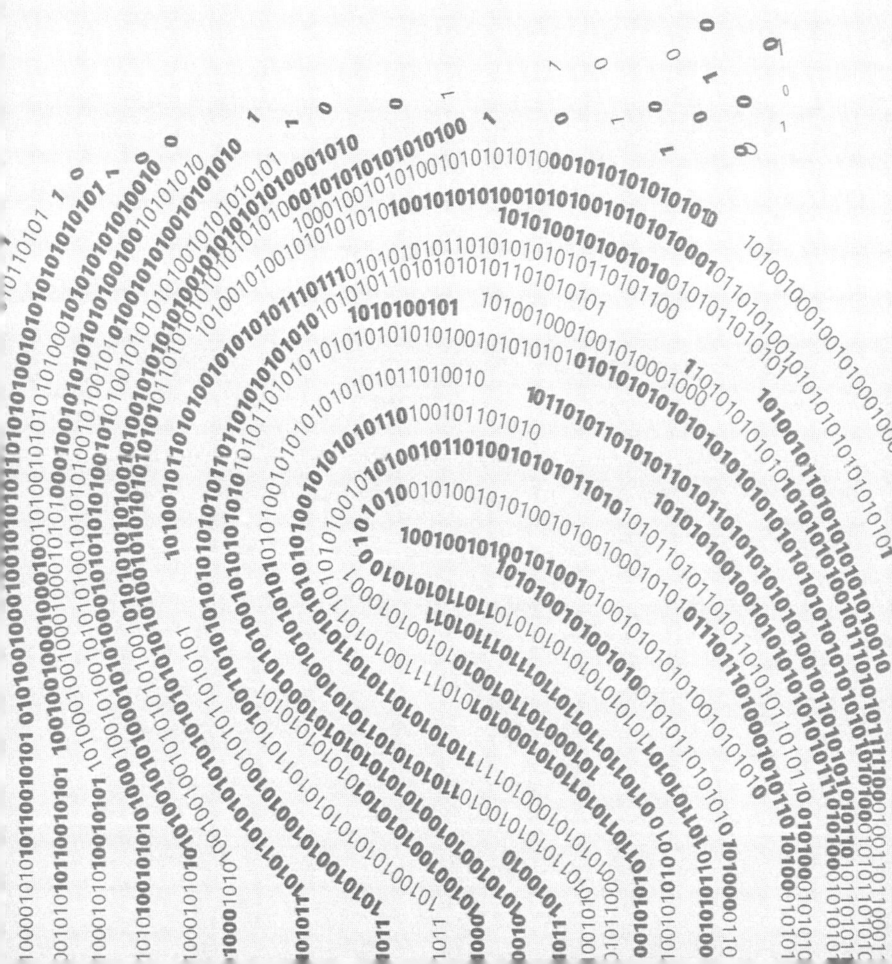

제 9 장 압수·수색에서 참여권 보장 법리에 대한 비판

제1절 문제의 제기

지금으로부터 15년 전 한국인의 평균 데이터 보유량은 이미 500GB를 넘어섰고 이는 전 세계인이 보유한 평균 데이터양의 2배가 넘는 수치이다.[1] 2019년 기준 5G 이동통신 서비스 가입자 월평균 데이터 사용량은 26GB에 달한다.[2] 1GB에 트럭 한 대 분의 종이 문서를 저장할 수 있으니까[3] 우리 국민은 매달 트럭 26대에 실린 문서량에 해당하는 데이터를 사용한다. 즉 128GB 용량의 스마트폰에는 트럭 128대 분량의 문서를 저장할 수 있다는 뜻이다.

덩치가 큰 유체물에 대한 압수, 사람에 대한 체포 이전 단계의 수색에서도 국민의 헌법상 기본권은 침해당하기 때문에 영장주의가 적용된다. 그렇다면 트럭 128대에서 한 장의 문서를 찾기 위해 트럭 128대를 전부 수색하는 경우는 어떠한 기본권이 침해되는 것일까? 헌법 제16조에서 규정한 주거의 자유뿐만 아니라 제17조에서 규정한 사생활의 비밀과 자유, 제18조에서 규정한 통신의 자유, 제19조에 규정한 양심의 자유까지 침해할 소지가 크다.

1 https://www.inews24.com/view/372578 (2025. 9. 25. 방문).

2 https://www.yna.co.kr/view/AKR20191101156900017 (2025. 9. 25. 방문).

3 https://www.worldcadaccess.com/blog/2004/12/1gb_1_truckload.html (2025. 9. 25. 방문).

유체물에 대한 절차를 규정하고 있던 형사소송법은 제106조 제3항의 신설을 통해 출력·복제의 원칙을 새로이 규정하였고 제107조를 통해서 전기통신에 관한 압수·수색에 대해 규율하기 위해 노력한 것은 사실이지만 디지털 저장매체 수색에 따른 막대한 기본권 침해를 실질적으로 방어하기에는 여전히 부족하다.

대법원은 당사자인 피고인이 영장의 집행에 참여할 수 있다는 형사소송법 제121조의 규정을 토대로 디지털 저장매체에 대한 압수·수색에서 피압수자(또는 피의자)의 참여권이 보장된다는 취지로 판시하였으나 각 판결의 내용을 검토하면, 각 판결 사이에서 심지어는 하나의 판결 안에서도 모순점이 발견된다. 또한 대법원의 입장과 같이 제121조가 규정한 '방어적' 참여권 규정을 실무에 엄격히 적용한다고 하여도 과연 디지털 매체에 대한 압수·수색이 침해하는 국민의 기본권을 충분히 보호할 수 있는지도 의문이다.

이 장에서는 우선 우리의 형사소송법에 영향을 준 독일·프랑스·일본의 형사소송법에서 '피의자'의 참여권을 보장하고 있는지 검토한 후, 법원의 압수·수색에서 당사자들의 참여권을 규정한 형사소송법 제121조를 수사기관의 압수·수색에도 준용하도록 하는 법 규정과 이를 토대로 한 대법원의 판시내용을 비판적으로 검토하고 제121조를 수사기관의 압수·수색에도 준용하도록 한 제219조가 입법의 과오일 가능성을 주장할 것이다. 다만, 디지털 저장매체에 대한 수색과 압수에서 발생할 수 있는 기본권 침해를 충분히 방어하기 위해 '피의자'가 아닌 다수 참여자의 참여권이 보장되어야 함을 주장할 것이다.

제2절 참여권에 관한 독일·프랑스·일본 형사소송법 비교

1. 독일·프랑스·일본의 법

가. 독일

독일 형사소송법은 제8장에서 압수, 통신 감시, 데이터뱅크 검색, 기술 수단의 투입, 비밀수사관의 투입과 수색을 모두 규율하고 있으며, 수사기관에서 수색 시 법관 또는 검사가 참관하지 않는 경우는 해당 지역의 지방자치단체 공무원 1

인 또는 주민 2인이 참관하여야 한다고 규정하고 있다.[4] 또한 수색 대상의 점유자는 수색에 참여할 수 있으며 점유자가 부재 중일 경우 타인이 참여할 수 있도록 하고 있다.[5]

이처럼 독일의 형사소송법은 수색에 관하여 이중의 참관 장치를 두고 있으나, 피의자에 대한 참여권(또는 입회권) 규정은 존재하지 않는다.

나. 프랑스

프랑스 형사소송법 제95조는 예심판사가 예심 수사 피의자의 주거를 수색하는 때에는 제57조 및 제59조의 규정[6]에 따라 주거권자를 참여하도록 하고 주거권자가 참여할 수 없을 때는 주거권자에게 참여인을 지명하도록 규정하고 있다. 프랑스 형사소송법 제56조 제3항은 "사법경찰관은 미리 직무상 비밀 유지와 방어권 보장에 필요한 일체의 조치를 강구하여야 한다"라고 규정하고 있고 사법경찰관이 이러한 규정을 위반한 경우 그 절차 자체를 무효로 한다고 명시하고 있다. 절차 위반의 경우 위법수집증거배제법칙을 적용하여 증거능력의 유무를 다투는 우리의 경우와 다르다. 이외에 우리 형사소송법과 같이 피의자 또는 변호인이 압수·수색절차에 참여하도록 하는 규정은 찾아볼 수 없다.

---

4 제105조(2) 주거, 사무실 또는 관리하는 부동산에 대한 수색이 법관 또는 검사의 참관 없이 실시되는 경우에는 가능한 한 그 지역의 지방자치단체 공무원 1인 또는 주민 2인이 참관해야 한다. 경찰공무원이나 검찰수사관은 수색에 참관할 지방자치단체 주민이 될 수 없다; 독일법연구회, 『독일 형사소송법』, 사법발전재단, 2018, 137면.

5 제106조 수색할 장소나 물건의 점유자는 수색에 참여할 수 있다. 점유자가 부재중이면, 가능하다면 그의 대리인, 성년인 친족, 동거인 또는 이웃이 참관하도록 해야 한다; 독일법연구회, 『독일 형사소송법』, 사법발전재단, 2018, 137－138면.

6 제57조 ① 직무상 비밀유지와 방어권 존중에 대한 제56조의 규정을 지키는 것과 별도로, 전조에 규정된 압수·수색이 주거에 대하여 행하여질 경우에는 주거권자를 참여시켜야 한다.
② 주거권자가 참여할 수 없을 때에는 사법경찰관은 주거권자에게 참여인을 지명하도록 하고, 그러한 지명이 없을 경우에는 사법경찰관이 직접 당해 행정청 관계자 이외의 자 중에서 2인의 참여인을 지명하여야 한다.
제59조 ① 수색장소의 특성 상 불가피한 경우 또는 법률이 정하는 예외적인 경우를 제외하고는 6시 이전 및 21시 이후에는 수색을 개시할 수 없다.
② 제56조, 제56－1조, 제57조 및 본조에 정한 방식에 위반한 때에는, 그 절차를 무효로 한다; 『프랑스 형사소송법』, 법무부, 2011, 54－55면, 91면.

다. 일본

일본 형사소송법 제110조는 "압수장 또는 수색장은 처분을 받는 자에게 이를 제시하여야 한다"라고 규정하고 있다. 이는 절차의 공정을 담보함과 동시에 압수 및 수색 등을 받는 사람의 인권을 배려하는 취지에서 인정된 것이다.[7]

법원의 압수·수색에 관하여 일본 형사소송법 제113조[8]는 피고인 또는 변호인의 참여권과 이들에 대한 통지에 관하여 규정함으로써 우리 형사소송법 제121조와 제122조에 대응하는 규정을 두고 있다. 그러나 일본 형사소송법 제222조[9]는 수사기관의 압수·수색영장 집행에 관하여 법원의 것을 준용하면서 피고인 또는 변호인의 참여권에 관한 제113조를 의도적으로 준용하지 않고 있다.

또한 일본에서는 형사소송법 제99조의2를 신설하여 데이터 취득에 있어서 새로운 "기록명령부 압수"라고 하는 유형을 만들었다. 기존의 기록매체 압수는 수사기관이 스스로 데이터를 복사하는 것이지만 신설된 규정은 데이터를 취득하기 위하여 데이터의 보관자 또는 이용권한을 가진 자에게 특정 데이터를 수사기관이 지시한 저장매체에 복사하라고 명령한 데이터를 취득하려는 것이다.[10]

우리와 마찬가지로 일본의 형사소송법에서 제출명령 제도는 법관에게만 적용되었고 수사기관에는 적용되지 않았기 때문에 현실적인 상황을 고려하여 새로운 제도를 신설한 것이다. 이러한 입법 동향은 기존의 형사소송법 규정이 디지털 데이터에 대한 자료취득과 걸맞지 않기 때문에 생긴 현상임을 주의 깊게 바라보

---

7 히라라기토키오 저/조균석 역, 『일본형사소송법』, 박영사, 2012, 177면.

8 제113조 ① 검찰관, 피고인 또는 변호인은 압수장 또는 수색장의 집행에 입회할 수 있다. 단, 신체의 구속을 받고 있는 피고인은 그러하지 아니하다.
② 압수장 또는 수색장의 집행을 하는 자는 미리 집행의 일시 및 장소를 전항의 규정에 의하여 입회할 수 있는 자에게 통지하여야 한다. 단, 이들이 미리 재판소에 입회하지 아니하는 의사를 명시한 경우 및 급속을 요하는 경우에는 그러하지 아니하다.
③ 재판소는 압수장 또는 수색장의 집행에 대하여 필요한 때에는 피고인을 이에 입회하도록 할 수 있다.

9 제222조 ① 제99조, 제100조, 제102조 내지 제105조, 제110조 내지 제112조, 제114조, 제115조 및 제118조 내지 제124조의 규정은 검찰관, 검찰사무관 또는 사법경찰직원이 제218조, 제220조 및 전조의 규정에 의하여 하는 압수 또는 수색에 대하여, 제110조, 제112조, 제114조, 제118조, 제129조, 제131조 및 제137조 내지 제140조의 규정은 검찰관, 검찰사무관 또는 사법경찰직원이 제218조 또는 제220조의 규정에 의하여 하는 검증에 대하여 이를 준용한다. 단 사법순사는 제122조 내지 제124조에 규정된 처분을 할 수 없다.

10 형사법 아카데미, 『주요 국가의 압수·수색 제도 개관』, 검찰, 2018, 160－161면.

아야 한다.

2. 우리의 법

가. 법규정

우리 형사소송법은 일본의 형사소송법과 매우 유사한 구조와 내용을 가지고 있다. 제118조에서는 '처분을 받는 자'에 대한 영장 제시 의무, 제121조는 당사자의 참여, 제122조는 당사자에 대한 통지, 제123조는 주거주 등의 참여를 규정하고 있으며 제219조 준용규정을 통해 수사기관의 영장집행에 이들 조항을 준용하도록 하고 있다.

나. 입법상 과오로 의심되는 준용규정

앞서 살펴본 바와 같이 우리 법의 연원이 된 독일, 프랑스, 일본의 형사소송법은 피의자 또는 변호인의 참여권에 대해 언급하지 않고 있다. 일본의 형사소송법이 법원의 압수·수색에 대한 피고인의 참여권 규정을 수사기관의 압수·수색에서는 의도적으로 배제하였음에도 불구하고 해당 법형식을 그대로 차용한 우리의 입법자는 피고인 등의 참여권 조항을 수사기관의 압수·수색에서 준용하였는데 그에 관한 입법 취지를 설명한 자료는 찾아볼 수 없다.

다만, 2017년에 발행된 「주석 형사소송법」은 공판과정에서 행해지는 압수·수색은 공개적 절차로서의 공판의 일부이므로 공판에서와 같이 검사와 피고인 또는 변호인이 참여하여야 할 것이지만 밀행성이 원칙인 수사절차는 수사기관과 피의자가 서로 당사자로서 공방하는 절차가 아니므로 수사절차에서 제121조를 준용하는 것은 입법상의 과오로 보인다고 지적하고 있을 뿐이다.[11] 이러한 의견에 대해 제정 형사소송법이 일본의 것과 다르게 제121조를 수사 단계에서 준용한 것은 우리의 입법자들이 수사기관의 영장집행에 대한 이의와 감시를 통해 집행이 객관적이며 공정하게 되도록 한 것이라는 사견[12]이 있으나 이 또한 명확한 근거

11 편집대표 김희옥·박일환, 『제5판 주석 형사소송법(Ⅱ)』, 한국사법행정학회, 2017, 315면.
12 이흔재, "제3자 보관 전자정보에 대한 압수·수색영장의 집행과 피의자의 절차적 권리", 형사법의 신동향 통권 제76호, 2022·가을, 163면.

가 있는 것은 아니다.

1954년 당시 압수·수색제도는 유체물을 상정한 것이었다. 데이터에 대한 조회와 회신은 역시 같은 시기에 규정된 형사소송법 제199조 제2항(수사에 관하여는 공무소 기타 공사단체에 조회하여 필요한 사항의 보고를 요구할 수 있다)에 따라 이루어졌다. 이후 정보기본권 등의 보호 필요성에 따라 수사 실무에서는 그 속성이 전혀 다른 데이터의 취득에 있어서도 1954년의 압수·수색제도를 활용하게 되었다. 따라서, 유체물을 염두에 둔 압수·수색절차를 데이터에 적용할 경우 모순이 발생하는 것은 매우 당연하다.

반면, 특별법으로 제정된 통신비밀보호법은 압수·수색제도 대신 허가서 제도를 신설하였으며 그 집행 절차와 사후 통지 제도 등도 '통신'의 특성에 맞게 새롭게 마련하였다. 데이터에 대한 압수·수색이나 통신에 대한 허가서의 집행이 모두 강제수사라는 점, 따라서 모두 법관의 심사를 받아야 하는 점, 수사기관이 취득하게 되는 것은 결국 데이터라는 점에서 다를 바 없는데 통신비밀보호법상 허가서 집행에는 피의자 등에 대한 통지 및 참여권 보장제도가 없다. 1954년의 입법자는 압수·수색에서 피의자의 참여권을 보장하고 1993년의 입법자는 통신비밀보호법에서 피의자의 참여권을 의도적으로 배제한 것일까?

다. 1954년의 형사소송법과 현실의 모순

우리나라에 컴퓨터가 공식적으로 처음 도입된 해는 1967년이다. 경제기획원 조사통계국에서 인구통계 조사를 위해 IBM 컴퓨터를 들여왔고, 당시 대통령을 비롯한 정부 고위인사들이 작동하는 순간을 함께 지켜보았다고 한다.[13]

형사소송법은 우리나라에 컴퓨터가 도입되기 14년 전에 제정되었고 현재 논쟁이 되고 있는 제118조부터 제123조까지의 규정도 제정 당시부터 존재했다. 형사소송법 제정 당시에는 예상하지 못했던 컴퓨터가 등장하였고 이를 대상으로 한 압수와 수색 현장에서 기본권 침해 사례가 급증하게 되었다. 우리의 입법자가 이에 대응하기 위해 형사소송법에 수정을 가한 것은 제106조와 제107조뿐이다.

앞서 본 바와 같이 독일·프랑스·일본의 입법자는 통신과 데이터에 대한 수사기관의 처분에 대해 형사소송법 개정을 통해 통합적으로 규율하고 있으나, 우

13 https://www.hani.co.kr/arti/economy/it/1021151.html (2025. 9. 25. 방문).

리의 입법자는 데이터 취득 절차를 통합적으로 정비하지 않고 통신자료, 통신사실확인자료, 통신의 내용, 금융거래자료 등의 데이터에 한하여 특별법으로 규율하고 있다. 데이터의 속성이 유사함에도 불구하고 특별법에서 규율하지 않는 데이터는 압수·수색절차를 활용하게 되면서 형사소송 실무에서는 모순이 발생하게 되었고 개별 쟁점에 대한 판단을 사법부에 미루고 있는 실정이다.

3. 소결

헌법 제12조 제3항과 제16조는 영장주의에 대해 규정하고 있다. 이 규정들은 체포, 구속, 압수, 수색이 신체의 자유와 주거의 자유를 침해하는 전형적인 경우이기 때문에 기본권 조항에 부가하여 특별히 영장주의를 천명한 것이며, 헌법 제37조 제2항에 따라 필요한 경우에 한하여 법률로써 제한할 수 있을 뿐이다. 신체, 주거의 자유뿐만 아니라 사생활의 비밀과 자유, 통신의 비밀, 양심의 자유, 종교의 자유 등이 디지털 매체를 매개로 하여 향유되고 있으므로 수사기관이 이러한 자유와 권리를 제한하기 위해서는 신체, 주거의 자유를 침해하는 것과 동등한 수준 또는 그 이상의 정당성이 요구된다는 것은 이제 상식이 되었다.

유체물에 대한 압수의 모습과 주거에 대한 수색의 모습은 데이터에 대한 탐색과 이에 대한 취득의 모습과는 매우 다르다. 헌법에 보장된 기본권을 유의미하게 보장하기 위해서는 조금 더 구체적인 상황에 맞는 구체적인 법률이 마련될 필요가 있다.

데이터가 조회, 제공되는 모습은 통신자료, 통신사실확인자료, 통신 및 이메일의 내용, 금융자료와 임의수사인 사실조회가 다르지 않으나 특별법에서 규율하는 데이터에 대해서는 관리자에게 제공되는 서면(영장, 허가서 또는 통신자료제공요청서)이 추가되었을 뿐이다. 통신비밀보호법의 경우 자료의 종류, 요구 절차, 사후 절차가 상세히 규정되어 있으나 특별법에 규정하지 않은 데이터는 압수·수색절차를 사용하기 때문에 동일 유형의 데이터에 대해서도 강제력을 행사하는 방법과 세부 절차에서 상호 충돌이 발생하는 등 모순점을 드러내게 된다.

제3절 판례의 변천과 그로 인한 혼돈

1. 참여권 논쟁의 시작

참여권 논쟁은 일명 전교조 사건(대법원 2011. 5. 26. 자 2009모1190 결정)부터 시작되었다. 그런데 당시 대법원은 형사소송법 제219조와 제121조에 따른 피의자의 참여권을 언급한 것이 아니라 압수·수색영장 집행 대상자의 참여권을 언급하였을 뿐이다.

전교조 사건을 이어받아 범민련 남측본부 사건(대법원 2012. 10. 11. 선고 2012도7455 판결)에서 대법원은 형사소송법 제219와 제121조를 처음으로 언급하였다. 그런데 이 두 규정은 1954년 형사소송법이 제정될 당시부터 존재하던 규정임에도 불구하고 2012년 10월 11일 대법원 판결 이전에는 해당 규정들이 논쟁의 대상이 된 적이 없었고 이 판결이 있기 전 수사기관에서도 제219조와 제121조, 제122조에 근거하여 피의자 또는 변호인에게 압수·수색영장의 집행을 사전 통지하는 관행도 없었으며, 특히 피압수자와 피의자가 서로 다른 상황에서의 영장집행에서 피의자를 참여시키는 실무도 존재하지 않았다.

범민련 남측본부 사건의 1심 법원이 "압수·수색 실시의 사전통지는 본질적으로 압수물 인멸, 은닉의 위험을 초래하므로 위 예외사유인 '급속을 요하는 때'를 넓게 해석하는 것이 합리적이라 할 것이므로, 이 사건에서 피고인들에 대한 사전통지가 이루어지지 않았다고 하더라도 이는 급속을 요하는 때에 해당한다고 할 것이므로 위 사유만으로 이 사건 압수·수색절차가 위법하다고 할 수는 없다"라고 판시[14]한 점으로 미루어 보면, 제122조의 단서 규정이 적용될 여지가 크고 이에 근거하여 통지되지 않는 경우 피의자 측이 참여권을 행사할 가능성도 거의 없다고 볼 수 있다.

14 서울중앙지방법원 2011. 12. 22. 선고 2009고합731,2011고합348(병합) 판결.

2. 참여권에 대한 사법부의 입장 변화

가. 종근당 사건 이전

1) 전교조 사건(대법원 2011. 5. 26. 자 2009모1190 결정)

수사기관이 전국교직원노동조합 본부 사무실에 대한 영장을 집행하면서 방대한 전자정보가 담긴 저장매체를 수사기관 사무실로 가져가 그 곳에서 저장매체 내 전자정보파일을 다른 저장매체로 복사한 경우, 영장집행의 위법성이 문제된 사건이다.

이 사건에서 대법원은 "전자정보가 담긴 저장매체 자체를 수사기관 사무실 등으로 옮겨 이를 열람 혹은 복사하게 되는 경우에도, 그 전체 과정을 통하여 피압수·수색 당사자나 그 변호인의 계속적인 참여권 보장, 피압수·수색 당사자가 배제된 상태에서의 저장매체에 대한 열람·복사 금지, 복사대상 전자정보 목록의 작성·교부 등 압수·수색대상인 저장매체 내 전자정보의 왜곡이나 훼손과 오·남용 및 임의적인 복제나 복사 등을 막기 위한 적절한 조치가 이루어져야만 그 집행절차가 적법한 것으로 될 것이다"라고 판시하였다.

이 결정에서 참여권의 주체는 '피의자 또는 변호인'이 아니라 '피압수·수색 당사자나 그 변호인'이라고 명시하고 있고 참여권 보장의 취지는 "압수·수색의 대상인 저장매체 내 전자정보의 왜곡이나 훼손과 오·남용 및 임의적인 복제나 복사 등을 막기 위한 적절한 조치"라는 입장을 밝혔다.

대법원은 "8,000여 개나 되는 파일을 복사한 이 사건 영장집행은 원칙적으로 압수·수색영장이 허용한 범위를 벗어난 것으로서 위법하다고 볼 여지가 있다"라고 하면서 '포괄적인 압수의 위법성'에 대해서도 언급하였다.

정리하면, 일명 전교조 사건 결정에서는 포괄적인 수색에 대한 언급 없이 '포괄적인 압수가 위법하다고 볼 여지가 있다'라는 입장을 표명하였고, 저장매체에 대한 압수·수색에서 '피의자'가 아닌 '피압수자'에 대한 참여권 보장에 대해서만 언급하였다. 또한, 참여권 보장의 취지는 '증거의 왜곡 등을 방지하기 위한 조치'로 한정하였다.

2) 범민련 남측본부 사건(대법원 2012. 10. 11. 선고 2012도7455 판결)

수사기관이 이메일 압수·수색 집행과정에서 형사소송법이 정한 사전 통지가 이루어지지 않아 피고인 등의 절차 참여권이 제한되었으므로 압수집행은 위법하고 그에 따라 수집된 증거도 증거능력을 상실한다는 주장에 대하여 대법원은 "피의자 또는 변호인은 압수·수색영장의 집행에 참여할 수 있고(형사소송법 제219조, 제121조), 압수·수색영장을 집행함에는 원칙적으로 미리 집행의 일시와 장소를 피의자 등에게 통지하여야 하나(형사소송법 제122조 본문), '급속을 요하는 때'에는 위와 같은 통지를 생략할 수 있다(형사소송법 제122조 단서). 여기서 '급속을 요하는 때'라고 함은 압수·수색영장 집행 사실을 미리 알려주면 증거물을 은닉할 염려 등이 있어 압수·수색의 실효를 거두기 어려울 경우라고 해석함이 옳고, 그와 같이 합리적인 해석이 가능하므로 형사소송법 제122조 단서가 명확성의 원칙 등에 반하여 위헌이라고 볼 수 없다"라고 설시하였다.

특히, 동일 쟁점에 대해 1심 법원은 "살피건대, 형사소송법 제219조, 제122조는 압수·수색영장을 집행함에는 미리 집행의 일시와 장소를 피의자 또는 변호인에게 통지하여야 하나 피의자 또는 변호인이 참여하지 아니한다는 의사를 명시한 때 또는 급속을 요하는 때에는 예외로 한다고 규정하고 있는바, 압수·수색 실시의 사전통지는 본질적으로 압수물 인멸, 은닉의 위험을 초래하므로 위 예외사유인 '급속을 요하는 때'를 넓게 해석하는 것이 합리적이라 할 것이므로, 이 사건에서 피고인들에 대한 사전통지가 이루어지지 않았다고 하더라도 이는 급속을 요하는 때에 해당한다고 할 것이므로 위 사유만으로 이 사건 압수·수색절차가 위법하다고 할 수는 없다"라고 판시[15]하고 있다.

2심 법원은 여기에 더하여 "설령 수사기관이 압수집행을 사전에 통지하지 않은 것이 위법하다 할지라도, 이를 통해 수집한 증거는 실체 진실의 발견이나 형사사법 정의의 관점에서 유죄의 증거로 인정할 수 있는 예외적인 경우에 해당한다고 봄이 상당하므로, 이와 결론을 같이 한 원심판결은 정당하고, 거기에 어떠한 법리오해의 위법이 있다고 볼 수 없다"라고 판시[16]하였다.

이 사건의 판결은 형사소송법 제219조 준용규정과 제121조, 제122조를 근거

15 서울중앙지방법원 2011. 12. 22. 선고 2009고합731,2011고합348(병합) 판결.
16 서울고등법원 2012. 6. 8. 선고 2012노82 판결.

로 사전통지의 대상과 참여의 주체는 피의자 또는 변호인이라는 점을 명확히 하였다. 다만, 1심 법원이 판시한 바와 같이 압수·수색 실시의 사전통지는 본질적으로 증거의 인멸과 은닉의 위험을 초래하므로 '급속을 요하는 때'를 넓게 해석하여야 한다는 취지를 수용할 경우 제121조에 따른 피의자 또는 변호인의 참여권이 보장되는 경우는 적다고 보아야 할 것이다.

나. 종근당 사건 결정(대법원 2015. 7. 16. 자 2011모1839 전원합의체 결정)

1) 저장매체 반출 이후 참여권 미보장에 대해

가) 사안의 내용

(저장매체 반출) 검사가 압수·수색영장을 발부받아 갑 주식회사 빌딩 내 을의 사무실을 압수·수색하였는데, 저장매체에 범죄혐의와 관련된 정보와 범죄혐의와 무관한 정보가 혼재된 것으로 판단하여 갑 회사의 동의를 받아 저장매체를 수사기관 사무실로 반출하였다.

(제1 처분) 이후 검사는 을 측의 참여하에 저장매체에 저장된 전자정보파일 전부를 '이미징'의 방법으로 다른 저장매체로 복제하였다.

(제2 처분) 검사는 을 측의 참여 없이 이미징한 복제본을 외장 하드디스크에 재복제하였다.

(제3 처분) 검사는 을 측의 참여 없이 하드디스크에서 유관정보를 탐색하는 과정에서 갑 회사의 별건 범죄혐의와 관련된 전자정보 등 무관정보도 함께 출력하였다.

나) 대법원의 판단

위 사안에 대해 대법원의 다수의견은 "제1처분은 위법하다고 볼 수 없으나, 제2·3처분은 제1처분 후 피압수·수색 당사자에게 계속적인 참여권을 보장하는 등의 조치가 이루어지지 아니한 채 유관정보는 물론 무관정보까지 재복제·출력한 것으로서 영장이 허용한 범위를 벗어나고 적법절차를 위반한 위법한 처분이며, 제2·3처분에 해당하는 전자정보의 복제·출력 과정은 증거물을 획득하는 행위로서 압수·수색의 목적에 해당하는 중요한 과정인 점 등 위법의 중대성에 비추어 위 영장에 기한 압수·수색이 전체적으로 취소되어야 한다"라고 하였다.

2) 별건 정보 탐색을 위한 제2영장 집행에서의 참여권 미보장에 대해

가) 사안의 내용

을 측의 참여 없이 하드디스크에서 유관정보를 탐색하던 중 우연히 을 등의 별건 범죄혐의와 관련된 전자정보를 발견하고 문서로 출력하였고, 그 후 을 측에 참여권 등을 보장하지 않은 채 다른 검사가 별건 정보를 소명자료로 제출하면서 압수·수색영장('제2 영장')을 발부받아 외장 하드디스크에서 별건 정보를 탐색·출력하였다.

나) 대법원의 판단

대법원은 "제2 영장 청구 당시 압수할 물건으로 삼은 정보는 제1 영장의 피압수·수색 당사자에게 참여의 기회를 부여하지 않은 채 임의로 재복제한 외장 하드디스크에 저장된 정보로서 그 자체가 위법한 압수물이어서 별건 정보에 대한 영장청구 요건을 충족하지 못하였고, 나아가 제2 영장에 기한 압수·수색 당시 을 측에 압수·수색 과정에 참여할 기회를 보장하지 않았으므로, 제2 영장에 기한 압수·수색은 전체적으로 위법하다"라고 판시하였다.

3) 참여권자와 그 근거

대법원은 "그와 같은 일련의 과정에서 형사소송법 제219조, 제121조에서 규정하는 피압수·수색 당사자(이하 '피압수자'라 한다)나 그 변호인에게 참여의 기회를 보장하고 혐의사실과 무관한 전자정보의 임의적인 복제 등을 막기 위한 적절한 조치를 취하는 등 영장주의 원칙과 적법절차를 준수하여야 한다"라고 판시하고 "별도의 압수·수색 절차는 최초의 압수·수색 절차와 구별되는 별개의 절차이고, 별도 범죄혐의와 관련된 전자정보는 최초의 압수·수색영장에 의한 압수·수색의 대상이 아니어서 저장매체의 원래 소재지에서 별도의 압수·수색영장에 기해 압수·수색을 진행하는 경우와 마찬가지로 피압수·수색 당사자(이하 '피압수자'라 한다)는 최초의 압수·수색 이전부터 해당 전자정보를 관리하고 있던 자라 할 것이므로, 특별한 사정이 없는 한 피압수자에게 형사소송법 제219조, 제121조, 제129조에 따라 참여권을 보장하고 압수한 전자정보 목록을 교부하는 등 피압수자의 이익을 보호하기 위한 적절한 조치가 이루어져야 한다"라고 판시하였다.

그런데 판시 내용에 따르면 '해당 전자정보를 관리하고 있던 자' 즉, '피압수자'에게 참여권을 보장한다고 하면서도 그 근거조항으로 제219조, 제121조를 제시하는 등 모순적인 태도를 보였다. 또한 참여권 보장의 취지를 "임의적인 복제 등을 막기 위한 적절한 조치", "피압수자의 이익을 보호하기 위한 적절한 조치"로 명시하기도 하였다.

4) 종근당 사건 결정의 정리

가) 디지털 매체에 포함된 기본권 확인

대법원은 "전자정보가 저장된 저장매체는 대부분 대용량이어서 압수·수색영장 발부의 사유로 된 범죄혐의와 관련 없는 개인의 일상생활이나 기업경영에 관한 정보가 광범위하게 포함되어 있다. 이러한 전자정보에 대한 압수·수색은 사생활의 비밀과 자유, 정보에 대한 자기결정권, 재산권 등을 침해할 우려가 크므로 포괄적으로 이루어져서는 아니 되고 비례의 원칙에 따라 필요한 최소한의 범위 내에서 이루어져야 한다"라고 함으로써 디지털 저장매체에는 사생활의 비밀과 자유, 정보에 대한 자기결정권, 재산권 등의 기본권이 포함되어 있다고 선언하였다.

나) 해당 전자정보를 관리하고 있던 자를 참여권자로 명시

대법원은 '해당 전자정보를 관리하고 있던 자'를 피압수자라고 지칭하고 그에게 참여권을 보장해야 한다고 하였다. 그런데 피압수자의 참여권에 대한 근거조항으로 형사소송법 제219조, 제121조를 언급함으로써 참여권자가 '피압수자'인지, '피의자'인지 모호하게 판결하였다. 특히, 대법원은 "형사소송법 제219조, 제121조에서 규정하는 피압수·수색 당사자나 그 변호인에게 참여의 기회를 보장하고"라는 표현을 사용함으로써 소송의 당사자, 피의자, 피압수·수색 대상자를 모두 포괄하는 듯한 태도를 보이는 오류를 범하였다.

다. 종근당 사건 이후

1) 대법원 2017. 9. 21. 선고 2015도12400 판결 및 대법원 2019. 7. 11. 선고 2018도20504 판결

이 사건들에서 대법원은 종근당 사건 결정을 참조하여 "형사소송법 제219조,

제121조는 '수사기관이 압수·수색영장을 집행할 때에는 피압수자 또는 변호인은 그 집행에 참여할 수 있다'는 취지로 규정하고 있다"라고 선언함으로써 제121조에서 규정한 '피고인'을 '피압수자'로 단정지었다.

2) 대법원 2022. 1. 27. 선고 2021도11170 판결

이 판결에서 대법원은 "피의자 스스로 임의제출한 경우 피의자의 참여권 등이 보장되어야 하는 것과 견주어 보더라도 특별한 사정이 없는 한 형사소송법 제219조, 제121조, 제129조에 따라 피의자에게 참여권을 보장하고 압수한 전자정보 목록을 교부하는 등 피의자의 절차적 권리를 보장하기 위한 적절한 조치가 이루어져야 한다"라고 함으로써 '피압수자'와 제121조에 규정한 '당사자로서의 피의자'를 혼용하여 표현하였다.

또한, "정보저장매체를 임의제출한 피압수자에 더하여 임의제출자 아닌 피의자에게도 참여권이 보장되어야 하는 '피의자의 소유·관리에 속하는 정보저장매체'란, 피의자가 압수·수색 당시 또는 이와 시간적으로 근접한 시기까지 해당 정보저장매체를 현실적으로 지배·관리하면서 그 정보저장매체 내 전자정보 전반에 관한 전속적인 관리처분권을 보유·행사하고, 달리 이를 자신의 의사에 따라 제3자에게 양도하거나 포기하지 아니한 경우로써, 피의자를 그 정보저장매체에 저장된 전자정보에 대하여 실질적인 피압수자로 평가할 수 있는 경우를 말하는 것이다"라고 함으로써 피의자의 참여권에 대한 근거를 제121조에 두는 것이 아니라 '피압수자'의 지위에서 그 근거를 찾고 있다.

3) 대법원 2022. 5. 31. 자 2016모587 결정

수사기관이 인터넷서비스업체인 카카오 본사 서버에 보관된 전자정보를 압수·수색영장의 집행을 통해 취득하면서 피의자에게 통지하지 않은 것에 대한 위법성을 평가함에 있어 대법원은 "원심이 인터넷서비스업체인 카카오 본사 서버에 보관된 이 사건 전자정보에 대한 이 사건 압수·수색영장의 집행에 의하여 전자정보를 취득하는 것이 참여권자에게 통지하지 않을 수 있는 형사소송법 제122조 단서의 '급속을 요하는 때'에 해당하지 않는다고 판단한 것은 잘못이나(후략)"라고 판시하였다. 이는 '인터넷서비스업체에 대한 영장의 집행을 통해 전자정보를 취득할 때에 제121조에 규정된 참여권자(피의자 또는 변호인)에게 통지하여야 한다'는

것을 전제로 '급속을 요하는 때'에 해당하여 통지하지 않을 수 있다는 입장을 간접적으로 표현했다고 보아야 한다.

같은 결정에서 대법원은 "수사기관이 카카오로부터 입수한 전자정보에서 범죄혐의사실과 관련된 부분의 선별 없이 그 일체를 출력하여 증거물로 압수한 위법, 그 과정에서 서비스이용자로서 실질적 피압수자이자 피의자인 준항고인에게 참여권을 보장하지 않은 위법(후략)"이 인정된다고 설시하였는데 이 부분에서 '피의자는 피압수자로서 참여권이 보장되어야 한다'는 입장을 보였다.

정리하면, 같은 결정 안에서 대법원은 '제121조에 따른 피의자의 참여권을 보장하기 위한 통지는 급속을 요하는 때에 해당하여 통지하지 않을 수 있다'고 하면서도 '피의자는 피압수자의 자격으로 참여권을 보장해야 한다'는 모순적인 설명을 하고 있다.

3. 입법과 사법이 야기한 혼돈

가. 참여권자와 근거 규정의 불일치

일명 전교조 사건에서는 '피압수·수색 당사자나 그 변호인'을 참여권자로 명시하고 있을 뿐이어서 형사소송법 제118조에 따라 영장의 처분을 받는 상대방이 당연히 참여할 수 있다는 것인지, 제121조에 따라 소송의 당사자가 참여할 수 있다는 것인지, 제123조에 따라 주거주로서 참여할 수 있다는 것인지 명확히 하지 않았다.

그 이후의 일명 범민련 남측본부 사건에서는 "피의자 또는 변호인은 압수·수색영장의 집행에 참여할 수 있고(형사소송법 제219조, 제121조), 압수·수색영장을 집행함에는 원칙적으로 미리 집행의 일시와 장소를 피의자 등에게 통지하여야 하나(형사소송법 제122조 본문), (후략)"라고 함으로써 형사소송법 제121조에 따른 피의자의 참여권임을 밝혔다.

그런데 그 이후 종근당 사건 결정에서 대법원은 일부의 경우를 제외한 대부분의 판시 부분에서 피의자의 참여권은 논하지 않고 피압수자의 참여권만을 논하였다. 또한 피압수자 참여권의 법적 근거를 피의자 참여권 규정(제121조)에서도 도출하고 있는데 형사소송법은 피의자 및 피압수자의 참여권을 구분하고 있다는

점에서, 대법원의 이러한 판단은 현행 형사소송법이 규정하는 바와 배치된다.[17]

종근당 사건에 대한 결정 이후 2019년까지 대법원은 종근당 사건 결정을 참조하여 제121조에서 규정한 '피고인 또는 변호인'을 '피압수자 또는 변호인'으로 단정짓는 태도를 보였다.[18] 2022년 이후 대법원은 다시 "정보저장매체를 임의제출한 피압수자에 더하여 임의제출자 아닌 피의자에게도 참여권이 보장되어야 한다"라는 취지로 다시 입장을 변경하여 피압수자와 피의자 모두에게 참여권을 인정하였는데 '피압수자'의 참여권을 보장하는 근거에 대해서는 명시하지 않고 있다.

나. 참여권 보장 취지의 모호성

참여권의 보장 취지에 대해서도 2011년 전교조 사건에서는 "압수·수색의 대상인 저장매체 내 전자정보의 왜곡이나 훼손과 오·남용 및 임의적인 복제나 복사 등을 막기 위한 적절한 조치"[19]라고 하였고 2015년 종근당 사건 결정에서는 "혐의사실과 무관한 전자정보의 임의적인 복제 등을 막기 위한 적절한 조치"[20]라고 하였다. 전교조 사건 및 종근당 사건 결정 모두 피의자가 아니라 '피압수·수색 당사자'라고 하였으므로 피의자가 아닌 압수·수색의 집행을 당하는 상대방이 가지는 참여권의 보장취지를 설명한 것으로 볼 수 있다. 반면, 2022년 판결에서는 피의자의 참여권에 대해 언급하면서 그 취지에 대하여는 "피의자의 절차적 권리를 보장하기 위한 적절한 조치가 이루어져야 한다"[21]고 판시하였다.

형사소송법 제121조에서 규정하고 있는 당사자의 참여권과 제123조에서 정한 주거주 등의 참여권은 그 취지가 다르다. 또한, 대법원 판례에서 계속 언급하고 있는 '피압수 당사자'의 참여권은 명시적인 규정이 존재하는 것이 아니라 압수·수색영장 원본의 제시 규정(제118조)에 따라 '반사적으로 인정되는 현상'일 뿐이다. 대법원이 참여권자와 그 근거 규정에 대해 명확히 하지 않는 이상 그 참여권의 취지도 당연히 모호해질 수밖에 없다.

---

17 전치홍, "대법원의 참여권 법리에 대한 비판적 검토 –대법원 2021. 11. 18. 선고 2016도348 전원합의체 판결을 중심으로", 형사소송 이론과 실무 제14권 제1호, 2022. 3, 18면.

18 대법원 2017. 9. 21. 선고 2015도12400 판결; 대법원 2019. 7. 11. 선고 2018도20504 판결.

19 대법원 2011. 5. 26. 자 2009모1190 결정.

20 대법원 2015. 7. 16. 자 2011모1839 전원합의체 결정.

21 대법원 2022. 1. 27. 선고 2021도11170 판결.

4. 소결

형사소송법은 당사자(검사와 피고인)의 참여권과 당사자 이외의 참여를 구분하고 있다.

형사소송 당사자의 참여에 대해서는 압수·수색에 관하여 제121조에서 규정하고 있고 증인신문에 대해서는 제163조에서 규정한다. 법원의 감정에 관하여도 제176조에서 당사자의 참여권을 규정하고 있다. 법원의 압수·수색과 증인신문, 법원의 감정에 관하여 모두 당사자인 검사, 피고인 또는 변호인이 참여할 수 있다는 점을 규정하고 있고 그 참여의 취지도 동일한 것으로 판단된다. 형사소송법은 법원의 다양한 집행에 대해 당사자의 참여권을 규정하면서도 유독 법원의 압수·수색에 대한 참여권 규정인 제121조만을 수사의 장에서 준용하고 있다.

형사소송법은 제123조에서 압수·수색영장의 집행 현장에서 책임자, 주거주 등의 참여에 대해 규정하고 있고 제124조에서는 성년의 여자를 참여하게 한다는 규정을 두고 있다. 또한 제141조는 의사나 성년 여자를 참여하게 하여야 한다고 규정하고 있다. 이러한 규정들은 당사자 이외의 참여에 대해 규정하는 것이고 앞에서 언급한 '당사자(검사와 피고인)'의 참여권과는 취지를 달리하는 것이라는 점에 주목해야 한다.

일명 '참여권 논쟁'을 해결하기 위해서는 등장인물을 세 가지로 구분하여 검토하여야 한다. 우선 제118조에 따라 수사기관이 반드시 영장을 제시해야 할 상대방인 '피압수자'이다. 두 번째로 제121조에서 규정하고 있는 당사자, 즉 '피의자'이다. 마지막으로 제123조에서 언급하고 있는 '집행 현장의 책임자 등'이다.

제118조의 취지에 대해 형사소송법 주석서는 압수·수색 처분을 받는 자에게 영장을 제시함으로써 압수·수색영장을 집행하는 자가 적법한 권한에 의하여 압수·수색을 하는 것임을 알도록 하고 압수·수색영장에 기재된 물건, 장소, 신체에 대해서만 압수·수색을 하도록 하려는 것을 보장하려는 취지가 있으며 여기서 처분을 받는 자란 압수·수색을 당하는 자이므로 압수할 물건 또는 수색할 장소를 현실적으로 지배하는 자를 의미한다고 설명한다.[22]

제118조를 규정한 이후 형사소송법은 제121조에 이르러 당사자의 참여권에

22 편집대표 김희옥·박일환, 『제5판 주석 형사소송법(Ⅰ)』, 한국사법행정학회, 2017, 613면.

대해 규정하고 있다. 이는 분명 영장집행의 상대방과 피고인을 분리한 것이며 제121조의 참여권은 증인신문, 감정에서의 당사자 참여권 등 당사자로서 자신에게 유불리한 증거의 취득과정에 참여하도록 함으로써 당사자주의를 강화하기 위한 것이다.

결국, 제121조에서 언급한 당사자의 참여권과 제118조 또는 제123조에서 언급하는 참여권은 그 성질을 달리하는 것이므로 이를 구분하여 논하여야 한다.

제4절 참여권 법리의 재구성

사법부는 입법자가 규정해 둔 제219조와 제121조를 엄격히 적용하려고 시도하였으나 여러 측면에서 모순점을 드러냈다. 사법부가 입법을 할 수는 없으니 현행 규정을 적용하면서 발생한 당연한 결과이다.

모순을 해결하기 위해서는 입법자가 제121조의 취지를 명확히 한 후에 프라이버시를 침해할 우려가 높은 디지털 매체의 압수·수색과 개인에 관한 데이터 취득에 필요한 절차를 세부적으로 마련함으로써 영장주의가 적용되는 각 법률 간에 일관성 있는 해석이 가능하도록 조치할 수밖에 없다.

다만, 입법자의 법 개정을 돕기 위해 디지털 매체에 대한 수색과 압수를 명확히 구분하고 수색에서 참여권의 역할을 명확히 하며 그 참여권의 본질이 무엇인지 관련 법리를 재구성할 필요가 있다.

1. 수색과 압수의 명확한 구분

영장집행의 모습은 크게 두 가지로 나눌 수 있다. 수사기관이 직접 수색하는 것과 기업이나 단체에 영장을 제시하고 선별된 데이터를 제공받는 것이다. 기지국의 통신기록, 은행의 금융기록, 복잡한 분산 컴퓨팅 시스템에서 관련 기록만을 추출하는 것, 통신자료를 압수·수색영장으로 취득하는 것, 이메일을 확보하는 것, SNS의 대화내용을 확보하는 것들이 모두 후자에 해당한다. 영장집행의 모습에서 전자와 후자의 가장 큰 차이점은 '수사기관에 의한 수색'의 유무이다. 수색은 압수의 전 단계에서 이루어지며 압수의 목적을 이행하기 위한 수단이기 때문에 수사기관이 취득할 데이터를 발견하기 위해 어느 범위 내에서 수색을 허용할 것인지 결정하는 것은 매우 중요하다.

오프라인에서 수색 범위는 꽤 명백하게 확정할 수 있으나 다종다양한 환경에서 운영되는 개별 정보통신시스템에서 사전에 수색 범위를 명확히 하는 것은 불가능하다. 이러한 측면에서 '피압수자' 또는 '관리자' 등의 포괄적 참여권은 디지털 매체에 대한 수사기관의 수색에서 중요한 역할을 하게 된다. 결국, 참여권에 대한 법리를 구성하기 위해서는 눈에 보이지도 않고 수색할 범위에 대한 구분도 쉽지 않은 디지털 환경에서 '수사기관이 직접 수색'하는 경우에 초점을 맞추어야 한다.

2. 수색에 대한 '통제'와 압수에 대한 '통지'의 구분

앞서 언급한 바와 같이 디지털 증거를 취득하는 과정은 수사기관이 직접 수색하는 것과 선별된 데이터를 제공받는 것으로 구분된다. 수색에 대해서는 '통제'의 문제가 발생하며 데이터 관리자가 선별하여 제공한 데이터에 대해서는 정보주체에 대한 '통지'의 문제가 발생한다.

가입자 정보, 물품 구매정보, 배송지 정보 등도 사업자 및 정보주체의 관점에서는 영장·허가서가 필요한 이메일, 금융자료, 통신사실확인자료 등과 동일한 수준의 보호가 필요한 데이터임에도 불구하고 데이터의 종류에 따라 각기 다른 규제를 받고 있어 정보주체가 일관된 보호를 받지 못하는 상태에 놓여 있다.[23] 개인정보자기결정권의 대상이 되는 데이터는 그 종류와 관계없이 데이터 처리에 관하여 정보주체가 알 권리를 향유할 방도, 수사기관의 직접 집행에 따른 권한 남용을 통제할 방도는 동시에 고려되어야 한다.

헌법재판소는 2012. 12. 27. 선고 2011헌바225 결정에서 "전자우편에 대한

23 이관희·이상진, "데이터 보관 사업자에 대한 영장집행 절차의 현실화 방안에 관한 연구: 피의자에 대한 사전 통지 생략 및 영장 사본제시 필요성을 중심으로", 형사정책연구 제31권 제1호, 2020. 3, 131면.

압수·수색의 경우에는 일반적인 유형물에 대한 압수·수색과 달리 '압수처분을 받는 자'와 '압수의 실질적인 대상인 정보의 소유자'가 분리되게 된다. 그 결과 정보주체는 '현실적으로 압수·수색을 당하고 있는 자로서 압수할 물건 또는 장소를 현실적으로 지배하는 자'가 아니어서 형사소송법 제118조에 정한 영장제시의 상대방인 '처분을 받는 자'가 될 수 없어 영장제시를 통하여 그 집행을 고지받을 수 없으므로, 형사소송법 제122조 본문의 규정에 의한 사전통지가 아니고서는 그 집행사실을 사전에는 물론 사후적으로도 통지받을 수 없게 되는 문제가 있었다"라고 설시하여, '피압수자는 정보주체가 아닌 서버의 소유자'라는 입장을 밝힌 바 있다.

따라서, 수사기관이 직접 압수·수색하는 현장에서는 적극적 참여권을 보장할 방안을 논의해야 하며 영장·허가서·공문 등 데이터 요구에 필요한 서면과 관계없이 수사기관에 제공된 정보의 주체가 그 사실을 알 수 있도록 할 장치를 고안해야 한다.

3. 참여권 보장 근거의 명확화 – 제121조에서 제118조와 제123조로

가. 제121조에 따른 참여권 보장의 한계

형사소송법에서 "당사자"라는 용어는 제1편 총칙과 제2편 제3장 공판 이후에만 등장하며 수사와 공소의 장에서 "당사자"라는 용어는 등장하지 않는다.

형사소송법에서 말하는 "당사자"는 일상적인 생활영역에서 어떤 행위의 상대방을 일컫는 것이 아니라 소송구조론에서 직권주의와 대비되는 당사자주의, 즉 형사소송의 당사자인 '검사'와 '피고인'에게 소송의 주도권을 인정하여 그들의 공격과 방어를 중심으로 심리가 진행되고 법원은 제3자의 입장에서 당사자의 주장과 증명활동을 평가하는 소송구조에서 의미하는 당사자를 말한다.[24] 또한 현행 형사소송법에서 당사자주의적 속성을 드러내는 가장 핵심적인 요소 중 하나는 피고인의 방어권 보장인데 피고인의 참여권과 반대신문권은 '당사자'인 피고인에게 주어지는 방어권 중 하나이다.[25]

---

24 배종대·홍영기, 『형사소송법』, 홍문사, 2017, 22면.
25 배종대·홍영기, 『형사소송법』, 홍문사, 2017, 23-24면.

당사자로서 피고인의 방어권은 증인신문, 감정 등의 절차에도 모두 등장한다. 그런데 그 중 압수·수색에 관한 참여권 규정인 제121조만이 수사에 준용되고 있다. 당사자로서 피고인의 방어권을 피의자까지 확대하는 이유, 그리고 그 중 유일하게 법원의 압수·수색에 대한 피고인의 방어권을 피의자까지 확장한 이유는 무엇일까? 그 이유에 대해 명확하게 설명해 놓은 문헌은 찾지 못하였다.

제121조를 적용하여 피의자 또는 변호인에게 참여권을 보장한다고 해도 "제219조에 의하여 준용되는 법 제121조에 의해서 압수·수색영장의 집행 또는 검증영장의 집행에 대한 피의자의 참여권은 보장되고 있으나 '급속을 요구하는 경우에는 예외로 한다'라는 법 제122조의 단서에 의하여 수사기관에 의한 영장집행은 피의자 또는 변호인의 참여없이 행하여지는 것이 보통이다"[26] [27]라는 의견도 존재하고 실제 판례도 급속을 요하는 경우를 넓게 해석하기 때문에 현실에서 제121조의 참여권이 보장되는 경우는 드물다.

앞서 논했던 것처럼 법문의 규정을 충실히 따르면 모순점을 드러내게 되고, 설사 제121조를 엄격히 적용하려고 해도 실무에서는 제122조의 단서를 근거로 참여권에 대한 통지를 하지 않을 수 있기 때문에 그 실효성도 보장되지 않는다.

나. 제118조와 제123조에 근거한 참여권 보장

제121조는 당사자로 하여금 법원의 집행상황을 지켜보아 증거수집절차의 위법여부를 알게 함으로써 영장집행절차의 공정을 담보하려는 취지이다. 당사자는 영장집행절차가 위법·부당한 경우에도 그 집행현장에서 그 시정을 요구할 권리는 법률상 인정되어 있지 않다.[28]

수집된 증거에 기초하여 공소사실을 특정한 후 법원에서 압수·수색을 행하고 당사자들이 입회하는 경우 설사 집행현장에서 시정을 요구할 권리가 법률상 인정되지 않더라도 여전히 당사자주의의 강화라는 의의를 가질 수 있으나, 수사기관의 영장 집행은 공판이 아니라 여전히 공소제기 여부가 불투명한 수사단계에 불과하고 그 남용의 여지도 커서 참여권의 의의가 단순히 '집행자에 대한 심리적

26 허형구·차용석·백형구·강구진, 『주석 형사소송법(上)』, 한국사법행정학회, 1983, 671면.
27 편집대표 차용석·백형구, 『제3판 주석 형사소송법(Ⅱ)』, 한국사법행정학회, 1999, 222면.
28 허형구·차용석·백형구·강구진, 『주석 형사소송법(上)』, 한국사법행정학회, 1983, 418면.

강제의 효과'를 주는 정도에 그친다면 영장집행 현장에서의 수사권 남용을 통제할 수 없게 된다.

대법원도 참여권의 보장은 "압수·수색의 대상인 저장매체 내 전자정보의 왜곡이나 훼손과 오·남용 및 임의적인 복제나 복사 등을 막기 위한 적절한 조치", "피압수자의 이익을 보호하기 위한 적절한 조치"라는 입장을 밝혔고 "전자정보에 대한 압수·수색은 사생활의 비밀과 자유, 정보에 대한 자기결정권, 재산권 등을 침해할 우려가 크므로 포괄적으로 이루어져서는 아니 되고 비례의 원칙에 따라 필요한 최소한의 범위 내에서 이루어져야 한다[29]"고도 하였다.

참여권 보장의 취지를 살리기 위해서는 '급속을 요하는 경우'에 대한 예외가 있는 제121조에 근거할 것이 아니라 조금 더 자연스럽고 적극적인 법리를 모색해야 한다. 따라서, 이 장에서는 참여권의 근거를 제118조와 제123조에서 찾고자 한다.

제118조는 영장을 집행함에는 그 처분을 받는 자에게 반드시 사전에 제시하여야 한다고 규정하고 있다. 이 규정은 절차의 명확성과 공정을 담보하려는데 그 목적이 있으며 영장주의의 본질적 내용이다.

제123조는 공무소, 주거 등에서의 압수·수색에 관하여 집행을 받는 자의 권리를 보호하고 집행절차의 공정을 담보하기 위하여 책임자나 주거주 등을 참여시킬 것을 요구하고 있다. 책임자, 주거주, 간수자 등의 참여는 영장을 집행하기 위한 절차적 조건이다. 이러한 참여제도는 집행을 받는 상대방을 보호하고 영장집행 절차의 적정성을 담보하려는 데 그 목적이 있다. 따라서 책임자, 주거주, 간수자 등의 참여 없이 행한 영장집행은 위법이다. 이 규정은 제121조와 다르게 급속을 요하는 경우에도 지켜져야 한다.[30] [31] 또한 공무소 내의 압수·수색에 관하여는 공무상의 비밀을 보호하기 위한 압수 거절권의 행사나 원활한 공무집행을 보호하기 위하여도 중요한 의의를 가진다.[32] 제121조의 참여권과 다르게 제123조 제1항의 참여권은 압수거절권의 행사까지도 염두에 둔 것이다.

결국, '급속을 요하는 경우'라는 예외를 인정하고 있고, 입법상 과오라는 의

29 대법원 2021. 11. 18. 선고 2016도348 전원합의체 판결.
30 편집대표 김희옥·박일환, 『제5판 주석 형사소송법(Ⅰ)』, 한국사법행정학회, 2017, 625–626면.
31 허형구·차용석·백형구·강구진, 『주석 형사소송법(上)』, 한국사법행정학회, 1983, 421–422면.
32 허형구·차용석·백형구·강구진, 『주석 형사소송법(上)』, 한국사법행정학회, 1983, 420면.

심까지 받고 있으며, 그 적용에 있어 모순점을 내포하고 있는 제121조에서 참여권의 근거를 찾기보다는 제118조와 제123조에서 참여권의 근거를 찾는 것이 법률의 해석 측면이나 수색에서의 인권침해 방지 측면에서 유용하다.

4. 논의의 방향

가. 무리한 해석의 종결

디지털 증거에 대한 압수·수색에 대해 최근 증거 수집 과정의 위법성을 이유로 증거능력을 부인하는 판례가 잇따르고 있고 압수·수색의 적법성을 둘러싼 법원과 검찰 사이 물밑 신경전이 고조되고 있다.[33]

'정당한 압수·수색'의 범위에 대해 가장 쟁점이 되는 것은 '실질적 피압수자' 개념이다. 대법원은 디지털 매체를 제출한 피압수자뿐만 아니라 피의자도 그 매체에 저장된 정보에 대하여 실질적인 피압수자로 평가할 수 있는 경우가 있다[34]는 실질적 피압수자 개념을 사용하였다.

그런데 형사소송법은 데이터를 '압수의 대상'으로 규정하지 않고 있으며[35] 앞서 살펴본 바와 같이 피압수자의 참여권이라는 것에 대한 명시적 근거는 없고, 영장을 집행할 때에는 처분을 받는 자에게 제시해야 한다는 제118조 규정에 따른 반사적인 효과일 뿐이다. 결국, 대법원은 '정보주체에 대한 권리를 보호해야 한다'는 필요성에 대한 강박은 있으나 이를 논리적으로 풀어내지 못하고 있다. 이러한 무리한 해석은 실질적으로 사법부에 의한 입법행위가 되어 삼권분립의 취지를 훼손시킨다.

나. 수색에 대한 적극적 통제

제121조에서 의미하는 참여권은 방어권이다. 방어권은 적극적이고 능동적 활동인 수사와 공판활동에 대응하는 것으로 논리적으로 소극적·수동적인 성격을

33 이창훈 기자, "피의자 참여 없는 압수·수색은 무효, 잇단 판결…법원-검찰 신경전", 중앙일보, 2023. 7. 3. 자.

34 대법원 2022. 1. 27. 선고 2021도11170 판결.

35 이관희·김기범·이상진, "정보에 대한 독자적 강제처분 개념 도입 연구", 치안정책연구 제26권 제2호, 2012, 89-90면.

띤다.[36] 피압수자의 지위에 있는 참여권자도 역시 소극적 방어권을 가질 뿐이다. 피압수자는 압수절차에서 어떤 물건이 압수되는지 현장에서 확인하고 압수목록을 교부받는 방법 등에 의해 간접적으로 보호된다.[37]

오프라인의 공간에 대한 수색과 유체물을 대상으로 한 압수에서는 소극적 방어권도 수사기관의 남용을 간접적으로 억제할 수 있고 압수목록 및 압수조서 등의 내용을 통해 사후에 다툴 여지가 있다. 그런데 디지털 데이터에 대한 프라이버시는 열람과 동시에 침해되기 때문에 소극적 방어권은 한계를 가진다. 일반적으로 유체물 압수에 대한 위법성 평가는 사후에도 명확한 편이지만, 디지털 데이터를 탐색하는 과정에서 발생한 위법성 평가는 수사기관이나 피수색자나 법원의 입장에서도 매우 모호할 수밖에 없다.

증거로 사용할 데이터의 범위 대비 수색의 대상이 되는 데이터 영역의 비율이 다르고, 데이터를 저장하는 위치와 방법 역시 사용자의 특성에 따라 다르며, 증거에 해당하는 것인지 확인하기 위해 수색의 범위에 놓인 파일들을 열람해야 할 경우도 있기 때문에 법률로써 수색의 범위와 방법을 사전에 구체적으로 묘사하는 것도 한계가 있다. 그렇다고 하여 오로지 수사기관의 실천이성이 그 범위와 방법을 결정하도록 방치할 수도 없다.

파일의 내용을 열람하는 방식에 의한 수색의 경우에는 더욱 신중하게 위법성을 평가해야 한다. 유체물의 경우 각 쓰임과 가치를 유체물별로 특정할 수 있으며 이를 인식하기도 쉽지만 디지털 데이터의 경우 그 사용 또는 보유 등의 가치는 혼재되어 있으며 열람해 보기 전까지는 이를 특정할 수도 없다. 또한 디지털 매체의 집적도 향상에 따라 증거에 제공할 양에 비해 탐색이 필요한 범위가 상대적으로 커지고 있다. 따라서, 파일의 내용을 열람하는 방식의 수색은 일반영장·포괄영장의 집행과 다를 바가 없다.[38]

형사소송법이 디지털 매체에 대한 절차를 세밀하게 규정하지 않은 상황에서 참여권이 소극적 방어권의 역할을 하는 정도에 그친다면 일반영장의 집행과도 다

36 김인회, “방어권 남용론 비판”, 법학연구 제18집 제1호, 2015. 3, 328－329면.

37 이완규, “디지털 증거 압수 절차상 피압수자 참여 방식과 관련성 범위 밖의 별건 증거 압수 방법”, 형사법의, 신동향 제48호, 2015.09, 106면.

38 이관희·이상진, “파일 열람 행위에 의한 영장집행의 문제점과 디지털 저장매체 수색압수구조의 개선방안”, 법조 제69권 제4호, 2020. 8, 263－264면.

를 바 없는 남용에 따른 침해를 사전에 구제할 제도는 없게 된다. 따라서, 형사소송규칙의 개정을 통해서라도 수색을 통제할 방법을 마련해야 한다.

이 장에서 주장한 바와 같이 참여권의 근거를 제118조와 제123조에서 중복적으로 찾는 경우 압수·수색 처분을 받을 자뿐만 아니라 책임자, 관리자, 주거주, 간수자를 비롯하여 심지어 이웃 사람 또는 지방공공단체의 직원도 참여권자가 될 수 있다. 해당 조문을 토대로 영장 제시의 상대방이 될 자의 범위, 참여권 보장을 위한 구체적인 방법, 사후에 수색 및 압수의 위법성을 다툴 것을 대비한 집행 과정의 촬영, 촬영물 사본에 대한 교부, 대리로 참여할 수 있는 지방공공단체의 직원에 대한 사전 지정 및 교육, 참여권자의 이의제기 사항을 수색조서 및 압수조서에 기재하여야 한다는 의무조항 등을 형사소송규칙에 구체적으로 반영하면 디지털 매체 수색에 대한 통제가 가능하다.

다. '데이터의 처리에 관한 사항을 제공받을 권리' 보장을 위한 통지

형사소송법 제107조에서 우체물과 전기통신에 관한 것에 대한 압수의 경우 발신인이나 수신인에게 그 취지를 통지하여야 한다고 규정하고 있고, 통신비밀보호법은 전기통신에 대하여 압수·수색을 한 경우 일정한 기간 내에 수사대상이 된 가입자에게 집행사실을 통지하여야 한다고 규정하고 있으며 통신제한조치, 통신사실확인자료제공요청 등에 대해서도 사후 통지제도를 마련해 두었다. 또한, 금융실명법도 영장에 따라 금융거래가 제공된 경우 그 명의인에게 통보하도록 규정하고 있다.

이러한 규정들은 발신자, 수신자, 통신의 당사자를 '피압수자'로 보는 것이 아니라 정보주체에 해당한다고 보아 그 주체에게 사후에 통지하여야 한다는 취지이며 이는 '피압수자'와 '정보주체'를 구분하는 명백한 근거이다. 따라서, 영장의 집행에 대한 처분을 받는 자(피압수자)에 대한 조치와 영장의 집행에 따라 통지받을 정보주체에 대한 수사기관 등의 조치는 구분되어야 하는 것이 타당하다.

제118조와 제123조에 따른 참여권은 수사기관을 감시하는 역할을 하면서 영장에 기재되어 있는 범위 내에서 수색과 압수를 하도록 할 수 있으나 수사기관이 취득한 데이터가 참여권자 이외의 사람에 대한 것일 경우 개인정보 보호법 제4조가 보장하는 '정보주체가 개인정보의 처리에 관한 정보를 제공받을 권리'를 보장

할 수는 없다. 따라서, 영장의 집행에 참여하지 않은 정보주체가 '그 처리에 관한 사항을 제공받을 권리'를 누릴 방안을 마련하여야 한다.

제5절 참여권 관련 입법 필요성

이 장에서는 당사자의 방어권을 규정하고 그 주체도 피의자에 한정되는 제121조를 토대로 영장 집행 현장의 참여권 법리를 도출하는 것은 적절하지 않으며 현실에서 모순점까지 유발한다는 점을 주장하였다. 다만, 수사기관의 권리남용을 억제하기 위해 참여권의 보장은 필요한 것이며 특히 디지털 매체에서는 더욱 큰 가치를 가지기 때문에 제121조보다는 오히려 제118조와 제123조에 근거하여 참여권을 도출하여야 함도 주장하였다. 또한, 제118조의 경우 단서에서 예외를 두기 때문에 참여권의 기능을 온전하게 수행하기 위해서는 제118조와 제123조가 동시에 기능하여야 한다고 강조하였다.

민주주의는 근본적으로 사생활의 익명화와 권력의 투명화를 지향한다. 권력의 투명화는 우리에게 권력에 저항할 수 있는 프라이버시 공간을 만들어 준다.[39] 참여권은 수사권력의 익명화를 감시하고 인간의 존엄성과 자유를 보장하기 위한 전제 조건으로서의 프라이버시 보장을 위한 필수불가결한 권리라고 보아야 한다.

그런데 제118조와 제123조에 따라 참여권을 이중적으로 보장한다고 해도 이 참여권이 소극적·수동적 방어권의 기능만을 수행한다면 디지털 매체에 대한 프라이버시 침해 가능성은 여전히 존재하므로 소극적 참여권으로 기능하도록 방치하기 보다는 실질적으로 참여권이 보장될 수 있는 방도가 필요하다.

가장 실천적이며 궁극적인 대안은 현행 형사소송법을 개정하여 다양한 법률에서 이질적으로 다루어지고 있는 디지털 데이터에 대한 수사기관의 처리에 대해 일관된 절차를 마련하는 것이다. 입법의 불비가 사법부의 해석을 통해서 해결되는 영역에는 한계가 있으며 이 한계를 넘어설 경우 법관에 의한 법창조라는 입법과 사법의 경계가 허물어지는 역효과를 제어할 수 없게 되기 때문이다.[40]

---

39 이진우, 프라이버시의 철학 –자유의 토대로서의 개인주의, 돌베개, 2009, 213면.

시대가 달라지면 언어와 문법도 달라져야 한다. 1954년에 제정된 형사소송법은 이미 오래된 것이기 때문에 개정이 필요하다. 특히, 현재와 같이 디지털 증거의 필요성과 정보기본권 간의 충돌이 계속되는 상황에서는 영장주의에 관한 조항들은 디지털의 성질에 부합하도록 전부 개정되어야 한다.

19세기 후반에 이미 프라이버시의 개념이 등장했고 디지털과 네트워크의 발전에 따라 모든 인간의 흔적은 디지털로 집약되고 있으므로 프라이버시의 종류와 범위는 무한히 확장되고 있다. 프라이버시를 침해하는 기술의 발전에 반비례하여 보호의 강도를 높여야 하는 것이 옳다는 것에 동의한다면 이에 대한 실천적인 대안을 제시해야 하며, 입법부에 의해 디지털 데이터에 대한 통합적 법제가 마련되기 전이라도 형사소송규칙 등의 개정을 통해서 현행 법률이 허용하는 범위 내에서 참여권의 실질적 보장을 위한 하위규범을 구체화하여야 한다.

40 김혜경, "영장주의의 본질을 기초로 한 전자정보 압수·수색의 참여권의 범위", 연세법학 제35호, 2020. 6, 24면.

제10장

실질적 피압수자 개념에 대한 비판적 검토

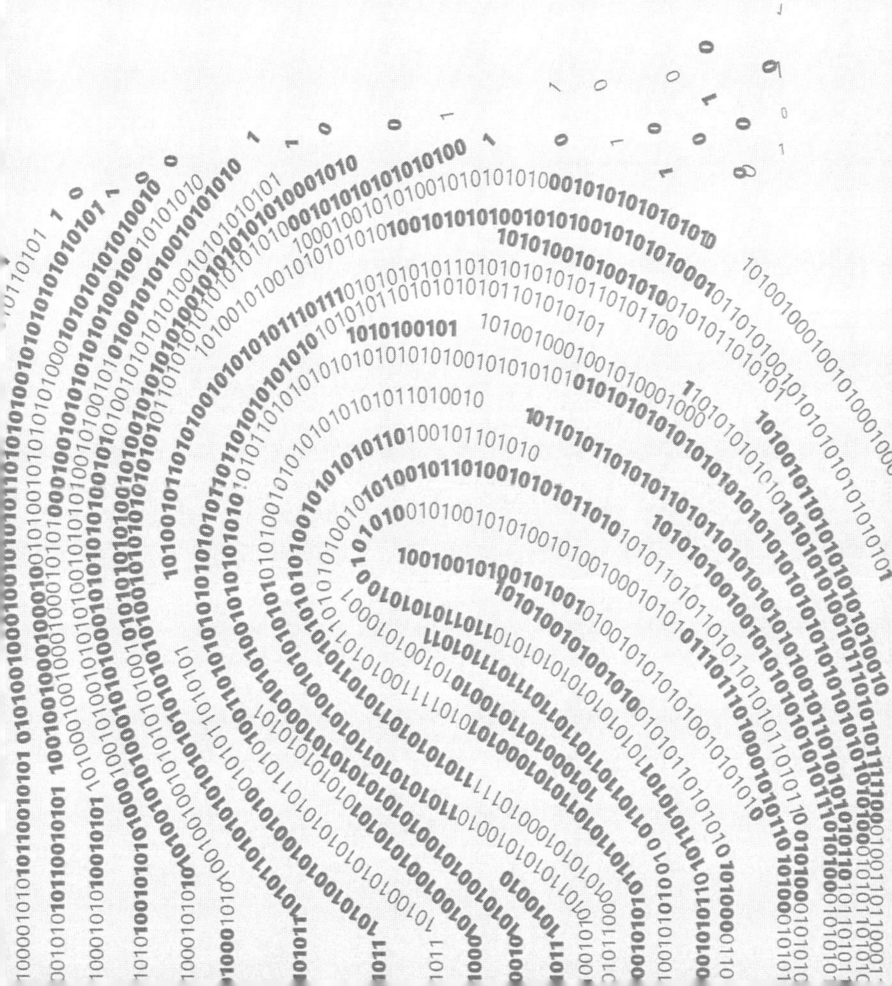

제10장 실질적 피압수자 개념에 대한 비판적 검토

제1절 문제의 제기

피의자가 물건을 맡긴 전당포에 대한 압수·수색영장을 집행할 때나 피의자가 범행도구를 남긴 범죄 현장에 대한 압수·수색영장을 집행할 때 피의자를 피압수자로 보아 피의자나 변호인에게 참여권을 통지하였던가? 수사단계에서 사전 참여권 통지는 수사의 밀행성을 훼손하지는 않을까? 이메일에 대한 압수·수색에서 피의자에게 사전 통지를 하는 경우 이메일 삭제의 우려는 어떻게 대비할 것인가?

범죄수사의 대상이 되는 사건은 참으로 다양하다. 처음부터 범인이 특정된 고소사건도 있고 성명과 인상착의를 알 수 없는 피의자가 범죄수사의 대상이 되는 경우도 있다. 수사란 근본적으로 수사자료를 검토하여 범죄를 재구성해 나가는 과정이며, 압수·수색은 이러한 범죄 재구성을 위한 필수적인 도구이다. 과연 고소된 피고소인이나 살인사건의 용의자에게 "당신의 범행을 입증할 증거를 압수·수색할 예정이다"라고 알려주는 것은 국민의 상식에 부합하는 것일까?[1]

---

1 이관희·이상진, "데이터 보관 사업자에 대한 영장집행 절차의 현실화 방안에 관한 연구: 피의자에 대한 사전 통지 생략 및 영장 사본제시 필요성을 중심으로", 형사정책연구 제31권 제1호, 2020·봄, 130면.

그런데 대법원은 형사소송법 제121조의 '피고인'은 수사단계에서는 '피압수자인 피의자'에 해당하며 '피압수자인 피의자'에는 '실질적 피압수자'가 포함된다고 판시함으로써 피의자 소유·관리의 압수물을 제3자가 임의제출한 경우나 인터넷서비스 이용자가 피의자인 경우에 피의자는 실질적 피압수자이므로 그에게 사전에 압수·수색영장 집행 사실을 통지해야 한다고 보았다.

관련성 없는 디지털 데이터에 대한 탐색을 제한하고 데이터에 대한 권리를 보호하고자 하는 방향성은 온전히 옳다. 관련성 원칙을 보장하기 위해서 피의자를 비롯하여 수사기관이 아닌 자를 참여시켜 수사기관의 남용을 억제하는 방향 역시 옳다. 하지만, 입법기관을 통하지 않고 정당한 법의 해석을 넘어 개념을 새로 창출하는 사법부에 의한 사실상의 입법이 과연 바람직한지 냉정하게 검토해 볼 필요가 있다.

이 장에서는 대법원이 창설한 '실질적 피압수자' 개념을 비판적으로 검토할 것이다. 다만, 대법원이 그 개념을 창설한 취지에 대해서는 적극 공감하므로 피압수자의 권리를 보장하면서도 수사의 밀행성 또한 존중받을 수 있는 절충안을 제시함으로써 정당한 입법에 의해 법이 현상을 반영해야 함을 주장할 것이다.

제2절 실질적 피압수자 개념의 창설

1. 피압수자 참여권의 인정 근거(대법원 2015. 7. 16. 선고 2011모1839 전원합의체 결정)

가. 사실관계

검사가 제1 영장에 의해 갑 회사 사무실을 압수·수색하면서 저장매체에 유관정보와 무관정보가 혼재된 것을 판단하여 갑 회사의 동의를 받아 수사기관 사무실로 저장매체를 반출한 후, 갑 측의 참여하에 저장매체를 복제(제1처분)하고, 갑 측의 참여없이 이를 재복제(제2처분)하였으며, 갑 측의 참여없이 유관정보를 수색하는 과정에서 무관정보도 함께 출력(제3처분)하였다.

이후, 다른 검사는 앞의 무관정보를 소명자료로 하여 제2 영장을 발부받아 갑 회사의 참여없이 별건 정보를 탐색·출력하였다.

나. 판시내용

이른바 종근당 결정에서 제1 영장에 의한 압수·수색에서 제2·3처분의 위법성이 중대하여 제1 영장에 의한 압수·수색이 전체적으로 취소되어야 한다고 하였으며, 제2 영장은 영장청구의 요건을 충족하지 못하였고 참여권을 보장하지 않았으므로 제2 영장에 의한 압수·수색도 위법하다고 판단하였다.

이때, 다수의견은 "전자정보가 담긴 저장매체 또는 하드카피나 이미징 등 형태(이하 '복제본'이라 한다)를 수사기관 사무실 등으로 옮겨 복제·탐색·출력하는 경우에도, 그와 같은 일련의 과정에서 형사소송법 제219조, 제121조에서 규정하는 피압수·수색 당사자(이하 '피압수자'라 한다)나 변호인에게 참여의 기회를 보장"하여야 한다고 판시함으로써 피압수자의 참여권 근거 규정을 제219조와 제121조로 언급하였다.

또한, 제2 영장을 발부받아 영장을 집행하는 사안에서 "별도 범죄혐의와 관련된 전자정보는 최초의 압수·수색영장에 의한 압수·수색의 대상이 아니어서 저장매체의 원래 소재지에서 별도의 압수·수색영장에 기해 압수·수색을 진행하는 경우와 마찬가지로 피압수·수색 당사자(이하 '피압수자'라 한다)는 최초의 압수·수색 이전부터 해당 전자정보를 관리하고 있던 자라 할 것이므로"라고 판시하면서 '정보저장매체를 관리하고 있던 자'가 아닌 '전자정보를 관리하고 있던 자'를 피압수자로 명시하였다.

다수의견에 대한 대법관 김창석, 대법관 박상옥의 반대의견에서도 "피압수자 측의 참여권이 보장되지 않을 경우 수사기관으로서는 내부적으로 무관정보까지 임의로 탐색·복제·출력하고도 법원에는 유관정보만 증거로 제출하면 그만이고, 실제로 그와 같은 행위가 수사기관 내부에서 발생하는지 여부를 확인할 방법이 없으므로, 피압수자 측에게 압수·수색에 참여할 권리를 부여하여, 이들로 하여금 수사기관이 전자정보에 대한 압수·수색을 함에 있어 영장에서 허용된 범위를 넘어 무관정보를 임의로 복제 또는 출력하는지를 감시할 수 있도록 함으로써, 범죄혐의와 관계가 있다고 인정할 수 있는 것에 한정하여 압수를 허용하는 형사소송법 제219조, 제215조, 제106조 제1항의 규범력을 실효적으로 확보하고자 하는 절차적 보장 규정이 바로 형사소송법 제219조, 제121조가 규정하고 있는 피의자나 변호인의 참여권이다"라고 의견을 제시함으로써 제219조와 제121조를 피압수자 참여권의 근거 규정으로 삼고 있다.

2. 실질적 피압수자의 개념(대법원 2021. 11. 18. 선고 2016도348 전원합의체 판결)

가. 사실관계

피고인은 2013. 12. 하순 피고인의 집에서 술에 취한 피해자 A, B의 성기를 피고인의 휴대전화를 이용하여 촬영하였다. 2014. 12. 11. 피고인의 집에서 술에 취한 피해자 C의 성기를 피고인의 휴대전화를 이용하여 촬영하였다. 피해자 C는 피고인의 집에서 피고인 소유 휴대전화 2대(애플 휴대폰 및 삼성 휴대폰)를 가지고 나와 즉시 경찰에 신고하면서 휴대전화 2대를 임의제출하였다. 피고인은 애플 휴대폰에 저장된 피해자 C의 촬영 영상은 경찰에게 임의로 확인시켜 주었으나 삼성 휴대폰의 잠금 해제를 거부하여 경찰은 삼성 휴대폰에 대한 포렌식을 진행하기 전에 피고인에게 참여 의사를 물었으나 피고인이 참여를 거부하였다. 경찰은 디지털 포렌식을 통하여 피해자 A와 B에 대한 영상을 확인하였다.

나. 판시내용

1) 실질적 피압수자 개념 창설

대법원은 피의자 아닌 자가 피의자가 소유·관리하는 정보저장매체를 임의제출한 경우에도 피의자는 실질적 피압수자가 된다는 개념을 창설하면서 다음과 같이 판시하였다.

"피해자 등 제3자가 피의자의 소유·관리에 속하는 정보저장매체를 영장에 의하지 않고 임의제출한 경우에는 실질적 피압수자인 피의자가 수사기관으로 하여금 그 전자정보 전부를 무제한 탐색하는 데 동의한 것으로 보기 어려울 뿐만 아니라 피의자 스스로 임의제출한 경우 피의자의 참여권 등이 보장되어야 하는 것과 견주어 보더라도 특별한 사정이 없는 한 형사소송법 제219조, 제121조, 제

129조에 따라 피의자에게 참여권을 보장하고 압수한 전자정보 목록을 교부하는 등 피의자의 절차적 권리를 보장하기 위한 적절한 조치가 이루어져야 한다."

2) 관련성에 대한 판단

이어서 대법원은 "휴대전화에 담긴 전자정보 중 임의제출을 통해 적법하게 압수된 범위는 임의제출 및 압수의 동기가 된 피고인의 2014년 범행 자체와 구체적·개별적 연관관계가 있는 전자정보로 제한적으로 해석하는 것이 타당하고, 이에 비추어 볼 때 범죄발생 시점 사이에 상당한 간격이 있고 피해자 및 범행에 이용한 휴대전화도 전혀 다른 피고인의 2013년 범행에 관한 동영상은 임의제출에 따른 압수의 동기가 된 범죄혐의사실(2014년 범행)과 구체적·개별적 연관관계 있는 전자정보로 보기 어려워 수사기관이 사전영장 없이 이를 취득한 이상 증거능력이 없고"라고 판시하여 피해자 A와 B에 대한 영상의 증거능력을 부정하였다.

3. 인터넷서비스 이용자의 참여권(대법원 2022. 5. 31. 2016모587 결정)

가. 사실관계

수사기관은 피의자였던 준항고인에 대한 수사를 진행하면서 그의 카카오톡 대화내용을 압수·수색할 수 있는 영장을 발부받아 영장집행 처분의 상대방인 카카오에 영장을 팩스로 송부하였고 카카오 담당자는 압수·수색영장 집행에 응하여 준항고인의 카카오톡 대화내용이 저장되어 있는 서버에서 2014. 5. 20. 00:00부터 2014. 5. 21. 23:59까지 준항고인의 대화내용을 모두 추출하여 수사기관에 이메일로 전달하였다. 카카오 담당자는 이 사건 전자정보 중에서 압수·수색영장의 범죄사실과 관련된 정보만을 분리하여 추출할 수 없었으므로 위 기간의 모든 대화내용을 수사기관에 전달하였는데, 거기에는 준항고인이 자신의 부모, 친구 등과 나눈 일상적 대화 등 혐의사실과 관련 없는 내용이 포함되어 있다.

나. 판시내용

준항고인은 수사기관이 압수·수색 과정에서 참여권을 보장하지 않는 등의 위법이 있다는 이유로 압수·수색의 취소를 청구한 사안에서, 수사기관이 압수·수색영장을 집행할 때 처분의 상대방인 카카오에 영장을 팩스로 송부하였을 뿐 영장 원본을 제시하지 않은 점, 가가오가 제출한 대화 내용에는 준항고인이 자신의 부모, 친구 등과 나눈 일상적 대화 등 혐의사실과 관련 없는 내용이 포함되어 있는 점, 수사기관은 압수·수색 과정에서 준항고인에게 미리 집행의 일시와 장소를 통지하지 않았고, 카카오로부터 대화 내용을 취득한 뒤 이를 탐색·출력하는 과정에서도 준항고인에게 참여 기회를 부여하지 않았으며, 혐의사실과 관련된 부분을 선별하지 않고 그 일체를 출력하여 증거물로 압수하였고, 압수·수색영장 집행 이후 카카오와 준항고인에게 압수한 전자정보 목록을 교부하지 않은 점 등 제반 사정에 비추어 볼 때, 압수·수색영장의 원본을 제시하지 않은 위법, 수사기관이 갑 회사로부터 입수한 전자정보에서 범죄혐의사실과 관련된 부분의 선별 없이 그 일체를 출력하여 증거물로 압수한 위법, 그 과정에서 서비스 이용자로서 실질적 피압수자이자 피의자인 준항고인에게 참여권을 보장하지 않은 위법과 압수한 전자정보 목록을 교부하지 않은 위법을 종합하면, 압수·수색에서 나타난 위법이 압수·수색절차 전체를 위법하게 할 정도로 중대하다고 보아 압수·수색을 취소한 원심의 결론을 수긍할 수 있다.

4. 피의자가 소유·관리하는 저장매체의 요건(대법원 2022. 1. 27. 선고 2021도11170 판결)

가. 사실관계

피의자였던 피고인은 L대에서 공용 PC로 사용하던 것을 피고인이 일정기간 자신의 주거지 등으로 가져가 사용하였으며 2016. 12.경 공용 PC로 사용할 수 있도록 다시 L대로 가져다 놓았다. L대 교양학부 조교는 2019. 3. 1.부터 강사휴게실에 있던 앞의 공용 PC를 인계받아 관리하는 업무를 맡고 있었다. 이러한 상황에서 검찰수사관은 조교와 행정지원처장에게 PC를 임의제출받았고 조교와 행정지원처장은 전자정보 추출 과정에 참여하지 않겠다는 의사를 표시하였다. 검찰은 해당 PC에서 피고인의 사문서위조 범행의 증거를 발견하였다.

나. 판시내용

1) 피의자 소유·관리하는 정보저장매체의 의미

정보저장매체를 임의제출한 피압수자에 더하여 임의제출자 아닌 피의자에게도 참여권이 보장되어야 하는 '피의자의 소유·관리에 속하는 정보저장매체'란, 피의자가 압수·수색 당시 또는 이와 시간적으로 근접한 시기까지 해당 정보저장매체를 현실적으로 지배·관리하면서 그 정보저장매체 내 전자정보 전반에 관한 전속적인 관리처분권을 보유·행사하고, 달리 이를 자신의 의사에 따라 제3자에게 양도하거나 포기하지 아니한 경우로서, 피의자를 그 정보저장매체에 저장된 전자정보에 대하여 실질적인 피압수자로 평가할 수 있는 경우를 말하는 것이다. 이에 해당하는지 여부는 민사법상 권리의 귀속에 따른 법률적·사후적 판단이 아니라 압수·수색 당시 외형적·객관적으로 인식 가능한 사실상의 상태를 기준으로 판단하여야 한다. 이러한 정보저장매체의 외형적·객관적 지배·관리 등 상태와 별도로 단지 피의자나 그 밖의 제3자가 과거 그 정보저장매체의 이용 내지 개별 전자정보의 생성·이용 등에 관여한 사실이 있다거나 그 과정에서 생성된 전자정보에 의해 식별되는 정보주체에 해당한다는 사정만으로 그들을 실질적으로 압수·수색을 받는 당사자로 취급하여야 하는 것은 아니다.

2) 정보주체의 참여권 불인정

피의자의 관여 없이 임의제출된 정보저장매체 내의 전자정보 탐색 등 과정에서 피의자가 참여권을 주장하기 위해서는 정보저장매체에 대한 현실적인 지배·관리 상태와 그 내부 전자정보 전반에 관한 전속적인 관리처분권의 보유가 전제되어야 한다. 따라서 이러한 지배·관리 등의 상태와 무관하게 개별 전자정보의 생성·이용 등에 관여한 자들 혹은 그 과정에서 생성된 전자정보에 의해 식별되는 사람으로서 그 정보의 주체가 되는 사람들에게까지 모두 참여권을 인정하는 취지가 아니다.

5. 전속적인 관리처분권의 유무(대법원 2023. 9. 18. 선고 2022도7453 전원합의체 판결)

가. 사실관계

A는 수사기관의 압수·수색에 대비하여 혐의사실과 관련된 정보가 저장된 컴퓨터 등을 은닉하고자 B에게 “수사가 끝날 때까지 숨겨놓으라”고 지시하여, B는 이 사건 하드디스크를 헬스장 보관함에 숨겨 두었다.

수사기관은 B를 증거은닉혐의의 피의자로 입건하였고 B는 이 사건 하드디스크를 임의제출하였다. 수사기관은 A에게 하드디스크 탐색 등에 대한 참여 의사를 확인하거나 참여 기회를 부여하지 않았으며 B는 참여하지 않는다는 의사를 표시하였다.

나. 판시내용

다수의견은 이 사건 하드디스크의 은닉과 임의제출 경위, 그 과정에서 B과 A의 개입 정도 등에 비추어 압수·수색 당시 또는 이에 근접한 시기에 이 사건 하드디스크를 현실적으로 점유한 사람은 B이므로 다른 특별한 사정이 없는 한 저장된 전자정보에 관한 관리처분권을 사실상 보유·행사할 수 있는 지위에 있는 사람도 B라고 판단하였다.

그 이유에 대해 A는 임의제출의 원인이 된 범죄혐의사실인 증거은닉범행의 피의자가 아닐 뿐만 아니라 이 사건 하드디스크의 존재 자체를 은폐할 목적으로 막연히 ‘자신에 대한 수사가 끝날 때까지’ 은닉할 것을 부탁하며 이 사건 하드디스크를 B에게 교부하였는데 이는 자신과 이 사건 하드디스크 및 그에 저장된 전자정보 사이의 외형적 연관성을 은폐·단절하겠다는 목적하에 그 목적 달성에 필요하다면 ‘수사 종료’라는 불확정 기한까지 이 사건 하드디스크에 관한 전속적인 지배·관리권을 포기하거나 B에게 전적으로 양도한다는 의사를 표명한 것으로 볼 수 있기 때문이라고 판시하였다.

이에 대해 반대의견은 다수의견이 참여권을 보장받는 주체인 ‘실질적 피압수자’를 압수·수색의 원인이 된 범죄혐의사실의 피의자를 중심으로 협소하게 파악하는 것으로서 선례의 취지와 방향에 부합하지 않는다고 하면서 다수의견에 의하면 현대사회의 개인과 기업에게 갈수록 중요한 의미를 갖는 전자정보에 관한 수사기관의 강제처분에서 적법절차와 영장주의를 구현해야 하는 헌법적 요청을 외면함으로써 실질적 피압수자인 전자정보 관리처분권자의 사생활의 비밀과 자유 등에 관한 기본권이 침해되는 반헌법적 결과를 용인하게 된다고 비판하였다.

6. 실질적 피압수자 참여권의 예외(대법원 2021. 11. 25. 선고 2019도7342 판결)

가. 사실관계

모텔 306호에 투숙한 남녀는 2018. 9. 22. 13:28경 경찰에 위장형 카메라로 추정되는 물체를 발견했다는 신고를 하였다. 경찰은 이 사건 모텔을 수색하여, 8개 호실에서 각 1개씩, 총 8개의 위장형 카메라를 발견하여 모텔 업주로부터 임의제출받고 압수조서(임의제출) 및 압수목록을 작성하였다. 경찰은 임의제출받은 카메라에 삽입된 메모리 카드에 저장된 전자정보를 탐색하여 모텔 205, 308, 507호에서 불상 남녀의 성관계 모습과 나체가 촬영된 동영상을 발견하고 이를 캡처한 사진을 출력하여 기록에 편철하였다.

나. 항소심의 판단

항소심은, 경찰이 모텔 업주로부터 임의제출받아 압수한 총 8개의 위장형 카메라 중 205호실, 308호실, 507호실에 설치된 위장형 카메라 및 저장된 전자정보의 임의제출 의사 불명확, 이 사건 각 위장형 카메라의 압수 집행 시 피고인 내지 변호인의 참여권 미보장 및 압수한 전자정보 목록 미교부 등을 이유로, 위 3개 호실에 관한 「성폭력범죄의 처벌 등에 관한 특례법」 위반(카메라등이용촬영)죄를 유죄로 선고한 제1심을 파기하고 무죄를 선고하였다.

다. 대법원의 판단

1) 임의제출한 경우의 관련성

범죄혐의사실과 관련된 유관정보와 무관정보가 혼재되어 있는 정보저장매체를 임의제출받는 경우 제출자의 의사를 확인하여야 한다. 그러나 모텔 업주는 총 8개의 위장형 카메라를 임의제출할 당시 이 사건 정보의 제출 범위를 명확히 밝히지 않았으므로, 임의제출에 따른 압수의 동기가 된 범죄혐의사실과 관련되고 이를 증명할 수 있는 최소한의 가치가 있는 전자정보에 한하여 압수의 대상이 된다.

그런데 205, 308, 507호에서 촬영된 영상은 당초 경찰에 신고된 306호에서 촬영된 영상과 범행 일자가 동일하고, 모두 이 사건 모텔에서 촬영되었으며, 범죄의 속성상 해당 범행의 상습성이 의심되거나 피고인의 성적 기호 내지 경향성의 발현에 따른 일련의 범행의 일환으로 이루어진 것으로 의심되어, 범행의 동기와 경위, 범행 수단과 방법 등을 증명하기 위한 간접증거나 정황증거 등으로 사용될 수 있으므로, 306호 촬영에 관한 범죄혐의사실과 구체적·개별적 연관관계를 인정할 수 있다. 결국 205, 308, 507호에서 촬영된 영상은 임의제출에 따른 압수의 동기가 된 306호 촬영에 관한 범죄혐의사실과 관련성이 있는 증거로서 관련성이 인정될 수 있다.

2) 실질적 피압수자 참여권의 예외

임의제출된 이 사건 위장형 카메라처럼 오직 불법촬영을 목적으로 방실 내 나체나 성행위 모습을 촬영할 수 있는 벽 등에 은밀히 설치되고, 촬영대상 목표물의 동작이 감지될 때에만 카메라가 작동하여 촬영이 이루어지는 등, 그 설치 목적과 장소, 방법, 기능, 작동원리상 소유자의 사생활의 비밀 기타 인격적 법익의 관점에서 그 소지·보관자의 임의제출에 따른 적법한 압수의 대상이 되는 전자정보와 구별되는 별도의 보호 가치 있는 전자정보의 혼재 가능성을 상정하기 어려운 경우에는 위 소지·보관자의 임의제출에 따른 통상의 압수절차 외에 별도의 조치가 따로 요구된다고 보기는 어렵다.

따라서, 피고인 내지 변호인에게 참여의 기회를 보장하지 않고 전자정보 압수목록을 작성·교부하지 않았다는 점만으로 곧바로 증거능력을 부정할 것은 아니다.

라. 검토

이른바 종근당 결정[2] 이후 2019년까지 대법원은 종근당 사건 결정을 참조하여 제121조에서 규정한 '피고인 또는 변호인'을 '피압수자 또는 변호인'으로 단정짓고 있다가 2021. 11. 18. 선고 2016도348 판결에서는 "실질적 피압수자" 개념을 창설하여 "피의자가 소유·관리하던 정보저장매체를 제3자가 임의제출한 경우 실질적 피압수자인 피의자에게도 참여권이 보장되어야 한다"라는 취지로 피압수자의 개념을 확장함으로써 형식적인 피압수자와 실질적인 피압수자인 피의자 모두에게 참여권을 인정하였다. 2022. 1. 27. 선고 2021도11170 판결에서는 피의자가 소유·관리하는 저장매체의 개념에 대해 "'피의자의 소유·관리에 속하는 정보저장매체'란, 피의자가 압수·수색 당시 또는 이와 시간적으로 근접한 시기까지 해당 정보저장매체를 현실적으로 지배·관리하면서 그 정보저장매체 내 전자정보 전반에 관한 전속적인 관리처분권을 보유·행사하고, 달리 이를 자신의 의사에 따라 제3자에게 양도하거나 포기하지 아니한 경우로서, 피의자를 그 정보저장매체에 저장된 전자정보에 대하여 실질적인 피압수자로 평가할 수 있는 경우"를 말한다고 판시하였다.

이러한 법리에 따라 2022. 5. 31. 2016모587 결정에서는 피의자가 카카오톡과 같은 인터넷서비스의 이용자인 경우 수사기관의 카카오톡에 대한 영장집행에서 피의자에게 참여권을 보장하지 않는 것은 위법이라고 판시하였다.

반면, 2021. 11. 25. 선고 2019도7342 판결에서는 피의자 소유·관리의 저장매체가 제3자에 의해 임의제출된 경우라도 해당 저장매체에 소유자의 사생활의 비밀 기타 인격적 법익 등을 보호할 필요성이 없는 정보가 저장되어 있는 경우에는 소지·보관자의 임의제출에 따른 통상의 압수절차 외에 별도의 조치가 따로 요구된다고 보기는 어렵다고 판시하기도 하였다.

또한, 2023. 9. 18. 선고 2022도7453 전원합의체 판결에서는 피의자가 제3자에게 '자신에 대한 수사가 끝날 때까지' 은닉할 것을 부탁하며 정보저장매체를 교부한 경우, 피의자 자신과 은닉을 부탁한 정보저장매체 사이의 외형적 연관성을 은폐·단절하겠다는 목적하에 그 목적 달성에 필요하다면 '수사 종료'라는 불확정 기한까지 정보저장매체에 관한 전속적인 지배·관리권을 포기하거나 제3자에게 전적으로 양도한다는 의사를 표명한 것으로 볼 수 있기 때문에 피의자에게 참여권이 인정되지 않는다고 판시하였다.

2 대법원 2015. 7. 16. 선고 2011모1839 전원합의체 결정.

제3절 실질적 피압수자 개념에 대한 비판

1. 현행법 해석의 오류(제121조에서 규정하는 '당사자'의 의미)

형사소송법 제121조의 당사자를 사건 당사자가 아닌 영장집행의 당사자로 해석하는 것이 타당하다는 주장이 있고[3] 제121조와 제122조는 법원의 영장집행에서 당사자인 검사, 피고인 또는 변호인의 참여권을 규정한 것이므로 제219조에 의해 수사기관에 준용되어서 수사상 피의자를 의미하게 된다는 주장[4]이 있다. 이와는 별도로 비록 해당 조항과 같이 압수·수색 현장에서 피의자의 참여권을 원칙적으로 보장할 경우 수사 진행에 큰 어려움을 초래하고 이로써 실체적 진실 발견을 위협하는 결과로 이어질 것이지만 법 제정 당시와 지금에 있어 사법 환경이 변화한 점, 입법 당시 예상치 못한 디지털 증거라는 새로운 형태의 증거가 등장함에 따라 그에 부합하는 해석론이 필요하게 된 점 등을 고려하면 법 제121조를 사건 당사자가 아닌 피압수·수색 당사자의 참여권 규정으로 해석하는 법원의 태도가 합목적적이지만 법 문언의 문리적 해석의 한계를 벗어나는 것이라는 절충적 견해[5]도 존재한다.

우리 대법원은 "형사소송법 제219조, 제121조에서 규정하는 피압수·수색 당사자(이하 '피압수자'라 한다)나 변호인에게 참여의 기회를 보장하고 혐의사실과 무관한 전자정보의 임의적인 복제 등을 막기 위한 적절한 조치를 취하는 등 영장주의 원칙과 적법절차를 준수하여야 한다"라고 판시[6]함으로써 제121조의 '피고인'은 수사상 영장의 처분을 받는 자인 '피압수자인 피의자'를 의미한다는 점을 분명히 하고 있다.[7]

---

3 박민우, "디지털 증거 압수·수색에서의 적법절차", 박사학위 논문, 고려대학교, 2016, 105면.

4 전치홍, "대법원의 참여권 법리에 대한 비판적 검토 – 대법원 2021. 11. 18. 선고 2016도348 전원합의체 판결을 중심으로 –", 형사소송 이론과 실무 제14권 제1호, 2022, 9면; 조광훈, "정보저장매체 등의 압수·수색에서의 참여권", 저스티스 통권 제151호, 2015. 12, 277면.

5 조은별, "'실질적 피압수자' 개념에 대한 비판적 검토(대법원 2021. 11. 18. 선고 2016도348 전원합의체 판결을 중심으로)", 형사판례연구(31), 2023. 6, 346면.

6 대법원 2015. 7. 16. 선고 2011모1839 전원합의체 결정.

7 최문수, "압수·수색 참여권 관련 최근 판례의 동향 –실질적 피압수자 법리의 의미와 요건을 중심으로", 사법 제1권 제65호, 2023. 9, 445면.

그런데, "압수한 경우에는 목록을 작성하여 소유자, 소지자, 보관자 기타 이에 준할 자에게 교부하여야 한다"라고 규정한 제129조가 피압수자에 대한 규정임이 분명해 보이지만 법원의 압수·수색에서 "검사, 피고인 또는 변호인은 압수·수색영장의 집행에 참여할 수 있다"라는 제121조의 규정이 피압수자에게 인정되는 권리인지는 의문이다.[8]

1954년의 형사소송법 초안의 독회에서 법제사법위원장 김정실은 현행 제121조와 제122조에 대응하는 규정에 대해 "초안에 있어서는 공판중심주의를 철저화시켜 모든 증거 그것이 증거물이거나 증거서류이거나를 막론하고 공판정에 제출케 하여 피고인에 비판의 기회를 부여하고 증인신문, 압수·수색에 있어서의 피고인의 참여권과 반대신문권이 인정되고 자백만으로써 유죄의 판결을 받지 않도록 한 것입니다"라고 발언하였는데 이는 압수·수색에 있어 피고인의 참여권은 공판중심주의의 철저화를 위한 것이라는 점을 명백히 한 것이다.[9]

또한, 1983년 주석형사소송법은 제121조에 대해 "본조가 규정한 당사자의 참여권은 당사자의 소송절차참여권의 하나로서 현행법이 당사자주의를 강화하려는 취지의 규정이다"라고 해설하고 있다. 여기서 당사자란 피압수자로서의 당사자를 의미하는 것이 아니라 재판의 당사자인 검사와 피고인을 의미한다고 보아야 한다.

형사소송법은 제106조 제2항에서 "법원은 압수할 물건을 지정하여, 소유자, 소지자 또는 보관자에게 제출을 명할 수 있다"라고 규정하고, 법 제108조는 "소유자, 소지자 또는 보관자가 임의로 제출한 물건 또는 유류한 물건은 영장없이 압수할 수 있다"라고 규정하고, 제118조는 전단은 "압수·수색영장은 처분을 받는 자에게 반드시 제시하여야 하고, 처분을 받는 자가 피고인인 경우에는 그 사본을 교부하여야 한다"라고 규정하고 있다. 즉, 피압수자는 영장의 처분을 받는 자를 의미하며 처분을 받는 자가 피고인인 경우를 별도로 상정하고 있으므로 제121조에서의 '피고인'은 피압수자로서의 '피고인'이 아니라 사건의 당사자로서의 '피고

8 조은별, "'실질적 피압수자' 개념에 대한 비판적 검토(대법원 2021. 11. 18. 선고 2016도348 전원합의체 판결을 중심으로)", 형사판례연구(31), 2023. 6, 331면.

9 이관희·이상진, "데이터 보관 사업자에 대한 영장집행 절차의 현실화 방안에 관한 연구: 피의자에 대한 사전 통지 생략 및 영장 사본제시 필요성을 중심으로", 형사정책연구 제31권 제1호, 2020·봄, 147면.

인'을 의미한다고 보아야 한다.[10]

2. 형사소송법에 근거가 없는 용어의 창설

2015. 7. 16. 선고 2011모1839 전원합의체 결정에서 대법원은 피압수자의 참여권이 제129조와 제121조에서 도출된다고 판시하면서 "피압수자"라는 용어를 사용하였고 2021. 11. 18. 선고 2016도348 전원합의체 판결에서 대법원은 피의자가 피압수자가 아니었던 사건에서 "실질적 피압수자"라는 형사소송법에 근거가 없는 용어를 사용하였다.[11]

"피압수자"라고 용어는 풀어서 해석하면 "압수처분을 받는 자"에 해당하고 이러한 해석을 할 수 있는 형사소송법 조문은 제121조가 아니라 제118조임이 명백하다. 제118조는 "압수·수색영장은 처분을 받는 자에게 반드시 제시하여야 하고(후략)"라고 규정하고 있기 때문이다.

피압수자의 참여권에 관하여 학계에서는 '형사소송법이 피압수자의 참여권에 대한 일반 조항을 규정하지는 않았지만, 압수·수색영장 집행 과정에서의 개별 참여권 조항들을 종합하면 피압수자의 참여권이 인정된다'라는 해석을 하고 있다.[12]

제118조에 "압수처분을 받는 자"에 관하여 명시적으로 언급하고 있음에도 불구하고 대법원이 제219조와 제112조의 '피고인'이 '피압수자'에 해당한다고 판시한 것, 2021. 11. 18. 선고 2016도348 전원합의체 판결에서 '형식적 피압수자'와 비교하여 '실질적 피압수자'라는 용어를 창설한 것은 문리적 해석, 확장 해석을 넘어 사법부에 의한 법 형성행위에 해당한다는 비판을 받을 여지가 충분하다.

3. 금융정보·통신사실확인자료·이메일에 대한 압수와의 모순

1971.1.13. 시행된 예금적금등의비밀보장에관한법률 개정 이유에서 "현행법

10 소재환·이선화, "디지털 증거 압수·수색 시 참여권자 관련 실무상 문제 －대법원의 '실질적 피압수자' 법리 중심으로－", 형사법의 신동향 통권 제77호, 2022·겨울, 340면.

11 전치홍, "대법원의 참여권 법리에 대한 비판적 검토 －대법원 2021. 11. 18. 선고 2016도348 전원합의체 판결을 중심으로－", 형사소송 이론과 실무 제14권 제1호, 2022, 7면.

12 전치홍, "대법원의 참여권 법리에 대한 비판적 검토 －대법원 2021. 11. 18. 선고 2016도348 전원합의체 판결을 중심으로－", 형사소송 이론과 실무 제14권 제1호, 2022, 10면.

은 예외적으로 민사소송법·형사소송법·국세징수법 또는 상속세법의 규정에 의하여 예금·적금 등에 관한 비밀의 정보제공을 금융기관에 요구할 수 있게 하였는바, 동 예외적인 규정이 수사기관이나 세무서 등에 의한 질문이나 조사보고의 요구 시에는 특정인이나 특정점포의 지정없이 광범위한 자료제공을 요구하게 될 우려가 많으므로 이러한 요인을 제거하여 이 법이 목적하는 실효를 거둘 수 있도록 하려는 것임"이라고 명시하면서 금융거래자료의 요구에 법관의 영장을 필요로 하는 취지를 언급하고 있다. 금융거래자료의 요구에 영장을 필요로 하는 취지와 현재 실질적 피압수자 개념을 창설함으로써 피압수자의 데이터에 대한 권리를 보호하고자 하는 취지는 맥락을 같이 한다. 그런데 현재 금융거래자료에 대한 영장 실무는 영장을 집행한 후 금융기관에서 거래내역의 주체에게 자료제공요청 사실을 통지하고 있으며 이 또한 수사의 필요에 따라 통지기간을 유예해 주고 있다.

또한, 통신비밀보호법은 허가서 제도를 신설하여 그 집행 절차와 사후 통지 제도 등도 '통신'의 특성에 맞게 새롭게 규정하였다. 데이터에 대한 압수·수색이나 통신에 대한 허가서의 집행 모두 강제수사에 해당하므로 법관의 심사를 받아야 하며 이러한 법관의 허가를 통해 결국 데이터를 취득한다는 점에서 다를 바가 없는데 통신비밀보호법상 허가서 집행에는 피의자 등에 대한 사전 통지 및 참여권 보장 조항이 없다는 점을 유념해야 한다.[13]

특히, 형사소송법 제107조는 통신비밀보호법에 따른 전기통신을 압수한 경우 발신인이나 수신인에게 그 취지를 통지하도록 하고 있고 단서 조항을 통해 심리에 방해가 될 염려가 있는 경우에는 예외로 하도록 규정하고 있으며 제219조를 통해 수사에서도 이 조항을 준용하고 있다. 이는 분명 사업자가 보관하고 있는 이메일과 같은 전기통신에 관하여 참여권의 보장이 어렵다는 것을 전제로 하여 그 정보주체에 대한 통지를 통해 개인정보자기결정권을 보장하려는 태도이다.

정리하면, 형사소송법에 따른 전기통신 압수, 통신비밀보호법에 따른 통신사실확인자료 제공요청, 금융실명거래 및 비밀보장에 따른 금융거래자료의 압수는 모두 사업자가 보관하고 있는 데이터에 대한 취득이라는 점에서 동일하며, 이러한 압수에서는 피의자 또는 실질적 피압수자에 대한 참여권 보장과 사전 통지가

13 이관희·이상진, "디지털 증거 압수·수색에서 피의자의 참여권 보장 법리에 대한 비판적 고찰", 형사정책연구 제34권 제3호, 2023·가을, 198면.

적절치 않다는 상식적인 판단을 전제로 하고 있다.

결국 법에서 명확히 추론되는 사항과는 다르게 법 조항 어디에도 그 유래를 찾을 수 없는 "실질적 피압수자" 개념을 무리하게 창설하여 임의제출물의 압수, 카카오톡과 같은 정보통신서비스 사업자에 대한 압수에서는 전기통신, 통신사실 확인자료, 금융거래자료 등과 다른 취급을 하는 것은 형평성에 어긋나고 데이터의 취급에 있어 법령 상호 긴 모순을 유발하게 된다.

4. 재판과 수사의 차이점에 대한 고려 부재

가. 재판상 압수·수색과 수사상 압수·수색의 차이

법원의 압수·수색에서 피고인은 검사와 대등한 당사자의 지위이지만 수사 중 피의자는 준당사자적 성격 이전에 수사의 대상이 되며 특정 사건의 경우 피의자가 특정되지 않을 때도 있으며 피의자가 특정되더라도 수사의 밀행성이 존중받아야 할 필요성도 있다. 또한 법원의 압수·수색에서는 당사자에게 반대신문의 기회를 제공해야 하지만 수사기관의 압수·수색을 통해 취득한 증거는 공판정에서 증거능력을 인정받아야 하는 문제가 남아 있고 이때 비로소 당사자에게 반대신문의 기회가 보장될 수 있으므로 법원의 압수·수색과 수사 중의 압수·수색을 같게 취급할 수는 없다.[14]

나. 수사의 밀행성에 대한 고려가 없음

대법원이 창설한 "실질적 피압수자" 개념에 부합하여 영장 실무에서는 제3자[15] 보관 전자정보와 관련하여 압수 방법을 다음과 같은 압수·수색영장 별지를 활용하여 제한하고 있다.

---

14 이관희·이상진, "데이터 보관 사업자에 대한 영장집행 절차의 현실화 방안에 관한 연구: 피의자에 대한 사전 통지 생략 및 영장 사본제시 필요성을 중심으로", 형사정책연구 제31권 제1호, 2020·봄, 144면.

15 사업자가 보관하고 있는 데이터에 대해 "제3자 보관"이라는 표현을 주로 사용하나, 사업자가 보관하고 있는 데이터에서는 사용자가 직접 생성한 데이터도 포함되지만 사업자가 거래의 내용을 기록한 데이터도 포함되므로 "사업자가 보관하는"이라는 표현이 더 적절해 보인다. 다만, 영장 실무에 사용되는 용어를 그대로 인용하였다.

표 8 제3자 보관 정보에 대한 압수·수색 영장 별지

<table>
<tr><td>
압수 방법

▶ 원칙적으로 이메일 등 서비스제공자를 상대로 영장을 집행하기 전에 미리 서비스이용자인 피의자와 변호인에게 집행의 일시와 장소를 통지하고 참여권을 보장하여야 함
▶ 예외적으로 사전통지를 통한 참여권 보장을 할 수 없는 경우에는 아래와 같은 방식과 절차에 따라 처리하여야 함
– 서비스제공자에게 압수·수색영장을 제시하여 1의 나.항 범위로 제한된 전자정보를 제공받으면, 지체 없이 서비스이용자인 피의자와 변호인에게 해당 사실을 알려야 하고, 제공받은 전자정보 중 범죄혐의와 관련한 정보를 탐색·복제·출력하는 과정에서 피의자와 변호인의 참여권을 보장하여야 함
– 피의자와 변호인이 참여를 거부하는 경우에도 신뢰성과 전문성을 담보할 수 있는 상당한 방법으로 압수·수색을 진행하여야 함
▶ 탐색·복제·출력 등 영장집행절차를 완료한 후에는 피의자 또는 변호인에게 압수대상 전자정보의 상세목록을 교부하여야 하고, 그 목록에서 제외된 전자정보는 삭제·폐기한 다음 그 취지를 피의자 또는 변호인에게 통지하여야 함
</td></tr>
</table>

대법원의 실질적 피압수자 개념이 창설된 이후 법원은 영장 실무에서 위 별지의 내용을 활용하고 있다. 그런데 과연 위 별지의 내용과 같이 사업자가 보관하는 데이터에 대한 압수·수색에서 미리 피의자에게 해당 사실을 고지하는 경우 원활한 수사가 이루어질 수 있을까?

검찰 등 수사기관이 특정 사건에 대하여 수사를 진행하고 있는 상태에서, 수사기관이 현재 어떤 자료를 확보하였고 해당 사안이나 피의자의 죄책, 신병처리에 대하여 수사책임자가 어떤 의견을 가지고 있는지 등의 정보는, 그것이 수사의 대상이 될 가능성이 있는 자 등 수사기관 외부로 누설될 경우 피의자 등이 아직까지 수사기관에서 확보하지 못한 자료를 인멸하거나, 수사기관에서 파악하고 있는 내용에 맞추어 증거를 조작하거나, 허위의 진술을 준비하는 등의 방법으로 수사기관의 범죄수사 기능에 장애를 초래할 위험이 있는 점에 비추어 보면, 해당 사건에 대한 종국적인 결정을 하기 전까지는 외부에 누설되어서는 안 될 수사기

관 내부의 비밀에 해당한다.[16]

피압수자가 피의자 이외의 제3자인 사건(제3자가 임의제출한 사건 또는 인터넷서비스 이용자가 피의자의 데이터를 보관하고 있는 사건 등)에서 사전에 피의자에게 압수·수색영장의 집행사실을 고지하는 경우 수사의 비밀 또는 밀행성 자체가 지켜지지 않을 것이라는 점은 당연한 논리적 귀결이다.

5. 모호한 실질적 피압수자 판단의 기준

가. 명확하지 않은 피압수자 판단 기준

대법원은 실질적 피압수자를 판단할 때 전자정보에 대한 관리처분권을 기준으로 할지 정보저장매체의 소유권 등을 기준으로 할지 입장이 명확하지 않다.

검사가 A 회사 사무실을 압수·수색하면서 수사기관 사무실로 저장매체를 반출한 후, A 측의 참여하에 저장매체를 수사기관의 하드디스크에 복제하였다. 이후, 다른 검사는 별도의 영장을 발부받아 A 회사의 참여없이 복제한 하드디스크를 탐색한 사안에서 대법원은 “저장매체의 원래 소재지에서 별도의 압수·수색영장에 기해 압수·수색을 진행하는 경우와 마찬가지로 피압수·수색 당사자(이하 ‘피압수자’라 한다)는 최초의 압수·수색 이전부터 해당 전자정보를 관리하고 있던 자라 할 것이므로(후략)”라고 판시[17]함으로써 ‘정보저장매체를 관리하고 있던 자’가 아닌 ‘전자정보를 관리하고 있던 자’를 피압수자 판단의 기준으로 삼았다.

또한, 일명 카카오 결정에서 대법원은 수사기관이 피의자에 대한 수사를 진행하면서 그의 카카오톡 대화내용을 압수·수색할 수 있는 영장을 발부받아 영장 집행 처분의 상대방인 카카오를 상대로 영장을 집행하고 피의자의 카카오톡 대화내용이 저장되어 있는 서버에서 피의자의 카카오톡 대화내용을 확보할 때, 피의자에게 미리 집행 일시와 장소를 통지하지 않은 점, 카카오로부터 대화 내용을 취득한 뒤 이를 탐색·출력하는 과정에서도 준항고인에게 참여 기회를 부여하지 않은 점, 서비스 이용자로서 실질적 피압수자이자 피의자인 준항고인에게 참여권을 보장하지 않은 점, 압수한 전자정보 목록을 교부하지 않은 점 등은 위법하다

16 대법원 2007. 6. 14. 선고 2004도5561 판결.
17 대법원 2015. 7. 16. 선고 2011모1839 전원합의체 결정.

고 판시하였다.[18] 이 결정에서도 실질적 피압수자의 지위를 고려할 때 정보저장매체가 아니라 그 안에 저장되어 있는 전자정보인 대화내용을 기준으로 실질적 피압수자 지위를 인정하였다.

반면, 정보저장매체를 임의제출한 피압수자에 더하여 임의제출자 아닌 피의자에게도 참여권이 보장되어야 하는 '피의자의 소유·관리에 속하는 정보저장매체'인지 여부를 판단함에 있어 대법원은 "피의자가 압수·수색 당시 또는 이와 시간적으로 근접한 시기까지 해당 정보저장매체를 현실적으로 지배·관리하면서 그 정보저장매체 내 전자정보 전반에 관한 전속적인 관리처분권을 보유·행사하고, 달리 이를 자신의 의사에 따라 제3자에게 양도하거나 포기하지 아니한 경우로써, 피의자를 그 정보저장매체에 저장된 전자정보에 대하여 실질적인 피압수자로 평가할 수 있는 경우를 말하는 것이다"라고 판시[19]하였고 다른 사안에서 대법원은 "피해자들이 임의제출한 USB들은 피해자들의 소유·관리에 속하는 정보저장매체로서 그 자체로는 피고인과 관련이 없는 점, 피고인이 소유·관리하는 정보저장매체는 원본 USB뿐인데, 원본 USB는 수사기관에 임의제출되거나 압수된 바 없으므로 원본 USB에 관하여 형사소송법이 정한 참여권이나 그 참여권 인정을 위한 전제로 실질적 피압수자라는 지위를 상정하기 어렵다"라는 취지로 판시[20]함으로써 전자정보에 대한 관리처분권이 아니라 정보저장매체에 대한 관리처분권을 기준으로 실질적 피압수자 여부를 판단하였다.

나. 전자정보의 보호 필요성과 배치되는 판례의 입장

전자정보에 대한 관리처분권이 아니라 정보저장매체에 대한 관리처분권을 기준으로 실질적 피압수자 여부를 판단한 사례들은 전자정보에 대한 권리를 보호하고자 하는 실질적 피압수자 법리의 도입 취지와 배치된다.

대법원은 전자정보의 성격에 대해 "전자정보는 그 자체로는 무정형의 관념에 불과할 뿐 물리적 존재가 아니다. 전자정보는 복제가 용이하고 다수에게 손쉽게 전파·유통될 수 있으며 그 보유·사용·처분·변경 등이 다수에 의하여 동시다

18 대법원 2022. 5. 31. 자 2016모587 결정.
19 대법원 2022. 1. 27. 선고 2021도11170 판결.
20 대법원 2024. 12. 24. 선고 2023도3626 판결.

발적으로 이루어질 수 있는 비경합적·비배타적 성질을 가진다. 전자정보가 복제되어 유통·처분·변경되거나 여러 번 재복제되더라도 원본 전자정보나 복제되기 전 단계의 정보들은 마모되거나 훼손되지 않은 채 복제된 정보와 독립하여 존재할 수 있다"라고 판시[21]하였다. 이는 전자정보는 여러 정보저장매체에 복제되어도 그 무정형의 관념은 변하지 않는다는 것을 설명한 것이고 이러한 판례의 취지를 고려하면 그 후단에 '정보저장매체의 다름과 관계없이 그 내용이 되는 전자정보를 보호할 필요성이 있다'라는 취지를 이어갈 것으로 예상된다.

그런데 같은 사건에서 대법원은 "'제3자가 피의자 소유·관리의 정보저장매체 자체를 수사기관에 제출하는 방법으로 그 정보저장매체 내에 저장된 전자정보를 임의제출하는 것'과 '그 전자정보를 제3자 소유·관리의 정보저장매체에 복제한 후 복제 전자정보가 저장된 정보저장매체를 그 제3자가 수사기관에 제출하는 방법으로 복제 전자정보를 임의제출하는 것'은 적어도 그 임의제출 과정에서 보장되어야 하는 참여권의 관점에서는 동일하다고 평가할 수 없다"라고 판시함으로써 앞서 언급한 전자정보의 성질과는 전혀 상관없이 비약적인 결과를 도출하였다.

기존에 대법원은 "전자정보에 대한 수사기관의 압수·수색은 사생활의 비밀과 자유, 정보에 대한 자기결정권, 재산권 등을 침해할 우려가 크므로 포괄적으로 이루어져서는 안 되고, 비례의 원칙에 따라 수사의 목적상 필요한 최소한의 범위 내에서 이루어져야 한다"라고 하면서 "실질적 피압수자인 피의자가 수사기관으로 하여금 그 전자정보 전부를 무제한 탐색하는 데 동의한 것으로 보기 어려울 뿐만 아니라(후략)"라고 판시[22]함으로써 무분별한 탐색으로 보호되어야 할 최종 대상은 '저장매체'가 아니라 그 안에 저장된 '전자정보'에 해당한다는 점을 분명히 하였다는 점에 주목해야 한다.

다. 무관정보까지 복제된 전자정보의 관리처분권 문제

실질적 피압수자를 판단하는 기준과 관련하여 두 가지 사례를 비교해 볼 필요가 있다.

---

21 대법원 2024. 12. 24. 선고 2023도3626 판결.
22 대법원 2021. 11. 18. 선고 2016도348 전원합의체 판결.

첫 번째 사례는 다음과 같다.

피고인은 저녁 모임에서 휴대전화를 분실하였고 이를 습득한 사람은 휴대전화에서 피해자의 음란합성사진을 발견하여 전화를 피해자에게 전달하였다. 피해자는 피고인을 고소하면서 해당 전화를 증거물로 임의제출하였고, 경찰은 디지털 포렌식을 통해 삭제된 전자정보 일체를 복원하고 이를 탐색하는 과정에서 피해자에 대한 음란합성사진을 발견했다. 이 과정에서 경찰은 피고인에게 참여의 기회를 보장하거나 압수한 전자정보 목록을 교부하거나 또는 피고인이 그 과정에 참여하지 아니할 의사를 가지고 있는지 여부를 확인한 바가 없었다. 이러한 연유로 증거로 제출된 음란합성사진의 증거능력이 문제된 사안에서 대법원은 디지털 포렌식의 대상이 된 휴대전화는 피고인이 현실적으로 지배·관리하면서 휴대전화 내 전자정보 전반에 관한 전속적인 관리처분권을 보유·행사하였기 때문에 이 사건 휴대전화에 저장된 전자정보 전반에 관하여 피고인을 실질적인 압수·수색 당사자로 평가할 수 있다고 평가하였고, 경찰관이 피고인에게 참여권을 보장하거나 전자정보 압수목록을 교부하는 등 절차적인 권리를 보호하기 위한 적절한 조치를 하지 않은 채 압수·수색 절차를 진행하였기 때문에 위법하다고 평가하면서 음란합성사진 출력물의 증거능력을 부정하였다.[23]

두 번째 사례와 대법원의 입장은 다음과 같다.

피고인은 여자친구였던 미성년인 피해자 1과 2의 신체를 몰래 촬영하였고 이를 피고인의 USB에 저장하였다. 그런데 피해자 2에게 피고인의 USB가 우연히 흘러 들어갔고 피해자 2는 불법 촬영한 사진과 영상 백업 파일 수백 개를 확인하였다. 피해자 1과 2는 원본 USB의 자료를 선별하여 피해자들 소유의 제1, 2, 3 USB에 일부 사진과 영상을 복사한 후 경찰에 임의제출하였다. 경찰은 임의제출받은 USB에 대한 포렌식 과정에서 피고인의 참여권을 보장하지 않았다. 이 사건에서 1심과 항소심은 피고인에게 참여권을 보장하지 않은 위법을 이유로 피고인에게 각 무죄를 선고하였으나 대법원은 "피해자들이 임의제출한 제1, 2, 3 USB는 피해자들의 소유·관리에 속하는 정보저장매체로서 그 자체로는 피고인과 관련이 없고 이 사건 전자정보 등이 원본 USB로부터 유래하였다는 사정만으로 원본 USB 소유·관리자이자 그 저장 전자정보의 관리처분권자인 피고인을 실질적 피

23 대법원 2023. 12. 14. 선고 2020도1669 판결.

압수자로 보아 피고인에게까지 참여의 기회를 부여해야만 그 임의제출이 적법하다고 평가할 수는 없다"고 판시하고 사건을 파기환송하였다.[24]

두 사례 모두 피고인들은 유사한 범죄를 범하였는데 첫 번째 사례에서는 무죄, 두 번째 사례에서는 유죄의 취지로 판결이 선고되었다. 유사한 사건에서 결과를 달리한 두 선고에서 각 결과 도출을 위해 사용한 '실질적 피압수자 판단의 법리'에 불합치가 없기 위해서는 두 가지 사항에 대한 검토가 필요하다.

우선, 피의자의 참여권과 피압수자의 참여권이 동일한 것인지, 각기 별도로 보장되어야 하는지에 대해 검토되어야 한다. 앞의 두 사례에서 대법원은 피의자의 참여권과 피압수자의 참여권을 동일한 것으로 취급하면서 그 참여권의 근거를 형사소송법 제121조에서 찾고 있다. 만약, 피의자의 참여권과 피압수자의 참여권이 별개의 것으로써 각기 보장되어야 한다고 해석하는 경우, 두 번째 사례에서 피고인이 비록 실질적 피압수자로서의 자격이 없다고 해석되더라도 형사소송법 제121조, 제122조, 제219조에 따른 피의자로서의 참여권은 보장될 수 있다. 이때, 전자정보가 수사기관에 의해 이미 확보되어 있기 때문에 형사소송법 제122조 단서 "전조에 규정한 자가 참여하지 아니한다는 의사를 명시한 때 또는 급속을 요하는 때에는 예외로 한다"의 적용도 없으므로 수사기관은 피의자였던 피고인의 참여권을 보장했어야 했다. 결국 피의자의 참여권과 피압수자의 참여권을 별도의 것으로 해석하는 경우 두 번째 사례도 첫 번째 사례와 같이 무죄 취지의 결론에 도달했을 가능성이 높다. 이 쟁점에 대해서는 제9장에서 이미 살펴보았다.

다음으로, 실질적 피압수자의 관리처분권 유무는 전자정보가 아니라 정보저장매체에 대한 소유·관리 여부를 기준으로 판단하는 근거가 무엇인지 확인이 필요하다. 이러한 기준으로 판단할 경우 임의제출자의 입장에서는 저장매체 원본이 아니라 이를 복제한 사본을 제출하기만 하면 원본 저장매체의 관리처분권자의 참여권을 배제할 수 있다는 결론에 이르게 된다.[25] 두 번째 사례와 같이 제3자가 피고인의 A 저장매체에서 증거가 되는 일부의 전자정보만 선별하여 B 저장매체에 복사하여 제출한 경우와 A 저장매체에 있는 전자정보 전체를 그대로 B 저장매체

24 대법원 2024. 12. 24. 선고 2023도3626 판결.

25 두 번째 사례는 저장매체의 관리처분권자를 기준으로 실질적 피압수자 개념을 정함으로 인해 저장매체 내의 전자정보에 대한 무분별한 탐색을 통제하기 위한 실질적 피압수자 개념 창설의 취지를 몰각할 우려가 있다.

에 복제한 경우 실질적 피압수자 인정 여부가 달라질 것인지 고민해 볼 필요가 있다.

대법원은 "복제 전자정보 생성경위와 지배관리 상태, 복제 전자정보를 임의제출하게 된 경위, 원본 전자정보 임의제출이나 압수·수색 가능성 등 제반 사정과 전자정보 압수·수색에서 혐의사실과 무관한 전자정보의 무분별한 탐색·복제·출력 등을 방지하려는 참여권의 의의 및 기능을 종합적으로 살펴 (후략)"[26]라고 판시함으로써 만약 원본 저장매체에 압수를 필요로 하는 전자정보 이외에 무관한 정보가 대량으로 포함되어 있고 그러한 무관정보를 포함하여 원본 저장매체의 전체 내용이 그대로 복제된 경우에는 원본 전자정보의 관리처분권자에게도 실질적 피압수자 지위를 인정할 여지를 두고 있다. 이 판례의 태도는 관리처분권의 '실질' 여부를 판단함에 있어 고려되어야 할 것은 '저장매체'가 아니라 그 안에 저장되어 있는 '전자정보'라는 점을 분명히 한 것이다.

저자는 저장매체 내에 존재하는 전자정보 집합의 탐색을 '압수'가 아닌 '수색'의 과정이 된다고 주장하였었다. 압수의 상대방은 물건의 소유자, 소지자, 보관자 등이 되겠지만 수색의 상대방은 압수할 물건이 소재한 장소 전체를 관리하고 있는 자가 될 것이기 때문에 구분의 필요성이 있다. 이러한 관점에서 보면 저장매체가 압수의 대상이 될 때는 물건인 저장매체 자체의 소유, 소지, 보관자가 압수의 당사자가 되겠지만 그 안에 있는 데이터 집합이 그대로 복제되어 탐색의 대상이 된 경우에는 제품으로서의 저장매체에 대한 소유관계가 아니라 복제된 데이터 집합을 관리하는 자가 영장집행의 상대방이 되어야 한다.

따라서, 대법원이 창설한 '실질적 피압수자' 개념이든지 저자가 주장할 '실질적 피수색자'의 개념이 사용되든지 데이터 집합에 대한 영장 집행의 상대방을 결정할 때는 제품으로서의 저장매체의 소유관계가 아니라 그 안에 저장된 데이터 집합의 관리관계를 기준으로 삼아야 한다.

26 대법원 2024. 12. 24. 선고 2023도3626 판결.

제4절 데이터 관리주체의 참여권 보장을 위한 법리 제안

1. 피압수자와 피의자 개념의 분리

대법원은 2011모1839 전원합의체 결정에서 피압수·수색 당사자의 참여권에 대한 근거조항으로 형사소송법 제219조, 제121조를 언급하기 시작하였으나 그 근거에 대해서는 어떠한 설명도 없다. 다만, 해당 결정에 관여했던 대법관 김창석, 박상옥은 반대의견에서 형사소송법 제219조, 제121조는 피의자나 변호인의 참여권을 보장하고 있다고 언급하는 등 동일 결정에 관여했던 대법관 사이에서도 이견이 있었던 점은 분명하다.

피압수자의 개념에 대해 2012년 헌법재판소는 수사기관의 압수물 폐기처분의 위헌성에 대해 심판하는 사건에서 압수물을 '압수한 증거물, 몰수할 것으로 사료되는 물건, 제출명령에 의하여 제출된 증거물, 임의제출물, 유류물'이라고 정의하고 있고 이러한 압수물은 '피압수자의 재산권 등 기본권과도 밀접한 관련이 있다', '압수물 폐기처분 조항은 피압수자의 기본권에 중대한 제약을 가져온다'라는 취지로 판시함으로써 피압수자를 임의제출물의 압수에서 압수물을 제출한 자, 소유권자 등으로 압수를 당한 자라고 전제[27]하였다.

또한, 2018년 헌법재판소는 "송·수신이 완료된 전기통신에 대한 압수·수색은 전기통신 서비스를 제공하는 사업자를 피압수자로 하여 이루어지는바, 과거에는 그 전기통신의 주체가 되는 수사대상이 된 가입자에 대해서도 압수·수색영장 집행 사실이 통지되지 않았다. 피의자는 형사소송법 제219조, 제122조 본문에 의하여 사전에 압수·수색영장 집행 일시 등을 통지받을 수 있도록 되어 있었으나, 제122조 단서가 급속을 요하는 때에는 통지를 생략할 수 있도록 함에 따라, 제122조 단서에 따라 통지가 생략된 경우에는 피의자로서는 자신이 공소제기되어 그 공판절차에서 압수·수색영장 및 그 집행물이 증거물로 제출되지 않는 한 자신에 관한 송·수신이 완료된 전기통신이 압수·수색되었는지 조차 알 방법이 없었다"[28]라고 판시함으로써 피의자와 피압수자를 명확히 구분하고 있고 형사소송

27 헌법재판소 2012. 12. 27. 선고 2011헌마351.

법 제122조에서의 '피고인'이란 수사단계에서는 '피의자'임을 분명히 하고 있다.

2017년 사건에서는 대법원도 "대한민국헌법 제12조 제3항 본문은 '체포·구속·압수 또는 수색을 할 때에는 적법한 절차에 따라 검사의 신청에 의하여 법관이 발부한 영장을 제시하여야 한다'고 규정하고, 형사소송법 제219조, 제118조는 '수사기관이 압수·수색영장을 집행할 때에는 처분을 받는 자에게 반드시 압수·수색영장을 제시하여야 한다'는 취지로 규정하고 있다. [중략] 형사소송법이 압수·수색영장을 집행하는 경우에 피압수자에게 반드시 압수·수색영장을 제시하도록 규정한 것은 법관이 발부한 영장 없이 압수·수색을 하는 것을 방지하여 영장주의 원칙을 절차적으로 보장하고, 압수·수색영장에 기재된 물건, 장소, 신체에 대해서만 압수·수색을 하도록 하여 개인의 사생활과 재산권의 침해를 최소화하는 한편, 준항고 등 피압수자의 불복신청의 기회를 실질적으로 보장하기 위한 것이다"라고 판시[29]함으로써 피압수자가 형사소송법 제118조에 의해 영장의 집행을 받는 직접적 대상임을 분명히 하였다. 그런데 같은 판결 내에서 "형사소송법 제219조, 제121조는 '수사기관이 압수·수색영장을 집행할 때에는 피압수자 또는 변호인은 그 집행에 참여할 수 있다'는 취지로 규정하고 있다"라고 함으로써 피의자와 피압수자의 개념을 분리하지 못하는 오류를 범하고 있다.

형사소송법 제219조에 의해 준용되는 제121조의 참여인은 문리적·논리적으로 해석하게 되면 영장의 집행을 당하는 피압수자가 아니라 해당 사건 피의자의 참여권을 규정한 것으로 보는 것이 맞다.[30] 반면, 형사소송법에는 '피압수자'라는 용어를 발견할 수 없다. 다만, 제106조 제2항(법원은 압수할 물건을 지정하여 소유자, 소지자 또는 보관자에게 제출을 명할 수 있다.), 제108조(소유자, 소지자 또는 보관자가 임의로 제출한 물건 또는 유류한 물건은 영장없이 압수할 수 있다.), 제118조(압수·수색영장은 처분을 받는 자에게 반드시 제시하여야 하고…) 등을 종합하면, '피압수자'란 압수·수색영장의 집행을 당하는 자로서 압수할 물건을 소유·소지·보관하는 자를 뜻한다고 할 수 있다.[31]

---

28 헌법재판소 2018. 4. 26. 선고 2014헌마1178.

29 대법원 2017. 9. 21. 선고 2015도12400 판결.

30 조은별, "'실질적 피압수자' 개념에 대한 비판적 검토(대법원 2021. 11. 18. 선고 2016도348 전원합의체 판결을 중심으로)", 형사판례연구 제31권(2023), 346면.

31 소재환·이선화, "디지털 증거 압수·수색 시 참여권자 관련 실무상 문제", 형사법의 신동향 통권 제77호(2022), 340-341면; 류동훈, 앞의 논문, 135면.

제118조의 취지에 대해 형사소송법 주석서는 영장의 처분을 받는 자에게 이를 제시함으로써 영장을 집행하는 자가 적법한 권한에 의하여 압수·수색하는 것임을 알도록 하고 압수·수색영장에 기재된 물건, 장소, 신체에 대해서만 집행하도록 하려는 것을 보장하려는 취지가 있고 여기서 처분을 받는 자란 압수·수색을 당하는 자이므로 압수할 물건 또는 수색할 장소를 현실적으로 지배하는 자를 의미한다고 해설한다.[32]

형사소송법은 당사자(검사와 피고인)의 참여권과 당사자 이외의 참여를 명확하게 구분하고 있다. 형사소송 당사자의 참여에 대해서는 압수·수색에 관하여 제121조에서, 증인신문에 대해서는 제163조에서, 법원의 감정에 관하여도 제176조에서 당사자의 참여권을 규정하고 있다. 이러한 조항은 법원의 집행에 대해 당사자인 검사, 피고인 또는 변호인이 참여할 수 있다는 점을 규정하고 있는 것이고 그 참여의 취지도 동일한 것으로 판단된다.[33]

따라서, 대법원의 입장과 같이 명확한 근거 없이 제121조의 '피고인'이 수사단계에서 '피압수자'라고 주장할 것이 아니라 수사상 당사자로서의 권리인 피의자의 참여권과 재산권을 침해당하는 영장 집행의 직접적 상대방으로서의 피압수자의 참여권을 명확하게 구분하여야 한다.

2. 물건인 저장매체와 탐색 대상인 저장매체 개념의 구분

한 개인이 수년 동안 사용한 스마트폰과 방금 구매하여 사용등록을 마치지 않은 스마트폰 모두 물건으로써 압수의 대상이 되는 저장매체라는 점을 부인할 수 없다. 다만, 전자의 스마트폰에 대해서는 그 안에 포함된 전자정보도 특별히 보호해야 할 필요성이 추가될 뿐이다. 즉, 전자정보도 압수의 대상이 된다는 판례의 입장을 전제로, 압수 또는 임의제출의 대상이 되는 것에 대한 관리처분권의 유무는 유체물로써의 저장매체와 보호의 대상으로써의 전자정보에 대해 각 판단하는 것이 논리적으로 합당하다.

"수사기관이 제출자의 의사를 쉽게 확인할 수 있음에도 이를 확인하지 않은

32 편집대표 김희옥·박일환, 『제5판 주석 형사소송법(I)』, 한국사법행정학회, 2017, 613면.
33 이관희·이상진, 앞의 논문(주2), 210면.

채 특정 범죄혐의사실과 관련된 전자정보와 그렇지 않은 전자정보가 혼재된 정보저장매체를 임의제출받은 경우, 그 정보저장매체에 저장된 전자정보 전부가 임의제출되어 압수된 것으로 취급할 수는 없다"라고 판시[34]한 것도 저장매체와 그 내부의 전자정보를 분리하는 것을 전제로 한 것이다.

어떤 자가 이동식 주거를 수사기관에 제출한 경우 두 가지의 경우를 나누어 생각해야 한다. 이동식 주거가 절도죄의 객체가 되어 그 자체를 반환하는 경우와 이동식 주거에 숨겨진 문서를 찾기 위해 제출하는 경우를 나누어야 한다. 전자의 경우 이동식 주거 자체에 대한 압수가 종료된 것으로 평가할 수 있지만, 후자의 경우 제출된 이동식 주거는 수색의 장소일 뿐이지 이동식 주거 내의 모든 집기와 물건이 당연히 압수된 것이라고 할 수 없다. 이때, 수사기관은 이동식 주거를 수색할 권한도 확보해야 하며 수색에 따라 그 안의 물건 등을 압수할 권한도 확보해야 하는 문제가 남는다.

저장매체의 제출도 이동식 주거의 제출 사례와 같이 제품으로써 압수의 대상일 뿐인지, 다양한 압수의 대상과 기타 사생활의 비밀이 혼재되어 있는 수색의 대상인지 구분하여야 한다. 대법원이 실질적 피압수자를 판단할 때 '저장매체의 소유권'을 기준으로 삼은 것은 제품으로서의 저장매체와 압수할 정보를 탐색할 대상으로서의 저장매체를 명확히 구분하지 못한 데 기인한 것이다.

일명 종근당 결정에서 대법원은 "전자정보가 담긴 저장매체 또는 하드카피나 이미징 등 형태(이하 '복제본'이라 한다)를 수사기관 사무실 등으로 옮겨 복제·탐색·출력하는 경우에도, 그와 같은 일련의 과정에서 형사소송법 제219조, 제121조에서 규정하는 피압수·수색 당사자(이하 '피압수자'라 한다)나 변호인에게 참여의 기회를 보장"하여야 한다고 판시[35]함으로써 저장매체가 다르다고 할지라도 이미징 등의 복제본에 대한 탐색 등도 영장집행의 과정에 해당한다고 하고 있다. 즉, 전자정보가 집합을 이루어 압수할 대상을 특정하기 전의 탐색 과정이 필요한 경우에는 그 저장매체가 변경되더라도 참여의 이익이 존재한다는 것이다.

따라서, 판례가 전자정보를 압수의 대상으로 선언한 이상 유관·무관 정보가 혼재되어 있는 데이터 집합에 대한 탐색은 압수와 분리하여 법적 성격을 별도로

34 대법원 2021. 11. 18. 선고 2016도348 전원합의체 판결.
35 대법원 2015. 7. 16. 선고 2011모1839 전원합의체 결정.

검토할 필요가 있다.

3. '실질적 피수색자'의 참여권 - 제109조에 따른 참여권 인정

가. 저장매체 탐색의 법적 성격

디지털 저장매체에 대한 영장을 집행하는 과정에서 수사기관의 입장에서 집중해야 하는 부분은 유관 증거를 어떻게 압수할 것인가이지만 데이터 주체의 기본권을 침해하지 않는 관점에서 주의 깊게 살펴야 할 부분은 압수 대상이 아닌 데이터 영역에 대한 열람을 어떻게 하면 최소화할 수 있는가이다.[36] 최근 저장매체에 대한 수사기관의 영장 집행과 관련하여 대법원이 심리를 집중하고 있는 부분도 무관정보에 대한 탐색이다.

대법원은 데이터를 압수하는 과정으로서의 '탐색'의 법적 성격에 대해 명확하게 지적한 바는 없지만 탐색과 데이터에 대한 최종 취득을 포함하여 정보저장매체에서 전자정보를 탐색·출력·복제하는 일련의 과정이 전체적으로 압수·수색영장의 집행으로 보고 있다.[37] 전자정보가 압수의 대상이라고 보고 이를 탐색·출력·복제하는 일련의 과정이 압수·수색영장의 집행과정이라고 보는 판례의 입장을 고려하면 저장매체를 탐색하는 행위는 수색에 해당한다고 보는 것이 논리적으로 타당해 보인다.

수사기관에 의한 수색은 개인의 프라이버시에 대한 기대를 침해한다. 주거에 대한 수색은 사적 영역을 물리적으로 침입하고 밖에서는 볼 수 없는 주거 내의 모습을 관찰함으로써 개인의 프라이버시를 침해한다. 개인이 사용하는 디지털 저장매체에 저장된 내용에 대해서 개인은 프라이버시에 대한 합리적 기대를 가지므로 물리적인 장소에 대한 수색의 프라이버시 침해 구조는 디지털 저장매체에도 동일하게 적용된다.[38] 탐색·출력·복제행위와 전자정보에 대한 판례의 해석, 저장매체에 대한 탐색도 일반적인 수색과 같이 프라이버시를 침해하는 구조가 같다는

36 이관희·이상진, "파일 열람 행위에 의한 영장집행의 문제점과 디지털 저장매체 수색압수구조의 개선방안", 법조 제69권 제4호, 2020. 8, 261면.

37 대법원 2011. 5. 26. 자 2009모1190 결정.

38 Orin S. Kerr, "Searches and Seizures in a Digital World", Harvard Law Review Vol. 119, No.2, 2005. 12, p. 549.

점을 종합하면 저장매체에 대한 탐색의 법적 성격은 '수색'에 해당한다고 볼 수 있다.

나. 저장매체의 임의제출과 저장매체 탐색의 분리 해석

저장매체에 대한 탐색이 형사소송법상 수색에 해당한다고 평가하는 경우, 저장매체의 임의제출 행위를 두 가지 경우로 나누어서 살펴보아야 한다. 만약, 압수할 전자정보만이 선별·복사되어 수사기관에 임의제출된 경우 제출과 함께 수사기관의 압수행위가 종료된 것으로 볼 수 있지만, 압수될 전자정보와 무관정보가 혼재된 상태에서 임의제출되어 별도의 저장매체 탐색이 필요한 경우 수사기관은 압수 이전에 매체를 수색할 수 있는 정당한 권한이 있어야 한다.

형사소송법 제108조는 물건의 소유자, 소지자 또는 보관자가 임의로 제출한 경우 영장없이 압수할 수 있다고 규정하고 있다. 물건인 '저장매체'가 임의제출된 경우 '저장매체' 자체에 대한 압수는 종료되는 것이 논리적으로 타당하다. 그런데 저장매체에 전자정보가 포함된 경우는 저장매체에 대한 압수와는 별도로 저장된 전자정보에 대한 압수 여부가 문제되며, 무관정보까지 혼재된 경우에는 수색행위가 추가되어야 한다. 전자정보에 대한 임의제출에 관하여는 형사소송법에 제108조를 적용하여 권한있는 자의 임의제출에 의해 수사기관의 압수가 종료된다는 점을 확인할 수 있지만, 수색이 필요한 경우에는 임의적인 수색을 허용할 자가 누구인지, 임의수색을 동의할 자가 존재하지 않는다면 수사기관이 영장없이 이를 수색할 수 있는 근거가 있는지도 확인해야 한다.

다. 피수색자와 그의 참여권 보장

대법원은 개인의 총체적·전인격적 정보가 압수·수색의 대상이 되었음에도 정보의 주체가 참여권을 인정받지 못하게 되는 불합리한 상황을 시정하기 위해서 '실질적 피압수자' 개념을 창설한 것으로 보인다.[39] 그러나 대법원의 '실질적 피압수자' 개념은 그 취지에도 불구하고 앞서 살펴본 바와 같은 모순을 가지고 있는 것이 사실이다. 따라서, 총체적이고 전인격적인 데이터에 대한 주체의 권리를 보

39 최문수, "압수·수색 참여권 관련 최근 판례의 동향 –실질적 피압수자 법리의 의미와 요건을 중심으로–", 사법 제1권 제65호, 2023, 440, 451면.

호하고자 하는 이념을 달성하면서도 참여권 보장에 대한 해석에 모순이 없도록 적절한 법리를 제시할 필요가 있다.

정보저장매체에 유관정보와 무관정보가 혼재되어 있을 때의 탐색은 수색에 해당하고 압수와 수색은 명백히 구분해야 한다. 형사소송법도 제110조 제1항에서 "군사상 비밀을 요하는 장소는 그 책임자의 승낙 없이는 압수 또는 수색할 수 없다"라고 규정하고 제111조 제1항은 "공무원 또는 공무원이었던 자가 소지 또는 보관하는 물건에 관하여는 본인 또는 그 당해 공무소가 직무상의 비밀에 관한 것임을 신고한 때에는 그 소속공무소 또는 당해 감독관공서의 승낙 없이는 압수하지 못한다"라고 규정하는 등 장소에 대한 수색과 물건에 대한 압수를 명확하게 구분하고 있다.

독일의 경우 우리와 달리 수색영장과 압수영장을 원칙적으로 분리하여 발부한다. 이는 수색과 동시에 압수가 가능하기 위해서는 압수 대상이 명확하고 구체적으로 특정되어야 하는데 압수의 대상이 특정되지 않은 경우, 수색과 압수영장이 동시에 발부되면 절차적 정당성을 저해할 위험이 있다는 지적에 따른 것이다. 연방헌법재판소와 여러 법원은 압수 대상이 특정되지 않은 채 수색영장에 포괄적으로 압수를 허용한다는 내용이 포함되는 경우 해당 영장은 수색에 대한 지침으로서의 의미만 가질 뿐이며, 유효한 압수영장으로 인정되지 않는다고 판단한다. 휴대전화와 같은 저장매체를 발견한 경우, 해당 기기에 어떤 증거가 있는지 판단하려면 먼저 저장된 정보를 탐색하는 작업이 선행되며 휴대전화의 확보는 독일 형사소송법상 수색의 일환으로 간주된다.[40] 그런데 우리 대법원은 '피압수자'가 누구인지만을 특정하려고 시도하였다. 대법원과 같은 오류를 범하지 않기 위해서는 우선 저장매체에 대한 탐색을 허용할 수 있는 정당한 권한을 가진 사람 또는 수색영장 집행의 상대방이 되는 자 즉, '피수색자'가 누구인지부터 특정하여야 한다.

형사소송법 제109조는 수색의 대상으로 신체, 물건, 주거 기타의 장소를 명시하였다. 제109조에 따르면 물건인 '저장매체'도 수색이 대상이 됨은 분명하며 '피고인의' 또는 '피고인 아닌 자의'라는 표현을 사용한 것으로 보아 수색 대상의

40 이원상·김한균·권순민·허황, "각국의 디지털포렌식 실무절차와 디지털증거 관리방법 비교조사", 대검찰청 연구용역 보고서, 2024, 107면.

소유자 또는 주거권자가 수색에 동의할 수 있다고 해석할 수 있다.

결국 저장매체에 대한 수색에서 저장매체의 소유권자는 압수물로써 이를 임의제출할 수 있으며 수색을 허용할 수 있는 권한이 있다. 다만, 저장매체의 소유자와 저장매체에 저장된 전자정보의 관리처분권자가 다른 경우 저장매체에 대한 탐색을 위해서는 전자정보의 관리처분권자의 동의도 필요한지 검토되어야 한다.

"전자정보가 복제되어 유통·처분·변경되거나 여러 번 재복제되더라도 원본 전자정보나 복제되기 전 단계의 정보들은 마모되거나 훼손되지 않은 채 복제된 정보와 독립하여 존재할 수 있다"라는 대법원의 입장,[41] 저장매체의 복제나 이미징 등 형태를 수사기관 사무실 등으로 옮겨 복제·탐색·출력하는 경우에도, 참여의 기회를 보장하여야 한다는 대법원의 입장[42]에 따르면 저장매체의 소유권과 무관하게 전자정보를 기준으로 참여권 여부를 판단하는 것이 옳지만 제2절에 소개한 사례에서 대법원은 저장매체의 소유권만을 기준으로 '실질적 피압수자' 여부를 판단하는 오류를 범하였다.

앞서 소개한 두 번째 사례[43]에서 피해자들이 피고인의 원본 저장매체에서 압수 대상인 전자정보만을 선별하여 복사 후 제출하였다면 피해자는 USB의 소유자와 전자정보의 소지자 또는 보관자로서 이를 임의제출함으로써 압수가 종료된 것으로 평가할 수 있으나, 원본 저장매체를 그대로 피해자 소유의 USB에 복제하여 제출하였다면 무관정보에 대한 수색이 이루어져야 하기 때문에 해당 전자정보 일체에 대한 관리처분권자 즉, 피수색자의 동의가 있어야 하며 동의를 기대할 수 없는 경우 수색영장을 발부받아 집행하고 제118조 본문에 따른 반사적 효과로서 피수색자에게 참여권을 보장하여야 하며, 피수색자와 피의자가 동일인이 아닌 경우 형사소송법 제121조, 제122조, 제219조에서 정한 피의자의 참여권도 별도로 보장하여야 한다. 그런데 해당 사례에서 대법원은 USB 탐색을 수색이 아닌 압수라고 보고 피압수자 여부를 판단하였으며 이때, 보호가 필요한 무관정보의 혼재 여부에 대한 판단없이 저장매체의 소유관계를 기준으로 실질적 피압수자 여부를 판단하고 그 참여권의 인정근거를 형사소송법 제121조, 제122조, 제219조에 두어

41 대법원 2024. 12. 24. 선고 2023도3626 판결.
42 대법원 2015. 7. 16. 선고 2011모1839 전원합의체 결정.
43 대법원 2024. 12. 24. 선고 2023도3626 판결.

'실질적 피압수자 = 피의자'라는 공식을 적용함으로써 실질적 피압수자가 아닌 피의자의 참여권 자체를 인정하지 않는 오류를 범하였다.

4. 소결

압수의 대상을 물건으로만 한정하여 입법된 형사소송법의 한계를 극복하기 위해 우리 법원은 기존의 법조문을 확대해석하여 전자정보도 압수의 대상으로 삼게 되었다. 이는 법이 기술의 발전을 따라가지 못함으로써 현실과 법이 괴리되는 것을 방지하기 위해 법의 취지를 유지하면서 법이 허용하는 범위 내에서 법조문을 확대해석한 결과이다. 하지만, 대법원이 전자정보를 보호하기 위해 창설한 '실질적 피압수자' 개념은 확대해석을 넘어 법이 허용하지 않는 유추해석에 해당할 수 있다는 점, 해당 개념의 적용에 있어서도 각 판례 사이에 일관되지 않다는 점, 해당 개념의 근거조항에 대해서도 일관된 입장을 보이지 않는다는 점 등은 비판의 여지가 있다.

다양한 가치를 포함하는 전자정보 관리처분권자에 대한 권리를 보호해야 하는 취지는 옳다. 이를 두텁게 보호하면서도 형사소송법이 허용된 범위를 넘지 않기 위해 저자는 '실질적 피수색자'라는 개념을 제시하였다. 즉, '저장매체가 제출되었다'라는 하나의 사실은 제품인 저장매체의 제출과 이에 대한 탐색, 그리고 그 안에 저장된 유관정보에 대한 압수의 단계로 구분하여야 하고 각 단계별로 참여권자, 강제처분의 권한 여부 등을 논의해야 한다.

피의자가 소유하던 저장매체를 제3자가 압수의 대상이 되는 전자정보를 선별하여 제3자 소유의 저장매체에 저장하여 제출하는 경우, 수사기관은 제품인 저장매체와 유관정보를 각 임의제출받은 것으로 평가할 수 있다. 그러나 피의자의 저장매체에 저장되어 있던 유관정보와 무관정보의 전체 집합을 제3자의 저장매체에 전부 복제하여 제출한 경우, 물건인 저장매체 자체는 임의제출된 것이지만, 그 안에서 유관정보를 선별 압수하기 위한 탐색은 별도의 수색행위에 해당하므로 수사기관은 해당 수색의 권한을 확보하고 '실질적 피수색자' 즉, 복제된 전자정보 집합을 실질적으로 관리하는 자의 참여권을 보장해야 한다. 다만, 형사소송법 제118조의 단서 "다만, 처분을 받는 자가 현장에 없는 등 영장의 제시나 그 사본의 교부가 현실적으로 불가능한 경우 또는 처분을 받는 자가 영장의 제시나 사본의 교부를 거부한 때에는 예외로 한다"를 적용하여 참여권을 인정하지 않는 가능성도 존재한다. 또한, 피의자에 대한 참여권 인정의 취지는 별개의 것이므로 제121조, 제122조 및 제219조에 따른 참여권 보장 또는 예외를 적용할 수 있을 것이다.

제5절 실질적 피압수·수색자 보호와 수사 밀행성의 조화

1. 피의자의 총체적·전인격적 데이터에 대한 보호

대법원 2016도348 전원합의체 판결에서 제시한 실질적 피압수자 개념은 많은 비판에도 불구하고 데이터의 집적화와 저장매체의 휴대성 강화로 인해 쉽게 침해될 수 있는 피의자의 권리를 보호하고 압수·수색영장 집행이 일반영장의 집행과 같은 상황에 처할 수 있는 문제점을 극복할 수 있는 계기를 마련했다는 점에서는 의의가 있다. 해당 판결에서 대법원은 "정보저장매체에는 그의 사생활의 비밀과 자유, 정보에 대한 자기결정권 등 인격적 법익에 관한 모든 것이 저장되어 있어, 임의제출의 주체가 소유자 아닌 소지자·보관자에 불과함에도 아무런 제한 없이 압수·수색이 허용되면 피의자의 인격적 법익이 현저히 침해될 우려가 있음을 고려하여, 그 제출행위로 소유자의 사생활의 비밀 기타 인격적 법익이 현저히 침해될 우려가 있는 경우에는 임의제출에 따른 압수·수색의 필요성과 함께 임의제출에 동의하지 않은 소유자의 법익에 대한 특별한 배려도 필요하기 때문이다"라고 판시하였다. 대법원은 개인의 총체적·전인격적 정보가 압수·수색의 대상이 되었음에도 참여권을 인정받지 못하게 되는 불합리한 상황을 시정하기 위해 압수·수색과 근접한 시기까지 해당 정보저장매체나 인터넷서비스 계정을 자신의 것으로 지배·관리하며 사용해 온 사람을 '실질적 피압수자'로 보고 참여권을 보장하여야 한다는 법리를 제시한 것이다.[44]

---

44 최문수, "압수·수색 참여권 관련 최근 판례의 동향 –실질적 피압수자 법리의 의미와 요건을 중심으로", 사법 제1권 제65호, 2023. 9, 440, 451면.

그러나 대법원의 '실질적 피압수자' 개념은 그 취지에도 불구하고 앞서 살펴본 바와 같은 많은 비판의 요소가 현존하는 것이 사실이다. 특히, 수사의 초기에 주로 이루어지는 압수·수색에서 사전에 피의자에게 참여권을 통지함으로써 수사의 진행 사실과 구체적인 압수·수색의 대상을 피의자에게 노출할 경우 형사사법 목적 달성에 지장을 초래할 우려가 있어 현행법을 그대로 유지하면서 대법원의 판례를 수용하기에는 무리가 있다. 따라서, 대법원이 선언한 피의자의 총체적이고 전인격적인 데이터를 보호하고자 하는 이념과 수사의 밀행성 등 형사사법의 합목적성이 조화를 이루기 위해 발전적 대안을 제시할 필요가 있다.

2. 조화로운 대안 마련을 위한 두 개의 축

가. 관련성 원칙의 실질적 이행

2021. 11. 18. 선고 2016도348 전원합의체 판결에서 실질적 피압수자를 언급하기 이전에 대법원은 "임의제출된 정보저장매체에서 압수의 대상이 되는 전자정보의 범위를 초과하여 수사기관이 임의로 전자정보를 탐색·복제·출력하는 것은 원칙적으로 위법한 압수·수색에 해당하므로 허용될 수 없다. (중략) 따라서 임의제출된 정보저장매체에서 압수의 대상이 되는 전자정보의 범위를 넘어서는 전자정보에 대해 수사기관이 영장 없이 압수·수색하여 취득한 증거는 위법수집증거에 해당하고, 사후에 법원으로부터 영장이 발부되었다거나 피고인이나 변호인이 이를 증거로 함에 동의하였다고 하여 그 위법성이 치유되는 것도 아니다"라고 하여 관련성 원칙에 위배하였음을 언급하였다.

또한, 2022. 5. 31. 2016모587 결정에서도 "카카오가 제출한 대화 내용에는 준항고인이 자신의 부모, 친구 등과 나눈 일상적 대화 등 혐의사실과 관련 없는 내용이 포함되어 있는 점 (후략)"이라고 판시하는 등 인터넷서비스 이용자의 참여권을 보장하지 않은 위법 이전에 수사기관이 사건과 관련성이 없는 카카오톡 대화 내용 일체를 압수한 위법을 이유로 증거능력을 배척할 수 있다.

결국 법원으로서는 실질적 피압수자 개념을 창설하여 피의자에게 참여권을 인정하지 않은 위법을 평가하지 않고서도 수사기관이 임의제출된 정보저장매체에서 관련성 없는 전자정보를 취득한 것은 위법수집증거에 해당된다는 이유로 증거능력을 배척할 수 있었다. 특히, 관련성 개념은 이미 형사소송법에 명문으로 인정되는 것이므로 관련성을 통해 위법 여부를 판단하는 것에는 이견이 있기 어렵다.

다만, 수사기관이 관련성 원칙을 실질적으로 이행할 수 있도록 보장하거나 관련성 원칙을 제대로 이행했는지를 사후에 확인할 수 있는 기술·제도의 시행이 뒷받침되어야 한다. 현재도 증거의 증거능력을 인정받기 위해 관리의 연속성을 입증해야 하며 관리의 연속성을 입증할 수 있는 많은 연구가 진행되어 있다.

대법원이 실질적 피압수자 개념을 도입한다고 하여 어느 정도 피압수자인 피의자의 권리가 보호될지는 입증된 바가 없다. 만약, 참여권이 보장된다는 법리를 확대하는 경우라도 피압수자가 불참 의사를 표시한 경우에는 참여권 보장을 통한 영장 집행의 남용을 통제할 수 없게 된다. 특히, 최근 저장매체의 용량이 증가하고 제106조 제3항의 단서 조항으로 원본 저장매체를 수사기관의 사무실로 반출하는 경우에는 더욱더 피압수자가 참여의사를 포기할 확률이 높아질 수밖에 없다. 이런 사정을 감안하면 과연 참여권의 법리만으로 무관 데이터에 대한 수색을 억제하기에 충분한지도 고민해 보아야 한다. 그러나 실질적 피압수자의 부재 상황에도 관련성 원칙은 관철되어야 한다는 점을 주목해야 한다.

따라서, 비판의 여지가 많은 실질적 피압수자 개념을 통해 수사기관의 무분별한 압수를 제한하려고 노력하기에 앞서 이미 명문화되어 있는 관련성 원칙을 활용하여 수사기관의 남용을 억제하는 방법을 찾는 것이 옳다.

나. 법률 개정을 통한 권리 보장

인터넷 사업자가 보관하고 있는 데이터에는 다양한 종류의 것들이 있다. 크게는 컨텐츠인 데이터(서비스 이용자가 직접 생성한 컨텐츠)와 거래사실(사업자가 거래사실에 관하여 기록한 자료)인 데이터로 분류할 수 있다. 컨텐츠인 데이터는 카카오톡 같은 메신저 서비스의 대화내용과 우체물, 이메일, SNS 서비스, 클라우드 서비스 등 모두 사업자가 구축해 놓은 서비스를 이용하여 서비스 이용주체가 생성한 컨텐츠로 세분할 수 있으며, 거래사실인 데이터로는 통신자료, 통신사실확인자료, 금융거래자료 등이 있다. 이러한 다양한 데이터에 우열을 둘 수 있는 기준이 없는 상태에서 우리의 법 규정은 전기통신사업법과 통신비밀보호법의 적용을 받는 데이터 이외에는 형사소송법상 압수·수색영장으로 규율하고 있다. 수사 실무상 통신자료와 통신 기지국에 대한 자료를 압수·수색영장으로 취득하는 것을 보면 통신에 관한 데이터의 취득에도 일관성이 없다. 또한, 통신제한조치의 경우 정해진 범죄에 대한 예외적인 경우에 한하여 가능하지만 동일한 정도의 프라이버시를 보호해야 할 카카오톡 서비스나 이메일 등에 저장된 대화의 내용은 관련 범죄에 대한 제한없이 압수·수색영장에 의해 취득하는 것도 일관성이 없다. 이러한 현상은 사업자가 보관하는 데이터에 대한 침해의 정도에 따라 통합적으로 규율하지 않고 당시의 정치적 상황에 따라 특별법을 제정함으로써 생긴 불균형으로 보인다.[45]

국민의 디지털 기기 활용이 일상화되고 다양한 데이터가 생산됨으로 인해 수사기관의 데이터 활용률이 높아지는 것은 당연하다. 그런데 다양한 유형의 데이터에 대한 규율이 산재되어 있음으로 인해 법률이 중첩적으로 적용되거나 오히려 사각지대가 발생할 우려도 있고 절차의 복잡성으로 인해 정보주체의 방어권 보장에도 한계가 있게 된다. 데이터 특성에 대한 이해 없이 필요에 따라 산발적으로 제·개정된 데이터 취급 법제는 다양한 상황에서 일관된 해결책을 제시할 수 없다. 따라서 데이터를 둘러싼 논점들을 입법적으로 정리하기 위해 산발적으로 규정된 데이터 취급 법제를 통합할 필요가 있다.

3. 실질적 피압수자 개념에 부합하는 입법 방향

가. 피압수자 및 참여권의 구체적 범위에 대한 규정 신설

앞서 논증한 바와 같이 제121조는 당사자주의를 강화하기 위한 입법이므로 제121조에서 실질적 피압수자 개념을 도출하기보다는 압수·수색의 피처분자를 명시한 제118조에 실질적 피압수자를 포함하도록 개정하는 것이 바람직하다.

또한, 참여권 행사의 구체적 범위에 대한 입법도 필요하다. 영장의 집행절차는 강제처분이므로 피압수자가 집행 현장에서 그 시정을 요구할 권리가 없어 수사기관의 영장 집행을 저지할 수는 없다는 견해[46]가 있다. 피압수자의 참여권은

45 이관희·이상진, “데이터 보관 사업자에 대한 영장집행 절차의 현실화 방안에 관한 연구: 피의자에 대한 사전 통지 생략 및 영장 사본제시 필요성을 중심으로”, 형사정책연구 제31권 제1호, 2020·봄, 132–136면.

단지 수사기관으로 하여금 심리적 압박을 느끼게 하여 영장 집행의 남용을 방지하는 간접적인 효과가 있다는 것이다.

피압수자가 수사기관의 위법·부당함을 이유로 사후에 준항고의 방법으로 구제받을 수 있는 제도는 존재하나 데이터에 대한 권리침해를 효과적으로 방지하기 위해서는 적극적 참여권을 인정하고 참여권자가 행사할 수 있는 구체적인 권리범위를 법률에 명시할 필요가 있다.

나. 보관명령 제도의 도입

인터넷서비스 제공자 등이 보관하고 있는 데이터를 취득함에 있어 사전에 실질적 피압수자인 서비스 이용자에게 압수·수색영장의 집행 사실을 통지하는 경우 해당 데이터에 대한 접근권한을 가진 서비스 이용자가 관련 데이터를 삭제·은닉할 우려가 있다. 이러한 상황에 대비하여 인터넷서비스 제공자 또는 피의자 등이 소유·관리하고 있는 정보저장매체의 소지자에게 보관명령을 한 후, 실질적 피압수자의 참여권을 보장하는 방법을 생각해 볼 수 있다.

형사소송법 제130조 제1항은 "운반 또는 보관에 불편한 압수물에 관하여는 간수자를 두거나 소유자 또는 적당한 자의 승낙을 얻어 보관하게 할 수 있다"라고 규정하고 있으므로 데이터 또는 정보저장매체에 대한 압수에 동 조항을 확대하여 적용할 여지가 있다. 다만, 실질적 피압수자의 참여 이전에 데이터나 정보저장매체가 '운반 또는 보관에 불편한 압수물'에 해당한다는 해석이 유추해석에 해당한다면 제130조 제1항을 개정하여 적용 대상에 '선별 수색이 필요한 정보저장매체 또는 데이터'를 포함하여 개정하여야 할 것이다.

다. 실질적 피압수자가 불참하는 경우의 보완

수사과정에서 피의자진술은 영상녹화할 수 있으며(제244조의2), 참고인의 경우도 진술을 녹화할 수 있다(제221조 제1항). 수사절차의 밀행성에 따라 수사기관은 폐쇄된 조사실에서 피의자를 신문하고 그 진술을 조서에 기재(제244조 제1항)하게 되는데 수사기관에서 피의자에 대한 신문과정을 녹음·녹화하는 것은 수사

46 소재환·이선화, "디지털 증거 압수·수색 시 참여권자 관련 실무상 문제 –대법원의 '실질적 피압수자' 법리 중심으로–", 형사법의 신동향 통권 제77호, 2022, 339면.

과정에서 발생할 수 있는 피조사자에 대한 인권침해를 방지할 뿐만 아니라, 수사절차의 투명성과 적법성을 확보하기 위한 기능도 하게 된다.[47] 이외에도 수사과정기록제도(제244조의4)도 신문과정의 투명성과 적법절차를 보장하기 위해 도입되었다.

피의자에 대한 신문조서나 참고인에 대한 조서 모두 진술증거에 해당하고 우리 형사소송법은 이러한 진술증거의 증거능력 요건에 대해 상세하게 규정하고 있으며 조사의 과정에서 수사의 투명성과 적법성을 확보하기 위해 다양한 제도를 마련하고 있다. 이러한 입법례를 참고하여 디지털 증거에 대한 취급에 있어서도 그 취득과정의 투명성과 적법성을 담보할 수 있는 제도가 마련되어야 한다. 특히, 형식적 피압수자 또는 실질적 피압수자가 참여하지 않는 경우 영장집행의 투명성과 적법성을 담보하기 위해 압수조서의 작성 이외에 집행과정을 상세히 기록하고 그 과정을 영상녹화하는 것을 의무화해야 할 필요가 있다. 이러한 조치는 피압수자에게도 이익이 되는 것은 물론 사후에 수사기관이 디지털 증거의 증거능력을 인정받기 위해서도 도움이 될 것이다.

라. 사후 통지 제도의 도입

2022. 1. 27. 선고 2021도11170 판결에서 대법원은 “지배·관리 등의 상태와 무관하게 개별 전자정보의 생성·이용 등에 관여한 자들 혹은 그 과정에서 생성된 전자정보에 의해 식별되는 사람으로서 그 정보의 주체가 되는 사람들에게까지 모두 참여권을 인정하는 취지가 아니다”라고 판시함으로써 정보주체는 실질적 피압수자에 포함되지 않는다고 명시하였다.

그런데 제106조 제3·4항은 압수의 목적물이 컴퓨터용디스크, 그 밖에 이와 비슷한 정보저장매체인 경우에는 기억된 정보의 범위를 정하여 출력하거나 복세하여 제출받는 방법으로 압수하고 이와 같은 방법으로 정보를 제공받은 경우 「개인정보 보호법」 제2조 제3호에 따른 정보주체에게 해당 사실을 지체 없이 알려야 한다고 규정하고 있다. 또한, 제107조 제3항은 전기통신에 대해 압수하는 경우 발신인이나 수신인에게 그 취지를 통지하여야 한다고 규정하고 있다. 제

---

47 전지은, “형사소송법 제312조 제1항의 개정과 현행 영상녹화제도에 대한 소고(小考)”, 아주법학 제18권 제1호, 2024. 5, 21면.

106조와 제107조의 해당 조문으로 실질적 피압수자에 정보주체가 포함되어야 한다는 점이 바로 추론되지는 않지만 정보주체에게 사후 통지가 필요하다는 점은 인정된다.

실질적 피압수자에게 참여권을 인정하지 못하는 예외적인 사유가 발생한 경우에도 통신비밀보호법에서 규정하는 통신사실확인자료 제공요청에 대한 사후통지나 금융실명법에서 규정하는 금융거래 압수에 대한 사후 통지 제도와 유사한 통지 제도를 도입할 필요가 있다.

제 11 장

역외 압수·수색의 가능성

제11장 역외 압수·수색의 가능성

제1절 역외 압수·수색의 개념과 필요성

1. 개념

통상 원격 압수·수색이란 최초 압수·수색 장소의 수색 대상 컴퓨터와 네트워크로 연결된 다른 시스템에 사건 관련 데이터가 저장되어 있을 가능성이 확인되고 해당 컴퓨터를 통해 접근, 이용이 가능한 경우 다른 시스템을 수색하여 관련된 데이터를 압수하는 행위로 정의[1]하고 있다.

형사소송법 제109조 제1항은 "법원은 필요한 때에는 피고사건과 관계가 있다고 인정할 수 있는 것에 한정하여 피고인의 신체, 물건 또는 주거, 그 밖의 장소를 수색할 수 있다"라고 규정하고 있고, 제2항은 "피고인 아닌 자의 신체, 물건, 주거 기타 장소에 관하여는 압수할 물건이 있음을 인정할 수 있는 경우에 한하여 수색할 수 있다"라고 규정하고 있을 뿐 네트워크로 연결되어 있는 상태에서 원격으로 수색할 수 있는 것을 예상하지 못했다.

원격 압수·수색의 문제는 우리의 형사소송법이 적용될 수 있는 대한민국 영

1 정대용·김기범·이상진, "수색 대상 컴퓨터를 이용한 원격 압수·수색의 쟁점과 입법론", 법조 제714호, 2016, 46면.

토 내에서 네트워크로 연결된 다른 서버의 내용을 압수·수색할 수 있는지의 문제와 서버가 물리적으로 다른 나라에 위치하고 있는 경우에 영토주권의 문제를 어떻게 해결할 수 있는지로 나뉘게 된다. 영토 내 원격 압수·수색의 경우 국내법의 해석 또는 입법을 통해 해결할 수 있다. 유럽평의회의 사이버범죄협약도 영토 내 원격 압수·수색에 관하여 규정하고 있으나 원격 압수·수색을 넘어선 역외 압수·수색에 대해서는 해결하지 못하고 있다.

사이버범죄협약 제19조는 저장된 데이터의 압수·수색이라는 표제하에 제2항[2]에서 "각 가입국은 그의 기관이 제1항 (a)에 따라 특정 컴퓨터를 수색·접근하여 발견한 데이터가 자국 영토 내의 다른 컴퓨터에 저장되어 있고, 최초 수색 대상인 컴퓨터에서 그 데이터에 정당하게 접근 가능하다고 믿을 수 있는 경우, 다른 컴퓨터를 신속히 수색·접근할 수 있도록 하는 입법적 또는 그 밖의 조치를 취해야 한다"라고 규정하고 있으며 원격 압수·수색의 범위를 '해당 국가 영토 내(in its territory)'로 한정하고 있다. 역외 압수·수색에 대한 검토는 원격의 방법으로 영장을 집행하는 것이 가능한지의 문제와 영토주권을 침해하는 것은 아닌가에 대한 문제를 포괄한다.

2. 필요성

스마트폰의 압수는 전화 기능만 있는 아날로그 전화기의 압수와는 그 성질이 다르다. 스마트폰의 압수는 스마트폰을 통해 접속이 가능한 스마트폰 사용자의 계정에 대한 접근으로까지 확대될 가능성이 있다. 이러한 문제는 클라우드 서비스 사용자가 늘어남에 따라 일반 PC의 압수에서도 발생하는 문제이다. 데이터를 열람하는 곳과 데이터가 저장되어 있는 곳이 다른 경우는 계속 증가할 것이고, 이에 따라 원격 접속에 의한 압수·수색의 문제는 더욱 증대될 것이다.

디지털 데이터의 특성으로 언급했던 네트워크성으로 인해 데이터는 무한히

2 Each Party shall adopt such legislative and other measures as may be necessary to ensure that where its authorities search or similarly access a specific computer system or part of it, pursuant to paragraph 1. (a) and have grounds to believe that the data sought is stored in another computer system or part of it in its territory, and such data is lawfully accessible from or available to the initial system, the authorities shall be able to ex-peditiously extend the search or similar accessing to the other system.

전송, 저장 또는 검색이 가능하고 그 데이터의 내용을 취득할 때 물리적 장소의 개념은 전혀 중요하지 않게 되었다. 또한 네트워크성이 대량성과 맞물리면서 개인 자료를 원격지 서버에 보관하는 양이 많아지게 되고 범인이 소지한 컴퓨터는 단순히 해당 데이터를 처리하고 전송하는 역할만을 수행하고 관련 증거는 원격지에 있는 서버에 저장하는 경우가 증가하고 있다. 이러한 이유 때문에 수사기관이 범인의 소재에 대한 압수·수색을 하면서 그가 소지하고 있는 디지털 기기를 통한 수색을 진행하게 되면 해당 기기와 연결되어 있는 계정에 접속하여 관련 증거를 채록해야 할 현실적인 필요성이 발생한다.

물리적인 물건과 공간에 대한 압수·수색을 규정한 현행 제도를 엄격하게 해석·적용할 경우 이와 같은 현실적 필요를 충족시킬 수 없다. 네트워크 영역에서 디지털 데이터의 압수·수색이 가능하기 위해서는 물리적 장소를 특정함으로써 수색을 제한하기보다는 수색할 범위를 한정하여 기본권 침해를 최소화하는 방향으로 변화하여야 한다. 또한 데이터의 사용자가 데이터를 보관, 관리하는 것과 같은 정도와 방법의 접근 권한이 법관의 심사에 의해 수사기관에게 부여될 필요가 있다.

3. 사이버범죄의 대응과 기본권 보호의 조화

오늘날 네트워크 환경 특히 인터넷은 사회, 경제, 문화 등 전 영역에 걸쳐 많은 혜택을 주고 있으며 접근의 용이성과 신속성, 익명성 등으로 인해 활발한 정보 교류의 장으로 활용되고 있다. 한편, 이러한 이점이 범죄 측면에서 많은 해악을 나타내고 있고 심지어는 사이버 테러까지도 가능한 취약점으로 작용하고 있다. 사이버공간을 물리적 영토의 개념으로 받아들이게 되면 범죄자에게는 자유로운 공간이 수사기관에게는 장벽으로 작용할 수밖에 없기 때문에 수사의 필요성은 역외 압수·수색의 허용 여부를 판단함에 있어서 배제되어서는 안 되는 요소이다. 다만, 수사기관의 처분은 국민의 기본권 침해와도 직접 연결되어 있기 때문에 수사의 필요성이 인정된다고 할지라도 기본권을 심대하게 침해하는 방법이 사용되어서는 안 되며 그러한 방향으로 무리하게 해석되어서도 안 된다.

독일에서는 비밀경찰과 사이버수사대를 통합한 테러대응센터를 구축한 후

비밀리에 수사대상자의 컴퓨터를 수색할 수 있는 '트로이의 경찰(Kommissar Trojaner)'이라는 프로그램을 개발하여 이를 활용할 수 있도록 연방대법원 수사판사에게 요청하였으나 2007. 1. 31. 연방대법원은 이와 같은 온라인상의 비밀 수색이 근거 법률의 결여로 인해 허용되지 않는다고 판시하였다.

국내의 실정이나 기본권 보호 측면에서도 독일 연방대법원의 결정은 충분히 예상할 수 있는 것으로 보인다. 그러나 여기서 주목해야 할 점은 독일 수사기관이 테러 위협에 대응하기 위해 위와 같이 기본권 침해 요소가 명백함에도 위와 같은 수사 방법을 선택하려고 했다는 점이다. 특히 최근에는 다크웹을 이용한 범죄가 증가하고 있으며 송수신이 암호화되는 폐쇄적인 SNS를 통해 범행의 공모가 일어나는 등 사이버공간의 범죄를 예방하거나 이를 추적하여 수사하기가 쉽지 않은 상황이다. 수사기관의 강제처분은 국민의 재산권과 사생활의 비밀을 침해하게 되지만, 범죄자 역시 사이버공간을 이용하여 해킹과 사이버 테러를 통해 국민의 재산권을 침해하고 개인정보와 사생활의 비밀을 침해하고 있는 것이 사실이다.

따라서 일반 국민의 기본권을 침해하지 않는 정도의 해석 수준에서 수사기관도 범죄자의 발견과 범죄에 대한 증거를 수집할 수 있도록 제도적 장치를 마련해야 하고 수사 방법에 대한 명확한 법률적 해석도 병행되어야 한다. 현행 형사소송법은 사이버범죄에 원활하게 대처할 수 있도록 규정되어 있지 않다. 우리의 법제가 사이버범죄협약의 규정과 같이 사이버범죄에 적합하게 개정되어 있지 않은 문제점을 충분히 인식할 필요가 있고, 역외 압수·수색과 같이 그 필요성이 현저한 방법에 대해 적극적이고 긍정적인 방향으로 해석하는 것도 고민해 보아야 한다.

제2절 역외 압수·수색에 대한 국내외 판례의 태도

1. 국내 - 대법원 2017. 11. 29. 선고 2017도9747 판결

국가정보원 수사관은 피고인 명의의 차량 안에서 발견한 이동형 저장장치에서 '분기마다 사용할 이메일 주소와 암호'를 알게 되었다. 수사기관은 중국 인터넷 서비스 제공자가 제공하는 이메일 서비스의 로그인 입력창에 국가정보원이 압수·수색 과정에서 입수한 위 이메일 계정·비밀번호를 입력, 로그인한 후 국가보안법 위반 범증 자료 출력물 및 동 자료를 선별하여 저장한 저장매체를 봉인·압수할 수 있는 압수·수색·검증영장을 발부받았다.

국가정보원 수사관 등은 2015. 11. 26. 한국인터넷진흥원에서 압수·수색영장을 제시하고 한국인터넷진흥원의 주임연구원이 참여하고 디지털 포렌식 전문가가 입회한 가운데 위 주임연구원으로 하여금 노트북을 사용하여 인터넷 익스플로어(Internet Explore) 및 크롬(Chrome) 브라우저를 통하여 영장에 기재된 이메일 계정에 로그인하였고 총 15건의 이메일(헤더정보 포함) 및 그 첨부파일을 추출하여 출력·저장하는 방식으로 압수하였다.

서울고등법원은[3] 이 사건 압수·수색은 형사소송법에서 규정한 대물적 강제처분인 압수·수색의 효력을 아무런 근거 없이 확장하는 것이고 우리나라 사법관할권이 미치지 아니하는 영역에 대하여 형사소송법에서 규정한 방식과 효력의 범위를 넘어서는 국내 압수·수색영장을 집행한 것이라는 등의 이유를 들어 위법하다고 인정하고, 이를 통해 취득한 이메일 내용은 위법수집증거로서 그 위법성이 중대하여 증거능력이 없다고 판단하였다.

반면, 대법원은[4] 압수·수색할 전자정보가 압수·수색영장에 기재된 수색 장소에 있는 컴퓨터 등 정보처리장치 내에 있지 아니하고 그 정보처리장치와 정보통신망으로 연결되어 제3자가 관리하는 원격지의 서버 등 저장매체에 저장되어 있는 경우에도, 수사기관이 피의자의 이메일 계정에 대한 접근권한에 갈음하여 발부받은 영장에 따라 영장 기재 수색 장소에 있는 컴퓨터 등 정보처리장치를 이용하여 적법하게 취득한 피의자의 이메일 계정 아이디와 비밀번호를 입력하는 등 피의자가 접근하는 통상적인 방법에 따라 그 원격지의 저장매체에 접속하고 그곳에 저장되어 있는 피의자의 이메일 관련 전자정보를 수색 장소의 정보처리장치로 내려받거나 그 화면에 현출시키는 것 역시 피의자의 소유에 속하거나 소지하는 전자정보를 대상으로 이루어지는 압수·수색이라고 하였다. 또한 수색 행위는 정보통신망을 통해 원격지의 저장매체에서 수색 장소에 있는 정보처리장치로 내

3 서울고등법원 2017. 6. 13. 선고 2017노23 판결.
4 대법원 2017. 11. 29. 선고 2017도9747 판결.

려받거나 현출된 전자정보에 대하여 위 정보처리장치를 이용하여 이루어지고, 압수행위는 위 정보처리장치에 존재하는 전자정보를 대상으로 그 범위를 정하여 이를 출력 또는 복제하는 방법으로 이루어지므로, 수색에서 압수에 이르는 일련의 과정이 모두 압수·수색영장에 기재된 장소에서 행해지기 때문에 이런 집행 방법이 형사소송법의 규정에 위반하여 압수·수색영장에서 허용한 집행의 장소적 범위를 확대하는 것으로 볼 수 없다고 판시하였다.

2. 국외

가. Gorshkov 사건

미국 회사의 컴퓨터에 대한 해킹 사건 수사와 관련하여 미국 연방수사국(Federal Bureau of Investigation, FBI)은 피고인인 Vasiliy Gorshkov가 키보드로 입력한 모든 데이터를 수집하여 러시아에 소재한 그의 컴퓨터 아이디와 비밀번호를 획득하였고, 온라인 접속을 통해 러시아에 소재한 피고인의 컴퓨터에서 파일을 다운로드한 후 그를 기소한 사건에서 피고인은 이러한 방식으로 획득한 컴퓨터 데이터의 증거 사용을 배제해 달라고 주장하였다. 이에 대해 법원은 미국 영토 밖에 있는 미국 비거주 외국인의 데이터를 압수·수색하는 행위에는 미국 수정헌법 제4조가 적용되지 않으며, 데이터 복제 행위로부터 원본 데이터가 손상이나 변경되지 않았기 때문에 피고인 또는 그 외의 자에 대한 소유권적 이해관계를 침해하지 않으므로 압수가 아니라고 판단하고 피고인의 신청을 기각하였다.[5]

나. 마이크로소프트(Microsoft) 사건

2013년 12월 미국 연방수사국은 마약밀매사건과 연관이 있는 이메일 계정에 대해 뉴욕남부지방법원으로부터 수색영장을 발부받아 마이크로소프트를 상대로 해당 이메일 계정의 내용을 포함한 관련 정보의 제출을 요청하였다. 그러나 마이크로소프트는 미국 내 서버에 저장되어 있는 일부 데이터만을 제출하였고, 이메일의 내용과 같은 콘텐츠 데이터는 아일랜드 더블린에 위치한 데이터 센터에 저

5 United States v. Gorshkov, No. CR00-550C, 2001 WL 1024026 (W.D. Wash. May 23, 2001).

장되어 있다는 이유로 데이터 제출을 거부하였다. 이에 2014년 4월 25일 뉴욕남부지방법원 치안판사는 마이크로소프트가 미국에서 사업을 수행하고 있으며, 아일랜드 서버에 접근 권한을 가진 미국 법인이라는 점을 근거로 마이크로소프트가 수색 영장 집행에 응해야 한다고 판시하였으나, 마이크로소프트가 이에 항소한 사건이다.[6]

제2연방 항소법원은 법이 미국 영토 관할에 한하여만 적용될 것이라는 의도 하에 입법된 것인데, 영장의 대상인 데이터가 아일랜드 더블린 소재 데이터 센터에 저장되어 있고 해당 데이터 센터에서 압수되어야 하기 때문에 법률이 명시한 행위가 미국 영토 밖에서 일어난 것이라고 판단하였다. 따라서 그러한 영장의 집행은 법률의 불법적인 역외 적용에 해당한다고 판시하여 원심 판결을 뒤집고 영장을 무효화하였다.[7]

미국 정부는 연방대법원에 상고하였으나 이 사건을 심리하는 동안 미국 의회는 '클라우드 서버가 어디에 위치해 있는지와 상관없이 통신제공자들의 저장공간에 저장통신법이 적용되도록 개정하는 내용'의 클라우드법(the Clarifying Lawful Overseas Use of Data Act)을 발의하고 2018년 3월에 통과되었다. 결국 상고법원은 2018. 4. 17. 결정을 통해 소의 이익이 없다고 하여 소송을 각하하였다.[8]

3. 시사점

국내 사건과 Gorshkov 사건은 수사기관이 계정에 로그인하는 방법으로 압수·수색한 사안이고 마이크로소프트 사건은 서버 관리자인 마이크로소프트가 자료 제공을 거부한 사안이어서 자료 획득의 모습은 서로 다르지만 국외 서버에 보관되어 있는 데이터에 대해 영장을 정당하게 적용할 수 있는지에 대한 쟁점은 동일하다. 그럼에도 불구하고 각 법원은 각기 다른 입장을 보이고 있다. 우선 우리 항소법원과 마이크로소프트 사건의 미국 항소법원은 영장의 집행이 불법적인 역외 적용에 해당한다고 판시한 반면에, 우리 대법원은 수색 행위와 압수 행위가

6 송영진, "수사기관의 클라우드 데이터 접근에 관한 비판적 고찰: "데이터 예외주의" 논쟁과 각국의 실행을 중심으로", 형사정책연구 30(3), 2019, 168-169면.
7 Microsoft v. United States, No. 14-2985 (2d Cir. 2016).
8 United States v. Microsoft Corp., 138 S. Ct. 1186, 1188 (2018).

국내에서 이루어졌다는 논리로 영장의 집행이 정당하다고 보았고 Gorshkov 사건의 미국 법원은 원격 접속 방식으로 데이터를 획득하는 행위가 아예 압수에 해당하지 않는다고 판단하였다.

우리와 미국 항소법원의 판시에 따를 경우, 해외에 저장된 데이터 취득을 위해서는 형사사법공조요청에 의할 수밖에 없게 되는데 미국의 경우 클라우드법의 입법을 통해 통신제공자들에 대한 영장 집행이 가능하도록 해결하였고, 우리의 경우 대법원은 "수색 행위는 정보통신망을 통해 원격지의 저장매체에서 수색 장소에 있는 정보처리장치로 내려받거나 현출된 전자정보에 대하여 위 정보처리장치를 이용하여 이루어지고, 압수 행위는 위 정보처리장치에 존재하는 전자정보를 대상으로 그 범위를 정하여 이를 출력 또는 복제하는 방법으로 이루어지므로, 수색에서 압수에 이르는 일련의 과정이 모두 압수·수색영장에 기재된 장소에서 행하여졌다"라면서 '역외 집행이 아니라 압수·수색 장소가 국내인 영장의 집행이다'라는 논리 구성을 통해 원격 접속 방식의 영장 집행을 인정하였다.

각 법원의 태도가 상이함에도 불구하고 모든 법원이 공통적으로 인정하고 있는 것은 "해외 서버에 보관되어 있는 데이터의 열람 행위는 역외 접속이다[9]"라는 점이다. 사이버공간이라는 것은 전 세계 어디에서나 접속이 가능한 것을 전제로 만들어진 공간인데 앞의 법원들은 이러한 공간에서 데이터를 열람한 행위를 마치 타 영토에 침범하여 열람하는 것처럼 이해하고 있다.

제3절 역외 압수·수색에 관한 외국의 태도

1. 미국

원격지 압수·수색에 대한 명문화된 규정은 없다. 다만, 관할구역을 오인하여 발부받은 영장으로 다른 지역에 소재하는 컴퓨터 데이터를 수색한 경우에 의도적

9 우리 대법원은 이런 논리를 배격하기 위해 역외 수색과 압수를 한 것이 아니라 국내 수색 장소로 데이터를 내려받아 국내의 정보처리장치를 수색하고 그 장치에 존재하는 데이터를 압수한 것이라고 보았다.

으로 다른 지역 내에 있는 컴퓨터에 저장된 데이터를 수색하지 않았다면 연방형사소송규칙을 위배한 것은 아니라고 판결하였다.[10] 이와 별도로 2008년에 연방형사소송규칙 제41조(b)(5)[11]를 신설하여 발생한 사건을 관할하는 지역의 판사가 다른 주나 관할권 밖에 있는 물건에 대해 영장을 발부할 수 있다는 규정을 추가하였다.[12]

2. 독일

2008년 1월 1일 이후 형사소송법 제110조 3항[13]에서 공간적으로 떨어져 있고, 외부에 있는 저장매체에 대해 원격지 압수·수색을 허용하되, 조사 대상 기기에서 접근할 수 있고, 즉시 집행하지 않으면 증거가치 있는 데이터가 손실될 위험이 있는 경우로 제한하고 있다.[14]

3. 일본

현행법 하에서 데이터를 강제처분의 대상으로 보는 입장에 의하면 영장 집행 대상물이 아닌 다른 기록매체에 접속하고 그 내용을 인식하는 것은 허용되지 않는다고 보아왔다.[15] 그러나 찬반의 논란도 많이 있어서 일본은 형사소송법 개정안 제99조 제2항[16]과 제107조 제2항[17]에 원격 조작에 의한 데이터의 검색 및

---

10 United States v. Ramirez, 112 F.3d 849, 852(7Cir. 1997).

11 a magistrate judge having authority in any district where activities related to the crime may have occurred, or in the District of Columbia, may issue a warrant for property that is located outside the jurisdiction of any state or district.

12 박종근, "디지털 증거의 압수·수색과 법제", 형사법의 신동향 통권 제18호, 2009, 39면.

13 German Code of Criminal Procedure section 110 (3) (3) The examination of an electronic storage medium on the premises of the person affected by the search may be extended to also cover physically separate storage media insofar as they are accessible from the storage medium if there is a concern that the data sought would otherwise be lost. Data which may be of significance for the investigation may be secured; section 98 (2) shall apply accordingly.

14 김기범·이관희·장윤식·이상진, "정보영장 제도 도입방안 연구", 경찰학연구 제11권 제3호(통권 제27호), 2011, 96면.

15 전승수, "형사절차상 디지털 증거의 압수·수색 및 증거능력에 관한 연구", 서울대학교 박사학위 논문, 2011, 187면.

보전 방법을 규정함으로써 입법적으로 해결을 시도하고 있다. 이는 현재 대부분의 컴퓨터가 네트워크로 연결되어 있고, 그 데이터를 네트워크상에 있는 시스템 등에 저장하는 경우가 빈번한 현실을 반영한 것으로 볼 수 있다.[18]

4. 검토

독일과 일본의 경우 원격 접속에 의한 압수·수색에 관하여는 명문의 규정을 두고 있으나 이러한 규정이 영토를 달리하는 역외 압수·수색에까지 적용되는지는 명확하지 않다.

제4절 역외 압수·수색의 가능성

1. 데이터에 대한 인식

우리가 사물을 본다는 것은 물체에 빛이 반사되어 눈으로 이동하고 망막의 광수용기가 빛을 전기 임펄스로 변환하고 전기 임펄스가 시신경을 통해 뇌로 전달되면 뇌가 신호를 처리하여 이미지를 생성하는 것이다. 멀리 떨어져 있는 상황에서 통신하는 원리도 결국 신호를 받아 물리적으로 보관하는 것이 아니라, 원격

---

16 Japanese Code of Criminal Procedure Article 99 (2) If the article to be seized is a computer, and with regard to a recording medium connected via telecommunication lines to such computer, it may be reasonably supposed that such recording medium was used to retain electronic or magnetic records which have been made or altered using such computer, or electronic or magnetic records which can be altered or erased using such computer, the computer or other recording medium may be seized after such electronic or magnetic records have been copied onto such computer or other recording medium.

17 Japanese Code of Criminal Procedure of Japan Article 107 (2) When making the ruling provided for in Article 99, paragraph (2), in addition to the particulars prescribed in the preceding paragraph, the seizure warrants set forth in the preceding paragraph must contain the range of recording medium to which the electronic or magnetic records are to be copied and which is connected via telecommunication lines to the computer to be seized.

18 전승수, "형사절차상 디지털 증거의 압수·수색 및 증거능력에 관한 연구", 서울대학교 박사학위 논문, 2011, 190면.

지에 있는 신호를 인식하고 이를 수신자가 부호화하고 저장하는 방식이다.

'종이'와 '종이에 적힌 글귀가 의미하는바'를 구분할 수 있다면 우리가 받아들이는 데이터라는 것이 기본적으로 주어진 신호의 의미를 이해하고 해석하고자 하는 의식적인 주관 없이는 정의할 수 없는 어떤 것[19]이라는 사실은 명백해 보인다. 따라서 네트워크에서 받아들이는 데이터는 유형적인 재화와 달리 인간의 정신적인 측면과 직결되어 있으며[20] 존재가 아닌 인식의 바탕이 된다.

시각적으로 물건을 바라보는 것은 사물의 형상을 우리의 눈을 통해 인식하는 것일 뿐 그 사물이 우리의 눈으로 이동하는 것이 아니며 데이터를 읽어 오는 것도 네트워크를 통해 상대측에 있는 신호를 수신자가 그대로 해석하여 인식하는 것일 뿐이다. 역외 압수·수색의 문제는 수사기관이 위치하는 영토에서 상대측의 신호를 인식하는 행위일 뿐이기 때문에 계정에 대한 접근권한을 정당하게 획득하는 한 역외 압수·수색이 영토권의 문제를 일으키지 않는다. 이는 정보가 존재하는 것이 아니라 인식하는 것이라는 점으로부터 출발하는 해석이다.[21]

2. 사이버공간에서 접속의 의미

원격 접속에 의한 압수·수색의 문제는 수사기관이 정보주체의 계정에 직접 접근하는 행위뿐만 아니라 해외 서버를 운영하고 있는 국내 서비스 업체를 상대로 한 압수·수색영장의 집행에서도 발생한다. 수사기관은 국내에 본점을 둔 업체가 데이터를 국외에 보관하고 있는가는 상관없이 현재까지 이메일과 금융자료를 압수·수색영장을 통해 제공받아 왔고 이러한 영장의 집행에서 역외 압수·수색으로 인한 타국의 사법관할권을 침해했다는 주장은 없었다.

사이버공간은 영토, 시민, 국가로 구성되는 국가의 개념을 넘어선 새로운 공간이다. 비록, 데이터를 저장한 장치들은 물리적으로 타국에 위치하는 경우가 있지만, 세계 어디에 있던지 인터넷에 연결되어 있다면 세계 각지에서 저장해 둔 기록을 열람하고 전달하고 수정하고 있다. 사이버공간에서는 기록물을 넘겨받는

19 홍경자, "정보개념과 정보해석학의 근대적 기원", 해석학연구 제13권, 2004, 31면.
20 정진명, "사권의 대상으로서 정보의 개념과 정보관련 권리", 한국비교사법학회, 2000, 299면.
21 이관희·이상진, "정보 속성의 이해와 디지털 저장매체 압수·수색에 대한 인식개선", 형사정책연구 제30권 제3호, 2019, 44면.

것이 아니라 통신매체를 통해 기록물의 내용을 인식하는 것이며 이런 방법은 당초에 영토의 개념을 넘어서는 것이다. 그럼에도 불구하고 압수·수색에서 사이버공간을 간혹 영토의 개념으로 해석하여 문제점을 논하는 경우가 종종 등장한다.

국내외 판례들은 사이버공간의 압수·수색을 영토의 문제로 접근하였지만 네트워크 환경에서 데이터의 취득은 물리적인 것이 아니라 논리적인 것이기 때문에 영토를 침해하는 경우는 발생하지 않는다. 다만, 이러한 환경에서 영장을 집행하는 경우, 유체물을 중심으로 마련된 관련 법규정이 적용되지 않을 가능성이 있기 때문에 수사기관의 위법한 압수·수색을 방지할 보완조치의 마련이 필요하다.

한 국가가 사람, 물건, 사건 등에 대해 행사할 수 있는 권한의 총체를 국가관할권(state jurisdiction)이라고 한다. 국가가 입법부의 행위, 행정부의 명령과 규칙 혹은 재판소의 선례 등을 통하여 법규범을 선언하는 힘인 입법관할권과 제정된 법규를 행정적 또는 사법적 행동을 통하여 실제 사건에 적용하는 집행관할권으로 구분할 수 있다. 국가는 자국 영토 내에서 물리적으로 발생하는 행위를 규율하기 위한 국내 법규를 제정할 수 있는 역내 관할권을 가지며 자신이 제정한 법규를 자국 영토 내에서 집행할 수 있다.[22]

전통적인 국제법상 성립하고 인정되었던 주권, 관할권의 전제가 되는 지역, 사람, 행위 간의 관계가 사이버공간에는 잘 들어맞지 않는다. 사이버공간상 거래는 개방되어 있는 모든 국가의 관할권 내에서 동시에, 균일하게 이루어지며, 어느 특정한 국가에서 그러한 데이터의 흐름을 규제하고자 한다면 다른 국가의 관할권 내에서 부작용을 야기할 것이다.[23]

인터넷 서비스가 국제화됨에 따라 국경을 초월한 인터넷 서비스에 대한 데이터 취득의 필요성이 커지고 있으나 국가 간 사법관할로 인하여 신속한 집행에 한계가 있고 데이터 제공자가 사발적으로 데이터를 제공하지 않으면 외국 서버에 있는 데이터를 우리나라 사법권이 미치는 영역으로 가져올 수 없다거나 네트워크 접속을 통해 사건과 관련된 데이터를 확인하여 이를 "우리 사법관할권이 미치는 영역으로 다운로드하는 방법으로 가져오는 압수·수색"이라는 표현을 사용[24]하기

22 김대순, "국가관할권 개념에 관한 소고", 법학연구, 1995, 206－208면.
23 장신, "사이버공간과 국제재판관할권", 법학연구 48(1), 2007, 431면.
24 정대용·김기범·권헌영·이상진, "디지털 증거의 역외 압수·수색에 관한 쟁점과 입법론 －계정 접속을 통한 해외서버의 원격 압수·수색을 중심으로－", 법조 Vol.720, 2016. 12, 142면.

도 한다. 결국 네트워크를 통한 원격 압수·수색은 영장의 장소적 범위를 벗어난 것으로 위법하다거나[25] 법집행기관이 자국 국경 외의 데이터를 검색하는 행위는 국제관습법에 위반된다는 의견[26]으로 귀결된다. 외국 서버에 접속하여 데이터를 열람하는 행위가 국경을 초월한 것이며 영토를 넘어 '어떠한 물건을 가져오는' 등의 사법권 적용의 문제로 귀결시키는 것이 당연한 해석인지 의문이다.

구글이나 트위터를 검색하는 행위, 인공위성으로 타국의 영토를 촬영하는 행위, 국경을 넘어 타국을 망원경으로 관찰하는 행위, 국경을 사이에 두고 대화를 나누는 것, 국제전화를 걸어 통화 내용을 녹음하는 행위를 두고 영토주권을 침해하는 것이라고 해석하지 않는다면 법집행기관이 OSINT(Open Source Intelligence)를 위해 구글 등 서비스를 이용하여 데이터를 검색하는 행위는 구글의 서버가 있는 타국의 사법관할권을 침해한다고 해석하기 어려우며 대상자의 계정에 접근하기 위해 압수·수색영장을 발부받는 것을 제외하면 타국에 서버를 둔 대상자 계정에 접근하는 행위를 두고 당연히 영토주권을 침해했다고 전제하는 것은 성급한 해석이다.

오랜 기간 수사기관은 금융계좌추적용 압수·수색영장을 발부받아 금융기관 본점에서 무수히 많은 금융자료를 제공받아 왔으며 국내에 사업자를 둔 이메일 서비스 회사에 대해 이메일 내용을 압수·수색해 왔다. 만약 이러한 방식의 데이터 접근이 영토주권을 침해하는 행위라고 해석한다면 금융기관 또는 이메일 서비스 회사가 국외 서버에 해당 자료들을 보관하고 있었고 이를 수사기관에 제공해 온 행위들은 사법관할권이 미치지 않는 타국에 대한 영장의 집행이 된다는 논리로 귀결된다.

3. 데이터에 대한 논리적 압수·수색

사이버공간에서 접속을 통한 데이터 열람 행위는 물리적인 데이터를 가져오는 것이 아니라 통신선로를 통해 전달된 신호를 해석하여 국내에 있는 단말기가

25 전승수, "형사절차상 디지털 증거의 압수·수색 및 증거능력에 관한 연구", 서울대학교 법학박사학위논문, 2011, 197-198면.

26 Bellia, Patricia L, "Chasing bits across borders", University of Chicago Legal Forum, 2001, p. 100.

이를 인식하고 해석한다는 개념보다는 해외의 서버에 접근한 것이기 때문에 영토주권을 침범할 수 있다는 사고가 선행[27]되는 등 데이터 인식에 대한 이해 부족으로 강제처분제도에서 많은 후속 쟁점이 발생하였다.

수색과 압수를 공간에 대한 탐색 또는 유체물에 대한 점유의 배제로 보는 관점에서는 데이터가 압수의 대상이 될 수 없다는 견해로 이어질 수 있으며 데이터에 대해서는 '수색과 압수'라는 개념을 사용하는 것이 적합하지 않게 된다. 그러나 수색을 프라이버시에 대한 기대를 침해하는 것, 압수[28]를 수사기관이 강제력을 동원하여 데이터를 형사재판에서 증거를 사용할 수 있도록 취득하는 것이라고 개념 정의를 하면, 데이터가 저장된 매체에 대한 수색과 데이터에 대한 논리적 압수가 가능해진다.

'데이터' 자체는 압수의 직접적 대상인 압수물이 될 수 없다. 수색과 압수의 현장에서 어떠한 자료 또는 현상의 가치 부여자는 수사기관이 될 것이며 수사기관이 부여하는 가치는 증거로서의 가치이다. 데이터 자체를 압수하는 것이 아니라 증거가치가 있다고 인정되는 것을 정보화 또는 코딩, 즉 해당 인식에 필요한 데이터의 보존(압수의 확장)조치를 통하여 법정에 제시함으로써 법원이 이를 인식할 수 있는 상태로 취득 또는 채록하게 될 뿐이며[29] 이러한 압수의 방법을 논리적 압수라고 할 수 있다. 논리적 압수·수색에서는 데이터가 이전되는 것이 아니라 데이터를 인식하는 것일 뿐이므로 국경을 넘는 것이 아니다. 따라서 피대상자가 데이터를 사용하는 방법에 상응한 방법에 따라 수사기관이 동일한 데이터를 열람·지득할 수 있다면 이러한 영장 집행의 방법은 허용되어야 한다.

데이터 압수·수색에 대해 법관의 심사를 받는다는 것은 피대상자가 계정에 관한 접근 권한을 독점함으로써 그 계정 내에 있는 데이터에 대한 저장, 수정, 열람, 관리의 권한을 배타적으로 향유하는 것을 침해하여 그 데이터를 열람, 지득하

---

27 정대용·김기범·권헌영·이상진, "디지털 증거의 역외 압수·수색에 관한 쟁점과 입법론 －계정 접속을 통한 해외서버의 원격 압수·수색을 중심으로－", 법조, Vol720, 2016. 12, 142면.

28 유체물의 점유이전은 압수의 본래적 효과가 아니라 증거로 확보했기 때문에 부수적으로 점유가 배제될 뿐이다. 데이터가 압수의 대상이 된다는 것은 유체물처럼 배타적으로 점유를 이전하는 개념을 선행조건으로 인정한 것이 아니라 '데이터에 대한 사진 촬영, 출력, 복제 등의 방법을 통해서 증거로 활용하는 행위'를 압수의 개념으로 전제한 것이다.

29 이관희·이상진, "정보 속성의 이해와 디지털 저장매체 압수·수색에 대한 인식개선", 형사정책연구 제30권 제3호, 2019, 44면.

겠다는 것의 정당성을 확보하는 것일 뿐이고 물리적으로 이동이 전제되지 않은 데이터를 논함에 있어 물리적인 위치와 장소를 전제로 할 필요는 없다.

4. 소결

인터넷이 전화와 같은 통신 네트워크와 다른 점은 서킷 스위치 방식이 아니라 패킷 스위치 방식이라는 점이다. 인터넷 환경에서 통신의 양 끝단에서 데이터를 처리하여 음성이나 화상으로 변환하는 원리는 전화 통신과 크게 다르지 않다. 수사기관이 타국에 있는 상대방과 국제전화를 통해 통화를 하고 그 진술의 내용을 청취하거나 이를 녹음했다고 하여 수사기관이 타국의 영토주권을 침해했다고 판단하지는 않는다. 이와 같은 이치로 네트워크를 통해 원격에 있는 데이터의 열람 행위를 두고 원격에 있는 서버에 대한 접근을 통해 영토주권을 침해했다고 평가할 수는 없다.

디지털 네트워크의 등장 이후 공간은 물질적인 것이 존재하는 장소라는 생각이 변하기 시작했다. 보이는 것이 존재하는 장소 외에 또 다른 장소가 실재하고 그 장소 역시 현실 공간의 일부가 된다. 데이터는 상품과 같은 물질이 아니고 결코 소멸되지 않으며 네트워크를 타고 계속 흐른다. 도처에 존재하며 시간을 거슬러 존재하고 시간과 상관없이 존재하며[30] 우리는 이를 지각하고 인식할 뿐이다.

제5절 데이터에 대한 관리처분의 방법

1. 물건에 대한 지배 방법

민법 제98조는 유체물 및 전기 기타 관리할 수 있는 자연력을 물건으로 규정하고 있다. 유체물이란 공간의 일부를 차지하고 사람의 오감에 의하여 지각할 수 있는 형태를 가진 물질을 말한다. 반면에 전기, 열, 빛 등 일정한 형체가 없는

30 김홍열, 디지털 시대의 공간과 권력(가상공간의 탄생과 권력관계 변화에 대한 정보사회학적 연구), 한울아카데미, 2013, 128면.

것을 무체물이라고 하며 무체물이라 할지라도 관리할 수 있는 자연력은 물건에 포함된다. 여기서 관리할 수 있다는 의미는 배타적인 지배가 가능하다는 것을 뜻한다.

디지털 데이터가 물건에 포함될 수 있는지에 대하여 여러 견해가 있으나 이미 데이터에 대해서는 이를 정보저장매체의 압수라는 방법으로 취득하거나 복제, 출력 등의 방법으로 제공받고 있기 때문에 이를 수사기관에서 취득할 수 있는지를 규명하기 위한 논의의 실익은 크지 않다. 형사절차상 해결해야 할 문제는 디지털 증거의 취득 필요성보다는 무체물인 데이터의 특성에 따라 이를 배타적으로 지배할 수 있는 방법에 대해 논의하고 유체물에 대한 집행과 관리에 초점이 맞추어진 강제처분 절차의 하자를 치유하는 것이 더 큰 의의가 있다.

재산에 관한 법적 지위로서 재산권은 재산을 취득, 사용, 수익, 처분할 수 있는 배타적인 법적 지위를 말한다. 이 가운데 재산을 사용 또는 수익할 수 있는 법적 지위를 '사적 유용성'이라고 하고 이를 처분할 수 있는 법적 지위를 '처분권'이라고 구분하기도 한다. 결국 재산에 대한 법적 지위의 핵심요소는 개인적 지위에서 이를 이용하는 성질과 그 이용에 타인의 사용을 배제할 수 있는 성질을 말한다.[31] 프라이버시 또는 재산권의 내용이 될 수 있는 데이터를 개인이 어떠한 방법으로 관리, 독점할 수 있는지에 대한 고민이 선행되어야 한다.

2. 데이터에 대한 배타적 관리처분 방법

물건에 대한 수사상 압수의 형태는 압류와 영치가 있고 법원의 압수 형태로 제출명령이 있다. 압류는 물리적 강제력을 사용하여 유체물의 점유를 점유자 또는 소유자의 의사에 반하여 이전하는 것이며, 영치는 유류물이나 임의제출물의 경우와 같이 점유의 이전에 피처분자의 의사에 반하지 않는 경우이고, 제출명령은 일정한 물건의 제출을 명하는 처분을 말한다.[32] 압류, 영치, 제출명령은 강제력의 수반 여부만이 다를 뿐 이들의 공통점은 점유가 이전된다는 점이다. 물건의 경우 이를 배타적으로 소유하고 제3자의 간섭을 배제하고 관리하고 통제[33]하는

31 이준일, "재산권에 관한 법이론적 이해", 공법학연구 제7권 제2호, 2006, 224－225면.

32 신동운, 간추린 신형사소송법, 법문사 출판, 2007, 74면.

방법으로써 점유라는 방법을 사용하기 때문에 물건에 대한 관리권을 박탈하는 처분에는 점유의 이전을 포함할 수밖에 없다. 그러나 디지털 데이터는 배타적으로 관리하는 방법이 다르다.

물건의 점유는 장소적으로 이전하거나 타인에게 보관을 요청하는 등의 방법을 사용하지만, 디지털 데이터는 인증의 방법을 사용하여 접근을 제어하거나 관련 계정에 대한 인증정보만을 타인에게 고지함으로써 데이터를 상호 공유할 수 있다. 또한 사용하는 디지털 기기가 네트워크에 연결되어 있으면 디지털 데이터의 소재와 인증 매체의 소재가 동일할 필요도 없다. 디지털 데이터가 압수의 대상이라고 선언하면 압수의 종류로써 압류, 영치, 제출명령이 의도한 효과를 거둘 방법을 모색해야 하고 이를 모색하기 위해서는 피압수자가 디지털 데이터를 관리처분하는 방법을 고려하고 이에 대응하는 데이터의 취득 방법이 마련되어야만 한다.

3. 역외 압수·수색에 관리처분권의 적용

가. 영장의 집행 방법으로 데이터 접근권의 인정

디지털 데이터를 물건에[34] 포함시킬 수 있느냐에 대해 긍정설[35][36]과 부정설[37] 등 견해의 대립이 있으나, 이미 데이터에 대해서는 이를 정보저장매체의 압

---

33 박진아, "사이버 물권 시론", 원광법학 제27권 제2호, 2011, 165면.

34 민법 제98조는 유체물 및 전기 기타 관리할 수 있는 자연력을 물건으로 규정하고 있으며 유체물이란 공간의 일부를 차지하고 사람의 오감에 의하여 지각할 수 있는 형태를 가진 물질을 말한다. 반면에 전기, 열, 빛 등은 일정한 형체가 없는 것을 무체물이라고 하며 무체물이라 할지라도 관리할 수 있는 자연력은 물건에 포함된다. 여기서 관리할 수 있다는 의미는 배타적인 지배가 가능하다는 것을 뜻한다.

35 조석영, "디지털정보의 수사 방법과 규제원칙", 형사정책 제22권 제1호, 2010, 80면에서 "데이터는 어떠한 무체물보다 배타적 관리가 가능하기 때문에 무체물이라는 이유로 물건의 범주에서 배제할 근거가 없다고 주장하면서 형사소송법 제106조의 증거물에 데이터를 포함시켜야 한다"고 주장하는데 데이터 자체는 논리적인 값에 불과하므로 데이터가 저장매체를 통해 관리할 수 있는 무체증거에는 포함될 수 있으나 전기나 열과 같은 자연력에 해당한다고 보기에는 어렵다.

36 노승권, "컴퓨터 데이터 압수, 수색에 관한 문제", 「검찰」 통권 제111호, 대검찰청, 2000, 280면; 김기준, "전자우편에 대한 증거 수집과 관련된 문제점", 해외연수검사연구논문집Ⅱ, 2001, 169면; 김형성·김학신, "Computer Forensics의 법적문제 연구", 성균관법학 제18권 제3호, 성균관 비교법연구소, 2006, 109면.

37 탁희성, "전자증거의 압수·수색에 관한 일고찰", 형사정책연구 15권 제1호, 2004, 32면; 박수희, "전자증거의 수집과 강제수사", 한국공안행정학회보 제29호, 2007, 138면; 강동욱, "컴퓨터

수라는 방법으로 취득하거나 복제·출력 등의 방법으로 제공받고 있기 때문에 이를 수사기관에서 취득할 수 있는지를 규명하기 위한 논의의 실익은 크지 않다는 것은 앞서 살펴본 바와 같다.

형사절차상 해결해야 할 문제는 디지털 데이터에 대한 취득 필요성보다는 무체물인 데이터의 특성에 따라 이를 배타적으로 지배할 수 있는 방법에 대해 논의하고 유체물에 대한 집행과 관리에 초점이 맞추어진 상세처분 절차의 하자를 치유하는데 더 큰 의의가 있다고 하는 점 또한 앞서 살펴보았다. 이를 통해 디지털 데이터에 대한 배타적 지배 방법으로 관리처분권이 인정되어야 한다는 점을 주장하였다. 여기서는 영장을 집행하는 과정에서 피대상자의 관리처분권을 배제할 수 있는 개념으로 데이터 접근권을 주장하고자 한다.

디지털 데이터가 물건과 다른 가장 큰 특징은 그 관리자 입장에서 데이터를 배타적으로 관리하는 방법으로 데이터 저장매체의 존재를 관리하는 방법도 있으나 그 내부의 데이터 자체에 대해 암호화 조치를 실행하는 등 보안장치로 관리하는 논리적인 방법도 있다는 점, 쉽게 복제하거나 네트워크를 통해 전송이 가능하기 때문에 데이터의 복제나 전송이 배타적으로 이를 이전하는 것은 아니라는 점이다. 또한 저장매체 내 또는 네트워크에 연결된 서버의 저장 크기에 따라 특정한 공간의 개념이 없어 저장매체 안에서 새로운 수색 범위의 문제가 발생할 수 있다는 점도 유체물에 대한 압수와 다른 것으로 볼 수 있다.

디지털 데이터에 대해서는 그 관리 방법이 논리적인 측면을 포함하기 때문에 그 취득을 위해서는 유체물에 대한 압수와는 다른 방법을 필요로 하게 된다. 네트워크를 통해 데이터를 원격에서 제공받는 방법 등 정보주체가 데이터를 지배하는 방식과 동일한 방법으로 압수·수색영장을 집행할 수 있도록 허용되어야 한다. 다만, 이러한 방법이 가져올 수 있는 남용의 문제는 데이터 접근 방법에 대한 사전심사, 데이터 접근 과정에 대한 로그의 생성과 사후 통제 등 별도의 방법으로 규제해야 한다.

관련범죄의 수사에 있어서의 문제점에 대한 고찰", 현대형사법론, 죽헌 박양빈 교수 화갑기념 논문집, 1996, 707면; 박종근, "디지털 증거의 압수·수색과 법제", 형사법의 신동향 통권 제18호, 2009, 35면.

나. 국외 서버에 대한 압수·수색영장 집행의 가능성

1) 현황과 문제점

네트워크 발달로 국경을 초월한 영장 집행의 필요성이 증가하고 있지만, 국가 간 사법관할로 인하여 집행에 많은 제약이 있다. 데이터 제공자가 자발적으로 데이터를 제공하지 않는 이상 외국 서버에 있는 데이터를 우리나라 사법권이 미치는 영역으로 가져올 수 없다면 압수·수색은 불가능하다고[38] 주장하기도 한다. 이러한 해석은 디지털 데이터를 보관하고 있는 저장매체가 국외에 위치하고 있으며 이러한 매체 자체가 압수 또는 수색의 직접적인 대상이라고 해석하기 때문에 발생하는 문제이다.

그러나 이러한 현상을 그대로 방관할 수는 없다. 네트워크 환경으로 인해 범죄자는 새로운 범죄 도구를 창출하고 이용하여 국경을 초월한 범죄행위를 일삼고 있는 반면, 수사기관이 같은 수준의 대응력을 갖출 수 없다면 인터넷이라는 환경으로 인한 피해는 고스란히 국민에게 돌아가게 될 것이다. 또한 어떤 국가는 타국에 대한 접속을 허용하는 반면, 다른 한 국가는 이를 불허한다면 엄격한 법규를 보유하고 엄격한 해석을 하는 국가는 늘 피해국이 될 수밖에 없게 된다.

이러한 예로 미국의 'Gorshkov' 사건을 들 수 있다. 미국 FBI는 러시아 해커가 미국의 2개 은행을 해킹하여 금융정보를 탈취한 사건(일명 Gorshkov 사건)을 수사하면서 러시아 해커에게 고용을 제안하여 미국으로 유인한 뒤, 키로거 프로그램이 설치되어 있는 노트북을 주면서 면접의 일환으로 실제 해킹했었던 은행 사이트를 해킹하도록 제안하였다. 해커는 러시아에 있는 서버에 접근해서 해킹 툴을 내려받아 해킹하였고, FBI는 키로거를 이용하여 아이디와 패스워드를 확보한 뒤, 러시아 서버에 접근하여 해킹툴을 비롯한 데이터를 내려받아 증거로 사용하였다. 이에 대해 법원은 미국 수정헌법 제4조에 어긋나지 않는 정당한 수사 행위라고 판결하였다.[39]

그 이유에 대해 a) 수정헌법 4조는 미국인이 아닌 자에 대한 역외 수색을 포

---

38 이숙연, "형사소송에서의 디지털 증거의 취급과 증거능력", 박사학위논문, 고려대학교, 2010, 36면.

39 United State v. Gorshkov 2001 WL 1024026 *1 (W.D.W.A May 23, 2001).

함하지 않고, 비영주자의 소유물로 미국 영토 밖에 존재하기 때문에 복사 부분이 미국 안으로 들어올 때까지 이것은 국외에 있는 것으로서 수정헌법 4조가 적용되지 않는다. b) 수정헌법 4조가 적용되더라도, 수정헌법이 요구하는 영장 예외의 긴급한 사유에 해당하여 즉시 복제하지 않으면 증거가 파괴되거나 확보에 실패할 것이라는 주장에 충분한 이유가 있다. c) 러시아 법률에 위반되지 않으며 위반된다고 하더라도 미국 내에서의 형사소송 절차에 영향을 주지 않는다고 설시했다.[40]

2) 정보주체의 데이터에 대한 관리처분권을 근거로 한 접근

네트워크로 연결되어 있는 곳에서 원격 접속 방식으로 데이터를 관리하는 사용자는 접근권한을 부여받아 이에 대해 인증하는 방식으로 해당 계정을 이용한다. 서버를 운영하는 자는 계정 사용자들과의 계약 등을 통해 정당한 접근 방법을 사용한 계정의 사용을 배타적으로 허용하며 심지어 패스워드조차 암호화하여 저장함으로써 이를 초기화하지 않는 이상 서버의 관리자조차 사용자의 인증 수단을 알기 어렵다.

사용자에게 서버의 일부에 디지털 데이터를 저장하도록 허용하고 이를 관리할 수 있게 해주는 유일한 방법은 인증 시스템의 사용이며, 수사기관이 해당 계정에 접근하기 위한 인증 방법을 사용자로부터 확보할 수 없을 때는 기술적인 수단을 포함한 다른 방식으로 인증에 필요한 코드를 확보하여 디지털 데이터가 보관된 계정에 접근하는 것은 허용될 수 있어야 한다. 그러나 사용자에게 인정된 인증 방법을 벗어나 해킹과 같이 서버를 제공한 통신망에 대한 또 다른 침입으로 간주될 방법을 사용하는 것은 서버 또는 통신망 관리자의 권익도 침해하기 때문에 이에 대한 허용성 여부는 신중히 검토하여야 한다.

관리처분권 개념을 도입하여 국외 서버에 대한 접근의 정당성을 즉시 확보하고자 하는 취지는 아니다. 데이터에 대한 접근을 위해 논리적인 인증 시스템을 통하게 되지만 물리적으로 정보통신망이라는 인프라를 통해서만 이루어지는 것이 현실이기 때문이다. 다만 관리처분권 개념은 국제형사사법 공조체제를 갖출

40 Jihyun Park, "International trend against cybercrime and controversy over the F.B.I.'s practice of Extra-territorial Seizure of Digital Evidence", 국제법학회논총 제49권 제3호(통권 제100호), 2004, 226-234면.

때 데이터 접근에 대한 이론적 정당성을 제공해 줄 수는 있을 것이다.

유럽평의회 사이버범죄협약은 타국에 저장된 컴퓨터 데이터에 대한 보존명령 요청 제도를 마련함과 동시에 당사자의 동의가 있는 경우에는 국경을 초월하여 접속할 수 있다는 규정을 둠으로써 국외 서버에 대한 접근의 초석을 마련해 두었다. 유럽평의회 사이버범죄협약 제29조에서 당사국은 다른 당사국에 저장된 컴퓨터 데이터에 대하여 '긴급보존명령'을 요청할 수 있음을 규정하고 있다. 중요 데이터가 다른 나라에 존재하고 있음을 파악하게 된 경우, 상당한 시일이 소요되는 기존의 형사사법공조시스템으로는 증거의 변경이나 멸실의 위험이 커 데이터의 확보가 곤란할 수 있다. 따라서 다른 나라에 수사가 진행될 때까지 긴급보존명령을 국제형사사법공조의 방식으로 요청할 수 있도록 규정한 것이다. 동 조약 32조에서는 당사자의 동의를 얻었거나 공중에 공개된 데이터에 관련해서는 당사국의 동의 없이도 국경을 초월하여 그 데이터에 접속할 수 있음을 규정하고 있다.[41] 이는 당사자의 동의에 준하는 법적 권한을 취득한다면 당사자가 관리처분권의 범위 내에서 취득, 이용할 수 있는 디지털 데이터에 대한 수색 및 압수가 가능하다고 해석할 여지를 제공하고 있다.

제6절 역외 압수·수색의 보완 조건

1. 네트워크 환경에서 현행 영장 집행 규정의 부정합성

유체물에 대한 영장 집행을 전제로 한 현행 형사소송법의 규정들은 네트워크 환경에서의 영장 집행에 그대로 적용할 수 없는 경우가 있다.

형사소송법 제114조 제1항은[42] 수색할 장소를 영장에 기재하도록 하고 있으

41 이창수, "초국가적 사이버범죄에 대한 국제공조 활성화 방안과 그 선결과제", 형사법의 신동향 통권 제21호, 2009, 116면.

42 제114조(영장의 방식) ① 압수·수색영장에는 피고인의 성명, 죄명, 압수할 물건, 수색할 장소, 신체, 물건, 발부년월일, 유효기간과 그 기간을 경과하면 집행에 착수하지 못하며 영장을 반환하여야 한다는 취지 기타 대법원규칙으로 정한 사항을 기재하고 재판장 또는 수명법관이 서명날인하여야 한다. 다만, 압수·수색할 물건이 전기통신에 관한 것인 경우에는 작성기간을 기재하여야 한다.

나 클라우드와 분산 처리 기술이 발전하면서 데이터가 보관되어 있는 서버의 물리적 위치를 특정할 수 없는 경우가 많기 때문에 데이터에 대한 수색의 장소는 물리적 서버의 위치가 아니라 수색의 대상이 되는 서비스 또는 계정이 되어야만 한다. 이러한 상황에서는 형사소송법 제118조[43]에 따라 영장의 처분을 받는 자에게 영장을 제시할 수도 없으며, 제123조[44]에 따라 책임자를 참여하게 할 수도 없고, 제128조[45]와 제129조[46]에 따라 증명서나 압수목록을 교부할 수도 없다. 또한 얼마 동안 영장을 집행할 수 있는지에 대한 기준도 존재하지 않으며, 이러한 방식의 집행을 통해 취득한 증거가 증거능력을 인정받기 위해 갖추어야 할 진정성, 동일성, 무결성, 신뢰성 등의 요건을 증명할 방법도 없다. 네트워크 환경에서 현행 영장 집행 규정의 부정합성은 주로 수사기관의 기본권 침해 행위를 제어하고 감독할 방법이 없는 문제점으로 귀결된다.

가. 영장의 제시

압수·수색영장은 처분을 받는 자에게 반드시 제시하여야 한다(형사소송법 제118조). 이 규정은 물리적 장소에 임장하여 영장을 집행하는 것을 전제로 한 규정이다. 그러나 클라우드에 있는 데이터는 유선 또는 무선으로 연결된 네트워크를 통해 전송, 조회, 검색이 가능하기 때문에 물리적 장소를 초월하여 존재한다.[47] 이러한 경우 원격에서 해당 데이터를 취득하는 것이 가능하며, 수사기관도 같은 방법으로 데이터를 취득할 필요가 있다.

이에 대해 네트워크로 연결되어 있어도 서버라고 하는 물리적 공간에 대한

43 제118조(영장의 제시) 압수·수색영장은 처분을 받는 자에게 반드시 제시하여야 한다.

44 제123조(영장의 집행과 책임자의 참여) ① 공무소, 군사용의 항공기 또는 선차 내에서 압수·수색영장을 집행함에는 그 책임자에게 참여할 것을 통지하여야 한다.
② 전항에 규정한 이외의 타인의 주거, 간수자 있는 가옥, 건조물, 항공기 또는 선차 내에서 압수·수색영장을 집행함에는 주거주, 간수자 또는 이에 준하는 자를 참여하게 하여야 한다.
③ 전항의 자를 참여하게 하지 못할 때에는 인거인 또는 지방공공단체의 직원을 참여하게 하여야 한다.

45 제128조(증명서의 교부) 수색한 경우에 증거물 또는 몰취할 물건이 없는 때에는 그 취지의 증명서를 교부하여야 한다.

46 제129조(압수목록의 교부) 압수한 경우에는 목록을 작성하여 소유자, 소지자, 보관자 기타 이에 준할 자에게 교부하여야 한다.

47 노명선, "사이버범죄의 증거확보에 관한 몇 가지 입법적 제언", 성균관 법학 제19권 제2호, 2007, 352면.

압수·수색이 가능하다는 반론이 제기될 수 있으나, 수사기관의 영장신청 단계에서 IP를 통해 어느 기관이나 단체에 할당되었는지 알 수 있을 뿐 구체적인 위치나 존재 형태 등을 확인할 수 없어 영장 신청 자체가 어려울 수 있으며, 네트워크로 서버를 관리하는 범행의 경우 서버에 대한 압수·수색 과정에서 범인의 증거인멸이나 도주 우려에 대해 고려하지 않을 수 없다.[48] 이러한 필요에 따라 원격 접속에 의한 압수·수색이 가능하다고 하더라도 해당 규정은 디지털 데이터의 운영에 대한 특성인 네트워크성에 적합하지 않게 된다.

디지털 증거에 대한 압수·수색에 있어 제3자가 관리, 보관하고 있는 데이터는 제출 요구 방식에 의하는 경우가 많다. 예를 들어 금융계좌에 대한 조회, 이메일에 대한 압수, 배송 정보에 대한 조회 등 기업이 보유한 데이터를 요구할 때 압수·수색영장에 의할 경우 팩스 등의 통신매체를 통해 영장을 제시하는 경우가 많다. 이때, 과연 영장의 원본을 제시해야 하는지가 문제될 수 있다. 집행 구조상 사실조회를 제공받는 것과 같이 수색 장소에 대한 물리적 수색 없이 해당 데이터만을 제공받는 취지를 고려할 때, 수색 없이 디지털 데이터만을 제공받을 목적인 경우는 압수·수색영장의 제시 방법을 현실에 맞게 개정할 필요가 있다. 입법부는 2021. 10. 19. 형사사법절차에서의 전자문서 이용 등에 관한 법률을 제정(2024. 10. 20. 시행)하면서, 사본에 의한 영장제시 등의 문제를 고려하여 동 법 제17조에 영장 등이 전자문서로 발부된 경우는 전자문서를 제시하거나 전송하는 방법으로 영장을 집행할 수 있도록 규정하였다.

나. 영장 집행 시 주거주 등의 참여

형사소송법 제123조는 수색 장소의 주거주, 간수자 또는 이에 준하는 자가 영장 집행에 참여하고 이들을 참여하게 할 수 없을 때는 인거인 또는 지방공공단체의 직원을 참여하게 하여야 한다고 규정하고 있다. 이 규정이 디지털 데이터에 대한 영장 집행의 경우에 어떻게 적용될지 고찰해 보기 전에 이 조항을 둔 기본 취지에 대해 살펴볼 필요가 있다. 검사, 피고인, 변호인 등 당사자의 참여권을 보장한 제121조의 규정은 당사자의 방어권을 보장하기 위해 규정되었다.[49]

48 김기범·이관희·장윤식·이상진, "정보영장 제도 도입방안 연구", 경찰학연구 제11권 제3호(통권 제27호), 2011, 88–89면.

그런데 제123조는 수색 장소의 주거주 등 관련자의 참여를 규정하고 예외적으로 피처분자가 아닌 제3자의 입회도 허용하고 있다. 제123조에 규정된 참여권자는 모두 소송의 당사자가 아니라는 점에 주목하여야 하며 이는 수사기관의 적법절차를 보장하기 위한 제도적 장치로 보인다. 공정성과 도덕성을 의미하는 절차적 적법절차에 각종 고지와 청문을 필수적으로 요구하기 때문이다.[50]

서버에 여러 사람의 계정이 공존하고 이에 대한 영상을 집행할 때 데이터가 직접적으로 영장 집행의 대상이고 데이터가 저장된 저장매체가 수색의 장소라고 해석한다면 물리적으로 서버가 소재한 장소의 관리자가 참여자가 된다고 해석하기보다는 서버 운영자가 간수자가 된다고 해석하여야 할 것이다. 특히, 원격 접속에 의한 디지털 데이터의 압수·수색에는 수색 범위의 확장이나 압수·수색 후 2차 접속의 위험이 있는 등 적법절차를 보장해야 할 필요성이 더욱 크기 때문에 압수·수색영장 집행 전체 과정에 참여하여 적법절차를 보장할 공정한 제3자의 참여 등이 구체적으로 제시되어야 할 것이다. 공정한 제3자 역시 원격으로 접속할 때 사용된 수사기관의 단말기에 접속하여 진행 과정을 모니터링하는 방법에 의해서도 참여가 가능할 수 있다는 점도 고려해야 한다.

이와 관련하여 독일의 입법례를 주목할 필요가 있다. 독일의 경우 점유자 참여제도와 집행증인 제도가 별도로 운영되고 있다. 압수·수색 대상 장소나 대상물의 점유자는 수색에 참여할 수 있으며 그의 대리인 등이 입회하도록 할 수도 있다. 이 조항은 압수·수색 관계자의 이익을 도모하기 위한 것이다. 집행증인 제도는 주거, 상업 공간 등에 대한 수색에 있어 검사가 입회하지 않을 때 수색이 이루어지는 지역의 공무원이나 지방자치단체의 구성원 2인이 참여하도록 하고 있는데 이는 수색에 있어서 객관적인 증인을 참여시킴으로써 국가의 입장에서는 이해 충돌 상황에서 수사기관의 절차적 합법성을 보장할 수 있으며, 압수·수색 관계자의 입장에서는 증인의 존재로 인하여 적법절차를 보장받을 수 있기 때문이

49 허일태, "한국 형사절차법에 있어서 방어체계", 동아법학 제21호, 1996, 58면.

50 "미 연방대법원은 절차적 적법절차가 '공정성'이라는 일반적 기준을 포함한다고 보고 최소한의 공정성, 즉 '정부가 은밀한 방법으로 사적 권리를 박탈하는 것'을 허용하지 않는다. 예를 들면 속임수를 써서 배심원으로 선발되게 하거나 강제에 의한 자백, 적합한 고지의 결여, 형사재판의 여러 단계에서 변호인의 조력을 받지 못하는 것 또는 조력 거부, 강제적 자기부죄, 불합리한 수색과 압수 등이 그것이다."; 헨리 J. 에이브러햄, 윤후정 역, 기본적 인권과 재판, 이화여자대학교 출판부, 1992, 133면.

다.[51] 이러한 입법 태도를 디지털 증거의 압수·수색제도에 도입하는 것을 긍정적으로 검토해 볼 필요가 있다.

다. 압수목록과 증명서의 교부

형사소송법 제128조는 수색한 경우에 증거물 또는 몰취할 물건이 없는 때에는 그 취지의 증명서를 교부하여야 한다고 규정하고 제129조는 압수한 경우에는 목록을 작성하여 소유자, 소지자, 보관자 기타 이에 준할 자에게 교부하여야 한다고 규정하고 있다. 이는 압수·수색 처분의 결과에 대한 사항을 증명서에 의해 증명하거나 반출된 물건의 목록을 피처분자에게 고지함으로써 피처분자 등이 압수물에 대한 환부, 가환부를 신청하거나 압수처분에 대한 준항고를 하는 등 권리행사 절차를 밟는 가장 기초적인 자료로 삼을 수 있도록 하기 위한 규정이다.[52]

그런데 물리적 압수물의 경우에는 그 물건의 형태와 위치 등이 충분히 분리가 가능하여 목록에 의해 관리될 수 있으나, 디지털 데이터를 영장 집행의 직접적 대상으로 본다면 어느 단위까지 목록에 기재해야 할지 결정되어야 한다. 불법적으로 취득한 수만 개의 개인정보 파일, 서버에 저장되어 있는 수천 개의 불법음란물 동영상 파일 등의 경우 각 목록을 작성하여야 하는지 의문이며 그 파일이 소재한 영역과 경로 등도 기재해야 하는지 의문이다.

이러한 경우 압수한 파일 전부에 대한 해시값을 생성하여 이를 교부하거나 관련 정보 부분을 사진 촬영하여 교부하는 등의 대안이 마련되어야 한다. 또한 금융정보를 제공받는 것과 같이 제3자로부터 그 압수의 범위를 정하여 수사기관이 수동적으로 데이터를 취득한 경우 압수목록의 교부를 생략하는 것이 허용되는지, 수사의 밀행성을 확보하는 목적으로 원격 접속에 의한 압수·수색을 실시한 경우 목록의 교부가 사후통지로 대체될 수 있는지도 디지털 데이터의 압수·수색에서 다르게 적용되어야 할 부분이다.

---

51 김기준, "수사 단계의 압수·수색 절차 규정에 대한 몇 가지 고찰", 형사법의 신동향 통권 제18호, 2009, 10－11면.

52 신동운, 신형사소송법 제5판, 2014, 366면.

2. 압수·수색의 방법, 범위와 기간의 특정

네트워크 환경에서의 압수·수색에서 지득·채록할 대상뿐만 아니라 압수·수색의 방법, 범위와 수색의 기간까지 특정되어야만 한다. 특히, 파일의 직접 열람에 의한 탐색은 그 즉시 프라이버시 침해가 발생할 수밖에 없기 때문에 사건의 양상에 따라 가능한 수색 방법[53]을 열거하여 법원의 심사를 받는 것이 바람직하다. 또한 적법한 영장을 소지하였다는 이유로 무단히 장기간 탐색하는 것도 방지되어야 하기 때문에 수색 기간의 제한도 필요하다.

정보주체에 대한 프라이버시 침해는 사후 통제로 침해에 대한 권리 구제가 어렵다. 수색의 대상, 범위, 기간의 제한 없이 파일을 모두 열어보는 방식에 의한 수색이 허용될 경우 수색 과정에서 발견된 별건 증거[54]로 인한 수사가 무한히 반복될 가능성도 있기 때문에 법원에 의한 사전 통제를 강화하는 방향으로 제도를 운영하여야 한다.

디지털 증거를 다루고 있는 통신비밀보호법(제6조 제4항)[55]상 통신제한조치 허가장 청구서에도 집행 방법을 기재하도록 하고 있다.[56] 그 범위와 방법을 사전에 명확히 특정하는 것은 곤란하더라도 해당 사건과 관련성이 있다고 판단되는 계정의 범위를 영장청구서상에 개괄적·보충적으로 기재하고,[57] 수색할 방법과 수색의 기간도 포함해야 한다.

---

53 노명선, "전자적 증거의 실효적인 압수·수색, 증거조사 방안연구", 대검찰청, 2007, 54－56면.

54 "전자정보에 대한 압수·수색에 있어 저장매체 자체를 외부로 반출하거나 하드카피·이미징 등의 형태로 복제본을 만들어 외부에서 저장매체나 복제본에 대하여 압수·수색이 허용되는 예외적인 경우에도 혐의 사실과 관련된 전자정보 이외에 이와 무관한 전자정보를 탐색·복제·출력하는 것은 원칙적으로 위법한 압수·수색에 해당하므로 허용될 수 없다. 그러나 전자정보에 대한 압수·수색이 종료되기 전에 혐의 사실과 관련된 전자정보를 적법하게 탐색하는 과정에서 별도의 범죄혐의와 관련된 전자정보를 우연히 발견한 경우라면, 수사기관은 더 이상의 추가 탐색을 중단하고 법원에서 별도의 범죄혐의에 대한 압수·수색영장을 발부받은 경우에 한하여 그러한 정보에 대하여도 적법하게 압수·수색을 할 수 있다."; 대법원 2015. 7. 16. 자 2011모1839, 전원합의체 결정.

55 통신비밀보호법 제6조 제4항 제1항 및 제2항의 통신제한조치청구는 필요한 통신제한조치의 종류·그 목적·대상·범위·기간·집행장소·방법 및 당해 통신제한조치가 제5조 제1항의 허가요건을 충족하는 사유 등의 청구이유를 기재한 서면(이하 "청구서"라 한다)으로 하여야 하며, 청구이유에 대한 소명자료를 첨부하여야 한다 (후략).

56 김용호, 실무상 디지털 증거의 압수·수색의 문제점과 개선방안, 사단법인 한국포렌식학회, 한국저작권위원회 개최 국회 디지털 증거 압수·수색에 관한 개정법률안 공청회, 2012. 11.

57 조광훈, "형사소송법 제106조의 쟁점과 개정안 검토", 법조 Vol694, 2014, 215면.

3. 전문입회인 제도 도입

디지털 증거 취득과 채록 과정에서 무결성의 입증이 증거능력 인정 여부에 중요한 요소이므로 왜곡과 변조의 가능성을 배제하기 위해 책임자 등의 참여가 필수적이다.[58] 압수한 스마트폰에 접근하는 경우와 같이 피압수자의 동의 등에 따라 영장을 집행하는 경우에는 문제가 발생하지 않으나 원격지 서버의 계정에 대한 가입자의 동의가 없거나 증거인멸 등의 우려에 따라 가입자에게 고지하지 않은 채 영장을 집행하는 경우에는 참여권이 보장되지 않는 문제가 발생한다. 앞서 살펴본 국내 판결[59]에서 수사기관은 제3자인 한국인터넷진흥원의 주임연구원을 참여시키고 디지털 포렌식 전문가를 입회시킨 상태에서 영장을 집행하였는데 이러한 조치는 형사소송법 제123조[60]에 근거한 조치로 보인다.

원격 접속에 의한 압수·수색에서 참여자는 영장의 적법한 집행을 담보해야 할 위치에 있으며 향후 법정에 출석하여 취득한 증거의 증거능력 인정 요건을 충족하는지에 관해 증언할 가능성도 존재한다. 따라서, 전문입회인은 단순히 인거인 등의 지위보다는 형사소송법의 규정에 대한 이해가 필요하고, 원격 접속의 방식에 의한 압수·수색의 성격과 절차에 대한 이해도 필요하다.

4. 사후 감사 제도의 도입

네트워크 환경에서 데이터에 대한 취득은 압수·수색영장을 통해 집행한다는 것 이외에 데이터의 취득 과정(서버에 대한 접속 후 열람 및 저장)은 통신사실확인자료 제공 요청 허가서의 집행, 통신제한조치에서의 감청, 금융자료 취득을 위한 압수·수색영장의 집행과 다르지 않다. 이러한 방식의 집행에서는 정보주체의 참여

58 오경식, "수사절차상 압수·수색제도에서의 인권보장 방안", 형사법의 신동향 통권 제50호, 2016. 3, 9면.

59 대법원 2017. 11. 29. 선고 2017도9747 판결.

60 제123조(영장의 집행과 책임자의 참여) ① 공무소, 군사용의 항공기 또는 선차 내에서 압수·수색영장을 집행함에는 그 책임자에게 참여할 것을 통지하여야 한다.
② 전항에 규정한 이외의 타인의 주거, 간수자 있는 가옥, 건조물, 항공기 또는 선차 내에서 압수·수색영장을 집행함에는 주거주, 간수자 또는 이에 준하는 자를 참여하게 하여야 한다.
③ 전항의 자를 참여하게 하지 못할 때에는 인거인 또는 지방공공단체의 직원을 참여하게 하여야 한다.

가 현실적으로 어렵기 때문에 우리의 법령에서는 데이터 취득 절차에 대한 로그를 기록하도록 하고 있다.

전기통신사업법 제83조는 전기통신사업자가 통신자료를 제공한 경우에는 해당 통신자료 제공 사실 등 필요한 사항을 기재한 대장과 자료제공요청서 등 관련 자료를 갖추어 두어야 하며 이에 대한 현황을 과학기술정보통신부장관에게 보고하도록 하고 있으며 통신비밀보호법 제13조는 수사기관이 통신사실확인자료 제공 요청 사실 등 필요한 사항을 기재한 대장과 통신사실확인자료제공요청서 등 관련 자료를 소속기관에 비치하고 전기통신사업자는 자료 제공 현황 등을 과학기술정보통신부장관에게 보고하고, 해당 통신사실확인자료 제공 관련 자료를 7년간 비치하도록 규정하고 있으며, 금융실명법 제4조의3은 거래자료 등을 제공한 경우에는 금융위원회가 정하는 표준 양식으로 기록·관리하도록 규정하고 있다.[61]

데이터에 관한 압수·수색에서 기본권을 더욱 충실히 보장하기 위해서는 과거의 규정에 얽매이기보다는 통신비밀보호법이나 금융실명법에서 규정하고 있는 사후 통지 제도, 관련 자료의 보관과 감사제도 등을 구체적으로 도입, 적용하는 방식으로 위법수사를 억제하는 방향의 입법이 필요하다.[62]

영국의 ACPO(The Association of Chief Police Officers)는 디지털 증거에 관한 모범 사례 안내[63]를 발간하여 디지털 증거를 다룰 때의 원칙을 공표하였다. 원격에 있는 데이터의 수집에 관해서는 섹션 4의 6항과 Appendix A, B에서 수집할 데이터가 속한 환경을 공적인 공간과 사적인 공간으로 분리하여 수집할 때 그 과정을 기록하여 감사 추적할 수 있도록 권고하고 있으며 원격에 있는 디지털 증거를 수집할 때 신뢰할 수 있는 전문가의 도움을 받아 수집하도록 규정[64]하고 있다는 점은 참고할 만하다.

---

61 이관희·이상진, “데이터 보관 사업자에 대한 영장 집행 절차의 현실화 방안에 관한 연구: 피의자에 대한 사전통지 생략 및 영장 사본제시 필요성을 중심으로”, 형사정책연구 제31권 제1호, 2020, 140면.

62 이관희·이상진, “데이터 보관 사업자에 대한 영장 집행 절차의 현실화 방안에 관한 연구: 피의자에 대한 사전통지 생략 및 영장 사본제시 필요성을 중심으로”, 형사정책연구 제31권 제1호, 2020, 155면.

63 ACPO(The Association of Chief Police Officers), Good Practice Guide for Digital Evidence, 2012.

64 서강윤·이상진, “원격지 디지털 증거 수집을 위한 프레임워크”, 디지털 포렌식 연구 13(4), 2019, 232면.

제7절 소결

앞서 살펴본 것처럼 네트워크 환경에서 데이터 취득의 방법과 개념에 대한 이해는 재정립될 필요가 있다. 범죄자가 관련 범죄 데이터를 전 세계에 걸쳐 산발적으로 보관할 수 있는 것처럼 법집행기관 역시 범죄자와 유사한 방식으로 관련 데이터에 접근할 수 있도록 허용할 필요가 있다. 범죄자가 국경을 넘나들며 자료를 관리하는 것이 아닌 것처럼 법집행기관도 국경을 넘나들면서 증거를 확보하는 것이 아니기 때문이다.

다크웹, 암호 기술 등 사이버공간의 기술을 통해 범죄자들은 은밀하게 범행을 저지르고 있기 때문에 법집행기관 또한 은밀한 방법으로 압수·수색할 필요성이 증가하였고 필요에 따라 해킹 수사 기법을 통한 데이터 수집의 필요성도 존재하는 것이 현실이다. 현실을 고려한 수사 방법을 허용하면서 동시에 이러한 수사기관의 활동에 따른 남용을 억제할 제어 장치도 마련함으로써 범죄 억제를 위한 수단과 인권침해 최소화를 위한 장치의 도입을 함께 고려하면서 발전해 나가는 것이 중요하다.

앞서 논증한 '데이터의 열람은 영토를 침해하는 것이 아니다'라는 주장은 어느 한 국가 내의 해석에만 의존할 수 없기 때문에 각국의 공감대 형성이 필요하며 이를 위해서는 사법부의 선언 또는 입법자의 입법 활동이 전제되는 것이 바람직하다. 사이버범죄 대응에 있어서 세계적 기준으로 정착되어 가고 있는 유럽평의회 사이버범죄협약 제32조는 데이터의 지리적 위치에 관계 없이 공개되어 있는 저장된 데이터에 접속할 수 있고 당사국이 데이터를 공개할 법적 권한이 있는 자의 적법하고 자발적 동의를 얻었다면 자국 영토 내의 시스템을 통해 다른 당사국에 위치한 컴퓨터에 저장된 데이터에 접속하거나 이를 수령할 수 있다고 규정하고 있다. 우리는 이 규정이 '원래는 금지되어야 할 역외 접속을 허용하는 규정'이 아니라 사이버공간에서의 열람 행위라는 것은 이와 같은 역외 접속을 당연히 예정하고 있는 것이어서 논란을 해소하기 위해 마련된 당연한 규정일 뿐이라고 생각한다. 향후 관련 입법을 통해 논란이 종식되기를 기대한다.

제 12 장

디지털 미란다 원칙

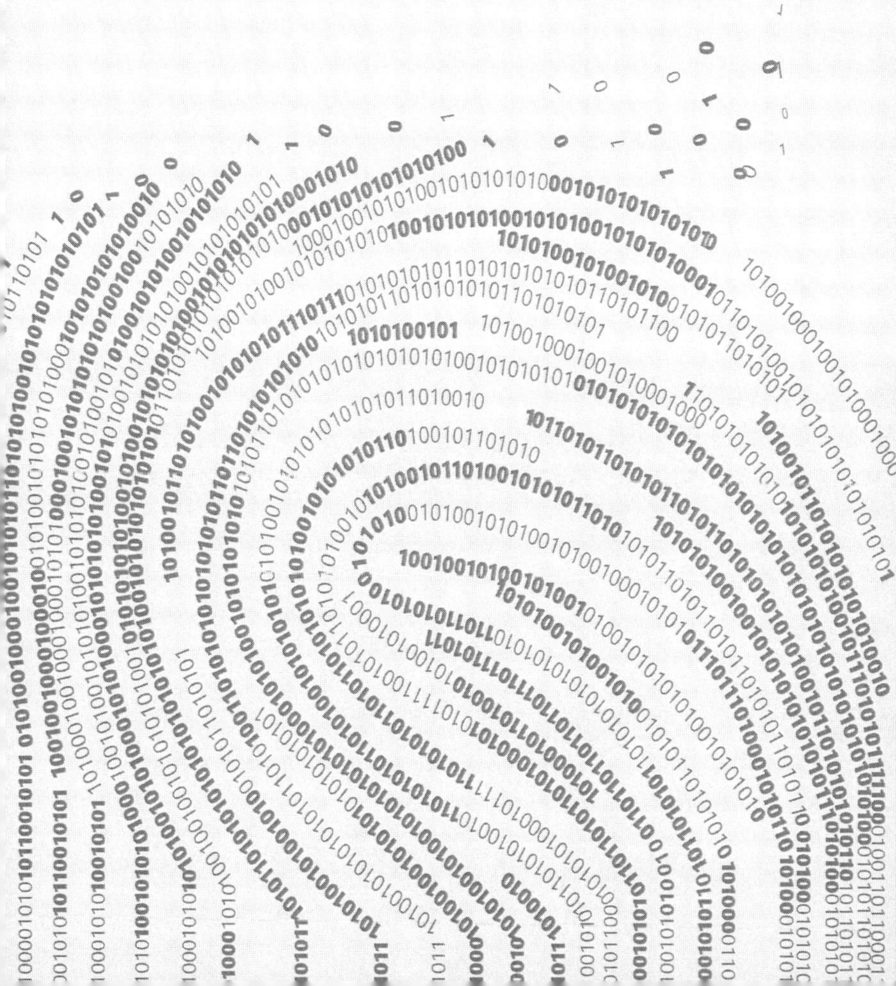

제12장 디지털 미란다 원칙

제1절 문제의 제기

누군가 사생활 정보를 담고 있는 스마트폰을 열어 보고 싶다고 할 때, 과연 허락할 사람은 몇이나 될까? 그런데 유독 수사기관에서 스마트폰의 비밀번호를 요구할 때는 많은 사람들이 이를 허락하고 있다.[1] 이렇게 허락한 사람들의 진의는 무엇일까? 만약 수사기관이 피압수자에게 "당신은 스마트폰의 비밀번호를 알려줄 의무가 없습니다. 이를 알려주지 않더라도 전혀 불이익을 받지 않습니다"라고 고지한 경우 그 결과는 어떻게 변할까?

자신의 죄책을 스스로 인정하도록 강요받지 않을 권리, 즉 자기부죄거부특권이 제대로 보장되기 위해서는 권리가 있다는 사실, 권리를 행사하더라도 불이익을 받지 않는다는 사실을 명확하게 고지해야 한다.

기술의 진화로 인해 사람이 남기는 정보량이 많아짐에 따라 수사기관도 과거보다 많은 정보를 확보할 수 있게 되었다. 반면, 수사기관이 기술의 변화 속도

---

1 송영진은 2020. 1. 20. 서울경찰청 수사관에 대한 대면 인터뷰를 한 결과 대부분의 사람들이 모바일기기가 압수될 때 잠금해제 패턴 또는 비밀번호를 제공하는데 협조하고 있다는 사실을 확인했다; 송영진, "디바이스 복호화 명령과 자기부죄거부특권: 미국 법원의 실행과 영국의 입법례를 중심으로", 형사정책연구 제31권 제1호, 2020, 182−183면.

를 따라잡지 못하는 경우 계속 어려움(going dark[2])을 겪게 될 것이다.[3] 이러한 어려움에 직면한 수사기관은 암호화되어 있는 데이터를 해독하려 하고, 저장매체 소유자로부터 암호 파일을 복호화할 수 있는 키를 획득할 수 있게 강제하려는 노력을 기울이기도 한다.[4]

그러나 이러한 수사기관의 움직임에 찬성할 수 없다. 기술의 발전은 새로운 현상이 아니라 과거부터 현재까지 계속 이어져 온 현상이고 수사기관이 어떠한 환경에 처하든 범죄혐의를 밝혀내야 하는 것은 오로지 수사기관의 의무일 뿐이며 그들의 수사상 어려움을 편하게 해주기 위해 인간의 본성을 보호하기 위한 자기부죄거부특권을 포기하도록 강제할 수 없기 때문이다. 오히려 ICT 기술의 발전은 개인의 모든 사상과 관념까지도 디지털화되어 기록되기 때문에 개인이 소유·소지·보관하는 디지털 저장매체에 대한 보안은 강화되어야 옳고 수사기관의 과도한 접근을 통제하는 방향으로 가는 것이 옳다.

이 장에서는 수사기관이 디지털 저장매체를 압수당하는 피압수자에게 자기부죄거부특권에 해당하는 제반 권리를 명확하고 구체적으로 고지하지 않은 채 보안코드를 요구하는 것은 자기부죄거부특권에 저촉되는 행위임을 주장하고자 한다. 이를 위해 이 장에서는 디지털 저장매체에 대한 보안코드를 말하지 않을 권리, 압수대상 파일의 소재를 묵비할 권리 등도 자기부죄거부특권의 범위에 포함됨을 논증한 후, 압수·수색절차의 공정성을 확보하기 위해 압수·수색 절차와 방법의 고지, 피압수자의 참여권과 참여권 행사의 범위에 대한 고지, 보안코드를 묵

2 "Going Dark"이란 점차 발전하는 암호화 기술 등의 확산으로 인해 수사기관이 테러리스트를 포함해 국가안보에 위협을 가하는 인물들의 활동을 점차 파악하지 못하게 되거나 수사기관이 범죄 수사에 있어 난관에 봉착하게 되는 상황을 의미한다(전현욱 외, 사이버범죄의 수사 효율성 강화를 위한 법제 개선 방안 연구, 경제·인문사회연구회 미래사회 협동연구총서 15-17-01, 2015, pp. 364-368).; Kerr, Orin S. Compelled Decryption and the Privilege Against Self-Incrimination, Texas Law Review, Vol. 97, Issue. 4, 2019, p. 797.

3 송영진, "디바이스 복호화 명령과 자기부죄거부특권: 미국 법원의 실행과 영국의 입법례를 중심으로", 형사정책연구 제31권 제1호, 2020, 160면.

4 법무부는 2020. 11. 13. 보도자료를 통해 디지털 증거 압수·수색시 협력의무 부과 법안 연구와 관련 자기부죄금지원칙 및 양심의 자유, 사생활 보호와 조화로운 합리적 방안 마련을 위해, 법원의 공개명령 시에만 공개의무를 부과하는 등 절차를 엄격히 하는 방안, 형사처벌만이 아니라 이행강제금, 과태료 등 다양한 제재방식을 검토하는 방안, 인터넷상 아동 음란물 범죄, 사이버 테러 등 일부 범죄에 한정하는 방안 등을 검토 중에 있다고 발표하였다 - [출처] 대한민국 정책브리핑(www.korea.kr).

비할 자기부죄거부특권의 고지를 내용으로 하는 일명 '디지털 미란다 원칙' 개념[5]을 새로 도입해야 함을 주장할 것이다.

제2절 디지털 저장매체 압수·수색에서 자기부죄거부특권의 보장

1. 자기부죄거부특권의 의의

자기부죄거부특권은 Nemo tenetur 원칙에 기반한다. Nemo tenetur 원칙이란 라틴어 법격언인 "nemo tenetur se ipsum accusare (no man is bound to accuse himself)"의 약칭으로, 어느 누구도 자기 자신을 비난할 의무가 없다거나 누구도 스스로 자기 자신을 기소하도록 강제당하지 않는다는 의미로 해석된다. 신 앞이 아니면 어느 누구도 자기 자신을 고발할 의무가 없다 또는 그 누구도 하느님의 법정 외에는 자기 스스로를 유죄로 만들 불리한 증거를 제출할 의무가 없다는 것이다. 이외에도 "nemo tenere prodere se ipsum(누구도 자기 자신을 배신할 의무가 없다)", "nemo tenetur edere instrumenta contra se(no one is bound to produce documents against himself, 누구도 자기 자신에 반하는 문서를 작성하여야 할 의무가 없다)", "nemo tenetur armare adversarium contra se(no one is bound to arm an opponent against himself, 누구도 스스로에 대항하여 상대방을 무장시킬 의무가 없다)"는 법격언 등이 있다.[6] 오랜 역사를 가진 이러한 법격언들은 국가형벌권 발동을 위하여 개인에게 죄의 부담을 강제하거나 개인이 스스로에게 불이익한 어떠한 행위를 하도록 강제할 수 없음을 표현한 것이다.

이러한 법격언은 현대 국가의 법률과 국제적인 협약에 반영되어 있다. 예컨

5 김면기·유승진, "포렌식 미란다 원칙과 절차적 정의", 형사정책연구 제30권 제4호, 한국형사법무정책연구원, 2019. 12에서 사용한 '포렌식 미란다 원칙' 개념은 법과학 분야에서 절차적 정의를 강화할 필요에 의해 포괄적으로 사용된 것임에 반해, '디지털 미란다 원칙'은 사생활에 관한 정보가 집약되어 있는 디지털 저장매체의 보안코드에 한정하여 사용되는 개념임을 밝힌다.

6 김혜경, "헌법적 형사소송론 관점에서의 진술거부권의 함의", 형사법연구 제35권 제2호, 2023, 41－42면.

대 1969년의 미주인권협약(American Convention on Human Rights) 제8조 제2항은 공정한 재판에 관한 권리로서 형사피고인으로서 기소된 자는 누구든지 법에 의하여 증명되지 아니한 자신의 죄에 관한 한 무죄로 추정받는 권리가 있음을 확인하면서, g.에서 자신에게 불리한 증언이나 유죄인정을 강요받지 않을 권리(the right not to be compelled to be a witness against himself or to plead guilty)를 명문화하고 있다. 또한 유엔의 1966년 시민권과 정치적 권리에 관한 국제협약(International Covenant on Civil and Political Rights) 제14조 제3항은 형사소추 시 모든 인간이 완전히 평등하게 보장받을 최소한의 권리를 열거하면서 g.에서 자신에게 불리한 증언을 강요당하거나 죄를 고백하도록 강제되지 않을 권리(Not to be compelled to testify against himself or to confess guilt)를 명시하고 있다. 법률과 국제협약은 nemo tenetur 원칙이 인간으로서 존중받아야 할 최소한의 원리임을 확인한 것이다. 헌법적 형사소송론이 인간본성을 존중하는 헌법정신을 형사절차에 반영할 것을 요청하고, 헌법이 직접 이를 확인하는 근거규정으로서의 역할을 적극적으로 수용한다는 점에서는 nemo tenetur 원칙은 국가의 헌법 이전에 이미 역사적으로 승계된 원리이자 헌법적 형사소송이념과도 일치한다고 보아야 할 것이다.[7]

nemo tenetur 원칙은 절차법 영역, 특히 법정에서 피고인의 자기비호의 원칙 및 무기대등의 원칙을 보장하기 위한 권리들의 근거가 된다. 피고인을 심리의 객체로 간주하였던 규문주의와 달리 탄핵주의 형사소송구조에서 피고인은 국가기관인 검사와 대등한 인격적 주체로서 당사자성이 인정된다. 따라서 수사와 공판절차에서 피고인은 자기 스스로를 비호할 수 있는 권리의 주체가 되며, 넓게는 이를 보장하기 위하여 무기대등의 원칙을 실현할 수 있는 제도들도 동 원칙의 보장수단이 된다. 진술거부권이나 묵비권보다 넓은 범주에서 피고인의 무기대등을 가능하게 하는, 적법절차원치의 지배를 반는 법률상의 제도들이 이에 해당한다.[8]

진술거부권은 자기부죄거부의 특권(privilege against self-incrimination)에서 유래하는 권리로서, 피고인 또는 피의자가 공판절차나 수사절차에서 법원 또는 수사기관의 신문에 대하여 형사상 자신에게 불리한 진술을 거부할 수 있는 권리로

7 김혜경, “헌법적 형사소송론 관점에서의 진술거부권의 함의”, 형사법연구 제35권 제2호, 2023, 42-43면.

8 김혜경, “헌법적 형사소송론 관점에서의 진술거부권의 함의”, 형사법연구 제35권 제2호, 2023, 48면.

묵비권(right of silence)이라고도 하는바, 헌법이 진술거부권을 기본적 권리로 보장하는 것은 형사피의자나 피고인의 인권을 형사소송의 목적인 실체적 진실발견이나 구체적 사회정의의 실현이라는 국가적 이익보다 우선하여 보호함으로써 인간의 존엄성과 생존가치를 보장하고 나아가 비인간적인 자백의 강요와 고문을 근절하려는 데 있고, 이러한 진술거부권은 형사절차에서만 보장되는 것은 아니고 행정절차이거나 국회에서의 질문 등 어디에서나 그 진술이 자기에게 형사상 불리한 경우에는 묵비권을 가지고 이를 강요받지 아니할 국민의 기본권으로 보장되며, 이는 고문 등 폭력에 의한 강요는 물론 법률에 의해서도 진술을 강요당하지 아니함을 의미한다.[9]

2. 자기부죄거부특권의 범위

미국 수정헌법 제5조는 "누구든지 형사상 자기에게 불리한 증인이 되도록 강요받지 아니한다(No person shall be compelled in any criminal case to be a witness against himself)"라고 규정하고 있고 1948년 미국 영향을 받은 일본 헌법 제38조 제1항은 "누구도 자기에게 불리한 진술이 강요되지 않는다(何人も、自己に不利益な供述を強要されない)"라고 규정하였고 우리나라는 1962년 헌법 개정에서 제12조 제2항에 모든 국민은 고문을 받지 아니하며, 형사상 자기에게 불리한 진술을 강요당하지 아니한다"라고 규정하였다.[10]

자기부죄거부의 특권에는 묵비권과 진술거부권이 포함되며, 자기부죄거부특권이 보다 상위개념이다. 자기부죄거부특권은 자신에게 형사상 불리한 진술을 하지 않을 권리를 포함하는 보다 광범위한 개념이므로 형사소송절차뿐만 아니라 모든 국가기관에 의한 질문이 피질문자의 형사상 문제와 관련될 때 일체의 답변을 거부할 수 있는 권리의 근거가 된다. 따라서 형사소송법 제283조의2가 피고인의, 그리고 제244조의3 제1항 제1호가 피의자의 묵비권과 진술거부권을 보장함으로써 자기부죄거부특권을 법적 권리로 내재하였고, 국회나 행정기관 등에서의 그와

9 헌법재판소 2001. 11. 29. 선고 2001헌바41.

10 이정민, "스마트폰 비밀번호 해제 관련 자기부죄거부특권 고지의 필요성", 법학논총 제46권 제2호, 2022, 112면.

같은 권리들이 입법화되지 않았더라도 헌법상 자기부죄거부특권으로부터 구체적인 권리가 도출될 수 있다.[11]

1976년 Fisher v. United States 사건에서 연방대법원은 자기부죄거부특권의 인정요건으로 (1) 형사상 자신에게 불리한(incriminating), (2) 진술적 의사표현(testimonial communication)을 하도록, (3) 수사기관에 의해 강요된 경우를 제시하였다.[12] 이 요건을 기준으로 United States v. Kirschner 사건(United States v. Kirschner, 823 F. Supp. 2d. 665, 666 (E. D. Mich. 2010.)에서 연방지방법원은 "필적 샘플(handwriting sample)이나 음성 표본(voice exemplar)의 제출과는 달리, 이 사건에서 피고인에게 비밀번호를 누설하도록(reveal) 강제하는 것"은 "연방정부가 피고인의 유죄를 입증하는 데 사용될 그의 비밀번호를 그의 정신작용(mental process)을 통해 누설하도록(divulge) 요구하는 것이며, 문서나 물건을 요구하는 것이 아니라, 피고인으로부터 증언(testimony)을 요구하는 것"이라고 하면서 자기부죄거부특권의 침해를 주장한 피고인의 청구를 인용하였다.[13]

그런데 자기부죄거부특권은 '누구도 스스로를 비난하게 할 수 없다(nemo tenetur se ipsum accusare)'에서 비롯된 인간 존중의 정신과 인간의 본성에 따른 것으로 그 원칙은 헌법 제12조 제2항뿐만 아니라 임의성 없는 자백 배제법칙(헌법 제12조 제7항, 형사소송법 제309조), 변호인의 조력을 받을 권리와 진술거부권 고지(형사소송법 제244조의 3), 증언거부권(형사소송법 제148조) 등 헌법이나 형사법에 녹아 들어 있으며 그 범위는 진술거부권에만 한정되지 않는다. 진술거부권이 질문과 답변이라는 언어적인 영역이라고 하면 자기부죄거부특권은 언어적인 영역 이외에도 서류나 자료 및 증거 등을 제출하지 않는 것을 포함하는 증거법상 원칙이다.[14]

따라서, 모바일기기의 보안코드를 알려주지 않을 권리, 압수 대상 파일에 대한 접근 경로를 알려주지 않을 권리, 기업 내 클라우드 서비스의 관계도를 알려

11 김혜경, "헌법적 형사소송론 관점에서의 진술거부권의 함의", 형사법연구 제35권 제2호, 2023, 53면.
12 허순철, "미국헌법상 생체정보와 자기부죄거부특권", 서강법률논총 제10권 제3호, 2021, 115면.
13 허순철, "미국헌법상 생체정보와 자기부죄거부특권", 서강법률논총 제10권 제3호, 2021, 117–118면.
14 이정민, "스마트폰 비밀번호 해제 관련 자기부죄거부특권 고지의 필요성", 법학논총 제46권 제2호, 2022, 112–113면.

주지 않을 권리 등도 자기부죄거부특권의 범위에 포함될 여지가 있다.

3. 자기부죄거부특권 고지의 필요성

"헌법상 방어권은 수백 년간 많은 사람들이 피 흘려 지킨 민주주의 기본", 채널에이(A) 검언유착사건 수사과정에서 검찰의 수사에 저항하여 자신의 아이폰 보안코드를 끝까지 가르쳐 주지 않아 불기소처분됐을 때 H씨가 한 말이다. 그런데 법을 전공하지 않은 일반 국민의 경우 과연 수사기관의 압수·수색 현장에서 스마트폰, PC의 보안코드를 알려주지 않을 배짱이 있을까? 경찰청 훈령 "디지털 증거 수집 및 처리 등에 관한 규칙" 별지 제5호 서식을 살펴보면, 모바일기기의 원본 반출시에 반출 원본 목록에 잠금암호, 백업암호, 잠금패턴 등을 작성하도록 되어 있으며, 대부분 잠금해제 패턴 또는 비밀번호를 제공하고 있다.[15] 수사기관의 요청에 따라 보안코드를 제공한 개인이 H씨와 같이 자유롭게 헌법상 방어권을 행사할 수 있다는 사실을 알았다면 자신에게 불리하게 작용할 수 있는 보안코드를 기꺼이 제공했을까?

증거로 채택되는 진술에는 임의성이 있어야 한다. 임의성을 확보하기 위해 진술은 강요에 의한 것이 아니어야 한다. 자기부죄거부특권이 있음을 명확하게 알아야 하므로 피의자나 피고인은 스스로 진술하면 어떻게 되는지, 진술하지 않아도 되는지 등에 대해 '고지'를 통해 자기부죄거부특권이 있음을 알려야 한다. 이러한 권리를 고지하지 않고 얻은 진술은 적법절차를 위반하여 위법하게 수집한 증거가 되어야 한다.

이와 같은 논리로, 스마트폰 보안코드 해제 등 디지털 저장매체에 접근을 가능케 하는 행위를 요구하는 경우 자기부죄거부특권이 구체적으로 '고지'되어야 한다. 흔히 미란다 원칙의 진술거부권 고지에 자기부죄거부특권의 취지가 반영되어 있다고 보고, 구체적 고지가 없는 경우 법률전문가가 아닌 사람들은 자기부죄거부특권의 의미에 대해 잘 모르기 때문에 이의를 제기하거나 보안코드를 진술하지 않는 경우 괘씸죄에 걸릴지도 모른다는 우려를 하게 된다. 이러한 우려는 그야말

15 송영진, "디바이스 복호화 명령과 자기부죄거부특권: 미국 법원의 실행과 영국의 입법례를 중심으로", 형사정책연구 제31권 제1호, 2020, 182-183면

로 심리적 압박에 해당된다. 따라서 자기부죄거부특권을 주장해도 불이익을 받지 않는다는 사실을 명시적이고 구체적으로 고지할 필요가 있다. 자기부죄거부특권과 관련하여 비법률전문가와 법률전문가의 보호 정도에 차이가 생긴다는 것은 심각한 문제가 아닐 수 없으며 사실상 법적용에 있어서의 차별적 행위가 된다.[16]

자기부죄거부특권이 제대로 기능하려면 피의자 또는 피고인이 대리인에 의해 스스로 방어할 수 있는 입장에 있어야만 한다. 피의자, 피고인이 조금이라도 가치가 있는 정보에 대해 묵비할 수 있는 권리를 가지고자 한다면, 그는 자신의 방어행위를 다른 사람에게 맡길 수도 있어야만 한다.[17] 따라서, 변호인을 선임할 수 있는 권리도 자기부죄거부특권을 보장하기 위한 방법 중 하나이다.

인생기록이라고 할 수 있는 스마트폰의 잠금 해제를 위해 비밀번호를 요구받았을 때, 이를 거부하는 것은 자기부죄거부특권으로 보호받는 피의자 또는 피고인의 권리이다. 스마트폰 비밀번호 해제는 수사기관에서 피의자나 피고인에게 강제할 수는 없고, 이러한 내용은 구체적으로 '고지'되어야 한다. 자기부죄거부특권에 대한 이해 부족으로 형사절차에서 비법률전문가와 법률전문가의 보호 정도에 차이가 생겨서는 안 된다. 자기부죄거부특권의 '고지'는 일반적으로 미란다 원칙의 진술거부권의 '고지'에 포함되는 것으로 인식되나, 구체적으로 자기부죄거부특권을 명시하여 '고지'함으로써 비법률전문가들도 이를 인식하고 행사할 수 있도록 해야 할 것이다.

4. 압수·수색에서 자기부죄거부특권의 보장

미란다 사건[18]에서 미연방대법원은 당시 미국의 피의자신문 환경은 그 분위기 자체가 협박의 의미를 내재하고 있다고 설명하면서 비록 신체적 협박은 아니지만 인간의 존엄성을 파괴하는 것과 마찬가지라고 평가하였다. 그러한 신문 환경에 내재된 강박적인 분위기를 없애기 위해 적절한 보호장치를 사용하지 않는 한, 피의자로부터 얻은 진술은 진정으로 피의자의 자유로운 선택의 산물이 될 수

16 이정민, "스마트폰 비밀번호 해제 관련 자기부죄거부특권 고지의 필요성", 법학논총 제46권 제2호, 2022, 131－132면.

17 조기영, "보통법상 자기부죄거부 특권의 역사적 기원", 동북아법연구 제10권 제2호, 2016, 601면.

18 MIRANDA v. ARIZONA 384 U.S. 436 (1966).

없다고 하였다. 또한, 피의자가 평소 익숙한 환경에서 생활하다가 경찰관서로 끌려와 자신과 적대적인 세력에 둘러싸여 있는 경우 개인은 진술 강요를 받는 것과 같다고 판시하였다. 이러한 이유 때문에 신문을 하기 전 피의자에게 묵비권을 행사할 권리가 있음을 명확하고 분명한 용어로 알려주어야 하며 피의자에게는 묵비권 행사에 대한 현명한 결정을 내리기 위한 최소한의 요건인 묵비권을 인식시키기 위한 경고가 필요하며 더 중요한 것은 이러한 경고가 신문 분위기의 내재적 압박을 극복하는 데 절대적인 전제 조건이라는 점을 강조하였다.

임의수사의 일환인 피의자신문의 경우에도 경찰관서라는 환경, 수사관들에게 둘러싸여 있는 환경이 내재된 강박적인 분위기라면 강제수사인 압수·수색영장의 집행 현장은 피압수자에게 피의자신문과 동등한 또는 더욱 강박적인 분위기라는 것은 쉽게 짐작할 수 있다. 피의자신문과 디지털 매체에 대한 압수·수색 모두 피의자(압수·수색에서는 피압수자)를 대상으로 수사기관이 증거를 수집하는 과정이라는 공통점이 있다. 피의자신문은 피의자의 진술을 통해, 압수·수색은 디지털 저장매체에서 증거를 수집하는 것에 차이가 있을 뿐이다. 피의자신문의 경우 수사기관의 질문에 대해 피의자가 답변의 유무를 결정하기 때문에 피의자의 협조 유무가 중요하지만 압수·수색에서는 영장을 집행하는 수사기관의 위치가 우월하며 수동적 참여권 이외에 피압수자가 이를 통제할 방법이 상대적으로 적다.[19] 이러한 특성 때문에 압수·수색에서 수사기관의 재량범위는 피의자신문에 비해 넓은 반면에 집행 현장에서 이를 직접적으로 통제할 장치는 상대적으로 적다.

앞서 살펴본 바와 같이 미란다 판결의 직접적 대상이었던 피의자신문에 관하여는 충분한 고지절차가 마련되어 있고 피의자신문과정에서 영상녹화, 신문과정의 기록 등 신문 절차에서 수사기관을 통제할 장치들이 세부적으로 마련되어 있다. 이에 반하여 현행법은 피의자신문, 임의동행, 체포구속영장의 집행에 비하여 압수·수색영장의 집행에 관하여는 세부적인 통제장치를 마련해 두지 않았다. 따라서 법이 규정하고 있는 규정만으로는 디지털 매체에 대한 수색에서 관계자의 권리 보장이 부족하기 때문에 수색 현장에서 '참여권' 보장을 통해 수사기관의 남용을 통제하여야 하며,[20] 참여한 자 및 피압수자에게 권리를 명확하게 고지할 필

19 한상혁·이성진·김기범, "디지털 증거 압수·수색 시 피압수자등의 권리 고지의무 도입방안", 연세법학 제44호, 2024. 2, 543면.

요가 있고 이에 관하여 구체적인 대안을 제시해야 한다.

제3절 디지털 미란다 원칙 개념의 도입과 그 내용

1. 디지털 미란다 원칙 개념의 도입

가. 개념 도입 가능성

마이크로소프트 산하의 미디어현실연구소(Media Presence Lab)는 2002년 개인의 모든 이메일, 책, 서류뿐만 아니라 하루 종일 개인이 보고 듣는 시청각 정보를 디지털화하여 데이터베이스에 기록하고 쉽게 검색할 수 있도록 하는 '마이라이프비츠(My Life Bits)' 연구를 시작했다. 마이라이프비츠 프로젝트는 개인이 접한 모든 정보를 저장하는 Life Logging이다. 마이라이프비츠 프로젝트는 모든 개인의 정보를 데이터베이스에 저장하는 것을 연구의 대상으로 하지만, 현재도 개인은 자신의 스마트폰과 PC, 클라우드를 통해 일상의 모든 것을 저장하고 있다. 1GB에 트럭 한 대 분의 종이 문서를 저장할 수 있으니 128GB의 저장용량을 가진 스마트폰의 경우 트럭 128대 분량의 문서를 적재할 수 있다고 생각하면 된다.[21]

스마트폰의 보안코드를 알려주는 행위는 피의자신문과정에서 임의로 진술하는 것에 비해 피의자에게 훨씬 불리한 측면이 있다. 개인에 관한 모든 기록이 저장되어 있는 스마트폰에 대한 압수·수색에서 수사기관이 압수할 대상 정보를 찾는 데 협조하거나 보안코드를 알려주는 행위는 자기부죄거부특권을 전면 포기하는 것과 같다. 따라서 디지털 매체에 대한 압수·수색에서 필요한 자기부죄거부특권의 보장 정도는 피의자신문의 그것보다 월등히 강하다.

따라서 명문의 규정이 없다고 할지라도 헌법상 보장하는 자기부죄거부특권에 근거하여 디지털 미란다 원칙을 도입·적용할 필요가 있다. 피의자신문에 관하여

20 이관희·이상진, "디지털 증거 압수·수색에서 피의자의 참여권 보장 법리에 대한 비판적 고찰", 형사정책연구 제34권 제3호, 2023, 193면.

21 이관희·이상진, "디지털 증거 압수·수색에서 피의자의 참여권 보장 법리에 대한 비판적 고찰", 형사정책연구 제34권 제3호, 2023, 194면.

미란다 원칙을 고지해야 하는 형사소송법 제244조의3은 2007년에 신설된 것이다. 그러나 미란다 원칙의 구체적인 내용에 대한 명문의 규정이 없던 1992년 우리 대법원은 "피의자의 진술거부권은 헌법이 보장하는 형사상 자기에 불리한 진술을 강요당하지 않는 자기부죄거부의 권리에 터잡은 것이므로 수사기관이 피의자를 신문함에 있어서 피의자에게 미리 진술거부권을 고지하지 않은 때에는 그 피의자의 진술은 위법하게 수집된 증거로서 진술의 임의성이 인정되는 경우라도 증거능력이 부인되어야 한다"[22]라고 판시하였는데 이러한 판례의 입장을 디지털 저장매체의 압수·수색에 적용하게 되면 명문의 규정이 없다고 할지라도 디지털 저장매체에 대한 자기부죄거부특권을 보장하기 위한 조치를 취하는 것이 바람직하다.

2015년 대법원은 수사기관 사무실 등으로 반출된 디지털 저장매체 또는 복제본에서 혐의사실과의 관련성에 대한 구분 없이 임의로 전자정보를 문서로 출력하거나 파일로 복제하는 행위는 영장주의 원칙에 위법하다는 입장을 밝힌바 있다. 이 결정에서 대법관 이인복, 대법관 이상훈, 대법관 김소영은 진술거부권 고지에 관한 판례의 정신에 관하여 "전자정보에 대한 개인 및 기업의 의존이 심화되고 그 분석기술 또한 발전하고 효율화될수록 수사기관은 영장주의나 다른 적법절차 규정을 잠탈하고서라도 범죄를 진압하고 사전에 예방하겠다는 강한 욕구를 느끼게 될 것이다. 과거 피의자의 진술이 가장 중요한 증거로 인식되던 시대에, 피의자의 진술거부권은 헌법이 보장하는 권리에 터 잡은 것이므로 수사기관이 피의자를 신문함에 있어 피의자에게 미리 진술거부권을 고지하지 않은 때에는 그 진술의 임의성이 인정되는 경우라도 위법하게 수집된 증거로서 증거능력이 부인되어야 한다고 한 판례의 정신은 오늘날과 같은 디지털 시대에 전자정보를 대상으로 한 압수·수색에 대하여 그대로 관철될 필요가 있다"[23]라고 보충의견을 제시하였다.

나. 임의성을 보장할 수 있는 정도의 고지

임의성이란 자율성에 기초하여 외부의 강제나 제약 없이 스스로 결정한 바에 따라 행위를 하는 것을 말한다. 자율성이 인정되기 위해서는 행위자가 자신이

22 대법원 1992. 6. 23. 선고 92도682 판결.
23 대법원 2015. 7. 16. 자 2011모1839 전원합의체 결정.

처한 상황을 충분히 이해해야 하며 자신이 하고자 하는 행위의 대상을 인식하며 자신의 행위로 인하여 어떠한 결과가 발생할 것인지를 알아야 한다.[24] 특히, 자발성은 행위자에게 불리한 결과가 초래될 때 문제가 되는데 행위가 자신의 행위로 인해 불이익한 효과가 나타날 수 있음을 명확히 알고 있음에도 불구하고 그러한 행위를 했을 때만 그 결정이 자발적인 것으로 존중될 수 있다.[25]

그런데 다양한 심리학적 연구결과에 의해 수사기관과 시민 간의 대면은 그 자체로 강압적인 분위기를 형성하므로 시민의 심리를 위축시킨다는 사실이 입증되었다.[26] 미연방대법원의 미란다 판결이 구금상태 하에서의 신문은 '본래 강제적인 압력'을 지니고 있다는 점과 맥락을 같이 하는 연구결과이다. 신체적인 강제 상태가 없더라도 심리적인 강제 상태가 있는 경우 임의성에 의심을 가할 수 있게 되므로 압수·수색영장을 집행하는 현장에서 피압수자 또는 피의자에 대한 고지는 향후 당사자가 행하는 의사결정과 행동이 임의적이라는 점을 담보할 수 있을 정도의 것이어야 한다.[27]

2. 디지털 미란다 원칙의 통제기능

가. 영장발부 단계의 통제

디지털 증거에 대한 압수·수색은 통상의 압수·수색과 달리 디지털 저장매체에 저장된 데이터를 개별적으로 확인하지 않는 한 압수의 대상 여부를 판별할 수 없다는 점 때문에 정보저장매체 수색 과정에서 과도한 압수가 이루어진다는 비판이 제기되어 왔다.[28] 이러한 문제로 인해 대법원은 2011. 5. 26. 자 2011모

---

24 김인회, "2016년 형사소송법 중요 판례", 인권과 정의 제464호, 2017, 232면.

25 정규원, "피검자의 동의 -자발성을 중심으로-", 법학논총 제23권 제1호, 2006, 15면

26 안성조, "임의제출물 압수에서 '임의성' 요건 -자백배제법칙과 미란다 판결의 함의", 형사법연구 제33권 제1호, 2021, 42면에서 Stanley Milgram, Obedience to Authority: An Experimental View(New York: Perennial Classics, 2004); Leonard Bickman, The Social Power of a Uniform, 4 J. Applied Soc. Psychol.47 (1974); Janic Nadler, "No Need to Shout: Bus Sweeps and the Psychology of Coercion", Sup.Ct.Rev. 153 (2002)를 인용한 것을 재인용.

27 안성조, "임의제출물 압수에서 '임의성' 요건 -자백배제법칙과 미란다 판결의 함의", 형사법연구 제33권 제1호, 2021, 44-46면.

28 모성준, "미국의 압수·수색절차에 대한 사법적 통제의 단계구조 -디지털 증거를 중심으로-",

1190 결정에서 수사기관은 디지털 저장매체에 대한 압수·수색에서 참여권을 보장하고 피압수자가 배제된 상태에서의 열람·복사를 금지하며 전자정보 목록을 교부하고 임의적인 복제·복사를 금지하기 위한 적절한 조치를 취해야 한다는 의무가 있음을 명시하였다. 입법부는 2011. 7. 18. 형사소송법 제106조 제3항을 신설하여 정보저장매체에 대한 압수의 방법을 제한하고 제114조의 개정을 통해 영장의 방식을 구체화하는 등 사전적 통제장치를 강화하였다.

압수·수색에 있어 법관의 영장발부는 중요한 사전적 통제수단이 될 수 있다. 미국의 경우 선서진술서와 영장청구서를 작성함에 있어서 압수대상에 대한 수색하고자 하는 상당한 이유를 소명하여야 하며 수색영장의 청구원인이 된 범죄혐의를 추단케 한 정보를 명시해야 하며 판사는 수색영장의 심리과정에서 정보제공의 원천이 된 정보원을 심문할 수도 있다.[29] 또한 수사기관이 선서진술서를 제출할 때는 범죄혐의가 있고 그에 대한 증거를 확보하기 위해 물품 등을 수색할 필요가 있다는 점에 대한 사실에 허위가 없다는 점을 선서하도록 하고 사후 그 선서 내용이 사실과 다를 경우 영장에 대한 취소신청을 하게 하거나 증거능력배제신청의 가능성을 열어두고 있다.[30] 이러한 미국의 제도와 달리 우리나라는 압수·수색에 관하여는 영장실질심사 제도가 도입되어 있지 않고 영장청구서에 단순히 수사기관이 압수·수색의 필요성과 피의사건과의 관련성 등을 기재하면 족하므로 영장청구과정에서 법관에 의한 사전적 통제에는 한계가 있다.

우리나라에서 법관은 수사기관이 제시한 혐의내용, 압수의 필요성과 관련성 등에 관한 소명자료에 따라 영장발부 여부를 결정한다. 하지만 수사기관이 제시한 소명내용이 항상 실체적인 진술관계에 부합한다는 보장은 없다. 영장을 발부받고자 하는 수사기관은 영장의 발부에 유리한 자료만을 선별적으로 제시할 수도 있다. 이때, 이러한 사실관계에의 불일치 또는 비합리를 가장 잘 지적할 수 있는 사람은 피의자를 포함하여 피압수자 등이지만 영장의 발부단계에서 피압수자의 개입을 통한 사전통제는 불가능하다.[31]

법학연구 제27권 제2호, 2017, 191면.

29 모성준, "미국의 압수·수색절차에 대한 사법적 통제의 단계구조 –디지털 증거를 중심으로–", 법학연구 제27권 제2호, 2017, 195면.

30 모성준, "미국의 압수·수색절차에 대한 사법적 통제의 단계구조 –디지털 증거를 중심으로–", 법학연구 제27권 제2호, 2017, 197면.

나. 영장집행 단계의 통제

형사소송법은 영장집행 단계에서의 통제장치를 마련해 두고 있다. 우선 제116조는 압수·수색영장을 집행할 때에는 타인의 비밀을 보호하여야 하며 처분받은 자의 명예를 해하지 아니하도록 주의하여야 한다고 규정하고 있다.[32] 이에 따라 디지털 저장매체에 대한 압수·수색영장을 집행하는 경우 압수해야 할 데이터 이외의 영역에 대한 접근은 최소화해야 한다. 제118조는 압수·수색영장은 처분을 받는 자에게 반드시 제시하여야 할 뿐만 아니라 처분을 받는 자가 피고인(또는 피의자)인 경우에는 그 사본을 교부하도록 규정하고 있다.

또한 제121조 내지 제123조에서는 피고인(수사단계에서는 피의자) 또는 변호인과 집행 장소의 주거주 등의 참여권을 규정하고 있고 대검찰청 예규인 디지털 증거의 수집·분석 및 관리 규정 제21조 제1항은 "주임검사등은 압수·수색·검증의 전 과정에 걸쳐 피압수자등이나 변호인의 참여권을 보장하여야 한다"라고 규정한 것 이외에 '전자정보 압수·수색·검증 안내문'을 피압수자에게 교부하고 참여 도중 관련성에 대하여 이의제기가 있는 경우에는 그 취지를 조서에 기재하고 의견진술 서면을 작성 제출할 수 있도록 그 보장 범위를 확대하고 있다.

압수·수색이 종료된 경우 압수목록을 작성하여 소유자, 소지자, 보관자 기타 이에 준할 자에게 교부하여야 하며(형사소송법 제129조) 디지털 저장매체에서 전자정보의 탐색·복제·출력을 완료한 경우에는 지체없이 피압수자등에게 압수한 전자정보의 상세목록을 교부해야 한다(디지털 증거의 수집·분석 및 관리 규정 제23조).

그런데 우리나라의 제도는 피압수자를 통한 간접통제에 국한되어 있다. 미국의 경우 검사와 수사관은 영장집행 이후 수색영장에 대한 집행결과를 보고하게 되고 그 과정에서 판사에게 어떠한 위법도 없었음을 선서하기도 한다. 이 과정에서 판사는 수사기관이 저장매체로부터 관련성이 없는 자료를 추출하지 않기 위한 노력을 하였는지 사후적으로 심사하게 된다. 또한 피의자는 수색영장이 집행된 직후 집행과정 일반에 대해 이의를 제기할 수 있으며 이때 피의자는 영장의 사본

31 한상혁·이성진·김기범, "디지털 증거 압수·수색 시 피압수자등의 권리 고지의무 도입방안", 연세법학 제44호, 2024. 2, 541면.

32 수사기관의 압수·수색에 관하여 제219조는 법원의 압수·수색에 대한 규정을 준용하고 있는데 제116조(주의사항)는 준용규정에서 제외되어 있다. 입법적 개선을 요한다.

과 선서진술서를 교부받고 이의절차에 참여하게 된다.[33]

다. 통제장치의 한계

법관에 의한 사전적 통제가 가장 근원적 통제장치에 해당하지만 앞서 살펴본 바와 같이 법관이 수사기관이 제출한 서류만을 검토하고 압수·수색영장의 실질을 심사할 수 없는 구조는 사전적 통제의 한계로 작용한다. 참여권의 보장 등 집행 중 통제는 수사기관에게 간접적으로 심리적 압박을 가지는 정도의 통제력을 가지고 있을 뿐이며 참여권자가 수동적 참여를 할 뿐 그에게 적극적인 통제권이 주어지지 않는다면 이 또한 통제의 실효성을 담보할 수 없게 된다.

참여권의 보장 취지에 대해 2011년 전교조 사건에서 대법원은 "압수·수색의 대상인 저장매체 내 전자정보의 왜곡이나 훼손과 오·남용 및 임의적인 복제나 복사 등을 막기 위한 적절한 조치"[34]라고 하였고 2015년 종근당 사건 결정에서 대법원은 "혐의사실과 무관한 전자정보의 임의적인 복제 등을 막기 위한 적절한 조치"[35]라고 하였다. 그러나 참여권자가 스스로 행사할 수 있는 권리의 구체적인 내용을 모르거나 오히려 참여의 기회에 저장매체의 복호화를 용이하게 해주는 진술을 할 경우, 압수 대상 데이터의 소재를 진술하는 경우는 통제장치로서 참여권 보장의 의미는 퇴색된다.

부당한 압수·수색에 대하여 피압수자는 준항고, 집행정지를 통해 다투거나 재판 과정에서 위법수집증거임을 주장하여 증거능력을 다투는 방법을 사용할 수도 있다. 그러나 이러한 방법들은 법률전문가가 아닌 일반 개인에게는 결코 쉬운 방법이 아니며 이미 발생한 위법, 부당한 압수·수색의 침해 상태를 회복시킬 수도 없다.

궁극적으로는 영장 발부 단계에서 법관이 영장의 실질을 심사할 수 있도록 하거나 참여권 행사의 범위를 구체적으로 정하여 영장집행 현장에서 위법, 부당한 압수·수색에 적극적으로 대항할 수 있도록 하는 등 통제방법을 강화하는 입법이 필요하다. 그러나 입법이 되기를 막연히 기대하기 전에 입법 전 중간단계로

33 모성준, "미국의 압수·수색절차에 대한 사법적 통제의 단계구조 −디지털 증거를 중심으로−", 법학연구 제27권 제2호, 2017, 211면.

34 대법원 2011. 5. 26. 자 2009모1190 결정.

35 대법원 2015. 7. 16. 자 2011모1839 전원합의체 결정.

서 피압수자에게 그 권리의 구체적인 내용을 적극적으로 고지하고 수사기관의 행정규칙 개정을 통해 사실상의 통제방법을 마련하는 것이 시급하다.

3. 디지털 미란다 원칙의 구체적 내용

가. 압수·수색의 절차와 방법에 대한 고지

절차적 적법절차의 헌법이론적 근거는 공정성이다. 국가의 작용이 상대방인 개인의 입장을 고려하지 않고 일방적으로 이루어지면 이는 절차적으로 공정하지 않은 것이 된다. 불공정한 국가작용으로 불이익을 받는 개인은 인간으로서의 존엄에 상처를 입게 된다. 따라서 공정성은 최소한의 인간존엄을 유지하는 데 필요한 환경을 제공한다.[36] 또한 불이익한 처분을 받는 개인은 국가의 작용이 공정한지에 대해 명확하게 판단할 수 있어야 하며 그러한 능력이 전제된 상태에서 국가작용의 정당성을 인정할 수 있어야 한다. 이러한 환경을 조성하기 위해 필수적으로 요구되는 것이 절차적 적법절차이다.

절차적 적법절차의 핵심은 불이익한 처분을 받는 개인에게 주어지는 절차적 보호장치가 무엇인지 알려주는 것이다. 또한 그 고지의 시점은 불이익한 처분이 발생하기 전 단계부터 시작되어야 한다.[37]

수사기관은 압수·수색영장이 집행되기 전 단계에서 피압수자에게 압수·수색의 절차와 방법을 고지하여야 하고 이로써 피압수자는 자신에게 주어지는 불이익의 내용과 그 근거를 명확하게 알 수 있게 되며 이후 집행과정에 대한 참여의 과정에서 영장의 집행이 적정하게 이루어지고 있는지 판단할 수 있게 된다.

나. 피압수자의 참여권 및 참여권 행사범위에 대한 고지

형사소송법은 제121조에서 검사, 피고인 또는 변호인이 압수·수색영장의 집행에 참여할 수 있다고 규정하고 있으며 제123조에서는 압수·수색장소의 책임자, 주거주, 간수자 등의 참여에 대해 규정하고 있다. 제219조에는 이들 조항을 수사기관의 압수·수색에 준용하도록 규정하고 있다. 그런데 이들 규정뿐만 아니

36 강승식, “절차적 적법절차의 본질에 관한 연구”, 미국헌법연구 제25권 제2호, 2014, 4－5면.
37 강승식, “절차적 적법절차의 본질에 관한 연구”, 미국헌법연구 제25권 제2호, 2014, 8면.

라 '피압수자'의 참여권에 대해서 언급한 조항은 찾아볼 수가 없다. 다만, 제118조에서 "압수·수색영장은 처분을 받는 자에게 반드시 제시하여야 하고, 처분을 받는 자가 피고인인 경우에는 그 사본을 교부하여야 한다. 다만, 처분을 받는 자가 현장에 없는 등 영장의 제시나 그 사본의 교부가 현실적으로 불가능한 경우 또는 처분을 받는 자가 영장의 제시나 사본의 교부를 거부한 때에는 예외로 한다"라고 규정하여 이를 통해 간접적으로 피압수자가 현장에 참여하게 됨을 짐작할 수 있을 뿐이다.

형사소송법 주석서는 제118조에 대해 압수·수색의 처분을 받는 자에게 영장을 제시함으로써 영장을 집행하는 자가 적법한 권한에 의해 압수·수색을 하는 것임을 알 수 있도록 영장에 기재된 것만을 압수·수색할 수 있도록 하려는 것을 보장하려는 취지가 있으며 여기서 처분을 받는 자란 압수할 물건 또는 수색할 장소를 현실적으로 지배하는 자를 의미한다고 설명한다.[38] 결국 디지털 미란다 원칙을 고지받을 대상은 제118조가 정한 '피압수자'라고 할 수 있다.

우선 수사기관은 피압수자에게 수사관이 유관·무관 데이터를 판별하는 방법을 설명하여야 한다. 또한 피압수자는 데이터가 추출되는 과정을 확인할 수 있으며 해당 추출·선별과정에서 자신의 의견을 개진할 수 있다는 사실을 설명하여야 한다.[39] 피압수자의 참여권이 실질적으로 보장받기 위해서는 수사기관에게 관련성에 대한 설명을 요구할 수 있어야 하며 무관정보는 열람하지 못하도록 요청하거나 수사기관이 이미 채록·지득한 경우 이를 삭제 및 폐기할 수 있는 요구권을 고지하여야 한다. 이외에도 수사기관이 영장의 집행권한을 남용하지 않도록 압수·수색영장 집행의 전과정을 채증할 수 있는 권한도 부여한다면 제118조가 정한 취지를 달성하기에 적합할 것이다.

다. 자기부죄거부특권의 고지

압수·수색 현장에서 정보저장매체가 암호화되어 있거나 보안코드로 보호되어 있는 경우 수사기관은 피압수자에게 스마트폰 보안코드를 직접 말하도록 요청

38 편집대표 김희옥·박일환, 제5판 주석 형사소송법(Ⅰ), 한국사법행정학회, 2017, 613면.

39 안정섭·최건호, "전자정보 압수·수색의 일련의 압수처분에서 참여권 보장 범위 및 준항고에서 취소의 대상 검토: 대법원 2015. 7. 16. 선고 2011모1839 전원합의체 결정", 법학평론 제7권, 2017, 306－307면.

할 수 있을까? 이 문제는 자기부죄거부특권 및 진술거부권의 저촉 여부로 귀결된다. 자기부죄거부특권이 인정되기 위해서는 의사소통이 진술에 해당하고(testimonial), 형사상 불리하여야 하며(incriminating), 강요되어야(compelled) 한다.[40]

보안코드를 직접 말하도록 요청하여 정보저장매체에 대한 접근을 용이하게 하는 것은 피압수자가 불리한 상황을 감내할 것을 요청하는 것이며, 피압수자가 보안코드를 말하는 것은 언어를 통하여 생각이나 지식을 정신작용의 일환인 언어를 통하여 외부에 표출하는 것이므로 진술에 해당한다. 이를 조합하면 수사기관은 피압수자에게 형사상 불리한 진술을 요청하는 것이기 때문에 자기부죄거부특권 및 진술거부권 고지의 대상이 된다. 만약, 보안코드를 요청하는 것 대신 피압수자 스스로 보안코드를 직접 입력하도록 요구하거나 생체정보를 요구하는 경우 진술거부권을 침해하지는 않지만 자기부죄거부특권을 침해하게 된다.[41]

따라서 수사기관은 피압수자에게 보안코드, 디지털 저장매체에 대한 접근 경로, 파일의 위치, 암호의 해독 등 협조를 요구하기 전에 이에 협조하지 않을 수 있다는 점, 자기부죄거부특권이 있음에도 불구하고 협조할 경우 피압수자에게 불이익할 수 있다는 점, 협조유무에 관하여 변호인의 도움을 청할 수 있다는 점 등을 명확하고 구체적으로 피압수자에게 고지해 주어야 한다.

제4절 시사점

경찰청이 컴퓨터기기, 디지털기기, 모바일기기, 파일 기타(해킹, 암호, DB) 등을 분석한 현황을 공개한 자료에 따르면 2012년에는 10,426건이었던 분석 대상이 2021년에는 75,420건으로 증가하였다.[42] 해당 발표 자료는 경찰청 디지털포렌식센터에서 분석한 현황일 뿐이므로 디지털 배체에 대한 임의제출 또는 압수·수

40 송영진, "디바이스 복호화 명령과 자기부죄거부특권: 미국 법원의 실행과 영국의 입법례를 중심으로", 형사정책연구 제31권 제1호, 2020, 164면.

41 이정민, "스마트폰 비밀번호 해제 관련 자기부죄거부특권 고지의 필요성", 법학논총 제46권 제2호, 2022, 123-124면.

42 https://www.data.go.kr/data/15084195/fileData.do (2024. 5. 12. 검색).

색의 건수는 해당 통계치를 넘어설 것이며 디지털 매체에 대한 압수·수색 증가 추세는 계속 진행될 것이 자명하다.

이러한 추세로 인해 디지털 매체에 저장된 증거를 압수하는 경우 그 대상과 범위를 제한하려는 공감대는 형사소송법 제106조 제3항의 신설로 구체화 되었으며 압수·수색절차의 위법성을 엄격히 다투고 피압수자의 참여권 보장을 극대화하려는 판례의 경향은 현재도 계속되고 있다. 위법수집증거를 배제하려는 법원의 노력은 디지털 매체에 대한 수사기관의 위법, 부당한 압수·수색을 제한하는 데 중요한 역할을 하는 것은 사실이지만, 사후적·간접적이라는 점에서 한계가 있다.

디지털 저장매체에 대한 수사기관의 위법, 부당한 압수·수색 집행현장에서 이를 직접적이고 효과적으로 통제할 수 있는 사람은 현장에서 압수·수색을 당하는 자 또는 참여권자가 될 것이다. 그럼에도 불구하고 오히려 피압수자는 수사기관의 요구에 따라 정보저장매체의 보안코드를 쉽게 알려주고 있어 그의 자기부죄거부특권을 향유하지 못하는 것이 현실이다.

국가는 개인에게 진실의무를 강제할 수 없으며 국가기관에 의한 강제의 허용범위는 능동적 의무부과의 영역이 아니라 수동적 수인의무만이 강제가 가능하다. 진술을 강요하는 형사절차는 국민을 정보수집의 도구로 전락시키는 결과를 초래할 뿐이다.[43] 이러한 원리는 디지털 저장매체 압수·수색에서 수사기관에 능동적으로 협조할 것을 요구하는 것도 금지되어야 한다는 원리로 귀결된다. 디지털 저장매체를 임의제출하도록 강요하는 것, 스마트폰의 잠금장치를 해제하기 위한 비밀번호를 요구하는 것, 클라우드 서비스에 접속할 수 있는 비밀번호를 요구하는 것이 온전히 자발적으로 이루어지지 않는 경우, 이에 대한 요구는 강제의 성격을 띨 수 있게 된다.

따라서, 수사기관은 피압수자에게 협조를 구하기 전에 반드시 디지털 미란다 원칙을 고지해야 할 것이다.

---

43 김혜경, “헌법적 형사소송론 관점에서의 진술거부권의 함의”, 형사법연구 제35권 제2호, 2023, 31면.

제 13 장

파일 복구행위의 법적 성격과 복구 파일의 반환

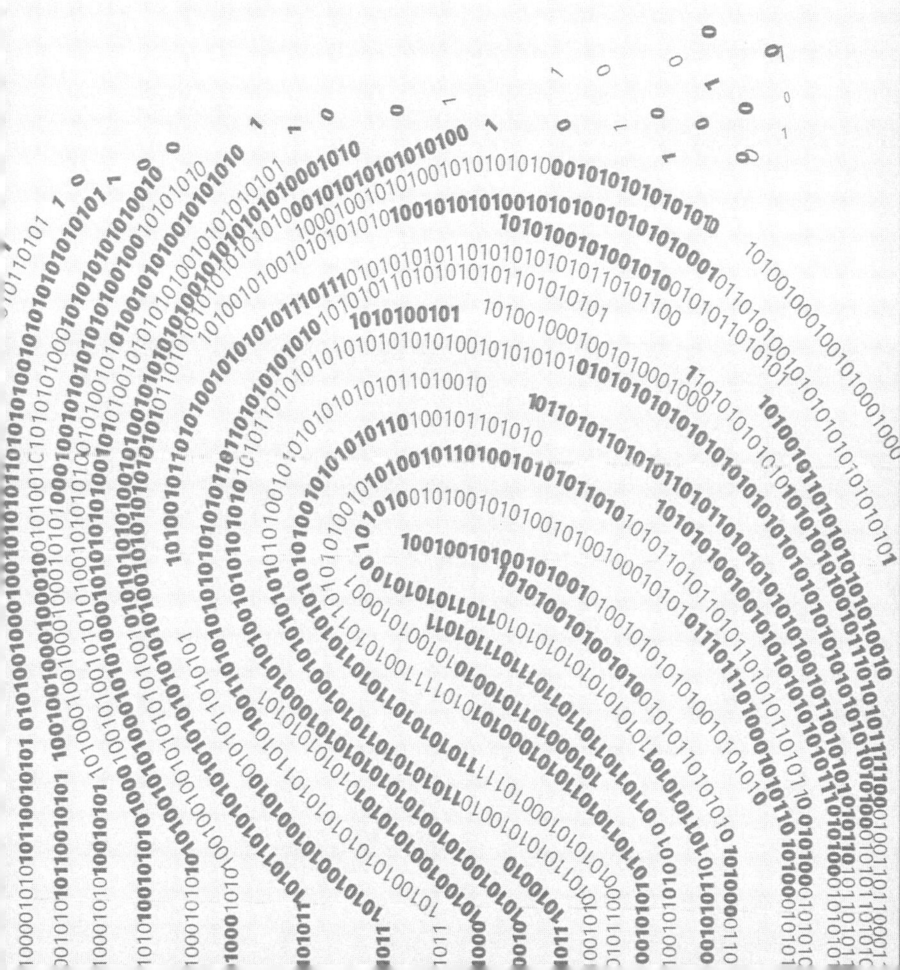

제13장 파일 복구행위의 법적 성격과 복구 파일의 반환

제1절 문제의 제기

프라이버시에 관한 데이터와 같은 무형의 자산에 대한 권리의식이 박약한 사회에서 타인이 보관하고 있는 방대한 양의 데이터는 필연적으로 오남용될 위험성이 상당히 높다. 또한 수사기관이 방대한 개인의 데이터를 수집·축적하고 있다는 사실 자체는 개인에게 가장 큰 위협이며, 모든 것을 알고 있는 자 앞에서 벌거벗은 것이나 다름없는 개인은 무력해질 수밖에 없게 된다. 개인은 누구나 근본적으로 어떤 생활 실정을 공개할 것인가를 결정할 권리를 가지고 있어야 한다. 개인은 자기에 관하여 누가, 무엇을, 언제, 어떻게 알았고, 이를 저장했으며, 이 저장된 개인정보가 자기를 위한 것인지, 아니면 자기에게 불리한 것인지를 알 수 있어야 한다. 그래야만 개인은 불안감 없이 사회생활을 영위할 수 있다.[1]

수사기관은 압수·수색영장을 통해 피압수자가 소유·소지한 정보저장매체에서 파일을 압수한 후 그 압수한 파일 목록을 피압수자에게 교부하며, 압수한 파일이 불필요하게 된 경우 이를 파기하고 있다. 그런데 피압수자가 생성하여 사용

1 임건면, "개인정보의 의의와 귀속관계: 민사법적인 관점에서", 중앙법학 제7집 제5호, 2005, 230면.

하다가 삭제하거나 삭제된 파일의 경우, 사후에 수사기관이 디지털 포렌식을 통해 복구하여 온전히 그 파일의 내용을 확보했을 때 피압수자는 그 파일 목록을 통보받지 못할 뿐만 아니라 향후 파기 또는 반환 여부도 알 수 없는 지경에 이르게 된다.

이 장에서는 파일 시스템에서 파일이 삭제되더라도 그 파일이 담고 있는 권리 내용이 여전히 정보저장매체에 그대로 남아 있다는 점을 설명한 후, 디지털 포렌식에 의한 파일 복구 과정은 압수·수색 이후의 부수처분이 아니라 압수·수색·검증 행위 그 자체라는 점을 논증하고, 이러한 취지에서 복구한 파일은 새로운 압수·수색의 대상이 되므로 그에 대한 목록을 교부하고 계속 압수의 필요성이 없는 경우에는 해당 파일을 파기, 전송 또는 반환해야 한다는 점을 주장할 것이다.

제2절 파일의 개념과 파일에 내포될 수 있는 권리

1. 파일의 개념과 압수의 최소 단위로서의 지위

데이터 구성의 물리적 최소 단위는 0과 1로 표현되는 비트이며 이러한 비트를 논리적으로 모아둔 단위를 필드(field)라고 한다. 이러한 필드는 프로그램 내의 자료 처리 기본 단위인 레코드(record)와 저장매체에 입출력될 때의 기본 단위인 블록(block)이라는 단위를 거쳐 응용 프로그램이 처리하는 단위인 파일을 구성하게 된다.

파일은 응용 프로그램의 처리 단위이기 때문에 디지털 포렌식의 주요 대상이며 형사소송법상 디지털 증거 채록의 최소 단위이기도 하다. 디지털 증거의 처리 등에 관한 규칙 별표1 전자정보 확인서는 압수할 전자정보의 최소 단위를 '파일'로 규정하고 있으며 대법원도 "압수된 정보의 상세목록에는 정보의 파일 명세가 특정되어 있어야 한다"라는 취지로 판시[2]하고 있다.

---

2 대법원 2018. 2. 8. 선고 2017도13263 판결.

2. 파일에 대한 소유권 논쟁과 파일에 내포될 수 있는 권리

가. 파일에 대한 소유권 인정 여부

민법 제213조는 "소유자는 그 소유에 속한 물건을 점유한 자에 대하여 반환을 청구할 수 있다. 그러나 점유자가 그 물건을 점유할 권리가 있는 때에는 반환을 거부할 수 있다"라고 규정하고 있다. 데이터에 대한 소유권이 인정되는 경우 그 데이터를 점유하고자 하는 자의 점유 권원이 없는 경우에는 이에 대한 반환을 청구할 수 있게 된다.

그런데 우리 민법 제211조, 제212조는 소유권의 객체가 '물건'임을 전제하고 있고, 민법 제98조는 유체물 이외에 '전기 기타 관리할 수 있는 자연력'까지 물건이라고 규정하고 있다. 결국 민법에서는 물질과 관리할 수 있는 에너지를 물건으로 규정하고 있으므로 이러한 한도 내에서 소유권이 인정된다. 그러나 데이터는 그 자체로 관념에 불과할 뿐이고 물질과 에너지에 해당하지 않고 그 성질상 배제성도 없다. 이러한 데이터의 특성을 고려한다면 데이터와 이로 구성된 파일 자체는 우리 민법상 소유권의 객체가 되지 않는 것이 분명해 보인다.[3]

데이터의 법적 지위, 특히 데이터 생산·보유자의 데이터에 대한 권리를 인정함에 있어서의 어려움은 무엇보다 데이터의 무형성(無形性)에서 비롯하고 있다. 즉, 유형의 물건과 달리 데이터는 일정한 대상에 대한 표현·기록이라는 무형적 특성이 있으며, 이에 복제의 용이함, 다수에 의한 동시 이용의 가능성과 이용·복제 후에도 마모되지 않는다는 비배타성·비경합성·무마모성의 특성이 있다. 따라서 데이터에 대해서는 권리성 승인에 필요한 객체의 특정성, 배타성을 인정하기 곤란하다.[4]

---

3 이동진, "데이터 소유권(Data Ownership), 개념과 그 실익", 정보법학 제22권 제3호, 2018. 12, 223면.

4 김상중, "데이터 경제를 위한 데이터소유권의 문제 –데이터산업법 제정 등에 의한 잠정적 정리와 데이터의 민사법적 보호를 중심으로–", 저스티스 통권 제194–2호, 2023. 2, 55–56면.

나. 파일에 내포될 수 있는 권리들

1) 인격권

우리 헌법이나 민법에는 인격권에 대한 명문의 규정이 없으며 학설과 판례를 통해 인정되어 왔다. 대법원은 1980년 판결에서 "출근한 원고에게 근무를 못하게 하면서 급료를 지급하지 아니한 채 차별적 대우를 한 소위는 원고의 인격권 침해로서 불법행위가 된다 할 것"이라고 판시함으로써 인격권이라는 용어를 처음 사용하였고[5] 1991년 헌법재판소는 인격권이 헌법상 보장되는 권리라고 선언하였다.[6] 그러나 대법원과 헌법재판소에서는 인격권의 개념에 대해 설명하지는 않고 있어 학계에서는 인격권의 개념에 대해 다양한 의견을 피력하고 있다. 예컨대 생명·신체·자유·명예 등과 같이 권리자의 인격과 분리할 수 없는 사회 생활상 이익을 보호하기 위해 인정된 권리라고 하거나, 인격에 귀속하는 생명·신체·건강·자유 등 신체적인 측면과 명예·초상·프라이버시 등 정신적 측면의 인격적 속성을 대상으로 그 자유로운 발전을 위해 제3자로부터 보호되는 이익의 총체라고 설명하기도 하며[7] 인간의 존엄과 가치, 행복추구권에서 비롯된 인격 유지권, 인격 형성권, 정보공개청구권, 인격 표현권을 비롯하여 정보나 명예, 성명, 초상 등 인격적 이익의 향유를 내용으로 하는 권리의 총체라고 설명하기도 한다.[8]

결국, 디지털 형식으로 구현된 파일은 프라이버시, 초상권, 음성권, 성명권, 명예권, 통신의 비밀 등을 포함하여 인간의 생활영역과 관련한 모든 인격권을 표현할 수 있는 주요 수단이 된다.

2) 개인정보자기결정권

수사기관은 수사 중 다양한 개인정보를 다룬다. 개인정보 보호법이 제정되기 이전에는 공공부분은 공공기관의 개인정보보호에 관한 법률이 규율하였고 민간부분은 신용정보법, 의료법 등 특정 개인정보에 따라 개별 법률이 규율하였다. 그런데 공공기관의 개인정보보호에 관한 법률은 수사기관이 수사목적으로 개인정

---

5 대법원 1980. 1. 15. 선고 79다1883 판결.

6 헌법재판소 1991. 4. 1. 자 89헌마160 결정.

7 이해원, "디지털 신질서와 인격권", 법조 제73권 제2호, 2024. 4, 14-15면.

8 임홍순, "디지털 시대의 인격권 보호 방안에 관한 연구", 차세대융합기술학회논문지 제5권 제6호, 2021. 12, 1248-1249면.

보를 취급하는 것에 특별한 제한을 가하지 않았기 때문에 특정 개인정보에 대해서는 각 개별 법률이 정하는 바에 따라 이를 수집·활용하였고 그 이외의 개인정보는 형사소송법의 임의수사 규정에 따라 확보하여 이용하였다. 그러나 2011년 제정된 개인정보 보호법이 공공부분에 대해서도 적용됨에 따라 수사기관이 처리하는 개인정보에 대한 판단을 위해서는 동법에 대한 검토가 필요하다.[9]

개인정보 보호법 제2조 제1호는 성명, 주민등록번호 및 영상 등을 통하여 개인을 알아볼 수 있는 정보, 해당 정보만으로는 특정 개인을 알아볼 수 없더라도 다른 정보와 쉽게 결합하여 알아볼 수 있는 정보 등을 개인정보라고 정의하고 있다.

응용프로그램이 생성하는 파일의 종류에는 텍스트 파일, 사진 파일, 녹음 파일, 영상 파일, 그림 파일 등이 있고 이를 통해 개인을 알아볼 수 있다면 개인정보 보호법에서 정의하는 개인정보에 해당한다는 점은 명백하다. 디지털로 기록되어 있는 파일이 육안으로 이를 알아볼 수 없을지라도 응용프로그램으로 쉽게 열어 보아 이를 인식할 수 있으면 이를 개인정보라고 할 수 있는 것처럼 삭제한 파일이라고 하더라도 이를 복구하여 개인정보가 현출되면 개인정보 보호법의 보호대상이 된다.

개인정보 보호법 제4조에 따라 개인정보의 주체는 개인정보의 처리에 관한 정보를 제공받을 권리, 개인정보의 처리에 관한 동의 여부, 동의 범위 등을 선택하고 결정할 권리, 개인정보의 처리 여부를 확인하고 개인정보에 대한 열람(사본의 발급을 포함한다.) 및 전송을 요구할 권리, 개인정보의 처리 정지, 정정·삭제 및 파기를 요구할 권리, 개인정보의 처리로 인하여 발생한 피해를 신속하고 공정한 절차에 따라 구제받을 권리, 완전히 자동화된 개인정보 처리에 따른 결정을 거부하거나 그에 대한 설명 등을 요구할 권리를 가진다.

수사기관은 수사에 필요한 데이터를 정렬하고 통합시스템을 통해 파일로 관리하는 주체이므로 개인정보처리자에 해당함은 명백해 보인다. 이에 대해 일반적으로 정보주체는 개인정보 보호법 제4조 제3호에 따라 개인정보의 처리 여부를 확인하고 개인정보에 대한 열람(사본의 발급을 포함한다) 및 전송을 요구할 권리를

9 김형규, "수사목적 개인정보 처리의 적법성 －개인정보 보호법을 중심으로－", 부산대학교 박사학위논문, 2023. 8, 1－2면.

가진다.

다만, 개인정보 보호법은 제35조의2 제1항에서 구체적인 개인정보의 전송 요구 요건을 명시해 두고 있는데 해당 조건을 모두 충족해야 전송을 요구할 수 있다. 그런데 수사기관이 압수한 개인정보는 제35조의2 제1항 제1호[10]에 해당하는 정보가 아니기 때문에 개인정보 주체가 수사기관에 대하여 개인정보 보호법상 전송 요구권을 행사하는 것에는 한계가 있다.

3) 재산권

데이터 소유권은 여전히 형성 중인 개념이고 데이터 소유권을 인정하기에는 한계가 있다. 데이터 소유권에 대한 논의는 본질적으로 데이터에 대한 배타적 지배가 가능한지의 문제인데 배타적 지배권이 인정되는 권리는 소유권에만 국한되지 않는다. 제한물권, 준물권, 지식재산권 등의 재산권은 물론 인격권에도 배타성이 인정된다. 특히, 개인정보에 대한 권리의 경우 인격권적 특성으로 인해 소유권이라는 표현은 다소 어색하다. 데이터에 대한 보호 필요성을 언급하기 위해서는 데이터 소유권이라는 용어의 적절성을 검토하기보다는 데이터에 대한 배타적 지배권이라는 개념을 살피는 것이 바람직하다.[11]

역사적으로 재산권 보장의 정당성 근거에 관하여 많이 지지를 얻은 것은 로크(John Locke)의 이론이다. 그에 따르면 사람은 자신의 육체를 소유하고 그의 노동에 의해 산출한 재산도 소유하므로 재산권은 국가의 성립 이전에 존재하던 것으로서 국가는 사회계약에 따라 재산권을 보호할 의무가 있다는 것이다.[12] 이러한 측면에서 본다면 사람의 정신노동에 근거하여 생산된 지적재산권은 저작자에

---

10 개인정보 보호법 제35조의2 제1항 제1호 정보주체가 전송을 요구하는 개인정보가 정보주체 본인에 관한 개인정보로서 다음 각 목의 어느 하나에 해당하는 정보일 것
가. 제15조 제1항 제1호, 제23조 제1항 제1호 또는 제24조 제1항 제1호에 따른 동의를 받아 처리되는 개인정보
나. 제15조 제1항 제4호에 따라 체결한 계약을 이행하거나 계약을 체결하는 과정에서 정보주체의 요청에 따른 조치를 이행하기 위하여 처리되는 개인정보
다. 제15조 제1항 제2호·제3호, 제23조 제1항 제2호 또는 제24조 제1항 제2호에 따라 처리되는 개인정보 중 정보주체의 이익이나 공익적 목적을 위하여 관계 중앙행정기관의 장의 요청에 따라 보호위원회가 심의·의결하여 전송 요구의 대상으로 지정한 개인정보

11 이상용, "데이터 거래의 법적 기초", 법조 제67권 제2호, 2018. 4, 19면.

12 이상용, "데이터 거래의 법적 기초", 법조 제67권 제2호, 2018. 4, 24면에서 Hamilton. W., "Property－According to Locke", 41 Yale L.J. 864 (1932)를 인용한 것을 재인용.

게 권리 귀속을 인정할 수 있으며 비록 개인정보는 노동과는 무관한 것이지만 사람에 관한 정보이므로 그에게 귀속되는 것이 논리적 귀결이다. 결국 데이터에 대한 권리는 보호받아야 할 사법상의 권리이며 헌법상 재산권으로서 보호되어야 한다.[13]

데이터가 물건에 고정되어 있는 경우, 예를 들어 글귀가 적혀 있는 조각상이나 글귀가 있는 도서는 그 글귀가 적힌 돌이나 종이의 가치가 아니라 데이터의 가치와 함께 일체가 되어 소유권으로서 보호될 수 있다. 비록 디지털 형태로 표현된 데이터가 저장매체와 분리되어 전달되는 경우 비록 저장매체와 일체를 이루어 소유권으로 보호할 수 없다고 하여도 데이터의 가치는 재산상의 이익을 가지므로 이를 보호할 필요가 있다.[14]

이러한 보호 필요성에 따라 우리의 법체제는 데이터에 대한 다양한 보호장치를 구비해 두고 있다. 형법 제314조 제2항은 '컴퓨터등 정보처리장치 또는 전자기록등 특수매체기록을 손괴하거나 정보처리장치에 허위의 정보 또는 부정한 명령을 입력하거나 기타 방법으로 정보처리에 장애를 발생하게 하여 사람의 업무를 방해한 자'를 처벌하고 있고 부정경쟁방지 및 영업비밀보호에 관한 법률은 타인의 영업비밀을 훼손, 멸실, 변경하는 행위를 금지하고 있으며 산업기술의 유출방지 및 보호에 관한 법률 등은 경제적 가치가 있는 기술의 부당한 유출행위를 금지하고 있다.

3. 파일 삭제와 관리처분권의 유보

파일을 삭제하는 목적은 파일이 불필요한 경우도 있고 이를 타인으로부터 은닉하거나 인멸하려는 것일 수도 있다. 이는 오프라인에서 물건이 불필요하여 쓰레기통에 버리거나 증거를 은닉하기 위해 문서를 파쇄한 것에 비유될 수 있다. 이때, 물건을 버리거나 문서를 파쇄한 자는 그 물건 또는 문서에 대한 권리를 포기한 것이므로 비록 그 물건을 습득하거나 파쇄한 문서의 내용을 복구한 경우라

13 이상용, "데이터 거래의 법적 기초", 법조 제67권 제2호, 2018. 4, 26면.

14 이동진, "데이터 소유권(Data Ownership), 개념과 그 실익", 정보법학 제22권 제3호, 2018. 12, 227면.

도 본래의 권리자에게 이를 고지하거나 반환할 필요성이 없다는 의견이 있을 수 있다.

그런데 파일 삭제 행위를 버린 물건과 비유할 때 간과하지 말아야 할 점이 있다. 물건을 집 밖의 쓰레기통에 버린 것과 달리 삭제 파일은 여전히 삭제한 자가 자신이 점유 또는 소유하는 저장매체 내에서 보관하고 있다는 점이며, 파일을 삭제하거나 문서를 파쇄한 자는 이를 다른 사람이 복구하여 그 내용을 인식하는 것을 바라지 않는다는 점이다.

특히, 삭제한 파일에는 앞서 살펴본 바와 같이 여전히 인격권, 개인정보, 재산권 등의 권리가 내포되어 있을 수 있으므로 파일을 삭제한 자는 제3자가 삭제된 파일을 복구하여 그 내용을 인식할 것을 기대하지 않기 때문에 파일을 삭제한 행위를 두고 '물건의 소유권을 포기한 것 또는 제3자의 사용·수익·처분을 용인한 것'과 같은 평가를 하는 것은 바람직하지 않다. 다만, 앞에 설시한 권리가 포함되어 있지 아니한 경우에도 해당 파일을 생성하고 관리한 피압수자는 파일에 대한 관리처분권자에 해당[15]하므로 해당 파일에 대한 복구·열람·복제 등을 동의한 바 없는 경우에는 관리처분권이 피압수자에게 유보되어 있다고 판단할 수 있다.

일반 물건에 대한 처분 권한을 가진다는 의미에서의 '보관'은 '사실상 또는 법률상 지배력이 있는 상태'를 의미한다는 것이 판례의 입장이다.[16] 파일을 삭제했다고 할지라도 그 파일의 내용이 피압수자가 사실상 또는 법률상 지배하고 있는 저장매체에 남아 있는 한 여전히 피압수자에게 처분 권한이 유보되어 있는 것이며 이를 공개된 장소에 유기하거나 이를 유포하지 않는 이상 여전히 프라이버시를 비롯한 여러 권리에 대한 기대가 남아 있게 된다.

데이터는 표현의 방식일 뿐 그 자체가 원자와 분자로 구성된 물건과 같이 특징을 묘사힐 수 있는 것이 아니다. 따라서, 이를 두고 일률적으로 '소유권이다', '인격권이다', '개인정보이다', '재산권이다'라고 단정지을 수 있는 것이 아니며 그저 데이터로 표현된 것이 무엇인지에 따라 달리 규율되고 보호할 수 있을 뿐이다.

결국 데이터 소유권 인정에는 한계가 있지만 데이터가 재산적 가치가 있거나 비밀로서 보호될 필요가 있는 등 다른 권리를 담고 있다면 데이터에 대해 가

15 대법원 2024. 12. 24. 선고 2023도3626 판결.
16 대법원 2015. 6. 25. 선고 2015도1944 전원합의체 판결.

질 수 있는 권리를 전반적으로 검토한 후에 정책적으로 권리자에 대한 침해를 최소화할 수 있는 방안을 찾는 것이 바람직하다.

제3절 디지털 포렌식에서 파일 복구의 위치와 법적 성격

1. 디지털 포렌식 절차에서 파일 복구의 위치

대검찰청의 '디지털 증거의 수집·분석 및 관리 규정'은 디지털 포렌식 절차를 '수집－등록－분석－관리－폐기'로 구분하고, 경찰청의 '디지털 증거의 처리 등에 관한 규칙'은 '수집－분석요청－분석－폐기'로 구분하고 있을 뿐 파일 복구가 어느 위치에 해당하는지는 명시하지 않고 있다.

반면, DFRWS[17]는 '식별－보존－수집－조사－분석－보고－결정'의 7단계로 세분하고 있다. DFRWS는 무손실 압축, 샘플링, 소프트웨어를 활용한 파일 복구를 '수집' 단계에 포함시키고 있으며 은닉 데이터의 발견과 추출은 '조사' 단계에 포함시키고 있다.[18] 미국 국립 사법 연구소(National Institute of Justice)는 "Forensic Examination of Digital Evidence: A Guide for Law Enforcement"에서 디지털 포렌식을 '평가－획득－조사－보고'의 4단계로 구성하고 '조사'는 다시 '준비－추출－분석－결론'로 구분한다. 파일 복구는 분석 이전의 추출 단계에 포함된다.[19] 인터폴의 경우 "Global Guidelines for Digital Forensics Laboratories"에서 디지털 포렌식을 '수집－검사－분석－제출'의 4단계로 구분하고 파일 복구를 분석 이전의 검사 단계에 위치시키고 있다.[20] 파일 복구는 분석과 구분되는 절차이며 그

17 DFRWS(Digital Forensic Research Workshop)는 디지털 포렌식 분야의 연구와 개발을 논의하기 위해 각국의 학계, 산업계, 법 집행 기관 등이 협력하여 구성된 비영리 단체로, 2001년부터 매년 학술 대회를 개최하며 디지털 포렌식 분야의 과학적 연구 및 통합적 접근을 통한 발전을 목적으로 하고 있다.

18 Gary Palmer, "A Road Map for Digital Forensic Research", DFRWS, 2001, p. 17.

19 John Ashcroft/Deborah J. Daniels/Sarah V. Hart, "Forensic Examination of Digital Evidence: A Guide for Law Enforcement", National Institute of Justice, Apr. 2004, pp. 7－22.

20 The Digital Forensics Laboratory at the INTERPOL Global Complex for Innovation, "GLOBAL GUIDELINES FOR DIGITAL FORENSICS LABORATORIES", Interpol, May. 2019,

이전 단계라는 점을 참고할 필요가 있다.

2. 파일 복구의 법적 성격

가. 검증과 감정 등의 개념 정의

우리 형사소송법은 제106조에서 압수에 관하여 규정하고 있고 제109조에서는 수색에 관하여 규정하고 있으며 제139조에서는 검증, 제140조에서는 검증에 필요한 처분, 제169조에서는 감정을 규정하는 등 압수, 수색, 검증, 감정 등을 엄격히 구분하여 규율하고 있다. 그러나 형사실무에서는 압수·수색·검증에 관하여 단일 영장을 발부하여 집행하고 있으며 일단, 단일 영장을 통해 확보한 압수물에 대한 검사 또는 포렌식 등은 적법한 압수·수색에 의하여 정당하게 이루어지는 부수처분으로 인식되고 있을 뿐이다.

수사절차에서 주로 이루어지는 압수와 수색뿐만 아니라 형사소송절차에서는 검증, 감정이나 그에 필요한 처분 등의 행위도 증거조사의 방법으로 사용되는 등 진실을 규명하는 데 결정적인 역할을 하므로 이러한 활동에 대한 근거 규정은 매우 중요하다. 그러나 압수와 수색 이외에 각 규정에서 언급하고 있는 검증이나 감정, 필요한 처분 등에 대한 개념을 엄밀히 정의하는 시도는 그리 많지 않다.[21] 파일 복구의 법적 성격을 논하기 위해서는 검증, 감정의 개념을 명확히 한 후에 물적 증거에 대한 법과학 분석과 디지털 증거에 대한 디지털 포렌식이 형사소송법상 어떠한 성격을 가지는지 살펴볼 필요가 있다.

형사절차에서 수사기관의 검증이란 오관으로 사물을 인식하는 강제처분을 뜻하며 법원과 법관이 하는 검증은 오관으로 사물을 인식하는 증거조사 방법을 뜻한다는 것이 일반적인 설명이다.[22] 그런데 오관으로 사물을 인식하는 것으로 정의하게 되면 검증의 외연이 너무 넓어진다. 수사기관과 법관이 진술하는 자의 태도, 목소리, 말투, 표정 등을 살피는 것도 역시 오관으로 사물 등을 인식하는 것이기 때문이다. 형사절차에서 오관에 의해 인식이 동반되지 않는 과정은 없을

---

pp. 30-53.

21 나기업, "형사절차에서 검증, 감정 및 '필요한 처분'의 개념", 사법 제1권 제58호, 2021. 11, 334면.

22 나기업, "형사절차에서 검증, 감정 및 '필요한 처분'의 개념", 사법 제1권 제58호, 2021. 11, 335면.

지경에 이른다.[23] 특히, 수색은 오관 중에 시각의 작용에 따른 인식과정이 필수적이므로 수색은 당연히 검증을 포함한다는 결론에 이를 수도 있다.[24]

오관의 작용으로 이루어지는 다른 행위와 구분하기 위해 검증은 "수사기관 또는 법원이 그 행위의 결과를 증거로 삼기 위한 목적을 가지고 오관에 의해 사물을 인식하는 것"으로 정의할 필요가 있다. 비록 오관의 작용을 통해 사물과 장소를 인식하더라도 압수할 물건을 발견할 목적에 의한 행위는 수색이며 그 물건과 장소의 형상 등을 증거화하기 위한 목적으로 살펴 이를 기록하는 것은 검증에 해당한다.[25]

형사소송법 제169조는 "법원은 학식 경험있는 자에게 감정을 명할 수 있다." 라고 규정하고 있고 제221조 제2항은 "검사 또는 사법경찰관은 수사에 필요한 때에는 감정·통역 또는 번역을 위촉할 수 있다"라고 규정하고 있다. 법상 감정의 주체는 법원과 수사기관 이외의 자임이 명백하다. 다만, 감정이라는 행위가 무엇인지에 대해서 형사소송법은 규정하고 있지 아니하다.

학계는 감정에 대해 보편적으로 "제3자가 그의 지식이나 경험을 활용하여 특정한 법칙을 발견하거나 또는 그에 기한 판단을 하는 것"이라고 설명한다.[26]

나. 법과학 분석의 법적 성격

과학적 증거에 활용되는 학문과 지식의 범위가 넓기 때문에 과학적 분석이라는 방법이 형사소송법상 어떠한 법적 의미가 있는지 살펴보기 위해서는 좀 더 세부적인 분류가 필요해 보인다.

김태업은 이러한 넓은 의미의 과학적 증거를 다음과 같이 분류하고 있다.[27]

① 가장 강한 정보의 과학적 증거

② 반증의 여지가 있는 과학적 증거

③ 과학과 전문가의 주관적 분석이 결합한 증거

④ 이론적 합리성 요건의 충족을 전제로 하는 과학적 증거

23 나기업, "형사절차에서 검증, 감정 및 '필요한 처분'의 개념", 사법 제1권 제58호, 2021. 11, 338면.
24 김희균, "영장 없이 촬영한 사진의 증거능력", 법조 제65권 제9호, 2016. 12, 108, 116면.
25 나기업, "형사절차에서 검증, 감정 및 '필요한 처분'의 개념", 사법 제1권 제58호, 2021. 11, 340면.
26 나기업, "형사절차에서 검증, 감정 및 '필요한 처분'의 개념", 사법 제1권 제58호, 2021. 11, 344면.
27 김태업, "형사재판과 과학적 증거", 제25회 한국법과학회 춘계학술대회, 2012, 27면.

이러한 분류는 증거능력 또는 증명력을 판단하기 위한 분류이지만 과학적 증거의 분석 과정을 세분화하여 살펴볼 수 있는 데에도 의미가 있다. 유전자 검사, 혈액형 검사 등 이화학적 분석에 기초한 증거는 ①에 해당하며, 모발검사에 의한 메스암페타민 검출 검사는 ②, 필적감정이나 문서감정 등은 ③, 심리·생리 분석기에 의한 검사는 ④에 해당한다. 어떠한 경우든 분석 대상이 되는 그 자체가 증거로 개시되는 것이 아니라 진문가 또는 기술 소지자의 검사·분석·해석을 통하여 과학적 증거가 도출되는 구조는 동일하다.

과학적 증거에 대한 분석·검사를 요청하는 단계부터 이를 분석·검사하여 결과를 도출하는 데까지의 과정과 관계된 조문은 형사소송법 제169조(감정)이다. 일반적으로 과학적 증거는 학식 경험 있는 자에 의한 감정이 행해지고 그 결과는 감정서 또는 감정인의 증언으로 법정에 현출되기 때문이다. 제3의 연구기관에서 행해지는 과학적 분석은 '감정'에 해당한다는 것을 전제로 한 논문들도 다수 발견된다.[28]

다. 디지털 포렌식의 법적 성격

과학적 증거란 특정 학문 또는 지식의 원리나 기술을 응용하여 수집된 증거로서 해당 분야 전문가나 기술 소지자 등에 의해 조사나 검사가 실시되고 해석되는 경우를 말한다.[29] [30]

우리 형사소송법 제313조 제2항에서 '과학적 분석 결과에 기초한 디지털 포렌식 자료'라고 규정함으로써 디지털 포렌식이 과학적 증거의 일환임을 선언하고 있다. 앞서 디지털 포렌식을 제외하고 물리적 증거에 대한 제3자의 분석이 감정행위에 해당한다고 하였는데, 이러한 입장에서는 수사기관에 의해 실시되는 디지

28 유승진·김면기·오상재, "인권보호 측면에서의 법과학 감정 제도 및절차적 개선방안", 과학기술과 법 제11권 제2호, 2020. 12; 이성기·조영일, "형사재판에서의 법과학 감정과 확률 증거", 법학연구 제21집 제3호, 2018. 9; 이성기, "지문의 증거능력에 관한 연구 –지문 감정인 증언의 증거능력 및 감정결과의 신뢰성에 대한 비교법적 연구를 중심으로–", 서울법학 제27권 제3호, 2019. 11; 최진후·최미정, "법과학 표준체계와 규격에 근거한 과학수사 문서감정 연구실의 설계방안", 과학수사학회지 제17권 제2호, 2023; 조영일·구소희·장유나·이성기, "법과학에서 증거물의 유형 및 감정기관에 따른 주관적 신뢰도가 유죄 확신에 미치는 효과", 인문사회21 제9권 제6호, 2018. 12.

29 이관희·이상진, 「디지털 증거법」, 박영사, 2022. 1, 77면.

30 천진호, "법과학 증거의 수집절차와 증명력판단", 동아법학 제51권, 2011, 175면.

털 포렌식이 감정에 해당한다고 보기 어렵다. 비록 형사소송법 제313조 제2항에서 언급한 바와 같이 디지털 포렌식이 과학적 분석 결과라고 할지라도 그 수행 주체가 수사기관인 경우 일반적인 법과학 분야와 동일한 법적 성격을 가진다고 할 수 없으므로 디지털 포렌식의 법적 성격이 무엇인지 독립적으로 살펴볼 필요가 있다.

과학적 증거는 전문가의 주관이 개입되는 정도에 따라 분석적인 분야와 관찰적인 분야로 분류할 수 있다. DNA 분석, 화학 분석, 재료 분석, 혈청 분석 등 과학 측정에 기반한 분석적인 분야는 실험실의 실험 결과에 따라 그 결과가 도출되는 것으로서 실험 과정의 무결성이 유지되는 한 전문가의 주관이 개입할 여지가 적다. 이에 반하여 총기 및 화기 분석, 법치의학, 타이어 자국 등의 분석, 혈흔 분석이나 의학적 소견 등은 숙련된 법과학자들이 여러 데이터를 활용하여 증거들을 이해하고 해석하는 관찰적인 법과학 분야에 해당하고 관찰적인 법과학 분야에서는 전문가의 주관이 개입할 여지가 분석적 법과학 분야에 비하여 높다.[31]

그러면 디지털 포렌식은 기타 과학적 증거에 대한 포렌식과 어떠한 차이가 있는가? 실험에 기반한 분석적인 분야에서의 포렌식 대상은 분자, 원자, 입자로 분해될 수 있는 물질이다. 반면 디지털 포렌식의 대상은 모두 비트이다. 디지털 증거로 표현될 상태는 '0'과 '1' 두 가지뿐이다. 이러한 상태의 설명은 디지털 포렌식의 법적 성격을 심사할 때 매우 중요한 요소이다.

디지털 포렌식을 통해 비교하고 분석할 수 있는 비트의 수는 한정되어 있으며 디지털의 특성상 그 결과의 정밀도 역시 유한하다. 분석 결과가 같은 값을 가진다면 오차율도 역시 0이다. DNA 분석, 혈액 분석, 화학 분석 등의 포렌식 조사를 하면 실험 대상이 되는 시료가 소멸되지만, 디지털 포렌식의 대상은 사라지지 않고 무한 반복하여 분석을 진행할 수 있다.[32] 이러한 점에서 디지털 포렌식은 기존의 과학적 증거보다 훨씬 우월한 객관성을 지닌다고 할 수 있다.

그런데 문제는 디지털 포렌식이 아무리 다른 과학적 증거에 비하여 객관적이라고 할지라도 이를 분석하는 주체가 수사기관이기 때문에 제3자에 의한 감정

31 김면기·유승진, "법과학 증거의 오류 가능성에 대한 이해", 과학기술과 법 제11권 제1호, 2020, 91−92면.

32 이관희·이상진, 「디지털 증거법」, 박영사, 2022. 1, 89−90면.

이라고 할 수 없는 것은 분명하다. 반면, 디지털 포렌식 소프트웨어를 통하여 파일의 구조를 확인하거나 메타 데이터 영역에 대한 수정 명령을 입력하는 행위, 파일의 시그니처를 찾아 파일을 복구하는 행위, 컴퓨터 로그기록을 열람하여 타임라인을 구성하는 행위, 인터넷 사용내역 등을 확인하는 행위는 비록 디지털 포렌식 도구의 도움을 받기는 하지만 "오관으로 사물을 인식하는 것"에 준하는 것으로 보아 검증에 해당한다고 볼 여지가 있다. 또한 삭제된 파일을 복구하는 것은 압수할 대상을 선별하기 위한 필터링 이전의 단계이므로 수색에 결부된 행위이다.[33]

따라서, 스테가노그래피 또는 암호기법이 사용된 파일의 해독, 삭제된 파일을 복구하는 것을 비롯하여 파일 내용의 원본을 확인하기 위한 포렌식 행위는 압수가 종료된 이후의 부수처분으로 보아 통제 범위 밖에 둘 것이 아니라, 전체 행위를 포괄하여 압수·수색·검증영장의 집행 과정으로 보아 형사소송법에서 정한 통제를 받는 것이 바람직하다.

3. 삭제된 파일의 복구 행위는 여전히 영장의 집행과정이다

형사소송법 제106조 제3항은 정보저장매체에 대한 압수의 방법을 규정하고 있다. 그런데 영장의 집행 현장에서 "기억된 정보의 범위를 정하여 출력하거나 복제"를 하기 위해서는 파일시스템의 메타 데이터가 해당 파일을 삭제되지 않은 것으로 표현하여 파일시스템이 인식한 파일만을 대상으로 할 수 있을 뿐이고, 복구가 필요한 파일이 있는 경우에는 파일 복구를 위해 해당 정보저장매체 자체를 압수하거나 저장영역 전체를 이미징할 필요가 있다.

정보저장매체 자체를 압수하거나 전체 이미징을 통하여 압수한 이후의 탐색 과정에 대해 우리 대법원은 "저장매체 자체를 수사기관 사무실 등으로 옮긴 후 영장에 기재된 범죄 혐의 관련 전자정보를 탐색하여 해당 전자정보를 문서로 출력하거나 파일을 복사하는 과정 역시 전체적으로 압수·수색영장 집행의 일환에 포함된다고 보아야 한다"라고 판시[34]함으로써 여전히 압수·수색의 집행과정으로

---

33 이관희·이상진, "파일 열람 행위에 의한 영장집행의 문제점과 디지털 저장매체 수색압수구조의 개선방안", 법조 제69권 제4호, 2020. 8, 269면.

보고 있다는 점에 주목할 필요가 있다.

삭제한 파일을 복구한다는 것은 전문가의 해석이 개입하여 어떠한 사실을 추론하는 것이 아니라, 이미 그 파일의 내용이 저장매체에 존재하지만 파일시스템에서 인식하지 못하게 한 것을 다시 인식할 수 있게 하는 것일 뿐이므로 이를 복구하는 것은 일반 주거지에 대한 수색에서 숨겨 놓은 증거를 찾는 것과 다를 바가 없다. 따라서 위 판례의 취지와 같이 해당 파일 내용을 최종적으로 열람할 수 있는 상태로 변환하는 과정은 여전히 '전자정보를 탐색하는 행위'에 해당한다고 보아야 한다.

제4절 복구한 파일의 반환 가능성과 복구 시 필요한 조치

1. 복구 파일에 관한 규정의 부재

가. 형사소송법

저장매체를 직접 압수하지 않고 필요한 파일만을 복제하여 온 경우 형사소송법 제133조에 따른 압수물의 환부, 가환부 및 제134조에 따른 피해자환부 규정이 적용될 여지가 없다. 형사소송법상 환부, 가환부 규정은 물건의 점유가 피압수자에서 수사기관으로 이전된 경우만을 상정하고 있기 때문이다.[35] 형사소송법은 복구한 파일뿐만 아니라 출력 또는 복제한 파일의 내용에 대한 처분에 관하여도 규정하고 있지 않으므로 이에 대한 개선이 필요하다. 다만, 대법원은 전자정보의 몰수에 관하여 "전자기록은 일정한 저장매체에 전자방식이나 자기방식에 의하여 저장된 기록으로서 저장매체를 매개로 존재하는 물건"에 해당한다고 하면서 휴대전화의 동영상 촬영기능을 이용하여 피해자를 촬영한 행위 자체가 범죄에 해당하는 경우, 촬영되어 저장된 동영상도 '범죄행위로 인하여 생긴 물건'에 해당하므로 휴대전화를 몰수하지 않고 동영상만을 몰수하는 것도 가능하다는 입장[36]을 보이고

34 대법원 2011. 5. 26. 자 2009모1190 결정.

35 김혜경, "전자정보 압수·수색 규정의 입법적 개선방안 －정보주체와 피해자의 권리를 중심으로－", 피해자학연구 제29권 제3호, 2021. 12, 90면.

있으므로 입법 이전에 해석론으로도 파일에 대한 환부가 가능할 것으로 보인다.

나. 수사기관의 행정규칙

형사소송법이 압수의 최소 단위를 물건으로 전제한 상태에서 다만, 정보저장매체의 압수에 관하여는 범위를 정하여 출력, 복제하는 방식으로 압수하라고 규정하는 등 디지털 증거의 압수·수색 방법을 정한 것에 그쳤으나, 수사실무에 적용되는 경찰과 검찰의 행정규칙은 디지털 증거를 압수하는 경우 '전자정보 확인서 및 상세목록을 작성하여 교부하여야 한다'라는 취지로 규정함으로써 파일을 압수의 최소 단위로 규정하고 있다.

다만, 경찰청훈령인 디지털 증거의 처리 등에 관한 규칙 제35조는 증거분석관은 분석을 의뢰한 경찰관에게 분석결과물을 회신한 때에는 해당 분석과정에서 생성된 전자정보를 지체 없이 삭제·폐기하여야 한다는 규정을 두고 있고, 대검찰청예규인 디지털 증거의 수집·분석 및 관리 규정 제54조는 수사 또는 재판 과정에서 범죄사실과 관련성이 없는 것으로 확인된 경우, 압수의 원인이 된 사건에 대한 기소·불기소 등 종국처분에 따라 계속 보관할 필요성이 없다고 인정되는 경우, 판결이 확정되어 계속 보관할 필요성이 없다고 인정되는 경우에는 업무관리시스템에서 폐기한다는 규정을 두고 있을 뿐, 디지털 포렌식을 통해 복구한 파일에 대한 처분에 대해서는 별도의 규정을 두고 있지 않다.

2. 판례와 행정규칙에 따른 반환 가능성

대법원은 "압수물의 환부는 환부를 받는 자에게 환부된 물건에 대한 소유권 기타 실체법상의 권리를 부여하거나 그러한 권리를 확정하는 것이 아니라 단지 압수를 해제하여 압수 이전의 상태로 환원시키는 것뿐으로서, (중략) 피압수자 등 환부를 받을 자가 압수 후에 그 소유권을 포기하는 등에 의하여 실체법상의 권리를 상실하는 일이 있다고 하더라도, 그로 인하여 압수를 계속할 필요가 없는 압수물을 환부하여야 하는 수사기관의 의무에 어떠한 영향을 미친다고 할 수는 없으니, 그에 대응하는 압수물의 환부를 청구할 수 있는 절차법상의 권리가 소멸하

---

36 대법원 2024. 1. 4. 선고 2021도5723 판결.

는 것은 아니다"라고 판시[37]하여 환부는 '압수 이전의 상태로 환원시키는 것'이라고 명확히 하였고, 소유권을 포기한 경우에도 환부청구권이 있다는 점을 확인하였다.

또한, 대법원은 "법원은 압수·수색영장의 집행에 관하여 범죄 혐의사실과 관련 있는 전자정보의 탐색·복제·출력이 완료된 때에는 지체 없이 영장 기재 범죄 혐의사실과 관련이 없는 나머지 전자정보에 대해 삭제·폐기 또는 피압수자 등에게 반환할 것을 정할 수 있다"[38]라고 함으로써 수사기관이 압수한 파일 중 사건과 무관한 전자정보를 반환하여야 한다는 점을 명시하였다. 이 사안은 수사기관이 압수의 대상이 되지 아니하는 전자정보를 반환하여야 한다는 점을 언급하고 있으나, 정당하게 압수한 이후에도 그 보관의 필요성이 인정되지 않는다면 이를 계속 보관할 필요성을 상실하게 되므로 이때에도 반환 필요성은 존재한다고 보아야 한다.

물건의 압수에 있어서 소유권 포기 의사를 명백히 한 경우라도 피압수자는 압수물에 대한 환부청구권이 남아 있고 수사기관 역시 이를 환부할 의무가 있다. 그런데 파일을 삭제한 사람은 파일이 불필요하거나 이를 은닉하려고 한 경우, 그 파일의 내용을 타인이 열람하기를 허용했다고 볼 수 없기 때문에 그에 대한 권리를 포기 또는 양도했다고 볼 수도 없다. 따라서 정보저장매체에서 삭제된 파일을 수색하여 이를 복구함으로써 압수하게 되면 수사기관은 이를 환부에 갈음한 조치를 할 의무를 부담하게 된다.

행정규칙에 따라 파일이 압수의 최소 단위라는 점, 수사의 목적을 다하거나 압수의 필요가 없는 경우에는 이를 삭제하여야 한다고 규정하고 있는 점, 행정규칙이 삭제만을 명시한 것은 해당 파일의 원본이 여전히 피압수자에게 있다는 전제에서 비롯된 점, 디지털 저장매체에서 파일 등을 삭제한 경우에도 파일에 대한 관리처분권을 타인에게 양도한 것으로 볼 수 없다는 점, 설사 압수된 물건에 대한 소유권을 포기하는 의사를 표시했어도 여전히 피압수자는 환부청구권을 가진다는 판례의 입장을 유추 적용하면, 수사기관은 삭제한 파일 등을 복구한 경우, 물건을 압수한 것과 부합하는 처분을 하여야 한다. 다만, 수사의 밀행성이 침해될

37 대법원 1996. 8. 16, 94모51 전원합의체판결.

38 대법원 2022. 1. 14. 자 2021모1586 결정.

우려가 있는 경우에는 반환의 시기에 대하여 '기소일 또는 불기소결정일 전까지' 등으로 정할 수는 있다.

3. 파일 복구에 필요한 조치

가. 참여권의 보장

대법원은 "전자정보가 담긴 저장매체 자체를 수사기관 사무실 등으로 옮겨 이를 열람 혹은 복사하게 되는 경우에도, 그 전체 과정을 통하여 피압수·수색 당사자나 그 변호인의 계속적인 참여권 보장, 피압수·수색 당사자가 배제된 상태에서의 저장매체에 대한 열람·복사 금지, 복사대상 전자정보 목록의 작성·교부 등 압수·수색대상인 저장매체 내 전자정보의 왜곡이나 훼손과 오·남용 및 임의적인 복제나 복사 등을 막기 위한 적절한 조치가 이루어져야만 그 집행절차가 적법한 것으로 될 것이다"라고 판시[39]하고 있다.

메타 데이터를 활용하여 삭제된 파일을 복구하는 것과 파일 카빙 방법에 의해 파일을 복구하는 것 모두 그 데이터의 내용을 열람하는 과정에 필수적으로 결부되기 때문에 파일을 복구하는 것을 위 대법원 판결이 언급하는 '열람 혹은 복사' 행위와 다르다고 볼 근거는 없다.

앞서 파일 복구행위가 압수·수색 영장의 집행과정에 포함된다는 점을 논증한 것과 같이 복구행위를 단순히 압수 이후의 사후처분이라고 볼 수 없다면 열람과 압수를 위한 복구과정에서도 참여권이 보장되어야 한다.

나. 복구목록의 교부

피의자가 피압수자인 경우, 피의자는 압수된 물건에 대한 압수목록을 교부받음으로써 자신을 방어할 수 있는 기회가 주어진다. 그런데 피의자가 삭제한 파일을 수사기관이 복구하였음에도 불구하고 그 존재에 대해 피의자가 알지 못하는 경우 향후 재판에서 방어권을 행사하는 데 불리하게 작용할 우려가 있다. 우리 형사소송법은 당사자 대등주의를 보장하기 위해 2007. 6. 1. 제266조의3을 신설

39 대법원 2011. 5. 26. 자 2009모1190 결정.

하여 공소제기된 사건에서 검사에게 공소제기된 사건에 관한 서류 또는 물건의 목록과 공소사실의 인정 또는 양형에 영향을 미칠 수 있는 서류 등의 열람·등사 또는 서면의 교부를 신청할 수 있도록 하였다. 그러나 검사는 국가안보, 증인보호의 필요성, 증거인멸의 염려, 관련 사건의 수사에 장애를 가져올 것으로 예상되는 구체적인 사유 등 열람·등사 또는 서면의 교부를 허용하지 아니할 상당한 이유가 있다고 인정하는 때에는 열람·등사 또는 서면의 교부를 거부하거나 그 범위를 제한할 수 있기 때문에 증거개시제도를 통한 피고인 보호에 한계가 있다.

복구되기 전의 파일은 피압수자인 피의자가 소지·관리하고 있던 것이었고 그 복구과정이 여전히 압수·수색 영장의 집행과정에 해당한다고 해석하는 한, 복구한 파일의 목록을 피압수자에게 교부하여야 한다.

다. 피해자 환부에 대한 고려

수사기관이 확보한 파일이 피의자 또는 피고인이 아닌 자와 관계가 있거나 피해자의 개인정보에 관한 것일 때, 피해자가 개입할 수 있는 방법에 대한 고민이 필요하다.

형사소송법 제134조는 “압수한 장물은 피해자에게 환부할 이유가 명백한 때에는 피고사건의 종결 전이라도 결정으로 피해자에게 환부할 수 있다”라고 함으로써 환부의 대상을 ‘장물’로 한정하고 있다. 피해자 환부는 그 대상이 장물인 경우, 종국재판에서는 필요적 환부이나 수사 단계에서는 임의적 환부이다.

현대사회에서는 형법상 재산범죄에 의해 발생하는 피해뿐만 아니라 디지털 데이터의 침해에 따라 발생하는 재산상의 피해도 막심하다. 특히, 산업기술, 영업비밀 등의 유출사건에서는 일반적인 장물보다 그 가치나 거래이익이 큰 것이 사실이다. 피해자 환부의 의의가 비단 재산적 가치의 경중에 있는 것도 아니며 개인의 비밀 또는 개인에 관한 민감한 정보는 오히려 개인에게는 재산적 가치보다 소중할 수도 있다. 따라서, 장물 이외의 디지털 데이터나 파일에 대한 피해자 환부 가능성도 고려할 필요가 있다.[40]

---

40 김혜경, “전자정보 압수·수색 규정의 입법적 개선방안 －정보주체와 피해자의 권리를 중심으로－”, 피해자학연구 제29권 제3호, 2021. 12, 101면.

제5절 소결

2024. 2. 21. 개정된 독일 형사소송법 제98b조 제3항[41]은 "데이터가 데이터 매체를 통해 전송된 경우, 데이터 일지 작업이 완료되면 이를 지체없이 반환해야 한다. 다른 데이터 매체로 전송된 개인 데이터는 형사절차에 더 이상 필요하지 않게 되면 지체없이 삭제해야 한다"라고 규정하고 있다. 수사상 데이터에 대한 의존도가 높아지므로 궁극적으로는 독일의 사례와 같이 형사소송법을 개정하는 것이 바람직하겠지만 과도기적으로 우선 현행법의 해석을 통해 피압수자나 피의자, 피고인의 권리를 두텁게 보호할 필요가 있다.

물건을 대상으로 하는 압수와 수색에서 점유의 이전을 전제로 한 환부 규정을 엄격하게 해석할 경우 파일내용의 출력이나 파일 복제 방식으로 이루어지는 압수에는 적용될 여지가 없다. 이 경우 파일 원본에 대한 점유는 여전히 피압수자에게 있기 때문이다.[42] 그런데 우리는 압수물의 환부제도가 압수의 효력을 상실시키고 원래의 상태로 되돌리는 데 있다는 점을 상기할 필요가 있다. 이는 사유재산을 보호하고 형사소송에서 수사상 강제처분은 필요한 최소한도에 그쳐야 한다는 비례의 원칙을 실현하는 것을 목적으로 하기 때문이다. 비록 형사소송법은 압수한 파일에 대한 권리귀속과 사후처분에 관한 명문 규정을 두고 있지 않지만, 피압수자의 권리 침해를 최소화하기 위하여 압수물에 대한 환부 규정을 파일에 대해서 확대 적용할 필요가 있다.

복구한 파일의 명세를 피압수자에게 교부하고 복구 파일을 환부하는 등의 조치는 무기대능의 원칙 구현에도 도움이 된다. 이 원칙은 특히 피의자와 피고인에게 중요하다. 수사기관은 국가기관으로서 이미 충분히 많은 무기를 가지고 있

41 § 98b Verfahren bei der Rasterfahndung
(3) Sind die Daten auf Datenträgern übermittelt worden, so sind diese nach Beendigung des Abgleichs unverzüglich zurückzugeben. Personenbezogene Daten, die auf andere Datenträger übertragen wurden, sind unverzüglich zu löschen, sobald sie für das Strafverfahren nicht mehr benötigt werden.

42 김혜경, "전자정보 압수·수색 규정의 입법적 개선방안 －정보주체와 피해자의 권리를 중심으로－", 피해자학연구 제29권 제3호, 2021. 12, 90면.

다. 수사기관은 언제든지 임의수사와 강제수사를 할 수 있고 국립수사연구원 등 물적 시설을 충분히 활용할 수 있으며 보유하고 있는 데이터양도 풍부하다. 이에 반하여 피의자와 피고인은 수사기관에 비하여 무기가 부족한 것이 사실이다.[43] 이들은 자신을 방어하기 위하여 꼭 필요한 경우라도 목격자를 신문할 수도 없는 처지이며 스스로 보관하고 있던 저장매체에서 삭제된 파일을 복구할 전문 지식을 보유하지 않을 가능성이 높다. 수사기관이 피의자가 소지·보관하고 있던 저장매체를 압수하고 거기에서 삭제된 파일을 복구한 경우 최소한 삭제한 파일에 대한 복구 여부와 그 파일의 목록을 알 수 있도록 하고 향후 그 복구 파일을 반환함으로써 실질적인 무기대등의 원칙이 구현될 수 있도록 하는 것이 바람직하다.

43 김인회, "방어권 남용론 비판", 법학연구 제18집 제1호, 2015. 3, 330－331면.

제 14 장

자료 제출명령 제도의 도입

제14장 자료 제출명령 제도의 도입

제1절 자료 제공요청과 영장주의

1. 영장주의가 적용되는 자료 제공요청

통신비밀보호법, 금융실명법이 있기 전 수사기관은 통신자료, 통신사실확인자료, 금융거래자료 등 사업자가 고객과의 거래 내용을 기록한 자료 또는 컨텐츠 등을 형사소송법 제199조 제2항 "수사에 관하여는 공무소 기타 공사단체에 조회하여 필요한 사항의 보고를 요구할 수 있다"라는 규정에 근거하여 제공받아 왔다. 일명 사실조회라는 자료 제공요청 방식은 임의수사의 일종이었다. 그러나 수사기관이 광범위하게 자료를 요청하고 사업자가 무분별하게 자료를 제공함으로써 개인정보자기결정권이 침해될 우려가 발생하고 개인정보자기결정권 등을 보호할 필요성이 있어 입법자는 특별법의 제정과 형사소송법의 개정을 통해 자료 제공을 요구할 때도 법관의 심사를 받도록 했다.

형사소송법상 강제수사에는 체포와 구속에 해당하는 대인적 강제수사와 압수·수색·검증에 해당하는 대물적 강제수사가 있다. 이러한 강제수사를 위해 영장을 집행함에 있어 우리의 법은 수사기관이 강제력을 행사할 수 있도록 권한을 부여하고 있다. 그런데 수사기관이 이메일이나 금융자료 등을 개인의 기본권을 침해할 우려가 있어 이와 같은 자료의 취득은 강제수사의 일환으로 분류하고 영장주의의 적용을 받게 하지만, 데이터를 보관하는 사업자가 영장의 집행에 따라 수사기관에 자료를 제공하는 모습은 사실조회에 의한 방식과 유사하다.

수사기관이 영장에 의해 자료를 제공받는 과정은 강제력을 수반한 강제수사와 형사소송법 제199조 제2항에 따른 사실조회의 중간 영역에 위치한다. 영장이 필요하다는 점을 제외하고는 자료 제공 요구와 같은 과정을 통해 자료를 제공받고 있음에도 불구하고 우리 법원은 강제력을 수반하는 압수·수색에 적용되던 절차적 규정을 영장에 의한 자료 제공 요구에도 엄격히 적용하려는 태도를 보이면서 데이터 취득 시 피의자를 참여시키지 않았다거나 자료 제공자에게 영장을 모사전송으로 제시한 것은 위법하다고 평가하였다.

2007년 형사소송법이 개정되기 이전에는 물건의 압수에 관하여 학계와 판례는 성상불변론을 주장했었다. 사소한 절차적 위반은 실체적 진실의 발견을 위해서는 감수해야 한다는 입장도 설득력 있게 받아들여졌을 정도였다. 그런데 최근 우리의 법원은 데이터의 취득은 물건의 압수와 그 성격이 다름에도 불구하고 물건의 취득을 중심으로 설계된 압수·수색 관련 제 규정을 엄격히 적용하려는 태도를 보이고 있다. 특히 사업자가 보관하는 데이터를 수사기관이 취득하는 경우는 전통적인 강제수사와 같이 강제력이 수반되지 않고 자료 제공요청의 방식으로 이루어짐에도 불구하고 강제력이 수반되는 압수·수색에 적용되었던 관련 규정들을 엄격히 적용함으로써 이러한 규정을 위반하여 취득한 증거의 증거능력을 부정하고 있다. 이는 데이터 취급의 특성과 수사 실무의 관행을 전혀 고려하지 않는 태도이다.

강제력이 수반되는 압수·수색영장의 집행과 영장주의의 적용을 받지만 그 과정상 강제력이 수빈되지 않는 데이터의 취득 방식은 분명 다르다. 물건을 염두에 둔 압수·수색 규정이 데이터에 맞도록 개정되기 전까지는 데이터에 그대로 적용되기 어렵다는 점을 인정하고 데이터의 취득에 대해서는 형사소송법 규정들을 유연하게 적용, 해석하는 것이 바람직하다. 데이터 취득 방식의 변화와 특성 및 이와 관련한 특별법의 연혁과 제·개정 취지 등을 고려하고 사용자가 보관하는 데이터 취득에 관하여는 전통적인 압수·수색영장의 집행 규정이 그대로 적용될 수 없다는 점을 인정할 때가 되었다.

2. 영장주의 적용의 올바른 방향

수사기관이 주식회사 카카오를 상대로 압수·수색영장을 집행하여 피의자 계정 내용을 확인하면서 피의자에게 참여권을 보장하지 않은 사건에서 서울중앙지방법원은 형사소송법 제219조와 제122조를 근거로 "피의자 등에게 압수·수색영장 집행 과정에 참여권을 보장한 것은 압수·수색 집행의 절차적 적법성을 확보하여 영장주의를 충실하게 구현하기 위한 것인데, 피의자 등에게 참여권이 보장되지 않았다면 특별한 사정이 없는 이상 압수·수색은 위법하다"라고 결정[1]하였고 대법원[2]도 항소심의 결론을 수긍하였다. 이와 같은 사례에서 압수·수색이 적법하기 위해서는 사업자가 보관하는 데이터를 취득할 때도 수사기관은 피의자나 변호인에게 미리 통지해야 한다는 결론에 이른다.

수사기관이 증거를 찾아 범죄를 재구성하는 과정에서 피고소인이나 강력사건의 혐의자에게 "이제부터 당신의 범행을 입증할 증거를 찾을 예정이다"라고 미리 알려주는 것이 과연 일반적인 상식에 부합한 것인지 생각해 볼 필요가 있다. 차라리 피의자가 특정되어 고소된 사건처럼 통지할 상대가 있는 경우에는 미리 통지라도 가능하나 절도, 강도, 살인사건처럼 범인이 특정되지 않은 사건의 경우에는 누구에게 통지하라는 것인지도 의문이다. 범인을 알지 못하는 사건에서 수사기관이 통지 없이 카카오에 영장을 집행한 경우 법원이 어떠한 결정을 내렸을지 의문이다.

과거 수사기관은 형사소송법 제199조 제2항에 따라 임의수사인 사실조회의 방법을 통해 이메일, 금융거래자료, 통신자료 등을 제공받아 왔고 당시에는 자료제공을 요청하는 내용의 공문을 작성하여 모사전송 등의 방법으로 집행해 왔다. 그런데 이러한 자료를 취득하는 것이 정보주체의 기본권을 침해할 우려가 있어 입법자는 자료 취득을 위해 영장을 발부받을 것을 요구하게 되었다.

물건과 장소에 대해 강제력의 행사가 수반되는 영장의 집행에 적합한 원본제시 규정을 사업자를 통하여 자료를 제공받는 영장 실무에 그대로 엄격하게 적용하는 것이 바람직한지 의문이다. 형사소송법을 제정할 당시, 압수·수색의 모습

1 서울중앙지방법원 2016. 2. 18. 2015보6 준항고 결정.

2 대법원 2022. 5. 31. 2016모587 결정.

은 특정 장소에 대해 강제력을 행사함으로써 주거권을 침해하고 물건에 대한 압류를 통해 재산권을 침해하는 것이었으나 사업자가 보관하고 있는 데이터를 취득하는 과정은 법관의 심사를 거쳐야 한다는 점만 다를 뿐 임의적인 자료 제출의 모습을 그대로 유지하고 있다는 점이 간과되어서는 안 된다.

개인에 관한 데이터에 대해 헌법적 가치가 부여됨으로써 개인의 동의 없는 데이터 취득은 기본권을 침해하기 때문에 이를 취득하기 위한 절차를 까다롭게 하거나 영장주의를 적용하는 것은 바람직하다. 그러나 이를 취득하는 절차적인 방법에 관하여 물리적인 압수·수색에 적합한 과거의 규정을 그대로 적용하는 것은 적절하지 않다.

형사소송법과 기타 특별법은 수사기관이 이메일, 금융자료, 통신사실확인자료 등을 취득할 때 법관의 심사를 받아 영장 또는 허가서를 발부받을 것을 요구하고 있다. 그런데 이들 데이터 이외에 사업자가 보관하고 있는 가입자 정보, 배송정보, 물품 구매 이력 등을 제공받는 것에 관하여는 특별한 규정을 두지 않고 있다. 통신사실과 금융거래사실이 기타의 정보에 비하여 기본권적 가치가 높다고 단언할 수 있을까? 사람에 따라 통신사실, 금융거래사실보다는 배송정보, 물품 구매 이력 등의 정보를 더 민감하게 생각할 수도 있다. 수사기관, 사업자, 데이터 소유자가 정보를 바라보는 관점이 동일할 수는 없고 어떠한 정보가 더 민감하거나 덜 민감하다고 단언할 수도 없다. 그런데 우리의 법은 데이터의 내용에 따라 취득 절차와 사후통지 등에 관하여 서로 다르게 규제하고 있다. 이러한 조치는 정보주체에 대해 일관된 보호를 하지 못하는 상태를 만든다. 데이터의 특성과 보호가 필요한 기본권의 영역 등을 고려하지 않은 채 압수·수색영장을 집행한다는 이유로 형사소송법의 규정을 기계적으로 적용하기 보다는 현시대에 맞는 새로운 시각으로 데이터에 대한 취득을 통일적으로 규율할 방법과 해석을 강구하여야 한다.

데이터를 취급할 때 특별히 고려하여야 할 것은 물건 중심으로 적용되어 온 압수·수색 절차의 엄격한 적용이 아니라 정보기본권을 적절히 보호할 방법을 모색해야 한다는 점이다. 정보주체의 권익을 보호하기 위해서는 통신비밀보호법이나 금융실명법이 상세히 규정한 것처럼 데이터를 취급하는 영장의 집행에 있어서도 철저한 사후통지 및 자료 요구와 제공에 관한 사항의 관리 감독을 강화할 수 있는 규정을 마련해야 한다.

제2절 사업자 보관 데이터의 유형

1. 분류 기준의 재정의

통신자료, 통신사실확인자료, 금융거래자료, 의료 및 신용관리 기록 등에 관하여 '제3자'가 보관하는 데이터라는 주장들[3]이 있으나 통신자료 등을 보관하고 있는 사업자를 개인정보의 주체와 분리하여 개인의 정보를 위탁받아 보관하는 '제3자'적 지위라고 단정할 수 있는지 의문이다. 사업자가 위와 같은 자료를 보관하게 된 것이 비록 개인정보 주체와의 서비스 계약관계에 따라 이루어진 것은 사실이나 이와 같은 자료들은 개인이 제공한 정보를 제3자의 입장에서 보관했다고 하기보다는 사업자가 거래를 위해 생성하여 보관하게 된 자료라고 보아야 한다. 개인에 관한 데이터이기 때문에 적절한 보관과 보호의 필요성이 있다고 하더라도 이러한 자료를 사업자와 엄격히 분리하여 '제3자'가 보관하는 자료라고 정의하는 것은 자료 생산 주체인 사업자를 배제하게 되는 오류를 범하게 되므로 '사업자 보관 데이터 또는 자료'라고 정의하는 것이 바람직하다.

사업자가 제공한 서비스를 개인이 이용하면서 생성한 데이터와 사업자가 서비스 제공에 필요하여 생성한 데이터를 분류하기 위해서는 우선 컨텐츠인 자료와 거래사실인 자료로 구분하여야 한다. 또한 컨텐츠인 자료와 거래사실인 자료 중에는 과거에 남겨진 데이터, 즉 보관 또는 저장된 데이터와 향후 발생할 데이터인 실시간 데이터로 구분할 수 있다.

3 이정희·김지현, "제3자 보관 디지털 증거의 압수 관련 문제점 및 개선방안 연구", 디지털 포렌식 연구, 2014. 6; 김혁, "제3자 보관 정보에 대한 압수·수색 영장의 집행과 적정절차", 형사정책연구, 2018. 3; 김기범, "범죄 수사에서 제3자 정보 요청에 관한 입법체계", 한국위기관리논집, 2017. 8, 김기범, "압수·수색영장의 전자적 제시에 관한 입법적 연구", 경찰학연구, 2018. 6.

2. 컨텐츠

가. 실시간 대화의 내용

전기통신을 활용한 대화의 내용은 컨텐츠에 해당하며 실시간 데이터이다. 실시간으로 이루어지는 전화통신의 내용에 대해서는 통신비밀보호법의 적용을 받게 되며 범죄 수사를 위해 대화를 감청하기 위해서는 법원으로부터 통신제한조치 허가서를 발부받아야 한다. 특히, 통신제한조치는 통신비밀보호법 제5조 제1항에 규정한 범죄에 대하여 해당 범죄를 계획 또는 실행하고 있거나 실행하였다고 의심할 만한 충분한 이유가 있고 다른 방법으로는 그 범죄의 실행을 저지하거나 범인의 체포 또는 증거의 수집이 어려운 경우에 한하여 할 수 있다.

'전기통신의 감청'은 전기통신이 이루어지고 있는 상황에서 실시간으로 그 전기통신의 내용을 지득·채록하는 경우와 통신의 송·수신을 직접적으로 방해하는 경우를 의미하는 것이지 이미 수신이 완료된 전기통신에 관하여 남아 있는 기록이나 내용을 열어 보는 등의 행위는 포함하지 않는다. 수사기관이 카카오톡 대화 내용을 취득하기 위해 법원으로부터 통신제한조치 허가서를 발부받아 카카오에 통신제한조치 허가서 사본을 교부하고 통신제한조치의 집행을 위탁하였는데, 카카오는 당시 카카오톡 대화를 실시간 감청할 수 있는 설비를 보유하고 있지 않았기 때문에 이에 카카오는 이 사건 위 통신제한조치 허가서에 기재된 기간 동안 3~7일마다 정기적으로 서버에 저장된 송수신 대화 내용 부분을 추출한 다음 이를 보안 이메일에 첨부하거나 저장매체에 담아 수사기관에 제공한 사안에 대해 대법원은 "통신제한조치 허가서에 기재된 통신제한조치의 종류는 전기통신의 '감청'이므로, 수사기관으로부터 집행위탁을 받은 카카오는 통신비밀보호법이 정한 감청의 방식, 즉 전자장치 등을 사용하여 실시간으로 이 사건 대상자들이 카카오톡에서 송·수신하는 음향·문언·부호·영상을 청취·공독하여 그 내용을 지득 또는 채록하는 방식으로 통신제한조치를 집행하여야 하고 임의로 선택한 다른 방식으로 집행하여서는 안 된다고 할 것이다. 그런데도 카카오는 이 사건 통신제한조치 허가서에 기재된 기간 동안, 이미 수신이 완료되어 전자정보의 형태로 서버에 저장되어 있던 것을 3~7일마다 정기적으로 추출하여 수사기관에 제공하는 방식으로 통신제한조치를 집행하였다. 이러한 카카오의 집행은 동시성 또는 현재성 요건을 충족하지 못해 통신비밀보호법이 정한 감청이라고 볼 수 없으므로 이 사건 통신제한조치 허가서에 기재된 방식을 따르지 않은 것으로서 위법하다고 할 것이다. 따라서 이 사건 카카오톡 대화 내용은 적법절차의 실질적 내용을 침해하는 것으로 위법하게 수집된 증거라 할 것이므로 유죄 인정의 증거로 삼을 수 없다"라고 판시[4]한 바 있다. 동일한 대화의 내용에 대하여 법원의 심사를 받아 지득·채록하는 경우라도 실시간 데이터와 송수신이 완료된 데이터에 대해 적합한 허가서 또는 영장에 따르지 않은 수집 절차는 위법하다는 판결이다.

나. 우체물, 전자우편, 회원제정보서비스

우체물, 이메일, SNS 서비스, 클라우드 서비스 등은 모두 사업자가 구축해 놓은 서비스를 이용하여 서비스 이용 주체가 생성한 컨텐츠에 해당하며 송수신이 완료된 상태이면 압수·수색영장을 활용하여 취득해야 한다.

형사소송법 제107조 제1항[5]은 "법원은 필요한 때에는 피고사건과 관계가 있다고 인정할 수 있는 것에 한정하여 우체물 또는 「통신비밀보호법」 제2조 제3호에 따른 전기통신(이하 '전기통신'이라 한다)에 관한 것으로서 체신관서, 그 밖의 관련 기관 등이 소지 또는 보관하는 물건의 제출을 명하거나 압수를 할 수 있다"라고 규정하고 통신비밀보호법 제2조 제3호는 "전기통신"을 "전화·전자우편·회원제정보서비스·모사전송·무선호출 등과 같이 유선·무선·광선 및 기타의 전자적 방식에 의하여 모든 종류의 음향·문언·부호 또는 영상을 송신하거나 수신하는 것을 말한다"라고 규정하고 있다. '회원제정보서비스'라 함은 특정의 회원이나 계약자에게 제공하는 정보서비스 또는 그와 같은 네트워크의 방식을 말한다.

우체물을 포함하여 송수신이 완료된 전자우편, 회원제정보서비스에 대한 데이터는 압수·수색의 대상이며 형사소송법 제114조[6]에 따라 압수·수색 대상이 전

---

4 대법원 2016. 10. 13. 선고 2016도8137 판결.

5 전기통신에 관한 압수 규정은 2011. 7. 18. 공포된 개정 형사소송법에서 추가된 것이며 형사소송법 제219조는 해당 규정을 수사기관에 준용토록 하고 있다.

6 형사소송법 제114조(영장의 방식) ① 압수·수색영장에는 피고인의 성명, 죄명, 압수할 물건, 수색할 장소, 신체, 물건, 발부년월일, 유효기간과 그 기간을 경과하면 집행에 착수하지 못하며 영장을 반환하여야 한다는 취지 기타 대법원규칙으로 정한 사항을 기재하고 재판장 또는 수명법관이 서명날인하여야 한다. 다만, 압수·수색할 물건이 전기통신에 관한 것인 경우에는 작성기간을 기재하여야 한다.

기통신인 경우에는 영장에 작성기간을 기재하여야 하며 송수신이 완료된 전기통신에 대해 압수·수색을 한 경우 수사대상이 된 가입자에게 압수·수색 사실을 사후에 통지하여야 한다.[7]

3. 거래사실

가. 통신자료와 통신사실확인자료

전기통신사업법 제83조는 전기통신업무에 종사하는 자 또는 종사하였던 자는 그 재직 중에 통신에 관하여 알게 된 타인의 비밀을 누설하여서는 안 된다고 규정하고 있으며 다만, "수사관서의 장이 재판, 수사, 형의 집행 또는 국가안전보장에 대한 위해를 방지하기 위한 정보수집을 위하여 이용자의 성명, 주민등록번호, 주소, 전화번호, 아이디, 가입일 또는 해지일에 관한 자료의 열람이나 제출(이하 "통신자료 제공"이라 한다)을 요청하면 그 요청에 따를 수 있다"라고 규정하고 있다. 또한 통신자료 제공요청은 요청 사유, 해당 이용자와의 연관성, 필요한 자료의 범위를 기재한 서면(이하 '자료제공요청서'라 한다)으로 하여야 하며 실무적으로 자료제공요청서의 집행은 모사전송 등의 방법에 의하고 있다.

다만, 통신자료 제공요청과 관련한 일명 '회피연아 사건' 이후 수사기관은 통신자료를 취득하기 위해 압수·수색영장을 집행했으며 해당 사건의 상고심에서 피고 패소 부분을 파기하고, 이 부분 사건을 서울고등법원에 환송하는 판결[8]을

7 통신비밀보호법 제9조의3(압수·수색·검증의 집행에 관한 통지) ① 검사는 송·수신이 완료된 전기통신에 대하여 압수·수색·검증을 집행한 경우 그 사건에 관하여 공소를 제기하거나 공소의 제기 또는 입건을 하지 아니하는 처분(기소중지결정을 제외한다)을 한 때에는 그 처분을 한 날부터 30일 이내에 수사대상이 된 가입자에게 압수·수색·검증을 집행한 사실을 서면으로 통지하여야 한다.
② 사법경찰관은 송·수신이 완료된 전기통신에 대하여 압수·수색·검증을 집행한 경우 그 사건에 관하여 검사로부터 공소를 제기하거나 제기하지 아니하는 처분의 통보를 받거나 내사사건에 관하여 입건하지 아니하는 처분을 한 때에는 그 날부터 30일 이내에 수사대상이 된 가입자에게 압수·수색·검증을 집행한 사실을 서면으로 통지하여야 한다.

8 "검사 또는 수사관서의 장이 수사를 위하여 구 전기통신사업법(2010. 3. 22. 법률 제10166호로 전부 개정되기 전의 것) 제54조 제3항, 제4항에 의하여 전기통신사업자에게 통신자료의 제공을 요청하고, 이에 전기통신사업자가 위 규정에서 정한 형식적·절차적 요건을 심사하여 검사 또는 수사관서의 장에게 이용자의 통신자료를 제공하였다면, 검사 또는 수사관서의 장이 통신자료의 제공 요청 권한을 남용하여 정보주체 또는 제3자의 이익을 부당하게 침해하는 것임이

하였음에도 불구하고 여전히 대형 포털업체는 통신자료를 제공하기 위해 압수·수색영장을 요구하고 있다.

통신사실확인자료는 통신제한조치와 함께 통신비밀보호법에 정해진 절차에 따라 법원의 허가서를 받아 모사전송의 방식으로 이를 집행하고 자료를 제공받고 있다. 통신자료, 통신사실확인자료 모두 거래사실인 데이터에 해당하고 통신사실확인자료에는 통화 위치에 관한 실시간 데이터도 있는데, 이 또한 통신비밀보호법에 의한 허가서에 의해 취득하고 있다.

나. 금융거래자료 등

금융거래자료는 압수·수색영장의 집행에 의하여 취득하지만 수사기관은 금융실명법에서 규정하는 바에 따라 금융위원회가 정하는 표준 양식을 활용하여 금융기관에 자료를 요구하여야 한다.

형사소송법은 압수·수색에 관하여 수사관이 직접 강제력을 행사하여 압수물을 취득할 수 있는 세부 규정을 마련해 두고 있다. 이에 반하여 금융실명법 제4조 제1항은 우선 금융회사 등에 종사하는 자가 명의인의 서면상의 요구나 동의를 받지 아니하고는 그 금융거래의 내용에 대한 정보 또는 자료를 타인에게 제공하거나 누설하여서는 아니 된다고 규정한 후에 단서에서 법원의 제출명령 또는 법관이 발부한 영장에 따른 거래정보 등의 제공은 가능하다는 방식으로 규정하고 있다. 또한 금융회사 등에 종사하는 자가 제4조 제1항 또는 제2항을 위반하여 거래자료 등의 제공을 요구받은 경우에는 그 요구를 거부하여야 한다는 규정을 두고 있다. 이러한 규정의 취지는 수사기관이 강제력을 행사하여 자료를 취득할 수 있도록 규정한 형사소송법과는 달리 자료 제공의 주체와 자료 요구 방식의 심사권을 금융기관에게 부여했다는 점에 주목할 필요가 있다.

금융거래자료 이외에도 거래사실에 관하여 수사기관에서 취득하는 자료에는 신용거래자료, 의료기록, 물품배송내역, DNA 자료, 보험가입내역, 도메인 등록내역, VPN 서비스 사용 내역, 위치자료 등 다양하며 예금인출내역과 신용카드 사

객관적으로 명백한 경우와 같은 특별한 사정이 없는 한, 이로 인하여 이용자의 개인정보자기결정권이나 익명표현의 자유 등이 위법하게 침해된 것이라고 볼 수 없다."; 대법원 2016. 3. 10. 선고 2012다105482 판결.

용내역 등은 과거 거래내역뿐만 아니라 미래의 사용내역 등 실시간 자료까지 수사에 활용하고 있는 것이 현실이다. 실무상 이러한 자료들은 사업자에 대한 공문서의 집행 또는 압수·수색영장에 의해 취득하고 있다.

4. 시사점

사업자가 보관하고 있는 데이터에는 서비스 이용자가 직접 생성하여 전송 또는 저장한 컨텐츠와 사업자가 서비스 이용자와의 거래사실에 관하여 생성하여 기록한 자료로 구분되고 이러한 자료들은 송수신이 완료되어 보관된 자료와 실시간 자료로 구분된다. 그러나 우리의 법제는 이러한 데이터의 구분에 따라 일관된 규율을 하지 않고 전기통신사업법, 통신비밀보호법, 금융실명법, 형사소송법 등 다양한 법률을 적용하여 규율하고 있다. 또한 통신자료를 통신자료제공요청서에 의해 취득하기도 하고 압수·수색영장의 집행을 통해서 취득하기도 하며 통신 기지국에 대한 자료를 압수·수색영장의 집행으로 취득하는 것을 보면 통신에 관한 자료의 취득 방법에도 일관성이 없다.

통신제한조치의 경우 실시간 전송 중인 대화의 내용에 대해서는 정해진 범죄에 대한 예외적인 경우에 한하여 허가서에 의해 조치하고 있으나 동일한 정도의 보호를 요구하는 카카오톡 서비스의 대화 내용이나 이메일 등에 저장된 대화의 내용 등은 관련 범죄의 제한 없이 압수·수색영장에 의해 취득할 수 있도록 허용하고 있는 등 데이터의 보호 정도에 따라 이를 규율하지 않고 있으며 전송 중인지, 전송이 완료되었는지를 기준으로 법률의 적용을 달리하고 있다. 이러한 현상은 우리의 법제가 사업자가 보관하는 데이터에 대한 개인정보의 침해 가능성에 주안점을 두고 정비되어 있지 않고 개별 사안에 따른 입법 목적에 따라 특별법을 제정함으로써 생긴 불균형으로 보인다.

제3절 데이터 취득 방식의 변화와 특성

1. 취득 방식의 변화와 취지

형사소송법 제199조 제2항은 "수사에 관하여는 공무소 기타 공사단체에 조회하여 필요한 사항의 보고를 요구할 수 있다"라는 규정을 두고 있다. 과거 수사기관은 이 규정에 따라 공문서의 발송을 통해 데이터를 보유한 공사단체에 관련 자료를 요청해 왔다.

형사소송법 제199조 제2항에 따른 자료 취득의 성질에 관하여 수사기관의 요청이 있으면 그 상대방인 공무소 등은 이에 협조할 의무가 있기 때문에 이러한 수사방식은 강제처분에 해당한다고 보는 견해도 있으나 공무소 등에 의무 이행을 강제할 방법이 없다는 점에서 임의수사의 일종으로 보아야 할 것이다.[9] 이러한 방식으로 조회한 자료들은 공소제기 이후 증거로 제출되기도 하지만 수사 단계에서는 혐의자를 추적하고 검거하는 단서로 사용되거나 범죄 혐의자를 용의선상에서 제외하거나 범죄를 재구성하기 위한 수사자료로도 사용된다.

정보통신서비스의 발달로 개인정보와 업무에 필요한 데이터를 보관하고 처리하는 방식이 혁신적으로 변화됨에 따라 공사단체가 생산하고 보관하는 데이터의 양은 급격히 증가하였으며 이러한 데이터는 수사에서도 필수적인 요소로 자리잡게 되었다. 반면, 사업자가 생성, 보관하는 데이터에 관하여 정보주체 및 관계인에 대한 보호의 필요성도 함께 증대된다.

이러한 데이터에 대해 "금융·통신 서비스가 제공되면서 강제처분의 새로운 대상으로 데이터가 등장하였고 이를 보호하기 위해 금융실명법과 통신비밀보호법을 제정하여 제3자 데이터에 대한 영장주의를 도입하였다"[10]라는 주장이 있으나 사업자가 보관하는 데이터가 강제처분의 새로운 대상이 된 것이라기보다는 그간 사실조회에 따른 임의수사의 방식[11]으로 취득해 왔던 수사 관행의 개선을 도

9 신동운, 신형사소송법 제5판, 2014, 284면.

10 김기범, "압수·수색영장의 전자적 제시에 관한 연구", 경찰학연구 제18권 제2호, 2018. 6, 150면.

11 "통신비밀보호법 상에 규정된 허가서의 경우 입법자가 종래 임의수사에 가까운 것으로 취급되었던 통신사실확인자료의 취득에 관하여도 영장주의를 도입하여 엄격한 절차를 규정해 놓고

모하고 정보주체를 보호할 필요성에 따라 데이터 취득의 요건을 강화한 것이라고 설명하는 것이 타당하다.

또한, 데이터를 보관하는 사업자 입장에서는 개인정보 보호법의 취지에 따라 법률상 근거가 없는 경우 관련 데이터를 수사기관에 제공할 수 없게 되었다. 금융실명법에서 법관이 발부한 영장에 따라 금융거래자료를 제공할 수 있도록 한 규정이나 통신비밀보호법이 통신사실 및 통신의 내용에 관하여 법원의 허가서에 의해 집행할 수 있도록 규정한 것은 수사기관에게는 사업자가 보관하고 있는 데이터에 대한 취득의 적법성을 부여하고[12] 사업자에게는 개인정보 보호법에도 불구하고 개인에 관한 자료를 수사기관에 제공할 수 있는 정당성을 확보해 주는 역할을 수행한다.

금융거래자료를 요구할 때는 법관의 영장이 필요하다는 것을 최초로 규정한 법률은 예금적금 등의 비밀보장에 관한 법률인데, 개정 이유를 보면 거래자료의 요구에 법관의 영장을 요건으로 규정한 취지를 알 수 있다. 1971. 1. 13. 시행된 예금·적금등의비밀보장에관한법률 개정 이유에서 "현행법은 예외적으로 민사소송법·형사소송법·국세징수법 또는 상속세법의 규정에 의하여 예금·적금 등에 관한 비밀의 정보제공을 금융기관에 요구할 수 있게 하였는바, 동 예외적인 규정이 수사기관이나 세무서 등에 의한 질문이나 조사보고의 요구시에는 특정인이나 특정 점포의 지정 없이 광범위한 자료 제공을 요구하게 될 우려가 많으므로 이러한 요인을 제거하여 이 법이 목적하는 실효를 거둘 수 있도록 하려는 것임"이라고 명시하고 있다. 당시에는 금융거래자료에 대한 프라이버시 보호 등의 취지라기보다는 "광범위한 자료 제공을 요구하게 될 우려가 많으므로 이러한 요인을 제거"함으로써 수사권의 남용을 억제하는 것이 주요 목적이었던 것으로 보인다.

결국, 사업자가 보관하는 데이터에 관하여 법관의 심사를 받아 이를 취득할 수 있도록 하는 절차가 마련되었으나 실질에 있어서는 사업자의 협조에 따른 임의적 방법에 의해 취득할 뿐만 아니라 제공받는 자료는 데이터의 원본이 아니라

있는 것이다."; 신동운, 신형사소송법 제5판, 법문사, 2014, 449면.

12 이관희·김기범·이상진, "정보에 대한 독자적 강제처분 개념 도입 연구", 치안정책연구 제26권 제2호, 2012, 86면.

자료조회에 대한 회신의 형태를 띠고 있어서 강제력의 행사에 의한 압수·수색의 집행 방법과는 본질적으로 다르다.

2. 취득의 특성

가. 자료 제출의 임의성

통신자료, 통신사실확인자료, 전자우편, 금융거래자료 등의 데이터를 취득함에 있어 각 취득에 필요한 요건들이 달라 통신자료제공요청서, 압수·수색영장 또는 허가서를 송부 또는 집행함으로써 자료를 확보하고 있지만 자료를 보관하고 이를 제공해 주는 사업자의 관점에서는 모두 임의적인 방식으로 수사기관에 관련 데이터를 회신해 주고 있다.

전기통신사업법 제83조 제3항은 "전기통신사업자는 법원, 검사 또는 수사관서의 장, 정보수사기관의 장이 재판, 수사, 형의 집행 또는 국가안전보장에 대한 위해를 방지하기 위한 정보수집을 위하여 다음 각 호의 자료의 열람이나 제출(이하 "통신자료 제공"이라 한다)을 요청하면 그 요청에 따를 수 있다"라고 규정하고 통신비밀보호법 제13조 제1항은 "검사 또는 사법경찰관은 수사 또는 형의 집행을 위하여 필요한 경우 전기통신사업법에 의한 전기통신사업자에게 통신사실확인자료의 열람이나 제출을 요청할 수 있다"라고 규정하고 있다. 이러한 규정들은 자료 제출의 요구와 제공이 모두 임의적인 것임을 암시하고 있다.

특히, 금융실명거래및비밀보장에관한법률안에 대한 검토 보고에는 "第2項 但書 規定에서도 <u>法官의 令狀에 의한 경우에는</u> 金融情報등을 保管 또는 管理하는 部署에 대하여도 去來情報등의 提供을 要求할 수 있도록 規定하고 있음. 이는 그동안 緊急命令의 委任根據없이 金融機關의 特定店鋪에만 金融去來情報를 要求하여야 하는 것을 범죄 수사상의 便利를 위하여 本店 電算室에도 一括照會가 가능하도록 施行令(金融實名去來및保障에관한緊急財政經濟命令 第4條의 施行에 관한 規定)에 規定하여 施行하고 있던 것을 法律에 明示하고자 하는 것임"[13]이라는 내용이 포함되어 있다. 금융거래자료는 영장에 의하는 경우도 강제집행의 방식에 의하는

13 금융실명거래및비밀보장에관한법률안 검토보고, 1997. 7, 6면.

것이 아니라 "거래정보 등의 제공을 요구"하는 방식으로 제공이 이루어지고 있다는 표현이라든지 "범죄 수사상의 편리"를 위해 거래정보를 관리하는 본점에서도 조회 가능하도록 한다는 표현 등을 보면 법관이 발부한 영장은 금융기관에서 자료를 수사기관에 제공할 수 있도록 하는 정당성을 부여해 주는 것일 뿐, 해당 영장을 이용하여 수사기관이 강제력을 행사하여 금융기관의 서버를 수색 후 압수하는 방식을 염두에 둔 것은 아니라는 점에 주목할 필요가 있다. 이러한 특성으로 인해 금융거래 추적 수사는 그 과정에서 대상자에게 물리적 강제력을 행사하는 것은 아니기 때문에 임의수사에 해당된다는 견해도 있다. 이는 강제수사의 의의와 관련하여 물리적 강제력의 유무를 기준으로 하는 입장에 선 견해이다.[14]

수사 실무상 사업자가 보관하고 있는 데이터는 압수·수색과 같이 직접적인 강제력을 행사하여 취득하는 것이 아니라 데이터를 보관하는 사업자의 동의와 협조에 따라 취득하게 된다. 결국, 자료의 요구나 제공이 임의적인 이상 형사소송법에서 규정하고 있는 것과 같이 압수·수색 시 건정을 열거나 개봉 등 처분을 한다든지(제120조), 야간집행을 제한한다든지(제125조), 집행 중지 시 장소를 폐쇄하거나 간수자를 둔다든지(제127조), 압수한 목록을 교부하는 등(제129조)의 규정들은 사업자가 보관하는 데이터의 취득에 그대로 적용할 수 없다는 점을 인식할 필요가 있다.

나. 데이터 사본의 제출

수사기관이 직접 감청하는 경우를 제외[15]하고 사업자가 보관하는 데이터의 취득은 일반적인 압수·수색에서의 압류와 달리 원본 데이터가 제공되는 것이 아니라 가공된 형태의 문서 사본이 이메일, 모사전송 등의 방법으로 수사기관에 회신된다. 특히, 거래사실에 관한 데이터의 경우 형사소송법 제315조[16]에 따라 당연

14 고은석, "수사기관의 금융거래 추적 수사와 영장주의의 예외", 법조 제58권 제7호, 2009, 140－141면.

15 직접 감청을 하는 경우에도 엄밀히 말하면 원본을 취득하는 것이 아니라 원본의 신호를 수사기관의 저장매체에 기록하는 것이다.

16 제315조(당연히 증거능력이 있는 서류) 다음에 게기한 서류는 증거로 할 수 있다.
 1. 가족관계기록사항에 관한 증명서, 공정증서등본 기타 공무원 또는 외국공무원의 직무상 증명할 수 있는 사항에 관하여 작성한 문서
 2. 상업장부, 항해일지 기타 업무상 필요로 작성한 통상문서

히 증거능력이 있는 서류에 해당하여 증거능력을 인정받기 위해 원본 데이터와 사본 데이터 사이의 무결성을 증명한다든지 관리 연속성을 증명하여야만 하는 성질의 것도 아니다.

이러한 방식의 데이터 취득에 의해 침해되는 것은 정보주체의 개인정보자기결정권 또는 사생활의 비밀이며, 유체물의 형태를 띤 것이 아니어서 이를 전제로 한 몰수, 환부, 가환부 등의 형사소송법 규정도 개입할 여지가 없다. 다만, 통신비밀보호법에는 인터넷 회선에 대한 통신제한조치로 취득한 자료의 폐기[17], 통신사실확인자료의 폐기[18] 등에 관한 특별 규정이 존재하는데, 사본 데이터에는 유체물에 적용되는 형사소송법상의 압수물 폐기[19] 규정을 적용할 수 없으며 통신비밀보호법에서 마련한 특별 규정과 같은 장치를 마련하여 데이터를 관리하여야 한다.

다. 자료 요구, 자료 제공 로그의 기록

전기통신사업법 제83조[20]와 통신비밀보호법 제13조[21]는 사업자가 통신자료

---

3. 기타 특히 신용할 만한 정황에 의하여 작성된 문서

17 통신비밀보호법 제12조의2(범죄 수사를 위하여 인터넷 회선에 대한 통신제한조치로 취득한 자료의 관리) ⑤ 검사 또는 사법경찰관은 제1항에 따른 청구나 제2항에 따른 신청을 하지 아니하는 경우에는 집행종료일부터 14일(검사가 사법경찰관의 신청을 기각한 경우에는 그 날부터 7일) 이내에 통신제한조치로 취득한 전기통신을 폐기하여야 하고, 법원에 승인청구를 한 경우(취득한 전기통신의 일부에 대해서만 청구한 경우를 포함한다)에는 제4항에 따라 법원으로부터 승인서를 발부받거나 청구기각의 통지를 받은 날부터 7일 이내에 승인을 받지 못한 전기통신을 폐기하여야 한다.
⑥ 검사 또는 사법경찰관은 제5항에 따라 통신제한조치로 취득한 전기통신을 폐기한 때에는 폐기의 이유와 범위 및 일시 등을 기재한 폐기결과보고서를 작성하여 피의자의 수사기록 또는 피내사자의 내사사건기록에 첨부하고, 폐기일부터 7일 이내에 통신제한조치를 허가한 법원에 송부하여야 한다.

18 통신비밀보호법 제13조(범죄 수사를 위한 통신사실확인자료 제공의 절차) ④ 제3항 단서에 따라 긴급한 사유로 통신사실확인자료를 제공받았으나 지방법원 또는 지원의 허가를 받지 못한 경우에는 지체 없이 제공받은 통신사실확인자료를 폐기하여야 한다.

19 형사소송법 제130조(압수물의 보관과 폐기) ① 운반 또는 보관에 불편한 압수물에 관하여는 간수자를 두거나 소유자 또는 적당한 자의 승낙을 얻어 보관하게 할 수 있다.
② 위험발생의 염려가 있는 압수물은 폐기할 수 있다.
③ 법령상 생산·제조·소지·소유 또는 유통이 금지된 압수물로서 부패의 염려가 있거나 보관하기 어려운 압수물은 소유자 등 권한 있는 자의 동의를 받아 폐기할 수 있다.

20 전기통신사업법 제83조(통신비밀의 보호) ⑤ 전기통신사업자는 제3항과 제4항의 절차에 따라 통신자료 제공을 한 경우에는 해당 통신자료 제공 사실 등 필요한 사항을 기재한 대통령령으로 정하는 대장과 자료제공요청서 등 관련 자료를 갖추어 두어야 한다.

를 제공한 경우와 통신사실확인자료를 제공한 경우 관련 자료를 갖추고 필요한 사항을 기재하여야 할 뿐만 아니라 과학기술정보통신부장관에게 보고하도록 규정하고 있다. 또한 금융실명법 제4조의3은 거래자료 등을 제공한 경우에는 금융위원회가 정하는 표준 양식으로 기록·관리하도록 규정하고 있다.

수사기관이 사업자에게 자료의 제공을 요청하는 경우 통신자료 제공 요구서, 통신사실확인자료 제공 허가서와 함께 수사기관의 신분증명서가 모사전송 등으로 제공되며 사업자 등이 제공한 데이터의 사본을 비롯하여 해당 자료의 송수신 로그가 수사기관 및 사업자에게 모두 남겨진다. 특히 이러한 보존 절차는 앞서 설명한 법령에 따라 법적으로 수행해야 할 의무이며 사후에 감사 등을 받는 등 자료의 요구와 제공에 관한 모든 사항이 통제·관리되고 있다.

로그의 기록은 수사기관의 집행 과정과 자료의 제공 과정이 상세히 기록됨으로써 압수·수색영장의 집행에서 요구되는 압수목록의 교부나 압수·수색 조서의 작성 등을 대체할 수 있다. 데이터 소유자의 개인정보자기결정권 등을 실질적으로 보호하기 위해서는 영장 및 허가서와 같이 법관의 사전심사를 거치도록 하는 것뿐만 아니라 자료의 제공과 관련한 사후 관리, 통제와 감사 등의 방법을 사용하는 것이 바람직하다.

라. 관계자 참여 필요성의 부재

형사소송법 제121조[22]는 법원의 영장 집행 시 당사자의 참여, 제123조[23]는

---

⑥ 전기통신사업자는 대통령령으로 정하는 방법에 따라 통신자료 제공을 한 현황 등을 연 2회 과학기술정보통신부장관에게 보고하여야 하며, 과학기술정보통신부장관은 전기통신사업자가 보고한 내용의 사실 여부 및 제5항에 따른 관련 자료의 관리 상태를 점검할 수 있다.

21 통신비밀보호법 제13조(범죄 수사를 위한 통신사실확인자료 제공의 절차) ⑤ 검사 또는 사법경찰관은 제3항에 따라 통신사실확인자료 제공을 받은 때에는 해당 통신사실확인자료 제공 요청사실 등 필요한 사항을 기재한 대장과 통신사실확인자료제공요청서 등 관련 자료를 소속기관에 비치하여야 한다.
⑥ 지방법원 또는 지원은 제3항에 따라 통신사실확인자료 제공 요청허가청구를 받은 현황, 이를 허가한 현황 및 관련된 자료를 보존하여야 한다.
⑦ 전기통신사업자는 검사, 사법경찰관 또는 정보수사기관의 장에게 통신사실확인자료를 제공한 때에는 자료 제공현황 등을 연 2회 과학기술정보통신부장관에게 보고하고, 해당 통신사실확인자료 제공사실등 필요한 사항을 기재한 대장과 통신사실확인자료제공요청서등 관련 자료를 통신사실확인자료를 제공한 날부터 7년간 비치하여야 한다.

22 제121조(영장 집행과 당사자의 참여) 검사, 피고인 또는 변호인은 압수·수색영장의 집행에 참여할 수 있다.

책임자의 참여에 대해 규정하고 있으며 제219조에 따라 이를 수사기관의 압수·수색에 준용하는 방식을 취하고 있다.

그런데 데이터를 보관하는 전기통신사업자 등에 대한 영장의 집행 시 관련 자료를 전기통신사업자 등이 직접 발췌하여 수사기관에 제공하기 때문에 수사기관의 영장 집행 현장에서 책임자 등이 참여하는 상황은 발생하지 않는다. 또한 통신자료에 대한 영장의 집행, 금융거래정보에 대한 영장 집행 시 수사 실무상 제121조에 규정된 당사자 등에게 통지하지 않았을 뿐만 아니라 각 사업자의 본점 전산실 등에서 사업자가 자료를 검색, 발췌하는 현장에 피의자 등을 참여시킬 현실적인 필요성도 없었다.

금융거래자료의 제공 후 금융기관 종사자가 계좌 명의인에게 통지하는 규정,[24] 전자우편에 대한 압수·수색 시 대상이 된 가입자에 대한 통지 규정[25]은 압수·수색 당시에 가입자 등 관계자의 참여가 없었음을 전제로 마련된 규정들로 보인다.

영장주의의 적용을 받게 된 통신사실확인자료의 제공이나 금융자료의 제공

---

23 제123조(영장의 집행과 책임자의 참여) ① 공무소, 군사용 항공기 또는 선박·차량 안에서 압수·수색영장을 집행하려면 그 책임자에게 참여할 것을 통지하여야 한다.
② 제1항에 규정한 장소 외에 타인의 주거, 간수자 있는 가옥, 건조물(建造物), 항공기 또는 선박·차량 안에서 압수·수색영장을 집행할 때에는 주거주(住居主), 간수자 또는 이에 준하는 사람을 참여하게 하여야 한다.
③ 제2항의 사람을 참여하게 하지 못할 때에는 이웃 사람 또는 지방공공단체의 직원을 참여하게 하여야 한다.

24 금융실명법 제4조의2(거래정보등의 제공사실의 통보) ① 금융회사등은 명의인의 서면상의 동의를 받아 거래정보등을 제공한 경우나 제4조제1항제1호·제2호(조세에 관한 법률에 따라 제출의무가 있는 과세자료 등의 경우는 제외한다)·제3호 및 제8호에 따라 거래정보등을 제공한 경우에는 제공한 날(제2항 또는 제3항에 따라 통보를 유예한 경우에는 통보유예기간이 끝난 날)부터 10일 이내에 제공한 거래정보등의 주요 내용, 사용 목적, 제공받은 자 및 제공일 등을 명의인에게 서면으로 통보하여야 한다.

25 통신비밀보호법 제9조의3(압수·수색·검증의 집행에 관한 통지) ① 검사는 송·수신이 완료된 전기통신에 대하여 압수·수색·검증을 집행한 경우 그 사건에 관하여 공소를 제기하거나 공소의 제기 또는 입건을 하지 아니하는 처분(기소중지결정을 제외한다)을 한 때에는 그 처분을 한 날부터 30일 이내에 수사대상이 된 가입자에게 압수·수색·검증을 집행한 사실을 서면으로 통지하여야 한다.
② 사법경찰관은 송·수신이 완료된 전기통신에 대하여 압수·수색·검증을 집행한 경우 그 사건에 관하여 검사로부터 공소를 제기하거나 제기하지 아니하는 처분의 통보를 받거나 내사사건에 관하여 입건하지 아니하는 처분을 한 때에는 그 날부터 30일 이내에 수사대상이 된 가입자에게 압수·수색·검증을 집행한 사실을 서면으로 통지하여야 한다.

에 관하여 애당초 피의자나 참여자의 참여가 전제되지 않고 있었다는 점에 주목해야 한다. 사업자가 보관하는 거래사실에 관한 데이터를 조회하고 수사기관에 회신하는 것은 차이가 없음에도 불구하고 압수·수색영장을 집행하는 경우에 형사소송법 제121조와 제123조를 엄격히 적용하여 사업자의 데이터 조회 현장(즉, 압수·수색영장의 집행 현장)에 피의자 등을 참여시켜야 한다고 해석하는 경우 이를 위반하여 회신받은 데이터는 위법수집증거로서 증거능력을 상실하게 되는 문제점이 생긴다.

3. 시사점

사업자가 보관하는 데이터의 무분별한 취득을 방지한다거나 개인정보에 대한 보호를 강화하기 위해 법관의 심사를 받도록 하여 요구와 제공을 엄격히 해놓은 것을 제외한다면, 사업자가 업무상 보관하고 있는 데이터를 수사기관에 제공하는 방식은 종전의 사실조회와 다를 바 없다.

사업자의 동의와 협조에 의해 자료를 회신받는 경우 실무 관행은 요구와 제공에 관한 근거 자료들이 수사기관과 사업자 양측에 보관, 관리될 뿐만 아니라 수사기관이 무관한 데이터를 수색하여 필요한 데이터를 선별하는 절차가 생략되어 사업자가 허가서와 영장에 기재된 사항만을 제공하기 때문에 오히려 유체물에 대한 압수·수색보다 그 집행상의 침해가 경감된다.

사업자가 보관하는 데이터를 취득함에 있어 유체물에 적용된 압수·수색 관련 규정을 엄격히 적용하기보다는 데이터를 취득하는 현실을 반영하여 합리적으로 해석하고 적용할 필요가 있으며, 정보주체의 권리를 보호하는 측면에서 전기통신사업법, 통신비밀보호법, 금융실명법 등에서 정하는 통지, 보고, 기록의 유지 등의 통제 방식을 데이터에 대한 압수·수색영장의 집행에도 적용할 수 있는 통일적인 입법이 필요하다.

제4절 사업자에 대한 영장 집행 절차와 방식의 현실화

1. 피의자 참여권 통지의 생략

가. 피의자 참여권 통지와 관련한 법원의 입장

카카오톡 대화 내용을 확보하기 위해 카카오톡 서버에 대한 압수·수색을 실시하면서 피의자에게 압수·수색 사실을 알려주지 않은 사안에서 서울중앙법원은 "카카오톡에 대한 압수·수색 집행 과정에서 피의자 또는 변호인에게 집행의 일시와 장소를 통지하지 않았고 통지의 예외 사유인 형사소송법 제122조의 '급속을 요하는 때'에도 해당하지 않는다며 해당 사건의 압수·수색은 참여권을 보장하지 않아 위법하다"라고 판단하였고[26] 상고심에서도 항소심의 판단을 수긍하였다.[27]

---

26 서울중앙지방법원 2016. 2. 18. 2015보6 준항고 결정.

1. 사실관계

검찰은 2014. 5. 18. 열린 '세월호 참사 추모 침묵행진'을 기획한 혐의로 피의자인 준항고인을 수사하면서 준항고인의 카카오톡 대화 내용 등을 확보하기 위해 카카오톡 서버에 대한 압수·수색을 실시한 후 2014. 11.경 준항고인을 '집회및시위에관한법률위반' 등으로 불구속기소하였다.

준항고인은 불구속기소된 이후 뒤늦게 카카오톡 대화 내용의 압수·수색 사실을 알게 되었고, 이에 준항고인은 검찰이 압수·수색 사실을 미리 알려 주지 않아 참여권을 보장하지 않았고, 집행 당시 영장 원본을 제시하지도 않았으며, 압수목록도 교부하지 않았고, 범죄혐의와 관련 없는 카카오톡 대화 내용도 모두 압수하였다는 이유로 서울중앙지방법원에 위 압수·수색 처분은 위법하므로 취소하여 달라는 내용의 준항고를 제기하였다.

2. 결정의 요지

준항고 법원은 이 사건 압수·수색의 위법성에 대하여, "피의자 등에게 압수·수색영장 집행 과정에 참여권을 보장한 것은 압수·수색 집행의 절차적 적법성을 확보하여 영장주의를 충실하게 구현하기 위한 것인데, 피의자 등에게 참여권이 보장되지 않았다면 특별한 사정이 없는 이상 압수·수색은 위법하다.", "특히 형사소송법 제122조 단서의 '급속을 요하는 때'에 해당하는지 여부와 관련하여, '급속을 요하는 때'란 '압수·수색영장 집행 사실을 미리 알려주면 증거물을 은닉할 염려 등이 있어 압수·수색의 실효를 거두기 어려운 경우'를 의미하는데, 압수·수색의 대상인 카카오톡 대화 내용은 주식회사 카카오톡의 서버에 보관 중으로 피의자 등이 접근하여 관련 정보를 은닉하거나 인멸할 수 있는 성질의 것이 아니고, 수사기관은 영장이 발부된 후 이틀이 지나 압수·수색을 실시하여 급박하게 이루어진 것으로 볼 수 없다고 보아 예외 사유에도 해당하지 않는다."고 판단하였다. 나아가 압수·수색 처분을 취소할 지 여부에 대하여, "수사기관의 증거 수집 과정에서 영장주의 등 절차적 적법성을 확보하고 국민의 기본권을 보장하여야 할 필요와 실체적 진실 규명의 요청을 비교, 형량하여 참여권을 보장하는 취지, 급속하게 집행될 사유가 없었던 사정, 압수·수색으로 확인한 자료가 준항고인의 내밀한 사생활의 비밀에 속하는 사정 등에 비추어 압수·수색 영장의 원본의 제시, 압수 또한 다른 사건에서 대법원은 이메일에 대한 압수·수색영장을 집행하면서 피의자에 대한 사전통지를 결략한 사안에서 "형사소송법 제122조의 급속을 요하는 때라 함은 압수·수색영장 집행 사실을 미리 알려주면 증거물을 은닉할 염려 등이 있어 압수·수색의 실효를 거두기 어려울 경우를 의미한다"라고 판단하였다.[28]

나. 압수·수색에서 법원과 수사기관의 차이

법원의 압수·수색에는 검사, 피고인 또는 변호인이 압수·수색영장의 집행에 참여할 수 있으며(형사소송법 제121조) 법원은 검사, 피고인 또는 변호인이 압수·수색영장의 집행에 참여하지 않는다고 의사를 명시하거나 급속을 요하는 경우가 아닌 한 미리 압수·수색영장을 집행하기 전에 영장 집행의 일시와 장소를 통지하여야 한다(형사소송법 제122조).

법원의 압수·수색에서 참여권자는 재판의 당사자들이며 피고인도 당사자로서의 지위를 가지기 때문에 검사와 동등하게 법원의 집행 현장에 참여할 수 있도록 규정한 것이다. 반면, 수사 중의 압수·수색은 범죄의 혐의를 확인하거나 아직 확정되지 않은 피의자를 특정하는 경우에도 활용되는 등 피의자가 수사기관과 동등한 당사자로서의 지위를 가지기보다는 수사 대상으로서의 지위를 가지게 된다. 많은 수사 사례에서 범죄는 존재하나 피의자가 특정되지 않은 경우가 비일비재하며 설사 피의자가 특정된 경우라도 증거인멸 및 도주의 우려를 방지하기 위해 수사의 밀행성이 유지되어야 할 필요성도 존재한다.

결국 공소가 제기된 피고인과 공소를 제기한 검사는 대등한 당사자의 지위를 갖기 때문에 법원이 주도하여 증거를 수집할 때는 당연히 검사나 피고인을 배제해서는 안 되고 양측의 입회하에 공정하게 증거를 조사해야 하며 법원의 압수·수색 집행 대상이 피고인의 물건이 아니라고 할지라도 피고인에게 참여권이 부장

물 목록 교부, 피의 사실과의 관련성 등 준항고인의 나머지 주장에 대하여 더 나아가 살펴볼 필요없이 이 사건 압수·수색의 취소는 면할 수 없다"고 결정하였다.

27 대법원 2022. 5. 31. 자 2016모587 결정.

28 "수사기관이 이 사건 이메일 압수·수색영장 집행시 급속을 요하는 때에 해당한다고 보아 사전통지를 생략한 것이 위법하다는 피고인들의 주장을 배척한 제1심판결을 그대로 유지한 조치는 정당한 것으로 수긍이 가고, 거기에 상고이유 주장과 같이 압수·수색영장 집행이나 위법수집증거배제법칙에 관한 법리를 오해하는 등의 위법이 있다고 할 수 없다."; 대법원 2012. 10. 11. 선고 2012도7455 판결.

되어야 한다. 그런데 법원의 압수·수색에 관한 피고인 참여권 규정을 그대로 수사기관에 준용할 때는 문제가 발생한다. 공개가 원칙인 재판과는 달리 비공개가 원칙인 수사에서 장래 피고인이 될지도 모른다는 이유 때문에 피의자에게 증거물 수집 또는 증거조사에 대한 입회권을 부여하는 것은 바람직한 일이 아니다. 따라서 피의자가 피압수자가 아닌 경우 피의자에게 참여권을 주는 조항들은 개정이 시급하다.[29]

다. 당사자 참여 규정의 취지와 통지 생략의 가능성

디지털 증거와 관련하여 증거능력상 진정성 문제가 다투어지므로 피의자나 소유자를 참여하게 하고 확인을 받는 절차를 거치면 향후 다툼의 소지를 없앨 수 있어 소송 진행을 원활히 할 수 있고, 나아가 검색 과정이 복잡할 때 소유자의 도움을 받을 수 있어서 편리할 수도 있고 이러한 편리를 도모하기 위해 수사기관이 임의로 피의자나 소유자를 참여하게 할 수는 있으나 참여가 피의자의 권리는 아니라는 의견[30]도 있다.

반면, 피의자 또는 참여권자의 참여, 영장의 제시 등을 규정한 형사소송법의 취지에 대해 대법원은 "영장주의에 의한 적법한 집행을 확보하고, 피압수자 측의 사생활의 비밀과 자유, 주거의 자유, 경제활동의 자유 등과 같은 기본적 인권을 보호하기 위한 것"이라는 입장이며 특히 피의자 등의 참여권에 대해서는 "수사기관의 압수·수색에 피의자 또는 변호인, 책임자 등의 참여를 보장하는 형사소송법 제219조, 제121조, 제123조의 규정이 영장에 의한 적법한 압수·수색을 사전에 실효성 있게 확보하기 위한 제도적 수단으로서 중요하게 작용할 수 있다. 수사기관이 저장매체에 대한 압수·수색 과정에서 피압수자 측에게 참여의 기회를 주지 않게 되면 수사기관은 무관정보를 제한 없이 취득할 수 있게 되어 압수·수색의 대상을 유관정보에 한정한 영장의 적법한 집행을 확보할 수 없게 된다"라고 판시하고 있다.[31]

대법원은 피의자 등의 참여권과 피압수자의 참여권을 분리하지 않은 채 종

29 김희균, "우리 법상 영장 없는 수색 및 검증의 범위", 형사법제 비교연구 포럼 제1편, 형사법아카데미, 2018, 4면.

30 이완규, "디지털 증거 압수·수색과 관련성 개념의 해석", 법조, 2013, 150면.

31 대법원 2015. 7. 16. 2011모1839 전원합의체 결정.

합하여 판시하고 있으나 대법원이 밝힌 바와 같이 "영장의 적법한 집행을 확보" 하기 위해서는 피압수자의 참여만으로도 그 목적을 달성할 수 있기 때문에 형사소송법 제121조, 제219조에 따른 피의자의 참여가 없는 경우 적법한 압수·수색영장의 집행이 보장되지 않는다고 볼 것은 아니다.

특히 사업자가 보관하는 데이터에 대한 영장의 집행에 있어서는 피압수자 측의 사생활의 비밀과 자유, 주거의 자유, 경제활동의 자유 등의 침해상황, 무관 정보를 제한 없이 취득할 수 있는 상황이 발생하지 않기 때문에 당사자 참여의 필요성이 현저히 떨어지며 대용량의 데이터베이스를 보유한 사업자가 데이터 관리 소프트웨어를 통해 압수·수색영장에 기재되어 있는 자료를 선별할 때 선별 현장에 피의자 등이 참여할 실익은 크지 않다.

2. 영장제시 방법의 현실화

가. 모사전송에 의한 영장 집행에 관한 법원의 입장

서울중앙지방법원은 2014고단4122 사건에서 "수사기관이 압수한 카카오톡 대화 기록은 압수·수색 당시 카카오톡에 압수·수색 영장의 원본을 제시하지 않았고 팩스로 보냈으며 사후에도 영장의 원본을 제시하지 않았으며, 압수·수색 영장 집행 후 압수물 목록도 교부하지 아니하여 카카오톡 대화 기록은 위법수집 증거이므로 증거능력이 인정되지 않는다"라고 판시하였다.

대법원은 수사기관이 금융거래자료와 이메일에 대한 영장을 모사전송의 방법으로 집행한 사건에서 "영장은 처분을 받는 자에게 반드시 제시되어야 하고(형사소송법 제219조, 제118조[32]), 압수물을 압수한 경우에는 목록을 작성하여 소유자, 소지자 등에게 교부하여야 한다(같은 법 제219조, 제129조). 이러한 형사소송법과 형사소송규칙의 절차 조항은 헌법에서 선언하고 있는 적법절차와 영장주의를 구현하기 위한 것으로서 그 규범력은 확고히 유지되어야 한다. 그러므로 형사소송법 등에서 정한 절차에 따르지 않고 수집된 증거는 기본적 인권 보장을 위해 마련된 적법한 절차에 따르지 않은 것으로서 원칙적으로 유죄 인정의 증거로 삼을

32 형사소송법 제118조(영장의 제시) 압수·수색영장은 처분을 받는 자에게 반드시 제시하여야 한다.

수 없다"라고 판시[33]하였고 이메일에 대해 모사전송의 방법으로 영장을 집행한 사안에서는 "수사기관은 위 압수·수색영장을 집행할 당시 공소외 1 주식회사에 팩스로 영장 사본을 송신한 사실은 있으나 영장 원본을 제시하지 않았고 또한 압수조서와 압수물 목록을 작성하여 이를 피압수·수색 당사자에게 교부하였다고 볼 수도 없다고 전제한 다음, 위와 같은 방법으로 압수된 위 각 이메일은 헌법과 형사소송법 제219조, 제118조, 제129조가 정한 절차를 위반하여 수집한 위법수집증거로 원칙적으로 유죄의 증거로 삼을 수 없고, 이러한 절차 위반은 헌법과 형사소송법이 보장하는 적법절차 원칙의 실질적인 내용을 침해하는 경우에 해당한다"라고 판시[34]하였다.

나. 수사기관의 영장 집행 관행

수사기관은 1990년대 후반부터 업무의 효율성을 제고하기 위해 금융, 통신사 등을 대상으로 모사전송과 전자우편을 이용해 영장을 제시하였고 지난 20년 동안 아무런 탈 없이 운영되어 왔다.[35]

모사전송의 방법 등에 의한 전자적 제시는 수사의 신속성, 효율성 그리고 밀행성을 보장하고 집행 현장에서 당사자 간에 마찰을 최소화할 수 있어 적극 활용되고 있다. 경찰청의 통계에 따르면 영장의 전자적 제시 건수가 물리적 제시 건수를 이미 넘어섰다. 2017년 금융영장 신청 건수(116,889건)는 전체 압수·수색영장 신청 건수(203,977건) 중 57.3%를 차지할 정도이다.[36]

모사전송 등의 방법으로 영장을 집행할 때 수사관은 집행하는 사람이 누구인지를 알리기 위해 신분증 사본을 함께 전송하고, 이를 접수받는 곳에서는 수사관의 신분을 가진 사람이 진정하게 성립된 영장의 사본을 전송하였다고 판단하면 영장에 기재된 사항을 조회하여 수사기관에 회신한다. 이때, 모사전송, 이메일(e-mail) 혹은 CD, DVD, USB 등의 이동식 저장매체를 통해 회신하게 되는데, 가입자 정보 등 압수하는 데이터의 양이 적은 경우 모사전송 방법으로 회신되기도 하지만, 대량의 데이터인 이메일 자료, 통화내역, 기지국 위치자료, 로그 기록

---

33 대법원 2019. 3. 14. 선고 2018도2841 판결.

34 대법원 2017. 9. 7. 선고 2015도10648 판결.

35 김기범, "압수·수색영장의 전자적 제시에 관한 연구", 경찰학연구 제18권 제2호, 2018. 6, 150면.

36 김기범, "압수·수색영장의 전자적 제시에 관한 연구", 경찰학연구 제18권 제2호, 2018. 6, 151면.

등은 첨부파일 형식으로 이를 요청한 수사관의 이메일로 전송해 주는 것이 대부분이다. 위와 같이 사업자가 보관하는 데이터를 회신받은 수사관은 회신받은 데이터를 출력하여 수사기록에 첨부하여 이를 송치해 왔다.[37] 수사 실무상 영장의 집행과 자료를 제공받는 과정 전체는 일반적인 압수·수색과 전혀 다른 모습을 하고 있다.

다. 모사전송에 의한 영장 집행의 연혁과 성질

통신사실확인자료를 취득하기 위해서 법관의 허가서가 필요함에도 불구하고 이의 집행은 모사전송의 방식에 의한다. 이는 2005년 통신사실확인자료의 승인주체가 법원의 허가 사항이 됨에 따라 정보통신부의 '통신비밀 보호업무 처리지침'이 제정되었고 동 지침에 따라 모사전송에 의한 요청을 하고 있다. 금융거래자료를 요구하기 위한 압수·수색영장의 집행에 관하여 금융실명거래업무해설은 "금융정보제공을 요구할 때 금융위원회가 정하는 표준 양식에 의하여 팩스로 요청할 수 있다"라고 설명한다.[38] 법관의 심사를 통하여 영장주의의 적용을 받게 되었다는 통신사실확인자료의 경우 모사전송에 의한 집행을 허용하면서 사실상 자료의 요구와 제공의 방식이 다르지 않은 이메일 자료 등의 압수·수색에는 이를 허용하지 않는 것은 균형에 맞지 않다.

1993. 8. 12. 시행된 금융실명거래및비밀보장에관한긴급재정경제명령[39] 재무위원회에서 "비밀보장을 어떻게 일반 국민에게 확신시켜 줄 수 있는가 하는 점은 바로 실명제를 성공적으로 정착시킬 수 있는 관건이라고 말할 수 있습니다. 금융정보 자료 제공에 대한 한계를 보다 명확하게 명시하거나 금융기관이 다른 국가기관으로부터 부당한 자료 제공 요청을 거부할 수 있는 법적 제도적 장치를 강화해야 한다고 봅니다"라는 질의내용에 대해 재무부장관은[40] "정부도 금융실명제를

37 이정희·김지현, "제3지 보관 디지털 증거의 압수 관련 문제점 및 개선방안 연구", 디지털 포렌식 연구 제8권 제1호, 2014, 87면.

38 (나. 정보제공 요구방법(실명법 제4조 제2항) (1) 다음 각호의 사항을 기재한 금융위원회가 정하는 표준 양식(금융위원회고시(2009-49호): 72~75쪽 참조)에 의하여 요구하는 경우에 정보제공 가능 (FAX요청시도 가능); 은행연합회, 금융실명거래 업무해설, 2016. 8, 46면.

39 금융실명거래및비밀보장에관한긴급재정경제명령 [시행 1993. 8. 12.] [대통령긴급재정경제명령 제16호, 1993. 8. 12., 제정].

40 제14대 국회 163회 1차 재무위원회 국회회의록.

성공적으로 정착시키기 위해서는 금융거래정보에 대한 비밀보장이 무엇보다도 중요하다고 생각되어서 그 보완대책을 강구하였습니다. 먼저, 이번 긴급명령의 제목을 금융실명거래및비밀보장에관한긴급명령으로 해서 정부의 비밀보장에 대한 정책의지를 분명히 하였습니다. 또한 금융거래정보는 예금주의 동의없이는 원칙적으로 요구하거나 제공되지 못하도록 하고 법원의 제출명령, 조세에 관한 법률에 의한 조사, 금융감독 검사에 필요한 경우 법률에 의해서 불특정 다수인에게 공개가 인정되어 제공하는 경우에 한해서만 예외적으로 금융정보가 제공되도록 하되 이 경우에도 필요한 최소한의 범위내에서 문서에 의해서 특정 점포별로 요구하도록 하고 부당한 정보제공 요구를 받는 경우에도 금융기관이 이를 거부하도록 의무화하였습니다"라고 답변하였다.

금융거래자료는 강제집행에 의한 압류의 개념이 아니라 그간 공문 등에 의해 쉽게 제공되던 관행을 개선하여 금융거래의 비밀을 보장하는 것이 법의 취지이며 "문서에 의해" 자료를 요구하도록 하고 이러한 문서의 방식에 대해서 금융기관 연합회가 정하여 모사전송집행을 허용하였다면 이러한 방식도 제시의 개념에 포함시켜야 함이 타당하다.

형사소송법 제118조의 입법 취지는 법관이 발부한 영장 없이 압수·수색하는 것을 방지하고 압수·수색영장에 기재된 물건, 장소, 신체에 대해서만 압수·수색을 하도록 하려는 것을 보장하는데 있다.[41] 영장의 제시라는 일정한 형식을 거치도록 함으로써 수사기관이 행하는 강제처분의 적법성을 시민에게 가시적으로 납득시킴과 동시에 수사기관의 강체처분 남용을 심리적으로 견제하는 이중의 효과가 있다.[42] 영장을 피처분자에게 제시할 것을 요구하고 있는 취지는 피처분자로 하여금 압수·수색의 이유와 범위를 포함한 그 내용을 알게 함으로써 개인의 프라이버시와 재산권의 침해를 최소화하면서 절차의 명확성과 공정성을 담보하기 위함으로 해석할 수 있다.[43]

그러나 사업자가 보관하는 데이터에 대한 압수·수색의 경우 오프라인에서의

41 이영돈, "수사상 압수·수색영장의 제시", 경찰법연구 제11권 제1호, 2013, 224면.

42 신동운, 신형사소송법 제5판, 법문사, 2014, 230면.

43 강구민·김창우·오경식, "압수·수색영장 집행에 있어 참여권자에 관한 소고", 법학논집 제22편 제2호, 2015, 531면; 민영성, "압수·수색영장의 집행에 있어서 '필요한 처분'과 영상사전제시 원칙의 예외", 인권과 정의 제357호, 대한변호사협회, 2006, 96면.

책임자, 주거주 또는 소지자, 소유자, 보관자의 지위는 데이터를 보유한 사업자가 될 것이고 자료를 제공하는 주체인 사업자와 합의된 방법으로 제시된다면 제118조의 취지에 부합한다고 해석하여야 한다.

라. 사본에 의한 제시의 허용성 판단

사업자가 보관하는 데이터의 취득을 목적으로 하는 압수·수색은 모사전송에 의한 영장의 제시를 통해 자료를 요구하고 사업자 측은 사본의 형태로 자료를 제공하기 때문에 일반적인 압수·수색에서와 같이 압류에 해당하는 행위와 수색에 해당하는 행위가 없음에도 불구하고 법원이 모사전송에 의한 영장의 제시가 "기본적 인권 보장을 위해 마련된 적법한 절차에 따르지 않은 행위"라고 판단한 것은 쉽게 납득하기 어렵다.

모사전송에 의한 영장의 집행은 정보통신의 발달에 따라 비로소 가능하게 된 것이다. 오히려 강제력을 행사하는 일반적인 방법에 비하여 덜 침해적인 비대면, 사본 제시 방법은 허용될 필요가 있음에도 통신비밀보호법을 제외하고 대부분의 법률에서 이에 대한 명시적 근거를 두지 않고 있어[44] 아쉬울 뿐이다.

사업자가 보관하고 있는 데이터에 대한 영장의 집행에 있어 모사전송에 의한 방법은 당초 영장의 제시를 통해 구현하려는 제반 목적을 침해하는 바가 없으며 수사 효율성과 자료를 제공하는 사업자의 편의성에도 부합하고 영장의 사본이 모두 사업자에게 전송되어 사업자가 영장의 기재사항을 면밀히 검토할 수도 있기 때문에 허용을 적극 검토하여야 한다. 다만, 사본의 진위 여부 등을 식별할 필요성이 있으며 사업자가 영장 사본의 진위 여부를 다투면서 자료 제공을 거부할 경우에는 진위를 입증하거나 원본을 제시하는 등의 방법을 취해야 한다. 이에 따라, 입법부는 2021. 10. 19. 형사사법절차에서의 전자문서 이용 등에 관한 법률을 제정(2024. 10. 20. 시행)하면서, 사본에 의한 영장제시 등의 문제를 고려하여 동법 제17조에 영장 등이 전자문서로 발부된 경우에는 전자문서를 제시하거나 전송하는 방법으로 영장을 집행할 수 있도록 규정하였다.

---

44 김기범, "범죄 수사에서 제3자 정보 요청에 관한 입법체계", 한국위기관리논집 Vol13 no8, 2017, 90면.

제5절 보전명령, 제출명령 제도의 도입

1. 사업자의 수인의무 부여 필요성

텔레그램[45]과 같이 검열받지 않을 자유를 모토로 삼는 메신저 서비스의 경우 전송 도중에는 메시지가 암호화되어 있어 내용을 확인할 수 없으며, 서비스 사업자의 서버에 남아 있는 자료가 있더라도 사업자의 협조 없이는 그 자료를 확보할 방법이 없다. 애플사는 미연방수사국(FBI)로부터 아이폰 인증체제에 대한 보안 해제를 요구받았으나 거부하였고[46] 우리나라 카카오 서비스는 수사기관의 감청 요청에 대한 협조를 거부하겠다고 밝히기도 했다.[47] 또한 암호화와 같은 최근의 기술들은 수사기관에게 강제처분의 권한이 주어진다고 할지라도 사업자의 협조 없이는 사실상 자료를 취득할 수 없게 한다.

금융계좌를 확인하기 위한 압수·수색영장의 집행, 카카오톡 대화 내용 등을 채록하기 위한 압수·수색영장의 집행 등에 있어서도 실무상 각 기관의 담당 부서를 통해 자료를 제출받고 있다. 대용량 서버 내에서 데이터를 복구하거나 수집하는 경우에도 해당 사업자의 협조 없이는 영장에 의한 강제집행은 사실상 불가능한 것이 현실이다.

압수·수색영장의 집행에 의한 강제처분이 아니라 사실상 사업자의 협조에 따라 임의제출 방식으로 자료를 취득하는 실태를 반영하여 수사기관의 직접 집행 방식이 아니라 사업자로 하여금 협조의무를 부과하는 제도를 도입하는 것이 현실

45 텔레그램은 러시아 출신 파벨 두로프(36)와 니콜라이 두로프(40) 형제가 푸틴 정권의 검열을 피해 2013년 독일에서 만든 무료 메신저다. 두로프 형제는 러시아에서 소셜미디어 '브콘탁테(VK)'를 개발한 엔지니어다. 이들은 러시아 정부로부터 '반(反) 푸틴 운동' 가담자의 개인정보를 제출하라는 요구를 지속적으로 받았다. 하지만 두로프 형제는 이를 거부했고, 러시아를 떠나 독일로 망명했다. 독일에서 두로프 형제는 완벽한 보안을 자랑하는 메신저를 개발했는데 이게 바로 텔레그램이다(https://www.chosun.com/site/data/html_dir/2020/07/13/2020071303159.html 2020. 12. 29. 검색).

46 The Guardian, "US government files appeal in New York iPhone unlocking case", 2016. 3. 7. 보도.

47 한겨레, "카카오, 수사기관 카톡 감청 협조 중단", 2016. 10. 14. 보도(http://www.hani.co.kr/arti/economy/it/765723.html#csidx9ef63ac42536b8292ed66848904c109).

에 부합한다. 또한 데이터양의 증가에 따라 비용이 증가하므로 사업자 입장에서는 불필요한 데이터에 대한 저장 기간을 줄일 수 있기 때문에 일반적인 데이터는 삭제하더라도 범죄와 관련된 데이터에 대해서는 이를 보전할 수 있도록 하는 제도가 필요하다.

2. 보전명령의 의의

디지털 데이터는 범죄 혐의자가 증거를 인멸하기 위해 고의적으로 조작하거나 삭제할 수도 있으나, 데이터를 보관하고 있는 사업자의 부주의한 관리로 인해 상실될 수도 있으며, 데이터의 보관에 따른 비용 증대 등의 이유로 정기적으로 삭제하는 등 다양한 원인에 의해 소실될 수 있다. 특히 사업자는 개인정보 보호법에 따라 불필요한 개인정보를 파기하여야 하며 개인정보를 파기할 때에는 복구 또는 재생되지 않도록 조치하여야 한다.[48] 개인정보가 전자적 파일 형태로 되어 있는 경우에는 복원이 불가능한 방법으로 영구 삭제하도록 규정하고 있다.[49]

이와 같이 데이터 본연의 속성에 따른 삭제나 변조의 용이성, 개인정보 보호법과 같은 법규정에 따른 데이터의 삭제 또는 파기로 인하여 데이터의 휘발성은 높은 편이다. 특히 트래픽 데이터는 일시적으로만 존재하기 때문에 강한 휘발성

---

48 개인정보 보호법 제21조(개인정보의 파기) ① 개인정보처리자는 보유기간의 경과, 개인정보의 처리 목적 달성, 가명정보의 처리 기간 경과 등 그 개인정보가 불필요하게 되었을 때에는 지체 없이 그 개인정보를 파기하여야 한다. 다만, 다른 법령에 따라 보존하여야 하는 경우에는 그러하지 아니하다. <개정 2023. 3. 14.>
② 개인정보처리자가 제1항에 따라 개인정보를 파기할 때에는 복구 또는 재생되지 아니하도록 조치하여야 한다.
③ 개인정보처리자가 제1항 단서에 따라 개인정보를 파기하지 아니하고 보존하여야 하는 경우에는 해당 개인정보 또는 개인정보파일을 다른 개인정보와 분리하여서 저장·관리하여야 한다.
④ 개인정보의 파기방법 및 절차 등에 필요한 사항은 대통령령으로 정한다.

49 개인정보 보호법 시행령 제16조(개인정보의 파기방법) ① 개인정보처리자는 법 제21조에 따라 개인정보를 파기할 때에는 다음 각 호의 구분에 따른 방법으로 해야 한다. <개정 2014. 8. 6., 2022. 7. 19.>
1. 전자적 파일 형태인 경우: 복원이 불가능한 방법으로 영구 삭제. 다만, 기술적 특성으로 영구 삭제가 현저히 곤란한 경우에는 법 제58조의2에 해당하는 정보로 처리하여 복원이 불가능하도록 조치해야 한다.
2. 제1호 외의 기록물, 인쇄물, 서면, 그 밖의 기록매체인 경우: 파쇄 또는 소각
② 제1항에 따른 개인정보의 안전한 파기에 관한 세부 사항은 보호위원회가 정하여 고시한다. <신설 2014. 8. 6., 2014. 11. 19., 2017. 7. 26., 2020. 8. 4.>

을 가지고 있다. 수사기관이 사실의 증명을 위해 가치가 있는 데이터 등을 확보할 수 있는 방법으로 현행법상 압수·수색과 통신비밀보호법에 의한 허가서가 있다. 하지만 압수·수색영장이나 허가서를 신청하고 발부할 때까지 소요되는 시간 동안에 증거가 훼손될 가능성이 있다.[50]

형사소송법 제184조 제1항은 "검사, 피고인, 피의자 또는 변호인은 미리 증거를 보전하지 아니하면 그 증거를 사용하기 곤란한 사정이 있는 때에는 제1회 공판기일 전이라도 판사에게 압수, 수색, 검증, 증인신문 또는 감정을 청구할 수 있다"라고 규정함으로써 "미리 증거를 보전하지 아니하면 그 증거를 사용하기 곤란한 사정"이라는 증거의 산일 방지 필요성에 대해 이미 인식하고 있다. 다만, 이 규정은 수사기관보다는 피고인, 피의자 등에게 유효한 규정이며 판사에게 압수·수색·검증, 증인신문 또는 감정을 청구할 수 있음을 의미하므로 사업자에게 직접 데이터의 보전을 명령하거나 요청하는 것과는 맥락을 달리한다.

따라서 수사기관이 데이터를 지득·채록하기 위해 별도의 절차를 거쳐 영장 또는 허가서를 집행하기 전 단계에서 디지털 데이터를 피처분자 등이 삭제하거나 자동으로 소실되는 것을 방지하고 보전하는 예비처분[51]으로써 보전명령 제도를 도입할 필요가 있다.

3. 제출명령의 의의

법원의 압수에 관하여 형사소송법 제106조에 압수라는 제목을 부여하고 제1항에서 증거물, 몰수물의 압수에 관하여 규정하고 제2항에서[52] 제출명령을 규정하고 있다. 수색에 관하여는 조항을 달리하여 제109조에서 피고인 또는 피고인 아닌 자의 신체, 물건 또는 주거, 그 밖의 장소에 대한 수색을 규정하고 있다. 수사기관의 압수·수색·검증에 관하여는 제215조에서 법원의 영장에 의해 압수, 수색, 검증을 할 수 있다고만 규정할 뿐 제106조 제2항 제출명령 권한을 수사기관에 부여하지는 않고 있다. 카카오톡 대화 내용에 대한 압수, 이메일에 대한 압수,

50 최호진, "저장된 데이터의 보전명령제도 도입을 위한 시론(試論)", 형사정책 제31권 제2호, 2019, 292면.

51 김연희. "디지털 증거 보전명령제도 도입에 관한 소고", 법학연구 제23집 제3호, 2020, 5면.

52 법원은 압수할 물건을 지정하여 소유자, 소지자 또는 보관자에게 제출을 명할 수 있다.

통신자료 제공 요청허가서 등의 집행은 영장의 집행이라기보다는 실질적으로 법원의 자료 제출명령과 더욱 유사함에도 불구하고 수사기관은 압수·수색영장 또는 허가서를 집행하고 있는 것이 현실이다.

사업자가 보관하고 있는 데이터의 취득은 영장의 제시와 사업자의 협조에 따른 데이터의 임의제출 형식으로 이루어지기 때문에 영장의 집행을 통해 침해되는 이익이 크지 않은 반면, 수사의 밀행성을 보장하고 그 효율성을 증대시키며 영장의 제시와 자료의 제출 과정이 오히려 투명하게 유지되는 이익도 있기 때문에 유체물에 대해 강제력을 행사하면서 이루어지는 압수·수색영장의 집행과는 다르게 평가되어야 한다. 수사 실무에서는 압수·수색·검증영장이라는 단일 영장을 발부받아 집행하는 관행 때문에 이에 대한 명백한 구분의 필요성을 느끼지 못하였으나 취득할 정보의 양, 특성, 소재, 취득 방법에 따라 영장을 세분하여 압수영장, 수색영장, 제출명령장[53]으로 구분할 필요가 있다. 특히, 강제력을 행사하지 않은 데이터의 취득에 대해서는 법관의 심사를 받은 자료제출명령장 등의 제도를 도입하고 명령장의 집행 방법에 관하여도 현실적인 규정이 마련되어야 한다.

압수영장은 압수할 대상, 즉 취득해야 할 디지털 데이터의 범위, 소재가 특정되어 디지털 데이터의 소재를 수색할 필요가 없을 때 사용되고 수색영장(또는 압수·수색영장)은 수색의 범위와 압수할 데이터의 종류만이 정해졌을 뿐 범죄와 관련이 있는 디지털 데이터의 범위와 내용이 구체적으로 정해지지 않는 경우 사용될 수 있다. 반면, 제출명령장은 데이터의 조회와 수색 및 자료 제공의 방법이 데이터 정보제공자의 선택에 의해 이루어지고 그 집행에 수사기관의 강제력이 동원되지 않는 경우 사용될 수 있다. 제출명령장이 도입되면 금융계좌에 대한 압수·수색영장은 제출명령장으로 대체될 것이며 통신비밀보호법상 운영되는 통신사실확인자료 제공요청허가신청제도도 제출명령장으로 포섭될 수 있다.

압수영장과 제출명령장은 수색에 관하여 정보처리자에게 강제력이 행사되지 않게 된다. 자료 제공에 대해 동의하는 정보제공자에게는 임의수사와 전혀 다를게 없어 보이지만 수사기관에 제공되는 디지털 데이터의 내용이 타인의 개인정보

53 현행 형사소송법은 수사기관의 제출명령 권한을 부여하지 않고 있으나 제출명령장제도를 도입하고자 한다면 형사소송법 제215조(압수, 수색, 검증) 각 항의 "지방법원판사가 발부한 영장에 의하여 압수, 수색 또는 검증을 할 수 있다" 부분을 "… 압수, 수색, 검증 또는 제출명령 할 수 있다"로 개정하면 된다.

등에 관련되어 있을 경우 정보제공 행위(수사기관의 입장에서는 압수 행위)는 제3자에 대한 정보가 유출되고 정보주체가 가지고 있는 개인정보자기결정권에 대한 침해가 이루어지기 때문에 정보처리자의 정보제공 행위에 적법성을 보장해 주는 효과가 있게 된다.

영장을 위와 같이 구분하여 사용하면 제출명령장의 개념을 확대하여 정보제공명령의 기능 이외에 정보처리명령장과 같은 개념이 도입될 수 있다. 정보처리명령장은 정보주체 또는 그로부터 데이터의 취급을 위탁받아 관리하는 제3자, 법익 수혜자와의 계약에 의해 생성된 데이터를 보관하고 관리하는 제3자에 대해 해당 데이터를 파기, 보관, 암호화, 이용중지하도록 명령하는 영장을 말하며 증거로 사용될 데이터뿐만 아니라 범인의 특정과 범인의 추적을 위한 데이터,[54] 현존하는 데이터뿐만 아니라 미래에 생성되는 데이터까지 보관 및 제공을 명령할 수 있고 금제품에 해당하는 데이터일 경우 법원의 몰수 선고를 기다리지 않고 법원의 영장심사만으로도 파기명령을 할 수 있는 영장으로 발전할 수도 있다.

위와 같이 제출명령장 제도를 도입하여 영장을 분리, 운용하면 1차적으로는 관리처분권자로부터 데이터를 제공받는 방법에 의한 것을 구분함으로써 압수영장 발부와 운용에 대한 효율성을 제고할 수 있고 수색영장의 발부에 대해서는 사법심사 요건을 강화함으로써 수사기관의 남용을 억제하는 효과가 있다. 또한 데이터의 취득부터 기본권을 더욱 충실히 보장하려면, 과거의 규정에 얽매이지 말고 통신비밀보호법이나 금융실명법에서 규정하고 있는 사후 통지 제도, 관련 자료의 보관과 감사제도 등을 구체적으로 도입, 적용하는 방식으로 위법수사를 억제하는 방향의 입법이 이루어져야 한다.

4. 참조모델: 유럽평의회 사이버범죄협약

가. 개요 및 구성

각국에서는 국가 간 협력하거나 국가 단독으로 첨단 범죄에 대처하기 위하여 새로운 법체계와 법적 도구를 연구하고 법제화하는 작업을 진행해 왔다. 유럽

54 김기범·이관희·장윤식·이상진, “정보영장 제도 도입방안 연구”, 경찰학연구 제11권 제3호, 2011, 91면.

평의회 사이버범죄협약(Council of Europe Convention on Cybercrime)은 국제적인 차원에서 새로운 법체계와 법적 수단을 마련하기 위해 이루어진 연구와 법제화 노력의 결과이다. 사이버범죄협약은 다수 국가가 사이버범죄에 대한 수사와 처벌을 위한 공조 체계를 마련하기 위해 만든 최초의 국제 협약이다. 이 협약은 유럽평의회의 옵저버국인 캐나다, 일본, 필리핀, 남아공, 미국의 참여하에 유럽평의회에 의해 초안이 마련되었다.[55] 2001. 11. 23 헝가리 부다페스트에서 서명되고 2004. 7. 1 발효되었다. 현재까지 65개국이 비준하였다.[56]

사이버범죄협약은 전문과 4장 및 48개의 조문으로 구성되어 있다.[57] 제1장은 협약에서 사용하는 용어를 정의하고, 제2장은 국가 단위에서 수행될 것들을 규정하고, 제3장은 국제공조를, 제4장은 협약의 가입, 발효 및 유보 등을 규정하고 있다. 이 중 제2장 제1절은 실체법적 규정을 담고 있으며, 제2절은 컴퓨터 시스템을 이용해서 행해진 범죄행위와 전자 증거에 관한 절차법을 규정하고 제3절에서는 관할에 대한 규정을 두고 있다.[58]

이 협약 중 제2절에서는 저장 데이터의 보존, 제출명령뿐만 아니라 저장 데이터의 압수·수색, 통신 데이터 및 컨텐츠 데이터의 수집 등에 관하여 규정하는 등 데이터 취득에 대한 제반 절차를 규정하고 있어 이를 참고할 필요가 있다.[59]

나. 저장 데이터의 긴급보전

디지털 증거의 특성뿐만 아니라, 변화하는 디지털 환경에서는 증거의 멸실·훼손 등을 방지하기 위해 디지털 증거를 신속하게 보전할 필요가 있다. 이를 위해서 사이버범죄협약에서 디지털 증거의 신속한 보전을 위해 디지털 증거 보전명령 제도를 규정하고 있다. 사이버범죄협약의 설명서에서는 데이터 보전[60]은 컴퓨

55 http://en.wikipedia.org/wiki/Convention_on_Cybercrime (2025. 9. 25. 검색).

56 https://www.coe.int/en/web/conventions/full-list/-/conventions/treaty/185/signatures (2025. 9. 25. 검색).

57 https://www.coe.int/en/web/conventions/full-list/-/conventions/rms/0900001680081561 (2021. 12. 31. 검색).

58 박영우, "사이버범죄 방지 협약의 국내법적 수용문제", 정보보호학회지 제13권 제5호, 2003, 71면.

59 제2절 절차법 규정(Section 2-Procedural law)은 제14조부터 제21조까지 8개 조항으로 구성되어 있으며 이 중 제14조와 제15조는 일반 규정으로써 당사국의 조치와 의무사항을 규정하고 있고 실질적 절차법 규정은 제16조부터 제21조까지 마련되어 있다.

터와 컴퓨터 관련 범죄에서 새로운 수사 도구라고 선언하면서 ① 컴퓨터 데이터의 휘발성으로 인해 데이터는 쉽게 조작되거나 변경될 수 있기 때문에 범죄의 귀중한 증거는 부주의한 취급 및 보관 관행, 증거를 없애기 위한 의도적인 조작 혹은 삭제, 더 이상 보유할 필요가 없는 데이터에 대한 일상적인 삭제를 통해 쉽게 손실될 수 있다. 데이터의 무결성을 보존하는 한 가지 방법은 당국이 데이터를 검색 또는 접근하여 이를 압류 또는 보호하는 것이다. 그러나, 유망 사업자처럼 데이터 보관자를 신뢰할 수 있으면, 데이터 보전명령을 통해 데이터의 무결성을 보다 신속하게 확보할 수 있다. ② 컴퓨터와 컴퓨터 관련 범죄는 컴퓨터 시스템을 통한 통신 전송의 결과로써 광범위하게 저질러진다. 이러한 통신에는 아동성착취물, 컴퓨터 바이러스, 데이터 또는 컴퓨터 시스템의 적절한 기능을 방해하는 명령어, 마약 밀매나 사기 같은 다른 범죄 실행의 증거와 같은 불법적인 내용이 포함될 수 있다. 이러한 과거 통신의 송신 또는 수신지를 결정하는 것은 범죄자의 신원을 확인하는 데 도움을 줄 수 있다. 이러한 통신을 추적하여 송신 또는 수신지를 결정하려면 이러한 과거 통신에 관한 트래픽 데이터가 필요하다. ③ 이러한 통신에 불법적인 내용이나 범죄 활동의 증거가 포함되어 있고, 이메일과 같은 서비스 제공업체에 의해 통신의 복사본이 보관되어 있다면, 핵심 증거가 손실되지 않도록 하기 위해서 이러한 통신의 보전은 중요하다고 설명[61]하고 있다.

사이버범죄협약 제16조는[62] 컴퓨터 자료가 손괴 또는 수정될 수 있다고 믿

---

60 "보전명령은 후속 절차에서 권한 있는 기관이 해당 데이터를 확정적으로 수집할 때까지 보전하는 것만을 의미한다. 조약에서는 데이터 보전(preservation)과 데이터 보존(retention)이라는 용어를 구별한다. 데이터 보전이란 현재의 품질이나 조건을 변경하거나 악화시키는 그 무엇으로부터 이미 저장된 형태로 존재하는 데이터를 보호하는 것을 의미한다. 데이터 보존이란 현재 생성되고 있는 데이터를 미래에 자신이 소유(보유)하기 위해 유지하는 것을 의미한다"; 이용, "디지털 증거의 보전명령제도에 관한 고찰", 법조 통권 711, 2015, 14–15면.

61 Explanatory Report to the Convention on Cybercrime, European Treaty Series–No. 185, Budapest, 23.XI.2001, pp. 25–26.

62 Article 16 - Expedited preservation of stored computer data

1 Each Party shall adopt such legislative and other measures as may be necessary to enable its competent authorities to order or similarly obtain the expeditious preservation of specified computer data, including traffic data, that has been stored by means of a computer system, in particular where there are grounds to believe that the computer data is particularly vulnerable to loss or modification.

2 Where a Party gives effect to paragraph 1 above by means of an order to a person to preserve specified stored computer data in the person's possession or control, the Party shall adopt such legislative and other measures as may be necessary to oblige that

을 만한 근거가 있을 경우 시스템 내 통신자료를 포함하여 저장된 데이터의 긴급한 보전을 명령 또는 요청할 수 있도록 하는 절차적 규정을 입법하거나 이에 부수되는 조치를 하고 이러한 데이터가 개인의 소유 또는 지배에 있는 경우 그 개인에게 최대 90일까지 데이터의 무결성을 유지하고 보전할 것을 명령하는 데 필요한 입법도 병행하도록 규정하고 있다.

다. 트래픽 데이터의 긴급보전과 일부 공개

제17조는[63] 당사국은 제16조에 따라 하나 또는 둘 이상의 서비스 제공자가 당해 통신의 전송과 관련되는지 여부와 관계없이 통신내역 데이터가 긴급보존될 수 있도록 해야 하고, 당사국의 법집행기관이 통신의 전송 경로와 서비스 제공자를 확인할 수 있도록 충분한 트래픽 데이터를 제공할 수 있도록 해야 한다고 규정하고 있다.

---

person to preserve and maintain the integrity of that computer data for a period of time as long as necessary, up to a maximum of ninety days, to enable the competent authorities to seek its disclosure. A Party may provide for such an order to be subsequently renewed.

3 Each Party shall adopt such legislative and other measures as may be necessary to oblige the custodian or other person who is to preserve the computer data to keep confidential the undertaking of such procedures for the period of time provided for by its domestic law.

4 The powers and procedures referred to in this article shall be subject to Articles 14 and 15.

63 Article 17 - Expedited preservation and partial disclosure of traffic data

1 Each Party shall adopt, in respect of traffic data that is to be preserved under Article 16, such legislative and other measures as may be necessary to:

a ensure that such expeditious preservation of traffic data is available regardless of whether one or more service providers were involved in the transmission of that communication; and

b ensure the expeditious disclosure to the Party's competent authority, or a person designated by that authority, of a sufficient amount of traffic data to enable the Party to identify the service providers and the path through which the communication was transmitted.

2 The powers and procedures referred to in this article shall be subject to Articles 14 and 15.

라. 제출명령

제18조는[64] 당사국의 법집행기관이 개인에게 컴퓨터 시스템이나 저장매체에 저장되어 있는 데이터를 제출하도록 명령하고 서비스 제공자에게는 제공자가 소유, 관리하고 있는 가입자 정보를 제출하도록 명령하는 데 필요한 입법을 하도록 규정하고 있다. 여기서 말하는 가입자 정보에는 통신 데이터 및 컨텐츠를 비롯하여 통신서비스의 형태, 기술규정, 가입자 신원, 주소, 전화 등 접속 번호, 과금정보, 장비 설치장소 등도 포함된다.

마. 저장 데이터의 수색·압수

제19조는[65] 당사국 내 컴퓨터 시스템과 그 일부 그리고 컴퓨터 내에 저장되

64 Article 18 - Production order

1 Each Party shall adopt such legislative and other measures as may be necessary to empower its competent authorities to order:

a a person in its territory to submit specified computer data in that person's possession or control, which is stored in a computer system or a computer-data storage medium; and

b a service provider offering its services in the territory of the Party to submit subscriber information relating to such services in that service provider's possession or control.

2 The powers and procedures referred to in this article shall be subject to Articles 14 and 15.

3 For the purpose of this article, the term "subscriber information" means any information contained in the form of computer data or any other form that is held by a service provider, relating to subscribers of its services other than traffic or content data and by which can be established:

a the type of communication service used, the technical provisions taken thereto and the period of service;

b the subscriber's identity, postal or geographic address, telephone and other access number, billing and payment information, available on the basis of the service agreement or arrangement;

c any other information on the site of the installation of communication equipment, available on the basis of the service agreement or arrangement.

65 Article 19 - Search and seizure of stored computer data

1 Each Party shall adopt such legislative and other measures as may be necessary to empower its competent authorities to search or similarly access:

a a computer system or part of it and computer data stored therein; and

b a computer-data storage medium in which computer data may be stored in its territory.

어 있는 데이터, 컴퓨터 데이터가 저장되어 있는 저장매체를 법집행기관이 수색 또는 접속할 수 있도록 입법하고 부수적 조치를 취할 것을 규정하고 있다.

또한 위와 같이 수색 또는 접속한 곳에서 당사국은 찾고자 하는 데이터가 당사국의 영역 내에 있는 다른 시스템 또는 그 시스템의 일부에 저장되어 있고 최초의 시스템을 통하여 합법적으로 접속할 수 있다고 믿을 만한 근거가 있는 경우에는 당사국이 다른 시스템에 수색 또는 집속을 획대할 수 있도록 허용되어야 한다고 규정하고 있다.

접속한 컴퓨터에서 데이터를 확보하고 압수하는 것을 원활하게 할 수 있도록 그 데이터나 시스템을 압수할 수 있는 권한과 이를 복사 및 보존할 권한, 저장된 데이터의 무결성을 유지할 권한, 그 데이터를 삭제하거나 접속하기 어렵게 할 권한을 가질 수 있도록 입법해야 한다고 규정하고 있으며 합리적인 범위에서 데이터를 보호할 수 있는 수단이나 필요시 그 시스템의 기능에 대한 지식을 가지고 있는 자에게 명령을 발할 수 있는 자격을 부여할 수 있도록 하는 입법과 부수적인 조치를 취할 것을 규정하였다.

---

2 Each Party shall adopt such legislative and other measures as may be necessary to ensure that where its authorities search or similarly access a specific computer system or part of it, pursuant to paragraph 1.a, and have grounds to believe that the data sought is stored in another computer system or part of it in its territory, and such data is lawfully accessible from or available to the initial system, the authorities shall be able to ex-peditiously extend the search or similar accessing to the other system.

3 Each Party shall adopt such legislative and other measures as may be necessary to empower its competent authorities to seize or similarly secure computer data accessed according to paragraphs 1 or 2. These measures shall include the power to:

a seize or similarly secure a computer system or part of it or a computer-data stor-age medium;

b make and retain a copy of those computer data;

c maintain the integrity of the relevant stored computer data;

d render inaccessible or remove those computer data in the accessed computer system.

4 Each Party shall adopt such legislative and other measures as may be necessary to empower its competent authorities to order any person who has knowledge about the functioning of the computer system or measures applied to protect the computer data therein to provide, as is reasonable, the necessary information, to enable the undertaking of the measures referred to in paragraphs 1 and 2.

5 The powers and procedures referred to in this article shall be subject to Articles 14 and 15.

바. 트래픽 데이터의 실시간 수집

제20조는[66] 당사국은 영역 내에서 전송되는 트래픽 데이터를 실시간으로 수집 또는 기록하고 현존하는 기술의 범위에서 서비스 제공자에게 트래픽 데이터를 실시간으로 수집 또는 기록하도록 강제하거나 이를 실시간으로 수집, 기록하는 것을 지원 및 협조하도록 하는 입법과 부수조치를 하도록 규정하고 있다.

당사국의 법제도 특성상 위에서 언급한 조치를 취하지 못할 경우 그 영역 내에서 전송되는 특정 통신과 관련된 트래픽 데이터에 대해 기술적 수단을 응용하여 실시간 수집 또는 기록할 수 있도록 입법하고 다른 조치를 취해야 함을 규정하고 있다.

사. 컨텐츠 데이터의 감청

제21조는[67] 당사국의 법에 의해 중대한 위반이라고 결정한 사안에 대해 영

66 Article 20 - Real－time collection of traffic data

1 Each Party shall adopt such legislative and other measures as may be necessary to empower its competent authorities to:

a collect or record through the application of technical means on the territory of that Party, and

b compel a service provider, within its existing technical capability:

i to collect or record through the application of technical means on the territory of that Party; or

ii to co－operate and assist the competent authorities in the collection or recording of, traffic data, in real－time, associated with specified communications in its territory transmitted by means of a computer system.

2 Where a Party, due to the established principles of its domestic legal system, cannot adopt the measures referred to in paragraph 1.a, it may instead adopt legislative and other measures as may be necessary to ensure the real－time collection or recording of traffic data associated with specified communications transmitted in its territory, through the application of technical means on that territory.

3 Each Party shall adopt such legislative and other measures as may be necessary to oblige a service provider to keep confidential the fact of the execution of any power provided for in this article and any information relating to it.

4 The powers and procedures referred to in this article shall be subject to Articles 14 and 15.

67 Article 21 - Interception of content data

1 Each Party shall adopt such legislative and other measures as may be necessary, in relation to a range of serious offences to be determined by domestic law, to empower its competent authorities to:

역 내에서 기술적 수단을 통해 컨텐츠를 수집 또는 기록할 수 있도록 하고 서비스 제공자에게 기술적으로 가능한 범위 내에서 위와 같은 조치를 취할 수 있도록 강제하거나, 당국이 컴퓨터 시스템을 통해 영역 내에서 전송되는 특정 통신의 실시간 컨텐츠를 수집 또는 기록할 수 있게 서비스 제공자가 협조하게 하는 입법과 부수조치를 취해야 한다고 규정하고 있다.

당사국의 법제도 특성상 위에서 언급한 조치를 취하지 못할 경우 그 영역 내에서 전송되는 특정 통신과 관련된 컨텐츠에 대해 기술적 수단을 응용하여 실시간 수집 또는 기록할 수 있도록 입법하고 다른 조치를 취해야 함을 규정하고 있다.

5. 소결

디지털 데이터를 정보주체의 의사에 반하여 취득하기 위해서는 법률에 근거하여야 하며 법관의 심사를 받아야 한다는 데에 대해서 다른 이견은 보이지 않는다. 다만, 국내 형사소송법은 그 필요성에도 불구하고 다른 외국의 입법례와는 달리 압수·수색의 대상에 데이터 또는 정보를 명시적으로 표현한다거나 이를 포섭할 수 있는 규정을 두지 않고 있으며 해석론에 의지하려는 경향이 있다. 그런데

---

a collect or record through the application of technical means on the territory of that Party, and

b compel a service provider, within its existing technical capability:

i to collect or record through the application of technical means on the territory of that Party, or

ii to co-operate and assist the competent authorities in the collection or recording of, content data, in real-time, of specified communications in its territory transmitted by means of a computer system.

2 Where a Party, due to the established principles of its domestic legal system, cannot adopt the measures referred to in paragraph 1.a, it may instead adopt legislative and other measures as may be necessary to ensure the real-time collection or recording of content data on specified communications in its territory through the application of technical means on that territory.

3 Each Party shall adopt such legislative and other measures as may be necessary to oblige a service provider to keep confidential the fact of the execution of any power provided for in this article and any information relating to it.

4 The powers and procedures referred to in this article shall be subject to Articles 14 and 15.

데이터를 압수의 대상으로 본다면 형사소송법상 압수에 관련된 다른 규정이 그대로 데이터에 적용되어야 하는데 앞서 살펴본 바와 같이 그 본래의 특성에 따라 유체물에 적용되어 왔던 압수·수색의 관련 규정들이 그대로 적용될 수 없는 상황이 발생한다.

데이터가 압수의 대상이 된다고 하면 그 특성에 맞는 새로운 입법이 필요하며 압수의 대상이 아닌 다른 것이라고 할지라도 데이터의 보관, 관리, 파기 등에 걸맞은 입법이 필요하다. 특히, 사업자가 보관하고 있는 데이터의 취득은 실무상 사업자의 협조에 따라 이루어지고 있고 일반적인 압수·수색과는 다른 모습을 하고 있기 때문에 사업자에 대해서는 데이터에 대한 보전명령 또는 제출명령 등의 방식으로 데이터를 보전 및 확보할 필요성이 있다. 이미 참조모델로 유럽평의회 사이버범죄협약이 존재하므로 이를 참조하여 관련 법령을 입법할 필요가 있다.

제6절 명령 제도의 투명성 확보 방안: 집행, 관리, 통지절차의 마련

1. 명령장 집행의 방식

현행의 규정에 의하면 영장은 반드시 원본을 제시하여야 한다.[68] 반면, 가입자 정보[69]를 확인하기 위한 통신자료제공요청서의 집행과 관련하여 전기통신사업법 제83조 제4항은 "제3항에 따른 통신자료 제공 요청은 요청사유, 해당 이용자와의 연관성, 필요한 자료의 범위를 기재한 서면(이하 "자료제공요청서"라 한다)으로 하여야 한다. 다만, 서면으로 요청할 수 없는 긴급한 사유가 있을 때에는 서면에 의하지 아니하는 방법으로 요청할 수 있으며, 그 사유가 없어지면 지체 없이 전기통신사업자에게 자료제공요청서를 제출하여야 한다"라고 규정하고 실무상 형사사법정보시스템(Korea Information System of Criminal Justice Services, KICS)을 이용하거나 모사전송의 방법에 의해 요청서를 집행하고 있다.

---

68 형사소송법 제118조(영장의 제시) 압수·수색영장은 처분을 받는 자에게 반드시 제시하여야 한다.
69 이용자의 성명, 주민등록번호, 주소, 전화번호, 아이디, 가입일과 해지일.

통신의 내용을 감청하는 통신제한조치에 관련하여 통신비밀보호법 제9조 제2항은 "통신제한조치의 집행을 위탁하거나 집행에 관한 협조를 요청하는 자는 통신기관등에 통신제한조치 허가서(제7조 제1항 제2호의 경우에는 대통령의 승인서를 말한다. 이하 이 조, 제16조 제2항 제1호 및 제17조 제1항 제1호·제3호에서 같다) 또는 긴급감청서등의 표지의 사본을 교부하여야 하며, 이를 위탁받거나 이에 관한 협조요청을 받은 자는 통신제한조치 허가서 또는 긴급감청서등의 표지 사본을 대통령령이 정하는 기간동안 보존하여야 한다"라고 규정함으로써 표지 사본을 교부한다고 규정하고 있다.

통신사실[70]을 확인하기 위한 통신사실확인자료 제공 요청에 관하여 통신비밀보호법 제13조 제3항은 "제1항 및 제2항에 따라 통신사실확인자료 제공을 요청하는 경우에는 요청사유, 해당 가입자와의 연관성 및 필요한 자료의 범위를 기록한 서면으로 관할 지방법원(보통군사법원을 포함한다. 이하 같다) 또는 지원의 허가를 받아야 한다. 다만, 관할 지방법원 또는 지원의 허가를 받을 수 없는 긴급한 사유가 있는 때에는 통신사실확인자료 제공을 요청한 후 지체없이 그 허가를 받아 전기통신사업자에게 송부하여야 한다"라고 규정하고 통신비밀보호법 시행령 제37조 제5항은 "검사, 사법경찰관 또는 정보수사기관의 장(그 위임을 받은 소속 공무원을 포함한다)은 제3항 및 제4항에서 준용하는 제12조에 따라 전기통신사업자에게 통신사실확인자료 제공요청 허가서 또는 긴급 통신사실확인자료 제공요청서 표지의 사본을 발급하거나 신분을 표시하는 증표를 제시하는 경우에는 모사전송의 방법에 의할 수 있다"라고 함으로써 모사전송의 방법으로 허가서를 집행할 수 있게 규정하고 있다.

매년 통신자료 제공요청, 통신사실확인자료 제공요청, 송수신이 완료된 전기통신 허가 건수는 증가 추세에 있으며 통신자료 제공요청의 경우 대형 포털사이트에서는 압수·수색영장을 요구하고 있고 송수신이 완료된 전기통신을 확인하기 위해서는 압수·수색영장의 집행이 필요하다. 사업자가 보관하는 자료에 대한 보전명령과 제출명령 제도가 도입된다면, 명령장 등의 집행 절차에 대한 통일이 필요하며 명령장의 진위여부와 집행자 신분의 진위여부 등을 확인할 수 있는 절차

70 가입자의 전기통신 일시, 전기통신개시·종료시간, 발·착신 통신번호 등 상대방의 가입자 번호, 사용 도수, 인터넷의 로그 기록 자료, 발신기지국의 위치추적자료, 접속지의 추적자료.

의 마련과 관련하여 사업자와 협의한 방식에 따라 원본의 집행 또는 사본의 집행이 가능한 길을 열어 두어야 한다.

이에 따라, 입법부는 2021. 10. 19. 형사사법절차에서의 전자문서 이용 등에 관한 법률을 제정(2024. 10. 20. 시행)하면서, 사본에 의한 영장제시 등의 문제를 고려하여 동법 제17조에 영장 등이 전자문서로 발부된 경우에는 전자문서를 제시하거나 전송하는 방법으로 영장을 집행할 수 있도록 규정하였다.

2. 채록한 데이터에 대한 관리

압수한 유체물에 관하여는 압수목록의 교부와 압수물의 법원 송부, 환부, 가환부, 폐기 등의 규정에 따라 압수물을 관리하고 있으나 사업자로부터 제공받은 데이터에 관하여는 유체물을 대상으로 한 압수물 관리 규정이 적용되기 어렵다. 따라서 채록한 데이터에 관하여 특별한 관리 절차가 마련되어야 하며 압수·수색영장에 의하거나 기타의 요청서 또는 허가서에 의한 집행에 의한 경우라도 데이터를 제공한 사업자 및 이를 수신한 수사관서에서는 해당 데이터에 대한 관리 체계를 마련해야 할 것이다.

전기통신사업법 제83조 제5항은 전기통신사업자가 통신자료를 제공한 경우는 해당 통신자료 제공 사실 등 필요한 사항을 기재한 대장과 자료제공요청서 등 관련 자료를 갖추어 두어야 한다고 규정하고 있으며 제6항은 전기통신사업자가 통신자료 제공 현황 등을 연 2회 과학기술정보통신부장관에게 보고하도록 규정하고 있다.

통신사실확인자료 제공에 관하여는 전기통신사업자[71]뿐만 아니라 수사기관도 대장을 작성하고 관련 자료를 비치[72]하여야 한다. 통신제한조치의 경우에도 집행을 하는 자, 집행을 위탁받거나 집행에 관한 협조 요청을 받은 자는 관련 자

71 통신비밀보호법 제13조 ⑦ 전기통신사업자는 검사, 사법경찰관 또는 정보수사기관의 장에게 통신사실확인자료를 제공한 때에는 자료 제공현황 등을 연 2회 과학기술정보통신부장관에게 보고하고, 해당 통신사실확인자료 제공사실등 필요한 사항을 기재한 대장과 통신사실확인자료 제공요청서등 관련 자료를 통신사실확인자료를 제공한 날부터 7년간 비치하여야 한다.

72 통신비밀보호법 제13조 ⑤ 검사 또는 사법경찰관은 제3항에 따라 통신사실확인자료 제공을 받은 때에는 해당 통신사실확인자료 제공 요청사실등 필요한 사항을 기재한 대장과 통신사실확인자료제공요청서등 관련 자료를 소속기관에 비치하여야 한다.

료를 보존하여야 한다.[73] 특히 인터넷 회선에 대한 통신제한조치(일명 패킷 감청)에 대해서는 보관이 필요한 경우 그 범위를 선별하여 법원의 승인을 받도록 하는 등의 조치를 취하여야 하며 승인을 받지 못한 경우에는 폐기하여야 한다.[74]

---

73 통신비밀보호법 제9조 ② 통신제한조치의 집행을 위탁하거나 집행에 관한 협조를 요청하는 자는 통신기관등에 통신제한조치 허가서(제7조 제1항 제2호의 경우에는 대통령의 승인서를 말한다. 이하 이 조, 제16조 제2항 제1호 및 제17조 제1항 제1호·제3호에서 같다) 또는 긴급감청서등의 표지의 사본을 교부하여야 하며, 이를 위탁받거나 이에 관한 협조요청을 받은 자는 통신제한조치 허가서 또는 긴급감청서등의 표지 사본을 대통령령이 정하는 기간동안 보존하여야 한다.

③ 통신제한조치를 집행하는 자와 이를 위탁받거나 이에 관한 협조요청을 받은 자는 당해 통신제한조치를 청구한 목적과 그 집행 또는 협조일시 및 대상을 기재한 대장을 대통령령이 정하는 기간동안 비치하여야 한다. <신설 2001. 12. 29.>

74 통신비밀보호법 제12조의2(범죄 수사를 위하여 인터넷 회선에 대한 통신제한조치로 취득한 자료의 관리) ① 검사는 인터넷 회선을 통하여 송신·수신하는 전기통신을 대상으로 제6조 또는 제8조(제5조 제1항의 요건에 해당하는 사람에 대한 긴급통신제한조치에 한정한다)에 따른 통신제한조치를 집행한 경우 그 전기통신을 제12조 제1호에 따라 사용하거나 사용을 위하여 보관(이하 이 조에서 "보관등"이라 한다)하고자 하는 때에는 집행종료일부터 14일 이내에 보관등이 필요한 전기통신을 선별하여 통신제한조치를 허가한 법원에 보관등의 승인을 청구하여야 한다.

② 사법경찰관은 인터넷 회선을 통하여 송신·수신하는 전기통신을 대상으로 제6조 또는 제8조(제5조 제1항의 요건에 해당하는 사람에 대한 긴급통신제한조치에 한정한다)에 따른 통신제한조치를 집행한 경우 그 전기통신의 보관등을 하고자 하는 때에는 집행종료일부터 14일 이내에 보관등이 필요한 전기통신을 선별하여 검사에게 보관등의 승인을 신청하고, 검사는 신청일부터 7일 이내에 통신제한조치를 허가한 법원에 그 승인을 청구할 수 있다.

③ 제1항 및 제2항에 따른 승인청구는 통신제한조치의 집행 경위, 취득한 결과의 요지, 보관등이 필요한 이유를 기재한 서면으로 하여야 하며, 다음 각 호의 서류를 첨부하여야 한다.

1. 청구이유에 대한 소명자료
2. 보관등이 필요한 전기통신의 목록
3. 보관등이 필요한 전기통신. 다만, 일정 용량의 파일 단위로 분할하는 등 적절한 방법으로 정보저장매체에 저장·봉인하여 제출하여야 한다.

④ 법원은 청구가 이유 있다고 인정하는 경우에는 보관등을 승인하고 이를 증명하는 서류(이하 이 조에서 "승인서"라 한다)를 발부하며, 청구가 이유 없다고 인정하는 경우에는 청구를 기각하고 이를 청구인에게 통지한다.

⑤ 검사 또는 사법경찰관은 제1항에 따른 청구나 제2항에 따른 신청을 하지 아니하는 경우에는 집행종료일부터 14일(검사가 사법경찰관의 신청을 기각한 경우에는 그 날부터 7일) 이내에 통신제한조치로 취득한 전기통신을 폐기하여야 하고, 법원에 승인청구를 한 경우(취득한 전기통신의 일부에 대해서만 청구한 경우를 포함한다)에는 제4항에 따라 법원으로부터 승인서를 발부받거나 청구기각의 통지를 받은 날부터 7일 이내에 승인을 받지 못한 전기통신을 폐기하여야 한다.

⑥ 검사 또는 사법경찰관은 제5항에 따라 통신제한조치로 취득한 전기통신을 폐기한 때에는 폐기의 이유와 범위 및 일시 등을 기재한 폐기결과보고서를 작성하여 피의자의 수사기록 또는 피내사자의 내사사건기록에 첨부하고, 폐기일부터 7일 이내에 통신제한조치를 허가한 법원에 송부하여야 한다.

현행 제도에서는 영장에 의해 제공받는 경우와 통신자료제공요청서 또는 통신사실확인자료제공요청서에 의해 제공받는 경우에 그 관리가 다르지만 사업자로부터 제공받는 데이터가 동일함에도 불구하고 관리 방식을 달리하는 것은 개인정보의 투명한 관리 차원에서 납득하기 어렵다.

사업자에게 데이터 보전명령을 내리고 관련 데이터를 제출받는 명령장 제도가 도입된다면, 제공하는 측과 이를 제공받아 관리하는 측에서는 데이터에 대한 관리 대장을 작성하고 필요한 경우 파기 절차를 이행할 수 있도록 통일된 규정을 마련해야 한다.

3. 정보주체에 대한 통지

송수신이 완료된 전기통신에 관하여 압수·수색영장을 집행한 경우 수사기관은 수사 대상이 된 가입자에게 영장을 집행한 사실을 서면으로 통지하여야 한다.[75] 통신사실확인자료를 제공받은 경우에는 수사기관이 통신사실확인자료 제공의 대상이 된 자에게 서면으로 통지하도록 규정하고 있다.[76] 반면에 금융실명법은 수사기관이 금융정보를 영장에 의해 제공받은 경우에는 수사기관이 아니라 금

75 통신비밀보호법 제9조의3(압수·수색·검증의 집행에 관한 통지) ① 검사는 송·수신이 완료된 전기통신에 대하여 압수·수색·검증을 집행한 경우 그 사건에 관하여 공소를 제기하거나 공소의 제기 또는 입건을 하지 아니하는 처분(기소중지결정을 제외한다)을 한 때에는 그 처분을 한 날부터 30일 이내에 수사대상이 된 가입자에게 압수·수색·검증을 집행한 사실을 서면으로 통지하여야 한다.
② 사법경찰관은 송·수신이 완료된 전기통신에 대하여 압수·수색·검증을 집행한 경우 그 사건에 관하여 검사로부터 공소를 제기하거나 제기하지 아니하는 처분의 통보를 받거나 내사사건에 관하여 입건하지 아니하는 처분을 한 때에는 그 날부터 30일 이내에 수사대상이 된 가입자에게 압수·수색·검증을 집행한 사실을 서면으로 통지하여야 한다.

76 통신비밀보호법 제13조의3(범죄 수사를 위한 통신사실확인자료 제공의 통지) ① 검사 또는 사법경찰관은 제13조에 따라 통신사실확인자료 제공을 받은 사건에 관하여 다음 각 호의 구분에 따라 정한 기간 내에 통신사실확인자료 제공을 받은 사실과 제공 요청기관 및 그 기간 등을 통신사실확인자료 제공의 대상이 된 당사자에게 서면으로 통지하여야 한다.
1. 공소를 제기하거나, 공소의 제기 또는 입건을 하지 아니하는 처분(기소중지결정·참고인중지결정은 제외한다)을 한 경우: 그 처분을 한 날부터 30일 이내
2. 기소중지결정·참고인중지결정 처분을 한 경우: 그 처분을 한 날부터 1년(제6조 제8항 각 호의 어느 하나에 해당하는 범죄인 경우에는 3년)이 경과한 때부터 30일 이내
3. 수사가 진행 중인 경우: 통신사실확인자료 제공을 받은 날부터 1년(제6조 제8항 각 호의 어느 하나에 해당하는 범죄인 경우에는 3년)이 경과한 때부터 30일 이내

융기관이 정보의 제공 사실을 명의인에게 통지하도록 하고 있다.[77]

통신자료 또는 금융자료 등 제공받은 데이터의 내용에 따라 통지의 주체가 일관되게 규정되고 있지 않은 문제가 있다. 금융기관도 수사기관의 수사 필요성에 따라 금융자료를 제공해 주기 때문에 사실상 해당 금융거래자료가 어떠한 용도로 활용되는지 확인할 수가 없다. 따라서 자료의 사용주체인 수사기관이 거래명의인에게 통지하는 것으로 법률을 변경하는 것이 옳다.

송수신이 완료된 전기통신이나 금융자료에 대한 영장의 집행에 있어 실무상 피의자에게 참여권의 통지가 이루어지지 않고 있으며 영장의 집행 현장에 주거주, 간수자 등의 참여 규정 역시 적용될 여지가 없기 때문에 사업자에 대한 제출명령 제도가 도입된다면, 자료 제공에 관한 사후통지 제도를 정비함으로써 유체물의 압수에서 발생하는 참여권을 대체하고 통지를 통해 정보주체의 기본권을 보장해 주는 형태이어야 한다.

77 금융실명법 제4조의2(거래정보등의 제공사실의 통보) ① 금융회사등은 명의인의 서면상의 동의를 받아 거래정보등을 제공한 경우나 제4조 제1항 제1호·제2호(조세에 관한 법률에 따라 제출의무가 있는 과세자료 등의 경우는 제외한다)·제3호 및 제8호에 따라 거래정보등을 제공한 경우에는 제공한 날(제2항 또는 제3항에 따라 통보를 유예한 경우에는 통보유예기간이 끝난 날)부터 10일 이내에 제공한 거래정보등의 주요 내용, 사용 목적, 제공받은 자 및 제공일 등을 명의인에게 서면으로 통보하여야 한다.

제 15 장

데이터 지득·채록 법제의 정비와 통합

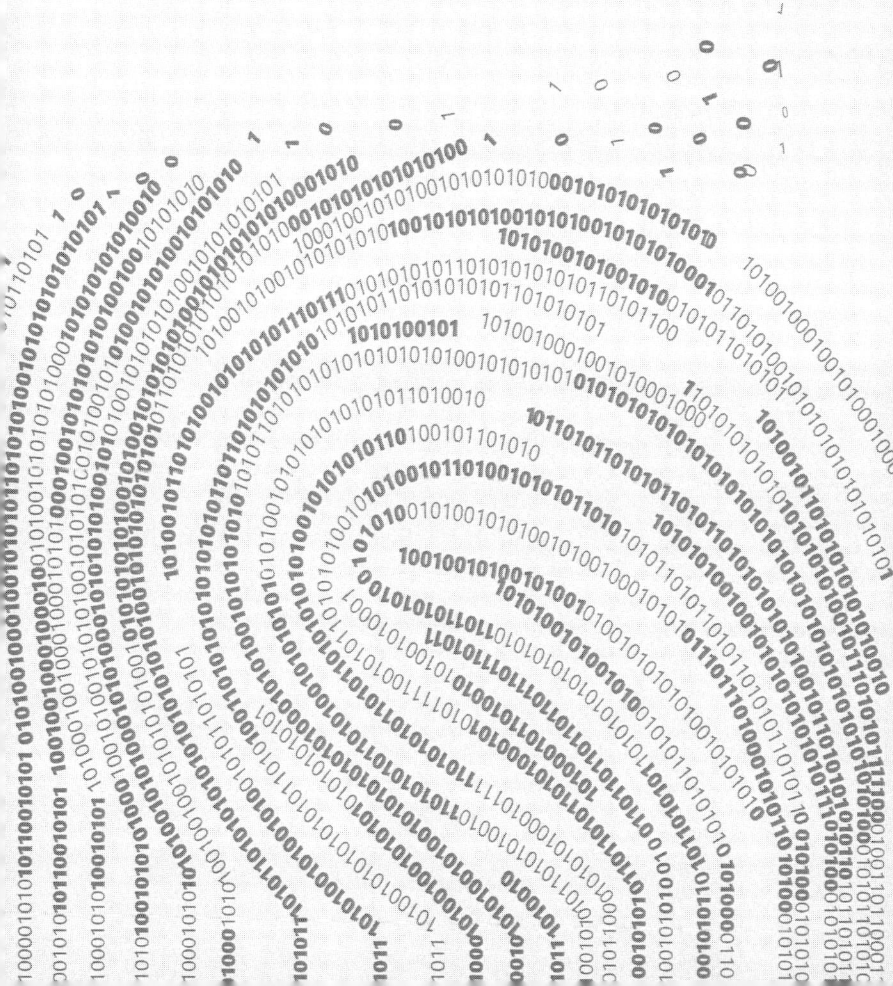

제15장 데이터 지득·채록 법제의 정비와 통합

제1절 현재의 환경

1. 영장주의 적용 범위의 확대

미국 수정헌법 제4조는 불합리한 수색과 압수로부터 사람의 신체(persons), 주거(houses), 문서(papers) 그리고 재산(effects)을 안전하게 지킬 수 있는 권리의 보호를 내용으로 한다. 연혁상 미국 수정헌법 제4조는 일반영장에 의한 수색과 압수를 금지하려 한 것이고, 물리적인 가택침입에 의한 수색으로부터 개인을 보호하기 위한 것이었으며, 압수의 대상은 유체물을 염두에 둔 것이었다.

그러나 다양한 과학적 수사 기법과 증거 수집 방법이 활용되는 디지털 시대에서 프라이버시는 물리적 방법 이외에도 다양하게 침해될 수 있다. 미연방대법원도 과학기술의 변천과 이에 대응하는 수사 기법의 변화 양상을 반영하여, 미국 수정헌법 제4조를 신축적으로 해석하고 적용해 왔다. 과학기술의 발달에 따라 새로운 수사 기법이 출현하면서, 수사의 적법성을 어떠한 측면에서 파악해야 하는지가 논란이 되었으며 과거 전화기, 도청장치, 열화상기(thermal imager), 비퍼(beeper), GPS 추적기(GPS tracker) 등을 이용한 수사 기법이 등장했을 때마다 이에 맞추어 미국 수정헌법 제4조를 어떻게 해석·적용할 것인지가 논란이 되었다.[1]

우리 헌법은 제12조 제3항과 제16조 제2문에서 영장 제도를 명시적으로 규정하고 있다. 형사절차에서 행해지는 인신 구속 등의 강제처분은 신체의 자유와 같은 중요한 기본권의 침해를 수반하며, 특히 수사기관에 의해 남용될 우려가 현저하다는 점을 고려하여 영장 제도를 헌법의 수준에서 보장한 것이며 영장 제도는 형사절차의 강제처분에 대한 통제장치이다.[2] 헌법재판소도 영장주의에 관하여 "영장주의란 형사절차와 관련하여 체포·구속·압수 등의 강제처분을 함에 있어서는 사법권 독립에 의하여 그 신분이 보장되는 법관이 발부한 영장에 의하지 않으면 아니된다는 원칙이고, 따라서 영장주의의 본질은 신체의 자유를 침해하는 강제처분을 함에 있어서는 중립적인 법관이 구체적 판단을 거쳐 발부한 영장에 의하여야만 한다는 데에 있다고 할 수 있다. 수사 단계이든 공판 단계이든 수사나 재판의 필요상 구속 등 강제처분을 하지 않을 수 없는 경우는 있지만, 강제처분을 받는 피의자나 피고인의 입장에서 보면 심각한 기본권의 침해를 받게 되므로 헌법은 강제처분의 남용으로부터 국민의 기본권을 보장하기 위한 수단으로 영장주의를 천명한 것이다. 특히 강제처분 중에서도 중립적인 심판자로서의 지위를 갖는 법원(우리나라 형사소송의 구조는 원칙적으로 당사자주의 구조이다. 헌법재판소 1995. 11. 30. 선고, 92헌마44 결정 참조)에 의한 강제처분에 비하여 수사기관에 의한 강제처분의 경우에는 범인을 색출하고 증거를 확보한다는 수사의 목적상 적나라하게 공권력이 행사됨으로써 국민의 기본권을 침해할 가능성이 큰 만큼 수사기관의 인권침해에 대한 법관의 사전적·사법적 억제를 통하여 수사기관의 강제처분 남용을 방지하고 인권보장을 도모한다는 면에서 영장주의의 의미가 크다고 할 것이다"라고 판시[3]하고 있다. 그런데 새로운 과학기술의 변화에 따라 강제력의 행사가 없이도 국민의 기본권 특히, 프라이버시를 침해할 수 있는 방법이 개발되고 행사되면서 영장주의의 적용 범위가 넓어지고 있다.

사실상 영장주의의 적용 범위가 넓어지고 있지만 본질적으로 영장주의를 정의함에 있어 '강제처분'에 대한 통제장치로서의 기능으로 한정하는 것이 타당한 것인지 고려해 보아야 한다. 강제력이 행사되지 않는 처분에 의해서도 프라이버

1 김종구, "과학기술의 발달과 영장주의의 적용 범위 –미연방대법원 판례의 변천과 관련하여–", 법학연구 통권 제61집, 2019, 191면.

2 황정인, "영장주의의 본질과 영장 제도", 형사정책연구 통권 제82호, 2010, 204면.

3 헌법재판소 1997. 3. 27. 96헌바28 등 참조.

시에 대한 침해가 발생한다면, 영장주의에 의한 통제는 강제처분뿐만 아니라 '어떠한 방법이든지 정부가 프라이버시의 이익을 침해하는 경우, 중립적인 법관의 심사를 받도록 하는 것'을 의미한다고 해석해야 한다.

2. 감청과 압수·수색 영역의 중첩

법은 기술의 발전 속도를 따라가지 못하며, 새로운 기술에 의해서 법익을 침해한다는 문제의식이 공론화된 후에 비로소 법에 반영된다. 정보통신기술의 발달과 저장매체의 집적도 향상이 가져온 프라이버시에 대한 침해 문제에 대해 우리의 법은 점차 적응하고 있으나 아직 완결되어 있지 않다.

우리는 스마트폰으로 전화하고 메시지를 주고받으며 사진과 동영상을 찍고 금융거래를 하고 의견을 올리는 등 스마트폰을 통해 일상을 영위하고 있다. 디지털 기기가 일상을 장악하면서 스마트폰이나 컴퓨터와 같은 대용량 저장매체에는 한 사람의 일생이 고스란히 담겨 있다고 해도 과언이 아니다. 저장된 데이터의 종류와 양을 고려하면 디지털 저장매체에 저장되어 있는 프라이버시의 종류와 양은 전송 중인 인터넷 패킷에 비하여 덜 포괄적이거나 적다고 단언할 수 없다. 기술의 발전에 따른 이러한 현상은 감청과 압수·수색의 차이점을 모호하게 만든다. 여전히 우리의 법제는 데이터 자체가 담고 있는 프라이버시의 특성을 고려하기보다는 전송 중인 데이터는 통신의 비밀에 해당하고 송수신이 완료된 데이터는 압수·수색의 대상이라는 이분법적 사고를 유지하고 있다.

전화 통화 내용을 감청한 사안에 대해 미국에서는 미국 수정헌법 제4조에 기재된 압수·수색에 해당하지 않는다는 이유로 감청 행위를 통제하지 않았던 시절이 있었다. 미국에서 감청의 법적 문제를 처음으로 판단한 것은 1928년의 Olmsted 판결[4]이다. 밀주 밀매 혐의를 받고 있던 전직 경찰관 Roy Olmsted의 전화 내용을 수사기관이 영장 없이 청취하고 이를 증거로 하여 혐의자들을 기소한 사건에서 연방대법원은 수사기관의 감청 행위는 피고인들의 주거에 대한 물리적 침입이 없었기 때문에 수색 행위가 아니라고 판단하였고, 대화 내용을 청취하였을 뿐이므로 물건의 압수에도 해당되지 않아 헌법에서 금지하는 부당한 압수·수

4 Olmsted v. U.S., 277 U.S. 438 (1928).

색에 해당하지 않는다고 판단하였다.[5]

위 판결 이후 1934년 미국은 '연방통신법(Federal Communication Act)'을 제정하였고 1968년에는 '범죄단속 및 가두안전 종합법(Omnibus Crime Control and Safe Street Act)'을 제정하여 체계적으로 감청 문제를 규제하였다. 감청은 다른 형태의 압수·수색보다 프라이버시의 침해가 더욱 크기 때문에 더욱 엄격한 안전장치들이 필요하다는 것이 주된 이유였다.[6]

이후 과학기술의 급속한 발전으로 무선 신호에 의한 통신, 이메일이나 팩시밀리 등 전자통신기술의 이용이 급증함에 따라 1986년 미국 의회는 법집행기관의 전자통신에 대한 감청 통신 기록과 전자적으로 저장된 통신에 대한 접근 등에 대한 절차를 규율하는 '전자통신 프라이버시법(Electric Communication Privacy Act)'을 제정하여 감청 금지 대상에 인터넷을 통한 컴퓨터 데이터 전송을 포함시켰다. 동 법은 감청 장치가 사용될 수 있는 시기와 방법, 감청 허가를 신청할 수 있는 자, 신청서에 명시되어야 하는 내용, 감청 허가를 위한 법관의 심사사항, 감청의 허가 기간 및 연장 등에 관하여 규정하고 있다.[7]

요즘은 인터넷 회선을 통해 문자, 사진, 음성뿐만 아니라 동영상까지 전달되고 있으며 인터넷 서비스 제공업체의 서버에 대량의 데이터가 저장되어 있다. 또한 인터넷 회선상의 패킷에는 대화의 내용을 비롯하여 각종 데이터가 혼합되어 있다. 최근의 기술을 중심으로 프라이버시에 대한 침해 가능성을 판단하면, 암호화되어 전송되는 실시간 인터넷 패킷보다는 인터넷 서비스 제공업체의 서버에 저장된 대화의 내용이나 개인 스마트폰에 저장된 각종 데이터가 더욱 민감할 수 있다는 점에 주목해야 한다. 즉, 현재의 기술은 감청과 압수·수색의 경계를 모호하게 하므로 이에 대한 통합적 규제에 관하여 고민해 볼 필요가 있다.

---

5 이러한 법원의 입장은 1967년 Katz 사건(Katz v. United States, 389 U.S. 347 (1967))에서 변경되어 영장 없이 공중전화 부스에 대한 도청 장비의 설치행위는 수정헌법 제4조에 반하여 피고의 프라이버시에 대한 합리적 기대를 침해했다고 판단하였다. 이 사건에서 재판관은 "The Fourth Amendment protects people, not places"라는 말을 남겼다.

6 Berger v. NewYork, 388 U.S. 41 (1967).

7 Electronic Communications and Privacy Act. sec. 2516, 2518 참조.

3. 국내 데이터 취득 법제의 현황

유체물을 중심으로 규율하고 있던 형사소송법은 현재의 기술과 수사 환경을 충분히 따라잡지 못한다. 정부와 국회는 형사소송법보다는 특별법을 통해 데이터의 제공 절차를 규율하기 시작하여 다양한 법률이 양산되었다. 특별법은 소관 데이터의 종류와 특성, 보호의 정도, 승인 절차 등에 따라 영장이나 허가서를 요건으로 하는 등 다양한 형태로 분화되었다.

전기통신사업법은 수사관서장의 승인 방식을 채택하고, 통신비밀보호법은 법원의 허가, 금융실명법과 신용정보법은 해당 법률에서 요구하는 영장의 방식을 채택하였다. 또한 자본시장과 금융투자업에 관한 법률, 국세기본법, 관세법, 디엔에이신원확인정보의 이용 및 보호에 관한 법률, 복권 및 복권기금법, 본인서명사실 확인 등에 관한 법률, 부동산등기법, 상업등기법, 자유무역협정의 이행을 위한 관세법의 특례에 관한 법률, 정치자금법, 전자장치 부착 등에 관한 법률, 후견등기에 관한 법률 등 특별법은 형사소송법상 영장 제도를 준용하고 있다.[8] 다양한 유형의 데이터들에 대한 규율이 개별법에 산재되어 있음으로 인해 중첩적으로 법률이 적용되거나 오히려 사각지대가 발생하는 경우도 있으며 절차의 복잡성으로 인해 정보주체의 방어권 보장에도 한계가 있을 수 있다.

데이터의 특성에 대한 통합적인 이해 없이 그때그때의 필요에 따라 산발적으로 규정된 데이터 취급 법제는 데이터 지득과 채록의 법적 개념, 원격지 압수·수색의 문제, 데이터의 관리, 보관, 파기의 문제 등에 대해 일관된 해결책을 제시할 수가 없다. 데이터를 둘러싼 논점들이 입법적으로 정리되지 못하고, 수사 현장에서 해결되도록 방치하는 것은 오히려 수사기관에게 폭넓은 예외를 부여할 우려가 있기 때문에 국민의 기본권을 보호하는데도 장애가 된다. 따라서 데이터에 대한 전반적인 문제를 해결할 수 있도록 법제를 정비하고 통합하여야 한다.

8 김기범, "범죄 수사에서 제3자 정보 취득법제 통합방안 연구", 고려대학교 박사학위논문, 2016, 32면.

제2절 데이터 통제에 관한 현행 법제의 한계

1. 데이터 지득·채록에 대한 독자적 개념 부재

형사소송법 제106조는 압수 대상으로 증거물 또는 몰수물을, 제109조는 수색 대상으로 신체, 물건, 주거 기타 장소를 규정하고 있을 뿐이며 압수·수색영장에 의해 데이터를 지득·채록하는 것에 대한 법적 성격 및 그 개념에 대한 정의가 없다. 단지, 데이터가 압수·수색의 대상물에 포함될 수 있는지에 대해 견해의 대립이 있을 뿐이다. 학설은 ① 민법상 무체물도 물건에 포함된다는 데 착안하여 압수 대상이라는 긍정설,[9] ② 정보는 유체물이 아니므로 압수가 불가능하다는 부정설,[10] ③ 법규가 흠결된 상황에서 현실적인 필요성이 절박하고, 범죄 사실을 최소한의 범위에서 증명할 수 있는 관련성이 인정되는 경우에 인정해야 한다는 절충설,[11] ④ 범죄 관련 정보만 저장된 컴퓨터는 압수할 수 있지만 무관한 정보까지 있는 컴퓨터는 압수할 수 없고, 수색만 할 수 있다는 일부 절충설[12] 등으로 나뉜다. 판례의 경우 정보 그 자체에 대해 "유체물이라고 볼 수도 없고, 물질성을 가진 동력도 아니다"라고 판결[13]하면서 물건성을 부인하고 있다.

개정 형사소송법 제106조 제3항은 "압수 목적물이 정보저장매체인 경우에는 원칙적으로 출력하거나 복제하여 제출받아야 한다"라는 규정을 신설하였는데 이 규정은 '데이터'를 압수의 대상에 포함시킨 것이 아니라 저장매체에 대한 압수·수색영장의 집행 방법을 입법한 것이다. 압수는 본질적으로 유체물을 대상으로 점유이전을 강제하는 행위이기 때문에 데이터를 복사·복제하는 행위를 포함하는

9 노승권, "컴퓨터데이터 압수·수색에 관한 문제", 검찰 통권 제111호, 2000, 280면; 김형성·김학신, "Computer Forensics의 법적문제 연구", 성균관법학 제18권 제3호, 2006. 12, 109면.

10 강동욱, "컴퓨터 관련범죄의 수사에 있어서의 문제점에 대한 고찰", 현대형사법론, 죽헌 박양빈 교수 화갑기념 논문집, 1996, 707면; 박종근, "디지털 증거의 압수·수색과 법제", 형사법의 신동향 통권 제18호, 2009. 2, 35면.

11 원혜욱, "과학적 수사방법에 의한 증거 수집", 비교형사법연구 제5권 제2호, 2004, 174면.

12 오기두, "형사절차상 컴퓨터관련 증거의 수집 및 이용에 관한 연구", 서울대학교 박사학위 논문, 1997, 76-80면; 조국, "컴퓨터 전자기록에 대한 대물적 강제처분의 해석론적 쟁점", 刑事政策 제22권 제1호, 2010. 7, 105면.

13 대법원 2002. 7. 12. 선고 2002도745 판결.

데 한계가 있다. 설사, 데이터를 압수의 대상으로 삼는다고 할지라도 유체물을 염두에 둔 형사소송법상 압수·수색과 관련된 제반 규정과 걸맞지 않은 부분이 있기 때문에 압수·수색의 대상이 되느냐 안 되느냐의 논의보다는 데이터를 지득하고 채록하는 것에 대한 새로운 개념을 정립시키는 것이 바람직하다.

2. 물리적 장소 개념의 한계

디지털 데이터는 저장하고 있는 장치가 네트워크에 연결되어 있다면 원격에서 이를 지득·채록하는 것이 가능하다. 이러한 특성으로 인해 범죄자들은 데이터를 해외에 위치한 서버에 은닉하거나 필요한 경우 추가, 전송, 삭제 등의 행위를 자유롭게 할 수 있다. 수사기관도 범죄자들이 사용하는 계정의 아이디와 비밀번호를 확보한 경우 그들과 똑같은 방식으로 데이터에 대한 접근이 가능하다.

그런데 압수·수색영장에는 수색할 장소가 기재되어야 하며(형사소송법 제114조), 영장은 처분을 받는 자에게 반드시 제시하여야 하며(형사소송법 제118조), 집행 장소의 주거주, 간수자 등을 참여시켜야 하며(형사소송법 제123조), 관련 증명서와 압수목록을 교부하여야 한다(형사소송법 제128, 129조). 원격에 위치한 서버를 물리적인 장소라고 규정할 경우, 물리적인 장소 개념으로 규정된 제반 규정을 준수할 수 없는 문제가 발생한다. 영장 신청 단계부터 수사기관은 해당 서버의 IP를 통해 어느 기관, 단체에 할당되었는지 확인할 수 있을 뿐, 구체적인 위치나 존재 형태, 범죄와 관련성은 확인할 수 없기 때문에 압수·수색할 장소의 기재조차 어려워질 수 있다. 만약, 서버가 해외에 위치한 경우 우리나라의 사법권이 미치지 않기 때문에 영장의 집행 자체가 불가하다는 해석에 이르게 된다.

수사기관은 실무적으로 '압수·수색 장소에 존재하는 컴퓨터로 해당 웹사이트에 접속하여 데이터를 다운로드한 후 이를 출력 또는 복사하거나 화면을 촬영하는 방법으로 압수한다'라는 취지를 영장청구서에 기재하여 영장을 발부받는 등의 방법으로 적법성을 확보[14]하고 있고, 판례도 해외 서버에 대한 원격 접속 압수·수색을 인정하고 있으나 근본적인 해결책으로 볼 수는 없다.

서버의 위치는 물리적으로 다른 곳에 존재하고 있지만 데이터의 지득과 채

14 법원행정처, 압수·수색 영장 실무, 2010, 72면.

록은 전기신호를 통해 전달되는 신호를 수신자 측에서 그대로 해석하여 수신자의 저장매체에 기록하는 행위이기 때문에 물리적인 전달 과정을 거치지 않는다. 따라서 데이터의 지득과 채록에 관하여는 현행 압수·수색영장의 집행에 대한 해석론에 의지하기보다는 별개의 절차를 마련하여 법과 현실의 간극을 해소하는 것이 바람직하다.

3. 정보주체에 대한 통지의 공백

전기통신사업법(통신자료제공요청서), 통신비밀보호법(통신사실확인자료제공요청서, 통신제한조치), 금융실명법(금융영장) 등의 개별법은 데이터를 취득함에 있어 기관장의 승인을 얻도록 하거나 법관의 심사를 받도록 규정하고 있으며 수사기관에 제공할 수 있는 데이터의 종류를 열거적으로 명시해 두고 있다. 그런데 수사기관은 특정 시간대에 기지국을 사용한 휴대번호를 확인하고 싶어하며, 금융자료가 아닌 인터넷 뱅킹 계정의 접속 기록을 살펴보고 싶어하고, 인터넷 계정에 있는 컨텐츠 구매내역, 포인트 누적 현황, 요금 결제계좌 정보, 배송지 목록, 배송물품 내역, 신용카드 결제 장소, 의약품 구매내역 등 다양한 데이터를 수사에 활용하기를 원한다.

특별법에서 규율하지 않는 데이터는 사실조회의 방법에 의해 취득하거나 압수·수색영장에 의해 취득한다. 특별법에 의해 취득하는 경우 데이터를 제공해 주는 사업자 측이나 수사기관에서 해당 정보주체에게 데이터의 활용에 대한 결과를 통지하여야 한다. 그러나 개별 법률에서 정하지 않은 데이터의 취득은 송수신이 완료된 전기통신에 대한 통지 이외에는 사후통지 제도가 존재하지 않기 때문에 정보주체에 대한 통지가 생략되는 경우가 발생한다. 따라서 수사기관이 취득하는 데이터가 개인정보자기결정권의 대상이 되는 경우 통제대상, 통지시기, 유예기간 등의 절차에 관하여 통합적으로 적용될 수 있는 입법체계가 마련되어야 한다.

4. 데이터에 대한 처분 절차의 부재

형사소송법은 위험 발생의 염려가 있거나 유통이 금지된 물품에 대한 폐기

절차[15]를 두고 있고, 압수를 계속할 필요가 없는 경우 환부, 가환부[16]할 수 있도록 하고 압수장물의 경우 피해자 환부[17]도 가능한 규정을 두고 있다. 데이터를 저장하고 있는 매체에 대해서는 이러한 규정의 적용이 가능하지만 수사기관이 지득, 채록한 데이터는 원본이 아니기 때문에 압수물의 처분에 관한 규정이 적용될 여지가 없다.

데이터의 처분에 관하여는 두 가지 쟁점이 제기된다. 첫째, 몰수가 필요한 데이터, 유통이 금지된 데이터나 피해의 확산을 예방할 필요성이 있는 데이터 원본의 삭제 방법 또는 삭제에 준하는 조치에 관한 쟁점, 둘째, 수사기관이 지득·채록한 데이터의 관리와 파기에 관한 쟁점이다.

첫 번째 쟁점과 관련하여 데이터의 복제용이성으로 인해 데이터의 몰수는 수사기관이 취득한 데이터에 대한 파기의 문제에 집중되는 것이 아니라 원래 남아 있는 원본 데이터의 복제와 확산을 방지하는 것에 집중되어야 한다. 그 대상 또한 몰수할 것으로 한정하여서는 아니 된다. 몰수는 형의 선고이기 때문에 선고될 때까지 기다려서는 데이터의 확산을 더 이상 차단할 방법이 없기 때문이다. 따라서 데이터의 확산을 방지할 대상에는 몰수할 것뿐만 아니라 성착취물, 폭발물 제조에 관한 데이터 등 추가적인 범죄의 제지에 필요한 데이터까지 포함시켜야 하며 파기 또는 파기에 준하는 절차로 삭제, 암호화, 확산을 방지할 조치로 정보통신사업자를 대상으로 한 해시 필터링 기술의 적용 명령, 불법 사이트 폐쇄 명령, 불법 도메인 차단 명령 등의 제도가 병행되어야 한다.

---

15 형사소송법 제130조(압수물의 보관과 폐기) ① 운반 또는 보관에 불편한 압수물에 관하여는 간수자를 두거나 소유자 또는 적당한 자의 승낙을 얻어 보관하게 할 수 있다.
② 위험발생의 염려가 있는 압수물은 폐기할 수 있다.
③ 법령상 생산·제조·소지·소유 또는 유통이 금지된 압수물로서 부패의 염려가 있거나 보관하기 어려운 압수물은 소유자 등 권한 있는 자의 동의를 받아 폐기할 수 있다.

16 형사소송법 제133조(압수물의 환부, 가환부) ① 압수를 계속할 필요가 없다고 인정되는 압수물은 피고사건 종결 전이라도 결정으로 환부하여야 하고 증거에 공할 압수물은 소유자, 소지자, 보관자 또는 제출인의 청구에 의하여 가환부할 수 있다.
② 증거에만 공할 목적으로 압수한 물건으로서 그 소유자 또는 소지자가 계속 사용하여야 할 물건은 사진 촬영 기타 원형보존의 조치를 취하고 신속히 가환부하여야 한다.

17 형사소송법 제134조(압수장물의 피해자환부) 압수한 장물은 피해자에게 환부할 이유가 명백한 때에는 피고사건의 종결 전이라도 결정으로 피해자에게 환부할 수 있다.

제3절 데이터 취급 법제의 도입

1. 독자적 절차 도입의 필요성

가. 자유와 권리의 대상

"모든 국민은 사생활의 비밀과 자유를 침해받지 아니한다"(헌법 제17조), "모든 국민은 통신의 비밀을 침해받지 아니한다"(헌법 제18조), "모든 국민은 양심의 자유를 가진다"(헌법 제19조), "모든 국민은 종교의 자유를 가진다"(헌법 제20조 제1항), "모든 국민은 언론·출판의 자유와 집회·결사의 자유를 가진다"(헌법 제21조 제1항), "모든 국민은 학문과 예술의 자유를 가진다"(헌법 제22조 제1항), "모든 국민의 재산권은 보장된다"(헌법 제23조 제1항).

우리 헌법에서 보장하는 국민의 자유와 권리 중 많은 부분은 데이터의 생산과 확산을 통해 향유되고 있다. 데이터는 디지털 저장 방식과 네트워크를 통해 재산권 이상의 가치를 가지게 되었다. 국민 개인의 소유권과 점유권에 대한 수사기관의 침해로부터 이를 보호하고자 하는 현행 형사소송법의 압수절차와 관련된 규정들은 데이터를 통해 누릴 수 있는 자유와 권리를 모두 보호해 줄 수 없다. 데이터는 소유물의 일종이라거나 사생활의 비밀이라고 정의하기에는 너무 큰 영역에 걸쳐 있다. 데이터는 이제 인간의 삶 전반을 아우르는 모든 권리의 표상으로 작용한다.

기존 유체물을 중심으로 제정된 압수·수색 관련 법제에 대한 해석론은 수사기관의 데이터 활용에 대한 현상을 해석하기에는 턱없이 부족할 수밖에 없다. 따라서 데이터의 기본권적 가치를 확인하고 데이터의 특성에 걸맞은 새로운 입법이 필요하다.

나. 디지털화의 완성과 디지털 트랜스포메이션

니콜라스 네그로폰테는 1996년 그의 저서 『디지털이다(*Being Ditital*)』에서 물리적인 세상을 원자의 세상으로, 정보의 세상을 비트의 세상으로 묘사했다. 비트로 저장되는 디지털화는 기존의 아날로그 방식이 정보를 매개하기 위해서 필요로 했던 문서라는 하드웨어를 넘어 시간과 공간의 한계를 극복할 수 있도록 했다. 세상이 필요로 하는 모든 정보는 디지털 데이터로 저장되어 네트워크를 통해 전송된다.[18]

1990년대 인터넷 혁신을 거치며 디지털 인프라가 구축되자 아날로그와 디지털이 혼재된 세상으로 변모했다. 이러한 혼재된 세상의 한 예는 이메일이다. 이메일을 서로 주고받는 것은 아날로그 시대의 우편 메일을 본뜬 것으로 아날로그 시대의 프로세스를 디지털로 재가공한 것이라고 해석할 수 있다. 1990년대 디지털 인프라 구축 단계에서 시작해 2000년대와 2010년대에 아날로그의 디지털화를 완성시켰다면 최근에는 디지털 트랜스포메이션이 이루어지고 있다. 디지털 트랜스포메이션은 새로운 기술의 활용이라기보다 디지털 기술의 효용을 100% 활용하기 위한 프로세스의 혁신이다. 이제까지는 아날로그를 디지털화하는 것이었다면 디지털 트랜스포메이션은 디지털 기술 관점에서 과거 아날로그 형태의 답습으로 인한 비효율적인 프로세스를 과감하게 제거하며 새로운 디지털 세상에 적합한 프로세스를 만드는 작업이다. 예를 들어 업무상 사용한 영수증을 편철하고 전자문서로 재생산하여 이를 이메일로 전송하였다면 디지털 트랜스포메이션 시대에는 물리적인 문서를 디지털화하는 작업이 생략되고 모든 처리가 디지털 상태로 이루어지게 된다.[19]

디지털화가 완성된 디지털 트랜스포메이션의 시대에는 데이터를 저장하는 물리적 매체가 현격히 감소한다. 따라서 물리적인 매체를 규율하기에 적합한 현행 형사소송법상 압수·수색제도는 비트를 통제할 수 있는 새로운 제도로 대체되어야 한다.

다. 수사권 남용의 억제

우리가 상용하는 물건 중에 인격이 발현된 것은 무엇이 있을까? 범죄에 사용

18 '디지털화는 이미 충분'…문제는 100% 활용하는 '프로세스 혁신', 한경비지니스 제1221호 기사, 2019. 4. 24. (https://magazine.hankyung.com/business/article/201904220122100084l 2025. 9. 25. 검색).

19 '디지털화는 이미 충분'…문제는 100% 활용하는 '프로세스 혁신', 한경비지니스 제1221호 기사, 2019. 4. 24. (https://magazine.hankyung.com/business/article/201904220122100084l 2025. 9. 25. 검색).

된 흉기, 절취한 현금, 도난당한 귀금속 등 범죄의 증거가 되는 압수물은 그저 물건이다. 이러한 물건이 압수되는 경우 압수물 창고에 보관되며 수사관은 출납대장에 기재한 후에 압수물을 반출할 수 있으며 관리 연속성이 유지된 채로 이동하며, 수사상 필요가 없는 경우에는 피압수자에게 환부되기도 하며 위험물의 경우에는 폐기되기도 한다. 물건에 대한 수사권의 남용은 불필요한 압수, 증거가치의 훼손, 압수물 착복 등의 문제에 국한하여 발생한다. 반면, 데이터는 물건과 다르게 인격이 발현되어 있을 가능성이 높기 때문에 남용에 따른 폐해가 재산적 가치의 손실과는 차원이 다르다. 또한 쉽게 복제와 전송이 가능하여 물리적인 방법에 의한 관리 연속성 보장이 어렵기 때문에 수사권 남용에 대한 독자적인 통제장치가 마련되어야 한다.

데이터에 대한 지득과 채록 이전에 혼재되어 있는 데이터의 성격과 질적·양적 측면을 고려하고 수색이 전제되어야 하는 상황인지, 사업자 등이 보관하는 데이터로 인해 검색 시스템에 의해 수색 없이 지득과 채록이 가능한 상황인지 등을 모두 고려하여 필요한 영장 또는 허가서 등이 발부되는 절차가 마련되어야 한다. 사진 촬영, 문서 형태의 출력물로 수사기관이 채록한 것인지, 수사기관의 저장매체를 통해 데이터를 채록한 것인지 여부에 따라 해당 데이터에 대한 구체적인 관리지침이 마련되어야 하며 정보주체의 동의 없이 지득·채록한 데이터에 대해서는 정보주체에게 통지되어야 한다. 또한 수사가 종료된 이후 수사기관의 저장매체에 저장되어 있는 데이터의 파기 시기와 방법, 재사용 요건 등에 대해서도 통제장치가 마련되어야 한다.

2. 독자적인 처분의 대상으로 인정

형사소송법은 제106조 제3항에서 정보에 대해 언급하고 있다. 그런데 앞서 논의한 바와 같이 해당 규정이 데이터 또는 정보를 직접적인 압수·수색의 대상으로 규정한 것인지는 의문이다. 문언적 해석으로 보더라도 제106조 제3항은 "법원은 압수의 목적물이 컴퓨터용디스크, 그 밖에 이와 비슷한 정보저장매체(이하 이 항에서 "정보저장매체 등"이라 한다)인 경우에는 기억된 정보의 범위를 정하여 출력하거나 복제하여 제출받아야 한다. 다만, 범위를 정하여 출력 또는 복제하는 방법이 불가능하거나 압수의 목적을 달성하기에 현저히 곤란하다고 인정되는 때에는 정보저장매체 등을 압수할 수 있다"라고 규정함으로써 정보저장매체를 압수의 대상으로 삼고 이에 대해 영장을 집행하는 방법에 대해서 '출력'과 '복제'에 대해 언급하고 있을 뿐이다.

아울러 그 집행 방법에 대한 예외를 규정함으로써 압수·수색영장 집행 현장의 상황에 따라 '현저히 곤란하다고 인정되는 상황'에 대한 추가적인 판단 이후에 저장매체 자체를 압수할 수 있도록 하고 있다. 대법원은 압수의 목적을 달성하기에 현저히 곤란한 상황이 인정되어 정보저장매체 자체를 압수한 이후에도 압수·수색이 종료되지 않았다고 판단[20]하고 있다. 이러한 태도는 압수·수색과 분석의 개념을 모호하게 하고 있어 삭제된 파일에 대한 복구가 필요하거나 저장매체에 대한 이용 현황을 분석하여 범인의 범죄 행동을 추론해야 하는 경우, 컴퓨터가 자동으로 생성한 데이터를 취득해야 하는 경우 등이 압수·수색 이후의 사후행위인지 여전히 압수·수색의 단계에 있는지 결정하기 쉽지 않다.

정보저장매체와 그 안에 포함되어 있는 데이터 또는 정보의 개념을 명확히 분리함으로써 저장매체 자체에 대한 압수, 압수한 저장매체에 대한 수색을 통한 2단계 압수개념을 명시적으로 규정할 필요가 있다. 이러한 2단계 개념을 도입하기 위해서는 물건으로서의 저장매체뿐만 아니라 그 안에 포함된 데이터 또는 정보도 독자적인 법집행의 대상 또는 지득이나 채록의 대상이 된다고 규정할 필요가 있다.

3. 권리침해개념 또는 압수개념의 확대(지득과 채록)

영장의 집행 현장에서 최소 침해의 원칙을 구현하면서 영장 집행의 실효성까지 확보하는 이중의 목적을 달성하고, 법률로써 규율하거나 영장을 발부할 때 필요성을 판단하는 자료 또는 그 집행의 방법을 결정하는 근거로써 활용할 수 있도록 데이터에 대한 영장 집행의 방법을 복사, 복제, 출력, 촬영, 삭제, 복구, 분석, 검색, 접속 등 9가지로 제시한 견해가 있다.[21]

---

20 대법원 2011. 5. 26. 자 2009모1190 결정.

21 김기범·이관희·장윤식·이상진, "정보영장 제도 도입방안 연구", 경찰학연구 제11권 제3호, 2011,

이 견해가 제시한 9가지의 집행 방법은 기술적인 관점에서 세분화하였으며 영장을 신청하는 단계에서 법관의 심사를 받기 위해 세부적인 집행 방법을 설명하는 데 큰 도움을 줄 수 있는 것은 분명하다. 하지만 이러한 기술적인 행위들이 가지는 법적인 의미에 대해서는 공통된 사항을 정리해 내지 못한 아쉬움이 있다.

삭제라는 집행 방법을 제외하면 복사, 복제, 출력, 촬영, 복구, 분석, 검색, 접속은 모두 데이터를 지득하고 채록하는 방법에 해당한다. 삭제된 파일을 복구하는 것도 종국에는 원래 존재했던 데이터를 지득·채록하기 위한 전 단계로 작용한다. 시스템을 분석하여 타임라인을 만들고 윈도우 아티팩트를 분석하여 범인의 행동을 분석하는 것도 그 전 단계에서는 데이터에 대한 지득과 채록이 일어난다. 이러한 지득과 채록을 통해 수사관이 해당 데이터의 의미를 파악하는 순간 데이터에 대한 권리침해가 발생하게 되므로 '데이터를 압수한다'라는 의미를 '데이터를 지득·채록한다'라는 개념으로 확대할 필요가 있다. 이렇게 개념 정의를 하면 데이터에 대한 지득과 채록이 발생한 경우 압수·수색이 종료됐다고 판단할 수 있다. 삭제된 데이터를 복구하기 위해 저장매체를 이미징하고 디지털 포렌식 연구실에서 이미징 파일 사본을 통해 삭제된 데이터를 복구하는 경우 아직 삭제된 데이터에 대한 지득과 채록이 발생하지 않았기 때문에 당연히 영장의 집행이 종료되지 않은 것이다.

또한 데이터에 대한 압수의 개념으로 지득과 채록을 포함할 경우 원격 접속 방식에 의한 데이터 접근의 경우에도 물건의 점유를 이전시키는 의미의 압수가 아니라 데이터에 대한 지득과 채록의 개념으로 압수를 설명할 수 있으므로 원격 접속 압수·수색의 허용성 판단도 쉬워진다.

4. 가칭 '정보영장' 개념을 통한 포섭

데이터를 물건에 포함시킬 수 있느냐에 대해 긍정설과 부정설 등 견해가 나뉘고 있으나 이미 정보저장매체의 압수라는 방법으로 취득하거나 복제, 출력 등의 방법으로 제공받고 있기 때문에 이를 수사기관에서 취득할 수 있는 것인지를 규명하기 위한 논의의 실익은 크지 않다. 형사절차상 해결해야 할 문제는 데이터

102－106면.

의 취득 필요성보다는 유체물과는 다른 특성에 따라 이를 수사기관이 지배할 수 있는 방법이 무엇이며 유체물에 대한 집행과 관리에 초점이 맞추어진 강제처분 절차의 공백을 어떻게 보강할 수 있는지에 대한 문제이다.

그간 우리의 영장 제도는 대물적·대인적 강제처분을 중심으로 운영되었으나 앞서 살펴본 바와 같이 데이터는 물건의 개념으로 포섭하여 기존의 규정을 적용할 경우 많은 오류를 낳게 된다. 따라서 데이터를 그 대상으로 한 대정보적 처분 제도의 일환으로 이른바 '정보영장'[22] 개념을 도입할 필요가 있다. 이는 데이터에 대한 처분의 종류, 요건, 절차 모두를 포함하며 형사소송법뿐만 아니라 통신비밀보호법과 같은 실질적 의미의 형사절차법에서 취급하는 모든 디지털 데이터와 전송 중인 데이터의 규율에도 적용된다.

정보영장은 범죄에 이용되고 범죄로부터 만들어진 자료로써 범죄의 입증에 필요한 데이터와 몰수되어 파기되어야 할 데이터를 기본 대상으로 하며 범인의 감시와 추적 및 검거, 피해자의 구호와 밀접하게 관계된 데이터를 대상으로 하며 보전명령, 제출명령, 수사기관에 의한 지득과 채록, 삭제와 파기 등 방법에 의해 집행되는 영장 제도를 말한다. 기존 영장 제도가 포섭하지 못하는 영역을 규율함으로써 수사의 효율성도 증대함과 동시에 법관의 심사를 통해야 하는 영역을 확

---

22 우리는 정보법익을 보호하면서도 수사의 합목적성을 유지할 수 있는 방안을 제시하기 위해 정보보관자, 정보처리자에게 작위를 요구하는 정보처리명령장과 수사기관이 직접 정보저장매체 등을 수색하여 해당 정보를 직접 취득할 수 있는 정보수색영장으로 영장의 종류를 구분하고 이를 포괄하는 용어로 정보영장을 사용하고자 한다.
정보처리명령장은 정보법익의 주체 또는 그로부터 정보의 취급을 위탁받아 관리하는 제3자, 정보법익 수혜자와의 계약에 의해 생성된 정보를 보관하고 관리하는 사업자에 대해 해당 정보를 제출, 파기, 보관, 암호화, 이용중지하도록 명령하는 영장을 말하며 통신비밀보호법상의 허가서 제도를 포섭할 수 있고 증거로 사용될 정보뿐만 아니라 범인의 특정과 범인의 추적을 위한 정보, 현존하는 정보뿐만 아니라 미래에 생성되는 정보까지 보관 및 제공을 명령할 수 있으며, 불법정보일 경우 법원의 몰수 선고를 기다리지 않고 법원의 영장심사만으로도 파기명령을 할 수 있는 영장이다. 또한, 급속을 요하는 경우 긴급요청서로 정보를 제공받고 사후에 법원의 심사를 받을 수 있는 제도가 필요하며 이 경우 긴급요청할 수 있는 있는 정보의 대상을 정하여 민감한 정보에 대한 취득에 남용되는 일이 없도록 규제하여야 한다.
정보수색영장은 정보처리명령장에 의한 처리를 거부하거나 거부할 우려가 있는 경우, 수사기관이 정보가 보관된 정보저장매체를 직접 수색하여 증거로 사용될 정보를 발견해야 할 경우, 원격 접속 방법에 의해 서버의 내용을 수색해야 할 경우에 사용되는 영장으로 직접 정보를 수색할 필요가 있을 경우에 발부되는 영장이다. 정보수색영장의 경우에는 현행 압수·수색영장 제도의 본래 취지와 같이 증거에 공할 현존 정보의 취득과 몰수에 준하여 불법정보를 파기, 암호화할 목적에 국한되어야 한다.

대함으로써 기본권 침해를 최소화하기 위한 것이다.

정보영장 제도는 데이터를 처분의 직접적인 대상으로 정의하고, 데이터를 수사기관이 직접 열람하거나 수사기관이 소지한 저장매체에 저장하는 등 정보주체가 데이터를 관리하는 방법과 동일하거나 유사한 방법의 사용을 영장 집행 방법으로 인정한다. 따라서 정보주체가 원격 접속을 통해 데이터를 관리한다면 수사기관 역시 이와 같은 방법으로 데이터를 지득 및 채록할 수 있고 이러한 것도 영장의 집행 방법으로 인정된다.[23]

정보영장은 영장의 신청단계에서 영장의 집행 방법과 데이터의 관리 방법에 대해 상세한 사항을 포함시킬 수 있다. 유체물에 대한 압수·수색영장의 집행 방법에 대해서는 수사기관의 재량에 맡겨졌던 것과는 달리 정보영장의 경우 다양한 데이터의 종류, 이에 대한 보관 및 관리 방법 등이 다양하기 때문에 그 집행 방법과 데이터 등에 대한 사후 관리 방법을 수사기관의 재량에만 맡겨둘 경우 정보주체의 기본권을 침해하고 수사권을 남용할 여지가 크다. 따라서 집행 방법 및 사후 처리 방법에 대한 세부내역에 대해 법관의 심사를 받아 그 정당성을 확보할 필요가 있다. 정보영장이 포섭할 수 있는 대상이 확대된 만큼 수사기관도 법원의 영장심사에서 집행 방법의 적법성, 적정성에 대해 사전평가를 받아 정당성을 확보할 수 있다.

압수·수색영장과 정보영장을 비교하면 다음 표[24]와 같다.

---

23 정보나 데이터가 물건과 다른 가장 큰 특징은 관리자 입장에서 배타적으로 관리하는 방법이 저장매체의 존재를 관리하는 방법이 있으나 그 내부의 데이터나 정보 자체에 대해서는 보안장치로 관리하는 등 논리적 보호라는 점, 배타적으로 이전할 수 있는 성질이 아니라는 것이며 공간의 개념이 특정되지 않아 저장매체 안에서 새로운 수색 범위의 문제가 발생할 수 있다는 점을 들 수 있으며 이러한 부분이 유체물에 대한 압수와 다른 것으로 볼 수 있다. 이러한 지배방법을 이해한다면 물건과 같이 점유를 침탈하는 방식으로 압수의 목적을 이루는 경우는 저장매체에 대한 압수에만 적용되며 데이터나 정보를 원격에서 제공받는 방법, 정보주체가 지배하는 방식과 동일하게 논리적으로 보호한 인증방식을 이용하여 원격에서 접근하는 방법 등으로도 압수의 목적을 달성할 수 있기 때문에 이러한 방법이 허용되어야 하며 이러한 방법이 가져올 수 있는 남용의 문제는 별도의 방법으로 제어해야 한다. 이러한 이유에서 영장의 집행 방법이 영장의 기재사항에 포함되어야 한다.

24 김기범·이관희·장윤식·이상진, "정보영장 제도 도입방안 연구", 경찰학연구 제11권 제3호, 2011, 101면.

표 9 압수·수색영장과 정보영장의 비교

구 분	압수·수색영장	정보영장
보호법익	재산권 〉 프라이버시	재산권 〈 프라이버시
집행대상	유체물(증거물·몰수물)	데이터(증거, 몰수 및 검거 목적 정보 포함)
침해방법	점유권 배제	관리·처분권 침해
원격지 집행	불허	제한적 허용
국외정보	불허	제한적 허용
집행수단	규정없음	출력, 복사, 삭제, 접속 등
몰수방법	압수후 폐기	복제후 영구 삭제 등

제4절 법제의 구체적 방향과 내용

1. 데이터 지득·채록과 관련된 법률 체계 정비

데이터에 대한 취급을 규정하고 있는 법은 크게 나누어 보면 형사소송법, 전기통신사업법, 통신비밀보호법, 금융실명법 등이다. 이러한 법률은 영장, 허가서, 통신자료제공요청서 등을 규정하고 있으나 이러한 규정이 데이터의 민감성 또는 사생활에 대한 침해 가능성의 수준에 맞추어 마련되었다고 단언할 수 없다.

예를 들어 가입자의 성명, 주민등록번호, 아이디 등을 요청하는 전기통신사업법상의 통신자료제공요청서는 공문의 형태로 발급되지만 일부 대형 포털 사업자의 경우 압수·수색영장을 요구하고 있다. 반면, 물품의 구매이력, 위치 정보, 물품 배송 상황, 배송 주소 등은 가입자 정보에 해당하지 않아 형사소송법상 사실조회의 형식으로 취득할 여지를 남겨두고 있는데 과연 이러한 자료들에 대한 정보주체의 프라이버시에 대한 침해 가능성이 통신자료제공요청서에 의해 제공되는 가입자 정보에 비해 낮다고 단정할 수 있을지 의문이다.

전송 중인 인터넷 패킷은 통신비밀보호법에 의한 통신제한조치로 확보하여야 하며 전송이 완료된 패킷은 형사소송법상 압수·수색영장에 의하는 것이 수사 실무인데 이러한 구분의 기저에 정보주체의 사생활에 대한 침해 가능성이 포함되어 있다고 볼 수 있을까? 암호화가 적용될 경우, 정보주체 입장에서는 전송 중인 인터넷 패킷이 전송이 완료되어 암호가 풀린 평문 상태의 데이터보다 더욱 안전하나. 전송 중인 패킷은 대화의 내용뿐만 이니라 통신에 필요한 기술적인 것들이 포함되어 있기 때문에 전송이 완료된 대화의 내용보다 불필요한 것들이 더욱 많이 포함되어 있을 수도 있다. 결국 전송 중인 것과 전송이 완료된 것의 차이는 수사기관이나 사업자의 입장에서 이를 취득하는 방법에 대한 차이일 뿐 종국적으로 정보주체의 프라이버시에 대한 침해 가능성을 중심으로 구분한 것은 아니다.

금융실명법은 수사기관이 금융거래를 확인하기 위해 압수·수색영장에 의할 것을 규율하고 있다. 그런데 암호화폐거래소에서 암호화폐 거래내역을 확인하기 위해서는 금융실명법에 의한 영장이 아니라 실무상 일반 압수·수색영장을 집행하여 확인하고 있다. 이는 암호화폐거래소 측에서 동의하는 경우 형사소송법상 사실조회의 방식으로도 암호화폐 거래내역을 확인할 수 있다는 것을 의미한다. 금융실명법은 사실상 정보주체의 입장에서 금융거래에 해당하는 암호화폐의 거래내역을 포섭하지 못한다.

현재의 특별법은 특정한 데이터에 대해서만 규율하고 있을 뿐이므로 기타의 데이터에 대해서는 형사소송법상 압수·수색영장 제도 또는 사실조회에 의하여 데이터를 취득하여야 하는데 저장되는 데이터의 종류와 양이 증가하는 추세라면 특별법으로부터 보호받지 못하는 데이터도 증가할 것은 당연한 논리적 귀결이다. 정보주체의 프라이버시 침해 가능성에 대해 일괄적으로 구분, 정의할 수 없다면 모든 데이디를 정보영장의 대상으로 포섭시키고 법관의 심사를 받아 제출명령장 또는 정보수색영장을 발부받아 집행하도록 법제도를 정비할 필요가 있다.

2. 영장의 적용 대상에 검거와 범죄예방에 필요한 자료 포함

현행 법제상 수사기관이 실시간 데이터를 수집하는데 있어 법관의 심사를 받도록 규제하고 있는 것은 통신비밀보호법상 실시간 추적자료의 수집[25]뿐이다.

과거 사업자가 보유하고 있는 데이터는 형사소송법상 사실조회 방식으로 수사기관에 제공되어 왔고 전기통신사업자가 보관하는 일정한 자료에 대해서는 전기통신사업법에 따라 통신자료제공요청서에 의해서만 그 자료를 제공받아 왔다. 이러한 방식의 자료 요청은 임의수사의 영역에 속한다.[26] 사실조회에 의한 자료의 제공은 현재의 자료뿐만 아니라 미래의 자료, 즉 실시간 자료까지 수사기관에 제공되어 범인을 검거하는 데 활용되어 왔다. 그런데 개인정보의 보호 추세에 비추어 보면 이러한 자료의 제공요청이 임의수사의 영역으로 남겨져 있어야 할지 의문이다. 수사기관에 대한 협조보다 개인정보에 방점을 둔 사업자의 경우 사실조회에 따른 자료협조를 거부할 가능성이 점점 높아지는 현실에서 사실조회를 거부할 경

---

25 통신비밀보호법 제13조(범죄 수사를 위한 통신사실확인자료 제공의 절차) ② 검사 또는 사법경찰관은 제1항에도 불구하고 수사를 위하여 통신사실확인자료 중 다음 각 호의 어느 하나에 해당하는 자료가 필요한 경우에는 다른 방법으로는 범죄의 실행을 저지하기 어렵거나 범인의 발견·확보 또는 증거의 수집·보전이 어려운 경우에만 전기통신사업자에게 해당 자료의 열람이나 제출을 요청할 수 있다. 다만, 제5조 제1항 각 호의 어느 하나에 해당하는 범죄 또는 전기통신을 수단으로 하는 범죄에 대한 통신사실확인자료가 필요한 경우에는 제1항에 따라 열람이나 제출을 요청할 수 있다.

1. 제2조 제11호 바목·사목 중 실시간 추적자료
2. 특정한 기지국에 대한 통신사실확인자료

26 "이 사건 통신자료 취득행위는 피청구인이 전기통신사업자에게 청구인에 관한 통신자료 취득에 대한 협조를 요청한 데 대하여 전기통신사업자가 임의로 이 사건 통신자료를 제공함으로써 이루어진 것인데, 피청구인과 전기통신사업자 사이에는 어떠한 상하관계도 없고, 전기통신사업자가 피청구인의 통신자료 제공요청을 거절한다고 하여 어떠한 형태의 사실상 불이익을 받을 것인지도 불분명하며, 수사기관이 압수·수색영장을 발부받아 이 사건 통신자료를 취득한다고 하여 전기통신사업자의 사업수행에 지장을 초래할 것으로 보이지도 않는다. 또한 이 사건 통신자료 취득행위의 근거가 된 이 사건 법률조항은 '전기통신사업자는 … 요청받은 때에 이에 응할 수 있다.'라고 규정하고 있어 전기통신사업자에게 이용자에 관한 통신자료를 수사관서의 장의 요청에 응하여 합법적으로 제공할 수 있는 권한을 부여하고 있을 뿐이지 어떠한 의무도 부과하고 있지 않다. 따라서 전기통신사업자는 수사관서의 장의 요청이 있더라도 이에 응하지 아니할 수 있고, 이 경우 아무런 제재도 받지 아니한다. 그러므로 이 사건 통신자료 취득행위는 강제력이 개입되지 아니한 임의수사에 해당하는 것이어서 헌법재판소법 제68조 제1항에 의한 헌법소원의 대상이 되는 공권력의 행사에 해당하지 아니한다고 할 것이므로 이에 대한 심판청구는 부적법하다.

이 사건 법률조항은 수사관서의 장이 통신자료의 제공을 요청하면 전기통신사업자는 이에 응할 수 있다는 내용으로, 수사관서의 장이 이용자에 관한 통신자료 제공을 요청하더라도 이에 응할 것인지 여부는 전기통신사업자의 재량에 맡겨져 있다. 따라서 수사관서의 장의 통신자료 제공 요청과 이에 따른 전기통신사업자의 통신자료 제공행위가 있어야 비로소 통신자료와 관련된 이용자의 기본권제한 문제가 발생할 수 있는 것이지, 이 사건 법률조항만으로 이용자의 기본권이 직접 침해된다고 할 수 없다. 그러므로 이 사건 법률조항에 대한 심판청구는 기본권 침해의 직접성이 인정되지 아니하여 부적법하다."; 헌법재판소 2012. 8. 23. 선고 2010헌마439 전원재판부.

우 수사기관으로써는 통신비밀보호법을 제외하고 미래에 관한 데이터를 법관의 심사를 통해 요청할 수 있는 법제도도 부재하다.

2012. 10. 18. 서울고등법원 민사24부는 일명 '회피연아 사건'의 판결문에서 "전기통신사업자의 수사기관에 대한 개인정보 제공을 허용하고 있는 구 전기통신사업법 제54조 제3항은 정보통신사업자가 수사기관의 개인정보 제공 요청에 협조할 의무를 확인하고 있을 뿐이지 사업자가 수사기관의 요청에 따라야 할 의무는 없으며, 네이버는 수사기관의 개인정보 제공 요청에 대해 개별 사안에 따라 제공 여부를 심사하는 등 개인정보를 보호하기 위한 충분한 조치를 해야 한다. 인터넷 공간에서 익명표현이 부작용을 초래할 우려가 있다 해도 표현의 자유는 강하게 보호해야 한다. 사업자가 수사기관의 요청에 응하지 않으면 수사기관은 법관으로부터 영장을 발부받아 개인정보를 취득할 수 있고, 그러한 수사업무처리 원칙이 영장주의를 천명한 헌법원칙에 부합한다"라고 설시했다. 이 사건은 대법원에서 파기환송되었는데 대법원[27]은 "전기통신사업법 제54조 제3항에서 수사기관의 요청에 의하여 전기통신사업자가 제공할 수 있는 이용자의 통신자료는 그 이용자의 인적사항에 관한 정보로서, 이는 주로 수사의 초기 단계에서 범죄의 피의자와 피해자를 특정하기 위하여 가장 기초적이고 신속하게 확인하여야 할 정보에 해당하는데, 위 규정에 의한 전기통신사업자의 통신자료 제공으로 범죄에 대한 신속한 대처 등 중요한 공익을 달성할 수 있음에 비하여, 통신자료가 제공됨으로써 제한되는 사익은 해당 이용자의 인적사항에 한정된다. 그리고 수사기관은 형사소송법 제198조 제2항 등에 의해 수사 과정에서 취득한 비밀을 엄수하도록 되어 있어, 해당 이용자의 인적사항이 수사기관에 제공됨으로 인한 사익의 침해 정도가 상대적으로 크지 않다고 할 수 있다. 따라서 전기통신사업자로서는 수사기관이 형식적·절차적 요건을 갖추어 통신자료 제공을 요청할 경우 원칙적으로 이에 응하는 것이 타당하다"라고 판시하였고 더불어 "물론 전기통신사업자가 수사기관의 통신자료 제공 요청에 따라 통신자료를 제공함에 있어서, 수사기관이 그 제공 요청 권한을 남용하는 경우에는 이용자의 인적 사항에 관한 정보가 수사기관에 제공됨으로 인하여 해당 이용자의 개인정보와 관련된 기본권 등이 부당하게 침해될 가능성도 있다. 그러나 수사기관의 권한 남용에 대한 통제는 국가나

27 대법원 2016. 3. 10. 선고 2012다105482 판결.

해당 수사기관에 대하여 직접 이루어져야 함이 원칙이다. 수사기관이 통신자료 제공을 요청하는 경우에도 전기통신사업자에게 실질적 심사의무를 인정하여 일반적으로 그 제공으로 인한 책임을 지게 하는 것은 국가나 해당 수사기관이 부담하여야 할 책임을 사인(私人)에게 전가시키는 것과 다름없다. 따라서 수사기관의 권한 남용에 의해 통신자료가 제공되어 해당 이용자의 개인정보에 관한 기본권 등이 침해되었다면 그 책임은 이를 제공한 전기통신사업자가 아니라, 이를 요청하여 제공받은 국가나 해당 수사기관에 직접 추궁하는 것이 타당하다"라고 판시하였다.

일명 '회피연아 사건'은 법원의 판단과 관계없이 개인정보에 대한 보호 관점에서 과거의 수사 관행에 변화를 일으켰다. 임의수사의 영역에서 취급되어 오던 자료의 획득이 거부된다면 이를 취득하기 위해서는 영장에 의하여야 한다. 또한 대법원이 언급한 바와 같이 수사기관의 권한 남용에 대한 통제는 국가나 해당 수사기관에 대하여 직접 이루어져야 한다. 개인정보 보호의 필요성이 증가되었다고 하여 상대적으로 범죄 수사의 효율성이 낮아지는 것을 방관할 수도 없다. 이에 대한 해법을 찾기 위해서는 과거 임의수사 영역에서 취급되고 있던 데이터의 취득 방법을 영장주의의 적용 범위 내로 포섭할 필요가 있다.

임의수사에서 허용되던 자료의 제공이 현재의 영장주의 적용 범위 내로 포섭되면 특히 문제가 되는 것은 검거를 위한 자료의 획득 방법이 사라지게 된다는 점이다. 압수·수색의 대상은 집행 시점에서 과거와 현재의 것에 국한되기 때문이다. 이러한 공백은 특히 긴급을 요하는 경우나 현재 범인이 계속 범행 중에 있는 상황에서 더욱더 큰 문제를 야기시킨다.

형사소송법은 기본적으로 법원을 중심으로 기술된 법률로서 수사기관의 압수·수색에 대해서는 치밀하게 규정하지 않고 있다. 법원은 이미 검거되어 기소된 자에 대해 재판 과정에서 증거물, 몰수물을 압수하기 때문에 검거를 위한 자료와 피해자의 보호를 위한 자료가 중요하지 않을 수 있지만 수사기관에게는 형사사법 목적뿐만 아니라 범죄예방 목적을 달성하기 위해서 절실하다. 검거 목적, 추가적인 범죄예방 목적의 자료를 취득하기 위해서는 앞서 언급한 바와 같이 데이터가 압수의 직접적인 대상이 되어야 하며 검거에 필요한 자료 등 증거 이외의 수사 목적으로 필요한 자료도 압수의 대상이 될 수 있어야 하며 미래에 발생할 자료에 대한 취득도 가능하도록 법제화되어야 한다.

3. 지득과 채록 방법의 구체적인 명시

유체물을 압류하는 것과 다르게 데이터를 지득하고 채록하는 방법은 다양하다. 대표적으로 다음의 9가지 방법을 예로 들 수 있다.[28]

복사는 컴퓨터 등 저장매체에 있는 데이터를 원래의 데이터 속성을 그대로 유지하면서 다른 저장매체로 옮기는 것을 의미한다. 복사는 간단하고 일반화되어 있어 수사기관이 집행에 부담이 없고, 범죄사실과 관련된 데이터만을 대상으로 하기 때문에 과도한 집행도 일어나지 않는다. 그러나 복사는 삭제된 파일이나 아동성착취물 등 사이버 금제품, 도박사이트, 산업기밀, 불법 저작물과 같이 유통되어서는 안 되는 데이터에 대해서는 집행할 수 없다.

복제는 하드복제[29]와 이미징[30]을 모두 포함하는 개념으로 육안으로 확인할 수 없지만 저장장치 내에 삭제된 형태로 존재하는 데이터까지 확보할 수 있는 방법이다.

출력은 형사소송법에서 규정한 것으로 원본 자체의 데이터에 대해서 일체의 손상을 주지 않고, 수사기관은 필요한 목적을 달성할 수 있어 복사와 더불어 합리적인 수단이라고 할 수 있다. 다만, 출력할 용량이 많거나 출력용지의 문제로 출력할 수 없는 경우에는 집행이 곤란하며 대용량의 개인정보, 도박이나 음란 등 불법사이트의 프로그래밍 소스코드나, 이미 설치가 완료된 불법 소프트웨어, 휘발성 데이터나 메타 데이터 등의 데이터는 출력이 어렵다.

삭제는 저장장치에 있는 데이터를 가시적인 상태에서 비가시적인 상태로 변경시키거나, 영구적으로 지우는 것을 말한다. 데이터가 금제품이거나 범행의 도구로 사용되어 몰수가 필요한 경우, 피압수자가 데이터를 계속 보유하는 것이 적

28 김기범·이관희·장윤식·이상진, "정보영장 제도 도입방안 연구", 경찰학연구 제11권 제3호, 2011, 102－106면.

29 하드복제는 기억 장소에서, 데이터를 원형대로 읽어 내어 그 데이터를 동일한 물리적 형식으로 다른 기억장소에 써넣는 행위를 말한다; 한국정보통신기술협회(TTA) 용어사전(http://word.tta.or.kr/terms/terms.jsp).

30 이미징은 모든 파일과 Slack Space, 메타 데이터 등을 포함하여 원본 드라이브상의 모든 데이터의 순서와 위치까지 그대로 복사(duplication)하여 옮기는 것을 말한다.

합하지 않은 경우에는 삭제의 방법을 사용할 수 있다.

복구는 피압수자가 해당 파일을 고의로 삭제하거나 과실로 삭제한 경우 응용프로그램에서는 비가시적 형태로 존재하였던 데이터를 실행해서 볼 수 있도록 하는 행위이다.

분석은 획득한 데이터 또는 저장매체에 대해 포렌식 툴을 사용하여 대조, 비교, 검증하는 등의 행위를 통해 범죄와 관련된 데이터를 찾아내고 증거를 확보하는 것을 말한다.

검색은 파일 속의 레코드에 포함된 레이블 또는 키워드를 비교함으로써 파일 속의 데이터를 추출하는 행위이다.

촬영은 압수·수색 현장의 상황을 사진 촬영하는 것을 의미한다. 데이터의 내용을 채록하기 위해 필요한 경우와 데이터를 지득·채록하는 전 과정에 대한 다툼을 최소화하기 위한 영장 집행 절차를 촬영하는 경우로 나눌 수 있다.

접속은 데이터를 대상으로 한 영장의 집행 또는 원격 접속을 통한 영장의 집행에서 있어 가장 기초적이고 필수적인 방법으로 시스템 내에서 또는 원격지 집행을 위해 복사, 복제, 삭제 등을 위해 시스템에 접근하는 방법을 말한다. 원격지 서버의 접속 방법은 다시 ① 피의자가 패스워드를 진술한 경우, ② 제3자가 패스워드를 제공한 경우, ③ 압수·수색 과정에서 확보한 자료에 기재되어 있는 패스워드를 활용하는 경우, ④ 컴퓨터에서 자동접속 기능이 설정되어 클릭만 하면 접속할 수 있는 경우, ⑤ 수사관이 피의자에 관한 데이터를 조합하여 하나씩 반복적으로 입력하여 패스워드를 알아내는 경우, ⑥ 자동접속 프로그램을 이용하여 기계적으로 계속적인 접속을 시도(Brute Force Attack)하는 경우, ⑦ 시스템의 보안상 취약점을 이용하여 침입하는 경우, ⑧ 프로그램을 설치하여 일정 시간 피의자가 타이핑한 내용을 확보하고 이를 분석하여 패스워드를 유추하는 경우 등 다양하다.[31]

이러한 방법들을 포괄하여 지득과 채록이라고 정의할 수 있겠으나 각 방법이 가지는 침해의 정도에 대해서는 구체적으로 다시 논의되어야 하며 영장 심사 단계에서 집행수단과 방법의 상당성, 데이터 취득의 긴급성, 피해 법익의 중대성

31 김기범·이관희·장윤식·이상진, “정보영장 제도 도입방안 연구”, 경찰학연구 제11권 제3호, 2011, 108면.

등이 적시되고 고려되어야 하기 때문에 지득과 채록의 구체적인 방법들이 입법과정에 반영될 필요가 있다.

4. 참여권 보장과 사후 통지 제도

형사소송법 제122조는 참여권자에게 미리 집행의 일시와 장소를 통지하여야 한다고 규정하고 불참 의사를 명시한 때 또는 급속을 요하는 때에는 통지를 생략할 수 있도록 예외규정을 마련해 두었다. 그런데 앞서 살펴본 바와 같이 제122조를 수사기관의 압수·수색영장의 집행에 준용한 것은 수사와 재판에서의 압수·수색영장 집행 간의 차이를 반영하지 못한 것이므로 신속한 정비가 필요하다. 다만, 법원의 압수·수색에서 피의자, 피고인 또는 변호인이 압수·수색영장의 집행에 참여할 수 있도록 규정한 취지는 압수·수색 절차의 공정을 확보하고 집행을 받는 자의 이익을 보호하기 위한 것이다.[32] 비록 수사기관의 집행에서 이 규정의 준용을 배제하는 경우라고 할지라도 수사기관에 의한 압수·수색절차의 공정성 확보와 집행을 받는 자의 이익을 보호하여야 할 조치는 필요하다. 다행히 압수·수색영장 집행의 대상자에 대해서는 제118조에 따라 영장을 제시하도록 하고 제123조 제2항에서는 수색 장소의 주거주, 간수자 또는 이에 준하는 자를 참여시키도록 하고 있는데 이러한 규정의 적절한 적용과 해석을 통해 절차의 공정성을 확보하고 집행을 받는 자의 이익을 보호할 수 있을 것으로 보인다. 다만, 피의자 등의 참여권과 방어권을 한층 보호하고자 한다면 독립된 감독기관의 통제를 받도록 하거나 개인정보 처리에 관한 사후 통지 제도, 피의자의 증거개시 요구권, 자료삭제 및 파기요구권 등을 도입할 필요가 있다.

저장매체나 시비에 물리적으로 접근하여 데이터를 취득할 때는 위 규정들이 그대로 적용될 수 있겠으나 정보처리명령장에 의한 집행, 원격 접속에 의한 정보수색영장의 집행, 정보저장매체를 물리적으로 압수한 이후 수사기관이 사무실에서 정보열람행위를 할 때에 대해서는 참여권자에 대한 통지방법 및 참여방법, 피처분자에 대한 영장의 제시에 대해 별도의 규정이 마련되어야 한다.[33]

---

32 이재상, 신형사소송법, 박영사, 2007, 296면.

33 이관희·김기범·이상진, "정보에 대한 독자적 강제처분 개념 도입", 치안정책연구 제26권 제2

금융실명법 제4조의2는 금융기관이 거래정보를 제공한 경우 금융기관이 직접 계좌명의자에게 제공사실을 통지하도록 규정하고 있으며[34] 통신비밀보호법 제9조의3은 전기통신에 대해 압수·수색영장이 집행된 경우 수사 대상이 된 가입자에게 수사기관이 영장의 집행 사실을 통지하도록 규정하고 있다. 두 가지 경우 모두 현행 형사소송법의 규정과는 달리 정보주체에 대한 통지절차를 마련하고 있다는 점이다.

따라서 데이터에 대한 영장주의의 적용에 있어서 데이터가 포함되어 있는 수색 장소에 대한 취득 절차의 투명성을 확보하여야 하며, 취득한 데이터의 정보주체에 대한 적절한 사후 통지를 통해 침해 사실을 알리는 두 가지 절차가 마련되어야 한다. 정보처리명령장에 의하는 경우 수색 장소에서 데이터에 대한 취득 절차에 수사기관이 직접 개입하는 경우가 없기 때문에 정보주체에게 정보제공자가 통지해야 할 것인지 수사기관이 통지해야 할 것인지 규정되어야 한다. 또한 정보수색영장에 의할 경우 취득 절차의 투명성 보장은 피의자 등 관계인, 수색 장소의 관리자, 중립적인 제3자의 참여를 통해 확보되도록 다양한 절차가 마련되어야 하며 특히, 원격 접속에 의한 취득의 경우, 중립적인 제3자의 참여와 원격 접속 후 정보 취득 등 과정이 기록되고 사후에 피처분자에게 그 사실이 통지되도록 하는 등의 절차가 규정되어야 한다.[35]

5. 범죄와 무관한 자료의 처리

저장매체에 대한 최초의 압수·수색 현장에서 범죄와 무관한 데이터를 수색 또는 압수하지 않도록 자동화된 수색 방법을 사용하는 등 그 범위를 제한하려는 노력을 기울였다고 하더라도 최종적으로 해당 데이터를 응용프로그램을 통해 수사기관이 직접 열람하기 전까지는 증거 관련성을 파악하기 쉽지 않다. 따라서 수사기관이 최종적으로 채록한 데이터에도 범죄와 무관한 데이터가 혼재되어 있을

호, 2012. 12, 97면.

34 이 규정도 금융기관이 아닌 수사기관이 통지해야 하는 것으로 변경되어야 한다는 점에 대해서는 앞에서 논한 바 있다.

35 이관희·김기범·이상진, “정보에 대한 독자적 강제처분 개념 도입”, 치안정책연구 제26권 제2호, 2012. 12, 98면.

것이다.

이때, 범죄와 무관한 데이터에 대한 추가적인 지득이나 채록이 이루어지지 않도록 하거나 최소화할 방법에 대해 고려해 보아야 한다. 첫 번째로 저장매체에 대한 수색, 분석, 복구 등의 조치를 할 기간을 명시함으로써 수사기관이 범죄와 관련된 데이터에 집중할 수 있도록 하는 것도 실효적인 방법이다. 수색 기간이 종료한 이후에 발견한 증거에 대해서는 증거능력을 배제할 필요가 있다. 실제 미국 United States v. Brunette 사건[36]에서 법원은 30일 이내에 컴퓨터를 수색하여 증거물을 찾는 조건으로 혐의자 컴퓨터 압수를 허가했다. 이때 법원은 기간이 지난 이후 수색하여 컴퓨터로부터 얻어진 몇몇 증거의 사용은 기각하였다.[37] 두 번째로 매체에 대한 수색 시 범죄와 관련되지 않은 부분에 대한 탐색과 지득이 일어나지 않도록 수색에 관련된 로그를 기록하여 수사기관의 탐색을 억제하고 문제가 발생한 경우 사후감사를 받을 수 있는 장치를 마련하는 것이다. 마지막으로 영장에 기재된 수색 기간이 종료되어 범죄와 유관한 데이터가 선별된 후에는 이와 무관한 데이터를 즉시 파기하거나 접근을 제어하는 조치를 마련해야 한다.

다만, 당장은 범죄와의 관련성이 모호한 경우, 일차 수색에서 매체가 암호화되거나 특별한 사정에 의해서 관련 수색을 완료하지 못한 경우, 저장매체를 일체로 해시값을 생성하여 재판 과정에서 저장매체 일체에 대한 검증이 필요한 경우 등의 사유가 발생하여 파기의 필요성보다는 보존의 필요성이 상대적으로 큰 경우가 발생할 수 있다. 이러한 경우는 법원으로부터 해당 필요성을 소명한 후에 데이터 보관과 재사용을 위한 영장을 발부받는 방법도 함께 고려되어야 한다.

6. 환부 개념 포기, 삭제·파기 신청권 및 복구 데이터 열람·등사 신청권 도입

물건인 저장매체 자체를 압수하지 않고 데이터만을 출력, 복사, 복제하여 수사기관이 채록하는 경우 해당 데이터는 여전히 피집행자의 저장매체에 남아 있기

---

36 United States v. Brunette 256 F.3d 14, 17 (1st Cir. 2001).

37 노명선, “전자적 증거의 수집과 증거능력에 관한 몇 가지 검토”, 대검찰청 형사법의 신동향 통권 제16호, 2008, 107–108면.

때문에 현행 형사소송법의 규정상 환부, 가환부,[38] 피해자환부[39]의 실익이 없다.

환부란 압수물을 종국적으로 소유자 또는 제출인에게 반환하는 법원 또는 수사기관의 처분을 말하며 환부하기 위해서는 압수를 계속할 필요가 없을 것을 요한다.[40] 가환부란 압수의 효력을 존속시키면서 압수물을 소유자, 소지자, 보관자 등에게 잠정적으로 환부하는 제도를 말한다.[41] 저장매체를 압수했을 경우 그 매체 자체에 대해서는 환부, 가환부 규정이 그대로 적용되나 저장매체 압수 없이 수사기관이 해당 데이터만을 출력, 복사, 복제하였을 경우에는 환부, 가환부의 취지가 본래 목적대로 사용할 수 있게 하려는데 목적이 있다면 데이터에 대한 환부, 가환부는 실익이 없다.

다만, 환부가 '압수를 계속할 필요가 없는 경우'에 그 점유를 다시 피압수자에게 환원시키는 것을 의미한다고 할 때 데이터에 대해서는 점유의 환원이 실익이 없을지는 몰라도 수사기관이 계속 이를 보유하고 있는 것도 바람직하지 않다. 현행 환부, 가환부제도에 대해 위법, 부당한 압수를 시정함으로써 사유재산권을 보호하고 형사소송의 비례의 원칙을 실현하기 위한 제도라는 견해[42]에 따른 경우에도 불필요한 압수·수색의 상태가 지속되어서도 안 되기 때문에 유체물에 대한 환부의 제도는 수사기관이 보유한 데이터의 삭제 및 파기로 대체되어야 한다.

대법원은 "피압수자 등 환부를 받을 자가 압수 후 그 소유권을 포기하는 등에 의하여 실체법상의 권리를 상실하더라도 그 때문에 압수물을 환부하여야 하는 수사기관의 의무에 어떠한 영향을 미칠 수 없고, 또한 수사기관에 대하여 형사소송법상의 환부청구권을 포기한다는 의사표시를 하더라도 그 효력이 없어 그에 의하여 수사기관의 필요적 환부의무가 면제된다고 볼 수는 없으므로, 압수물의 소유권이나 그 환부청구권을 포기하는 의사표시로 인하여 위 환부의무에 대응하는

---

38 형사소송법 제133조(압수물의 환부, 가환부) ① 압수를 계속할 필요가 없다고 인정되는 압수물은 피고사건 종결전이라도 결정으로 환부하여야 하고 증거에 공할 압수물은 소유자, 소지자, 보관자 또는 제출인의 청구에 의하여 가환부할 수 있다.
② 증거에만 공할 목적으로 압수한 물건으로서 그 소유자 또는 소지자가 계속 사용하여야 할 물건은 사진 촬영 기타 원형보존의 조치를 취하고 신속히 가환부하여야 한다.

39 형사소송법 제134조(압수장물의 피해자환부) 압수한 장물은 피해자에게 환부할 이유가 명백한 때에는 피고사건의 종결전이라도 결정으로 피해자에게 환부할 수 있다.

40 이재상, 신형사소송법, 박영사, 2007, 305면.

41 이재상, 신형사소송법, 박영사, 2007, 304면.

42 이병래, "압수물의 환부청구권과 포기, 환부의 상대방", 고시계, 2011. 7, 208면.

압수물에 대한 환부청구권이 소멸하는 것은 아니다. 압수물의 환부는 환부를 받는 자에게 환부된 물건에 대한 소유권 기타 실체법상의 권리를 부여하거나 그러한 권리를 확정하는 것이 아니라 단지 압수를 해제하여 압수 이전의 상태로 환원시키는 것뿐으로서, 이는 실체법상의 권리와 관계없이 압수 당시의 소지인에 대하여 행하는 것이므로, 실체법인 민법(사법)상 권리의 유무나 변동이 압수물의 환부를 받을 자의 절차법인 형사소송법(공법)상 지위에 어떠한 영향을 미친다고는 할 수 없다. 그리고 형사사법권의 행사절차인 압수물 처분에 관한 준항고절차에서 민사분쟁인 소유권 포기의사의 존부나 그 의사표시의 효력 및 하자의 유무를 가리는 것은 적절하지 아니하고 이는 결국 민사소송으로 해결할 문제이므로, 피압수자 등 환부를 받을 자가 압수 후에 그 소유권을 포기하는 등에 의하여 실체법상의 권리를 상실하는 일이 있다고 하더라도, 그로 인하여 압수를 계속할 필요가 없는 압수물을 환부하여야 하는 수사기관의 의무에 어떠한 영향을 미친다고 할 수는 없으니, 그에 대응하는 압수물의 환부를 청구할 수 있는 절차법상의 권리가 소멸하는 것은 아니다"라고 판시[43]하고 있는데 데이터에 대해서 환부가 불가능하거나 의미가 없다는 이유로 그 개념을 포기한다고 할지라도 압수할 필요가 상실된 데이터에 대해서 이를 수사기관이 계속 보유하는 것은 위법하기 때문에 환부에 대응하여 해당 데이터를 삭제, 파기하는 절차는 반드시 마련되어야 한다. 또한 실무상 이에 대한 의무만을 수사기관에 부과한 경우 제대로 이행되지 않을 우려가 있기 때문에 피압수자와 정보주체에게 증거, 몰수할 것과 무관한 데이터에 대한 삭제 및 파기 청구권을 부여하고 수사기관은 이에 따른 조치를 한 후 관련 증명서를 발부해 주는 제도를 마련해 두어야 한다. 삭제 및 파기 청구권을 행사하였으나 수사기관에서 이를 이행하지 않는 경우에는 계속 압수하여야 하는 사유를 수명하여 관계인에게 통지하여야 할 것이며 피압수자에게는 이러한 수사기관의 처분에 대한 불복제도를 마련해 주어야 한다.

데이터에 대해 환부와 가환부의 법리가 실익이 있는 경우는 애당초 삭제되었으나 수사기관에 의해 복구된 경우라든지 압수장물과 같이 피해자의 저장매체 전부가 절취된 경우나 피해자의 저장매체에서는 삭제된 경우가 있다. 피대상자가 해당 데이터를 삭제하여 피대상자에게는 유효하지 않은 데이터가 수사기관에 의

43 대법원 1996. 8. 16. 자 94모51 전원합의체 결정.

해 복구된 경우 피대상자는 복구된 데이터에 대한 정보주체의 위치를 다시 가지게 된다. 이렇게 복구된 데이터가 증거에 공할 것인 경우에는 피대상자의 방어권 보장을 위해 피대상자도 그 내용을 알고 있을 필요가 있으며 증거에 공할 것이 아닌 경우 수사기관은 해당 데이터에 대한 보유의 실익을 상실하였으므로 파기하거나 피대상자의 요청이 있는 경우에는 몰수가 필요한 데이터를 제외하고 복구한 데이터를 피대상자에게 복사·복제해 주어야 한다. 따라서 압수·수색의 대상자, 피해자에게 복구 데이터에 대한 열람등사권을 부여하는 입법이 필요하다.

7. 데이터의 파기와 유통금지 조치

가. 몰수 전 파기 근거 규정의 도입

형법 제48조는 1. 범죄행위에 제공하였거나 제공하려고 한 물건, 2. 범죄행위로 인하여 생하였거나 이로 인하여 취득한 물건, 3. 전2호의 대가로 취득한 물건을 몰수의 대상으로 삼고 있으며 몰수는 형벌의 일종으로 형의 선고에 의하여야 하며 원본 저장매체를 압수하지 않은 경우 복제한 사본뿐만 아니라 소지자에게 남아 있는 원본에 대한 파기도 함께 고려되어야 한다.

형사소송법 제130조는 운반 또는 보관이 불편한 경우 간수자를 두거나 소유자 또는 적당한 자의 승낙을 얻어 보관하도록 할 수 있으며 몰수의 대상이 아니더라도 위험 발생의 염려가 있는 경우 이를 폐기할 수 있게 하고 법령상 생산·제조·소지·소유 또는 유통이 금지된 압수물로서 부패의 염려가 있거나 보관하기 어려운 압수물은 소유자 등 권한 있는 자의 동의를 받아 폐기할 수 있도록 규정하고 있다. 해당 규정은 폭발물 등과 같은 위험 발생의 염려가 있는 것을 대상으로 하지만 데이터 중 몰수의 형을 선고할 것이 아니라고 할지라도 소유, 소지, 유통 등이 금지된 데이터에 대해서는 원본에 대한 파기 필요성이 인정된다.

통상 몰수는 어떠한 형식으로든 범죄와 관련되어 있는 개인의 소유권을 박탈할 목적으로 하는 형벌 중 하나이다. 몰수는 그것의 대상이 되는 물건에 대한 소유권을 국가에 귀속시키는 법적 효력을 지닌다.[44] 그런데 형의 선고가 되어야

44 이재상, "독일 형법상 몰수제도의 법제사적 고찰", 법사학연구 제18호, 1997, 135면.

몰수될 수 있는 것만을 폐기의 대상으로 본다면 재산권과는 다소 거리가 있는 디지털 데이터를 파기 또는 삭제하는 근거가 미약하게 된다. 또한 몰수할 것이라고 할지라도 형의 선고가 있기 전에는 압수·수색의 과정에서 원본 데이터를 함부로 삭제·파기할 근거도 없다.

현행 몰수제도의 운영방식이 디지털 데이터에 걸맞지 않는다고 하여 탄력적인 해석을 통해 압수·수색 시 이를 파기할 수는 없다. 압수한 것은 이를 반환하는 등의 여지가 남게 되나 몰수는 형벌의 일종이기 때문에 법원의 선고를 받아야 하는 태도를 유지하면서 몰수 선고의 실효성을 확보할 수 있는 방안을 마련하여야 한다.

불법정보에 대해서는 취득과 동시에 이를 삭제할 수 있도록 하고 피처분자가 디지털 기술을 이용하여 삭제된 영역을 복구할 우려가 있는 경우에는 저장매체 전부를 압수할 수 있도록 허용하거나 피처분자의 동의에 따라 새로운 저장매체에 기타 데이터를 백업할 수 있는 등의 조치도 고려할 수 있도록 입법 마련이 필요하다.[45]

파기의 대상을 규정할 때 엄격하게 몰수의 대상에 준하는 것에만 한정하여서는 안 된다. 몰수의 취지가 재산권의 박탈에만 있다기보다는 조직범죄에 대해서는 범죄들로부터 생겨난 불법 수익을 몰수, 박탈하여[46] 경제적 기반을 말살시켜 범죄들을 억제하려는 범죄 방지책에 대한 인식이 국제적으로 매우 의미 있는 위치를 차지[47]하는 것과 같이 범죄 방지책이라는 목적도 있으며 악성코드, 성착취물이나 명예훼손 등에 관한 데이터 파기의 경우 추가적인 범죄예방 및 피해자 보호라는 측면도 있으므로 파기의 대상과 방법을 정할 때에는 범죄 예방적 관점이 반드시 고려되어야 한다.

나. 파기의 구체적 방법(복제 후 삭제, 암호화, 계정 이용 중지)

형법 제48조[48]는 몰수의 대상에 대해 규정하면서 제3항에서 전자기록 등 특

45 이관희·김기범·이상진, “정보에 대한 독자적 강제처분 개념 도입”, 치안정책연구 제26권 제2호, 2012. 12, 101면.

46 형법은 몰수와 박탈을 구분하지 않고 몰수라는 용어로 통합적으로 규율하고 있다(제48조).

47 이재상, “독일 형법상 몰수제도의 법제사적 고찰”, 법사학연구 제18호, 1997, 136면.

48 형법 제48조(몰수의 대상과 추징) ① 범인 이외의 자의 소유에 속하지 아니하거나 범죄 후 범

수매체기록의 일부가 몰수에 해당하는 때에는 그 부분을 파기(폐기)하도록 규정하고 있다. 정보저장매체의 전부가 압수되어 선고에 의해 몰수할 경우에는 해당하는 부분의 파기가 가능할 수 있으나 데이터는 복제가 용이하고 원본과 사본의 구분이 불가능하다는 특성으로 인해 원본을 복제하여 데이터를 취득한 경우, 원격접속의 방법에 의해 데이터를 취득하는 경우 원본이 그대로 범인의 지배하에 놓여 있기 때문에 몰수의 실효성을 기대할 수 없다.

폭발물 제조 방법, 명예훼손의 글, 성착취물, 산업기밀, 불법저작물 등 소유, 점유나 유통이 금지된 각종 데이터는 몰수의 형을 집행하기 전 압수·수색 단계에서 파기할 수 있는 규정이 마련되어야 하며 이 경우 파기의 구체적인 방법이 정해져야 한다.

디지털 데이터의 특성상 복제된 데이터에 대한 몰수는 아무런 실효를 거둘 수 없기 때문에 데이터 취득 당시에 해당 원본 데이터에 대한 삭제조치가 선행된 후 복제 또는 복사본에 대한 파기를 하거나 원본에 대한 암호화 등 봉인조치를 하고 몰수형의 선고 후에 해당 파일을 삭제하는 등 조치가 필요하다.[49] 어느 방식에 의하던 이는 현행 몰수제도와는 차원을 달리하기 때문에 새로운 입법이 필요하다. 삭제 자체는 확정 판결이 나지 않은 상태에서 물건의 소유권을 박탈하는 처분에 갈음하는 것이라고 볼 수 있으나, 복제 후 삭제의 경우 여전히 수사기관의 저장매체에 채록된 상태이기 때문에 물건에 대한 압수와 유사한 것으로 해석될 수 있다. 현재의 압수·수색 규정으로 복제 후 삭제를 적법한 영장의 집행으로 볼 수 있는지 의문이기 때문에 명시적인 규정을 도입하는 것이 바람직하다. 이때, 복제 후 삭제뿐만 아니라 원본 저장매체에 대한 암호화 또는 원격지 서버에서 데이터를 운용하는 경우 해당 계정에 대한 이용중지처분 등 파기와 몰수보전에 갈음한 집행 방법을 함께 고려해야 한다. 압수 자체가 위법하거나 환부 또는 가환

인 이외의 자가 정을 알면서 취득한 다음 기재의 물건은 전부 또는 일부를 몰수할 수 있다.
1. 범죄행위에 제공하였거나 제공하려고 한 물건.
2. 범죄행위로 인하여 생하였거나 이로 인하여 취득한 물건.
3. 전2호의 대가로 취득한 물건.
② 전항에 기재한 물건을 몰수하기 불능한 때에는 그 가액을 추징한다.
③ 문서, 도화, 전자기록 등 특수매체기록 또는 유가증권의 일부가 몰수에 해당하는 때에는 그 부분을 폐기한다.

49 김기범·이관희·장윤식·이상진, "정보영장 제도 도입방안 연구", 경찰학연구 제11권 제3호, 2011, 109면.

부에 상응하는 조치가 필요하거나 무죄 판결이 확정된 경우 등에 대비하여 데이터에 대한 복구가 가능할 수 있는 조치도 함께 포함되어야 할 것이다.

다. 유통금지 조치(필터링과 삭제 명령)

2020. 4. 23. 발표한 디지털성범죄[50] 근절 종합대책 이후 디지털성범죄의 처벌과 예방에 관련된 많은 법률의 개정이 있었다. 그 중 성범죄물의 유통을 근절하기 위해 온라인서비스 제공자들이 취해야 할 조치에 관한 법개정이 이루어졌으며 이러한 조치가 매우 효과적일 것이라고 예상한다.

전기통신사업법은 다른 사람들 상호 간에 컴퓨터를 이용하여 저작물 등을 전송하도록 하는 특수한 유형의 온라인서비스 제공자이거나, 문자메시지 발송시스템을 전기통신사업자의 전기통신설비에 직접 또는 간접적으로 연결하여 문자메시지를 발송하는 것을 '특수한 유형의 부가통신역무'로 정의하고(제2조 제13호), 이와 같은 업무를 수행하는 특수유형부가통신사업자[51]는 같은 법 제22조의3에 불법음란정보의 유통을 방지하기 위한 기술적 조치를 하여야 할 의무를 부과하였다.[52] 구체적으로, 특수유형부가통신사업자는 정보의 제목, 특징 등을 비교하여 해당 정보가 정보통신망 이용촉진 및 정보보호 등에 관한 법률 제44조의7 제1항 제1호에 따른 불법음란정보임을 인식할 수 있는 조치를 해야 하고, 불법음란정보의 유통을 방지하기 위하여 이용자가 검색하거나 송·수신하는 것을 제한하는 '필터링' 조치를 해야 하며, 불법음란정보가 유통되는 것을 발견하는 경우에도 검색

50 범죄로 규정되는 디지털 성폭력은 성적 목적을 위한 불법 촬영, 성적 촬영을 비동의 유포, 통신매체를 이용한 음란행위 등이 있다.
① (불법 촬영) 치마 속, 뒷모습, 전신, 얼굴, 나체 등, 용변보는 행위, 성행위
② (비동의 유포, 재유포) 웹하드, 포르노 사이드, SNS 등에 업로드, 단톡방에 유포
③ (유통, 공유) 웹하드, 포르노 사이트, SNS 등의 사업자 및 이용자
④ (유포 협박) 가족, 지인에게 유포하겠다는 협박, 이별 후 재회를 요구하며 협박, 유포 협박으로 금전 요구 등
⑤ (사진합성) 피해자의 일상적 사진을 성적인 사진과 합성 후 유포(지인능욕)
⑥ (성적 괴롭힘) 사이버 공간 내에서 성적 내용을 포함한 명예훼손이나 모욕 등의 행위

51 전기통신사업법 제22조 제2항에 따라 특수한 유형의 부가통신사업을 등록한자를 말한다. 전기통신사업법 제22조의3 제2호.

52 전기통신사업법(2017. 3. 14. 법률 제14576호로 개정된 것) 제22조의3 제1항 및 제2항; 개정 전기통신사업법(2020. 6. 9. 법률 제17352호로 개정되어 2020. 12. 10. 시행 예정인 것)에서는 제22조의5를 개정·신설하여 이 내용을 구체적으로 명시하였다.

하거나 송·수신하는 것을 제한해야 하고, 불법음란정보 전송자에게 불법음란정보의 유통을 금지하는 등에 관한 경고 문구를 발송해야 하는 조치를 해야 한다.[53]

정보통신망법에 제44조의9(불법촬영물등 유통방지 책임자)가 신설되어 정보통신서비스 제공자 중 일일 평균 이용자의 수, 매출액, 사업의 종류 등이 대통령령으로 정하는 기준에 해당하는 자는 자신이 운영·관리하는 정보통신망을 통하여 일반에게 공개되어 유통되는 정보 중 불법촬영물 등의 유통을 방지하기 위한 책임자를 지정하여야 하고, 이 책임자는 전기통신사업법 제22조의5(부가통신사업자의 불법촬영물 등 유통방지) 제1항에 따른 불법촬영물등의 삭제·접속차단 등 유통방지에 필요한 조치 업무를 수행해야 한다(제44조의9). 또한 정보통신망법에 제5조의2(국외행위에 대한 적용)를 신설하여 국외에서 이루어진 행위라도 국내 시장 또는 이용자에게 영향을 미치는 경우에는 정보통신망법을 적용하는 규정을 마련하였다. 이에 따라 국내에서 서비스를 제공하는 해외 정보통신서비스 제공자도 "음란한 부호·문언·음향·화상 또는 영상을 배포·판매·임대하거나 공공연하게 전시하는 내용의 정보"를 유통할 수 없고(제44조의7 제1항 제1호), 정보통신망법 제44조의9(불법촬영물등 유통방지 책임자)의 규정에 따라 불법촬영물등 유통방지 책임자를 지정하고 필요한 조치를 하여야 한다.

불법정보의 경우 관련 데이터를 개인이 오프라인으로 소지하는 것이 아니라 온라인을 통해 유통하고 있기 때문에 이러한 데이터의 확산을 방지하기 위해서는 온라인서비스 제공자의 역할이 결정적이다. 디지털성범죄와 관련하여 많은 법들은 온라인서비스 제공자에게 기술적, 관리적 조치를 통해 불법정보가 유통되지 않도록 하였는데 디지털성범죄물 이외에도 불법정보에 해당하는 경우 그 유통을 금지할 조치가 필요하다. 따라서 몰수할 것에 해당되거나 범죄를 예방하기 위해 유통을 금지할 필요가 있는 데이터에 대해서는 법관의 심사를 거쳐 필터링 및 삭제명령조치를 할 수 있는 입법이 마련되어야 할 것이다. 온라인에 유포될 수 있는 불법 데이터의 삭제나 유통금지 조치 없이는 불법 데이터에 대한 몰수나 파기의 실효성이 없게 된다.

53 전기통신사업법 시행령(2020. 5. 19. 대통령령 제30690호로 개정된 것) 제30조의3 제1항; 방송통신위원회는 이와 관련한 기술적 조치의 가이드라인에서 전기통신사업법 시행령에서 규정하는 기술적 조치와 함께 기술적 조치의 운영 및 관리 실태를 시스템에 자동으로 기록·보관하는 조치까지 포함하여 시행하라고 요구한다.

8. 데이터 재사용의 제한

수사기관이 지득·채록한 데이터는 당해 피의사건에 대해서 사용하는 것 이외에도 남겨진 데이터를 활용하여 다른 사건과의 연관성을 분석하거나 범인의 여죄를 확인하는 데 사용될 가능성이 있다. 또한 이러한 데이터는 범죄예방 목적을 위해서도 유용하다. 유체물의 경우 당해 사건에서 압수한 것은 환부되거나 검찰로 송치되고 몰수의 형을 통해 국고로 환수되는 등 수사기관에서 재사용할 가능성은 없으나 데이터의 경우 재사용이 허용될 수 있는지에 대해 논의가 필요하다.

일반 기업에서는 데이터 마이닝이라는 기법을 통해 영업에 활용하고 있고 이 기법은 비즈니스뿐만 아니라 의학, 과학, 공학에서도 널리 쓰이고 있다. 데이터 마이닝이란 대규모 데이터 저장소에서 유용한 정보를 자동적으로 탐색해 내는 과정으로 대규모 데이터베이스를 구석구석 뒤져서 모른 채 넘어갈 수 있는 새롭고 유용한 패턴을 탐색하기 위해 사용된다.[54] 이러한 기법이 수사기관에 도입된다면 수사 목적뿐만 아니라 미래 예측까지 가능하여 범죄예방 목적 등에도 유용하게 활용될 수 있다. 그러나 많은 데이터가 지속적으로 저장되면 빅브라더[55]와 같은 역기능을 초래할 수 있기 때문에 저장할 데이터의 종류와 저장기간, 범위 등에 대한 논의를 진행하여 치안 목적과 프라이버시 보호의 경계선을 도출해야 한다.

---

54 Pang-ning Tan,Michael Steinbach,Vipin Kumar 저, 용환승·나연묵·박종수·승현우·이민수·이상준·최린 역, 데이터마이닝, 인피니티북스 출판, 2007년, 3면.

55 정보의 독점으로 사회를 통제하는 관리 권력, 혹은 그러한 사회체계를 일컫는 말. 사회학적 통찰과 풍자로 유명한 영국의 소설가 조지 오웰(George Orwell, 1903~1950)의 소설 《1984년》에서 비롯된 용어이다. 긍정적 의미로는 선의 목적으로 사회를 돌보는 보호적 감시, 부정적 의미로는 음모론에 입각한 권력자들의 사회통제의 수단을 말한다.
사회적 환난을 예방한다는 차원에서 정당화될 수도 있는 이 빅브라더는 사실 엄청난 사회적 단점을 가지고 있다. 소설 《1984년》에서 빅브라더는 텔레스크린을 통해 소설 속의 사회를 끊임없이 감시한다. 이는 사회 곳곳에, 심지어는 화장실에까지 설치되어 있어 실로 가공할 만한 사생활 침해를 보여준다. 음모론에 입각하여 재해석하자면, 사회의 희망적 권력체제가 아닌 독점권력의 관리자들이 민중을 유혹하고 정보를 왜곡하여 얻는 강력한 권력의 주체가 바로 빅브라더의 정보수집으로 완성된다고 할 수도 있다.
과거 빅 브라더의 실체는 매우 비현실적으로 보였지만, 소설 속의 그것과 흡사한 감시체제가 현대에 이르러 실제 사회에서도 실현되기 시작하였다. 미국의 경우 국방부의 규모와 맞먹는 국토안보부가 설치되고, 이들의 감시행동을 법적으로 보호해 줄 애국법이 통과된 상태이다. [출처] 두산백과 당해 사건이 공소제기되어 형이 확정된 경우 당해 사건의 증거로 지득·채록한 데이터는 파기하는 것을 원칙으로 하고 수사중지된 사건의 경우 중지사유가 해소될 때까지 보관할 수 있도록 하며 공소의 제기 없이 수사가 종결된 사건의 경우 일반적인 수사서류의 보존기한까지만 이를 보유할 수 있도록 세부사항을 정해야 한다. 보존되어 있는 데이터의 사용에 대해서도 법률상 재사용 요건을 마련할 필요가 있는데, 개인정보 보호법에 가명정보의 처리에 관하여 새로이 도입된 규정[56]을 참고할 수 있다. 다만, 가명정보의 처리가 아닌 보존 중인 데이터의 원래 내용을 분석하거나 별건 수사에 참조하고자 할 때에는 수사와 관련된 데이터를 보관, 처리하는 자를 상대로 압수·수색영장 또는 이에 상응하는 법관의 심사를 받아 집행하도록 해당 절차를 마련하여야 한다. 또한 정보주체로 하여금 정보파기요청권, 정보사용중지요청권 등의 권리가 보장될 수 있도록 명시하여야 한다.

제5절 마치며

형사소송법은 제106조 제3항에서 '정보'를 언급하고 있다. 그동안 데이터의 취급에 대해 많은 논의가 이루어진 후에 형사소송법 제106조 제3항이 신설되기는 하였으나 이 규정이 데이터를 영장 집행의 직접적인 대상으로 규정한 것인지는 의문이다. 데이터 자체를 제대로 규율하기 위해서는 데이터를 압수·수색 등의 처분대상으로 직접 규정할 필요가 있다.

데이터를 일단 압수의 대상 또는 처분의 대상으로 인정하는 순간 수색과 압수의 범위가 상대적으로 변화하게 된다. 압수의 최소 단위를 물건으로 두었을 경우에는 물건을 찾기 위한 공간에서 수색이 이루어지겠지만 데이터를 압수의 최소 단위로 상정하면 데이터를 저장하고 있는 매체 전체가 수색의 대상이 되기 때문에 수색의 범위를 한정짓는 노력을 하게 된다.

56 개인정보 보호법 제28조의2(가명정보의 처리 등) ① 개인정보처리자는 통계작성, 과학적 연구, 공익적 기록보존 등을 위하여 정보주체의 동의 없이 가명정보를 처리할 수 있다.

데이터는 기존의 형사소송법에서 정하고 있는 물건으로 취급할 것이냐 아니냐의 문제가 아니라 이것과는 완전히 다른 새로운 것으로 이해하고 해석해야 한다. 데이터는 프라이버시에 관한 사안이기 때문에 물건의 소유권이나 점유권 보호 이상의 관점에서 다루어져야 한다.

입법자의 입장에서는 먼저 형사소송법의 일부만을 개정하여 데이터를 포섭하려고 시도할 수밖에 없으니 압수의 대상과 종류는 그 이후의 영장 요건과 절차에 모두 영향을 가져오게 되므로 데이터를 물건에 적용되는 대물적 강제처분제도로 포섭하기에는 한계가 있다. 따라서 데이터에 대한 독자적인 처분제도를 인정하고 형사소송법 전반을 수정하거나 데이터에 내재된 프라이버시를 보호하는 별도의 법제를 마련하여야 한다.

데이터의 네트워크화, 대량화 등의 특성으로 인해 데이터는 수사 목적상 활용가치가 높아지는 반면, 지적재산권, 개인정보자기결정권, 프라이버시의 대상으로도 보호되어야 할 주요한 법익으로 자리 잡고 있어 이를 수사기관이 지득·채록하는 과정에는 물건을 규율한 것보다 더욱더 세밀한 법규정을 필요로 하기 때문에 현행 법체제는 이를 모두 포용할 수가 없다.[57]

이는 영장주의 또는 강제처분에 관하여 대물적·대인적 강제처분 제도로 이원화되어 있는 형사소송법 체제를 근간으로 데이터를 이해하려는 데서 오는 한계이다. 따라서 데이터에 대한 독자적인 처분 제도로 가칭 '정보영장'의 도입이 필요하며 정보영장에는 정보제출명령장과 정보수색영장 등도 포함되어야 할 것이다.

현재에도 금융실명법, 통신비밀보호법, 전기통신사업법 등에서 데이터에 대한 처분 방법을 명시해 두고 있으나 이러한 개별법이 모든 종류의 데이터를 포섭할 수 없기 때문에 모든 데이터에 대해 적용될 수 있는 통일된 법제가 도입되어야 한다. 이제 형사소송법은 가칭 '디지털 절차법'이라는 이름으로 현재까지의 논의를 기반으로 하여 전송 중인 데이터와 송수신이 완료된 데이터를 포섭하고 출력·복제하여 제출받은 데이터에 대한 증거능력 확보 방안, 수사기관에서 보관하고 있는 데이터의 사건외 사용 범위의 세부적인 문제, 저장매체 자체를 반출할

57 이관희·김기범·이상진, "정보에 대한 독자적 강제처분 개념 도입", 치안정책연구 제26권 제2호, 2012. 12, 101면.

수 있는 구체적인 범위의 특정, 형사절차 전반에 걸친 데이터의 기술적·관리적 조치의 종류 등을 구체화함으로써 산발적으로 운영되는 개별 법률을 포섭할 수 있는 통합적 제도를 조속히 도입하고 수사의 합목적성에도 부합하고 기본권 침해도 최소화할 수 방안을 도출해 내야 한다.

에필로그

디지털 데이터는 물건과 비슷한 것이 아니다. 전혀 다른 것이다. '0'과 '1'의 집합일 뿐이며 우리는 이러한 기호를 인식하고 그대로 해석할 뿐이다. 출력한다는 것은 원래 있던 기호를 다른 종이에 똑같은 모습으로 그려 넣는 것이며 복사와 복제는 원래 있던 '0'과 '1'을 새로운 저장매체에 그대로 다시 적어 내려가는 것이다. 물건처럼 가져올 수 있는 것이 아니라 눈으로 보고 이를 그대로 다시 기록할 수 있을 뿐이다. 그래서 디지털 증거를 압수한다는 것은 엄밀히 말해 디지털 증거를 지득하거나 채록한다는 것을 의미한다.

시민은 그들이 표현할 수 있는 모든 정보를 디지털화하여 저장하고 전송한다. 데이터를 생산하고 저장하고 전송하는 모든 과정에 흔적이 남게 되고 이러한 흔적은 범죄 수사에서 증거로 사용될 수 있기 때문에 수사기관에게도 매우 유용하다. 많은 범죄가 인터넷 공간으로 옮겨지고 있는 추세를 감안하면 디지털 흔적을 들여다봐야 할 필요성도 함께 증대되는 것이 사실이다. 그런데 개인에 관한 데이터를 비롯하여 사생활의 비밀이 디지털로 표현되어 있다 보니 수사기관이 이를 함부로 들여다보는 것을 그대로 방관할 수 없기 때문에 형사소송법상 압수·수색제도를 통해 법관의 심사를 받아 데이터를 지득·채록하는 형태로 운영되어 왔다.

기본권을 침해할 수 있는 수사기관의 행위에 관하여 법관이 심사를 해야 한다는 것은 온전히 옳은 발상이다. 그런데 이 책에서 살펴본 바와 같이 디지털 데이터는 물건과는 완전히 다른 것이어서 유체물을 대상으로 만들어진 형사소송법의 규정들은 디지털 데이터에 적합하게 적용되지 않는다. 데이터의 양이 계속 증폭될 것이며 수사기관이 취급하게 되는 디지털 증거의 양도 증폭될 것이 자명하다. 그러면 현행 형사소송법의 모순과 한계는 지속적으로 노출될 것이다.

통신비밀보호법은 물건이 아닌 대화의 내용을 대상으로 만들어졌다. 대화의 내용은 압류하는 것이 아니므로 이를 지득하거나 채록한다는 표현을 자연스럽게 사용한다. 수사기관이 직접 채록할 수 없는 경우 통신사업자의 협조가 필요하기 때문에 이에 대한 규정도 있다. 통신의 비밀을 침해하는 것의 중대성으로 인해 그 요건과 절차를 구체적으로 정하고 법관의 허가를 받도록 하고 있다. 자료의 지득과 채록 현장에 피대상자는 없으며 수사의 밀행성을 유지해야 하기 때문에 참여권도 없다. 다만, 수사가 종결된 이후에는 피대상자에게 수사기관이 수사를 하였다는 사실을 통지해 준다. 통신비밀보호법의 제 규정은 매우 부드럽다. 당초에 그 집행의 대상을 대화, 통신자료, 통신사실 등 데이터로 삼았기 때문이다.

우리에게 중요한 데이터에는 대화의 내용만 있는 것이 아니다. 디지털로 표현되고 저장될 수 있는 모든 것이 보호가 필요하며 수사기관에 함부로 노출될 성질의 것은 없다. 다만, 다른 것은 다르게 규율하여야 한다. 현행 형사소송법의 확장 해석을 통해 데이터를 규율하려는 노력은 한계에 봉착했다. 따라서 디지털 데이터를 수사기관이 증거로 사용할 때 필요한 규제와 절차를 통합적으로 정비하고 관리할 필요성이 있다.

수사기관이 데이터를 지득·채록하는 데 있어 까다로운 절차를 도입하는 것을 두고 수사기관은 볼멘소리할 수도 있다. 그러나 디지털화가 이루어지면 이루어질수록 수사기관이 증거를 확보할 개연성이 높아지는 것을 함께 고려한다면 데이터의 지득·채록에 특별한 요건을 부과하는 것이 수사의 효율성을 방해하지는 않는다. 오히려 중립적인 법관의 심사를 통해 적법한 절차와 방식으로 데이터를 지득·채록하고 관리·파기하는 절차를 통해 위법 수사의 위험성과 논란에서 벗어날 수 있다.

현재까지의 논의를 기반으로 하여 기본권 침해를 최소화함과 동시에 수사의 효율성도 함께 증대시킬 수 있도록 산발적으로 운영되던 개별 법률을 포섭할 수 있는 통합적 입법이 조속히 도입되기를 희망한다.

부록 1. 압수·수색영장 별지

- '15년 8월 이전 형태

압수 대상 및 방법의 제한

1. 문서에 대한 압수

가. 해당 문서가 몰수 대상물인 경우, 그 원본을 압수함.

나. 해당 문서가 증거물인 경우, 피압수자 또는 참여인1)(이하 '피압수자 등'이라 한다)의 확인 아래 사본하는 방법으로 압수함(다만, 사본 작성이 불가능하거나 협조를 얻을 수 없는 경우 또는 문서의 형상, 재질 등에 증거가치가 있어 원본의 압수가 필요한 경우에는 원본을 압수할 수 있음).

다. 원본을 압수하였더라도 원본의 압수를 계속할 필요가 없는 경우에는 사본 후 즉시 반환하여야 함.

2. 컴퓨터용 디스크 등 정보저장매체에 저장된 전자정보에 대한 압수·수색·검증

가. 전자정보의 수색·검증

수색·검증만으로 수사의 목적을 달성할 수 있는 경우, 압수 없이 수색·검증만 함.

나. 전자정보의 압수

(1) 원칙: 저장매체의 소재지에서 수색·검증 후 혐의 사실과 관련된 전자정보만을 문서로 출력하거나 수사기관이 휴대한 저장매체에 복사하는 방법으로 압수할 수 있음.

(2) 저장매체의 하드카피·이미징(이하 '복제'라 한다)이 허용되는 경우

(가) 집행 현장에서의 복제

출력·복사에 의한 집행이 불가능하거나, 압수의 목적을 달성하기에 현저히 곤란한 경우2)에 한하여, 저장매체 전부를 복제할 수 있음.

(나) 저장매체의 원본 반출이 허용되는 경우

1) 위 (가)항의 경우 중 집행 현장에서의 저장매체의 복제가 불가능하거나 현저히 곤란할 때3)에 한하여, 피압수자 등의 참여

하에 저장매체 원본을 봉인하여 저장매체의 소재지 이외의 장소로 반출할 수 있음.

2) 위 1)항의 방법으로 반출한 원본은 피압수자 등의 참여 하에 개봉하여 복제한 후 지체없이 반환하되, 특별한 사정이 없는 한 원본 반출일로부터 10일을 도과하여서는 아니됨.

(다) 위 (가), (나)항과 같이 복제한 저장매체에 대하여는, 혐의 사실과 관련된 전자정보만을 출력 또는 복사하여야 하고, 전자정보의 복구나 분석을 하는 경우 신뢰성과 전문성을 담보할 수 있는 방법에 의하여야 함.

(라) 위 (다)항에 의하여 증거물 수집이 완료되고 복제한 저장매체를 보전할 필요성이 소멸된 후에는 혐의 사실과 관련 없는 전자정보를 지체없이 삭제, 폐기하여야 함.

(3) 전자정보 압수시 주의사항

(가) 피압수자 등에게 압수한 전자정보의 목록을 교부하여야 함(목록의 교부는 위 (2)항의 절차를 거쳐 최종적으로 압수하는 출력물 또는 전자정보 사본의 교부로 갈음할 수 있음).

(나) 봉인 및 개봉은 물리적인 방법 또는 수사기관과 피압수자 등 쌍방이 암호를 설정하는 방법 등에 의할 수 있고, 복사 또는 복제할 때에는 해시함수값의 확인이나 압수·수색 과정의 촬영 등 원본과의 동일성 등을 확인할 수 있는 방법을 취하여야 함.

(다) 압수·수색의 전체 과정을 통하여 피압수자 등의 참여권이 보장되어야 하며, 참여를 거부하는 경우에는 신뢰성과 전문성을 담보할 수 있는 상당한 방법으로 압수·수색이 이루어져야 함.

---

1) 피압수자－피의자나 변호인, 소유자, 소지자 // 참여인－형사소송법 제123조에 정한 참여인

2) 다음 각 호의 경우를 말한다. 1. 피압수자 등이 협조하지 않거나, 협조를 기대할 수 없는 경우, 2. 혐의 사실과 관련될 개연성이 있는 전자정보가 삭제, 폐기된 정황이 발견되는 경우, 3. 출력·복사에 의한 집행이 피압수자 등의 영업활동이나 사생활의 평온을 침해하는 경우, 4. 기타 이에 준하는 경우

3) 다음 각 호의 경우를 말한다. 1. 집행 현장에서의 하드카피·이미징이 물리적, 기술적으로 불가능하거나 극히 곤란한 경우, 2. 하드카피·이미징에 의한 집행이 피압수자 등의 영업활동이나 사생활의 평온을 현저히 침해하는 경우, 3. 기타 이에 준하는 경우

- '15년 8월 이후 형태

압수 대상 및 방법의 제한

1. 문서에 대한 압수

가. 해당 문서가 몰수 대상물인 경우, 그 원본을 압수함.

나. 해당 문서가 증거물인 경우, 피압수자 또는 참여인 1)(이하 '피압수자 등'이라 한다)의 확인 아래 사본하는 방법으로 압수함(다만, 사본 작성이 불가능하거나 협조를 얻을 수 없는 경우 또는 문서의 형상, 재질 등에 증거가치가 있어 원본의 압수가 필요한 경우에는 원본을 압수할 수 있음).

다. 원본을 압수하였더라도 원본의 압수를 계속할 필요가 없는 경우에는 사본 후 즉시 반환하여야 함.

2. 컴퓨터용 디스크 등 정보저장매체에 저장된 전자정보에 대한 압수·수색·검증

가. 전자정보의 수색·검증

수색·검증만으로 수사의 목적을 달성할 수 있는 경우, 압수 없이 수색·검증만 함.

나. 전자정보의 압수

(1) 원칙 : 저장매체의 소재지에서 수색·검증 후 혐의 사실과 관련된 전자정보만을 범위를 정하여 문서로 출력하거나 수사기관이 휴대한 저장매체에 복제하는 방법으로 압수할 수 있음.

(2) 저장매체 자체를 반출하거나 하드카피·이미징 등 형태로 반출할 수 있는 경우

(가) 저장매체 소재지에서 하드카피·이미징 등 형태(이하 "복제본"이라 함)로 반출하는 경우

– 혐의 사실과 관련된 전자정보의 범위를 정하여 출력·복제하는 위 (1)항 기재의 원칙적 압수 방법이 불가능하거나, 압수 목적을 달성하기에 현저히 곤란한 경우 2)에 한하여, 저장매체에 들어 있는 전자파일 전부를 하드카피·이미징하여 그 복제본을 외부로 반출할 수 있음.

(나) 저장매체의 원본 반출이 허용되는 경우

1) 위 (가)항에 따라 집행 현장에서 저장매체의 복제본 획득이 불가능하거나 현저히 곤란할 때 3)에 한하여, 피압수자 등의 참여 하

에 저장매체 원본을 봉인하여 저장매체의 소재지 이외의 장소로 반출할 수 있음.

2) 위 1)항에 따라 저장매체 원본을 반출한 때에는 피압수자 등의 참여권을 보장한 가운데 원본을 개봉하여 복제본을 획득할 수 있고, 그 경우 원본은 지체 없이 반환하되, 특별한 사정이 없는 한 원본 반출일로부터 10일을 도과하여서는 아니됨.

(다) 위 (가), (나)항에 의한 저장매체 원본 또는 복제본에 대하여는, 혐의 사실과 관련된 전자정보만을 출력 또는 복제하여야 하고, 전자정보의 복구나 분석을 하는 경우 신뢰성과 전문성을 담보할 수 있는 방법에 의하여야 함.

(3) 전자정보 압수시 주의사항

(가) 위 (1), (2)항에 따라 혐의 사실과 관련된 전자정보의 탐색·복제·출력이 완료된 후에는 지체없이, 피압수자 등에게 ① 압수 대상 전자정보의 상세목록을 교부하여야 하고, ② 그 목록에서 제외된 전자정보는 삭제·폐기 또는 반환하고 그 취지를 통지하여야 함[위 상세목록에 삭제·폐기하였다는 취지를 명시함으로써 통지에 갈음할 수 있음].

(나) 봉인 및 개봉은 물리적인 방법 또는 수사기관과 피압수자 등 쌍방이 암호를 설정하는 방법 등에 의할 수 있고, 복제본을 획득하거나 개별 전자정보를 복제할 때에는 해시 함수값의 확인이나 압수·수색 과정의 촬영 등 원본과의 동일성을 확인할 수 있는 방법을 취하여야 함.

(다) 압수·수색의 전체 과정(복제본의 획득, 저장매체 또는 복제본에 대한 탐색·복제·출력과정 포함)에 걸쳐 피압수자 등의 참여권이 보장되어야 하며, 참여를 거부하는 경우에는 신뢰성과 전문성을 담보할 수 있는 상당한 방법으로 압수·수색이 이루어져야 함.

---

1) 피압수자 – 피의자나 변호인, 소유자, 소지자 // 참여인 – 형사소송법 제123조에 정한 참여인.

2) ① 피압수자 등이 협조하지 않거나, 협조를 기대할 수 없는 경우, ② 혐의 사실과 관련될 개연성이 있는 전자정보가 삭제·폐기된 정황이 발견되는 경우, ③ 출력·복제에 의한 집행이 피압수자 등의 영업활동이나 사생활의 평온을 침해하는 경우, ④ 그 밖에 위 각 호에 준하는 경우를 말한다.

3) ① 집행 현장에서의 하드카피·이미징이 물리적·기술적으로 불가능하거나 극히 곤란한 경우, ② 하드카피·이미징에 의한 집행이 피압수자 등의 영업활동이나 사생활의 평온을 현저히 침해하는 경우, ③ 그 밖에 위 각 호에 준하는 경우를 말한다.

부록 2. 미국 수색영장신청서 견본

Case 3:19-mj-05765-AHG Document 1 Filed 12/30/19 PageID.1 Page 1 of 9

AO 106 (Rev. 04/10) Application for a Search Warrant

UNITED STATES DISTRICT COURT

for the

Southern District of California

FILED

DEC 30 2019

CLERK US DISTRICT COURT
SOUTHERN DISTRICT OF CALIFORNIA
BY DEPUTY

In the Matter of the Search of
(Briefly describe the property to be searched or identify the person by name and address)

Pink Apple iPhone
FPNF# 2020250400055501

Case No. 19MJ5765

APPLICATION FOR A SEARCH WARRANT

I, a federal law enforcement officer or an attorney for the government, request a search warrant and state under penalty of perjury that I have reason to believe that on the following person or property *(identify the person or describe the property to be searched and give its location)*:
See Attachment A incorporated herein by reference

located in the Southern District of California, there is now concealed *(identify the person or describe the property to be seized)*:
See Attachment B incorporated herein by reference

The basis for the search under Fed. R. Crim. P. 41(c) is *(check one or more)*:

☑ evidence of a crime;

☐ contraband, fruits of crime, or other items illegally possessed;

☐ property designed for use, intended for use, or used in committing a crime;

☐ a person to be arrested or a person who is unlawfully restrained.

The search is related to a violation of:

Code Section	*Offense Description*
21 U.S.C. Sections 952, 960	Conspiracy to Import Controlled Substances

The application is based on these facts:
See Attached Affidavit of Special Agent Melissa Votteler incorporated herein by reference

☐ Continued on the attached sheet.

☐ Delayed notice of _____ days (give exact ending date if more than 30 days: __________) is requested under 18 U.S.C. § 3103a, the basis of which is set forth on the attached sheet.

Applicant's signature

Melissa Votteler, Special Agent HSI
Printed name and title

Sworn to before me and signed in my presence.

Date: 12/30/19

Judge's signature

City and state: San Diego, California

Hon. Allison H. Goddard, U.S. Magistrate Judge
Printed name and title

ATTACHMENT A

PROPERTY TO BE SEARCHED

The following property is to be searched:

Pink Apple iPhone

FPNF# 2020250400055501

(the "Target Device")

The Target Device is currently in the possession of Homeland Security Investigations, 800 Front Street Suite 3200 San Diego, California 92101.

ATTACHMENT B

ITEMS TO BE SEIZED

Authorization to search the cellular telephone described in Attachment A includes the search of disks, memory cards, deleted data, remnant data, slack space, and temporary or permanent files contained on or in the cellular telephone for evidence described below. The seizure and search of the cellular telephone shall follow the search methodology described in the affidavit submitted in support of the warrant.

The evidence to be seized from the cellular telephone will be electronic records, communications, and data such as emails, text messages, chats and chat logs from various third-party applications, photographs, audio files, videos, and location data, for the period of October 06, 2019 to December 10, 2019.

a. tending to indicate efforts to import Methamphetamine, or some other federally controlled substance, from Mexico into the United States;

b. tending to identify accounts, facilities, storage devices, and/or services–such as email addresses, IP addresses, and phone numbers–used to facilitate the importation of Methamphetamine, or some other federally controlled substance, from Mexico into the United States;

c. tending to identify co-conspirators, criminal associates, or others involved in importation of Methamphetamine, or some other federally controlled substance, from Mexico into the United States;

d. tending to identify travel to or presence at locations involved in the importation of Methamphetamine, or some other federally controlled substance, from Mexico into the United States, such as stash houses, load houses, or delivery points;

e. tending to identify the user of, or persons with control over or access to, the Target Device; and/or

f. tending to place in context, identify the creator or recipient of, or establish the time of creation or receipt of communications, records, or data involved in the activities described above;

which are evidence of violations of Title 21, United States Code, Sections 952 and 960.

AFFIDAVIT

I, Special Agent Melissa Votteler, being duly sworn, hereby state as follows:

INTRODUCTION

1. I submit this affidavit in support of an application for a warrant to search the following electronic device(s):

Pink Apple iPhone
FPNF# 2020250400055501
("Target Device")

as further described in Attachment A, and to seize evidence of crimes, specifically violations of Title 21, United States Code, Sections 952 and 960, as further described in Attachment B.

2. The requested warrant relates to the investigation and prosecution of Myra PADILLA ("PADILLA") for importing approximately 29.64 kilograms (65.34 pounds) of Methamphetamine from Mexico into the United States. *See U.S. v. PADILLA*, Case No. 19-mj-5469 (S.D. Cal.) at ECF No. 1 (Complaint). The Target Device is currently in the evidence vault located at 800 Front Street, Suite 3200 San Diego, California 92101.

3. The information contained in this affidavit is based upon my training, experience, investigation, and consultation with other members of law enforcement. Because this affidavit is made for the limited purpose of obtaining a search warrant for the Target Device, it does not contain all the information known by me or other agents regarding this investigation. All dates and times described are approximate.

BACKGROUND

4. I have been employed as a Special Agent with Homeland Security Investigations since March 2018. I am currently assigned to the HSI Office of the Special Agent in Charge, in San Diego, California. I am a graduate of the Federal Law Enforcement Training Center in Glynco, Georgia.

5. During my tenure with HSI, I have participated in the investigation of various drug trafficking organizations involved in the importation and distribution of controlled

substances into and through the Southern District of California.

6. Through my training, experience, and conversations with other members of law enforcement, I have gained a working knowledge of the operational habits of narcotics traffickers, in particular those who attempt to import narcotics into the United States from Mexico at Ports of Entry. I am aware that it is common practice for narcotics smugglers to work in concert with other individuals and to do so by utilizing cellular telephones. Because they are mobile, the use of cellular telephones permits narcotics traffickers to easily carry out various tasks related to their trafficking activities, including, *e.g.*, remotely monitoring the progress of their contraband while it is in transit, providing instructions to drug couriers, warning accomplices about law enforcement activity, and communicating with co-conspirators who are transporting narcotics and/or proceeds from narcotics sales.

7. Based upon my training, experience, and consultations with law enforcement officers experienced in narcotics trafficking investigations, and all the facts and opinions set forth in this affidavit, I know that cellular telephones (including their Subscriber Identity Module (SIM) card(s)) can and often do contain electronic evidence, including, for example, phone logs and contacts, voice and text communications, and data, such as emails, text messages, chats and chat logs from various third-party applications, photographs, audio files, videos, and location data. In particular, in my experience and consultation with law enforcement officers experienced in narcotics trafficking investigations, I am aware that individuals engaged in drug trafficking commonly store photos and videos on their cell phones that reflect or show co-conspirators and associates engaged in drug trafficking, as well as images and videos of drugs or contraband, proceeds and assets from drug trafficking, and communications to and from recruiters and organizers.

8. This information can be stored within disks, memory cards, deleted data, remnant data, slack space, and temporary or permanent files contained on or in the cellular telephone. Specifically, searches of cellular telephones may yield evidence:

a. tending to indicate efforts to import Methamphetamine, or some other federally controlled substance, from Mexico into the United States;

b. tending to identify accounts, facilities, storage devices, and/or services–such as email addresses, IP addresses, and phone numbers–used to facilitate the importation of Methamphetamine, or some other federally controlled substance, from Mexico into the United States;

c. tending to identify co-conspirators, criminal associates, or others involved in importation of Methamphetamine, or some other federally controlled substance, from Mexico into the United States;

d. tending to identify travel to or presence at locations involved in the importation of Methamphetamine, or some other federally controlled substance, from Mexico into the United States, such as stash houses, load houses, or delivery points;

e. tending to identify the user of, or persons with control over or access to, the Target Device; and/or

f. tending to place in context, identify the creator or recipient of, or establish the time of creation or receipt of communications, records, or data involved in the activities described above.

FACTS SUPPORTING PROBABLE CAUSE

9. On December 09, 2019, at approximately 12:43 p.m., PADILLA applied for permission to enter the United States at the San Ysidro Port of Entry. Defendant was the driver, sole occupant, and registered owner of a 2004 Honda CRV. PADILLA was referred for secondary inspection, and Customs and Border Protection Officers discovered 23 packages concealed within the vehicle's spare tire, rear trunk panel, and non-factory compartment along the rocker panels of PADILLA's vehicle. The packages weighed approximately 29.64kilograms (65.34 lbs.), and field-tested positive as Methamphetamine. PADILLA was subsequently arrested and the Target Device was seized from her vehicle. PADILLA registered the 2004 Honda CRV in her name on November 06, 2019.

10. Later, agents read PADILLA her *Miranda* rights, and she agreed to speak to agents without an attorney present. PADILLA denied knowledge of the drugs in her vehicle and had the vehicle's key and spare key on a key ring in her possession at the time of arrest.

During the interview, PADILLA was shown the Target Device and identified the Target Device as belonging to her.

11. In light of the above facts, PADILLA's statements, and my own experience and training, there is probable cause to believe that PADILLA was using the Target Device to communicate with others to further the importation of illicit narcotics into the United States.

12. In my training and experience, narcotics traffickers may be involved in the planning and coordination of a drug smuggling event in the days and weeks prior to an event. Co-conspirators are also often unaware of a defendant's arrest and will continue to attempt to communicate with a defendant after their arrest to determine the whereabouts of the narcotics. Based on my training and experience, it is also not unusual for individuals, such as Defendant, to attempt to minimize the amount of time they were involved in their smuggling activities, and for the individuals to be involved for weeks and months longer than they claim. Accordingly, I request permission to search the Target Device for data beginning on October 06, 2019. This date is 30 days prior to PADILLA registering the vehicle in her name. In my training and experience, individuals use phone communication regarding purchasing a vehicle prior to the actual purchase. PADILLA stated she left her vehicle at a car mechanic shop in Mexico on December 07, 2019 for tire work and retrieved the vehicle the morning of December 09, 2019 (the date of her arrest). PADILLA stated she believed the car mechanic shop had inserted the narcotics without her knowledge. This car mechanic shop is the same shop PADILLA stated she purchased the vehicle from in November 2019.

METHODOLOGY

13. It is not possible to determine, merely by knowing the cellular telephone's make, model and serial number, the nature and types of services to which the device is subscribed and the nature of the data stored on the device. Cellular devices today can be simple cellular telephones and text message devices, can include cameras, can serve as personal digital assistants and have functions such as calendars and full address books and

can be mini-computers allowing for electronic mail services, web services and rudimentary word processing. An increasing number of cellular service providers now allow for their subscribers to access their device over the internet and remotely destroy all of the data contained on the device. For that reason, the device may only be powered in a secure environment or, if possible, started in "flight mode" which disables access to the network. Unlike typical computers, many cellular telephones do not have hard drives or hard drive equivalents and store information in volatile memory within the device or in memory cards inserted into the device. Current technology provides some solutions for acquiring some of the data stored in some cellular telephone models using forensic hardware and software. Even if some of the stored information on the device may be acquired forensically, not all of the data subject to seizure may be so acquired. For devices that are not subject to forensic data acquisition or that have potentially relevant data stored that is not subject to such acquisition, the examiner must inspect the device manually and record the process and the results using digital photography. This process is time and labor intensive and may take weeks or longer.

14. Following the issuance of this warrant, I will collect the subject cellular telephone and subject it to analysis. All forensic analysis of the data contained within the telephone and its memory cards will employ search protocols directed exclusively to the identification and extraction of data within the scope of this warrant.

15. Based on the foregoing, identifying and extracting data subject to seizure pursuant to this warrant may require a range of data analysis techniques, including manual review, and, consequently, may take weeks or months. The personnel conducting the identification and extraction of data will complete the analysis within 90 days, absent further application to this court.

///
///
///

PRIOR ATTEMPTS TO OBTAIN THIS EVIDENCE

16. Law enforcement has not previously attempted to obtain the evidence sought by this warrant.

CONCLUSION

17. Based on the facts and information set forth above, there is probable cause to believe that a search of the Target Device will yield evidence of PADILLA's violations of Title 21, United States Code, Sections 952 and 960.

18. Because the Target Device was seized at the time of Defendant's arrest and has been securely stored since that time, there is probable cause to believe that such evidence continues to exist on the Target Device. As stated above, I believe that the appropriate date range for this search is from October 06, 2019.

19. Accordingly, I request that the Court issue a warrant authorizing law enforcement to search the item(s) described in Attachment A and seize the items listed in Attachment B using the above-described methodology.

I swear the foregoing is true and correct to the best of my knowledge and belief.

Melissa Votteler
Homeland Security Investigations

Subscribed and sworn to before me this 30th day of December, 2019.

Hon. Allison H. Goddard
United States Magistrate Judge

참고 문헌

단행본

고영삼, 『전자감시사회와 프라이버시』, 한울아카데미, 1998.

고학수 · 임용, 『데이터오너십 －내 정보는 누구의 것인가?－』, 박영사, 2019.

구병삭, 『신헌법원론』, 박영사, 1988.

권영법, 『형사증거법 원론』, 세창출판사, 2013.

김기범 · 장윤식, 『사이버범죄 수사론』, 경찰대학, 2012.

김종현, 『영장주의에 관한 헌법적 연구, 헌법이론과 실무』, 헌법재판연구원, 2019.

김준호, 『민법강의』 제25판, 법문사, 2019. 1.

김학신, 『디지털 범죄 수사와 기본권』, 한국학술정보(주), 2009.

김홍열, 『디지털 시대의 공간과 권력(가상공간의 탄생과 권력관계 변화에 대한 정보사회학적 연구)』, 한울아카데미, 2013.

노명선 · 이완규, 『형사소송법＝Criminal procedure law』, SKKUP(성균관대학교 출판부), 2017.

니콜라스 네그로폰테 저, 백운인 역, 『디지털이다』, 커뮤니케이션북스, 2002.

독일법연구회, 『독일 형사소송법』, 사법발전재단, 2018.

마이클 라고, 체트 호스머 저, 김상정 역, 『데이터 은닉의 기술, 데이터 하이딩』, SYNGRESS, 2013.

박노섭 · 이동희 · 이윤 · 장윤식, 『핵심요해 범죄 수사학』, 경찰공제회, 2015.

배종대 · 홍영기, 『형사소송법』, 홍문사, 2017.

법원행정처, 『압수 · 수색 영장 실무』, 2010.

성선제, 『시이버프라이버시』, 서울경제경영, 2014. 1.

신동운, 『간추린 신형사소송법』, 법문사, 2007.

신동운, 『간추린 형사소송법』 제5판, 법문사, 2013.

신동운, 『신형사소송법(제5판), 법문사, 2014.

아서 베스트 저, 형사법연구회 역, 『미국증거법(사례와 해설)』, 탐구사, 2009. 6.

오기두, 『전자증거법』, 박영사, 2015.

윤선희, 『지적재산권』 16정판, 세창출판사, 2016.

이관희 등 공저, 『경찰실무 경찰과 법』, 경찰대학출판부, 2015.

이관희 · 이상진, 『디지털 증거법』, 박영사, 2022. 1.

이상진, 『디지털 포렌식 개론』, 이룬, 2011.

이상진, 『디지털 포렌식 개론』 개정판, 이룬, 2015.11.

이은모 · 김정환, 『형사소송법』, 박영사, 2019.

이종관 · 박승억 · 김종규 · 임형택, 『디지털 철학 – 디지털 컨버전스와 미래의 철학』, 성균관대학교 출판부, 2013.

이진우, 『프라이버시의 철학 – 자유의 토대로서의 개인주의』, 돌베개, 2009.

이재상, 『신형사소송법』, 박영사, 2007.

이재상 · 조균석, 『형사소송법』 제10판, 박영사, 2015.

이창현, 『형사소송법』 제2판, 입추출판사, 2015.

장윤식, 『디지털 증거분석실 표준 설계안 연구』, 경찰청 연구용역, 2017.

전현욱 외, 『사이버범죄의 수사 효율성 강화를 위한 법제 개선 방안 연구』, 경제 · 인문사회연구회 미래사회 협동연구총서 15–17–01, 2015.

『정보인권 보고서』, 국가인권위원회, 2013.

정웅석 · 백석민, 『형사소송법, 대명, 2012.

정준선, 『국가정보와 경찰활동』, 경찰대학, 2018. 9.

차병직 · 윤재왕 · 윤지영, 『지금 다시, 헌법』, 로고폴리스, 2016.

편집대표 김희옥 · 박일환, 『제5판 주석 형사소송법 (I)』, 한국사법행정학회, 2017.

편집대표 김희옥 · 박일환, 『제5판 주석 형사소송법 (Ⅱ)』, 한국사법행정학회, 2017.

편집대표 차용석 · 백형구, 『제3판 주석 형사소송법 (Ⅱ)』, 한국사법행정학회, 1999.

『프랑스 형사소송법』, 법무부, 2011.

허형구 · 차용석 · 백형구 · 강구진, 『주석 형사소송법 (上)』, 한국사법행정학회, 1983.

형사법 아카데미, 『주요 국가의 압수 · 수색 제도 개관』, 검찰, 2018.

헨리 J. 에이브러햄, 윤후정 역, 『기본적 인권과 재판』, 이화여자대학교 출판부, 1992.

히라라기토키오 저, 조균석 역, 『일본형사소송법』, 박영사, 2012.

ACPO(The Association of Chief Police Officers), *Good Practice Guide for Digital Evidence*, 2012.

Eoghan Casey, *Digital Evidence and Computer Crime(3rd ed.)*, Academic Press, 2011.

Fidelia Ibekwe–SanJuan, Thomas M. Dousa Editors, *Theories of Information, Communication and Knowledge,* Springer, 2014.

Fred Cohen, *Digital Forensic Evidence Examination 5th edition*, Fred Cohen & Associates out of Livermore, 2013.

James Bradley Thayer, *A Preliminary Treatise of Evidence at the common law*, Little, Brown, And Company, 1898.

J.F. Stephen, *Liberty, Equality, Fraternity, 1st. ed.*,(1873).

Luciano Floridi, *Information: a very short introduction*, Oxford University Press, 2010.

Pang-ning Tan, Michael Steinbach,Vipin Kumar 저, 용환승 · 나연묵 · 박종수 · 승현우 · 이민수 · 이상준 · 최린 역, 『네이터마이닝』, 인피니티북스 출판, 2007.

Steve Uglow, *Evidence*, Sweet & maxwell, 2006.

국내 논문

강구민 · 김창우 · 오경식, "압수 · 수색영장 집행에 있어 참여권자에 관한 소고", 법학논집 제22편 제2호, 2015.

강동욱, "컴퓨터 관련 범죄의 수사에 있어서의 문제점에 관한 고찰", 「현대형사법론」, 죽헌 박양빈교수 화갑기념 논문집, 1996.

강미영, "디지털 증거의 증거능력", 외법논집 제43권 제3호, 2019.

강승식, "절차적 적법절차의 본질에 관한 연구", 미국헌법연구 제25권 제2호, 2014.

강철하, "디지털 증거 압수 · 수색에 관한 개선방안", 성균관대학교 박사학위논문, 2012.

고은석, "수사기관의 금융거래 추적 수사와 영장주의의 예외", 법조 제58권 제7호, 2009.

권양섭, "디지털 저장매체의 예외적 압수 방법에 대한 사후 통제 방안", 형사법연구 26(1), 2014.

권양섭, "디지털 증거의 압수 · 수색에 관한 입법론적 연구", 원광법학 제26권 1호, 원광대학교 법학연구소, 2010.

권양섭, "디지털 증거의 증거능력에 관한 고찰", 법이론실무연구 4(1), 2016. 4.

권영법. "과학적 증거의 허용성 -전문가증인의 허용성문제와 관련 쟁점의 검토를 중심으로-", 법조 제61권 제4호, 2012.

김기범, "범죄 수사에서 제3자 정보 취득법제 통합방안 연구", 고려대학교 박사학위논문, 2016.

김기범, "범죄 수사에서 제3자 정보 요청에 관한 입법체계", 한국위기관리논집, 2017. 8.

김기범, "압수 · 수색영장의 전자적 제시에 관한 연구", 경찰학연구 제18권 제2호, 2018. 6.

김기범 · 이관희, “전기통신사업자 보관 몰수 대상 정보의 압수실태 및 개선방안”, 경찰학 연구, 16(3), 2016.

김기범 · 이관희 · 장윤식 · 이상진, “정보영장 제도 도입방안 연구”, 경찰학 연구 11(3), 2011.

김기준, “수사 단계의 압수 · 수색 절차 규정에 대한 몇 가지 고찰”, 형사법의 신동향 통권 제18호, 2009.

김기준, “전자우편에 대한 증거 수집과 관련된 문제점”, 해외연수검사연구논문집 Ⅱ, 2001.

김대순, “국가관할권 개념에 관한 소고”, 법학연구, 1995.

김면기, “과학적 증거의 판단기준과 적용과정에 대한 이해 －최근 논란이 된 사례들을 중심으로－,” 형사정책 제30권 제3호, 2018.

김면기 · 유승진, “법과학 증거의 오류 가능성에 대한 이해”, 과학기술과 법 제11권 제1호, 2020.

김면기 · 유승진, “포렌식 미란다 원칙과 절차적 정의”, 형사정책연구 제30권 제4호, 한국형사법무정책연구원, 2019. 12.

김명석, “현대 정보 개념 이전의 개념들”, 철학논총 제94집, 2018. 10.

김범식, “전자(디지털)정보의 법정 증거 제출 · 현출 방안”, 비교형사법연구(제19권 제1호), 2017. 4.

김보라미, “사이버 수사 및 디지털 증거 수집 실태조사 결과 발표 토론문”, 국가인권위원회, 사이버수사 및 디지털 증거 수집 실태조사 결과발표 및 토론회(발표: 권양섭 · 노명선 · 곽병선 · 이종찬), 2012.

김상중, “데이터 경제를 위한 데이터소유권의 문제 －데이터산업법 제정 등에 의한 잠정적 정리와 데이터의 민사법적 보호를 중심으로－”, 저스티스 통권 제194－2호, 2023. 2.

김선희, “미국의 정보 프라이버시권과 알 권리에 관한 연구”, 비교헌법연구, 2018.

김성규, “이른바 과학적 증거의 의의와 그 허용성의 판단 －증거능력에 있어서의 이른바 자연적 관련성의 관점에서－”, 형사정책연구 제15권 제3호, 2004. 9.

김성룡, “디지털 증거의 수색과 압수에서 쟁점들”, 형사법연구 제30권 제3호, 2018.

김성룡, “현행법에서 과학적 증거의 증거능력과 증명력”, 형사법연구 제29권 제4호, 2012. 12.

김연희, “디지털 증거 보전명령제도 도입에 관한 소고”, 법학연구 제23집 제3호, 2020.

김영규, “미국 연방대법원의 ‘휴대전화에 저장된 개인정보 보호’에 대한 판결의 의의 －피체포자의 휴대전화에 저장된 정보의 영장 없는 수색 제한에 관한 RILEY 판결을 중심으로－”, 형사정책연구 제25권 4호, 2014.

김영철, “디지털 전문 증거 진정성립을 위한 디지털 본래증거 수집 방안”, 형사법의 신동향 제58호, 2018.

김용세, “형사절차상 기본권 보장을 위한 형소법규정 및 실무현실에 관한 연구”, 형사정책연구 통권 제75호, 2008.

김용호, “실무상 디지털 증거의 압수·수색의 문제점과 개선방안”, 사단법인 한국포렌식학회, 한국저작권위원회 개최 국회 디지털 증거 압수·수색에 관한 개정법률안 공청회, 2012. 11.

김윤섭·박상용, “형사증거법상 디지털 증거의 증거능력”, 형사정책연구 제26권 제2호, 2015.

김인회, “방어권 남용론 비판”, 법학연구 제18집 제1호, 2015. 3.

김인회, “2016년 형사소송법 중요 판례”, 인권과 정의 제464호, 2017.

김일룡, “증거의 진정성과 증거규정 체계의 재구성”, 형사법의 신동향 통권 제32호, 2011. 9.

김정한, “형사소송법상 특신상태의 의미와 개념 요소 및 판단기준에 관한 소고”, 비교형사법연구(제16권 제1호), 2014.

김종구, “ 과학기술의 발달과 영장주의의 적용 범위 －미연방대법원 판례의 변천과 관련하여－”, 법학연구 통권 제61집, 2019.

김종구, “미국 판례상 국경에서 디지털 저장매체 수색의 적법성”, 법학논총 제24권 제2호, 2017.

김주석·손지영, “디지털 증거의 증거능력 판단에 관한 연구”, 사법정책연구원 연구총서, 2015.

김종호, “과학적 증거의 증거능력 판단에 관한 소고”, 일감법학 제37호, 2017.

김청택·최인철, “법정의사결정에서의 판사들의 인지 편향”, 서울대학교 법학, 제51권 제4호, 2010.

김대업, “형사재판과 과학적 증거”, 제25회 한국법과학회 춘계학술대회, 2012.

김혁, “제3자 보관 정보에 대한 압수·수색 영장의 집행과 적정절차”, 형사정책연구, 2018. 3.

김현수, “형사소송에서 적법절차위반과 그 효과에 관한 연구”, 동아법학 제44호, 2009.

김형규, “수사목적 개인정보 처리의 적법성 －개인정보 보호법을 중심으로－”, 부산대학교 박사학위논문, 2023. 8.

김형성·김학신, “Computer Forensics의 법적문제 연구”, 성균관법학 제18권 제3

호, 2006. 12.

김혜경, "영장주의의 본질을 기초로 한 전자정보 압수·수색의 참여권의 범위", 연세법학 제35호, 2020. 6.

김혜경, "전자정보 압수·수색 규정의 입법적 개선방안 –정보주체와 피해자의 권리를 중심으로–", 피해자학연구 제29권 제3호, 2021. 12.

김혜경, "헌법적 형사소송론 관점에서의 진술거부권의 함의", 형사법연구 제35권 제2호, 2023.

김혜미, "휴대전화 압수·수색과 영장주의 원칙의 엄격한 해석 요청," 경희법학, 2020.

김희균, "영장 없이 촬영한 사진의 증거능력", 법조 제65권 제9호, 2016. 12.

김희균, "우리 법상 영장 없는 수색 및 검증의 범위", 형사법제 비교연구 포럼 제1편, 형사법 아카데미, 2018.

나기업, "형사절차에서 검증, 감정 및 '필요한 처분'의 개념", 사법 제1권 제58호, 2021. 11.

노명선, "디지털 증거의 압수·수색에 관한 판례 동향과 비교법적 고찰", 형사법의 신동향 통권 제43호, 2014. 6.

노명선, "사이버범죄의 증거확보에 관한 몇 가지 입법적 제언", 성균관 법학 제19권 제2호, 2007.

노명선, "전자적 증거의 수집과 증거능력에 관한 몇가지 검토", 대검찰청 형사법의 신동향 통권 제16호, 2008.

노명선, "전자적 증거의 실효적인 압수·수색, 증거조사 방안연구", 대검찰청, 2007.

노승권, "컴퓨터 데이터 압수, 수색에 관한 문제", 검찰 통권 제111호, 대검찰청, 2000.

모성준, "미국의 압수·수색절차에 대한 사법적 통제의 단계구조 –디지털 증거를 중심으로–", 법학연구 제27권 제2호, 2017.

민영성, "압수·수색영장의 집행에 있어서 '필요한 처분'과 영상사전제시 원칙의 예외", 인권과 정의 제357호, 대한변호사협회, 2006.

박민우, "디지털 증거 압수·수색에서의 적법절차", 고려대학교 박사학위 논문, 2016

박민우, "수사기관의 압수에 있어 관련성 요건의 해석과 쟁점에 대한 검토", 경찰학연구 제16권 제1호, 2016.

박상철, "데이터 소유권 개념을 통한 정보보호 법제의 재구성", 법경제학연구 제15권 제2호, 2018. 8.

박수희, “전자증거의 수집과 강제수사”, 한국공안행정학회보 제29호, 2007.

박영우, “사이버범죄 방지 협약의 국내법적 수용문제”, 정보보호학회지 제13권 제5호, 2003.

박용철, “디지털 증거의 증거능력 요건 중 무결성 및 동일성에 대하여 －대법원 2018. 2. 8. 선고 2017도13263판결－“, 법조 (Vol.728), 2018. 4.

박종근, “디지털 증거의 압수·수색과 법제”, 형사법의 신동향 통권 제18호, 2009. 2.

박진아, “사이버 물권 시론”, 원광법학 제27권 제2호, 2011.

박혁수, “디지털 정보 압수·수색의 실무상 쟁점”, 형사법의 신동향 통권 제44호, 2014. 9.

배대헌, “디지털 재산으로서 정보와 ‘물건’ 개념 확대에 관한 검토”, 지식정보사회 구현을 위한 디지털 법제의 정비 방안 발표문, 2002.

변용완·장재옥, “빅데이터 환경에서 프라이버시권 개념의 재정식화 －정보프라이버시에 대한 실용주의적 접근－”, 아주법학 제16권 제3호, 2022.

변종필, “형사소송법 제216조 제1항 제1호의 위헌성에 대한 검토”, 비교형사법연구 제20권 제2호, 2018.

서강윤·이상진, “원격지 디지털 증거 수집을 위한 프레임워크”, 디지털 포렌식 연구, 13(4), 2019.

성낙인, “통신에서의 기본권보호”, 공법연구 제30집 제2호, 한국공법학회, 2001.

소재환·이선화, “디지털 증거 압수·수색 시 참여권자 관련 실무상 문제 －대법원의 ‘실질적 피압수자’ 법리 중심으로－”, 형사법의 신동향 통권 제77호, 2022·겨울.

손동권, “수사절차상 긴급 압수수색 제도와 그에 관한 개선입법론”, 경희법학 제46권 제3호, 2011.

손동권, “새로이 입법화된 디지털 증거의 압수, 수색제도에 관한 연구 특히 추가적 보완입법의 문제”, 형사정책 제23권 제2호, 2011.

손지영·김주석, “디지털 증거의 증거능력 판단에 관한 연구”, 사법정책연구원 연구총서, 2015. 8.

송영진, “디바이스 복호화 명령과 자기부죄거부특권: 미국 법원의 실행과 영국의 입법례를 중심으로”, 형사정책연구 제31권 제1호, 2020.

송영진, “수사기관의 클라우드 데이터 접근에 관한 비판적 고찰: “데이터 예외주의” 논쟁과 각국의 실행을 중심으로,” 형사정책연구 30(3), 2019.

신경준·이상진, “사이버 침해사고 유형별 디지털 포렌식 증거의 식별 및 수집에 관한 연구”, 융합보안논문지 제7권 제4호, 2007.

안성조, “임의제출물 압수에서 ‘임의성’ 요건 －자백배제법칙과 미란다 판결의 함의", 형사법연구 제33권 제1호, 2021.

안정섭·최건호, "전자정보 압수·수색의 일련의 압수처분에서 참여권 보장 범위 및 준항고에서 취소의 대상 검토: 대법원 2015. 7. 16. 선고 2011모1839 전원합의체 결정", 법학평론 제7권, 2017.

양근원, "디지털 증거의 특징과 증거법상의 문제 고찰", 경희법학 제41권 제1호, 2006.

양근원, "형사절차상 디지털 증거의 수집과 증거능력에 관한 연구", 경희대학교 박사학위 논문, 2006.

양종모, "클라우드 컴퓨팅 환경에서의 전자적 증거 압수수색에 관한 고찰", 홍익법학 제15권 제3호, 2014.

여명숙, "사이버스페이스의 존재론과 그 심리철학적 함축", 이화여자대학교 박사학위논문, 1998.

오경식, "수사절차상 압수·수색제도에서의 인권보장 방안", 형사법의 신동향 통권 제50호, 2016. 3.

오경식, "헌법상 대물적 강제처분의 범위와 형소법상 발현 형태 －미국 수정헌법상 압수·수색제도의 개관－", 형사법제 비교연구 포럼 제1편, 형사법 아카데미, 2018.

오기두, 사단법인 한국포렌식학회, 한국저작권위원회 개최 국회 디지털 증거 압수·수색에 관한 개정법률안 공청회 토론문(주제발표: 노명선, "디지털 증거 압수·수색에 관한 법률의 문제점과 개선방안"), 2012. 11.

오기두, "전자정보의 수색검증압수에 관한 개정 형사소송법의 함의", 형사소송 이론과 실무 제4권 제1호, 2012.

오기두, "형사절차상 컴퓨터관련 증거의 수집 및 이용에 관한 연구", 서울대 박사학위논문, 1997.

유상현·이경렬, "디지털 증거의 선별적 압수수색에 관한 LSH(Locality Sensitive Hashing)기법 활용방안 연구", 형사정책 제31권 제4호, 2020.

유승진·김면기·오상재, "인권보호 측면에서의 법과학 감정 제도 및절차적 개선방안", 과학기술과 법 제11권 제2호, 2020. 12.

유영갑·송영준·김동우, "인간 감각 정보를 위한 평생 기억용량 평가", 한국콘텐츠학회논문지 제9권 제1호, 2009.

윤동호, "금융거래정보요구권과 영장주의", 형사정책연구 제20권 제2호, 2009.

윤상혁·이상진, "디지털 증거 자동선별 시스템에 관한 연구", 디지털 포렌식 연구 제14권 제3호, 2020.

원혜욱, "과학적 수사방법에 의한 증거 수집 －전자증거의 압수·수색을 중심으로−", 비교형사법연구 제5권 제2호, 2003.
원혜욱. "정보저장매체의 압수·수색 −휴대전화 (스마트폰) 의 압수 수색", 刑事判例硏究 22, 2014.
이관희·김기범, "디지털 증거의 증거능력 인정 요건 재고", 디지털 포렌식 연구 제12권 제1호, 2018.
이관희·김기범·이상진, "정보에 대한 독자적 강제처분 개념 도입", 치안정책연구 제26권 제2호, 2012. 12.
이관희·이상진, "디지털 증거 압수·수색에서 피의자의 참여권 보장 법리에 대한 비판적 고찰", 형사정책연구 제34권 제3호, 2023·가을.
이관희·이상진, "데이터 보관 사업자에 대한 영장집행 절차의 현실화 방안에 관한 연구: 피의자에 대한 사전 통지 생략 및 영장 사본제시 필요성을 중심으로", 형사정책연구 제31권 제1호, 2020. 3.
이관희·이상진, "정보 속성의 이해와 디지털 저장매체 압수·수색에 대한 인식개선", 형사정책연구 제30권 제3호, 2019.
이관희·이상진, "파일 열람 행위에 의한 영장 집행의 문제점과 디지털 저장매체 수색압수구조의 개선방안", 법조 제69권 제4호, 2020.
이규호, "미국에 있어 디지털 증거의 증거능력", 민사소송 제11권 제2호, 2007.
이권일, "헌법상 보호되는 프라이버시 개념의 변화에 관한 소고", 세계헌법연구 제25권 제1호, 2019. 4.
이동진, "데이터 소유권(Data Ownership), 개념과 그 실익", 정보법학 제22권 제3호, 2018. 12.
이병래, "압수물의 환부청구권과 포기, 환부의 상대방", 고시계, 2011. 7.
이상용, "데이터 거래의 법적 기초", 법조 제67권 제2호, 2018.
이성기, "법과학 증거의 기준에 관한 법적 연구 −전문가 증언 제도의 문제점과 개선 방안을 중심으로−", 법학논집 제23권 제3호, 2019.
이성기, "지문의 증거능력에 관한 연구 −지문 감정인 증언의 증거능력 및 감정결과의 신뢰성에 대한 비교법적 연구를 중심으로 ", 서울법학 제27권 제3호, 2019. 11.
이성기, "증거물 보관의 연속성 원칙과 증거법적 함의", 경찰학연구 제11권 제3호, 2011.
이성기·조영일, "형사재판에서의 법과학 감정과 확률 증거", 법학연구 제21집 제3호, 2018. 9.
이숙연, "디지털 증거 및 그 증거능력과 증거조사방안", 사법논집 제53집, 2011.
이숙연, "디지털 증거의 증거능력", 저스티스 통권 제161호, 2017. 8.

이숙연, “형사소송에서의 디지털 증거의 취급과 증거능력”, 고려대학교 박사학위논문, 2010.

이영돈, “수사상 압수·수색영장의 제시”, 경찰법연구(제11권 제1호), 2013.

이완규, “디지털 증거 압수·수색과 관련성 개념의 해석”, 법조, 2013.

이완규, “디지털 증거 압수 절차상 피압수자 참여 방식과 관련성 범위 밖의 별건 증거 압수 방법”, 형사법의 신동향 제48호, 2015. 9.

이완규, “협박 진술 녹음의 전문증거 문제와 진정성 문제의 구별”, 저스티스 통권 제149호, 2013.

이용, “디지털 증거의 보전명령제도에 관한 고찰”, 법조, 통권 711, 2015.

이웅혁·이성기, “형사재판상 과학적 증거의 기준과 국내 발전방향 –최근 미국에서의 과학적 증거의 개혁 논의를 중심으로–”, 형사정책 제23권 제1호, 2011.

이원상, “디지털 증거의 압수·수색절차에서의 관련성 연관 쟁점 고찰 –미국의 사례를 기반으로–”, 형사법의 신동향 제51호, 2016.

이원상·김한균·권순민·허황, “각국의 디지털포렌식 실무절차와 디지털증거 관리 방법 비교조사”, 대검찰청 연구용역 보고서, 2024.

이은모, “대물적 강제처분에 있어서의 영장주의의 예외”, 법학논집 제24편 제3호, 2007. 8

이정민, “스마트폰 비밀번호 해제 관련 자기부죄거부특권 고지의 필요성”, 법학논총 제46권 제2호, 2022.

이정봉, “‘과학적증거’의 증거법적 평가”, 형사판례연구 제21권, 2013.

이정진 외 8, “해킹피해시스템 증거물 확보 및 복원에 관한 연구”, 한국정보보호진흥원, 2002.

이정희·김지현, “제3자 보관 디지털 증거의 압수 관련 문제점 및 개선방안 연구”, 디지털 포렌식 연구, 2014. 6.

이주원, “디지털 증거에 대한 압수·수색제도의 개선”, 안암법학 제37권 제1호, 2012.

이준일, “재산권에 관한 법이론적 이해”, 공법학연구 제7권 제2호, 2006.

이지영, “전자정보의 수집, 이용 및 전자감시와 프라이버시의 보호 –미 수정헌법 제4조를 중심으로–”, 비교헌법재판연구, 헌법재판연구원, 2015.

이진구·김일환, “통신비밀의 보호범위와 한계에 관한 비교법적 연구 –미국의 통신비밀보호법제를 중심으로–”, 미국헌법연구 제27권 제1호, 2016. 4.

이재상, “독일 형법상 몰수제도의 법제사적 고찰”, 법사학연구 제18호, 1997.

이창수, “초국가적 사이버범죄에 대한 국제공조 활성화 방안과 그 선결과제”, 형사법의 신동향 통권 제21호, 2009.
이해원, "디지털 신질서와 인격권", 법조 제73권 제2호, 2024. 4.
이흔재, "제3자 보관 전자정보에 대한 압수·수색영장의 집행과 피의자의 절차적 권리", 형사법의 신동향 통권 제76호, 2022·가을.
임건면, "개인정보의 의의와 귀속관계 : 민사법적인 관점에서", 중앙법학 제7집 제5호, 2005.
임홍순, "디지털 시대의 인격권 보호 방안에 관한 연구", 차세대융합기술학회논문지 제5권 제6호, 2021. 12.
장신, "사이버공간과 국제재판관할권", 법학연구 48(1), 2007.
장철준, "프라이버시의 기본권적 실질화를 위한 입론(다니엘 솔로브(Daniel J. Solove)의 실용주의 이론을 중심으로)", 언론과 법 제15권 제3호, 2016. 12.
전명길, "디지털 증거의 수집과 증거능력", 법학연구 제41편, 2011.
전승수, "형사절차상 디지털 증거의 압수·수색 및 증거능력에 관한 연구", 서울대학교 박사학위논문, 2011.
전지은, "형사소송법 제312조 제1항의 개정과 현행 영상녹화제도에 대한 소고(小考)", 아주법학 제18권 제1호, 2024. 5.
전치홍, "대법원의 참여권 법리에 대한 비판적 검토 －대법원 2021. 11. 18. 선고 2016도348 전원합의체 판결을 중심으로", 형사소송 이론과 실무 제14권 제1호, 2022. 3.
전현욱 외, "사이버범죄의 수사 효율성 강화를 위한 법제 개선 방안 연구", 한국형사정책연구원, 2015.
전현욱·윤지영, "디지털 증거 확보를 위한 수사상 온라인 수색제도 도입 방안에 대한 연구", 대검찰청 연구용역과제, 2012.
정규원, "피검자의 동의 －자발성을 중심으로－", 법학논총 제23권 제1호, 2006.
정대용·김기범·이상진, "수색 대상 컴퓨터를 이용한 원격 압수·수색의 쟁점과 입법론", 법조 제714호, 2016.
정대용·김기범·권헌영·이상진, "디지털 증거의 역외 압수·수색에 관한 쟁점과 입법론 －계정 접속을 통한 해외서버의 원격 압수·수색을 중심으로－", 법조 Vol.720, 2016. 12.
정대희·이상미, "디지털 증거 압수수색절차에서의 '관련성'의 문제", 형사정책연구 제26권 제2호, 2015.
정진명, "사권의 대상으로서 정보의 개념과 정보 관련 권리", 한국비교사법학회, 2000.
정효택 외, "Web상의 전자문서를 위한 메타자료 모델의 제안 및 관리시스템 개발”, 정보 처리논문지 제5권 제4호, 1998.
조국, “컴퓨터전자기록에 대한 대물적 강제처분의 해석론적 쟁점”, 형사정책 제22권 제1호, 2010. 7.
조기영, “보통법상 자기부죄거부 특권의 역사적 기원”, 동북아법연구 제10권 제2호, 2016.
조광훈, “디지털 증거의 압수·수색의 문제점과 개선방안”, 서울대학교 법학연구소, 서울법학 제21권 제3호, 2014.
조광훈, “정보저장매체 등의 압수·수색에서의 참여권”, 저스티스 통권 제151호, 2015. 12.
조광훈, “형사소송법 제106조의 쟁점과 개정안 검토”, 법조 Vol694, 2014.
조병구, “과학적 증거에 대한 증거채부결정 –합리적 증거결정 기준의 모색–”, 형사법실무연구, 재판자료 제123집, 2011.
조상수, “디지털 증거의 법적 지위 향상을 위한 무결성 보장 방안”, 형사법의 신동향 제27권, 2010.
조석영, “디지털정보의 수사 방법과 규제원칙”, 형사정책 제22권 제1호, 2010.
조성훈, “디지털 증거와 영장주의: 증거분석 과정에 대한 규제를 중심으로”, 형사정책연구 제24권 제3호, 2013.
조영일·구소희·장유나·이성기, “법과학에서 증거물의 유형 및 감정기관에 따른 주관적 신뢰도가 유죄 확신에 미치는 효과”, 인문사회21 제9권 제6호, 2018. 12.
조은별, “‘실질적 피압수자’ 개념에 대한 비판적 검토(대법원 2021. 11. 18. 선고 2016도348 전원합의체 판결을 중심으로)”, 형사판례연구(31), 2023. 6.
천진호, “법과학 증거의 수집절차와 증명력판단”, 동아법학 제51권, 2011.
최문수, “압수·수색 참여권 관련 최근 판례의 동향 –실질적 피압수자 법리의 의미와 요건을 중심으로”, 사법 제1권 제65호, 2023. 9.
최성필, “디지털 증거의 증거능력”, 형사소송법학회 학술대회 논문집, 2015.
최용성, “과학수사 판례평석을 기반으로 한 디지털정보 압수 및 수색제도의 적격성 고찰”, 과학수사학회지 14(3), 2020.
최진후·최미정, “법과학 표준체계와 규격에 근거한 과학수사 문서감정 연구실의 설계방안”, 과학수사학회지 제17권 제2호, 2023.
최호진, “저장된 데이터의 보전명령제도 도입을 위한 시론(試論)”, 형사정책 제31권 제2호, 2019.
탁희성, “전자증거에 관한 연구”, 이화여자대학교 대학원 박사학위논문, 2004.
탁희성, “전자증거의 압수 수색에 관한 일고찰”, 형사정책연구 제15권 제1호, 2004.

탁희성·이상진, "디지털 증거분석도구에 의한 증거 수집 절차 및 증거능력 확보방안", 한국형사정책연구원, 연구총서 06-21, 2006.
한대일, "전자적 증거의 진정성 입증에 관한 연구", 성균관대학교 법학전문대학원 박사학위논문, 2015. 2.
한상혁·이성진·김기범, "디지털 증거 압수·수색 시 피압수자등의 권리 고지의무 도입방안", 연세법학 제44호, 2024. 2.
허순철, "미국헌법상 생체정보와 자기부죄거부특권", 시강법률논총 제10권 제3호, 2021.
허일태, "한국 형사절차법에 있어서 방어체계", 동아법학 제21호, 1996.
홍경자, "정보개념과 정보해석학의 근대적 기원", 해석학연구 제13권, 2004.
홍승희, "정보재산권의 형사법적 보호와 한계", 한국형사정책연구원 사이버범죄연구총서 05-13, 2005.
황인호, "미국에서 프라이버시권의 전개과정에 관한 고찰", 토지공법연구 제19집, 2003. 9.
황정인, "영장주의의 본질과 영장 제도", 형사정책연구 통권 제82호, 2010.
Martin Kemper, 김성룡 역, "데이터와 이메일의 압수적격성", 인터넷법률 제33호, 2006. 1.

해외 논문

Bellia, Patricia L, "Chasing bits across borders", University of Chicago Legal Forum, 2001.
Claudia Warken, "Classification of Electronic Data for Criminal Law Purposes", Eucrim Issue4, 2018.
David Reinsel·John Gantz·John Rydning, "The Digitization of the World From Edge to Core", IDC White Paper, 2018. 11.
DFRWS, "A Road Map for Digital Forensic Research", The Digital Forensic Research Conference, 2001.
DONALD A. DRIPPS, ""Dearest Property": Digital Evidence and the History of Private "Papers" as Special Objects of Search and Seizure", The Journal of Criminal Law and Criminology (1973-), [s. l.], v. 103, n. 1, 2013.
Gary Palmer, "A Road Map for Digital Forensic Research", DFRWS, 2001.
Graham C. Lilly, "An Introduction to the Law of Evidence, West(3rd Ed), 2004.
Gregory L. Fordham, "Using keyword search terms in e-discovery and how they relate to issue of responsiveness, privilege, evidence standards and

rube goldberg", 15 Rich. J. L. & Tech. 8, 2009.

Hamilton. W., "Property–According to Locke", 41 Yale L.J. 864 (1932).

Harrison M. Brown, "Searching for an answer: defensible e–discovery search techniques in the absence of judicial voice", 16 Chap. L. Rev. 410, 2013.

Henry S. Noyes, "Is E–Discovery So Different That It Requires New Discovery Rules? An Analysis of Proposed Amendments to the Federal Rules of Civil Procedure", Tennessee Law Review vol.71, 2004.

Janic Nadler, "No Need to Shout: Bus Sweeps and the Psychology of Coercion, Sup.Ct.Rev. 153 (2002).

Jihyun Park, "International trend against cybercrime and controversy over the F.B.I.'s practice of Extra–territorial Seizure of Digital Evidence", 국제법학회논총 제49권 제3호(통권 제100호), 2004.

John Ashcroft/Deborah J. Daniels/Sarah V. Hart, "Forensic Examination of Digital Evidence: A Guide for Law Enforcement", National Institute of Justice, Apr.2004.

Kimberly Nakamaru, "Mining for Manny: Electronic Search and Seizure in the Aftermath of United States v. Comprehensive Drug Testing", 44 Loy. L.A.L.Rev.783(2011).

Louis B. Swartz, "Information Communication Technology Law, Protection and Access Right," Information Science Reference, 2010.

Mark Burgin, "Data, Information, and Knowledge", Information, v. 7, No.1, 2004.

Orin S. Kerr, "Compelled Decryption and the Privilege Against Self–Incrimination", Texas Law Review, Vol. 97, Issue. 4, 2019.

Orin S. Kerr, "Fourth amendment seizures of computer data", Yale Law Journal 119(4), 2010.

Orin S. Kerr, "Searches and Seizures in a Digital Wolrld", Harvard Law Review, Vol. 119, The Harvard Law Review Association, 2005.

Randolph A. Bain·Cynthia A. King, "omments : Guidelines for the Admissibility of Evidence Generated by Computer for Purpose of Litigation" 12 U.C. Davis Law Review, 1982.

Samuel D. Warren, Louis D. Brandeis, "The Right to Privacy", Harvard Law Review Vol4, 1890. 12.

Steven Goode, "The Admissibility of Electronic Evidence", The Review of

Litigation Vol.29:1, Fall 2009.

The Digital Forensics Laboratory at the INTERPOL Global Complex for Innovation, "GLOBAL GUIDELINES FOR DIGITAL FORENSICS LABORATORIES", Interpol, May. 2019.

Vyacheslav Kopeytsev, "Steganography in attacks on industrial enterprises", Kaspersky ICS CERT(2020).

찾아보기

ㅇ

ㅈ

ㅊ

ㅋ

ㅌ

ㅍ

ㅎ

기타

국내 판례

국외 판례

공저자 약력

이관희

경찰대학교 법학과 졸업(법학사)
고려대학교 정보보호대학원 공공보안정책학과 졸업(공학석사)
고려대학교 정보보호대학원 정보보호학과 졸업(공학박사)
마포경찰서 조사계 조사반장
서울경찰청 수사과 조사반장
서울경찰청 수사직무학교장
경남경찰청 혁신팀장
경남경찰청 사이버범죄수사대장
창원서부·마산중부경찰서 경제범죄수사팀장
김해중부경찰서 강력범죄수사팀장
경찰수사연수원 수사학과 교수
경찰대학 로스쿨 교수팀 연구원
주케냐 대사관 2등서기관
충남지방경찰청 수사지도관
경찰청 수사구조개혁단 연구원
경찰대학 국제협력계장 및 UN PKO 교육센터장
경찰대학 경찰학과 교수
국제사이버범죄연구센터장
마산동부경찰서 수사과장
한국디지털포렌식학회 이사
경찰학연구 편집위원
LG전자 준법조사팀장
현재 고려대학교 정보보호대학원 연구교수

이상진

고려대학교 이과대학 수학과 졸업(이학사)
고려대학교 일반대학원 수학과 졸업(이학박사)
한국전자통신연구원 선임연구원
고려대학교 정보보호대학원 원장
한국디지털포렌식학회 회장
한국정보보호학회 암호연구회 위원장
한국정보보호학회 디지털포렌식연구회 위원장
대검 디지털수사자문위원회 위원
산자부 산업기술보호위원회 위원
현재 고려대학교 학부대학 학장

개정판

디지털 증거법

초판발행 2022년 1월 1일
개정판발행 2026년 1월 10일

지은이 이관희 · 이상진
펴낸이 안종만 · 안상준

편 집 우석진
기획/마케팅 김한유
표지디자인 BEN STORY
제 작 고철민 · 김원표

펴낸곳 (주) 박영사
서울특별시 금천구 가산디지털2로 53, 210호(가산동, 한라시그마밸리)
등록 1959. 3. 11. 제300-1959-1호(倫)
전 화 02)733-6771
f a x 02)736-4818
e-mail pys@pybook.co.kr
homepagc www.pybook.co.kr
ISBN 979-11-303-9720-7 93560

정 가 32,000원